SMART 해운 물류 강의

정영석 지음

카오스북
CHAOS BOOK

정영석

법학박사

현) 한국해양대학교 해사법학부 교수. 한국해법학회 부회장. 대한상사중재원 중재인. 아시아태평양항해사중재센터 중재인. 법제처 자문관. BNK 금융지주 사외이사

전) 한국컨테이너부두공단 조사분석부장, 경영연구부장, 기획팀장. 해양경찰청 방제기술지원협의위원. 금융감독원 금융분쟁조정위원회 전문위원

세계인명사전《*Marquis Who's Who*》2018~2021년판에 등재되었으며 저서로 『해상법원론』, 『해사법규 강의』, 『해운 실무』, 『해상보험론』 등 다수가 있다.

본 교재는 지자체-대학 협력기반 지역혁신 사업비로 개발되었음

SMART
해운 물류 강의

발행일 · 2024년 8월 28일 초판 1쇄
지은이 · 정영석

펴낸이 · 오성준
편집 · 김재관, 김호경
디자인 · 김재석

펴낸 곳 · 카오스북
등록번호 · 제2020-000074호(2012년 10월 20일 신고)
주소 · 서울시 은평구 통일로73길 31
전화 · 02-3144-8755, 8756 **팩스** · 02-3144-8757

이메일 · info@chaosbook.co.kr

ISBN 979-11-87486-51-0 93320

정가 25,000원

머리말

수출입 의존도가 매우 높은 한국경제의 구조적 특성상 우리나라에서는 해운산업의 중요성이 매우 큰 나라에 속한다. 1970년대 경제개발계획의 핵심 과제인 수출입 입국 정책은 중화학공업뿐 아니라 해운업과 이에 파생하여 조선업까지 세계적인 경쟁력을 갖추게 되는 계기가 되었다.

코로나 19로 인한 세계경제의 침체와 물류의 마비로 인한 해상운임의 폭등 등 급변하는 경제 환경은 더욱 우리나라가 해운산업에서 거리를 둘 수 없음을 보여 준다.

우리나라 해운의 규모의 발전 못지않게 중요한 것이 이를 뒷받침할 인재의 양성과 함께 해운실무에 대한 매뉴얼이라 하겠다. 그동안도 많은 종류의 해운론, 해운실무 등의 이름으로 발간된 교재가 있었으나, 이 책은 해운 관련 각종 기구와 조직, 해상화물운송, 해운중개업, 컨테이너 항만실무, 용선계약, 선하증권, 해상보험에 이르기까지 해운항만의 전 분야에 걸쳐 이론과 실무를 겸비할 수 있도록 구상된 해운개론서라 할 수 있다. 2005년 발간된 「해운실무」와 이를 대폭 개정한 「해상운송론」에 이어 이들 교재를 대폭 수정하고 자율운항선박 시대를 목전에 둔 시점에 새로운 시대정신을 담아 「스마트 해운물류론」을 발간하게 되었다. 기존의 「해운실무」와 「해상운송론」을 대폭 개정하여 최근 발생한 경제 환경 변화에 따른 해운 현실을 반영하고 미래 해운산업의 발전 방향에 맞추어 개편하였다.

이 책의 내용은 유튜브 등의 동영상 강의를 함께 준비할 예정이므로 동영상 강의를 이용하면 이해에 도움이 되리라 생각한다. 또 교재에 검색표를 따로 만들지 않았기 때문에 세부 목차까지 포함한 목차를 편집하였다.

자율운항선박 시대에도 여전히 세계의 해양을 누비게 될 한국 국적선의 위용을 희망하면서.

2024년 가을

정영석

차례

제1장

해운 개론

제1절　해운의 의의

제2절　해운업의 종류

제1절 해운의 의의

I. 해운의 개념

해운(shipping)이라 함은 해상에서 선박이라는 운송수단(mode of transport)을 이용하여 사람이나 물건을 운송함으로써 그 대가인 운임을 획득하는 상행위를 말한다.[1] 인간 및 재화 상호간에 가로놓인 공간적 간격을 극복하기 위한 사회적 이동 활동을 교통이라고 하는데, 광의의 교통은 운송(transportation)과 통신(communication)으로 구분된다. 운송은 육운, 수운, 항공운송으로 구분되고, 육운은 도로운송과 철도운송, 수운은 내수운송과 해상운송으로 분류할 수 있다.[2]

이 중 국제물류를 주도하는 운송의 형태는 해상운송이다.[3] 해상운송을 줄여 해운이라 하며, 오늘날의 해운활동은 육상 활동과 연결되어 복합운송 · 종합물류 · 총체적 서비스관리체계로 확장 · 변화되고 있다.[4]

〈국부론〉(The Wealth of Nations)에서 아담 스미스(Adam Smith)가 "해상운송은 경제발전의 주된 수단(principal stepping stone)"이라고 언급했듯이,[5] 해운 서비스가 없다면 전 세계를 대상으로 광범위하게 자원의 배분이 이루어질 수 없기 때문에 오늘날과 같은 활발한 무역활동은 물론 경제발전도 기대할 수 없을 것이다.[6]

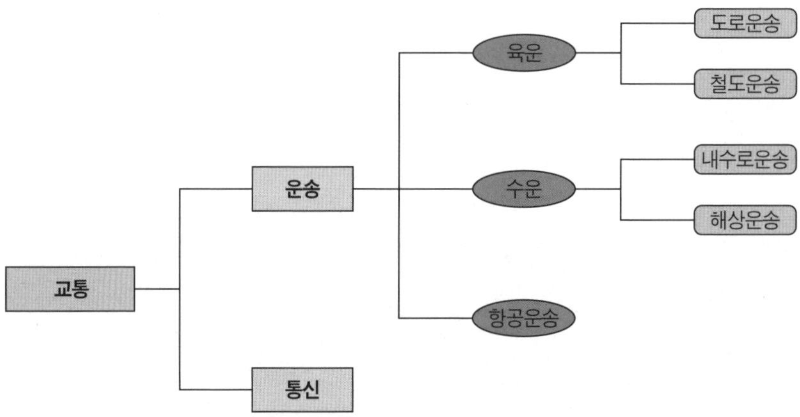

〈그림 1〉 교통의 개념 구성도

출처: 이종인, 「국제해상운송론」, (효성출판사, 2001), 15쪽.

1) 박명섭, 「국제해운론」, (법문사, 1997), 15쪽.

2) 정영석, 「해상운송론」, (텍스트북스, 2013), 2쪽.

3) 방희석, 「국제운송론(개정판)」, (박영사, 2005), 6쪽.

4) 방희석, 「국제운송론」, (박영사, 1999), 6쪽.

5) Adam Smith, *The Wealth of Nations(1st Published 1776)*, (Penguin, 1983); 방희석(2005), 6쪽.

6) 정영석, 「해상운송론」, (2005), 2쪽.

II. 운송 형태에 따른 해운의 특성

운송 형태는 운송수단에 따라 육운, 해운, 항공운송으로 구분된다. 이들 운송 형태의 우위성 또는 특성은 안전성 · 정확성 · 신속성 · 편리성 등의 제반 요소가 어느 정도 만족되느냐 또는 운송이 어떻게 경제적으로 이루어지느냐에 의하여 결정된다. 이 중 해운은 다음과 같은 특성을 가지고 있다.[7]

1. 대량운송

다른 운송 형태에 비하여 해운이 가지고 있는 가장 큰 장점은 대량운송이 가능하다는 점이다. 모든 운송수단 중 선박만큼 단위당 운송 능력이 큰 것은 없다. 철도운송에서도 화차의 수를 증가시키고 발차 횟수를 늘려감으로써 단위 운송량을 증가시킬 수는 있지만, 해운에 비할 수는 없기 때문에 대량운송의 표본은 해운이라 할 수 있다.[8]

2. 원거리운송

해운은 대량운송에 적합할 뿐 아니라 대체로 원거리운송에 이용된다. 철도운송과 항공운송도 원거리운송에 사용되지만, 단위당 운송비용 등이 가장 저렴하기 때문에 경제적 의미에서는 해운이 원거리운송을 대표한다.[9]

3. 저렴한 운송비

항공운송도 원거리운송에 이용되고 있고, 철도운송도 원거리운송에 이용되고 있지만, 거리와 중량의 비율로 보면 해상운송이 이들 운송 형태에 비하여 원거리운송에서 운임이 가장 싸다. 일반적으로 거리를 기준으로 해상운임과 철도운임을 비교하면 해상운임은 철도운임의 절반에 지나지 않는다.[10]

4. 자유로운 운송로

해운의 운송로는 바다이기 때문에 물리적 제한이 상대적으로 적다. 또 1609년 네덜란드의 해양법학자인 그로티우스가 주장한 공해자유론[11]이 18세기 국제법으로 공인된 이래, 제도적으로도 해

---

7) 방희석 교수와 임석민 교수도 해운의 특성을 ① 대량수송, ② 원거리수송, ③ 수송비 저렴, ④ 수송로의 자유성, ⑤ 국제성이 높음, ⑥ 속력이 늦다는 점의 6가지를 들고 있는데, 이하의 설명과 사실상 차이가 없다: 방희석(2005), 6~8쪽; 임석민, 「국제운송론(제3판)」, (삼영사, 2007), 70~71쪽.

8) 정영석(해상운송론, 2013), 3쪽.

9) 정영석(해상운송론, 2013), 4쪽.

10) 정영석(해상운송론, 2013), 4쪽.

11) 공해자유론 또는 해양자유의 원칙(freedom of sea)은 중세 후기에 있어서의 해양 영유의 일반적 관행에 반대하여 16세기에도 F.비토리아 등의 주장이 있었다. 그러나 오늘날 일반적인 공해자유론은 그로티우스의 「공해자유론」(Mare

양자유의 원칙(freedom of sea)에 의하여 공해에서는 항해의 자유가 보장되어 있다.[12)]「유엔해양법협약」(United Nations Convention on the Law of the Sea)[13)]에 따라 영해에서도 상선의 무해통항권이 보장되고 있다.

5. 높은 국제성

국제간에만 해상운송이 이루어지는 것은 아니며 국내에서 수행되는 연안해운도 상당한 비중을 차지하고 있다. 그러나 대부분의 해상운송은 국제간에 이루어지기 때문에 해운산업은 국제성이 가장 높은 산업 중의 하나이다.[14)] 선박의 출입항 국가가 다양하다는 점, 국제해운시장에서 외국 상선대와 무한경쟁을 벌여야 한다는 점, 편의치적(flag of convenience)을 이용하여 다양한 국적을 소유한 선주와 선원이 결합하여 기업 활동을 벌이는 다국적 기업의 형태를 띠고 있다는 점 등이 해운의 국제성을 잘 설명해 준다.[15)]

6. 저속운송

자동차, 철도 또는 항공기에 비하여 선박의 평균속도가 느리기 때문에 운송 시간 역시 상대적으로 느리다는 점이 해운의 특성 중 하나이다. 세계 주요 정기선의 속력은 시속 18~33노트(knot)이

Liberum, 1609)을 가리킨다.

주요 내용은 다음과 같다:

① 해양은 자연의 성질로서 점유할 수 없으므로 어느 나라도 영유할 수 없다.

② 해양은 자연이 인간의 공동 사용에 제공한 것이므로 인류사회에 속하며, 그 항행은 어느 누구에게도 자유이다.

③ 자연은 생활필수품을 모든 장소에 공급하고 있지 않으므로 교역이 필요하며, 따라서 그 요로인 해양을 이용하는 통상은 모든 사람에게 자유이다.

공해자유론은 국제교통의 발달에 따른 시대적 요구와 합치되는 것이어서 점차 인정을 받게 되었고, 18세기에는 영해에 대한 공해의 자유라는 개념이 일반화하여, 19세기 초에 국제법의 원칙으로 확립되었다.

12) 정영석(해상운송론, 2013), 4쪽.

13) 1982년 4월 해양에서의 기득권을 고수하려는 선진국과 인류공동의 유산임을 주장하는 개도국 간의 논의 결과로 탄생한 국제협약이다. 1958년 스위스 제네바에서 개최된 제1차 유엔 해양법회의는 선진 해양국들과 기타 국가들의 첨예한 이해의 대립으로 영해의 폭에 대해 합의를 보지 못했고, 해양법에 관한 조약의 단일문서화에도 실패했다. 유엔은 1973년에 제3차 유엔 해양법회의를 개최한 이래 1982년까지 회의를 지속했고 1982년 11월 16일 마침내「유엔해양법협약」을 체결했다.

이 협약은 영해, 내수, 접속수역, 배타적 경제수역 등 해양의 모든 영역을 대상으로 하는 포괄적인 해양 헌장이다. 이 협약은 12해리 영해제도와 국제해협 통과통항제도, 200해리 배타적 경제수역제도 등을 확립했다. 또한 심해저 자원을 인류의 공동재산으로 인식하고 국제해저기구를 설립해 심해저 개발을 관리 · 규제하고 있으며, 포괄적인 해양분쟁 해결을 위해 국제해양법재판소를 설립했다.

이 협약에 2005년까지 159개국이 서명했고, 한국은 1983년 3월 14일에 서명했다. 협약이 체결된 후에도 미국 등 선진국은 심해저 개발 제도에 대한 불만을 표시하며 협약서명을 기피해 협약의 실효성에 의문이 제기되었다. 하지만 1994년 유엔총회에서「1982년 유엔 해양법협약」제11장의 이행에 관한 협약」이 채택되면서 미국을 비롯한 선진국이 비로소 협약에 서명했다.「유엔 해양법협약」은 1994년 11월 16일 정식으로 발효되었다.

14) M. Stopford, *Maritime Economics*, (Unwin Hyman, 1988), p. 2.

15) 정영석(해상운송론, 2013), 5쪽.

며 부정기선은 12~18노트 정도이다.[16] 그러나 선박의 속력은 기술의 발달에 의하여 점차 향상되고 있기 때문에 상대적 특성에 불과하다.[17]

〈표 1〉 운송수단별 장단점 비교

구분	장점	단점
도로운송	• 문전운송가능 • 단거리운송에 적합 • 운임이 탄력적임 • 간단한 포장으로 운송 가능 • 배차용이	• 대량운송 불리 • 장거리 운송에 경제성 부족 • 안전성 낮음 • 용적 및 중량의 제약이 큼 • 특정 지역에서 교통체증 유발
철도운송	• 대량운송 가능 • 중장거리 운송에 경제성 높음 • 안전성 높음 • 전천후 운송 가능	• 단거리 운송비용 높음 • 적기 배차 곤란 • 문전운송 위해 도로운송 추가 소요
해상운송	• 대량운송 가능 • 장거리운송에 적합 • 비용 저렴 • 부피/중량이 큰 화물운송 가능	• 운송에 장기간 소요 • 항만설비와 하역에 고비용 소요 • 문전운송 위해 도로운송 추가 소요
항공운송	• 단소(短小)경박(輕薄) 화물운송에 적합 • 장거리 운송에 적합 • 속도가 빨라 계절성, 유행성, 신선도 유지 필요한 운송에 적합	• 운임이 가장 비쌈 • 중량 및 용적 제한이 심함 • 문전운송 위해 도로운송 추가 소요

출처: 엄윤대,「국제운송강론」, (일진사, 2003), 11쪽 〈표 1〉 운송수단(종류)별 특징(장단점) 참조

III. 해운의 기능

1. 전통적 의미에서의 기능

오늘날 세계 각국은 해운산업을 하나의 기본적 전략산업으로 평가하고 그 발전을 위하여 노력하고 있다. 그 이유는 해운산업이 국민경제에서 가지는 다음과 같은 기능에서 찾을 수 있다.[18] 국가에 따라서는 해운산업이 국민경제에 미치는 기능에 따라 주로 국내통상 보조수단으로 되어 있는 경우, 대외무역 보조수단으로 되어 있는 경우, 외화수입 취득수단으로 되어 있는 경우로 나눌 수 있다. 세계적인 무역국가인 우리나라에서는 대외무역 보조수단으로 분류하고 있으나,[19] 자국 화물의 운송비중이 낮은 오늘날은 해운업 자체가 하나의 독자적 경쟁력을 갖추어야 할 산업 분야로 분류하고

16) 방희석(2005), 8쪽.

17) 정영석(해상운송론, 2013), 5~6쪽.

18) 엄윤대,「국제운송강론」, (일진사, 2003), 18~19쪽.

19) 방희석(1999), 17쪽; 임석민(2007), 71~72쪽.

정책을 추진하는 것이 바람직하다.

가. 무역 발전의 촉진

해양자유의 원칙(freedom of sea) 하에서 선박 국적에 관계없이 해운은 동일한 조건에서 자유경쟁하기 때문에 어떤 특정 국가가 자국의 상선대를 보유하고 있다는 사실 자체만으로 특별히 저렴한 운임으로 자국의 무역을 지원할 수 있는 것은 아니다. 그러므로 평상시에는 자국화자국선(自國貨自國船)이라는 개념은 특별한 의미를 가지지 못한다. 그러나 해운시장에 공급된 선복량이 그 수요에 미치지 못하는 경우에는 상선대를 확보하지 못한 국가는 국제무역에서 대단히 불리한 위치에 놓이게 되기 때문에 무역활동이 마비되는 경우까지 생기게 된다. 따라서 적정한 수준의 선복량을 확보 · 유지할 수 있는 해운업의 성장은 그 국가의 안정된 무역활동을 가능하게 한다.[20)]

우리나라는 무역의존도가 세계에서 가장 높은 수준의 경제구조를 가지고 있기 때문에 해운산업의 중요성이 매우 지대하다고 할 수 있다. 지속적으로 해운산업을 육성한 결과, 현재는 IMO A 그룹 이사국에 들어갈 정도로 국제적 위상이 높아졌다. 세계 주요 국가 지배상선대 현황(2013년 1월 기준)을 보면 한국은 선박척수 1,576척, 선복량 75,095,000 DWT를 차지하여 그리스, 일본, 중국, 독일에 이어 세계 5위의 지배상선대를 보유한 국가로 세계 해운계에서 지도적 위치를 차지하고 있다.

〈표 2〉 세계 주요 국가 지배상선대 현황(2013년 1월 기준)

국가		척수			선복량		
		국적선	외국적선	합계	국적선	외국적선	합계
1	그리스	825	2,870	3,695	69,645	175,206	244,851
2	일본	738	3,253	3,991	17,216	206,599	223,815
3	중국	2,665	2,648	5,313	66,936	123,143	190,079
4	독일	396	3,437	3,833	16,642	109,137	125,779
5	한국	764	812	1,576	16,624	58,471	75,095
6	싱가포르	1,090	798	1,888	32,711	31,442	64,153
7	미국	768	1,175	1,943	8,672	49,606	58,278
8	영국	415	822	1,237	10,448	39,857	50,305
9	노르웨이	414	1,494	1,908	2,190	43,802	45,992
10	대만	102	712	814	3,311	40,949	44,260
11	덴마크	45	946	991	69	40,646	40,715
12	버뮤다	4	206	210	210	32,687	32,897
13	튀르키예	645	935	1,580	9,620	19,471	29,091
14	이탈리아	673	211	884	19,098	6,245	25,343
15	홍콩	269	297	566	15,769	8,557	24,326
16	인도	584	158	742	15,064	7,377	22,441
17	아랍에미리트	82	617	699	701	18,773	19,474
18	러시아	1,195	532	1,727	5,496	13,889	19,385

20) 방희석(2005), 14쪽.

국가		척수			선복량		
		국적선	외국적선	합계	국적선	외국적선	합계
19	말레이시아	472	142	614	9,521	7,594	17,115
20	네덜란드	757	450	1,207	6,101	10,572	16,673
20대 국가 소계		12,903	22,515	35,418	326,044	1,044,023	1,370,067
세계 합계		19,261	27,131	46,392	407,355	1,201,103	1,608,459

출처: UNCTAD, Review of Maritime Transport 2013.

※ 주: 1,000G/T 이상 상선대

또 세계 상위 컨테이너선사의 운항선복량(2020년 7월 기준)으로 보면, 우리나라 국적의 HMM이 보유선박 67척(602,186 Teu)으로 세계 8위로 기록되고 있을 정도로 국적선사의 지위도 높아졌다.

〈표 3〉 세계 상위 컨테이너 선사 운항 선복량 (2020년 7월 기준)

순위	선사	척	TEU	점유율(%)	수주잔량	
					TEU	척
1	APM-Maersk	650	3,942,396	16.5	43,252	15
2	MSC	558	3,730,570	15.7	187,500	11
3	COSCO	481	2,931,414	12.3	115,000	5
4	CMA CGM	504	2,730,460	11.5	449,640	27
5	Hapag-Lloyd	236	1,707,050	7.2		
6	ONE	211	1,544,320	6.5		
7	Evergreen Line	191	1,234,755	5.2	523,987	61
8	HMM Co Ltd	67	602,186	2.5	239,304	13
9	Yang Ming	91	599,068	2.5	193,800	22
10	PIL	109	347,596	1.5		
11	Zim	64	312,057	1.3		
12	Wan Hai Lines	97	250,625	1.1	48,744	20
13	Zhonggu Logi	115	168,581	0.6	1,140	1
14	IRISL Group	48	152,419	0.6		
15	KMTC	64	151,070	0.6	12,500	5
16	Antong Holdings	113	143,678	0.6	12,220	5
17	SITC	85	123,149	0.5	12,900	5
18	X-Press Feeders	70	102,677	0.4	5,564	2
19	UniFeeder	65	101,747	0.4		
20	TS Lines	45	101,377	0.4	6,496	3
21	Sinokor Mer. M	69	86,924	0.4	30,498	22
22	Global Feeder	21	69,128	0.3		
23	Matson	29	68,099	0.3	2,750	1
24	Arkas Line/EMES	35	60,429	0.3	12,400	4
25	SM Line Corp.	11	60,311	0.3		

순위	선사	척	TEU	점유율(%)	수주잔량	
					TEU	척
상위 25개사 계		4,029	21,322,086	89.6	1,888,695	222
세계 100개사 합계		5,146	22,632,315	95.0	1,941,274	263

출처: Alphaliner

나. 원자재 취득수단의 확보

주요 공업 원자재의 수입원가 중 상당한 비중을 운송비용이 차지하고 있기 때문에 운송비용의 절감과 대외 유출의 최소화는 국민경제에 기여하는 바가 크며 국제경쟁력을 확보하는 중요한 수단이 되고 있다. 또 제철산업, 전력산업 등과 같은 중화학공업의 경영에서는 장기운송계약의 형태로 장기적 · 저렴한 운송비를 통한 국제경쟁력 우위 및 원자재의 안정적 공급 수단으로서 자국의 해운산업 육성의 필요성이 있다. 우리나라와 같이 부존자원이 부족하면서 수출입 의존도가 높은 무역국가에서는 해운의 중요성이 더욱 크다고 할 수 있다. 참고로 관세청 통계에 의하면 2019년 말 기준으로 우리나라 수입통관물품의 가액이 총 5,033억 4천만 달러인데, 이 중 원자재 수입액이 2,539억 5천만 달러로 총수입액 중 50.45%에 달한다(〈표 4〉 우리나라 품목별 수입동향 참조).

2019년 말 기준으로 우리나라 국적외항상선대의 현황을 보면, 국적선이 총 999척(43,155,787 G/T톤)이다. 이중 벌크선[21], 광탄선, 원목선, 원유운반선, 케미컬운반선, 케미컬가스운반선, LPG선, LNG선, 시멘트운반선 등의 원자재 운반선이 416척(31,031,341G/T)에 달하여 척수 기준 41.6%, 총톤수 기준 71.9%에 달한다. 우리나라 국적선 중 원자재운반선이 차지하는 비중을 보더라도 원자재 운송을 주로 해운이 담당하고 있음을 알 수 있다(〈표 6〉 선종별 국적외항상선대 현황 참조).

다. 국제수지 개선 수단

자국의 상선대가 없거나 부족하여 외국국적 선박에 의존하여 화물을 운송한다면 그 운임은 외화로 지급하여야 한다. 반면 자국 상선대로 운송했을 경우에는 외화지출을 절약할 수 있고, 외국 화물을 운송하는 경우에는 외화를 획득할 수 있어 국제수지 개선의 효과가 크다. 우리나라와 같은 대외무역의 의존도가 높은 국가(〈표 7〉 우리나라 수출입 추이 참고)는 국적외항상선대에 의한 운임의 대외유출을 방지하고 운임수입을 극대화하는 것도 무역수지 개선에 큰 효과를 가져오게 된다.

우리나라의 경우에는 우수한 선원인력의 양성과 조선산업의 발달로 해운이 국제수지에 기여하는 비중이 높은 편이다. 2019년 기준으로 우리나라 국적 외항선의 해운수입은 32조 6,562억 원(279.9억 US$)을 넘어서고 있다. 이는 우리나라 지배상선대의 규모가 가장 컸던 2015년의 39조 772억 원(345.3억 US$)에 비하여는 많이 감소하였지만 국제수지 개선에 상당한 기여를 하고 있는 것은 사실이다(〈표 8〉 우리나라 주요 품목별 수출실적 참조). 그 밖에도 항만에서 징수되는 항만사용료 및 하역요금 등의 항만비용까지 포함하면 해운산업으로 인한 직접적 · 간접적 국제수지 개선 효과

21) 벌크선(Bulk Carrier)이라 함은, 곡물, 석탄, 광석 등의 대형 화물은 일정 단위로 포장하지 않은 상태에서 장비를 이용하여 선박에 적재 운송하는 것이 효율적인데. 이러한 화물을 전문적으로 운송하는 선박을 말한다. 따라서 석탄전용선(coal carrier), 광석전용선(ore carrier), 시멘트전용선(cement carrier), 곡물전용선(grain carrier) 등이 대표적인 벌크선이라 할 수 있다; 해운물류용어대사전(2006), 212쪽.

〈표 4〉 우리나라 주요 품목별 수입 동향
(단위: 억US$, %)

구분	2018		2019	
	금액	증가율	금액	증가율
▫ **소비재**	816.0	10.9	845.3	3.6
곡물	67.7	12.6	69.1	2.1
직접소비재	223.4	13.2	222.0	-0.6
-담배	6.0	160.9	4.1	-46.3
-주류	10.5	14.1	12.2	16.2
내구 소비재	321.7	7.3	345.1	7.3
-가전제품	56.1	13.6	74.9	33.5
-승용차	112.0	15.8	111.1	-0.8
-금	10.1	-53.9	8.9	-13.5
-골프용품	4.3	16.2	4.5	4.7
비내구 소비재	203.2	13.8	209.1	2.9
-의류	104.8	15.8	106.9	20.
▫ **원자재**	2,790.3	19.7	2,539.5	-9.9
연료	1,456.6	34.0	1,262.0	-15.4
-원유	803.9	34.9	702.5	-14.4
광물	220.0	8.5	216.8	-1.5
경공업원료	86.6	2.5	72.3	-19.8
유지	11.5	0.0	11.7	1.7
섬유류	44.1	7.6	41.5	-6.3
화공품	499.9	13.6	470.1	-6.3
철강재	197.2	-3.0	197.8	0.3
비철금속	127.7	5.9	120.1	-6.3
기타	146.7	4.8	147.3	0.4
▫ **자본재**	1,745.8	1.6	1,648.6	-6.0
기계류와 정밀기기	604.9	-4.1	506.9	-19.3
전기 · 전자기기	1,003.7	4.8	1,004.2	0.0
-정보통신기기	270.5	-0.6	273.3	1.0
-반도체	461.3	8.5	487.1	5.6
수송장비	114.1	6.6	116.0	0.8
기타	22.0	2.8	21.5	-2.3
총계	5,352.0	11.9	5,033.4	-6.3

출처: 관세청(성질별 수출입실적)

〈표 5〉 우리나라 주요 품목별 수출 실적
(단위: 억US$, %)

구분	2018		2019	
	금액	증가율	금액	증가율
▫ **식료 및 직접 소비재**	79.0	1.4	82.3	4.2
▫ **원료 및 연료**	550.9	27.8	488.4	-12.8
-석유제품	469.5	32.4	413.0	-13.7
▫ **경공업제품**	358.2	-0.4	341.9	-4.8
-섬유사	14.6	4.3	13.8	-5.8
-직물	51.7	-1.0	48.4	-6.8
-의류	21.0	4.0	19.2	-9.4
-고무타이어 및 튜브	36.5	0.8	34.9	-4.6
-금	5.4	-3.6	8.8	63.0
▫ **중화학공업품**	5,060.6	3.9	4,509.7	-12.2
-화공품	739.6	12.6	637.7	-9.8
-철강제품	480.6	2.5	441.2	-8.9
-기계류와 정밀기기	693.8	9.6	676.3	-2.6
-전기 · 전자제품	2,148.1	11.9	1,714.4	-25.3
(가전제품)	72.9	-11.7	87.3	19.8
(정보통신기기)	306.0	-4.8	325.7	-6.4
-컴퓨터	4.3	22.9	4.2	-2.4
-무선통신기기	177.4	-12.4	215.7	21.6
(반도체)	1,295.2	28.9	965.9	-34.1
-수송장비	873.8	-19.7	876.7	0.3
(승용자동차)	382.5	-1.5	404.5	5.8
(선박)	207.1	-49.9	195.4	-6.0
계	6,408.6	5.4	5,422.3	-11.6

출처: 관세청(성질별 수출입실적)

는 매우 높다.[22)]

22) 방희석(2005), 16쪽.

〈표 6〉 선종별 국적외항상선대 현황(2019년 말 기준)

선박 종류	척수	GT	DWT
벌크선	234	14,677,029	27,232,482
광탄선	37	5,366,096	10,354,545
핫코일운반선	0	0	0
철강재운반선	6	80,120	84,018
원목운반선	0	0	0
자동차운반선	61	3,698,377	1,343,989
풀컨테이너선	122	3,411,301	3,688,852
세미컨테이너선	3	19,965	13,690
원유운반선	47	6,750,281	13,044,798
일반화물선	119	1,921,750	3,298,004
냉동 · 냉장선	33	146,295	188,600
케미칼운반선	17	62,328	92,490
LPG운반선	49	843,961	961,771
LNG운반선	32	3,330,836	2,592,689
석유제품운반선	28	589,673	1,005,438
석유제품 · 케미칼 겸용 운반선	195	2,069,158	3,383,130
시멘트 운반선	0	0	0
예선	5	1,054	229
기타	11	186,303	279,467
합계	999	43,155,787	67,555,192

자료: 해양수산부

〈표 7〉 우리나라 수출입(통관 기준) 추이(단위: 백만US$)

구분	수출(FOB)	수입(CIF)	수출입차액
2000년	172,268	160,481	11,786
2005년	284,419	261,238	23,180
2010년	466,384	425,212	41,172
2011년	556,514	524,375	32,139
2012년	547,870	519,584	28,285
2013년	559,632	515,586	44,047
2014년	572,665	525,515	47,150
2015년	526,756	436,499	90,258
2016년	495,426	406,193	89,233
2017년	573,694	478,478	95,216
2018년	604,860	535,202	69,658
2019년	542,333	503,343	38,890

출처: 기획재정부, 월간 '주요경제지표' 각호.

〈표 8〉 우리나라 외항해운업계 해운수입 추이

연도	해운수입(억 원)	해운수입(억US$)	평균 환율
2009	318,783	249.8	1276.40
2010	440,539	380.9	1156.52
2011	426,325	384.9	1107.60
2012	477,056	423.3	1126.90
2013	396,038	361.7	1095.04
2014	364,422	346.0	1053.22
2015	390,772	345.3	1131.49
2016	288,327	238.7	1207.70
2017	295,379	261.2	1130.96
2018	322,648	292.9	1,101.47
2019	326,562	279.9	1,166.72

출처: 한국해운협회

라. 관련 산업의 발달

영국은 해운산업의 발달을 바탕으로 무역, 조선, 금융, 보험, 해사법률서비스 등의 산업이 연쇄적으로 발달하여 선진경제 국가가 되었다. 이와 마찬가지로 우리나라도 해운산업의 발달이 하나의 기폭제가 되어 오늘날 세계 제1위의 조선 국가가 되었고, 조선산업에 필요한 철강산업 등도 함께 발전하고 있다(〈표 5〉 우리나라 주요 품목별 수출실적 참조). 또 항만산업, 금융 · 보험 등의 산업도 파생적으로 발전할 여지가 매우 높다. 이밖에 해운산업의 발달과 밀접한 관련을 가지는 산업으로는 무역업, 석유산업, 화학공업, 목재산업, 시멘트산업, 섬유공업, 전력산업, 물류정보산업 등을 들 수 있다.[23]

마. 고용창출 효과

해운산업의 고용창출효과는 직접고용효과와 간접고용효과로 나눌 수 있다. 직접적 고용창출효과는 해운산업의 육상 및 해상 취업자, 해외송출선원 등을 들 수 있으며, 간접적 고용창출효과로는 조선산업 종사자, 항만연관산업 종사자, 해상보험업 종사자, 해운중개업 종사자, 복합운송관련 산업 종사자, 관련 공무원, 공공기관 및 관련단체 종사자 등을 들 수 있다. 간접고용 효과를 포함하면 해운산업의 고용창출 효과는 타 산업에 비하여 상대적으로 크다고 할 수 있다.[24]

2019년 말 현재 선원수급 현황을 보면 선원 가용인력은 13,865명(승선원 11,296명, 예비원 1,061명, 미취업자 1,508명)에 달한다.[25]

23) 방희석(1999), 12~14쪽.

24) 방희석(2005), 16쪽; 정영석(해상운송론, 2013), 13쪽.

25) 한국해운협회, 「2020 해사통계」, 39쪽 〈표 3-3〉 상선(국적외항+ 해외취업) 선원가용인력 현황.

바. 비상사태에서 운송수단의 확보

부존자원이 부족한 국가일수록 비상사태가 발생하였을 때 운송수단의 안정적 확보는 국민경제의 안정성 유지와 국방상 매우 중요하다. 중대한 경제위기가 발생하거나 국방상의 위기 상황이 발생할 때는 자국 상선대를 확보하지 못하면 국가적 통제나 관리가 이루어질 수 없어 필요한 물자를 적기에 공급할 수 없는 경우가 생긴다. 이러한 이유에서 상선대의 확보와 국방 전략을 연계시켜 해운산업을 육성 지원하는 경우가 많다. 우리나라는 국민경제의 필요성은 물론 국방상으로도 상선대의 확보는 매우 긴요하기 때문에 자국 상선대의 확보 외에도 「국제선박등록법」에서 국가필수국제선박을 지정하여 지정된 선박을 유사시에 이용할 수 있도록 하고 있다.[26)]

2. 현대적 의미에서의 기능

국민경제에 미치는 영향에 따라 해운산업은 자국의 국내통상 보조수단, 대외무역 보조수단, 외화수입 취득수단으로 그 기능이 달리 설명될 수 있다. 대개 해운의 발달 정도나 규모가 미미할 경우에는 국내통상 보조수단에 그치지만, 그 나라의 무역과 해운 규모가 상당한 경우에는 대외무역 보조수단의 기능을 하게 되고, 국내외 무역보조 수단으로서의 기능을 넘어서게 되면 해운산업 자체가 하나의 독자적 산업으로서 국제적 경쟁을 하게 되는 단계에 이르게 된다.

우리나라는 1960년대 경제개발 5개년 계획을 성공적으로 추진한 이래 1970~80년대 고도성장기를 거치면서 오늘날은 중화학공업, 반도체를 비롯한 전자산업, 조선산업 등 다양한 분야에서 첨단기술력을 바탕으로 세계 10위 내외의 무역대국으로 성장하였다. 또 해운산업도 지배상선대 보유규모에서 2013년 세계 5위를 기록한 이래 세계적인 해운국가의 수준을 유지하고 있기 때문에 국내통상 보조수단이나 대외무역 보조수단의 단계를 넘어서서 외화수단 취득수단으로서의 기능을 해야 할 단계에 도달해 있다.

전통적 해운의 기능 중 국제수지개선 효과, 관련 산업의 발달 촉진, 고용창출 효과 등은 여전히 무시하지 못할 수준이다. 그러나 우리나라에서는 무역규모가 이미 세계 최상위 그룹에 속하고 있고, 수출입화물에 대한 국적선사의 적취율이 10.14%(〈표 10〉 우리나라 수출입해상물동량 국적선 수송 추이)에 불과하기 때문에 해운산업 자체가 외화취득수단으로서 독자적인 산업영역으로 자리잡고 있다고 할 수 있다. 그 외에도 비상사태에서 운송수단으로서의 기능이 여전히 유효하기는 하지만 현행 「국제선박등록법」은 국방상 유사시에 국제선박으로 등록된 국적선을 동원할 수 있는 데 불과하여 2020년 말 코로나19 사태로 인한 일시적 선복 부족 현상으로 인한 수출화물운송 애로 등의 경우에는 이러한 기능을 수행하지 못하는 문제가 있었다. 경제적 위기 상황 등에 대처하기 위한 국적선 우선 동원 등의 문제를 해결할 수 있는 제도적 개선이 필요하다.[27)]

---

26) 1997년 8월 22일 법률 제5365호로 제정된 「국제선박등록법」 제2조 제3호에서는 "국가필수국제선박을 전시, 사태 또는 이에 준하는 비상시(이하 '비상사태'라 한다)에 국민경제에 긴요한 물자와 군수물자를 운송하기 위한 국제 선박으로서 「국제선박등록법」 제8조 제1항의 규정에 의하여 지정된 선박을 말한다"라고 규정하고 있다; 임동철 · 정영석, 「해사법규강의(제3판)」, (해인출판사, 2003), 69~82쪽.

27) 「국제선박등록법」에서 규정한 제도와 유사하게 한국국적선연합과 같은 특정 목적의 해운동맹에 대하여 국가와의 계약에 의한 우선동원제도 등을 검토할 필요가 있다.

〈표 9〉 우리나라 수출입해상물동량 국적선 수송 추이(환적 포함)(단위:R/T)

구분	국적선			외국선		
	계	수입	수출	계	수입	수출
2009	145,079,539	103,908,991	41,170,548	703,219,105	462,172,872	241,046,233
2010	145,652,548	105,632,637	40,019,911	820,540,794	541,407,619	279,133,175
2011	154,448,622	106,849,525	47,599,097	915,116,966	596,903,660	318,213,306
2012	132,920,769	87,832,694	45,088,075	975,617,501	636,564,033	339,053,468
2013	131,215,131	83,870,351	47,344,780	991,990,274	651,983,142	340,007,132
2014	136,780,649	88,483,337	48,297,312	1,047,860,545	688,140,099	359,720,446
2015	132,771,992	83,959,938	48,812,054	1,084,009,734	715,510,025	368,499,709
2016	134,543,069	82,340,708	52,202,361	1,108,053,992	737,994,030	370,059,962
2017	141,960,267	87,773,705	54,186,562	1,170,529,207	772,590,949	397,938,258
2018	138,642,703	79,841,354	58,801,349	1,267,268,980	835,667,856	431,601,124
2019	141,897,037	78,851,249	63,045,788	1,286,931,312	848,787,800	438,143,512

출처: 해양수산부PORT-MIS

〈표 10〉 우리나라 수출입해상물동량 국적선수송 추이(환적 제외)(단위:R/T)

구분	국적선			외국선		
	계	수입	수출	계	수입	수출
2009	129,366,521	96,385,517	32,981,004	589,836,245	406,454,378	183,381,867
2010	129,026,938	97,374,163	31,652,775	690,399,307	476,411,353	213,987,954
2011	135,643,611	97,536,402	38,107,209	756,142,860	514,533,503	241,609,357
2012	115,476,614	79,881,021 3	35,595,593	797,476,013	545,125,909 2	252,350,104
2013	111,753,312	74,384,624	37,368,688	801,884,974	554,983,398	246,901,576
2014	115,731,465	78,437,862	37,293,603	835,988,995	580,137,910	255,851,085
2015	110,535,423	73,530,101	37,005,322	859,931,938	600,580,856	259,351,082
2016	108,847,494	70,480,787	38,366,707	890,742,775	627,528,422	263,214,353
2017	113,109,195	74,191,857	38,917,338	939,876,314	656,718,090	283,158,224
2018	105,600,539	63,273,162	42,327,377	983,791,577	689,739,832	294,051,745
2019	111,254,716	65,180,430	46,074,286 9	985,785,041	695,122,883	290,662,158

출처: 해양수산부PORT-MIS

Ⅳ. 우리나라의 선종별 주요 항로

해운시장도 수요와 공급에 의해 운임(가격)이 결정되는 구조를 가지고 있다. 글로벌 경제 여건이 수요와 공급에 영향을 미친다. 글로벌 경기가 좋을 때는 무역이 증가하여 해상운송 수요도 증가하게 된다.

해운시장은 화물에 따라 선박의 특성이 달라진다. 해운시장은 전통적으로 선종에 따라 ① 주로 공산품을 컨테이너 박스에 담아 운송하는 컨테이너선 시장, ② 철광석, 석탄, 곡물 등을 덩어리

(bulk)로 운송하는 건화물선 시장, ③ 원유나 석유제품 등의 액체화물을 운송하는 유조선시장의 세 가지로 분류하고 있다.

〈그림 2〉는 선종별 물동량 규모를 보여준다. 건화물선이 52억 톤으로 가장 많은 비중을 차지하고, 그 다음으로 유조선, 컨테이너선이 그 순위를 이어가고 있다. 또 〈그림 3〉은 선종별 선복량을 보여주는데, 선복량도 수요(물동량)에 상응하여 건화물선, 유조선, 컨테이너선의 순으로 많은 비중을 차지하고 있다.

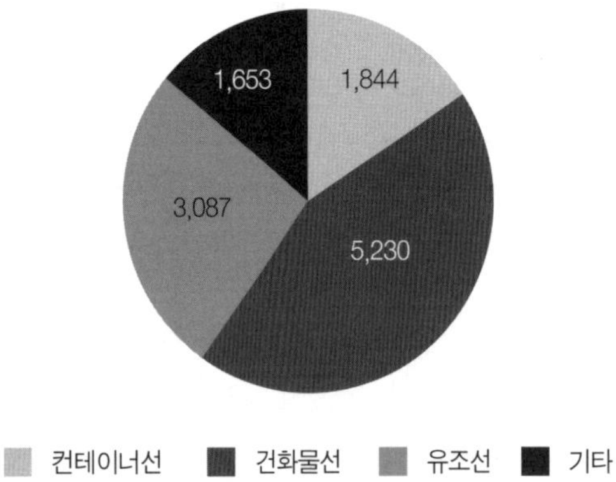

〈그림 2〉 선종별 물동량 규모(2018년 말)
(단위: 백만 톤).

출처: 한국해양수산개발원, 시계열 분석을 통한 해운시장 분석 및 예측연구, (2020.12), 19쪽 〈그림 2-2〉. 이 그림은 Clarksons(2020), p. 119의 자료를 토대로 작성된 것임

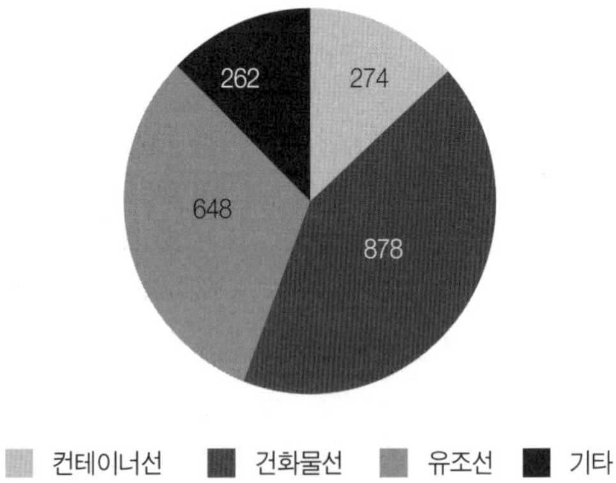

〈그림 3〉 선종별 선복량 규모(2020년 말)
(단위: 백만 DWT)

출처: 한국해양수산개발원, 시계열 분석을 통한 해운시장 분석 및 예측연구, (2020.12), 19쪽 〈그림 2-3〉. 이 그림은 Clarksons(2020), p. 119의 자료를 토대로 작성된 것임.

1. 건화물선 시장

우리나라를 기준으로 보면, 호주의 철광석과 석탄을 우리나라, 중국, 일본으로 운송하는 태평양 항로의 화물이 가장 많다. 다음으로 브라질의 철광석을 중국, 우리나라, 일본 등으로 운송하는 대서양–동북아(Front Haul) 항로도 물동량이 많다. 이외에도 북미, 남미의 곡물을 유럽과 아시아로 운송하는 항로, 남아프리카의 광물 자원을 유럽과 아시아로 운송하는 항로 등이 있다(〈그림 4〉).

2. 유조선 시장

우리나라를 중심으로 유조선 시장의 주요 항로는 ① 중동 산유국에서 동아시아, 유럽, 미국 등으로 원유를 운송하는 항로, ② 베네수엘라, 북해 등의 원유 생산지에서 주요 소비국으로 향하는 항로가 있다(〈그림 5〉).

3. 컨테이너선 시장

우리나라 중심의 컨테이너선 시장의 주요 항로는 ① 우리나라, 중국, 일본 등의 동북아시아에

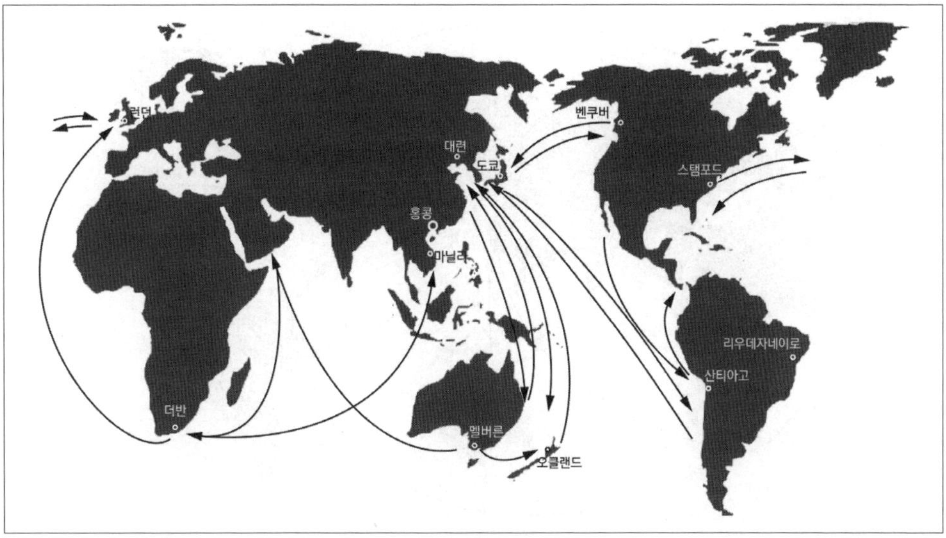

〈그림 4〉 건화물시장의 주요 항로

출처: 한국해양수산개발원, 시계열 분석을 통한 해운시장 분석 및 예측연구, (2020.12), 21쪽 〈그림 2-5〉.

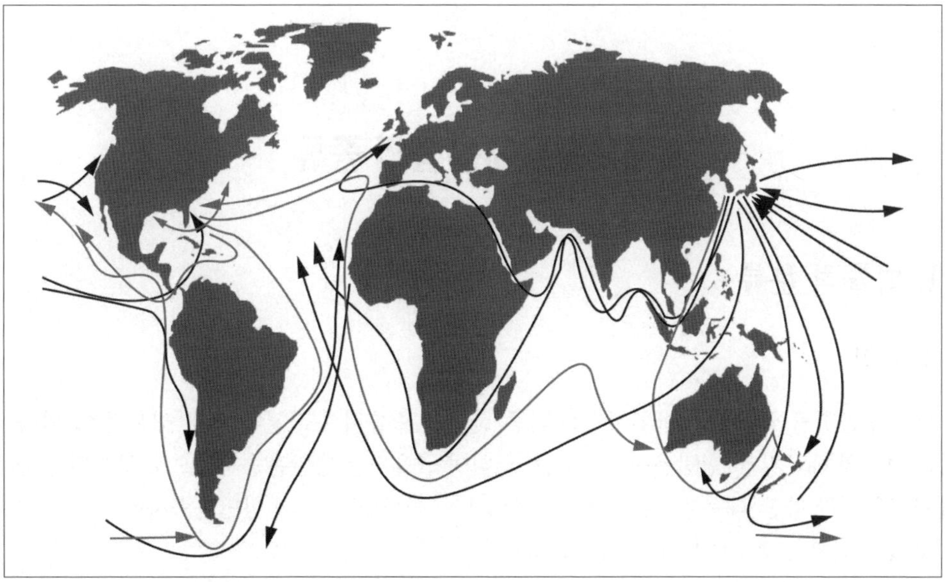

〈그림 5〉 유조선시장의 주요 항로

출처: 한국해양수산개발원, 시계열 분석을 통한 해운시장 분석 및 예측연구, (2020.12), 22쪽 〈그림 2-6〉.

서 미국 등의 북미로 가는 태평양 항로, ② 동북아시아에서 유럽으로 가는 동북아-유럽 항로, ③북미에서 유럽으로 가는 대서양 항로가 주요 기간항로(동서항로)로 분류된다. 이외에도 북미/유럽과 남미/아프리카를 잇는 남북항로도 있고, 아시아, 유럽 등의 지역 내 항로도 있다.

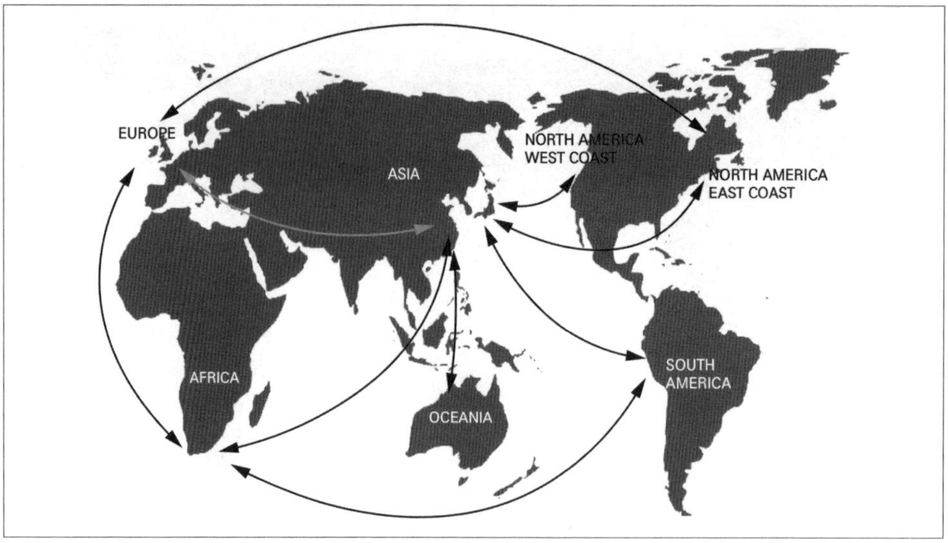

〈그림 6〉 컨테이너선 시장의 주요 항로

출처: 한국해양수산개발원, 시계열 분석을 통한 해운시장 분석 및 예측연구, (2020.12), 20쪽 〈그림 2-4〉.

제2절 해운업의 종류

I. 법률적 분류

1. 의의

선박의 운항을 둘러싸고 이루어지는 각종 산업을 법률적으로 분류하면「해운법」에 의하여 규율되는 협의의 해운업과「항만운송사업법」에 의하여 규율되는 항만운송사업으로 구분된다. 실무계에서 해운업이라 하면「해운법」상의 해운업과「항만운송사업법」상의 항만운송사업 및 항만운송 관련 사업을 통칭하는 것으로 넓게 이해하고 있다.

2. 해운법 상의 해운업

「해운법」에서는 해상여객운송사업 · 해상물건운송사업 · 해운중개업 · 해운대리점업 · 선박대여업 및 선박관리업의 6가지 업종을 해운업으로 정의하고 있다(해운법 제2조 제1호). 이를 구체적으로 설명하면 다음과 같다(해운법 제2조 제2호 내지 제9호).

첫째, 해상여객운송사업은 해상 또는 해상과 연접한 내륙수로에서 여객선(13인 이상의 여객정원을 가진 선박을 말한다)으로 사람 또는 사람과 물건을 운송하거나 이에 수반되는 업무를 처리하는 사업으로서 「항만운송사업법」 제2조 제4항의 규정에 의한 항만운송 관련 사업 외의 것을 말한다. 또 해상여객운송사업은 내항정기여객운송사업, 내항부정기여객운송사업, 외항정기여객운송사업, 외항부정기여객운송사업, 기타 해상여객운송사업으로 구분하고 있다(해운법 제3조).

둘째, 해상물건운송사업은 해상 또는 해상과 연접한 내륙수로에서 선박(부선이 예선과 결합된 경우 이를 포함한다)으로 물건을 운송하거나 이에 수반되는 업무(용대선을 포함한다)를 처리하는 사업(수산업자가 어장으로부터 자기의 어획물 또는 그 제품을 운송하는 사업을 제외한다)으로서 「항만운송사업법」 제2조 제2항의 규정에 의한 항만운송사업 외의 것을 말한다. 여기서 용대선이라 함은 해상여객운송사업이나 해상물건운송사업을 영위하는 자 상호간 또는 해상여객운송사업이나 해상물건운송사업을 영위하는 자와 외국인 간에 사람 또는 물건을 운송하기 위하여 선박의 일부 또는 전부를 용선하거나 대선하는 것을 말한다. 또 「해운법」은 해상물건운송사업의 종류를 내항화물운송사업, 외항정기선 운송사업, 외항부정기선 운송사업으로 나누고 있다(해운법 제25조).

셋째, 해운중개업은 해상물건운송의 중개 또는 선박의 대여 · 용대선 또는 매매를 중개하는 사업을 말한다.

넷째, 해운대리점업은 해상여객운송사업 또는 해상물건운송사업을 영위하는 자(외국인 운송사업자를 포함한다)를 위하여 통상 그 사업에 속하는 거래의 대리를 하는 사업을 말한다.

다섯째, 선박대여업은 해상여객운송사업 또는 해상물건운송사업을 영위하는 자 외의 자가 그가 소유하거나 소유권을 이전받기로 약정하고 임차한 선박을 타인(외국인을 포함한다)에게 대여하는 사업을 말한다.

여섯째, 선박관리업은 해상여객운송사업 · 해상물건운송사업 또는 선박대여업을 영위하는 자(외국인을 포함한다)로부터 선박관리 · 선원 관리 및 해상보험 등의 업무를 수탁하여 행하는 사업(외국의 선박관리업자로부터 그 업무의 전부 또는 일부를 수탁하여 행하는 사업을 포함한다)을 말한다.

3. 항만운송사업법 상 항만운송사업 및 항만운송관련사업

항만운송사업은 화주나 선박운항업자로부터 위탁을 받아 항만에서 해상운송에 앞서 또는 해상운송의 후속으로 화물을 선박에 적재하거나 선박으로부터 화물을 양륙하는 사업을 말한다.[28)]

항만운송은 해상과 육상운송의 접점에서 화물을 연결하는 기능을 맡고 있다. 그러므로 항만운송이 제대로 이루어지지 않으면 항만에서 화물의 원활한 유통이 이루어지지 않게 되어 항만 체화나 체선 등의 사태가 발생하여 해상운송에 큰 장애가 발생하게 된다.

「항만운송사업법」 제3조에서는 항만운송사업을 항만 하역 사업, 검수 사업, 감정 사업, 검량 사업의 4 가지로 나누고 있다. 또 동법 제2조 제4항에서는 항만 안에서 선박에 물품 또는 역무(service)를 제공하는 항만용역업 · 물품공급업 · 선박급유업 및 컨테이너 수리업을 항만운송 관련 사업으로 규정하고 있다.

28) 이종인, 「국제해상운송론」, (효성출판사, 2001), 29쪽.

II. 학문적 분류

해운은 선박의 운항 형태에 따라 정기선운송과 부정기선운송으로 구분할 수 있고, 운송의 대상에 따라 화물운송과 여객운송으로 구분할 수 있다.[29]

또 운송계약의 형태에 따라서는 개품운송계약과 용선계약, 기타 운송계약으로 구분할 수 있다.

1. 운항 형태에 따른 분류

가. 정기선운송

정기선운송은 항로, 기항지, 발착 일시, 취항 척수 및 항해 수가 미리 정해져 있는 해상운송을 의미한다. 「해운법」 상으로는 내항정기여객운송, 외항정기여객운송, 내항정기화물운송[30], 외항정기선 운송으로 구분할 수 있다. 이 책에서는 외항정기선 운송을 중심으로 설명한다.

대상 화물은 잡화가 주류를 이루고 있으며, 정기선이 취항하는 항로에는 대부분 해운동맹이 결성되어 해운동맹에서 공표한 표준운임표(tariff)에 의해 운임이 품목별로 정해져 있다.

나. 부정기선운송

부정기선운송은 운항의 기일, 항로가 일정하지 않고 운송 대상에 따라 가장 유리하도록 배선되어 있는 해상운송을 의미한다. 「해운법」 상 부정기선운송은 내항부정기여객운송, 외항부정기여객운송, 내항부정기선 운송사업, 외항부정기선 운송으로 구분하고 있다. 이 책에서는 외항부정기선 운송을 중심으로 설명한다.

대상 화물은 주로 광석, 석탄, 곡류, 목재 등 대량화물로서 비교적 가격이 낮은 것이 보통이다. 운임은 그때그때 시황에 따라 당사자 간에 합의되는 대로 성약되는 것이 특징이다.

2. 운송 대상에 따른 분류

가. 해상여객운송

「해운법」에서는 "해상여객운송사업이란 해상이나 해상과 접하여 있는 내륙수로에서 여객선 또는 「선박법」 제1조의2 제1항 제1호에 따른 수면비행선박(이하 '여객선등'이라 한다)으로 사람 또는 사람과 물건을 운송하거나 이에 따르는 업무를 처리하는 사업으로서 「항만운송사업법」 제2조 제4항에 따른 항만운송관련사업 외의 것을 말한다"라고 규정하고 있다(해운법 제2조 제2호).

해상여객운송사업은 「해운법」 상 다음과 같이 구분하고 있다(해운법 제3조 제1호 내지 제6호):

① 내항정기여객운송사업

국내항과 국내항 사이를 일정한 항로와 일정표에 따라 운항하는 해상여객운송사업. 이때 국내항이라 함은 해상이나 해상에 접하여 있는 내륙수로에 있는 장소로서 상시 선박에 사람이 타고 내리거나 물건을 싣고 내릴 수 있는 장소를 포함한다.

29) 엄윤대(2003), 21쪽 참조.

30) 「해운법」에서는 내항화물운송은 정기화물운송과 부정기선 운송을 구분하고 있지 않다.

② 내항부정기여객운송사업

국내항과 국내항 사이를 일정한 일정표에 따르지 아니하고 운항하는 해상여객운송사업.

③ 외항정기여객운송사업

국내항과 외국항 사이 또는 외국항과 외국항 사이를 일정한 항로와 일정표에 따라 운항하는 해상여객운송사업.

④ 외항부정기여객운송사업

국내항과 외국항 사이 또는 외국항과 외국항 사이를 일정한 항로와 일정표에 따르지 아니하고 운항하는 해상여객운송사업.

⑤ 순항(cruise) 여객운송사업

해당 선박 안에 숙박시설, 식음료시설, 위락시설 등 편의시설을 갖춘 대통령령으로 정하는 규모 이상의 여객선을 이용하여 관광을 목적으로 해상을 순회하여 운항(국내외의 관광지에 기항하는 경우를 포함한다)하는 해상여객운송사업.

⑥ 복합해상여객운송사업

위 ①부터 ④까지의 어느 하나의 사업과 ⑤의 사업을 함께 수행하는 해상여객운송사업.

나. 해상물건운송

「해운법」에서는 "해상화물운송사업이란 해상이나 해상과 접하여 있는 내륙수로에서 선박(예선에 결합된 부선을 포함한다)으로 물건을 운송하거나 이에 수반되는 업무(용대선을 포함한다)를 처리하는 사업(수산업자가 어장에서 자기의 어획물이나 그 제품을 운송하는 사업은 제외한다)으로서 「항만운송사업법」 제2조 제2항에 따른 항만운송사업 외의 것을 말한다"라고 규정하고 있다(해운법 제2조 제3호).

해상화물운송사업은 「해운법」상 다음과 같이 구분하고 있다(해운법 제23조 제1호 내지 제3호):

① 내항화물운송사업

국내항과 국내항 사이에서 운항하는 해상화물운송사업.

② 외항 정기선 운송사업

국내항과 외국항 사이 또는 외국항과 외국항 사이에서 정하여진 항로에 선박을 취항하게 하여 일정한 일정표에 따라 운항하는 해상화물운송사업.

③ 외항부정기선 운송사업

①과 ② 외의 해상화물운송사업.

이와 같이 해상화물운송사업 중 내항화물운송사업에 대하여는 부정기선운송사업과 정기선운송사업을 구분하지 않으며, 외항운송사업에 대하여는 부정기선운송사업과 정기선운송사업을 구분하고 있다.

3. 운송계약의 형태에 따른 분류

송하인은 화물을 해상운송하는 경우 운송인과 운송계약을 체결하여야 하는데, 운송계약은 개품운송계약과 용선계약으로 구분할 수 있다.[31] 송하인은 화물의 수량이나 항로 사정 등을 감안하여 그 화물운송에 적당한 운송계약을 체결하는 것이다.

정기선운송의 경우에는 개품운송계약을 체결하고 별도의 운송계약 없이 화물의 수령을 증명하는 선하증권을 운송계약의 증거로 사용한다. 부정기선운송에서 사용되는 용선계약의 경우에는 운송인과 송하인 사이에 합의된 용선계약의 내용에 따르게 되는데, 용선시장에서 널리 사용되는 표준계약서식을 사용한다.

가. 개품운송계약

개품운송계약(contract of affreightment in general ship)은 운송인이 개개의 물건을 해상에서 선박으로 운송할 것을 인수하고, 송하인이 이에 대하여 운임을 지급하기로 약정함으로써 그 효력이 생기는 계약이다(상법 제791조).

이때 운송물이 될 수 있는 물건은 운송할 수 있는 모든 유체동산을 말한다. 이는 재산적 가치의 유무 또는 거래의 대상이 될 수 있는지의 유무를 묻지 않고, 운송의 대상이 되는 것은 모두 포함하는 개념이다. 이러한 물건에는 산 동물(live animal)도 포함되고, 물건이 컨테이너 등의 운송용기에 들어 있거나 포장되어 있는 경우에는 그 운송용기나 포장도 포함되지만, 저하(ballast)[32]는 운송물이 아니다.

개품운송계약은 물건운송계약이므로 운송인이 운송물을 수령하여 보관하여야 한다. 개품운송계약의 체결에 대하여는 원칙적으로 계약자유의 원칙이 지배하며, 그 방식에 있어서도 아무런 제한이 없다. 운송인은 송하인의 청구에 의하여 선하증권(bill of lading) 또는 해상화물운송장(sea way bill)을 교부하여야 하지만(상법 제852조, 제863조), 이는 계약의 성립 요건은 아니다. 그러나 개품운송계약은 부합계약(contract of Adhesion)[33]이므로 계약의 상대방을 보호할 필요가 있다는 점에서 개품운송계약에 적용되는「상법」의 규정은 상대적 강행규정으로서「상법」의 규정에 반하여 운송인

---

31) 엄윤대(2003), 30~31쪽.

32) Ballast cargo라고도 하는데, 선박의 안정을 유지하기 위하여 배의 가장 밑바닥에 싣는 중량물을 말한다. 해운 실무에서는 원어 그대로 밸러스트라고 부른다. 운송물이 너무 소량인 경우 선박의 저하가 없으면 프로펠러가 공전할 우려가 있고 선박의 복원성을 해치게 되어 원양 항해가 곤란하게 되므로 저하가 필요하다. 저하로서 싼 운임의 광물 등을 적재하기도 하고 경우에 따라서는 물로 탱크를 채우기도 하고, 모래를 저하로 사용하기도 한다. 그러한 의미에서 ballast cargo를 bottom cargo라고도 한다: 해운물류용어대사전(2006), 177쪽.

33) 개품운송계약과 해상여객운송계약은 선하증권 또는 해상여객운송약관과 같은 약관에 의하여 체결되는 경우가 일반적이므로 부합계약성을 갖는다. 부합계약성으로 인하여「상법」은 운송계약자를 보호하기 위하여 개품운송계약에 대하여 일정한 제한을 두고 있는데, 이러한 규정을 상대적 강행규정이라 한다.

그러나 항해용선계약이나 정기용선계약과 같은 용선계약은 대규모의 물건을 운송하는 화주와의 사이에서 비교적 대등한 경제적 지위에서 계약을 체결할 수 있기 때문에 계약자유에 맡겨져 있고 부합계약성을 지니고 있다고는 보지 않는다.

해상운송계약의 이러한 성질로 인하여 영국과 미국에서도 부합계약성을 갖는 개품운송계약에는 해상물건운송법(Carriage of Goods by Sea Act)이라는 강행규정을 가진 단행법을 제정한 반면, 용선계약에 대하여는 계약자유의 원칙이 철저히 지켜지고 커먼 로(common law)라는 판례법에 의하여 계약의 내용을 해석할 뿐이다. 물론 용선계약에 대하여도 표준계약서식이 있지만, 이는 용선계약이 이루어지는 각각의 시장을 중심으로 자율적으로 만들어진 계약서식으로서 부합계약의 성질을 지닌 것은 아니다.

의 책임을 경감하거나 면제하는 특약 또는 운송물에 관한 보험의 이익을 운송인에게 양도하는 약정 등은 모두 무효로 하고 있다(상법 제799조 제1항).

용선계약[34]에서는 선복(space)의 이용이 계약의 목적이기 때문에 선박의 개성이 중시되지만, 개품운송계약에서는 운송물의 개성(종류, 수량, 중량 등)이 중시되기 때문에 선박의 개성은 문제가 되지 않는다.[35] 따라서 이 계약에서는 운송물이 선적되기로 예정되어 있던 선박을 바꾸어 다른 선박을 이용하여 운송하는 것을 약정한 대선약관(substitution clause) 및 일단 선적한 화물을 다른 선박으로 교체할 수 있는 재량권을 유보한 환적약관(transshipment clause)이 이용되는 경우도 많다.

용선계약이 선주와 용선자(charterer)와의 1:1의 계약인 것과는 달리 개품운송계약은 선주와 불특정 다수의 송하인과의 사이에 체결된 1:다수의 계약이다. 그러므로 개품운송계약에서는 번잡을 피하기 위해 선하증권의 뒷면에 기재한 운송약관에 따라 획일적인 계약이 이루어지는 부합계약의 성질을 가지고 있다. 선하증권 뒷면약관에 의한 운송계약에는 선주가 자기에게 유리한 면책특약을 설계할 가능성이 다분히 있기 때문에 「상법」 제799조 제1항은 선주에게 유리한 면책특약을 제한하고 있다.

항해용선계약은 운송물이 선박을 부르는 부정기선운송에서 사용되는 계약인 반면, 개품운송계약은 선박이 운송물을 부르는 정기선운송에서 이용되고 있다. 정기선에 의해 운송된 화물은 거래단위가 비교적 적으며 동시에 시장성이 높은 것이 많기 때문에 해상운송의 안정성과 신속성이 강하게 요구된다. 이 같은 요청에 따라 등장한 것이 컨테이너운송이다. 컨테이너운송은 알루미늄 경합금 등을 재질로 한 컨테이너 속에 종이 상자 혹은 나무 상자로 적부(stowage)한 물건을 쌓아 고정해 운송하는 것을 말한다. 이러한 운송방법을 채용함으로써 하역작업 시간은 비약적으로 단축되었고, 적재 · 환적 등의 작업 시에 운송물의 손상이 줄어들었다. 컨테이너운송으로 해상운송의 합리화에 기여하고 있는 것이 화물의 발송지에서 목적지까지의 운송(해상운송 및 육상운송)을 일관해 행하는 일관운송계약(contract of through transport)인 것이다.

개품운송계약에 의한 운송 형태는 보통 운송인이 불특정 다수의 화주로부터 운송의 위탁을 받아 이들 화물을 혼재(consolidate)하여 운송하는 것으로 정기선이 일반적으로 이용되고 있고, 별도의 운송계약의 체결 없이 선하증권으로 운송계약이 입증된다.

송하인은 개품운송계약에 의한 운송을 이용하는 경우 운송인 또는 대리점 등이 발행하는 배선표(shipping schedule)를 잘 검토하여 적절한 선박을 선택하여 선적 신청(application)을 하게 되는 것이다.

나. 용선계약

용선계약(contract by charterparty)에 의한 운송은 특정의 화주에 대하여 운송인이 선복(space)과 운송서비스를 제공하여 대량화물의 운송을 하는 것이다. 이를 위해서는 부정기선이 이용되며, 석유, 광석, 곡물 등이 운송되고 있다. 화주가 용선계약에 의한 운송을 이용하는 경우는 운송인과 직접

---

34) 이하 운송계약을 설명하면서 용선계약이라 하면 항해용선계약과 정기용선계약에 한정하여 설명하기로 한다. 선체용선계약(bareboat charter party)은 소위 선박임대차계약(charter by demise)에 해당하므로 운송계약인 항해용선계약 및 정기용선계약과는 그 성질이 전혀 다르다.

35) 정영석, 「해상법강의요론」, (해인출판사, 2003), 97쪽.

또는 용선중개인(chartering broker)을 통하여 계약을 체결하고 용선계약서를 작성하게 된다. 운송계약으로서의 용선계약은 항해용선계약(voyage charter party)과 정기용선계약(time charter party)으로 구분된다.

다. 재운송계약

선주와 항해용선계약 또는 정기용선계약을 체결한 용선자[36]가 다시 제3자와 운송계약을 체결하는 경우에 최초의 용선계약을 주운송계약(original charter)이라 하고, 용선자와 제3자와의 계약을 재운송계약(sub-charter)이라 한다(상법 제809조 참조). 재운송계약은 개품운송계약인 경우가 많으나 용선계약(재용선계약)일 수도 있다. 제3자와의 관계에서 운송인은 선주가 아니라 용선자인데, 항해용선자 또는 정기용선자를 말하는 것이고,[37] 선체용선자는 포함하지 않는다.

재운송계약은 주운송계약과는 독립된 제2의 운송계약이며, 이것에 의하여 용선자는 선주 등에게 지급할 용선료와 자기가 재운송계약에 의하여 취득할 운임과의 차액을 취득하게 된다.[38]

재운송계약은 법률상 주운송계약과는 독립된 제2의 운송계약이므로, 재운송계약에 의하여 선주 등의 권리의무를 불이익하게 변경하는 것은 선주 등에 대하여 아무런 구속력이 생기지 않는다.[39]

실무상으로 재운송계약과 운송주선인(freight forwarder)에 의한 운송계약을 구별하기 어려운 경우가 많다. 재운송계약에서 용선자는 화물의 운송 자체를 인수하는 자이나 운송주선인은 단지 주선 행위를 하는 자[40]인 점에서 양자는 구별된다. 그러나 운송주선인은 금지의 특약이 없는 한, 개입권을 행사하여 직접 운송을 인수할 수 있다. 이러한 경우에는 운송인은 개입의 의사표시를 함으로써 운송주선인이 운송인으로서 운송채무를 인수할 수 있기 때문에 실무상으로는 재운송계약과 구별하기 어려운 경우가 많다. 이러한 경우에는 운송주선인이 개입권을 행사하여 운송인으로서 법률

36) ① 과거에는「상법」제809조에서 말하는 용선자가 항해용선자만을 의미하는지 또는 정기용선자를 포함하는지를 두고 의견이 나누어져 있었다. 정기용선계약의 법적 성질을 운송계약설로 보는 경우에는 정기용선자가 포함된다고 보아왔다: 정영석(해상법강의요론, 2003), 92~96쪽; 채이식,「상법강의(하)(개정판)」, (박영사, 2003), 736쪽; 부산지판, 1998.6.3, 96 가합 17786.

② 반면 정기용선계약의 법적 성질을 선박임대차계약설 또는 혼합계약설 등을 취하는 경우에는 항해용선자에 한정하는 것으로 해석해 왔다; 김인현,「해상법」, (법문사, 2003), 126쪽; 서돈각 · 정완용,「상법강의(하)(제4전정)」, (박영사, 1996), 584쪽; 서울민사지판 1990.8.23, 89 가합 48654.

37) 2004.10.27, 2004 다 7040(공보 2004, 1910): 재용선계약의 경우, 선주와 용선자 사이의 주된 용선계약과 용선자와 재용선자 사이의 재용선계약은 각각 독립된 운송계약으로서 선주와 재용선계약의 재용선자와는 아무런 직접적인 관계가 없다할 것인 바, 재용선계약 등에 의하여 복수의 해상운송 주체가 있는 경우 운송의 최종 수요자인 운송의뢰인에 대한 관계에서는, 용선계약에 의하여 그로부터 운송을 인수한 자가 누구인지에 따라 운송인이 확정되는 것이고, 선하증권의 발행자(선박임차인)가 운송인으로 인정될 개연성이 높다 하겠지만, 그렇다고 하여 선하증권의 발행 사실만으로 당연히 운송인의 지위가 인정되는 것은 아니다.

38) 정희철,「상법학(하)」, (박영사, 1990), 547쪽; 서돈각 · 정완용(1996), 584쪽; 송상현 · 김현,「해상법원론(제3판)」, (박영사, 2005), 213쪽.

39) 정희철(1990), 547쪽; 정찬형,「상법강의(하)(제10판)」, (박영사, 2008), 829쪽.

40) 운송 주선인은 자기의 명의로 송하인인 제3자의 계산으로 운송인과 운송계약을 체결하는 자를 말한다: 정찬형(2008), 293쪽.

행위를 하는지 아니면 단순히 주선 행위에 그치는 것인지 사실관계를 판단하여 주선계약과 재운송계약을 구별하여야 한다.[41]

선주 등과 용선자와의 관계는 용선계약이 정하는 바에 따르며, 용선자는 반대의 특약이 없고 선주 등의 이익에 반하지 않는 한 재운송계약을 체결할 때 선주 등의 승낙을 필요로 하지 않는다.[42]

용선자와 그 상대방(재용선자 또는 송하인)과의 관계는 재운송계약에 의하여 정하여진다. 용선자는 그 상대방에 대하여 운임청구권 등 운송계약상의 권리를 취득하고, 재운송계약상의 운송인으로서 그 상대방에 대한 운송계약상의 의무를 져야 한다. 이때 용선자가 그의 의무를 이행하지 않아 상대방에 대하여 손해배상책임을 부담하는 경우에는 운송인으로서 책임제한을 주장할 수 있다(상법 제797조).[43] "선박에서 또는 선박의 운항과 직접 관련하여 상대방 또는 제3자에게 인적 · 물적 손해를 입힌 경우에는 이러한 손해를 배상하여야 하고, 이 경우에 용선자는 선주 등의 책임제한의 경우와 동일하게 자기의 책임제한을 주장할 수 있다(상법 제774조 제1항 제1호)"는 주장도 있으나, 선주책임제한은 선박운항자에게 적용되는 규정이기 때문에 재용선자인 항해용선자나 정기용선자에게는 적용되지 않는다고 보는 것이 합리적이다.

선주 등과 재용선자 또는 송하인과의 관계에 관하여는 선주 등이 「상법」 제809조에 의하여 책임을 지는 것 외에는 선주 등은 송하인에 대하여 직접적인 법률관계를 갖지 않는다. 따라서 선주 등은 재운송계약의 송하인에 대하여 운임 또는 용선료의 청구를 할 수 없다.[44] 그러나 재운송계약의 송하인이 용선자에게 운임을 지급한 경우에도 선주 등은 운송계약에 있어서의 용선료의 지급을 받을 때까지 운송물을 유치할 수 있다(상법 제807조 제2항).

그러나 운송계약의 이행이 선장의 직무범위 내의 것[45]인 경우에는 선주(선박운항자)[46]도 그

41) 「화물유통촉진법」 제2조 제6호는 "복합운송주선업이라 함은 타인의 수요에 응하여 자기의 명의와 계산으로 타인의 선박 · 항공기 · 철도차량 또는 자동차 등의 2가지 이상의 운송수단을 이용하여 화물의 운송을 주선하는 사업을 말한다"라고 규정하고 있다. 이 법의 정의규정은 복합운송의 실무를 반영하여 그 범위를 확대 · 개편한 것이다. 이러한 복합운송주선인이 운송주선인인지 아니면 운송인인지의 판단은 단순히 법문만으로 '주선'이나 '자기의 계산으로'라는 용어에 의하여 결정되는 것이 아니라, 송하인과 계약을 체결하면서 복합운송증권을 발행하는 등 처음부터 운송인이 될 의사로 계약을 체결한 경우에는 운송인의 지위를 가지게 되고, 복합운송증권을 발행하지 않고 운송주선인으로서 화물수령증(forwarder's cargo receipt: FCR)만을 발행한 경우에는 운송주선인의 지위를 갖는다고 보아야 할 것이다: 김창준, "복합운송주선업자의 법적 지위에 관한 연구", 「법학박사학위논문」, (경희대학교, 2004.2), 9~12쪽.

42) 정찬형(2008), 829쪽.

43) 정영석, 「해상법원론」, (텍스트북스, 2008), 200쪽.

44) 대판 1998.1.23, 97 다 31441(공보 1998, 592): 선박이 재용선될 경우 이 재용선계약은 독립된 계약으로서 선주와 재운송계약의 운송의뢰인과의 관계에서는 아무런 직접적인 관계가 없으므로 선주가 직접 재운송계약의 운송의뢰인이나 수하인에 대하여 주된 운송계약상의 운임 등을 청구할 수는 없다.

45) 운송계약의 이행이 '선장의 직무에 속하는 범위'라는 것은 「상법」 제794조 및 제795조와 관련하여 볼 때, 선장이 감항능력을 유지하기 위한 안전에 대한 검사의무 · 선용품 신청의무, 운송물의 수령 · 선적 · 적부 · 운송 · 양륙 · 인도 등의 의무를 말한다.

46) ① 이때 선주라 함은 선박에 대한 소유의 주체로서의 선주의 개념이 아니라, 선박 운항의 주체를 말한다고 보아야 할 것이다. 그러므로 선체용선자는 「상법」 제809조에서 말하는 선주에 포함되지만 정기용선자는 포함되지 않는다고 본다: 같은 의견, 정찬형(2008), 830쪽 각주 2).

② 대판 2004.10.27, 2004 다 7040(공보 2004, 1910): 선박의 소유자가 선박임대차계약에 의하여 선박을 임대하여 주고, 선박임차인은 다른 자와 항해용선계약을 체결하여, 그 항해용선자가 재용선계약에 의하여 선복을 제3자인 재

제3자에 대하여 감항능력 주의의무(상법 제794조)와 운송물에 관한 주의의무(상법 제795조)를 부담한다(상법 제809조). 선주가 이러한 의무에 위반한 경우에는 재운송계약의 상대방에 대하여 실제 운송인으로서 손해배상책임을 부담한다(상법 제794조, 제795조). 이때 선주는 주운송계약(용선계약)상의 항변사유뿐 아니라 재운송계약상의 항변사유로도 제3자에게 대항할 수 있다고 본다.[47] 그러므로 이러한 선주는 선주 등의 책임제한을 주장할 수 있을 뿐 아니라(상법 제770조), 운송인으로서 책임제한을 주장할 수 있다(상법 제797조). 선주가 선주책임제한을 주장하는 경우에는 같은 사고에서 발생한 선주의 책임제한의 총액은 선박마다 법정한도액(상법 제770조)을 초과하지 못한다(상법 제774조 제2항).

라. 일관운송계약

일관운송계약(contract of through carriage)이란 해상운송인이 자기 담당 구간뿐 아니라 연결된 다른 운송인의 운송수단(선박 · 철도 · 자동차 · 항공기)에 의하여 목적지에 이르기까지의 전 운송구간의 운송을 인수하는 계약을 말한다.[48] 이는 법전상의 개념은 아니나 복수의 운송인에 의한 연락운송(through transport)이라는 점에서 「상법」상의 순차운송(상법 제138조)과 비슷하고, 복수의 운송수단에 의하여 운송한다는 점에서 환적약관부단순운송과 비슷하지만, 일관운송계약은 하나의 계약에 의하여 처음부터 사람과 운송수단의 복수가 예정되어 있는 점에 그 특이성이 있다.

일관운송계약은 ① 운송 구간마다 운송계약을 변경함으로써 생기는 적하의 손상과 시간의 낭비를 피할 수 있고, ② 중간 운송주선인의 운송주선의 수고와 비용을 절약할 수 있으며, ③ 전 운송과정에 소요되는 운임 기타의 비용을 미리 정확하게 알 수 있으므로, CIF 매매계약의 경우에 편리하고, ④ 또 송하인은 일관선하증권(through B/L)으로서 화환을 이용하여 화물의 발송과 동시에 자금을 회수하는 한편, 수하인도 적하의 도착 전에 그 증권에 의하여 운송물을 처분할 수 있다는 장점이 있다.

일관운송계약에는 제1 운송인만이 송하인에 대하여 당사자로서 계약하는 단순일관운송계약과 제1 운송인뿐 아니라 전 운송인이 공동으로 송하인에 대하여 당사자로서 계약하는 공동일관운송계약(동일운송)이 있다. 선하증권이 발행되지 않은 경우에는 그 효력이 대체로 육상운송의 경우와 다름이 없으나(상법 제812조, 제138조), 선하증권이 발행된 경우에는 대개 책임한도약관이나 분

용선자에게 항해용선하여 준 경우에, 선장과 선원에 대한 임면 · 지휘권을 가지고 선박을 점유 · 관리하는 자는 선박의 소유자가 아니라 선박임차인이라 할 것인 바 "선박임차인이 상행위 기타 영리를 목적으로 선박을 항해에 사용하는 경우에는 그 이용에 관한 사항에는 제3자에 대하여 선주와 같은 권리의무가 있다"고 규정한 「상법」 제766조(현행 상법 제850조) 제1항의 취지에 따라, 선박임차인은 재용선자인 제3자에 대하여 「상법」 제806조(현행 상법 제809조)에 의한 책임, 즉 자신의 지휘 · 감독 아래에 있는 선장의 직무에 속한 범위 내에서 발생한 손해에 관하여 「상법」 제787조(현행 상법 제794조) 및 제788조(현행 상법 제795조)의 규정에 의한 책임을 진다 할 것이고, 이는 재용선자가 전부 혹은 일부 선복을 제3자에게 재용선하여 줌으로써 순차로 재재용선계약에 이른 경우라도 마찬가지라 할 것이다. 또한 선박이 임박임차인으로부터 순차 재재재항해용선되었다고 하더라도, 선박임차인은 자신의 지휘 · 감독하에 있는 위 선박에 의하여 운송계약을 실제로 이행한 자이므로 화물이 자신의 관리하에 있는 동안 자기 또는 선박사용인의 고의 · 과실로 인하여 손해가 발생하였다면 불법행위로 인한 손해배상책임을 져야 한다.

47) 같은 의견, 정찬형(2008), 830쪽; 채이식(2003), 800~801쪽.

48) 통운송계약 또는 연락운송계약이라고도 한다: 송상현 · 김현(2005), 213~214쪽 참조.

할책임약관이 삽입되어 있어 실제로는 각 운송인은 그 담당 운송 구간에서 생긴 손해에 대해서만 책임을 지게 된다.

마. 계속운송계약

계속운송계약(service contract)이란 해상운송인이 송하인에 대하여 일정한 장기간, 일정한 운임률로 일정한 종류의 적하의 불특정 다수 · 다량을 수시 부분적으로 계속하여 운송할 것을 약속하고, 그 매회의 적하의 수량, 선적의 때와 곳, 양륙항의 결정 같은 것을 보통 송하인에게 유보하기로 하는 계약을 말한다. 이것은 주로 정기선운송인이 저율의 운임으로 운송을 독점하고, 동시에 송하인으로서도 장기간 안정된 운송을 할 수 있다는 장점이 있다.[49]

바. 혼합선적계약

혼합선적계약이란 해상운송에서 서로 다른 용선자 또는 송하인이 자기의 적하를 동종 · 동질의 다른 운송물과 혼합하는 것을 승인하고 체결하는 물건운송계약을 말한다. 산적계약이라고도 하며, 곡물 또는 석유를 운송할 경우에 많이 쓰인다. 선주 등은 이로써 선복을 완전히 이용할 수 있고, 보관 · 관리를 단일화할 수 있다. 용선자나 송하인도 저렴한 운임으로 운송할 수 있다는 장점이 있다.

사. 예선계약

예선계약(tug service contract)이란 선주가 보수(예선료)를 받고 선박(예선)에 의하여 타인의 선박(피예선)을 일정한 지점까지 예항하기로 하는 계약이다. 피예선에 대한 예선의 지휘 · 감독권이 있는 경우는 운송계약의 일종이라 할 수 있으나, 예선이 단순히 피예선에 대하여 동력을 공급하거나 그 운항을 보조하는데 그치는 경우에는, 그것은 민법의 도급계약 또는 고용계약에 지나지 않는다.

아. 해상여객운송계약

해상여객운송계약이라 함은 "운송인이 특정한 여객을 출발지에서 도착지까지 해상에서 선박으로 운송할 것을 인수하고, 이에 대하여 상대방이 운임을 지급할 것을 약정함으로써 그 효력이 생기는 계약"이다.[50]

해상여객운송계약은 운송의 객체가 사람이므로, 운송물을 보관하는 물건운송계약과 다를 뿐, 계약의 법적 성질이 도급계약, 낙성 · 불요식계약에 속하는 등 양자의 법적 성질은 대부분 동일하다. 그러므로 「상법」 제817조 내지 제825조에서 약간의 특별규정을 두고 있을 뿐이고, 그 밖의 사항에 대하여는 육상여객운송의 규정과 개품운송계약에 관한 규정을 준용하는 경우가 많다(상법 제826조).[51] 이는 용선계약에 의한 여객운송계약은 매우 예외적인 경우이고 「상법」의 규정은 소위 개품운송계약과 마찬가지로 부합계약에 속하는 개개의 여객을 대상으로 한 여객운송계약에 관한 규

---

49) 송상현 · 김현(2005), 214쪽.

50) 송상현 · 김현(2005), 349쪽.

51) 송상현 · 김현(2005), 349쪽.

정이기 때문이다. 법의 적용에 있어서는 여객운송 목적의 항해용선계약은 물건운송을 목적으로 한 항해용선계약과 계약의 구조나 법적 성질이 동일하므로 물건운송에 관한 항해용선계약에 관한「상법」의 규정을 준용한다(상법 제827조 제2항).

제3절 선박의 이해

I. 선박의 개념

해양개발의 영역까지를 해사생활관계로 보는 광의의 해사법의 개념은 아주 최근에 논의되고 있으므로 일반적으로는 선박을 이용하는 생활관계에 적용되는 법을 해사법으로 정의하고 있다. 해사법은 선박의 이용을 전제로 하고 있으므로 개별 법령에서도 선박이라는 물적 설비를 먼저 규정하는 것이 일반적이다. 다만, 선박의 개념을 직접 정의한 법률은 찾아보기 어렵고 해당 법의 적용 대상이 되는 선박의 종류나 범위를 규정하는 것이 일반적인 규정 형식이다. 이와 같이 각종 해사법령에서는 선박의 개념을 정의하기보다는 사회통념상의 정의에 바탕하고 있다.[52] 사회통념상으로는 수상 또는 수중에서 사람이나 운송물을 싣고 운송하는데 사용되는 구조물로 정의할 수 있는데, 사

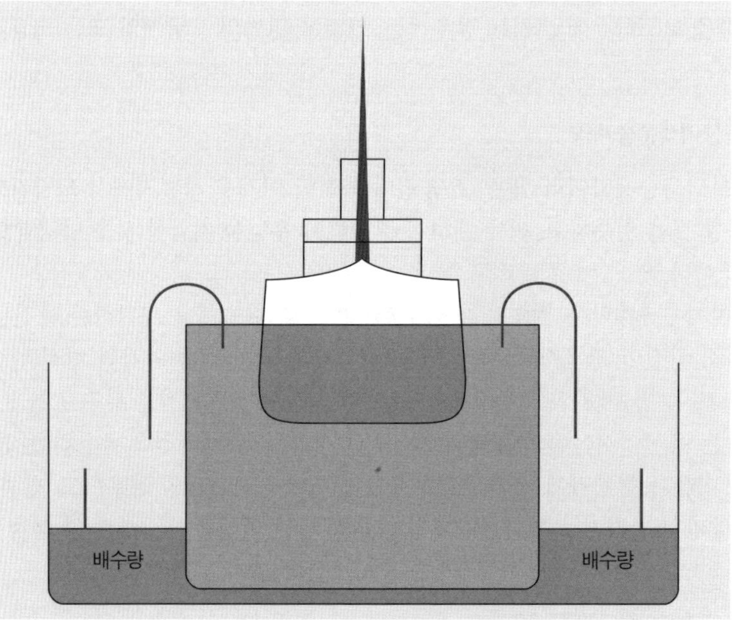

52) 정영석,「해사법규강의(제6판)」, (텍스트북스, 2016), 20쪽.

람이나 물건을 싣고 물 위를 떠다니도록 만든 물건이라고 하는 사전상의 개념과도 일치한다.[53] 영어로는 vessel, ship, boat 등이 선박을 일컫는 용어인데, 대체로 vessel은 선박을 통칭하는 개념으로, ship은 대형선박, boat는 소형선박을 일컫는 개념으로 사용되고 있다.

선박은 아르키메데스가 발견한 부력의 원리에 의해 물위에 뜨는 데 이는 유체 속에 잠긴 물체 부피의 무게만큼 물체를 떠받치는 힘이 작용하는 원리이다. 즉 물 위의 선박은 배의 무게만큼의 중력이 아래쪽으로 작용하고 이와 동시에 배가 밀어낸 물의 무게만큼의 부력이 위쪽으로 작용하여 평형을 이루고 있어서 물에 뜰 수 있는 것이다.

II. 선박의 등록과 국적

1. 등록 절차

한국선박의 소유자는 선적항을 관할하는 지방해양수산청에 선박등록 신청을 하여야 하며, 당해 해양수산청은 선박을 대한민국 국적으로 등록하여 선박국적증서를 교부해야 한다.

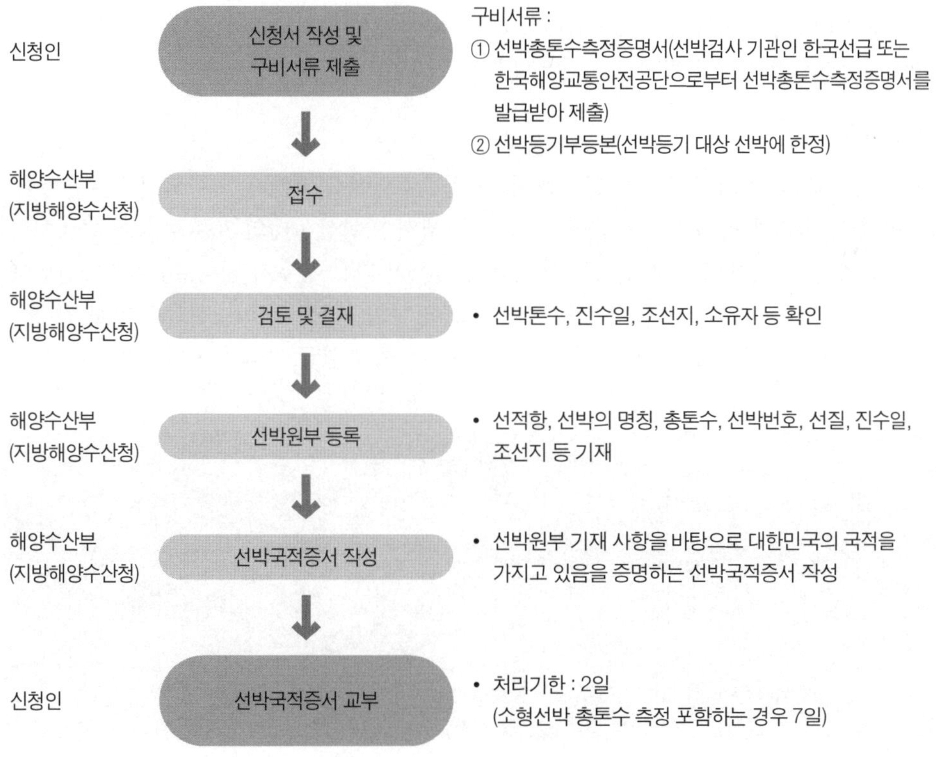

〈그림 7〉 한국 선박의 등록절차도

53) 표준국어대사전 (https://ko.dict.naver.com/#/entry/koko/66db0cfe5c64490fbd6671ab080ced4a).

2. 선박등록사항

가. 선박의 각종 번호

① 선박번호의 예시

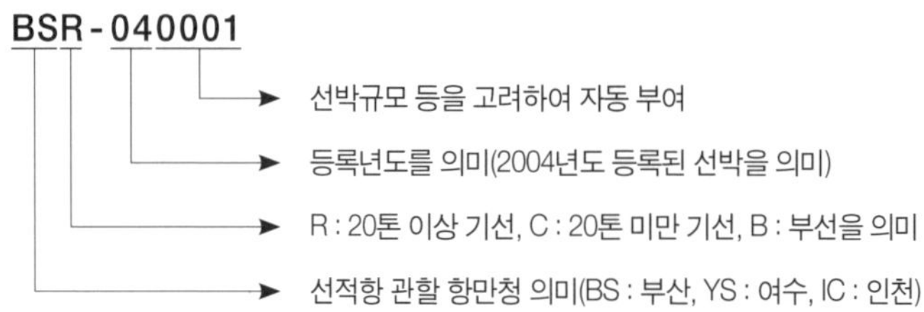

호출부호(Call sign): 호출부호는 선박이 등록된 국가에서 선박무선통신에 사용되는 선박의 고유부호를 말한다. 선박이 항만에 입항하기 위해 관련 정보를 제공하거나 해난사고 시 선박을 식별하는 데 사용한다. 호출부호는 국제전기통신연합(ITU) 회원국의 국제부자열에 따라 조립되어 각 국가에 할당된다. 우리나라에 할당된 것은 HL, DS, DT, D7~D9, 6K~6N 등이 있고 일본은 JA부터 JS, 미국은 W, K, N 등이다.[54)]

③ IMO 식별번호(IMO Number): 선박, 회사 및 등록선주에 대한 IMO 식별번호는 영국의 Lloyd's Register Fairplay사에서 등록 · 관리하고 있으며 7개의 숫자로 구성된다. 국제적으로 통용되는 선박식별번호로 일종의 선박의 주민등록번호라고 보면 된다.

나. 선적항

선적항은 선박을 등록하는 항을 말하는데, 사람의 주소에 해당한다. 외항상선대는 운항이나 경영 여건이 좋은 국가에 등록하는 경향이 있어서 전 세계 외항상선대의 70% 이상이 편의치적되어 운항하고 있어 실제 선박 소유자의 국적과 선박의 국적이 다른 경우가 많다. 따라서 해상법에서는 법의 해석상 선박의 등록항을 의미하는 경우도 있고, 영업의 본거지를 의미하는 경우도 있다.

선박의 등록항은 선미에 표시하며 우리나라에서는 위쪽에 한글, 아래쪽에 알파벳으로 표시한다.

〈그림 8〉 IMO 식별번호와 선적항 표시 사례

출처: https://marineinbox.com/marine-exams/imo-identification-number-schemes/

54) 예컨대 한국해양대학교의 실습선의 호출부호가 한나라호는 D9/GV, 한바다호는 D8WU이다.

다. 선박톤수

일상에서 도량형의 기준으로 사용하는 톤(ton)이라는 용어는 1,000㎏의 무게를 의미하는데, 선박의 용량을 표현하는 단위인 톤(ton)은 이와 다른 기준으로 측정하게 된다. 선박의 측정단위인 톤은 용적톤과 중량톤으로 크게 나눌 수 있다.

「선박법」에서는 선박톤수를 국제총톤수, 총톤수, 순톤수, 재화중량톤수 등으로 구분하고 있다. 측정기준에 따라 선박톤수 간에는 선박의 종류에 따라 어느 정도의 차이는 있지만 대체로 화물선의 경우에는 총톤수 100톤이면 순톤수는 70톤, 만재배수톤수는 200톤, 재화중량톤수는 140톤 정도가 된다. 유조선의 경우에는 총톤수보다 재화중량톤수가 약 2배 정도 된다.

「선박법」에 따른 선박톤수를 설명하면 다음과 같다:

① 국제총톤수(International Gross Tonnage: Int. G/T): 「1969년 선박톤수측정에 관한 국제협약」과 이 협약 부속서에 따라 국제항해에 종사하는 선박에 적용되는 선박톤수를 뜻한다. 국제총톤수는 동 협약에 따라 국제적으로 통일된 선박의 크기를 나타내는 지표라 할 수 있다. 우리나라에서는 「선박법」에 이 협약의 내용을 수용하여 선박의 모든 폐위장소[55]의 합계 용적에서 「선박톤수의 측정에 관한 규칙」[56] 제32조의 기준에 의한 일정 이상의 개구를 가진 제외면적장소의 용적을 뺀 값(V)에 다음 산식에 의하여 산정된 계수를 곱하여 얻은 값에 용적톤을 붙인 것이다.

※산식: $0.2 + (0.02 \times \log_{10} V)$

- 상갑판: 붉은색으로 표시되는 갑판
- 선박의 폐위장소 합계용적: 파란색으로 둘러싸인 용적

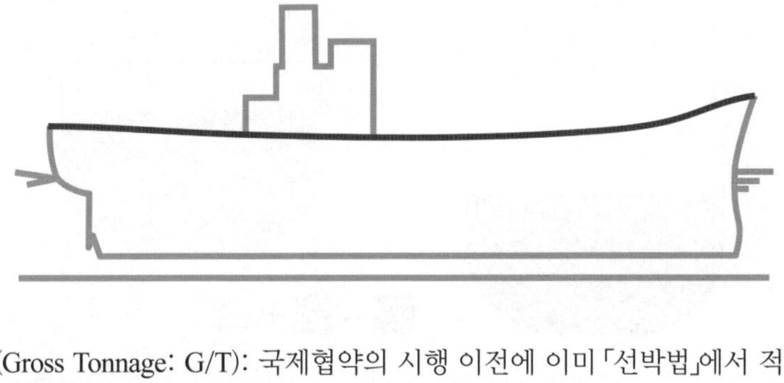

② 총톤수(Gross Tonnage: G/T): 국제협약의 시행 이전에 이미 「선박법」에서 적용하고 있던 측정기준이 변경됨에 따른 혼란을 방지하기 위하여 우리나라에서만 적용되는 선박톤수이다. 총톤수는 우리나라에서 선박등록세, 관세, 입거료 등을 산정하는 기준이 된다. 총톤수는 다음의 산식에 의해 얻은 값에 용적톤(Ms)을 붙인 것이다.

---

55) 선박톤수 측정에서 폐위장소라 함은 상갑판 상의 천막을 제외한 실제로 폐위된 모든 장소의 용적과 상갑판 하의 외판 및 갑판 등으로 폐위되어 있는 장소의 용적을 합한 것을 뜻한다.

56) 「선박법」 제3조 제2항의 규정에 의하여 선박톤수의 측정기준 기타 측정에 관한 사항을 정하고 있는 해양수산부령이다.

※ 산식: 국제총톤수×A×B

$$A=\left(0.6+\frac{\text{국제총톤수}}{10,000}\right),\ B=\left(1+\frac{30-\text{국제총톤수}}{180}\right)$$

- A의 경우 1이상일 경우 1로 산정(4,000톤 이상)
- B의 경우 1미만일 경우 1로 산정(30톤 이상)

③ 순톤수(Net Tonnage: N/T): 국제협약 및 협약 부속서의 규정에 따라 여객이나 화물의 운송용으로 제공되는 선박 내부 장소의 크기를 나타내기 위하여 사용되는 선박톤수를 뜻한다. 순톤수는 선박의 입항세, 톤세 등을 산정하는 데 사용된다. 순톤수는 여객과 적재화물이 차지하는 순용적의 개념으로 국제총톤수의 30% 미만일 때는 순톤수의 값이 국제총톤수의 30%로 정해진다.

④ 재화중량톤수(Dead Weight Tonnage: DWT): 재화중량톤수는 항행의 안전을 확보할 수 있는 한도 내에서 여객 및 화물 등의 최대 적재량을 나타내기 위하여 사용되는 지표이다. 이는 만재배수량(loaded displacement)[57]에서 경하배수량(light displacement)[58]을 뺀 값에 중량톤을 붙여 산정한다.

※ 산식: 재화중량톤수 = 만재배수량 − 경하배수량

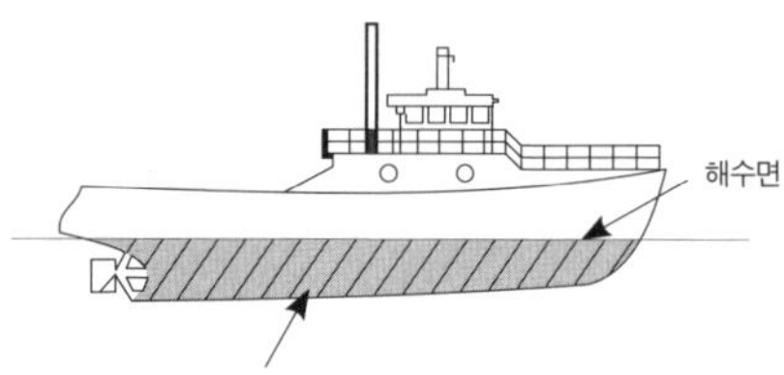

빗금 친 부분의 물의 무게 = 배수톤(배수량)

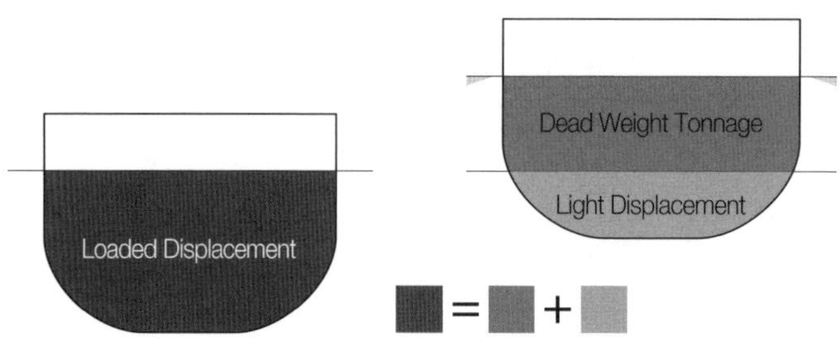

라. 선박의 건현과 흘수

① 건현(Freeboard): 건현갑판[59] 윗면에서 만재흘수선 표시 윗면까지의 거리를 말한다.

---

57) 만재배수량은 비중 1.025인 수면에서의 기준흘수선에 이를 때까지 화물, 사람, 연료, 윤활유, Ballast Water, 탱크 안의 청수 및 보일러수, 소모 저장품, 여객 및 선원의 휴대품 등을 적재했을 때의 배수량을 뜻한다.

58) 경하배수량은 화물, 사람, 연료. 윤활유. Ballast Water, 탱크 안의 청수 및 보일러 수, 소모품, 여객 및 선원의 휴대품 등을 적재하지 아니한 때의 배수량, 즉 선박 자체만의 중량을 뜻한다.

59) 건현갑판(Freeboard Deck)이란 일반적으로 모든 개구부에 영구 폐쇄 장치가 붙어 있는 최상층의 폭로된 전통 갑판을 말한다.

② 흘수(Draft): 선박이 수상에 떠 있을 때 물속에 잠겨있는 부분의 깊이를 말한다.

③ 만재흘수선(Load Line): 안전 항해를 위해 계절이나 해역에 따라 허락되는 최대의 흘수를 만재흘수라 한다. 이때 수면과 선체가 만나는 선(교선)을 만재흘수선이라 한다. 화물을 적재하고 만재흘수선이 수면 아래로 내려가서는 안 된다.

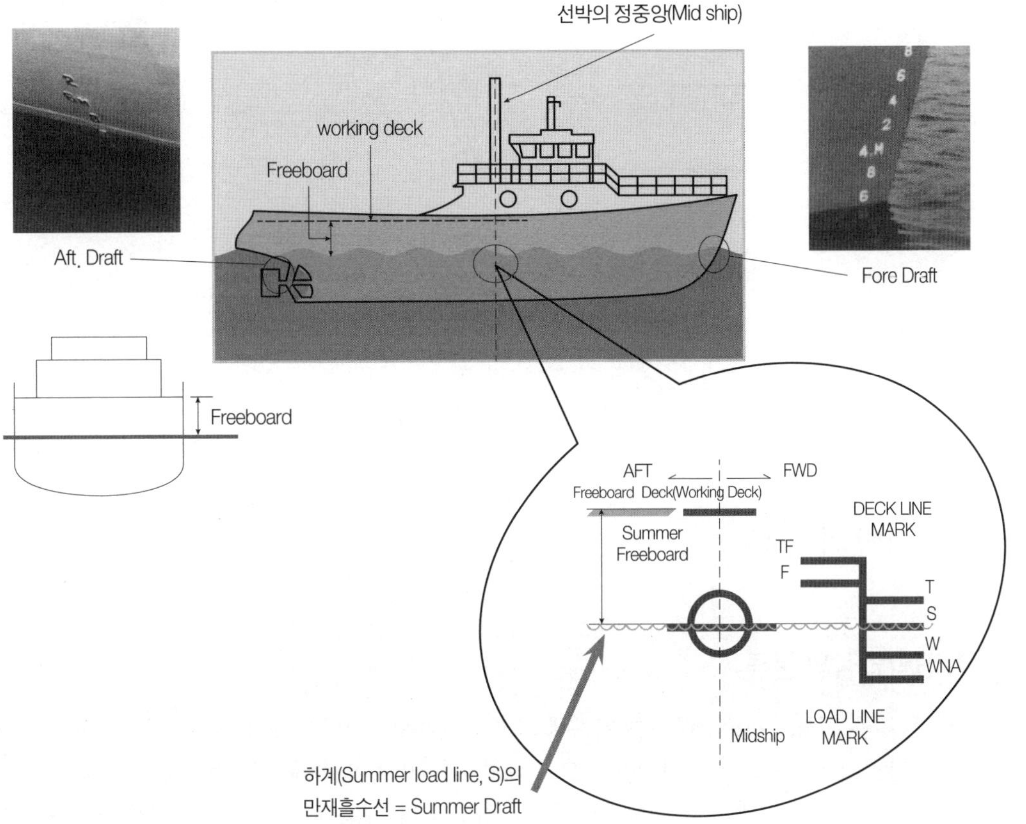

마. 선박의 길이, 폭과 깊이

① 전장(length over all: loa): 선수의 최전단으로부터 선미 최후단까지의 수평거리를 말한다.

② 수선간장(length between perpendailars): 계획만재흘수선상에서 선수재 전면으로부터 타두재 중심선까지의 거리를 말한다.

③ 형폭(moulded breadth: b): 선체의 최광부 프레임 외면에서 외면까지의 수평거리를 말한다.

④ 전폭(extreme breadth: bex): 선체의 최광부에서 측정한 외판의 외면에서 외면까지의 수평거리를 말한다.

⑤ 깊이(depth: d): 선체의 중앙(mid ship)에서 상갑판 빔(beam)의 현측 상면에서 용골 상면(base line)까지의 수직거리를 말한다. 형심(moulded depth)이라고도 한다.

⑥ 공기흘수(air draft): 수면상에서 선박의 최고점까지의 수직거리를 말한다.

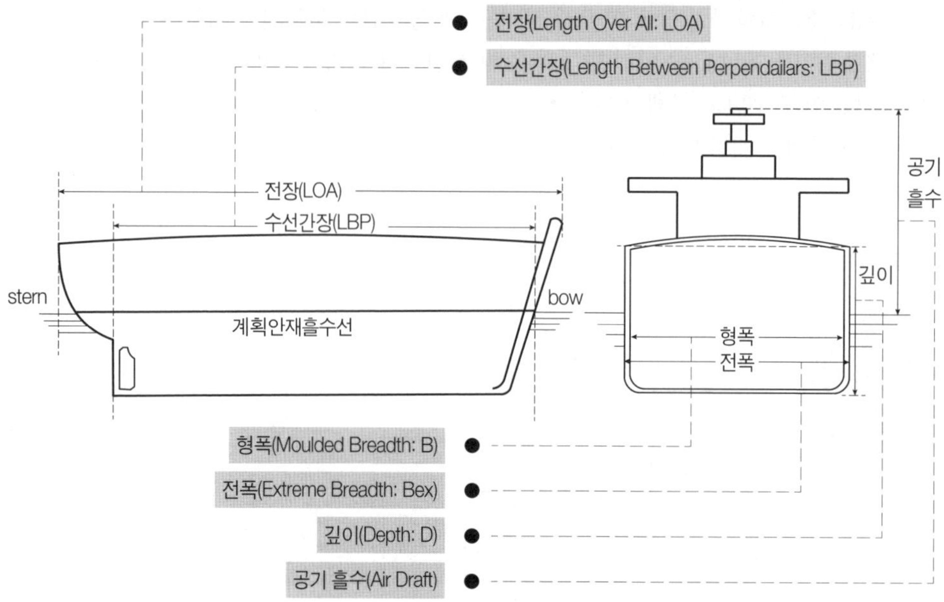

〈그림 9〉 선박의 측정기준

III. 선박의 종류

1. 선박법상의 분류

선박은 적용 법률, 용도 등 다양한 기준에 의하여 분류할 수 있다. 해사법은 선박을 항행수단으로 하는 생활관계에 적용되는 법의 영역이므로 대부분「선박법」의 적용 대상이 되는 선박을 기준으로 대상 선박의 범위를 개별 법령마다 조금씩 달리하고 있다. 다음에서는「선박법」에서 선박을 어떻게 분류하고 있는지를 기준으로 선박의 종류를 알아보기로 한다.

「선박법」에서는 선박을 수상 또는 수중에서 항행용으로 사용하거나 사용될 수 있는 배 종류라고 정의하고, 다시 기선 · 부선 · 범선으로 구분하고 있다. 선박의 정의는 사회통념에 미루고 있고, 이 법이 적용되는 대상을 동력원에 따라 기선, 범선과 부선으로 분류하고 있는 것이다.

① 기선: 기관을 사용하여 추진하는 선박과 수면비행선박을 말한다. 선체 밖에 기관을 붙인 선박으로서 그 기관을 선체로부터 분리할 수 있는 선박 및 기관과 돛을 모두 사용하는 경우로서 주로 기관을 사용하는 선박도 기선으로 분류한다. 수면비행선박(wig ship)은 표면효과 작용을 이용하여 수면에 근접하여 비행하는 선박을 말한다.

② 범선: 돛을 사용하여 추진하는 선박을 말한다. 기관과 돛을 모두 사용하는 경우로서 주로 돛을 사용하는 선박도 범선으로 분류한다.

③ 부선: 자력항행 능력이 없어 다른 선박에 의하여 끌리거나 밀려서 항행하는 선박을 말한다.

기선

범선

부선

〈그림 10〉 「선박법」상의 선박의 종류

2. 용도별 분류

용도를 기준으로 나누면 사람을 운송의 대상으로 하는 여객선과 물건을 운송의 대상으로 하는 화물선으로 크게 구분할 수 있다. 여객선은 화물을 주로 싣고 여객도 함께 싣는 화객선과 여객의 운

- 화물선
  - 건화물선
    - 일반화물선
      - 정기선
        - 컨테이너선(container ship)
        - 일반정기선(liner ship)
      - 부정기선
        - 일반부정기선(tramp ship)
        - 포장적재화물선(bulk carrier)
    - 전용선
      - 광석전용선(ore carrier)
      - 석탄전용선(coal carrier)
      - 자동차전용선(car carrier)
      - 곡물전용선(grain carrier)
    - 겸용선
      - 석 · 유류 겸용선(ore/oil carrier)
      - 광석 · 살화 · 유류 겸용선(ore/bulk/oil carrier)
      - 자동차 · 살화 겸용선(car/bulk carrier)
    - 특수선
      - 냉장선(refrigenerating ship)
      - 중량물운반선(heavy cargo carrier)
      - LASH · 바지선
  - 탱커
    - 유조선
      - 원유유조선(dirty tanker)
      - 제품유조선(clean tanker)
    - 특수액체 운반선
      - 화학약품운반선(chemical tanker)
      - LPG탱커(LPG tanker)
      - LNG탱커(LNG tanker)
      - 당밀운반선(molasses tanker)
- 여객선
  - 화객선
  - 카페리, 유람선
- 예 · 부선
  - 예선
  - 부선

〈그림 11〉 용도별 선박의 분류

송을 주로 하면서 화물도 운송하는 선박으로도 구분할 수 있다. 오늘날은 카페리선과 같이 여객선에 화물을 함께 싣는 형태의 선박이 발달해 있다. 또 화물선은 건화물을 싣는 건화물선과 액체화물을 싣는 탱커로 구분할 수 있다. 건화물선은 일반화물선과 전용선, 겸용선, 특수선으로 구분할 수 있고, 탱커는 유조선과 특수액체화물운송선으로 구분할 수 있다. 그 밖에 부선을 끌거나 밀어주는 예인선과 자체의 동력 없이 예인선에 의하여 이동하는 부선이 있다.

① 여객선: 일반선, 고속선, 쾌속선, 초쾌속선, 카페리, 차도선 등이 있다.「선박안전법」에서는 여객선을 13인 이상의 여객을 태울 수 있는 선박으로 정의하고 있다(영 제2조 제7호). 일반적으로 선내 공간의 70% 이상을 여객 편의시설로 할당한 선박이다. 주로 여객을 운송하기 위해 건조된 선박으로 순수하게 여객만을 운송하는 여객선도 있으나, 부수적으로 화물을 적재하는 설비를 갖추고 화물과 여객을 동시에 운송할 수 있도록 건조된 선박도 있다. 호화여객선으로 불리는 크루즈선(cruiser), 여객과 자동차를 동시에 운송하는 카페리(car ferry) 등도 여객선에 포함된다. 국내 각 연안의 도서지방을 왕래하는 여객선 중에 개방된 공간에 차량을 적대하도록 건조된 선박을 차도선이라 한다.

여객선은 운항속력과 구조에 따라 다음과 같이 분류할 수 있다.

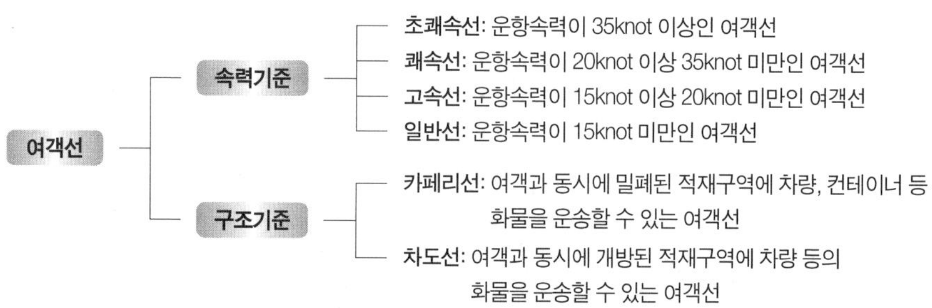

〈그림 12〉 속력과 구조에 따른 여객선 분류

고속여객선은 선박의 부양방식이나 구조에 따라 쌍동선, 공기부양선, 표면효과선, 수중익선, 제트포일선, 수면비행선 등이 있다.

㉮ 쌍동선(catamaran ship): 같은 형의 2개의 선체를 일정한 간격을 두고 갑판 위에서 결합한 선박이다. 조파저항을 감소시킬 수 있어 속력이 저하되지 않는다. 배의 길이에 비해 갑판의 너비를 넓게 할 수 있고 객실을 여러 층으로 할 수 있다. 운항 속력이 35 knot 이상인 초쾌속선이 주로 이러한 형태로 건조되고 있다.

㉯ 공기부양선(air cushion vehicle): 수면상에서 압축 공기를 선저에 분사시켜 선체를 부상시키고, 선미 상부에 붙은 프로펠러를 돌려서 추진하는 선박이다. 호버크래프트(hover craft)라고도 하며 수륙양용으로 사용되기도 한다.

㉰ 표면효과선(surface effect ship): 선체를 들어 올리는데 공기의 쿠션을 사용한다는 점에서는 공기부양선과 같은 방식이지만, 선체 주변에 물속으로 잠기도록 설치된 판이 부착된 점에서 다르다. 워터 제트를 사용하여 추진한다. Captured Air Bubble(CAB) Craft라고도 하며 운항 속력은 대체

로 35 knot 이상인 초쾌속선에 해당한다.

㉣ 수중익선(hydrofoiler): 선체 밑에 날개를 달아 일정한 속도에서 선체를 물 위로 완전히 떠 올려 저항을 감소시키는 원리로 움직인다. 속도를 증가시키면 파도 속에서도 속도 유지가 가능하다.

㉤ 제트포일선(jetfoil ship): 가스 터빈으로 구동되는 워터 제트 추진기의 추진력으로 전진하고 선체 전후의 수중 날개에서 발생하는 양력으로 물 위로 부상하게 된다. 해수면을 부상하여 질주하는 상태를 익주라 한다. 제트포일은 익주 중 물의 부력을 받지 않고 항해가 가능하므로 수중 날개에서 발생하는 바닷물로부터 양력을 얻어서 나는 바다의 비행기라고 볼 수 있다. 운항 속력은 대체로 40 knot 정도로 가장 빠른 선박이다.

㉥ 수면비행선(wing-in-ground effect ship: wig)은 비행기의 양력과 지면 효과(ground effect)를 이용하여 운항되는 선박이다. 위그선은 날개의 아래위 공기흐름 간 압력 차에 따라 지면과 수직으로 물체가 떠오르게 하는 힘인 양력과 날개가 해수면에 가까울수록 위그선을 떠받치는 공기 양력이 커지는 지면 효과를 이용한다. 위그선 날개 끝 아래쪽에 판이 달려 있어 날개와 수면 사이에 공기가 갇히는 현상이 발생해 해수면 바로 위에서 쉽게 날 수 있다. 운항 속력은 시속 250km~300km 정도로 알려져 있다.

쌍동선(catamaran ship)

공기부양선(air cushion vehicle)

표면효과선(surface effect ship)

수중익선(hydrofoiler)

제트포일선(jetfoil ship)

수면비행선(위그선)

② 건화물선: 산적화물선, 시멘트운송선, 모래운송선, 일반철강제품 운송선, 로로선, 컨테이너선, 일반화물운송선, 차도선 등이 있다.

㉮ 산적화물선(bulk carrier): 곡물 · 광석 · 석탄 등을 포장하지 않고 그대로 선창에 싣고 운송하는 화물선이다. 곡물운송선 · 광석운송선 · 석탄운송선 등이 이에 해당되며, 화물의 특징에 따라 설계되어 있다. 마른 화물을 벌크 상태로 적재하기 때문에 화물창의 대부분을 단일 갑판으로 설치하

는 것이 특징이다. 배의 가격도 저렴하고, 원료운송을 하기 때문에 운송비용을 낮추기 위해 경제속력으로 항행하며, 선박도 점차 대형화 추세이다. 벌크선은 크기에 따라 독특한 명칭을 가지고 있는데, 2만~3만5천 DWT의 선박을 Handysize급, 3만5천~5만5천 DWT 크기를 Handymax급, 6만~7만5천 DWT정도의 선박을 Panamax급(폭 32.2m), 12만~17만 DWT급 크기를 Capesize급(선박이 커서 Cape town을 돌아가야 하는 선박)이라 부른다.

㉯ 일반화물선(general cargo ship): 원료화물, 완제품 등 여러 종류의 화물을 운송하는 선박으로 여객선, 어선, 전용선 이외 상선을 총칭하는 개념으로 전용선보다 비교적 크기가 작으며 운항 형태에 따라 정기선과 부정기선으로 나뉜다. 전용부두가 아닌 일반부두에 잡화를 적 · 양하여야 하는 관계로 본선에 데릭이나 크레인 등의 하역장치를 갖추고 있다.

다목적 운송선(multi purpose cargo carrier)은 general cargo와 함께 container를 운송할 수 있는 설비를 갖춘 선박으로 취급 가능한 화물의 종류를 늘리는 방향으로 발전하여 다양한 dry cargo를 운송할 수 있다.

㉰ 컨테이너선: 컨테이너 운송에 사용할 수 있도록 설계되고 장비를 갖춘 선박을 말한다. 육상의 컨테이너 하역시설을 갖춘 전용터미널을 이용하는 관계로 본선에는 별도의 하역장치를 갖추지 않는다. 컨테이너를 전문으로 운송하는 특수한 구조의 풀 컨테이너선, 선창의 일부를 컨테이너 전용으로 만든 세미 컨테이너선의 두 종류가 있다. 컨테이너를 싣는 방식에 따라 적재한 차량이 선박의 측면 또는 선미에 설치한 현문을 통해서 선내로 들어와 짐을 부리는 롤온-롤오프(roll-on roll-off) 방식의 선박과 컨테이너를 선박 또는 안벽에 장치한 기중기로 들어서 배에 싣는 리프트온 리프트오프(lift-on lift-off) 방식의 선박으로 나누어진다. 운송화물의 컨테이너화는 하역의 능률을 향상시키고, 비용을 절감시키며, 선박의 정박시간을 단축시켜 가동률을 상승시키는 등의 장점이 있다. 세계 주요 정기선항로에 취항하고 있으며, 선박의 크기도 점차 대형화 되고 있다.

㉱ 자동차운송선(car carrier): 수출 · 수입용 자동차를 운송하는 전용선이다. 자동차 적재를 위하여 여러 층으로 된 갑판을 갖추고 있다. 배의 램프(경사로)를 이용하여 여러 명의 운전자가 자동차를 한 대씩 주행시켜서 선적과 양하 작업을 한다. 순수하게 자동차만을 운송하는 선박을 pcc(pure car carrier)라 하고 자동차, 트럭 및 기타 중장비를 혼합해서 운송하는 선박을 pctc(pure car and truck carrier)라고 한다.

㉲ 시멘트운송선: 포장되지 않은 시멘트를 대량으로 적재하는 선박으로 일명 시멘트 탱커라 부른다. 시멘트는 선박 안의 호퍼(깔때기 모양의 거대한 용기)에 적재하게 된다. 생산 공장과 소비자 사이를 운송하며, 시멘트의 적하 및 양하를 모두 자동적으로 처리할 수 있는 컨베이어 운송 장치를 갑판 상과 선창저에 설치해 놓았다. 시멘트 공장에서 여러 곳의 유통기지에 대량운송을 목적으로 만든 전용선이다. 보통 2개의 홀드로 이루어져 있고 홀드마다 선수방향으로 컨베이어가 있어 컨베이어가 Midship(중앙)쪽으로 시멘트를 보내면 Midship에 장치된 Bucket Elevator란 장비로 높이 올려서 육상으로 연결된 Shute로 보내는 방식이 많다. 시멘트 운송선에는 Mechanical Discharging Type, Auto Suction Loading And Discharging Type의 선박이 있다.

㉳ 철강운송선(hot coil carrier): 후판(plate), 핫코일(hot coil), 냉연강판 등을 운송하는 선박이다. 핫코일을 전문적으로 운송하는 선박을 코일 로로선, 핫코일 운송선이라 부른다. 강관은 공장에서 연간 30만~100만 톤의 핫코일(열연강판)이 생산되므로 트럭보다는 선박으로 운송함으로써 도로관

리비와 물류비를 줄이고 물류의 효율성을 높일 수 있다. 철판은 무게가 매우 무거우므로 조선소와 후판공장을 이웃하여 배치하고 있으나, 원격지에 소재한 공장일 경우 철강운송선을 이용해 핫코일을 운송하게 된다. 철판은 중량물이므로 화물 적재창이 매우 견고하여야 하며, 주로 육상의 하역장치를 통해 적 · 양하한다.

㉦ 로로운송선[60]: 카페리처럼 선박의 앞뒷문을 열고 화물차량이 들어갈 수 있도록 구조화된 선박이다. 컨테이너선에 비해 용적의 낭비가 심하고 화물 적재량은 감소되지만, 싣고 내리는 시간이 단축되고 하역비의 절약과 옮겨 싣지 않는 데서 오는 파손, 쌓은 물건의 붕괴를 방지하는 등의 이점이 있다. 바퀴가 있는 화물을 효율적으로 싣고 내리려면 수평 방향 하역이 가능해야 하고 이를 위해 선미 측 또는 선 측 중간에 램프(ramp)를 설치하고, 화물창 내에도 이동 및 공간 활용을 위해 여러 개의 ramp 및 car deck가 설비되어 있다.

여객선

건화물선

유조선

예부선

폐기물운송선

〈그림 13〉 용도별 선박의 종류

③ 유조선[61]: 원유운송선, 가스 운송선, 석유/케미컬겸용선, 케미컬 운송선, 석유제품 운송선, 아스팔트 전용선 등이 있다. 유조선은 펌프와 파이프로 하역작업을 하므로 선박의 크기를 대형화할

---

60) 로로방식과 유사한 운송방식으로 스토로(sto-ro)가 있다. 이는 stowable ro-ro를 줄인 말인데, 화물을 rolltrailer에 실어 선내 화물 데크로 이동시켜 선적하고 하역하는 방식이다. 차량까지 선적하는 로로방식과 다른 점은 차량은 돌려보내고 화물만 선적하는 것이다.

61) 유조선은 적재량에 따라 다음과 같은 다양한 명칭으로 구분되고 있다:
① handy size: 2만톤~3.5만톤 handymax: 4.5만톤~9.5만톤(재래항만에 입출항이 용이한(handling) 선박의 크기라는 의미임)
② aframax: 4.5만톤~9.5만톤(average freight rate의 약어)
③ suezmax: 14.5만톤~15만톤(유조선이 만선하여 수에즈운하를 통과할 수 있는 크기)
④ vlcc: 17.5만톤~30만톤(very large crude oil carrier)
⑤ ulcc: 30만톤 이상(ultra large crude oil carrier)

수 있으며 경제성을 실현하기 위하여 대형선박이 대부분이며, 전 세계적으로 가장 많은 선복량을 나타내고 있다.

㉮ 원유운송선: 유조선 · 탱커 또는 오일탱커라고도 하며 정제되지 않은 원유(crude oil)를 운송하는 선박을 말한다. 정제과정을 거친 정유를 운송하는 선박을 석유제품운송선이라 한다. 이들 운송화물 중에서 대종을 이루는 것은 석유류로서, 중동 및 북아프리카 · 중남아메리카 · 북아메리카 · 동남아시아 등지에서 정유시설지로 운송되는 원유(원유운송선)와 정유지에서 소비지로 운송되는 정제유(정유운송선)이다.

㉯ 화학제품운송선(케미컬선)[62]: 화학제품을 포함한 여러 종류의 액체화물을 동시에 적재하는 선박을 말한다. 유기합성 화학공업의 발달에 따라 특수한 액체 화학제품(벤젠, 납사, 톨루엔, 나프타, 라텍스, 타르 등)을 대량으로 운송하기 위한 전용탱커이다. 운송대상 화물이 광범위하며, 인화성 · 폭발성 · 유독성 · 부식성 등의 성질을 갖고 있는 것이 많기 때문에 선체도 운송화물에 따라 가장 적합한 구조와 설비를 갖추고 있다. 화물탱크 및 배관재료도 강철 · 알루미늄 · 스테인레스강 등으로 특별히 설계되어, 화물의 순도를 유지하고 화학작용에 의해 선창의 금속류가 부식되지 않게 방식제가 사용된다.

㉰ 액화천연가스운송선: 천연으로 생산되는 비석유계 천연가스를 액화한 것을 운송하기 때문에 LNG(액화메탄가스)선이라고도 한다. LNG (Liquefied natural gas)는 메탄 성분이 90% 이상 차지하며 메탄은 비등점이 -162℃이기 때문에 냉각하여 액화한 메탄을 운송한다. 액화가스를 선내에 설비된 탱크 안에 저장하므로 탱크 주위를 두꺼운 방열재로 보호해 주어야 한다. LNG선에서 액화가스를 저장하는 화물창의 종류에 따라 모스(가압식) 형식과 멤브레인(냉각식) 형식이 있다. 메탄가스를 액화시키면 부피가 1/600로 축소된다. 항해중에 열이 유입되어 자연적으로 발생한 증발가스(boil-off gas)를 연료로 사용하기 때문에 대부분의 선박이 터빈엔진을 가지고 있다.

㉱ 액화석유가스운송선(lpg tanker)[63]: 부탄가스나 프로판가스를 운송하는 선박이다. 원유채굴이나 정제 시 발생하는 부탄가스나 프로판가스는 상온 · 상압에서는 기체 상태인 탄화수소가 주성분이다. 부피가 커서 효율적인 운송을 할 수 없으므로 냉각 · 가압하여 액체 상태로 만들어 운송하는 것이 액화석유가스운송선이다. 가압식 lpg탱커는 선체에 설치된 압력용기(구형 또는 실린더형)에 상온의 가압된 액화석유가스를 운송하는 것으로 연안운송에 이용되며, 수백톤~4,000톤의 소형선이 주류를 이루고 있다. 저온식 lpg탱커는 대기압과 거의 같은 압력에서 냉각시켜 운송하는 것으로, lpg의 대량운송으로는 가장 경제적이어서 대형 항양선에 채용되는 방식이다. 오늘날 증류수 6만톤 정도의 운송능력을 가진 저온식 lpg탱커가 많이 취항하고 있으며, clean energy 수요 증대에 따라 선박도 점차 대형화되어 가고 있다.

62) 케미컬선의 크기는 원유운송선보다 훨씬 작고 석유제품운송선보다 작은 선박이 많다. 여러 종류의 화학제품을 동시 운송하기에 적합하도록 화물창 구획이 많고, 화물 상호간 오염을 방지하기 위해 화물창 별로 독립된 배관계통을 구성하게 되어 매우 복잡한 구조를 가지고 있는 것이 특징이다.

63) lpg탱커는 석유가스를 액화시키는 방법에 따라 가압식 lpg탱커와 저온식 lpg탱커로 나뉜다. 프로판가스를 액화시키면 부피는 약 1/260 로 줄어들고 부탄가스는 약 1/230 로 줄어든다.

액화천연가스운송선

액화석유가스운송선

원유 운송선

화학제품 운송선

〈그림 14〉 탱커선의 종류

④ 특수 작업선: 특수작업선은 작업선과 운송선으로 구분할 수 있다. 작업선은 용도에 따라 예인선, 부선, 준설선, 소방선, 쇄빙선, 해난구조선, 케이블선, 기중기선, 해양조사선 등이 있다. 또 운송선은 용도에 따라 통선, 급수선, 급유선, 도선선 등으로 분류한다.

㉮ 예인선(Tug boat): 주로 다른 선박을 예항 또는 압항하는 선박으로, 대형 선박의 접 · 이안을 보조하는 예인선과 부선을 예인하는 예인선이 있다.

㉯ 부선(Barge): 자력 항행 능력이 없어 견인되어 화물을 운송하는 무동력선으로 예인하는 선박의 선체와 결합하여 예인되는 압항부선과 예인하는 선박과 로프로 연결하여 예인되는 일반부선이 있다. 부선은 용도상 일반부선(공사작업용, 모래 운송용, 철강재 운송용 부선 등), 유조부선(석유제품 운송용, 원유운송, 액체화학품 운송용, 액화가스용 부선 등), 폐기물운송 부선(폐기물 운송용, 분뇨 운송용 부선 등) 및 토운부선(준설토 운송용 부선 등), 해저조망 부선이 있다.

㉰ 해저 전선 부설선(Cable Layer): 해저에 케이블을 부설하거나 수리하는데 사용되는 선박을 말한다.

㉱ 기중기선(Floating Crane): 보통형의 선박이나 상자형선(Pontoon) 위에 기중기를 설치하여 해상에서 중량물 작업을 할 수 있게 한 해상 이동식 크레인이다.

㉲ 준설선(Dredger): 강, 항만, 항로 등의 바닥에 있는 흙, 모래, 자갈, 돌 등을 파내는 시설을 장비한 선박이다. 강, 운하, 항만 등의 깊이를 보다 깊게 하기 위한 준설작업, 물 밑의 흙, 광물 등을 채취하는 작업, 수중 구조물 축조의 기초공사 등에 이용된다. 자력 항해가 가능한 선박도 있고 예인선에 의해 이동되는 부선 형태의 선박도 있다.

㉳ 통선: 강이나 바다를 오가는 배를 말하며 일반적으로 항내에서 선용품 · 선원 또는 화객을 운송하기 위하여 주로 투묘중인 선박과 육지 간의 교량 역할을 한다.

㉳ 급유선(Tanker): 항해를 하는 다른 배에 연료를 보급하기 위해 연료운송 탱크와 송유장치를 갖춘 선박이다.

㉴ 급수선(Water boat): 다른 배나 섬에 음료수나 기관 용수 등을 공급하기 위하여 물탱크 따위를 장치한 선박이다.

㉵ 도선선(Pilot Boat): 해협이나 항만을 출입 · 통과하는 배를 안전하게 안내하기 위해 도선사의 도선서비스를 받는 선박까지 또는 이러한 선박으로부터 도선선 부두까지 운송하는 선박이다.

기중기선(Floating Crane)

대형 선박 이접안 작업 중인 예인선

압항부선

예인선과 일반 부선

해저 전선 부설선(Cable Layer)

도선선

준설선(Dredger)

〈그림 15〉 특수 작업선의 종류

제2장

해운 관련 기구 및 조직

제1절 국제기구

I. IMO

1. 의의

해운업(shipping industry)은 세계의 모든 대규모 산업 중 가장 국제적이고 가장 위험한 산업의 하나이다. 모든 해운 국가가 준수하도록 하는 국제적인 기준과 규정을 개발 · 시행하는 것이 해상에서 안전을 증진시키는 가장 좋은 방법이라고 인식되어 왔으며 19세기 중반 이후 그와 같은 몇 개의 협약이 채택되었다. 일부 국가들은 해상안전을 좀 더 효과적으로 증진시킬 수 있는 영구적인 국제기구의 설립을 제안하였으나, 국제연합(United Nations: 이하 '유엔'이라 한다)이 설립될 때까지 그 뜻을 실현하지 못했다. 1948년 제네바국제회의에서 공식적으로 국제해사기구(International Maritime Organisation: 이하 'IMO'라 한다)[1]의 설립을 위한 협약이 채택되었다. 이 「IMO 협약」(IMO Convention)은 1958년에 효력이 발효되었으며, 이듬해인 1959년 1월에 창립총회가 개최되었다. 이로써 IMO는 유엔 산하 12번째의 전문기구로 탄생하게 되었다.[2]

IMO의 목적은 "국제교역에 종사하는 해운업에 영향을 미치는 모든 형태의 기술적인 문제에 관하여 정부가 수행하는 규정이나 지침에 있어서 정부 간 상호협력촉진을 위한 장치를 제공하는 것이며, 해상안전, 효율적인 항해 및 선박으로부터의 오염방지 및 통제와 관련한 최고수준의 실질적인 기준을 제정하고 촉진하는 것이다"라고 IMO 협약 제1조 (a)항에서 규정하고 있다.[3]

'보다 안전한 해운과 보다 깨끗한 바다'를 목적으로 상당한 성과를 거두고 있어서, IMO 설립 이후 선박 사고발생률과 선박으로부터 바다로 흘러 들어가는 기름의 양이 현저히 감소되었다는 평가를 받고 있다.

2. 회원국과 조직

가. 회원국

IMO는 IMO협약(IMO convention)의 발효를 위한 요건인 21개국을 회원국으로 하여 1959년 설립되었다. 2020년 2월 현재 174개 회원국과 3개의 협력회원국(associate members)[4]으로 구성되어 있다.[5] 기타 옵저버 자격의 정부간기구(Intergovernmental Organizations: IGOs)[6]와 자문 자격의

1) 초기 명칭은 정부간해사자문기구(International Maritime Consultative Organisation: IMCO)였으나 1982년에 국제해사기구(International Maritime Organisation: IMO)로 바뀌었다.

2) http://www.imo.org/About/HistoryOfIMO/Pages/Default.aspx (2020년 2월 14일 검색).

3) 방희석, 「국제운송론(개정판)」, (박영사, 2005), 627쪽.

4) 3개의 협력회원국(associate members)은 Faroes, Hong Kong (China), Macao(China)이다.

5) http://www.imo.org/About/Membership/Pages/MemberStates.aspx (2020년 2월 14일 검색).

6) http://www.imo.org/About/Membership/Pages/IGOsWithObserverStatus.aspx (2020년 2월 14일 검색).

비정부기구(Non-Governmental international Organizations: NGOs)[7]가 참여하고 있다. 우리나라는 1962년부터 회원국으로 참여하고 있다.

나. 조직

IMO의 기구는 총회, 이사회와 5개의 위원회로 구성되어 있다. 해사안전위원회, 해양환경보전위원회, 법률위원회, 기술협력위원회, 간소화위원회와 이들 위원회의 중요한 작업을 지원하는 7개의 소위원회가 있다(〈그림 16〉 참조).

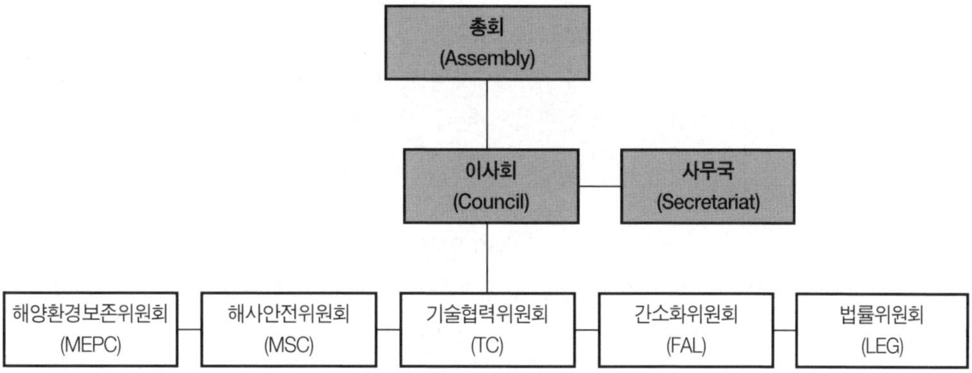

〈그림 16〉 IMO의 기구

(1) 총회

총회(Assembly)는 IMO의 최고의결기구로서, 모든 회원국으로 구성된다. 정기총회는 2년마다 한 번씩 개최되나, 필요하면 임시총회가 개최된다.

총회는 사업계획, 예산표결과 기구의 재정계획결정에 관한 책임이 있다. 또한 이사회 회원국을 선출한다.

(2) 이사회

이사회(Council)는 IMO의 집행기관이고 총회의 동의하에 기구의 사업계획을 감독할 책임이 있다. IMO협약 제15조 (j)호에 의해 총회에서 보유한 해사안전과 오염방지를 정부에 권고하는 기능을 제외하고 총회 기간 중 총회의 모든 기능을 수행한다.

이사회의 다른 기능은 ① 기구 각 조직의 조정활동, ② 사업계획 프로그램과 기구의 예산을 심의하고 이것을 총회에 제출하는 것, ③ 위원회와 다른 조직의 보고와 제안의 접수 및 필요한 해설과 권고를 총회와 회원국에 제출하는 것, ④ 총회의 승인에 따라 사무총장을 임명하는 것, ⑤ 총회의 동의를 얻어 여타 기구와 연관된 협약 또는 협정을 체결하는 것을 들 수 있다.

이사회 회원국은 정기총회 후에 차기 2년을 위한 이사회 회원국을 선출한다. 또한 「IMO 협약」은 총회가 이사회의 선출에 대하여 다음의 기준을 준수하도록 규정하고 있다.

① (A그룹): 국제해운서비스를 제공하는 최대 이해관련 10개국(China, Greece, Italy, Japan,

---

7) http://www.imo.org/About/Membership/Pages/NGOsInConsultativeStatus.aspx (2020년 2월 14일 검색).

Norway, Panama, Republic of Korea, Russian Federation, United Kingdom, United States)

② (B그룹): 국제해상무역에서 최대 이해관련 10개국(Argentina, Australia, Brazil, Canada, France, Germany, India, the Netherlands, Spain and the United Arab Emirates)

③ (C그룹): 상기 A그룹과 B그룹에 해당되지 않은 국가로서 해운 또는 항해에 특별한 이해관계를 가진 국가로서 각 주요 지역 대표성을 갖는 20개국(Bahamas, Belgium, Chile, Cyprus, Denmark, Egypt, Indonesia, Jamaica, Kenya, Kuwait, Malaysia, Malta, Mexico, Morocco, Peru, the Philippines, Singapore, South Africa, Thailand and Turkey)[8)]

(3) 해사안전위원회

해사안전위원회(Maritime Safety Commitee: MSC)는 기술에 관한 최고의결기구로 모든 회원국으로 구성되어 있다. 해사안전위원회의 기능은 "기구의 범위 내에서 항로표지, 선박의 건조와 설비, 안전을 위한 승무정원, 충돌예방규칙, 위험화물의 취급, 해상안전에 관한 절차와 요건, 수로정보, 항해일지 및 항해기록, 해양사고조사, 해난구조와 해상안전에 직접적인 영향을 미치는 기타 문제에 관련된 사항"을 심의한다.

위원회는 또한「IMO 협약」에 의해 부여된 어떤 임무 또는 국제기구의 동의하에 또는 IMO에 의해 부여되고 채택된 사업계획에 필요한 임무를 수행하기 위한 조직을 구성한다. 또한 총회에서 채택된 안전에 관한 권고와 지침서의 심의와 제출에 대하여 책임이 있다.

확대 해사안전위원회는「국제해상인명안전협약」(International Convention for the Safety of Life at Sea: SOLAS)과 같은 협약 개정 사항을 채택하는 위원회로서, 회원국뿐 아니라 IMO 비회원국이라도「국제해상인명안전협약」과 같은 협약에 가입한 모든 국가들을 참여시킨다.

(4) 해양환경보호위원회

회원국으로 구성되어 있는 해양환경보호위원회(Marine Environment Protection Comittee: MEPC)는 기구의 범위 내에서 선박으로부터 오염의 방지와 통제에 관련된 문제를 심의하는 권한을 가지고 있다. 특히, 위원회는 협약의 이행과 관련하여 협약, 규칙 및 기준의 채택과 개정에 관여한다. 해양환경보호위원회는 총회의 부속기관으로 설립되었으나 1985년에 상설위원회로 격상되었다.

(5) 소위원회

해사안전위원회(MSC)와 해양환경보호위원회(MEPC)는 모든 회원국에게 개방된 7개의 소위원회(sub-committees)의 보조를 받는다. 이들은 주제별로 다음과 같이 구성되어 있다.

① Sub-Committee on Human Element, Training and Watchkeeping (HTW).

② Sub-Committee on Implementation of IMO Instruments (III)

③ Sub-Committee on Navigation, Communications and Search and Rescue (NCSR)

④ Sub-Committee on Pollution Prevention and Response (PPR)

⑤ Sub-Committee on Ship Design and Construction (SDC)

⑥ Sub-Committee on Ship Systems and Equipment (SSE)

8) https://www.imo.org/en/About/Pages/Structure.aspx (2020년 2월 14일 검색).

⑦ Sub-Committee on Carriage of Cargoes and Containers (CCC)

(6) 법률위원회

법률위원회(Legal Committee)는 기구의 범위 내에서 법률에 관계된 문제를 다루는 권한을 가지고 있으며, IMO 회원국으로 구성되어 있다. Torrey Canyon호 사고[9]의 결과로 야기된 법률문제를 다루기 위한 부속기관(subsidiary body)으로 1967년에 설립되었다. 법률위원회는 다른 국제기구의 동의하에, 또는 국제기구에 의해 부여되고 국제기구에서 수락된 업무 범위 내에서 임무를 이행하기 위한 권한을 가지고 있다.

(7) 기술협력위원회

기술협력위원회(Technical Co-operation Committee)는 기구의 범위 내에서 수행 또는 협력 대리인으로서 기구 활동을 수행하며, 기술적 협력분야에서 기술적 협력계획의 수행과 관계된 문제를 심의한다. 기술협력위원회는 IMO 회원국으로 구성되어 있으며 1969년에 이사회의 부속기구(subsidiary body)로 설립되었다.「IMO협약 개정의정서」가 1984년에 발효하여 상설위원회가 되었다.

(8) 간소화위원회

간소화위원회(Facilitation Committee)는 이사회의 부속위원회이다. 1972년 5월에 설립되었고 IMO 내에 불필요한 형식과 국제해운업에서 형식적인 것을 제거하는 작업을 한다. 간소화위원회의 참여는 IMO의 모든 회원국에게 개방되어 있다.

(9) 사무국

IMO 사무국(Secretariat)은 런던에 본부가 있으며, 사무총장과 약 300명의 직원으로 구성되어 있다.

(10) 지역조정관(Regional Presence)

IMO는 Côte d'Ivoire, Ghana, Kenya, Philippines, Trinidad and Tobago의 5개 지역에 조정관(coordinators) 또는 자문(advisors)을 두고 있다.[10]

---

9) 1969년 3월 18일 09시경 리베리아 선적의 탱커인 토리캐년호는 영국 남서단의 실리군도(Scilly Isles)의 세븐스톤이라는 암초에 좌초하여 원유 약 8만 톤을 유출시켰다. 이로 인하여 영국의 콘월 해안(Cornwall)과 프랑스 북서 해안을 크게 오염시켰다. 영국은 토리캐년호에 남아 있던 원유 약 4만 톤을 폭격으로 연소시켰고 해상에 유출된 기름을 제거하기 위하여 1일 약 9만 갤런의 중화제를 살포하였다. 영국은 위의 비용을 포함하여 유류오염손해의 확대를 방지하기 위하여 약 160만 파운드를 지출하였다. 해안오염과 관광시설 등의 물적 손해는 영국이 약 6백만 파운드, 프랑스가 약 290만 파운드에 달하였다. 그러나 토리캐년호는「상법」상 선주책임제한을 받게 되어 손해배상책임의 한도액이 약 170만 파운드에 불과하여 영국정부가 지출한 기름오염방제비용에 지나지 않았다; D.W. Abecassis, *The Law and Practice relating to Oil Pollution From Ships*, (Butterworths, 1978), p. 172; The Torrey Canyon, [1969] 2 Lloyd's Rep. 591; 자세한 내용은 [정영석,「해상안전과 국제협약」, (퍼플, 2019), 69~92쪽] 참조.

10) http://www.imo.org/About/Pages/Structure.aspx#3 (2020년 2월 14일 검색).

II. UNCTAD

1. 의의

유엔무역개발회의(United Nations Conference on Trade and Development; 이하 'UNCTAD'라 한다)는 1964년에 설립되어 1965년 1월 8일에 업무를 개시하였다. 유엔총회 직속의 무역 · 개발 분야의 핵심 기관으로서 영구적인 정부간국제기구이다.

UNCTAD의 주요 목적은 유엔 총회결의 제1995호(XIX)에 의해 개발도상국의 경제성장과 발전을 촉진시키는 것이다. UNCTAD는 이를 위해 ① 정책분석, ② 정부간 협의, 합의도출 및 협상, ③ 감시, 시행 및 후속조치, ④ 기술협력 등의 기능을 수행한다.[11)]

2. 회원국 및 조직

가. 회원국

2013년 1월 현재 정회원국은 195개국이며,[12)] 옵저버는 다수의 정부간국제기구(IGOs) 및 민간기구(NGOs)가 포함된다. 재정 면에서 경상비는 유엔 규정예산에서 반영하며, 사업비는 기술협력사업 수행 등 특별재원에서 지원한다.

우리나라는 UNCTAD에 1965년 1월 8일 정회원으로 가입하여,[13)] 각종 활동에 참여해 오고 있다.

나. 조직

(1) 총회

총회(Qusarennial conference)는 최고정책결정기관으로서 통상 4년마다 개최되는 각료급회의이다. 주요 정책지침을 채택하고 사업계획을 확정한다.

(2) 사무국

사무국(Office of the Secretary-General)은 유엔사무국의 한 부서로서, 사무총장이 총괄하고 직원은 400여 명이다.

(3) 기타 조직

집행이사회의 역할을 하는 무역/개발이사회(Trade and Development Board; TDB)를 비롯하여 무역/개발위원회(Trade and Development Commission), 투자/기업/개발위원회(Investment, Enterprise and Development Commission), 과학기술위원회(Science and Technology for Development) 등과 각종 작업단(Working Party), 전문가그룹(Group of Experts) 등의 조직이 활동하고 있다.

---

11) 방희석(2005), 628~629쪽.

12) https://unctad.org/about (2020년 1월 14일 검색).

13) 북한은 1973년 7월 23일 정회원으로 가입하였다.

3. 해운 관련 활동

UNCTAD 탄생 이전에는 세계 해운의 제도(regimes)와 규칙(rules)이 근본적으로 식민지와 제국 세력 간의 구조에 기초를 두었고, 국제적 규범의 범위 밖에 존재하였다. 해운 분야에서의 UNCTAD의 활동은 이러한 기존 질서에 대한 개혁적이고 선도적인 도전이었다. 제1차 총회에서 선진국그룹이 해운 문제에 대한 검토를 반대했음에도 '해운문제이해의 공통조치'(Common Measures of Understanding Questions)가 의제로 채택되었고, 1965년 해운위원회의 설치를 계기로 해운 관련 활동이 본격적으로 시작되었다.

UNCTAD는 특정사안에 관한 집중적인 연구와 토의를 위해 수시로 특별위원회(ad hoc committee)를 구성하여 처리하는 방식을 채택해 왔는데, 이러한 일련의 활동성과로 5개의 해운 관련 국제협약을 채택하였으며, 그중 2개의 협약이 발효되었다(〈표 11〉 참조). UNCTAD는 남 · 북(North-South) 및 동 · 서(East-West) 대결 구도에서 회원 수가 많은 개발도상국이 주축이 되어(소위 G-77) 각종 규범과 협약을 채택하였다. 해운 분야에서는 5개의 국제협약을 채택하였는데, 「정기선동맹행동규범협약」(Liner Code)과 「유엔국제물건운송협약」(Hamburg Rules) 등 2개 협약이 발효되었다. 그러나 두 협약은 주요 해운국이 비준 · 가입하지 않아 국제협약으로서 실효성을 확보하지는 못하였다.

〈표 11〉 UNCTAD가 채택한 해사국제협약 현황(2021년 7월 현재)

협 약 명	현 황		비 고
	채택일	발효일	
유엔정기선동맹행동규범협약(UN Convention on a Code of Conduct for Liner Conferences: Liner Code)	1974.04.06.	1983.10.06.	78개국 가입[14)] 한국: 1975.05.11. 가입 1983.10.06. 발효
유엔해상물건운송협약 (UN Convention on the Carriage of Goods by Sea: Hamburg Rules)	1978.03.30.	1992.11.01.	31개국 가입[15)] 한국: 미가입
유엔복합운송협약(UN Convention on International Multimodal Transport of Goods)	1980.05.24.	미 발효	11개국 비준[16)] 발효: 30개국 비준
유엔선박등록조건협약(UN Convention on Conditions for Registration of Ships)	1986.02.07.	미 발효	14개국 비준[17)] 발효: 40개국 비준 세계 선박량의 25%
선박우선특권 및 저당권에 관한 협약(The Convention on Maritime Liens and Mort & ages)*	1993.04.09.	미 발효	11개국 비준, 조건부 서명 발효: 10개국 비준 6개월 후
선박압류에 관한 국제협약(International Convention on Arrest of Ships, 1990)	1999.03.12.	미 발효	7개국 비준

주: * IMO와 공동작업으로 채택함.

14) CMI, Yearbook 2005-2006, pp. 513~514.

15) CMI, Yearbook 2005-2006, p. 515.

16) CMI, Yearbook 2005-2006, p. 515.

17) CMI, Yearbook 2005-2006, p. 519.

III. ILO

1. 의의

국제노동기구(International Labour Organization; 이하 'ILO'라 한다)는 1919년 파리평화회의(Paris Peace Conference)[18]의 결과, 체결된 「베르사이유 조약」에 근거하여 자유 · 평등 · 안정 및 인간존중의 토대 위에 남성과 여성 모두가 양질의 생산적인 일자리를 가질 수 있는 기회를 증진시키기 위해 설립된 독립적인 지위를 가진 국제기구로서, 1946년 유엔의 첫 번째 전문기구가 되었다.

1919년 4월 11일 발효한 ILO 헌장에 의하면, 직장에서의 권리증진, 양질의 고용기회촉진, 사회적 보장개선, 일자리 관련 문제에 관한 대화촉진 등이 설립 목적이다.

1944년 미국 필라델피아에서 개최되었던 국제노동회의에서는 이 기구의 목적과 목표를 개정하는 「필라델피아 선언문」(Declaration of Philadelphia)을 채택하였다. '노동의 기본원칙과 권리에 관한 선언'(Declaration on Fundamental Principles and Rights at Work)이 ILO 총회에서 채택된 1998년은 ILO 역사상 중요한 획을 긋고 있다. 이 선언의 원칙과 권리는 결사의 자유 및 단체협상권과 아동노동 · 강제근로 · 고용차별의 철폐를 말한다.

ILO는 노 · 사 · 정의 3자로 구성된다는 점에서 다른 국제기구와 구별된다. 다른 국제기구가 국가 중심의 국제조직인 점에 비하여 ILO는 민간의 이해당사자, 곧 근로자대표와 사용자대표를 평등하게 포함하고 있다. 또한 국제노동기준이 가입국의 비준 및 적용에 따라 국내법의 기준이 되며, ILO는 그것의 적용을 감시하는 기능을 갖는다는 점도 특징적이다.

ILO는 그간 180여 개의 협약과 190여 개의 권고를 채택하였으나, 이러한 국제노동기준에 대한 최근 이사회 검토 결과 1985년 이전 채택된 협약 중 70개 이상의 협약은 여전히 시대적 흐름에 적합하지만 나머지는 개정 또는 폐지가 필요하다는 결정을 하였다. 이와 함께 수십 개의 직업규약도 만들어졌다.

2. 회원국과 조직

가. 회원국

ILO 헌장에 따라 회원국 자격은 다음과 같이 3 가지의 경우에 부여된다.

① ILO의 원회원국

18) 제1차 세계대전을 청산하는 국제적 협상을 개시한 회의를 말한다. 1919년 1월 12일 프랑스 · 영국 · 미국 · 이탈리아 정부 수반과 각각의 외무장관인 조르주 클레망소와 에티엔 피숑, 로이드 조지와 아서 제임스 밸푸어, 우드로 윌슨과 로버트 랜싱, 비토리오 에마누엘레 오를란도와 시드니 손니노의 예비회담이 열렸다. 여기서 그들은 일본 전권대사를 포함해 최고위원회 또는 10인위원회를 구성해 모든 주요 결정을 내리기로 했다. 그러나 3월 최고위원회는 일본 제1전권대사 사이온지 킨모치[西園寺公望]가 일본과 무관한 문제에는 끼어들지 않으려 하자 '편의상'이라는 이유로 서방 원수들만으로 구성된 4인위원회로 모임을 축소했다. 외무 장관들은 5인위원회 모임을 계속하면서 부수적인 문제들을 다루었다. 또한 이 5개 열강들은 평화협상 중에 취해지는 경제정책의 자문을 위해 1919년 2월에 창설된 최고경제위원회도 감독했다. 특별한 문제, 즉 국제연맹 조직과 규약 작성, 전쟁책임 판정과 전쟁재발 방지 보장, 배상금, 국제노동입법, 국제적인 항구 · 수로 · 철도, 재정문제, 영속적인 성질의 경제문제, 항공 및 육 · 해군 문제, 그리고 영토문제 등을 연구하기 위해 전문위원들이 임명되었다.

1945년 11월 1일 당시 ILO 회원국이었던 국가는 개정헌장하에서도 당연히 회원국이 된다.

② 유엔 회원국

ILO의 원회원국이 아닌 유엔 회원국은 ILO 헌장상의 회원국의 의무에 대한 수락을 ILO 사무국장에게 통지함으로써 회원국이 된다.

③ 유엔 비회원국

유엔 비회원국은 ILO 총회가 동 총회에 출석, 투표한 정부대표의 2/3 이상의 찬성투표를 포함하여 동 회기에 참가하고 있는 전 대표의 2/3의 찬성투표에 의하여 가입을 승인하는 의결을 채택한 후, 동 정부가 ILO 헌장의 의무에 대한 수락을 정식으로 ILO 사무국장에게 통지함으로써 회원국이 된다.

ILO 회원국은 2020년 2월 말 현재 187개국이고,[19] 우리나라는 1991년 12월 ILO에 가입하여 152번째 정식 회원국이 되었다.

나. 조직

(1) 국제노동총회

국제노동총회(International Labour Conference)는 필요에 따라 수시로 개최할 수 있으나, 정기총회는 매년 1회 개최하여야 한다(ILO 헌장 제3조 제1항). 1919년에 제1차 총회 이후 정기총회는 매년 6월 스위스의 제네바에서 개최한다.

총회에 참석하는 각국의 대표는 3자 조직(tripartite system)으로 2명의 정부대표, 1명의 노동조합대표 및 1명의 사용자대표로 이루어져 있다. 정부대표 외의 대표도 형식적으로는 회원국 정부가 지명하지만 그에 앞서 노동조합 및 고용단체의 추천과 동의를 받아야 하기 때문에, 실제로는 이들 이해단체가 직접 선정한 것을 정부가 승인하는 절차를 거치는 데 지나지 아니한다. 3자 조직으로 구성된 회원국의 대표단은 국제노동총회(International Labour Conference)에서 개별적인 투표권이 주어지기 때문에 이들 대표자들은 정부로부터 독립된 지위를 지닐 수 있고, 각 단체의 이익에 따라 정부대표와 다르게 투표할 수도 있다.

또한 이 3자 조직은 노동총회의 내부규칙에 따라 3개의 자율적 그룹을 형성하게 되므로, 각 단체의 독립성이 매우 강하게 보장되는 것이 특징이다. 매년 정기총회에서 차기 총회의 개최 장소를 결정하거나 그렇지 않은 경우 이사회가 결정하는 것이 일반화되어 있다(ILO 헌장 제5조).

(2) 이사회

이사회(Governing Body)는 28명의 정부대표, 14명의 노동조합대표, 14명의 사용자대표로 구성되어 있고, 매년 3월, 6월, 11월에 3회의 회의를 가진다.

이사회는 총회에서 토의할 회의 내용, 예산안의 제출, 사무국의 업무지시 등을 하며, 사무총장을 선출한다.

(3) 사무국

사무국(International Labour office)은 ILO의 영속적인 업무집행 부서로서 총회 및 이사회의 결정사항을 집행하는 부서이다. ILO 사무국 본부는 스위스 제네바에 있으며, 전 세계 40개의 지역사

---

19) https://www.ilo.org/global/about-the-ilo/lang--en/index.htm (2020년 2월 14일 검색).

무소를 포함하여 2020년 2월 현재 2,700명의 직원이 근무하고 있다.[20)]

3. 해사노동 관련 활동

가. 국제노동기준의 채택

ILO의 활동은 협약과 권고의 형식으로 만들어지는 국제노동기준(International Labour Standards)으로 나타나는데, 1919년 창립 이후 ILO가 채택한 노동기준은 2013년 1월 10일 현재 189개의 협약과 202개의 권고가 있다.[21)]

ILO의 해운산업 관련 활동은 1919년 창설되면서부터 시작하였다. 워싱턴에서 개최된 1919년의 제1차 국제노동총회(International Labour Conference)에서 근로시간을 8시간제로 할 것을 채택하면서, 선원에게도 동시에 적용하여야 할 것인지에 대하여 논의하기 시작하였다. 이때 합동해사위원회(Joint Maritime Commission)를 두어 선원 문제를 다루기로 합의하였다.[22)]

ILO에서 선원 문제에 관한 협약을 채택한 것은 1920년 이후이나, 보다 적극적으로 관심을 기울인 것은 1960년대 후반부터이다. 1920년 이후 해사 분야의 국제노동기준은 68개 이상이 제정되었다. ILO가 채택한 해사노동기준은 ① 해운산업, ② 어업, ③ 항만산업, ④ 내수로교통에 종사하는 선원이나 근로자들의 근로조건, 근로환경 그리고 작업안전을 도모하는데 초점이 맞춰져 있다. 특히 편의치적선의 선원근로환경개선에 상당한 성과를 얻고 있다. 전 세계 무역의 약 90% 이상이 선원에 의하여 수행되고 있기 때문에 전 세계 선원의 노동기준을 표준화하고 점진적으로 향상시키고 통일할 필요가 있다. 이러한 필요에 따라 각국 정부의 지원하에 2001년 국제선원단체와 선주단체의 합동결의(Joint Resolution)에 의하여 기존의 해사노동기준을 통합한「2006년 해사노동협약」(Maritime Labour Convention, 2006)을 채택하였다. 이 협약은 전 세계 선박 총톤수의 33% 이상을 구비한 30개 국 이상이 비준하면 발효하도록 되어 있는데, 2012년 8월 20일 이 기준을 충족하여 2013년 8월 20일 발효하였다.[23)]

나. 정보보급

인력정책, 노사관계, 근로조건, 사회보장, 연수, 경영개발 등에 관한 연구서, 조사보고서, 안내서 및 참고서 등이 영어, 불어, 스페인어 등으로 발간되고 있으며, 아래와 같은 정기간행물이 있다.

① International Labor Review(월간): 특별기고, 최근 발전 상황 및 서적목록 등, 경제사회 문제에 관한 학술적 성격의 간행물

② Official Bulletin(계간): ILO에서 개최되는 모든 회의 활동에 관한 정보 및 문서 수록

③ Labour Law Documents(1년 3회 발간): 각국의 노동입법 및 사회보험 분야 · 법규 및 규칙 원

---

20) https://www.ilo.org/global/about-the-ilo/how-the-ilo-works/departments-and-offices/lang--en/index.htm (2020년 2월 14일 검색).

21) http://www.ilo.org/global/standards/lang--en/index.htm (2020년 2월 14일 검색).

22) 방희석(2005), 629쪽.

23) 2020년 2월 14일 현재 102 개국이 비준하였다. 우리나라는 2014년 1월 9일 가입하였다: https://www.ilo.org/dyn/normlex/en/f?p=1000:80020:::NO:80020: (2020년 2월 14일 검색).

본의 수록

④ Conditions of Work Digest: 노동입법, 단기협상, 행동계획 및 관련 근로조건에 관한 정보 제공

⑤ 이 외에 「World Labour Report」, 「Labour Education」, 「Year of Labour Statistics」, 「Bulletin of Statistics」, 「World of Labour」, 「Magazine of the ILO」 등이 있다.

제2절 우리나라의 해운 관련 조직

I. 선주단체

1. 한국해운협회

가. 의의

한국해운협회(Korea Shipowner's Association)는 우리나라 외항선사들의 이익단체로, 회원사의 권익증진 및 우리나라 외항해운업의 경제적 · 사회적 지위의 향상과 국제적 활동을 촉진하며, 그의 건전한 발전을 도모함을 목적으로 설립되었다.

1960년 이전까지만 해도 우리나라 선대규모(fleet scale)가 총톤수 10만 톤 내외에 불과하였고, 선주단체도 대한대형선주협회와 한국대형선주협회로 양분되어 있었다. 1960년 제2공화국 출범과 함께 해양단체를 발전적으로 해체시키고 1960년 6월 20일 국영해운회사인 대한해운공사를 주축으로 단일 선주단체의 설립을 위한 창립총회를 개최하여 12개 선사가 참여하는 사단법인 한국선주협회(KSA)를 설립하였다.

그동안 발전을 거듭하여 인천, 광양에 지구협의회, 부산사무소를 각각 설치하고, 국제해운연맹(International Shipping Federation: 이하 'ISF'라 한다),[24] 볼틱국제해운동맹(Baltic and International Maritime Conference: 이하 'BIMCO'라 한다),[25] 국제해운회의소(International Chamber of Shipping:

24) 국제해운연맹(ISF)은 해상노동인력 문제에 관한 선주의 권익보호와 자문을 위하여 1909년 설립된 민간기구로서 영국 런던에 본부를 두고 있다. 한국선주협회를 비롯하여 각국의 선주협회를 회원으로 하고 있다. ISF는 1919년 ILO 창설 이후 고용문제 및 노사문제가 국제적으로 대두되자 선원노조의 세계적인 단체인 국제운수노동자연맹의 활동에 대처하기 위하여 그 기능과 조직을 대폭 개편했다. 그 기능은 선원모집, 자격규정, 사고방지, 노동조건 등 여러 가지 선원 문제에 대하여 각국 선주의 이익을 도모하는 것이다; 해운물류용어대사전(2006), 528쪽.

25) 볼틱국제해운동맹(BIMCO)은 회원사에 대한 해운정보의 제공, 자료집의 발간, 용선제도 개선, 해운업계의 친목 도모 등을 목적으로 1905년 청설된 세계에서 가장 영향력있는 해운동맹이다. 회원사는 세계 100여 개 국에 걸친 선주, 해운중개인, 보험회사, 해운조합, 조선소, 금융기관, 해사법률관련기관, 선급협회 등을 망라하고 있다; 해운물류용어대사전(2006), 178쪽.

의결기구

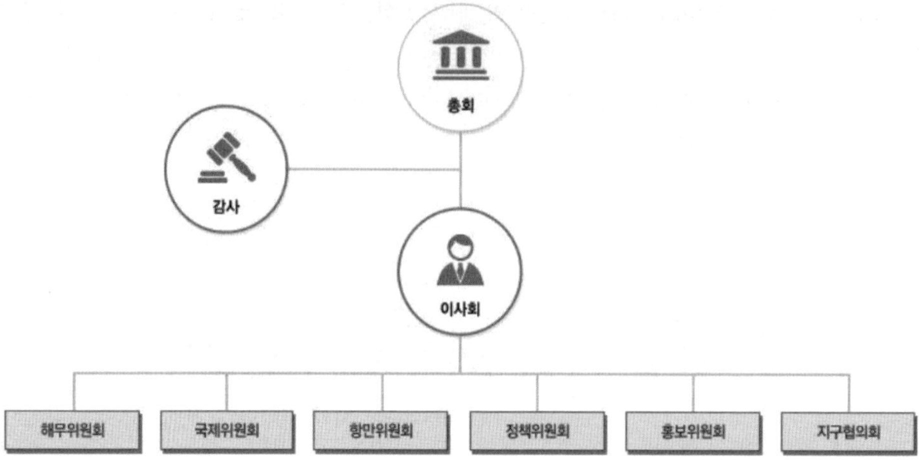

집행기구 (사무국)

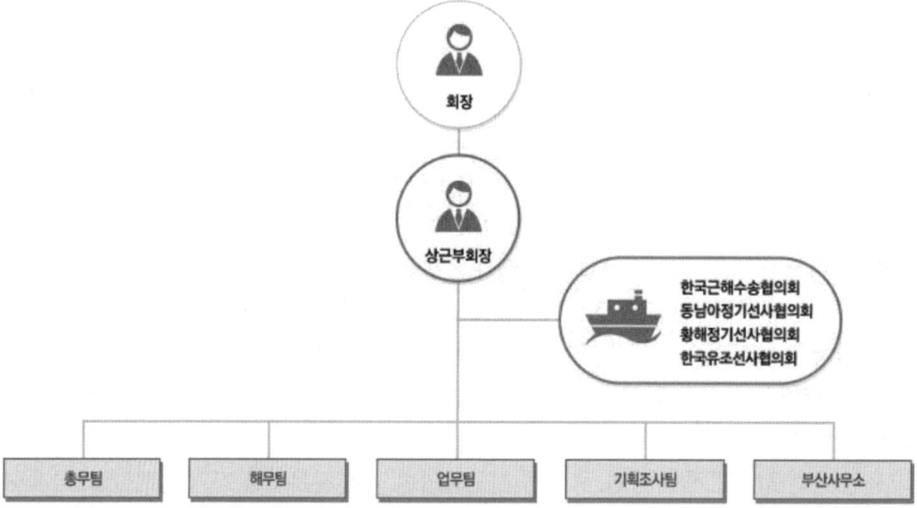

〈그림 17〉 한국해운협회의 조직과 기구

이하 'ICS'라 한다)[26]에 정회원으로 가입하는 등 국제적인 해운단체로 발전하고 있다. 2020년 11월 명칭을 한국선주협회에서 한국해운협회로 변경하고 창립 연월일도 사단법인 대한선주협회의 창립

26) 국제해운회의소(ICS)는 각국의 민간 선주의 권익보호와 상호협회들이 자발적으로 조직한 국제민간선주협의체로서 1921년 11월 11일 영국 런던에서 설립되었다. 설립 당시 14개국의 선주협회를 회원으로 발족하였는데, 한국선주협회는 1979년 정회원이 되었다. 회원의 자격은 자유기업정신에 바탕을 둔 각국의 민간선주협회로 한정되어 있으며 선주협회가 없는 나라에서는 그 나라를 대표할 수 있는 선사가 회원이 될 수 있다. ICS의 최고의결기구는 매년 4월 개최되는 총회이고, 7개 상설위원회와 각 위원회 산하의 소위원회에서 다루고 있다. ICS의 주된 역할은 국제해운의 기술적 및 법률 분야에서 제기된 문제점에 대하여 국제적으로 통일된 선주의 의견을 반영시켜 선주의 이익을 도모하는 것이다; 해운물류용어대사전(2006), 514~515쪽.

일인 1954년 4월 20일로 소급하기로 하였다.

나. 회원 및 조직

2020년 2월 현재 한국해운협회는 외항해운선사를 중심으로 99개 사가 회원으로 참여하고 있다. 또 의결기구로 총회와 이사회, 집행기구로 사무국을 두고 있다(〈그림 17〉).

다. 중점사업

한국해운협회의 중점 사업은 다음과 같은 12가지로 요약할 수 있다. 이러한 사업들을 통하여 우리나라 외항선사를 위한 정책 개발과 이를 국제적 또는 국내 정책적으로 반영하여 회원사의 이해관계를 대변하고 있다.

① 해운정책, 세제, 금융 및 기타 관련 법규 조사연구
② 정부, 국회 및 기타 요로에 업계 의견 및 주장 개진 또는 건의
③ 외항해운 선원의 수급대책 및 노사대책 추진
④ 선원교육 및 관련 법령개선, 선원 · 선박 경쟁력 대책 추진
⑤ 선박확보자금의 융자 및 각종 기금에 의한 사업자금 주선업무
⑥ 외항해운에 관한 정부업무 대행
⑦ 외항해운산업에 관한 대국민홍보와 관련 자료 및 정보수집
⑧ 외항해운에 관한 특수화물의 보호대책 및 기타 공동 대책 추진
⑨ 국제협약 및 조약, 해운 관련 국제회의에 관한 업무추진
⑩ 국제해상보험에 관한 조사연구 및 관련 자료 수집배포 등
⑪ 해운시황 분석, 통계 및 실적 업무 등
⑫ 한국해양산업총연합회, 한국해사재단 업무

2. 한국해운조합

가. 의의

한국해운조합(Korea Shipping Association: 이하 '조합'이라 한다)은 1949년 조선해운조합령에 의하여 대한해운조합연합회로 창립되었다가, 1962년「한국해운조합법」[27]에 근거하여 설립된 법정단체이다.「한국해운조합법」에 의하면, 조합은 해운업자의 협동조직을 촉진하여 그 경제적 · 사회적 지위를 향상시켜 해운업의 발전을 도모함으로써 국민경제의 균형 있는 발전에 이바지함을 목적으로 하고 있다(한국해운조합법 제1조).

한국해운협회가 외항선사의 이익을 대변하는 단체로 활동하는 것과 대비하여 조합은 주로 내항해운업자의 이익을 대변하는 단체로 특징되지만, 업무는 내항해운업과 관련된 것에 국한되지는 않는다.

27) 법률 제917호, 1961년 12월 31일 제정.

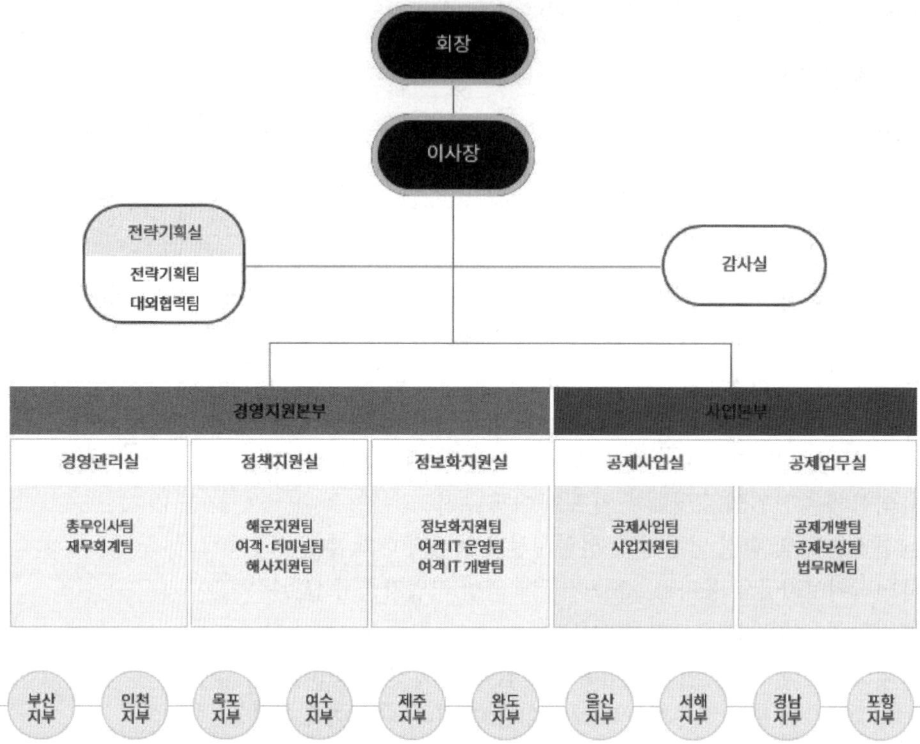

〈그림 18〉 한국해운조합의 조직과 기구

나. 회원 및 조직

「한국해운조합법」은 조합원의 자격을 “국내에 주된 사무소를 둔 자로서 해양수산부 장관으로부터 해상여객운송사업면허를 받은 자 또는 해양수산부 장관에게 해상화물운송사업등록을 한 자”에 한하고 있다(한국해운조합법 제8조 제2항). 다만, 조합은 준조합원제도를 두고 있어서 다음에 해당하는 자로서 조합 사업을 이용하는 자로 하고 있다(한국해운조합법 제15조의2).

① 「해운법」 제33조에 따라 해운중개업 또는 선박대여업의 등록을 한 자

② 「해운법」에 따라 선박관리업을 영위하는 자(선박관리업자에게 선박관리를 위탁한 선주를 포함한다)

③ 「항만운송사업법」에 따라 항만운송사업 또는 항만운송관련사업을 영위하는 자

④ 「항만법」에 따라 예선업을 영위하는 자

⑤ 「도선법」에 따라 도선 업무를 영위하는 자

⑥ 「수난구호법」에 따라 선박을 구난하는 자

⑦ 「해양환경관리법」에 따라 선박을 해체하는 자

⑧ 「유선 및 도선사업법」에 따라 유선 또는 도선사업을 영위하는 자

⑨ 「수상레저안전법」에 따라 수상레저사업을 영위하는 자와 수상레저기구를 소유한 자

⑩ 「해양환경관리법」에 따라 환경관리업을 영위하는 자

⑪「어장관리법」에 따라 어장정화 · 정비업을 영위하는 자
⑫ 그 밖에「선박법」에 따른 선박을 소유한 자
⑬「해운법」제6조에 따라 승인 받은 외국의 해상여객운송사업자
⑭「물류정책기본법」제43조에 따라 국제물류주선업등록을 한 자

이와 같이 조합원은「해운법」에 따른 해상여객운송업자 또는 해상물건운송업자에 한하지만, 준조합원제도에 의하면「해운법」상의 각종 해운업자 및「항만운송사업법」상의 항만운송사업자 등 해운 유관업에 종사하는 자나 선박을 소유한 자는 거의 대부분 자격을 가진다고 볼 수 있다.

한국해운조합의 의결기구는 총회와 이사회로 구성되어 있고, 집행기구와 조직은 이사장 직속의 전략기획실과 감사실, 경영지원본부에 3개 실, 사업본부에 2개 실 및 10개 지부로 구성되어 있다(〈그림 18〉).

다. 주요 업무

한국해운조합은 내항해운정책개발 및 대정부건의 등을 통한 조합원과 준조합원의 이익단체 역할을 할 뿐 아니라 공제사업, 석유류공급 및 자재공동구입, 정책지원, 터미널관리, 전산매표, 남북해상수송지원센터 운영, 선박화물운송정보센터 운영 등을 주된 업무로 하고 있다.

(1) 공제사업

한국해운조합의 주된 사업으로 조합원과 준조합원을 위한 각종 공제(mutual insurance)를 인수하고 있다. 현재 조합이 운영 중인 공제사업은 선박공제, 선주배상책임공제(P&I), 선원공제, 선주배상책임공제(여객), 수상레저공제, 선원임금채권보장기금 등이다. 조합은 전 세계 130개국, 238개 업체와 Claim Network를 구축하고 있어 해외에서 클레임으로 가입선박이 가압류될 경우에 언제 어디서나 신속한 클레임 서비스를 제공하고 있다.

(2) 석유류공급 및 자재공동구입

한국해운조합은「한국해운조합법」과「조세특례제한법」에 근거하여 조합원 및 준조합원의 소유선박과 관리선박, 정부 또는 공공기관 및 이와 유사한 단체에서 소유 및 관리 · 운영하는 선박을 대상으로 ① 면세석유류, ② 영세석유류, ③ 과세석유류, ④ 윤활유 등을 공급하는 업무를 수행한다.

또「한국해운조합법」에 근거하여 조합원의 사업을 위한 자재의 가격, 구입가능물량 등에 대한 조사, 공동구입주선 및 공동구입한 자재의 배정사업 등을 수행한다. 공동구입 자재는 선박용 페인트, 로프, 식료품, 소모품 등이다. 공급 대상은 조합원 및 준조합원 소유 및 관리선박, 정부 또는 공공기관 및 이와 유사한 단체에서 소유 및 관리 · 운영하는 선박이다.

(3) 정책지원

한국해운조합의 정책지원사업은 연안해운업자의 이익단체로서 조합의 본질적인 업무에 해당한다. 해상화물운송 경쟁력 확보지원, 해상여객운송 선진화 및 해상관광활성화, 내항선원 안정적 공급기반 조성 등을 주요 업무로 볼 수 있다

해상화물운송의 경쟁력 확보 지원 업무는 연안선박현대화사업, 선 · 화주 상생환경조성, 선박 및 연료유 세제감면 지속지원, 조합원 사업개발 및 연구용역 진행 등 연안해운 경영환경 조성사업 등이 있다. 또 해상여객운송 선진화 및 해상관광 활성화를 위해서 연안여객선 대중교통화를 위한

제도적 장치를 마련하며 해상관광 신규수요창출을 통해 연안 여객선업계 지원사업을 발굴하고 있다. 또 내항선원의 안정적 공급기반 조성을 위해 해기사 양성지원, 외국인선원의 안정적 고용 및 장기승선 유도 등을 추진하고 있다.

(4) 터미널관리

정부의 연안여객선터미널 현대화사업추진의 일환으로 지역별로 터미널 건립 후 조합에서 위탁관리 · 운영한다. 운영경비는 수익자부담원칙에 따라 여객사업자 및 여객으로부터 사업회비를 부과한다. 2020년 2월 현재 연안 여객터미널 15개소(목포 연안, 목포 국제, 흑산, 거문, 군산연안, 포항, 울릉, 제주연안, 완도, 통영, 대천, 오천, 녹동, 홍도, 나로도)와 국제여객터미널 4개소(제주국제, 서귀포, 속초, 군산국제)를 운영하고 있다.

(5) 전산매표업무

여객선 이용객을 대상으로 전국 연안여객터미널 및 기항지에서 여객선승선권발권서비스를 제공하고 있다.

(6) 남북해상수송지원센터

원활한 남북해상수송 지원을 위해 남북해운수송망 구축, 선 · 화주 협력 구축 및 남북해운 수송지원, 대정부정책 건의 및 제도개선 등을 주요 업무로 하고 있다.

(7) 선박화물운송정보센터

연안해운은 전국 28개 무역항 22개 연안항을 중심으로 작은 유인도서까지 도서민의 생필품에서부터 국가기간산업의 기반이 되는 대량화물 등을 운송함으로써 우리나라 산업발전에 큰 기여를 하고 있다. 이 센터는 이러한 연안운송을 통한 국가물류혁신을 위하여 연안선박운항정보 및 화주정보를 신속 · 정확하게 제공함으로써 물류비를 절감할 수 있도록 추진하고, 향후 연안물류종합정보망을 구축하여 복합물류업체와의 연계를 통해 화물 추적, 공선운항 최소화 등 연안해운 경쟁력 강화 업무를 수행하고 있다.

II. 해양진흥공사

1. 설립 목적과 기능

한국해양진흥공사는 2018년 7월「한국해양진흥공사법」에 근거하여 설립된 공공기관으로서 해운기업들의 안정적인 선박 도입과 유동성 확보를 지원하고, 해운산업의 성장에 필요한 서비스를 제공하는 등 우리나라의 해운 경쟁력을 강화함으로써 국가경제 발전에 이바지함을 설립 목적으로 한다.

공사의 기능은 사업 영역에서 알 수 있는데, 해운기업에 대한 투자지원, 경영지원, 보증지원, 정책지원의 4개 영역에서 기능을 수행하고 있다.

2. 기구 및 조직

한국해양진흥공사는 사장의 지휘하에 경영기획본부, 투자보증본부, 정책지원본부의 3개 본부와 사장 직속기구로 감사실, 혁신성장실, 해운산업정보센터로 구성되어 있다.

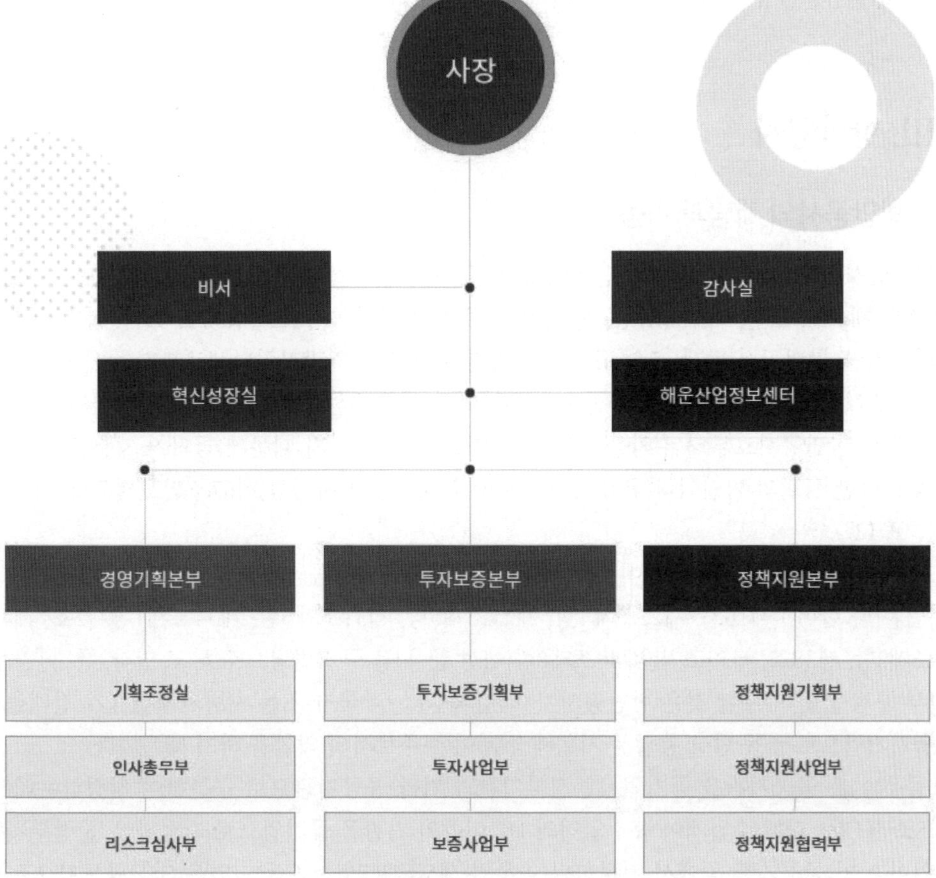

〈그림 19〉 한국해양진흥공사의 기구와 조직

3. 업무 영역

가. 투자지원

투자지원업무로는 선박 및 터미널 투자, 선박의 취득관리 및 처분, 채권 · 주식의 매입 및 중개 등을 수행한다.

나. 경영지원

경영지원업무로는 해운시황 분석 및 정보 제공, 해상운임지수 개발 및 운영, 선박 투자 컨설팅, 운임선도거래 시장 운영 등을 수행한다.

다. 보증지원

공사의 보증지원업무로는 선박 및 터미널 투자보증을 수행한다.

라. 정책지원

공사는 정책지원업무로 정부시책 보조금 지원, 해운항만 관련 조사 및 연구, 해외 물류시장 진출 지원, 해운항만물류 전문인력 양성 업무 등을 수행한다.

III. 항만공사

1. 항만공사의 개념과 기능

항만공사(Port Authority)는「항만공사법」에 근거하여 설립된 공공법인으로서(항만공사법 제1조, 제2조, 제4조), 부산, 여수 · 광양, 울산, 인천에 각각 항만공사가 설립되어 있다. 항만공사는 공공법인이지만, 항만공사법 제6조의 규정에 의하면 국가 또는 지방자치단체로부터 동산 · 부동산 및 항만시설관리권을 출자받아 이를 자산으로 운영되고, 국유재산으로 국가가 지분을 가지고 있고 정부가 각각의 항만공사로부터 수익을 배당받는 정부출자기업이기 때문에 국가가 지분을 가진 상사법인과 유사한 성질의 법인이다(국유재산법 제65조의2, 동법 시행령 제67조의2, 별표 2, 별표 1 제26호)(〈표 12〉).[28]

또 항만공사의 조직 및 운영에 대하여는「항만공사법」과「공공기관의 운영에 관한 법률」(이하「공운법」이라 한다.) 제16조, 제22조제1항, 제25조제5항, 제31조제6항, 제34조제1항제2호, 제35조, 제36조제2항, 제38조, 제39조 및 제48조제8항(이상 준용)을 근거법령으로 하고 있다. 특히「공운법」의 일부 규정을 근거로 한 것은 항만공사가「국유재산법」상 국가 또는 지방자치단체가 전액출자한 정부출자기업으로서 동 법상 총괄청(기획재정부)이 주주로서의 역할을 하기 때문이다.

「공운법」은 공공기관을 공기업 · 준정부기관과 기타 공공기관으로 구분하여 지정하는데(공운법 제5조 제1항), 자체 수입액이 총수입액의 1/2 이상인 기관을 공기업으로 지정하고, 준정부기관은 공기업이 아닌 공공기관 중에서 지정한다(공운법 제5조 제2항). 또 공기업은 자산규모가 2조원 이상이고 총수입액 중 자체수입액이 동법 시행령에서 정하는 기준(85/100) 이상인 공기업을 시장형 공기업, 그 외의 공기업을 준시장형 공기업으로 구분한다. 준정부기관은 기금관리형 준정부기관과 위탁집행형 준정부기관으로 구분한다(이상 공운법 제5조 제3항, 동법 시행령 제7조).

2. 사업의 근거

항만공사의 사업근거는「항만공사법」제8조의 규정에 따른다. 동법 제8조의 규정은 제한적 열거사항으로 동법에 따르면 항만공사는 다음과 같은 범위 내에서만 사업을 할 수 있다(동법 제8조 제1항 제1호 내지 제8호):

①「항만법」제2조제5호에 따른 항만시설(외곽시설 · 임항교통시설 등 대통령령으로 정하는

28) 정영석, "제도적 관점에서 본 BPA의 기능 확대 가능성과 부산항 관리운영 시스템의 개선방향",「세계해양발전연구」, 제27권, (세계해양발전연구소, 2018.2), 151쪽.

〈표 12〉 「국유재산법 시행령」 제67조의2에 따른 별표 1, 별표 2

[별표 1]	[별표 2] 〈개정 2015.10.29.〉
정부출자기업체의 범위(제2조 관련)	정부배당대상기업의 범위(제67조의2 관련)
1. 「금융회사부실자산 등의 효율적 처리 및 한국자산관리공사의 설립에 관한 법률」에 따른 한국자산관리공사 2. 「한국농수산식품유통공사법」에 따른 한국농수산식품유통공사 3. 「대한무역투자진흥공사법」에 따른 대한무역투자진흥공사 4. 「대한석탄공사법」에 따른 대한석탄공사 4의2. 「방송광고판매대행 등에 관한 법률」에 따른 한국방송광고진흥공사 5. 「방송법」에 따른 한국방송공사 6. 「인천국제공항공사법」에 따른 인천국제공항공사 7. 주식회사 서울신문사 8. 「한국감정원법」에 따른 한국감정원 9. 「중소기업은행법」에 따른 중소기업은행 10. 「한국가스공사법」에 따른 한국가스공사 11. 「한국공항공사법」에 따른 한국공항공사 12. 「한국관광공사법」에 따른 한국관광공사 13. 「한국광물자원공사법」에 따른 한국광물자원공사 14. 「한국교육방송공사법」에 따른 한국교육방송공사 15. 「한국농어촌공사 및 농지관리기금법」에 따른 한국농어촌공사 16. 「한국도로공사법」에 따른 한국도로공사 17. 삭제 〈2011.10.14〉 18. 「한국석유공사법」에 따른 한국석유공사 19. 「한국수자원공사법」에 따른 한국수자원공사 20. 「한국수출입은행법」에 따른 한국수출입은행 21. 「한국전력공사법」에 따른 한국전력공사 22. 「한국산업은행법」에 따른 한국산업은행 23. 「한국조폐공사법」에 따른 한국조폐공사 24. 「한국철도공사법」에 따른 한국철도공사 25. 「한국토지주택공사법」에 따른 한국토지주택공사 26. 「항만공사법」에 따른 항만공사 27. 「한국주택금융공사법」에 따른 한국주택금융공사	1. 별표 1에 따른 기업체 2. 88관광개발주식회사 3. 삭제 〈2014.12.30.〉 4. 주식회사 대한송유관공사 5. 「주택도시기금법」에 따른 주택도시보증공사 6. 「집단에너지사업법」에 따른 한국지역난방공사 7. 코레일공항철도주식회사 8. 삭제 〈2015.10.29.〉 9. 「한국투자공사법」에 따른 한국투자공사

항만시설은 제외한다)[29]의 신설 · 개축 · 유지 · 보수 및 준설 등에 관한 공사의 시행 및 항만의 경

29) 「항만법」 제2조 제5호 '항만시설'이란 다음 각 목의 어느 하나에 해당하는 항만구역 안의 시설과, 다음 각 목의 어느 하나에 해당하는 항만구역 밖의 시설로서 해양수산부 장관이 지정 · 고시한 것을 말한다.
가. 기본시설

비 · 보안 · 화물관리 · 여객터미널 등 항만의 관리 · 운영에 관한 사업

②「항만법」제2조제7호에 따른 항만배후단지의 조성 및 관리 · 운영에 관한 사업

③「항만법」제2조제8호에 따른 항만재개발사업

④「마리나항만의 조성 및 관리 등에 관한 법률」제2조제2호에 따른 마리나항만시설의 조성 사업

⑤「물류정책기본법」제2조제2호나목에 따른 물류시설운영업

⑥ 항만의 조성 및 관리 · 운영과 관련하여 국가 또는 지방자치단체로부터 위탁받은 사업

⑦ 위의 ①, ②, ③, ④, ⑤ 및 ⑥에 따른 사업에 관한 조사 · 연구, 기술개발 및 인력양성에 관한 사업

---

(1) 항로 · 정박지 · 선유장 · 선회장 등 수역시설

(2) 방파제 · 방사제 · 파제제 · 방조제 · 도류제 · 갑문 · 호안 등 외곽시설

(3) 도로 · 교량 · 철도 · 궤도 · 운하 등 임항교통시설

(4) 안벽 · 물양장 · 잔교 · 부잔교 · 돌핀 · 선착장 · 램프(ramp) 등 계류시설

나. 기능시설

(1) 선박의 입항 · 출항을 위한 항로표지 · 신호 · 조명 · 항무통신에 관련된 시설 등 항행 보조시설

(2) 고정식 또는 이동식 하역장비, 화물 이송시설, 배관시설 등 하역시설

(3) 대합실, 여객승강용 시설, 소하물 취급소 등 여객이용시설

(4) 창고, 야적장, 컨테이너 장치장 및 컨테이너 조작장, 사일로, 저유시설(貯油施設), 가스저장시설, 화물터미널 등 화물의 유통시설과 판매시설

(5) 선박을 위한 연료공급시설과 급수시설, 얼음 생산 및 공급 시설 등 선박보급시설

(6) 항만의 관제(管制) · 정보통신 · 홍보 · 보안에 관련된 시설

(7) 항만시설용 부지

(8)「어촌 · 어항법」제2조제5호나목의 기능시설[제21조제3호에 따른 어항구(漁港區)(이하 이 조에서 '어항구'라 한다)에 있는 것으로 한정한다]

(9)「어촌 · 어항법」제2조제5호다목의 어항편익시설(어항구에 있는 것으로 한정한다)

(10) 방음벽 · 방진망(防塵網) · 수림대(樹林帶) 등 공해방지시설

다. 지원시설

(1) 보관창고, 집배송장, 복합화물터미널, 정비고 등 배후유통시설

(2) 선박기자재, 선용품(船用品) 등을 보관 · 판매 · 전시 등을 하기 위한 시설

(3) 화물의 조립 · 가공 · 포장 · 제조 등을 위한 시설

(4) 공공서비스의 제공, 시설관리 등을 위한 항만 관련 업무용시설

(5) 항만시설을 사용하는 자(이하 '사용자'라 한다), 여객 등 항만을 이용하는 자 및 항만에서 일하는 자를 위한 휴게소 · 숙박시설 · 진료소 · 위락시설 · 연수장 · 주차장 · 차량통관장 등 후생복지시설과 편의제공시설

(6) 항만 관련 산업의 기술개발이나 벤처산업 지원 등을 위한 연구시설

(7) 신재생에너지 관련 시설, 자원순환시설 및 기후변화 대응 방재시설 등 저탄소 항만의 건설을 위한 시설

(8) 그 밖에 항만기능을 지원하기 위한 시설로서 해양수산부령으로 정하는 것

라. 항만친수시설(港灣親水施設)

(1) 낚시터, 유람선, 낚시어선, 모터보트, 요트, 윈드서핑용 선박 등을 수용할 수 있는 해양레저용 시설

(2) 해양박물관, 어촌민속관, 해양유적지, 공연장, 학습장, 갯벌체험장 등 해양 문화 · 교육 시설

(3) 해양전망대, 산책로, 해안 녹지, 조경시설 등 해양공원시설

(4) 인공해변 · 인공습지 등 준설토를 재활용하여 조성한 인공시설

마. 주로 다목부터 라목까지의 시설과 일반업무시설 · 판매시설 · 주거시설 등 대통령령으로 정하는 시설이 모여 있는 항만배후단지

⑧ 항만구역 외에서 항만 이용자의 편의를 위한 근린생활시설 및 복리시설 등의 건설 및 운영에 관한 사업

⑨ 그 밖에 외국 항만의 조성 및 관리 · 운영 등 공사의 설립 목적을 달성하기 위하여 필요한 것으로서 대통령령으로 정하는 사업[30)]

⑩ ①, ②, ③, ④, ⑤, ⑧ 및 ⑨에 따른 사업과 관련되는 부대사업의 직접시행이나 출자 또는 출연

이때 항만공사가 위 ⑥에 따라 위탁받은 사업을 하는 데 드는 비용 등에 관하여 필요한 사항은 대통령령으로 정한다(동법 제8조 제2항). 또 공사가 ⑩에 따른 부대사업의 직접시행이나 출자 또는 출연을 하려는 경우에는 해양수산부 장관의 승인을 받아야 한다(동법 제8조 제3항).

또 출자에 관한 동법 제6조의 규정에서 "국가 또는 지방자치단체가 「국유재산법」 및 「공유재산 및 물품관리법」에도 불구하고 공사의 사업에 필요한 동산 · 부동산 및 「항만법」 제16조에 따른 항만시설관리권(이하 '항만시설관리권'이라 한다)을 공사에 출자할 수 있다(동법 제6조 제1항 제1문)"라고 규정하고 있으나, 제3조 내지 제5조에서 공사가 현물로 출자받은 자산을 항만시설관리권으로 전환하여 출자하도록 규정하고 있다. 또 「항만법」 제16조에서 "항만시설을 유지 · 관리하고 그 항만시설의 사용자로부터 사용료를 받을 수 있는 권리를 항만시설관리권이라 정의하고 이를 해양수산부 장관이 설정할 수 있다"고 규정함으로써 사실상 항만공사의 고유한 사업은 항만시설관리권의 행사, 즉 항만시설의 유지 · 관리 및 그 시설의 사용자로부터 사용료를 받는 것으로 제한된 것으로 해석된다.[31)]

기타 「항만공사법」 제8조에서 규정한 사업 중 ① 항만시설의 신설 · 개축 · 유지 · 보수 및 준설 등에 관한 공사의 시행, ② 「항만법」 제2조제7호에 따른 항만배후단지의 조성 및 관리, ③ 「항만법」 제2조제8호에 따른 항만재개발사업, ④ 「마리나항만의 조성 및 관리 등에 관한 법률」 제2조제2호에 따른 마리나항만시설의 조성사업, ⑤ 항만의 조성 및 관리 · 운영과 관련하여 국가 또는 지방자치단체로부터 위탁받은 사업 등의 주된 사업은 모두 「항만법」 제16조에서 규정한 항만시설관리권의 행사 범위 내에 속하기 때문에 해양수산부 장관이 설정한 범위 내에서 항만관리권을 행사하는 것이 항만공사의 주된 사업이라 할 수 있다. 기타 부대사업의 직접시행이나 출자 또는 출연을 할 수 있도록 규정하고 있으나(동법 제8조 제3항), 해양수산부 장관의 승인을 받아야 하기 때문에 항만공사가 자율성을 가지고 수행할 수 있는 고유한 사업으로 보기는 어렵다.[32)]

또 「항만법」은 항만의 소유를 예외없이 국유로 하고 있어서, 항만시설의 신설 · 개축 · 유지 · 보수 · 준설 등에 관한 공사는 해양수산부 장관이 시행하는 것을 원칙으로 하고 있고(동법 제9조 제1항 제1문), 비관리청이 항만공사를 시행하려고 할 경우에는 해양수산부 장관의 허가를 받도록 규정

30) 「항만공사법 시행령」 제4조 제2항

법 제8조제1항제7호에서 "대통령령으로 정하는 사업"이란 다음 각 호의 어느 하나에 해당하는 사업을 말한다.

1. 외국 항만의 건설
2. 외국 항만의 관리 및 운영
3. 항만물류정보와 관련한 인프라의 구축 및 운영

31) 정영석(2018.2), 155쪽.

32) 정영석(2018.2), 156쪽.

하고 있다(동법 제9조 제2항). 따라서 「항만공사법」 제8조에서 항만공사의 시행을 사업범위로 규정하고 있다고 하더라도 「항만법」상 비관리청의 자격으로 항만공사의 허가를 득해야 하기 때문에 항만시설을 임대하고 이에 대한 사용료의 징수가 고유한 사업이라고 할 수 있다.[33)]

한편 「항만공사법」 제8조 제1호, 제2호에서 규정한 항만의 운영은 「항만법」 제30조에서 규정한 항만시설의 사용과 항만시설을 사용하여 수행하는 항만운송사업을 의미하는 것으로 해석된다. 이에 대하여 「항만운송사업법」은 항만운송사업에 대하여 등록요건을 모두 갖춘 경우에는 등록증을 발급하도록 규정하고 있기 때문에 타 법령에 의한 제한을 받지 않고 항만공사가 자율적으로 사업을 수행할 수 있는 것으로 해석된다(항만법 제30조, 항만운송사업법 제4조, 제5조).

3. 각 지역 항만공사

가. 부산항만공사

「항만공사법」에 근거하여 부산항의 관리 · 운영을 위하여 2004년 1월에 설립된 공공기관이다. 현재는 정부로부터 위탁받은 부산항의 ① 항만시설의 개발 및 관리운영, ② 항만배후단지의 조성 및 관리운영, ③ 항만재개발 및 마리나항만시설 조성, ④ 국가 및 지방자치단체 위탁사업 등을 수행하고 있다.

나. 여수광양항만공사

「항만공사법」에 근거하여 여수항과 광양항의 관리 · 운영을 위하여 2011년 8월에 설립된 공공기관이다. 현재는 정부로부터 위탁받은 여수항과 광양항의 ① 항만시설의 개발 및 관리 · 운영, ② 항만배후단지의 조성 및 관리 · 운영, ③ 항만에 관한 조사 · 연구, 기술개발 및 인력양성에 관한 사업, ④ 항만조성 및 관리 · 운영 관련 국가 또는 지자체 위탁사업, ⑤ 항만구역 외에서 항만 이용자의 편의를 위한 근린생활시설 및 복리시설 등의 건설 및 운영에 관한 사업, ⑦ 외국 항만의 조성 및 관리 · 운영에 관한 사업 등을 수행하고 있다.

다. 울산항만공사

「항만공사법」에 근거하여 울산항의 관리 · 운영을 위하여 2007년 7월에 설립된 공공기관이다. 현재는 정부로부터 위탁받은 울산항의 ① 항만시설의 신설, 개축, 유지 · 보수 · 준설 등에 관한 공사의 시행 및 항만의 관리 · 운영, ② 항만시설 공사 및 관리 · 운영과 관련하여 국가 또는 지방자치단체로부터 위탁받은 사업, ③ 위의 사업에 관한 조사 · 연구, 기술개발 및 인력양성, ④ 항만 이용자의 편의를 위한 생활근린 및 복지사업 등의 건설 및 운영, ⑤ 국가 또는 지방자치단체로부터 위탁받은 사업, ⑥ 외국 항만의 조성 및 관리 · 운영 등을 수행하고 있다.

라. 인천항만공사

「항만공사법」에 근거하여 인천항의 관리 · 운영을 위하여 2005년 7월에 설립된 공공기관이다. 현재는 정부로부터 위탁받은 인천항의 ① 항만시설의 개발 및 관리, 운영, ② 항만재개발 및 마리나

33) 정영석(2018.2), 156쪽.

항만시설 조성, 물류시설운영업, ③ 항만의 조성 및 관리, 운영 관련 국가 또는 지방자치단체로부터 위탁받은 사업, ④ 항만 관련 조사, 연구, 기술개발 및 인력양성, ⑤ 항만 이용자 편의를 위한 근린생활시설 및 복리시설 등의 건설, 운영, ⑥ 외국 항만의 조성 및 관리, 운영에 관한 사업, ⑦ 상기 사업과 관련되는 부대사업의 직접시행, 출자 또는 출연항만시설의 신설, 개축, 유지 · 보수 · 준설 등에 관한 공사의 시행 및 항만의 관리 · 운영 등을 수행하고 있다.

제3장

부정기선 운송

제1절 부정기선 운송시장의 특성

I. 부정기선 운송시장과 정기선 운송시장의 구분

해운서비스(shipping service) 수요의 본질은 개별적 · 이질적이기 때문에 각각 이질적인 내용의 운송서비스를 요구하는 것이다. 다만, 해운의 발달 과정에서 현대적 의미의 정기선 운항과 부정기선 운항이라는 2가지의 운항 형태와 정기선 운송시장, 부정기선 운송시장 및 유조선운송시장 등 3개의 운송시장이 확립되었다.[1] 특히 제2차 세계대전 이후에는 이러한 시장이 선종, 선형, 거래의 종류 등에 의해 더욱 세분화 되어 왔다. 이 중 정기선 운항(liner service)과 부정기선 운항(tramper service)이라는 운항의 구분은 각각의 운항 형태에 기초하여 해운서비스시장(shipping market)에서 수요자 및 공급자의 수와 결정방식, 경쟁 형태, 기업의 행동양식, 시장가격의 결정방법, 국민경제에 미치는 영향 등이 서로 다른 것으로 인식되고 있다.[2]

상선의 운항 형태를 기준으로 정기선 운항과 부정기선 운항으로 구분하는 것은 각각의 수요를 충족시키는 해운서비스에 요구되는 내용, 즉 수요자의 사정에서 그 원인을 찾을 수 있다. 해운서비스에 요구되는 내용을 다음과 같이 크게 두 가지로 구분하여 설명할 수 있다.[3]

첫째, 중량 또는 용적에 비해 단위당 가격이 낮기 때문에 취득가격에서 차지하는 운임의 비중이 상대적으로 크게 되는 화물이 있다. 이 경우에는 화물의 운임부담력이 작기 때문에[4] 구하고자 하는 운송서비스에 대해서 규칙성이나 신속성보다는 저운임을 더 강하게 요구하게 된다.[5] 이러한 운송 수요는 원료, 연료, 식량, 기타 저가화물로 구성되기 때문에 개별 수요의 단위가 크고, 단일화물로 만재가 가능하여 대량운송이 가능한 영역이다.

이러한 화물은 동시에 계속적인 수요의 흐름을 보이며, 그 수요의 근원지인 무역의 수요가 최저취득가격을 추구하기 때문에 자주 그 공급지를 바꾸는 경향이 있다. 따라서 장소나 시간적 관점에서 운송 수요가 매우 불규칙하고 불안정하다.[6] 이러한 수요를 대상으로 특정 항로에서 반복항해를 유지하는 것은 불가능하며, 수요자 측면에서도 그러한 필요성은 가지고 있지 않다.

그러나 세계적으로 다수의 항로를 종합하면 장소와 시간을 달리해서 발생하는 이러한 종류의 운송서비스 수요는 전체로서 비교적 안정적이고 계속적인 수요로 나타난다. 장소와 시간을 달리하여 창출되는 이러한 개별수요를 통합함으로써 일련의 계속적인 운송 수요를 확보할 수 있고 이를 통하여 선박의 효율적인 이용이 가능하게 된다.

이러한 수요를 대상으로 운송 활동을 행하는 선박은 수요 발생의 시간적 순서에 따라 수시로 항로를 변경하여 운항할 수밖에 없기 때문에 소위 부정기선(tramper)으로 운항되고, 이러한 부정기

1) 박현규 · 이원철, 「해운론」, (한국해사문제연구소, 1991), 224쪽.

2) 박명섭, 「국제해운론」, (법문사, 1997), 83쪽.

3) 정영석, 「해상운송론」, (텍스트북스, 2013), 50쪽.

4) 엄윤대, 「국제운송강론」, (일진사, 2003), 84쪽.

5) 이종인, 「국제해상운송론」,(효성출판사, 2001), 26쪽.

6) 박명섭 · 김은주, 「무역계약의 이해」, (우용출판사, 2011), 194쪽.

선서비스가 공급되는 시장을 부정기선시장 또는 부정기선 운송시장이라 한다.[7)]

둘째, ① 단위당 가격이 높아서 취득가격에서 차지하는 운임의 비중이 상대적으로 낮은 화물, ② 운임부담력이 상대적으로 큰 화물, ③ 상기를 맞추어 제3자에게 매각하지 않으면 안 되는 화물, ④ 신속한 운송과 도착 기일의 정확성이 중요시되는 화물이 있다. 이러한 화물은 신속한 운송과 도착 기일의 정확성에 비하여 저운임을 요구하지 않으며, 안전하고 신속한 운송과 특정 항로에서의 정기적으로 빈번한 운송서비스를 요구하는 수요의 특성을 가지고 있다. 이러한 수요자의 요구를 충족하기 위해서는 높은 운송비용에서 도출되는 높은 운임도 허용하고, 또 감당할 능력도 있는 수요의 특성을 띤다. 완제품, 반제품, 생선, 식료품, 기타 고가상품 또는 우편물 및 여객 등이 이러한 수요의 대상이 된다.[8)]

운송서비스의 공급자 측면에서 보면, 이러한 개별수요는 소규모로 나타나고, 운송단위가 작다. 반면 수요 발생의 장소와 시간적 간격이 일정하고 안정적이며 계속적이기 때문에 특정 항로에서 선박의 규칙적 · 반복적인 항해를 가능하게 한다. 이렇게 운항하는 항로와 시간은 미리 정하여 공포하고, 이것에 입각하여 정기운송서비스를 제공하는 선박을 정기선(Liner)[9)]이라 하고, 이러한 운송서비스가 공급되고 제공되는 시장을 정기선시장(liner market) 또는 정기화물운송시장이라 한다.

II. 부정기선 운송시장의 특성

1. 자유시장

부정기선 운송시장에서는 운송 활동이 적격이고 안전하다고 생각되는 한, 언제나 여러 항구 간의 어떠한 화물의 운송에도 운송인이 발생되는 수요에 긍정적 반응을 한다. 부정기선 운송시장에 취항하는 선박이 트램퍼(tramper)[10)]라고 불리는 이유도 여기에 있다.[11)]

부정기선 수요의 가장 큰 특징은 저운임이므로 운송원가가 낮아 값싼 운임을 제시할 수 있든가, 저가운송을 감당할 수 있는 한 용이하게 고객을 확보할 수 있다는 것을 의미한다. 그러므로 1척의 선박으로도 시장에 참여할 수 있고, 운송원가만 낮은 것이라면 신조선이 아니어도 무방하므로 정기선 운항(liner service)과는 달리 훨씬 적은 자본으로도 부정기선 운항에 참여할 수 있다.[12)]

또 정치적 이유 등으로 인하여 특정 국가로부터 입항을 제한받는 등의 극히 예외적인 경우가

7) 이상, 임석민, 「국제운송론(제3판)」, (삼영사, 2007), 116쪽.

8) 박명섭(1997), 84~85쪽.

9) 정기선(liner)이라 함은 특정 항로를 미리 정해진 입출항예정표(schedule)에 따라 규칙적으로 반복 운항하는 선박을 말한다;해운물류용어대사전(2006), 866쪽.

10) 운송 수요자의 요구에 따라 수시로 어느 곳에나 항해하는 배를 말한다. 일정한 항로를 정기로 운항하는 정기선과 달리 항로나 화물 또는 항해에 관한 아무런 제한을 받지 않고 집화가 가능한 곳을 찾아 어느 곳이거나 회항하기도 한다. 항구에서 항구로 세계의 바다를 방랑하듯 돌아다닌다고 하여 방랑자(tramper)로 불리고 있다; 최신해운 · 물류용어대사전(2006), 866쪽.

11) 박명섭(1997), 85~86쪽.

12) 이종인(2001), 177쪽.

아니면 아무런 제약 없이 부정기선 운송시장에 참여할 수 있으므로 어느 나라의 외국 무역항이든 출입이 허용되는 자유시장이다. 또 정기선 운송시장과 같이 기존 운항업자들로 구성된 해운동맹에 의한 저항을 받는 것도 아니므로 기술적으로나 경제적으로나 제도적으로나 자유롭게 시장에 참여할 수 있다.[13)]

그러므로 부정기선 운송시장은 참여 기업 수가 무수히 존재하는 자유경쟁시장의 형태를 띠고 있다. 이러한 시장에서는 서비스 생산자와 소비자가 엄청난 수에 이르기 때문에 자기의 공급이나 수요의 조정에 의하여 시장 전체의 수급 사정에 커다란 영향을 미치는 독점기업의 존재를 찾기 어렵다. 또 기업상호 간의 생산조건에 현저한 차이를 보이고 있기 때문에 가격경쟁의 배제를 목적으로 하는 카르텔(cartel)을 결성하기도 상대적으로 어렵다. 이러한 특징에 대한 유일한 예외로 제2차 세계대전 전에 부정기선 운송시장과 유조선시장에 각각 「최저운임제(minimum rate system)와 공동계선(共同繫船)에 관한 국제협정」이 체결된 바 있었으나,[14)] 소유 패턴이 세계적으로 확산되어 있는 오늘날에는 이러한 카르텔을 형성하기가 매우 어렵게 되어 있다.

한편 운송의 수요 역시 대단히 개별적이어서 장소 및 시기, 화물의 종류 및 양이 불규칙 · 불안정하고, 운임 부담력과 운송의 신속성의 요구도 매우 다양하고, 운임 불황의 조작을 목적으로 공동보조를 한다는 것은 거의 불가능하다. 부정기선 운송시장의 이러한 특성은 2008년 금융위기 이후 부정기선 운송시장의 BDI운임지수의 붕괴와 해운시장 불황이 조기에 해소되지 않는 현상에서 입증되고 있다.

이러한 시장에서는 필연적으로 완전하지는 않지만 자유경쟁이 전개되어 가격은 아담 스미스(Adam Smith)가 말하는 보이지 않는 손(invisible hand)에 의해서 기업에 대해 타율적으로 결정되어 그 가격 수준은 수요와 공급의 균형이 변동함에 따라 끊임없이 변화한다. 이러한 경쟁시장인 부정기선 운송시장에서는 수급균형의 변동에 따라서 운임수준이 급격히 변화하게 되는 동시에 선박의 자유로운 항로이동과 운임수준의 변화에 의한 선복공급량의 자동적인 신축작용이 이루어져 수급이 평준화되고 그에 따라 운임수준은 끊임없이 그때의 시장에서의 평균적인 선박의 생산원가(선박운항코스트) 수준에 맞추어지는 경향을 나타낸다.[15)]

2. 불완전경쟁

부정기선 운송시장이 자유경쟁시장이라고는 하지만, 완전경쟁시장을 의미하는 것은 아니다. 부정기선 운송시장에서도 시장의 자유로운 경쟁을 제한하는 많은 요소를 볼 수 있다. 이유가 무엇이든 특정 국가가 시장기능을 무시하고 무역화물의 일부 또는 전부를 일방적 또는 쌍무적으로 자국

13) 정영석(해상운송론, 2013), 52쪽.

14) 1934년의 '국제유조선카르텔'과 1935년의 '최저운임제'를 말한다. 그러나 이들 두 정책은 국제적인 것이라고는 하지만, 전자는 당시 세계 유조선 선복의 대부분을 소유하고 있던 유럽 선주들만으로 한정되었던 것이고, 후자는 4대 소맥 수출국인 미국, 캐나다, 오스트레일리아 및 아르헨티나의 수출 곡물에만 한정되었던 것이다. 이러한 조건을 고려한다면 오늘날의 국제해운 사정에 비하여 훨씬 달성하기 쉬운 조건에서 이루어진 카르텔이라 할 수 있다. 신흥 해운국의 진출, 편의치적선의 증대 등에 의하여 이해관계가 복잡해진 오늘날의 세계 해운에서 국제적인 공동 대책이 성공하기란 매우 어렵다고 본다: 박현규 · 이원철(1991), 228쪽.

15) 정영석(해상운송론, 2013), 53쪽.

선에 유보하는 것은 시장의 지역적 수요를 탈취하고 수급의 자연적 균형(balance)에 영향을 미친다. 또 합리적인 거래로부터 도출되는 운임과 다른 운임을 형성하는 결과를 가져오게 된다. 이외에도 비밀리 또는 공공연하게, 직접적 · 간접적으로 자국의 조선업 및 해운산업에 대해 정부가 취하는 보조정책은 통상의 시장 기구에 입각해서 행하여지는 기업의 선박건조 결정을 왜곡시키고 선복공급량에 영향을 미치게 된다.[16)]

특히 2008년 금융위기 이후 해운시장과 조선시장의 불황이 장기적으로 이어지고 있는 것은 정부의 직 · 간접적인 시장 개입에 기인한 바 크다고 볼 수 있다. 부정기선 운송시장은 보이지 않는 손에 의한 시장의 수급조절 기능이 수요와 공급의 균형을 맞추어 주는 가장 중요한 수단임에도 정부의 정책적 개입과 관치금융의 시장 개입으로 인하여 수급의 왜곡 현상을 심화시킴으로써 공급과잉이 더욱 심화됨으로 인한 해운 및 조선산업의 장기 불황이라는 바람직하지 않은 결과를 가져오고 있다. UNCTAD의 통계자료를 분석하면 선복공급과잉으로 해운시장이 붕괴된 2009년 해상교역 규모는 2009년 약 80억 톤 정도에서 2018년 약 110억 톤으로 28% 정도 성장했다. 반면 세계 상선대 규모는 재화중량톤수(dwt) 기준으로 2009년 약 10억 톤에서 2019년 19억8천만 톤으로 약 90% 이상 증가 했다(〈그림 20〉과 〈그림 21〉).

부정기선 운송시장에서는 개별 기업의 공급 또는 수요의 조절이 시장 전체의 수요공급 사정에 큰 영향을 미친다고 할 수는 없겠지만, 석유 및 광석 등의 운송 수요의 대부분은 비교적 소수의 대기업의 수요 및 공급에 의해 구성되기 때문에 그들의 용선 계획의 여부가 운임시황에 미치는 영향이 매우 크다. 따라서 그들에게 공동보조에 의한 시장조작 가능성이 완전히 없다고 단정하기는 어렵다. 의도적이건 우연이건 대형정유회사(oil major)의 용선계획의 확대 또는 보류, 철강업계의 호황 · 불황에 의한 선복의 수요 증감이 각각 운임시황에 큰 영향을 미치는 것이 사실로 증명되는 현상이기 때문에 부정기선 운송시장이 특정 산업이나 국가에 지나치게 의존하게 되면 매우 위험한 결과를 가져올 수도 있다.

또 수요자인 대형정유회사 등이 스스로 선박을 소유 · 운항하는 소위 인더스트리얼 캐리어가 세계 탱커 선복량의 약 35%를 차지하고 있다는 점도 부정기선 운송시장의 서비스수요를 그만큼 감소시키는 원인이 된다.

이와 같은 직 · 간접적인 시장 간섭이 점차 확대되는 경향이 있기 때문에 자유시장으로서 부정기선 운송시장의 내용은 가격이 순전히 시장의 힘에 의하여 자율적으로 결정된다고 하는 전통적 부정기선 운송시장의 개념에서 상당히 벗어난 불완전 경쟁시장의 형태를 취하고 있다고 보는 것이 오늘날의 개념이다. 부정기선 운송시장이 수요와 공급에 의하여 결정되는 부정기선운임이 단순한 시장력에 의해서만 도출되는 것이 아니라, 시장외적인 다양한 간섭에 의하여 왜곡되고 있기 때문에 부정기선운임시황을 예측하기가 점점 어려워지고 있다.[17)]

16) 박명섭(1997), 89쪽.

17) 박명섭(1997), 90쪽.

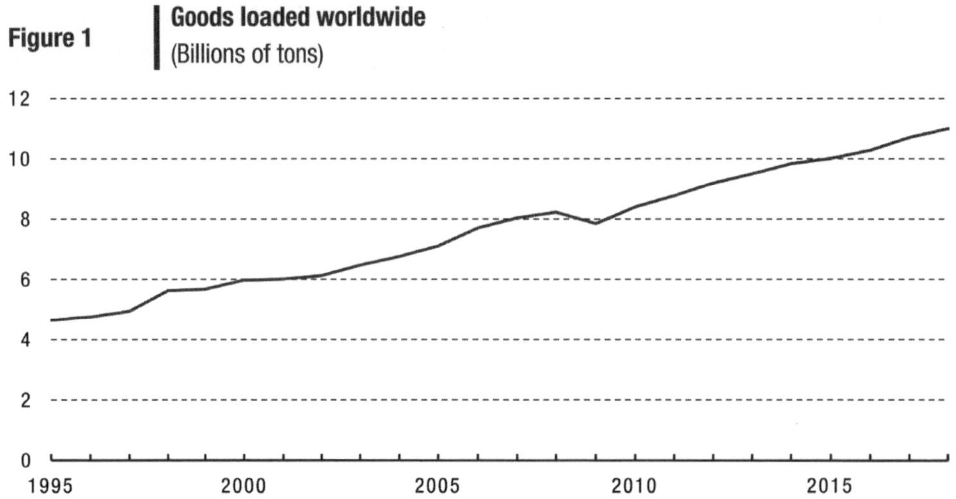

〈그림 20〉 전 세계 선적 화물량 추이(2015~2019)

https://unctad.org/en/PublicationChapters/tdstat44_FS13_en.pdf

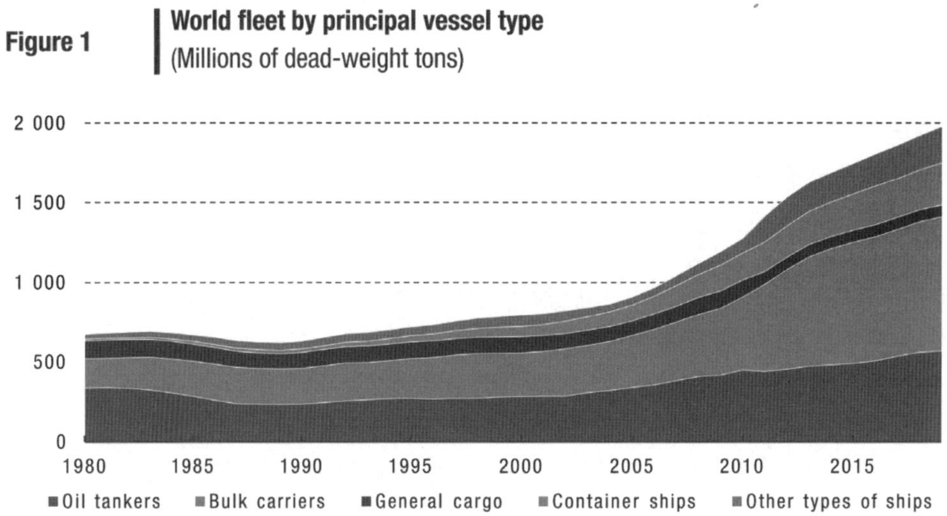

Sources: UNCTADstat (UNCTAD, 2019a); Clarksons Research.
Note: Commercial ships of 100 gt and above; beginning-of-year figures.

〈그림 21〉 주요 선형별 세계 상선대 추이(2015~2019)

https://unctad.org/en/PublicationChapters/tdstat44_FS14_en.pdf

제2절 부정기선 운송사업의 경영

I. 부정기선의 운항 패턴

부정기선 운송시장은 한 지역에 국한하여 보면 연속성이 없기 때문에 그것만을 대상으로 하여 선박을 한 항로에 고정시켜 운항한다면 경제적으로 효율적인 운항이 불가능하다. 미국의 소맥 수확 시기와 러시아, 유럽, 아르헨티나 등의 소맥 수확 시기가 다른 것처럼, 부정기선 운송의 수요는 시간적 · 공간적 간격을 두고 살펴보면, 각 지역에서 단편적으로 발생하는 것이 아니라 시간적 간격을 두고 여러 지역에서 순차적으로 일어나는 것이다. 그러므로 여러 지역을 결합하여 입체적으로 보면, 장소와 시간을 달리하는 개별적 수요를 결합시킴으로써 일련의 계속적 운송 수요를 확보할 수도 있게 된다. 그러므로 부정기선을 운항하는 해운기업은 장소와 시간을 달리하여 발생하는 개별적 운송 수요를 결합시키기 위해서는 수시로 항로를 변경하지 않을 수 없게 된다.[18)]

그러나 실제로는 개별기업이 선택해야 하는 운송 수요의 내용은 당시의 시장 상황에 따라 달라지는 것이고 운송 장소도 확정되어 있지 않은 것이다. 시간적 · 장소적으로 연속해서 완전한 의미에서 선박을 효율적으로 이용할 수 있도록 운송 수요를 선택한다는 것은 매우 어렵다. 부정기선 운송에서는 하나의 운송과 다음 운송 사이에는 흔히 선박의 단순한 이동만을 목적으로 하는 공선항해(ballast voyage)[19)]가 불가피하게 된다.[20)] 이와 같이 선박이 항로를 특정하지 않은 채 운송과 운송 사이에 공선항해를 끼고 운항해야 하는 것이 전형적인 부정기선 운항 방식이다.[21)] 다만 부정기선 운송에서 공선항해가 불가피하지만, 운항비용을 증가시키는 주된 요인이기 때문에 최대한 공선항해를 단축함으로써 운항비용을 줄이는 것이 시장에서의 경쟁력을 높이는 방법이다.[22)]

II. 부정기선 운항의 기술적 조건

부정기선의 운항 패턴과 관련된 특징이 기술적으로는 다음과 같은 영향을 미친다.[23)]

첫째, 부정기선 운송 수요의 경우 대상 화물의 종류가 비교적 다양하고, 필요로 하는 운송설비의 종류와 그 필요도도 다르다. 그러므로 운송설비를 특수화하면 선적화물의 종류가 제한되어 수요 선택의 범위가 좁아져서 운송 수요의 계속적인 확보가 곤란하게 된다. 그러나 부정기선의 운송 수요는 운송단위가 크고 보통 한 종류의 화물만으로 선박을 만재시킬 수 있으므로(일화만재운송시스

18) 정영석(해상운송론, 2013), 55쪽.

19) 공선항해(ballast voyage)라 함은 현재 선박이 있는 장소로부터 멀리 떨어져 있는 화물을 선적하기 위하여 화물이 있는 곳까지 빈 배로 항해하는 것을 말한다: 최신해운 · 물류용어대사전(2006), 178쪽.

20) 박명섭(1997), 93쪽.

21) 민성규, 「해운경제학」, (한국해양대학 해사도서출판부, 1973), 216쪽.

22) 박명섭(1997), 93쪽.

23) 정영석(해상운송론, 2013), 56쪽.

템), 선박 전체에 한 종류의 운송설비만을 장비해야 할 필요도 적지 않다. 그러나 정기선 운항의 경우처럼 여러 종류의 운송설비를 동시에 의장함으로써 시장의 범위를 확대시킨다는 것은 사실상 불가능하고 경제성도 미비하다. 그러므로 계속적인 운송 수요를 확보하기 위해서는 여러 가지 화물을 필요에 따라 선적할 수 있는 다목적 운송설비를 갖추는 수밖에 없다.

둘째, 부정기선 운송 수요는 운송의 신속성 및 규칙성이 상대적으로 덜 중요하므로 그 속력은 오로지 운송비용에 관계되어 결정될 뿐이다. 즉 고속화에 따른 선가상승의 불이익을 상계한 뒤에 다시 운송비용을 절감할 수 있을 만큼 운항 능률이 상승하는 이익이 따르는 경우에만 비로소 부정기선의 고속화도 실현될 수 있다. 그러나 하역 문제로 선박의 정박기간이 긴데 비하여 항해시간은 상대적으로 짧기 때문에 고속화에 의한 운항 능률의 상승효과는 그다지 크지 않다. 그러므로 고속화에 따른 운송비의 절감 효과도 크게 기대되지 않는다. 그 결과 부정기선은 운송비용을 낮은 수준으로 유지시키기 위해 저속력을 유지하는 경향이 있다.

셋째, 운항설비 및 속력의 제한으로 대형화에 대한 압력도 작용하지 않는다. 선박이 대형화되면 운송비용이 절감되는 이점이 있지만, 기항지가 제한되어 시장이 더 좁아지고 선박의 유휴와 공선항해(ballast voyage)의 기회가 증대하는 불이익도 동시에 발생한다. 사정이 다른 여러 항로에서 운항함으로써 선박의 효율적 이용을 달성해야 하는 부정기선의 경우 항행 구역이 좁아진다는 것은 결정적으로 불리한 요소가 된다.

III. 부정기선 운항의 경영 규모

부정기선의 운송 수요가 선박의 기술적 조건에 미치는 제약으로 인하여, 비교적 소형의 저속선인 동시에 특수한 요소의 운송설비를 갖추지 않는다는 특성이 생겨났다.[24] 부정기선은 선가가 저렴할 뿐 아니라 저속력이기 때문에 연료비도 적게 든다. 그러므로 부정기선은 정기선에 비해 적은 자본을 가지고 경영할 수 있으며 기업의 규모도 작은 것이 보통이다.[25]

끊임없이 변하는 시장에서 장소와 시간을 달리하여 발생하는 다수의 부정기선 운송 수요 중 연속적 · 장기적으로 가장 유리한 운송 수요를 선택하고, 수시로 항로를 변경하여 선박을 운항하기 위해서는 시장의 변동에 대한 통찰력과 고도의 숙련도 및 기동성을 갖추어야 한다. 따라서 능률적으로 운항할 수 있는 선박의 수가 소수로 제한되기 마련이므로 경영 규모 역시 작아지는 경향이 있다.[26]

24) 민성규(1973), 218쪽.

25) 이종인(2001), 177쪽.

26) 정영석(해상운송론, 2013), 57쪽.

Ⅳ. 부정기선 운송시장의 시황과 용선료 결정요인

1. 부정기선 운송시장에서의 시황의 결정요인

부정기선 운송시장에서 이루어지는 용선계약[27]을 통하여 거래되는 성약량[28]은 해상운송 수요에 의하여 결정된다. 그러나 특정 시기의 성약량이 반드시 그 시기의 실제 운송량과 일치하는 것은 아니고 양자의 규모의 차이가 나타나는 것이 일반적이다. 이는 계약 즉시 그 이행을 필요로 하는 화물 및 선박에만 용선계약이 체결되는 것이 아니며, 화물 및 선박에 대해 몇 개월 또는 1년 전에 계약이 체결되는 선물성약이 적지 않기 때문이다.[29]

부정기선 운송시장의 시황은 날마다 변동하기 때문에 운임수준 역시 시시각각 대폭적인 차이를 보이기도 한다. 따라서 선주의 입장에서는 시황 상승 시 또는 미리 시황 상승이 예상되는 시기에는 성약을 보류하고 항해용선계약 또는 단기정기용선계약을 되풀이하는 방법으로 수익을 극대화할 필요가 있다. 또 시황이 부진하거나 부진이 예상되는 시기에는 장기에 걸쳐 선물성약을 하는 편이 유리하다.

해운시장에서의 실제 성약량은 현물과 선물(futures)[30]로 구성되어 있다. 계약 후 즉시 취항하는 현물거래의 경우에도 연속항해용선계약, 정기용선계약, 장기정기용선계약의 경우, 2번째 항해부터는 사실상 선물로서의 성격이 강하다. 현물과 선물거래를 이런 방식으로 이해하면 부정기선 운송시장에서는 운송서비스의 판매 · 생산 · 소비는 상당한 시간적 간격이 있다. 또 일반의 유형재와 달리 판매가 생산 및 공급보다 뒤에 이루어지는 경우는 가능하지 않다. 따라서 부정기선 운송시장에서 현재의 성약량은 장래의 운송량을 가리키는 것이고, 현재의 운송량은 과거의 성약량으로 나타난다.[31]

그러나 부정기화물운송시장에서 성약량과 운송량과의 상관관계가 현재의 운송량이 과거의 성약량의 증거로 나타나는 것은 분명하지만, 현재의 성약량이 장래의 운송량의 예측치를 보장해주지는 못한다는 점에 주의하여야 한다. 이는 운송 수요에 자신감을 가지고 성약을 하더라도 실제로는 확실한 수요가 없이 이루어지는 용선계약이 적지 않기 때문이다. 2008년 금융위기가 해운불황, 특

27) 부정기선 운송계약은 소위 용선계약(charter party)의 형식으로 체결된다. 용선계약은 항해용선계약(voyage charter party), 정기용선계약(time charter party), 선체용선계약(bareboat charter party)으로 구분되지만, 이 중 선체용선계약은 단순히 선박임대차계약에 속하고 부정기선 운송계약은 항해용선계약과 정기용선계약에 한하여 말한다.

28) 성약(Fixture or Fixing)이라 함은, 선주와 용선자 간에(대개는 중개인을 통하여) 용선계약 협상이 성공적으로 마무리되는 것을 뜻한다. 용선계약이라고 반드시 특별한 양식이 필요한 것은 아니고 일반 계약법상의 통상규칙으로 당사자들이 구속력 있는 계약을 체결하면 된다. 선주, 용선자 또는 중개인이 용선계약의 기반조건을 서신이나 전문 등에 의해서 합의하고 통보합의가 정식계약서로 작성, 서명하기 전까지는 특별히 구속력을 가질 수 없다는 의도를 명백히 표시하지 않는 한 위 합의는 계약체결, 즉 성약(fixture)으로 간주된다: 최신해운 · 물류용어대사전(2006), 410쪽.

29) 박명섭(1997), 99쪽.

30) 매매계약의 체결이 현재 이루어진다 하더라도 그 계약에 따른 목적물의 인도 · 인수는 장래의 일정한 시한에 이루어지는 것을 말한다. 선물거래에는 거래 물건의 소재지와 거래장소가 떨어져 있는 경우, 계약 체결 시에는 아직 상품화되어 있지 않고 가끼운 장래에 상품으로 인도 · 인수될 경우 반드시 현물의 인도 · 인수를 목적으로 하지는 않고 그 시세만의 매매를 목적으로 하는 경우도 있다; 최신해운 · 물류용어대사전(2006), 444쪽.

31) 박명섭(1997), 101쪽.

히 부정기선 운송시장에 직접적 영향을 미친 것을 보면, 현재의 성약량이 장래의 실제 운송량을 보장하지는 못한다는 것은 분명하다. 이와 같이 부정기선 운송시장은 선주와 용선자 사이의 심리적인 요인이 시황에 크게 영향을 미친다.

해운시황과 성약량의 상관관계에 따른 계약 당사자의 행동 양태는 다음과 같이 나타난다. 해운시황이 불황에서 벗어나 상승하면 선주는 기대할 수 있는 보다 유리한 시황에서 계약을 체결하기 위하여 보유선박에 대한 선물계약을 보류하고 기업경영에 필요한 최소한의 항해용선계약에 한정하여 성약하는 경향이 있다. 반면 용선자는 시황의 등귀에 의한 높은 용선료의 지급을 막기 위해 선물계약 수요를 증가시키기 때문에 성약량이 증가하는 경향이 있다.

반대로 가까운 미래에 필요한 선복과 어느 정도의 선물선복을 확보한 용선자는 시황의 동향을 지켜보기 위하여 용선을 보류하게 되므로 성약량이 감소하는 경향을 보인다.

2. 부정기선 운송시장의 용선료 결정요인

부정기선 운송사업은 진입과 철수가 상대적으로 용이한 자유시장이기 때문에 경쟁적인 사업에 속한다. 또 정기선 운송사업에 비하여 소유의 집중도가 낮고 국적과 배경도 매우 다양한 출신의 선주로 구성되어 있다. 신규 진입이 절대적으로 개방된 것으로 볼 수는 없지만, 다른 산업에 비하여 신규 진입이 용이한 편이기 때문에 소규모 기업이 괄목할 만큼 큰 역할을 수행하는 산업 분야로 볼 수 있다.[32)]

부정기선 운송시장에서 볼틱해운거래소(The Baltic Merchantile & Shipping Exchange)[33)]는 대체로 부정기선선복경매시장[34)]의 성격을 가지고 있다. 부정기선 운송의 수요와 공급은 볼틱해운거래소에서의 거래량과 운임지표가 대체적인 기준이 되고 있다.

부정기선 운송서비스에 대한 수요는 파생적이며 주로 외생적인 영향에 좌우되는데, 국제해운시장에서 부정기선 운송서비스에 대한 수요의 가격탄력성은 다음과 같은 세 가지 요인에 의존한다.[35)]

① 일정폭의 운임시장이 수입원가를 증대시킨다면, 국제생산품 또는 다른 지역의 생산품이 수입품을 얼마나 쉽게 대체할 수 있는가 하는 상품의 대체성의 정도.

② 재화의 총 가격에서 해상운임이 차지하는 비율.

32) 박명섭(1997), 104쪽.

33) 볼틱해운거래소(The Baltic Merchantile & Shipping Exchange)는 런던에 위치한 부정기선 운항의 수요공급에 대한 거래를 하는 일종의 해운시장을 말한다. 세계 해운시장의 중심지로서 세계 각국의 선주, 해운중개인(shipping broker), 곡물 · 석유 · 석탄 · 목재 등의 무역업자 등 수천 명의 회원으로 구성되어 있다. 이곳에서 선복의 수요자와 공급자가 여기에 있는 해운중개인을 통하여 용선료를 결정하고 용선계약을 체결하게 된다.

볼틱해운거래소의 기원은 17세기 후반기에 해운업자들이 런던에 있던 커피하우스(coffee house)에 모여 해상운임에 대하여 상담하였던 것에서 비롯되었다. 이것이 영국 해운업을 국제적으로 발전시킨 동기가 되었으며 1903년에 해운거래소로서 정식 발족하였다; 최신해운 · 물류용어대사전(2006), 179쪽.

34) 선복(ship's space)이라 함은, 화물을 적재할 수 있는 선박 내의 모든 공간을 말한다. 그러므로 선복량이라고 하면 선박이 지닌 운송서비스의 생산능력을 말하는 것이므로, 단순히 물리적인 선내 공간의 양이 아니라 의장을 갖추고 선원을 승선시킨 상태의 선내 공간을 말한다; 최신해운 · 물류용어대사전(2006), 704쪽.

35) 박명섭(1997), 104쪽.

③ 항공기, 자동차, 기차 등의 대체운송수단의 이용 가능성.

부정기선 운송서비스에 대한 수요의 가격탄력성의 일반적인 경향을 알 수는 없지만, 과거의 경험상 몇 가지 뚜렷한 추세가 나타난다.

즉 ① 해상무역은 국내생산보다도 더 빨리 성장하고, ② 소득수준이 향상된 결과로 나타난 교역상품에 대한 수요의 증대는 선진국 간에 석유와 원자재에 대한 수요의 증대로 나타나고, ③ 인구증가로 인한 개발도상국의 식량에 대한 수요의 증대가 뚜렷하게 나타난다.

제3절 부정기선 운임

I. 개념

부정기선 운임은 해운시황에 따라 등락하기 때문에 정기해상화물운임과 달리 안정적이지 않고, 선적되는 화물의 톤(중량 혹은 용적) 당 얼마의 형식으로 표시된다. 중량화물의 운임산정을 위한 톤수의 경우 국제적으로 다음과 같은 세 가지 기준이 사용되기 때문에 유의할 필요가 있다.

① L/T(long ton, gross ton)는 2,240lbs≒1,016.05kg(영국)

② M/T (metricton, kilo ton)는 2,204lbs≒1,000kg(프랑스)

③ S/T(short ton, net ton)는 2,000lbs≒907.18kg(미국)

부정기선운임은 장기적으로는 경제성장과 교역량, 중기적으로는 경제적 · 정치적 변수, 그리고 단기적으로 일시적 수요증감에 따른 선복과부족에 따라 결정된다.

자세히 설명하면, 부정기선운임의 운임변동에 영향을 미치는 요인으로 전쟁 등으로 인한 대량화물운송 불가피성 및 우회항로에 대한 선복 부족, 시기적으로 대량물자의 출하 및 종결, 대농산국의 풍작 또는 흉작, 기상이변, 특히 한파로 인한 난방용 석탄 등의 긴급운송, 어느 국가의 경제발전계획에 의한 원료, 제품의 운송, 외환 또는 관세문제로 인한 무역거래의 증감, 시황의 변동 및 세계경제의 장기적 성장과 위축 경향 등을 들 수 있다.[36)]

II. 부정기선 운임의 종류

1. 부과기준에 따른 분류

부정기선 운임은 운송 시기 · 기간에 따라 스팟요율(spot rate), 선물운임, 장기계약운임 등이 있고, 부과기준에 따라 톤당운임 및 부적운임, 선복운임 및 일대용선운임이 있다.

36) 엄윤대(2003), 179~180쪽.

가. Long Term Contract Freight(장기운송계약운임)

원료 및 제품을 장기적 · 반복적으로 운송하기 위한 장기운송계약 체결시의 운임을 말하며 '○년 간 ○항차' 또는 '○년 간 ○만 톤'으로 계약하게 된다.

나. Dead Freight(공적운임)

선적하기로 계약했던 화물량보다 실제 선적량이 적은 경우 용선자(charterer)인 화주가 그 부족분에 대해서도 지불하는 운임을 말한다. 일반적으로는 톤당 운임(freight per ton)으로 계약한다.

다. Lump Sum Freight(선복운임)

화물의 개수, 중량, 용적과 관계없이 1 항차(trip or voyage) 혹은 선복(space)을 기준으로 하여 일괄계산하는 운임이다. 이는 화주가 일반 화물 등 각종 화물을 혼적하므로 적재량을 계산하기 곤란한 경우에 이용된다.[37)]

라. Daily Charter Rate(일대용선운임)

본선이 계약에서 지정한 선적항에서 화물을 적재한 날로부터 기산하여 계약 지정 양륙 항까지 운송하여 화물을 인도 완료할 때까지 1일(24시간) 계산하는 운임이다.[38)]

2. 선내하역비 부담에 따른 분류

가. Berth Term 운임

선적과 양륙이 선주의 책임과 비용으로 이루어지는 운송계약조건에서 부담하는 운임이다. 용선계약 시 화주가 선적항과 양륙항의 항만 사정에 어둡거나 자체 시설을 갖추고 있지 않을 경우에 사용한다. 따라서 하역비가 운임에 포함되며, 선주는 화주의 비용으로 하역을 대신해 주는 것으로 화주에게 그만큼 간단하다.[39)] 항해용선계약 시 이 조건으로 계약하면 체선료와 조출료는 발생하지 않으므로 화주가 장기체선을 염려하지 않아도 된다.

나. FIO(free in & out) 운임

선적 및 양륙비용 및 책임을 모두 화주가 부담하는 운송계약조건이다. Berth Term에 대비되는 개념으로 선주는 순수한 해상운송만 이행하는 운송조건이다. 화주가 선적항 및 양륙항에 모두 하역시설을 소유 또는 임차하여 화주 스스로 선적과 양륙을 하는 것이 유리할 경우에 이용한다. 선적항과 양륙항에서 모두 체선료와 조출료가 발생할 수 있다.[40)]

다. FI(free in) 운임

선적은 화주의 책임과 비용으로, 양륙은 선주의 책임과 비용으로 이루어지는 운송계약조건이

37) 박명섭 · 김은주(2011), 195쪽.

38) 박명섭 · 김은주(2011), 195쪽.

39) 임석민(2007), 60쪽.

40) 임석민(2007), 61쪽.

다. 용선계약 시 화주가 선적항에 선적시설 등을 소유 또는 임차하여 화주 스스로 선적함이 유리할 경우에 이용된다. 항해용선계약 시 이 조건으로 운송계약을 체결하면 선적항에서만 체선료와 조출료가 발생한다.[41]

라. FO(free out) 운임

양륙은 화주의 책임과 비용으로, 선적은 선주의 책임과 비용으로 이루어지는 운송계약조건이다. 용선계약 시 화주가 양륙항에 양륙시설 등을 소유 또는 임차하여 화주 스스로 양륙함이 유리할 경우에 이용된다. 항해용선 시 이 조건으로 운송계약을 체결하면 양륙항에서만 체선료와 조출료가 발생한다.[42]

41) 임석민(2007), 61쪽.

42) 임석민(2007), 61쪽.

제4장

외항 정기선 운송

제1절 의의

I. 외항 정기선 운송

정기선 운송은 항로, 기항지, 발착 일시, 취항 척수 및 항해수가 미리 정해져 있는 해상물건운송 또는 해상여객운송을 말한다.[1] 「해운법」 상으로는 해상운송사업을 내항정기여객운송사업, 외항정기여객운송사업, 내항정기화물운송사업,[2] 외항정기화물운송사업으로 구분하고 있다. 선박의 운항 형태로 보면 해운시장은 부정기선 시장에서 정기선 시장으로 분화 · 발전하였다.[3]

외항 정기선 운송은 외항정기여객운송과 외항 정기선 운송으로 구분할 수 있다(이상 해운법 제2조, 제3조 참조). 외항정기여객운송이라 함은 국내항과 외국항 사이 또는 외국항과 외국항 사이를 일정한 항로와 일정표에 따라 운항하는 여객운송을 한다(해운법 제3조 제3호 참조). 또 외항 정기선 운송이라 함은 국내항과 외국항 사이 또는 외국항과 외국항 사이에서 정하여진 항로에 선박을 취항하게 하여 일정한 일정표에 따라 운항하는 해상물건운송을 말한다(해운법 제23조 제2호 참조).

이하에서는 외항정기화물운송사업을 중심으로 설명한다.

II. 정기선 시장의 특성

정기선 운송 서비스의 수요는 화물의 단위당 가격이 비싸기 때문에 화물의 취득가격에서 차지하는 운임의 비중이 적어 그 화물의 운임부담력이 크다.[4] 또 상기를 잃지 않고 제3자에게 매도해야 하는 등의 이유로 신속한 운송과 정확한 도착 기일을 가장 중요시하게 된다.

한편 공급자 측면에서 보면, 개별적 화물의 수요는 그 규모가 작으므로 운송단위는 작지만, 수요 발생의 장소 및 시간이 일정하여 안정적이고 계속적이기 때문에 특정 항로에서의 규칙적인 반복 항해가 가능하다.

이처럼 운항하는 항로 및 시간을 미리 특정하여 공표하고 그에 따라 정기선 운송 서비스를 제공하는 선박을 정기선(liner)이라 하고, 이러한 서비스가 공급되고 수요되는 시장을 정기선 시장이라고 부른다.[5]

정기선 시장의 운송 수요는 완제품, 반제품, 생선, 식료품, 기타 고가의 상품 등으로서 도착지에서 판매될 수 있는 상품성을 가진 화물이나 기타 긴급히 운송되어야 할 화물, 운송 수요의 단위가 작아 부정기선 운송의 대상이 될 수 없는 화물 등으로 구성되어 있다. 그러므로 이 같은 화물이 정

---

1) 박명섭 · 김은주, 「무역계약의 이해」, (우용출판사, 2011), 187쪽 참조; 임석민, 「국제운송론(제3판)」, (삼영사, 2007), 178쪽 참조.

2) 「해운법」에서는 내항화물운송사업은 정기화물운송사업과 부정기선 운송사업을 구분하고 있지 않다.

3) 박명섭, 「국제해운론」, (법문사, 1997), 107쪽 참조.

4) 방희석, 「국제운송론(개정판)」, (박영사, 2005), 83쪽 〈표 3-7〉 참조.

5) 정영석, 「해상운송론」, (텍스트북스, 2013), 65쪽 참조.

기선 시장에 초래하는 개별수요의 단위 역시 무역거래의 단위를 그대로 반영하여 대단히 작다. 따라서 이 같은 화물을 선적의 대상으로 하는 정기선은 필연적으로 종류가 다른 잡다한 작은 덩치의 화물을 혼재(consolidate)할 수밖에 없다. 그와 동시에 충분한 화물을 확보하기 위해 여러 항구에 기항할 수밖에 없다. 또 이러한 운송 수요를 충족시키는 정기선 서비스에는 안정성과 신속성이 강력히 요청되기 때문에 선박의 설계와 운항 형태에 일정한 양식이 필요하다.

〈표 13〉 부정기선 시장과 정기선 시장의 특성 비교

시장의 종류 / 특성	부정기선 시장	정기선 시장
대상 화물의 특징	• 중량이나 용적에 비하여 단위당 가격이 저렴 • 운임의 비중이 큼	• 단위당 가격이 고가 • 운임의 비중이 작음 • 각 화물에 적당한 적재계수(stowage factor)의 부과에 주의해야 함 • 하역 및 취급비용이 많이 듬
서비스에 대한 요구	• 운임이 절대적으로 싸야 함 • 신속성이나 규칙성 불필요	• 운임이 반드시 싸지 않아도 무방 • 신속성 및 규칙성을 가장 중시
수요의 특징	• 장소적으로나 시간적으로 불규칙적이고 불안정	• 장소적으로나 시간적으로 규칙적이고 안정적 • 전체 수요가 연속적
공급의 특징	• 수요 발생의 시간적 순서에 따라 항로가 수시로 변경	• 특정 항로에서 규칙적으로 반복 운항

출처: 기회원, 「해운경영학」, (해문출판사, 1995), 188쪽 참조; 박현규 · 이원철, 「해운론」(1991), 225쪽 〈표 21〉 참조; 방희석, 「국제운송론(개정판)」, (박영사, 2005), 83쪽 〈표 3-7〉 참조.

즉, 정기선은 시장에 있는 여러 종류의 화물을 선적할 수 있어야 함은 물론 화물의 품질을 손상시키지 않는 우수한 선창설비를 갖추어야 하고 나아가 신속한 운송을 보증하기에 충분한 고속성을 지닌 설계구조를 갖추어야 한다.[6)]

고도의 선창설비나 고속력으로 인하여 정기선은 벌크화물을 선적하는 선박에 비하여 건조단가가 높아 선가도 비싸다. 또 그러한 높은 선가의 선박을 취득할 수 있다 하여도 부정기선 경영의 경우와 같이 1척으로 시장에 참여할 수는 없다. 상기를 잃지 않기 위해서 판매시장으로 신속히 송달되어야 하는 것을 중요시하는 화물의 요구에 대응하여 고객을 확보하기 위해서는 한 항로를 경영하는 데만 3척 내지 5척이 필요하기 때문에 그만한 선대(fleet)를 갖추지 못한다면 수요자에게 적정한 운송 서비스를 제공할 수 없기 때문이다. 그러므로 소요되는 선박투자가 거액에 이르게 된다.[7)]

그러나 운항선대만 확대하였다고 정기선 경영에 수반되는 설비투자가 모두 갖추어진 것은 아니며, 개별수요의 단위가 극히 작기 때문에 각 기항지 주변에 집화를 위한 지점, 출장소, 대리점 등의 영업망 설치가 필연적으로 뒤따라야 한다. 또 항만지역에서의 효율적인 하역 및 화물의 수령 및

6) 방희석(2005), 83쪽 〈표 3-7〉.

7) 정영석(해상운송론, 2013), 66쪽.

인도를 위한 일반 항만시설에 대한 임차 등도 필요하므로 이에 소요되는 자본 역시 거액에 이른다.

이러한 이유로 정기선 시장에 참여하는 기업의 최저자본 규모가 비교적 높은 수준에 이르기 때문에 시장에 참여하는 기업의 수는 상대적으로 적다. 또 고가선박의 운항과 고액의 육상 부대설비 및 운영비용으로 인하여 정기선의 단위당 운송비용이 부정기선의 운송비용에 비하여 비싸진다.

그러나 운송의 안정성, 규칙성 및 신속성 등에 걸친 서비스의 질을 중요시하는 수요자에게는 그만한 비용의 부담 증가는 합리적이라고 판단되므로 정기선 시장의 경우, 수요자는 이러한 서비스의 질을 문제 삼고 이에 대한 신뢰관계를 중요하게 생각한다. 한편 정기선 운항자(liner operator)는 거액의 자본을 투자하기 때문에 성공적인 경영을 유지하기 위해 안정된 수요의 확보, 즉 집화능력을 갖추어야 한다. 따라서 화주와 선주 간에 긴밀한 거래관계가 생겨야 하므로 정기선 시장에서 선사는 각각 자신의 영업기반으로 삼아야 하는 경영전략이 필요하다.

이와 같이 서비스 질에 대한 상호간의 신뢰관계에 기초하여 확립된 경영전략을 중요한 영업기반으로 하는 정기선 시장에서는 특정 항로를 경영하기로 결정하고 공표된 운항계획에 따라 배선하면, 예컨대 다른 곳에 유리한 항로가 나타난다 하더라도 사회적 · 경제적 배경만으로는 쉽게 선박을 이동시킬 수 없게 된다.[8)]

이와 같이 정기선 시장은 부정기선 시장과 달리 선박의 항로 간 이동성이 매우 부족하다. 그리고 이러한 이동성의 결여는 정기선의 기술적 구조를 취항항로의 거리 및 항만 사정과 수요구조에 적응시키게 되는 것이어서 다른 항로에 대한 취항이 부적당한 나머지, 운항경제성도 떨어지게 되고 이러한 것들이 다시 정기선의 항로 간 이동을 더욱 곤란하게 만드는 요인으로 되어 있다. 이 결과 각 항로에 나타나는 수요는 대부분 그 항로에 배선되어 있는 기존 선대와 신조선 또는 용선으로 신규 투입된 선박으로 충족되는 독립적인 시장 형태를 취하게 되는 것이어서, 다른 항로와의 결합관계가 현저히 약하다.

이러한 시장에서 개별기업의 행동은 경쟁기업의 시장독점률(market share)과 시장 전체의 수급균형에 영향을 미친다. 그러므로 정기항로는 비교적 기업규모가 큰 소수의 기업과 해운동맹(shipping conference)에 의해 지배되는 독립된 공급과점시장(oligopoly)의 형태를 띠게 된다.[9)]

III. 외항 정기선 해운의 현황

오늘날 국제정기외항해운은 주로 컨테이너선에 의한 운송 형태를 띠고 있다. 따라서 「선종별 세계 상선대 선복량 추이」[10)]에 따르면 컨테이너선의 선복량은 1995년 1천 9백만 3천 DWT이던 것이 2000년 6천 4백만 8천 DWT, 2005년 9천 9백만 8천 DWT, 2010년 1억6천9백만 DWT, 2018년 2억5천3백만 DWT로 지속적으로 증가하고 있다. 이는 전체 선복량 대비 컨테이너선의 비중이 1995년 0.56% 이던 것이 2018년에는 6억 3천 9백만 DWT 대비 1.31%로 2.33배 증가하였다.

8) 정영석(해상운송론, 2013), 67쪽.

9) 정영석(해상운송론, 2013), 67쪽.

10) Clarkson Shipping Review Database, Spring 2012(100G/T 이상 대상).

〈표 14〉 선종별 세계 상선대 선복량 추이(단위: 백만DWT)

구분	탱커선	벌크선	LPG	LNG	컨테이너선	일반화물선	자동차전용선	기타	합계
1994	275.7	219.4	8.8	4.9	36.0	25.9	4.3	64.5	639.5
1995	272.0	228.0	9.1	5.2	40.0	24.4	4.4	61.4	644.5
1996	284.4	243.4	9.0	5.2	45.0	55.2	4.6	81.2	728.0
1997	289.3	253.5	9.4	5.6	50.1	53.4	4.7	80.9	746.9
1998	292.8	264.6	9.7	6.0	56.6	50.6	4.9	81.3	766.5
1999	279.9	263.8	9.8	6.3	62.3	48.3	5.2	83.4	777.0
2000	301.3	266.7	10.1	6.7	64.8	46.4	5.7	85.7	787.4
2001	308.3	274.2	10.5	7.7	70.4	44.4	6.2	87.9	809.6
2002	303.4	286.2	10.9	7.7	77.8	42.3	6.3	89.5	824.1
2003	308.4	293.7	10.7	8.5	84.8	40.8	6.4	90.6	843.9
2004	317.8	301.3	11.1	9.6	91.6	39.3	6.8	93.7	871.2
2005	334.9	321.7	11.1	11.1	99.9	38.9	7.2	97	921.8
2006	358.1	344.8	11.3	12.5	111.9	39.6	7.8	99.8	985.8
2007	377.6	367.8	11.8	14.7	128.5	39.9	8.4	104.9	1053.6
2008	400.0	392.3	12.4	17.3	145.1	40.4	9.3	110.3	1127.1
2009	420.1	419.2	13.9	22.1	162.1	41.3	10.5	115	1204.2
2010	451.9	462.2	14.4	25.8	169.5	41.2	10.0	117.1	1292.1
2011	469.4	541.3	14.9	28.0	184.0	41.3	10.5	124.5	1413.9
2012	495.8	621.4	15.1	28.8	197.0	39.9	11.3	127.3	1536.6
2013	514.5	687.5	15.3	28.9	206.6	38.7	11.8	126.8	1630.1
2014	423.6	726.9	16.3	30.0	216.3	38.2	11.9	128.1	1691.3
2015	530.3	758.6	17.0	32.7	228.6	37.6	12.1	130.7	1747.6
2016	546.9	776.9	19.4	35.1	244.5	37.7	12.4	132.8	1805.7
2017	578.6	793.9	22.4	37.7	245.8	37.5	12.3	134	1862.2
2018	605.7	817.4	24.3	40.1	253.1	37.4	12.5	134.2	1924.7

출처: Clarkson Shipping Review Database, Spring 2019

※ 주: 100G/T 이상 선박 대상

제2절 정기선 운임

I. 개념

해상운임(ocean freight)이란 선박으로 사람이나 화물을 운송한 대가로 지급 또는 수령하는 보수를 의미한다.[11] 운임은 해운 서비스시장에서의 수요와 공급의 원칙에 따라 결정된다.

정기선 운임은 항로별로 해운동맹이 결성되어 있어 해운동맹별 태리프(tariff)에 따르고 있으나, 비동맹사(outsiders)와의 경쟁으로 인해 실제로 선사가 징수하는 시장운임(market rate)은 태리프 운임(tariff rate)보다 낮은 경우가 대부분이며 시황에 따라 변동 폭도 크다.

정기선 운임은 화주가 정기선에 컨테이너 운송을 의뢰하면 기본운임 외에 할증료(surcharge), 추가운임(additional charges) 및 기타 요금도 내야 할 경우가 있다. 따라서 화주는 선복예약(booking) 시 선사가 알려주는 운임이 기본운임을 말하는 것인지 부대요금을 포함한 것인지 정확히 확인해두어야 한다[해상운임=기본운임+부대요금(할증료+추가요금 등)].

II. 정기선 운임의 분류[12]

1. 기본운임

정기선 운송 서비스에 대한 기본운임(basic freight)을 해상운임이라 하는데, 이는 ① 지급시기, ② 부과방법, ③ 기타 해운동맹의 여러 가지 운임 형태를 기준으로 분류할 수 있다.

가. 지급시기에 따른 분류

(1) 선불운임(freight prepaid)

운송이 완료되기 전에 출발지에서 화물을 본선에 선적하거나 운송인에게 인도하고 선하증권을 교부받음과 동시에 운임을 지급하는 방식이다.[13] CIF[14] 또는 CFR[15] 조건의 경우 수출업자가 선적지에서 운임을 선불하는 경우로서 선사는 선하증권 발행 시 운임을 징수하게 된다.

(2) 후불운임(freight to collect)

운송을 완료하고, 목적지에서 수하인이 화물을 인수한 후 운임을 지급하는 방식이다.[16] FOB

11) 엄윤대,「국제운송강론」,(일진사, 2003), 172쪽 참조.

12) 정기선 운임은 필자마다의 관점에 따라 달리 분류할 수 있다: 엄윤대(2003), 177-179쪽 참조.

13) 임석민(2007), 53-54쪽.

14) CIF 운임보험료 포함 조건이라 함은 Cost Insurance and Freight을 말한다.; 최신해운 · 물류용어대사전(2006), 251쪽 참조.

15) CFR 미연방규칙이라 함은 Code of Federal Regulation을 말한다.; 최신해운 · 물류용어대사전(2006), 241쪽 참조.

16) 임석민(2007), 54쪽.

조건의 경우 수입업자가 화물의 도착지에서 운임을 지급하는 경우로서 수입업자가 운임을 완불하지 않으면 선사는 CY[17]나 보세창고에서 물건을 찾을 수 있는 화물인도지시서(delivery order: D/O)[18]를 발행하여 주지 않는다.

나. 산정기준에 따른 분류[19]

(1) 종가운임(ad valorem freight)

귀금속 등 고가품의 운송에 있어 화물의 가격(송장가격)을 기초로 일정률을 징수하는 운임을 말한다.

(2) 최저운임(minimum rate)

화물의 용적이나 중량이 일정 기준 이하일 경우 이미 설정된 최저운임을 부과한다. 그리고 최저운임의 부과에도 미치지 못하는 작은 화물의 경우에는 소포운임을 부과한다.

(3) 차별운임(discrimination rate)과 무차별운임(Freight All Kinds Rate: FAK)

화물, 장소, 화주에 따라 운임을 차별적으로 부과하는 차별운임과 운송거리를 기준으로 일률적으로 운임을 책정하는 무차별운임으로도 구분된다.

(4) 중량(weight)기준 운임

중량톤(ton)을 기준으로 계산하는 운임을 말한다. 영국식의 Long Ton 또는 Gross Ton(2,240 Lbs=1,016.05㎏), 미국식의 Short Ton 또는 Net Ton(2,000 Lbs=907.18㎏), 프랑스의 Metric Ton 또는 Kilo Ton(2,204 Lbs=1,000㎏)이 있다.[20]

(5) 용적(measurement) 기준 운임

실제 중량에 비하여 용적이 큰 경우, 용적(CBM)을 기준으로 부과하는 운임이다.

(6) 운임톤(Revenue Ton: R/T)

기본운임(basic rate)은 중량(weight) 또는 용적(measurement) 단위로 책정되며 2가지 중 운임이 높은 쪽이 실제운임으로 결정된다. 이러한 실제운임을 운임톤이라 한다.

---

17) CY(Container Yard)이라 함은, 컨테이너를 보관. 집적하고 수도를 행하는 장소를 말한다. 광의로는 컨테이너 프레이트 스테이션을 비롯하여 마샬링 야드 · 에이프런 등을 포함한 컨테이너 터미널의 어의도 갖고 있다. 그러나 컨테이너 전용 터미널의 경우에는 마샬링 야드와의 구별은 어렵기 때문에 본선과의 사이에 적 · 양하를 행하는 장소를 에이프런이라 하고 그밖의 컨테이너 장치 · 수도 장소를 컨테이너 야드라 부르기도 한다.; 최신해운 · 물류용어대사전(2006), 321쪽 참조.

18) 화물인도지시서(delivery order)라 함은 해상물건운송에서 선주 또는 그 대리인으로부터 본선의 선장 또는 그 대리인으로부터 본선의 선장 앞으로 발행된 화물인도지시서를 말한다. 컨테이너 운송의 경우 선사가 화물보관자인 CFS 또는 CY 운영업자(CY operator)에게 화물인도지시서 지참인에 한해 화물을 인도할 것을 지시하는 비유통서류를 말한다. 화물인도는 본래 선하증권 원본(original bill of lading)과 상환으로 이루어지는 것이나, 실무적으로는 수하인으로부터 선하증권 원본을 제출받았을 때 선사가 화물인도지시서를 발행하고 수하인은 이것을 CFS 또는 CY에 제시해서 화물을 인수한다. 선사의 화물인도지시서 발행 절차는 수하인 또는 그 대리인이 제시한 선하증권 원본이 정당하게 유통된 것인가를 확인하기 위해서 선하증권 발행인의 서명, 배서의 연속성을 심사하고 미지급운임이 있으면 그것을 징수한 뒤에 발행한다; 최신해운 · 물류용어대사전(2006), 336쪽 참조.

19) 임석민(2007), 56-57쪽 참조.

20) 박명섭 · 김은주(2011), 190쪽 참조.

(7) Box Rate

톤당운임에 기초한 운임 산정의 번거로움을 줄이기 위하여 화물의 종류나 중량에 관계없이 컨테이너당으로 정한 운임을 말하며, 화물 종류에 관계없이 적용되는 무차별운임(Freight All Kinds rate: FAK), 화물의 성질별로 나누어 적용되는 등급운임(class rate), 화물의 품목별로 나누어 적용되는 품목별 운임(Commodity Box Rate: CBR)이 있다.

다. 기타 해운동맹 운임

(1) 특별운임(special rate)

해운동맹이 비동맹사와의 경쟁을 위해 일정 조건을 갖춘 경우 태리프 요율을 인하하여 화물을 운송하는 경우의 운임을 말한다.

(2) 자유운임(open rate)

광물 등 대량화물의 운송에 있어 동맹회원의 경쟁력을 높이기 위해 동맹 회원사 스스로가 운임을 결정토록 하는 경우의 운임을 말한다.

(3) 기간물량운임(time volume rate)

해운동맹이 일정 기간에 제공되는 화물량에 따라 다른 운임률을 부과할 수 있도록 선사에 승인해 준 운임으로서 대량 화주는 선사로부터 운임을 할인받을 수 있다.

(4) 대화주우대운임(service contract rate)

화주 또는 화주협회(shipper's association)가 정기화물운송을 위해 해운동맹 또는 비동맹사와 체결하는 계약으로 화주는 계약기간 중 일정 수량을 제공할 것을 보증하며, 해운동맹 또는 비동맹사는 스페이스, 운송 기간, 기항지 등과 같은 일정한 서비스뿐 아니라 태리프 상의 일반운임보다 저렴한 운임을 보장한다.

(5) 독자운임결정권

독자운임결정권(independent action: IA)은 미국 항로에 취항하는 동맹회원들에게 신고된 운임률(tariff)이나 기타 조건에 관계없이 독자적인 운임률을 설정할 수 있도록 허용한 것으로 동맹회원은 효력발생 10일 전까지 FMC 에 신고해야 된다.

〈표 15〉 정기해상화물운송의 기본운임의 종류

운임의 종류	개념
품목별운임(Commodity Rate)	태리프에 유형별로 명시된 품목에 적용되는 운임
등급별운임 (Class Rate)	태리프에 화물을 종류, 성질, 형태별로 분류하여 적용하는 운임
특별운임 (Special Rate)	태리프에 일반운임과는 별도로 특정 목적을 위해 설정한 운임
최저운임 (Minimun Rate)	극소량 화물에 대하여 운임이 일정액 이하로 산출될 때 톤수에 관계없이 징수되는 최소운임

운임의 종류	개념
증가운임 (Ad Valorem Rate)	운송 시 특별한 관리와 주의를 요하는 고가품에 대하여 송장 가격에 일정률의 운임을 부과하는 운임
경쟁운임 (Open Rate)	해운동맹에서 화물운임을 해운동맹에서 결정한 태리프에 의하지 않고 가맹 선사가 임의로 결정할 수 있는 운임
박스운임 (Box Rate)	톤당운임에 기초한 운임산정 방법의 번거로움을 줄이기 위하여 화물의 종류나 용적에 관계없이 컨테이너당 정한 요금
무차별운임 (F.A.K Rate)	화물의 종류나 내용과는 관계없이 중량과 용적에 따라 동일하게 적용되는 운임
일관운임 (Through Rate)	1개 이상의 운송기관에 의해 운송되는 화물에 대해 일괄적으로 적용되는 운임
지역운임 (Local Rate)	선사가 단일운송업자로서 직접 서비스하는 지역 또는 동등 지역에 적용하는 운임
OCP운임 (O.C.P Rate)	북아메리카 태평양 연안에서 항공기, 철도, 트럭 등에 환적되는 내륙지행 화물에 적용되는 운임
기간/물량운임 (Time/Volume Rate)	일정 기간 제공한 물량에 따라 차등제로 적용되는 운임
독자운임 (Independent Action Rate)	운임동맹 내에 선사가 동맹의 일반운임 대신 특별한 이유로 적용하는 운임

2. 부대운임

가. 개념

부대운임은 운송의 발달에 따라 운송에 관련되는 시설이나 인력도 갈수록 전문화되면서 선사가 해상운임만으로 경영이 어렵게 되자 이의 보전을 위해서 도입하게 된 할증료(surcharge) 및 추가운임(additional charge)이다.

나. 부대운임의 종류

(1) 터미널 화물처리비(Terminal Handling Charge: THC)

터미널 화물처리비(THC)는 수출화물의 CY 입고 시점부터 선측까지, 그리고 수입화물의 본선 선측에서 CY게이트 통과시까지 화물의 이동에 따르는 화물처리비용을 말한다. 예전에는 선사가 해상운임에 포함하여 징수하였으나 1990년에 FEFC가 분리하여 징수하면서 다른 항로에도 거의 대부분 확산되었다. 한국, 대만, 홍콩 등 극동지역, ASEAN 국가, 유럽지역에서는 터미널 화물처리비라는 명칭으로, 일본은 아시아 항로에 CHC(container handling charge)를 부과하고 있으며, 미국은 DDC(도착지화물인도비용: destination delivery charge)라고 하여 터미널 화물처리비에 내륙운송비를 추가하여 부과하고 있다.

(2) CFS 작업료(CFS Charge)

선사가 컨테이너 한 개의 분량이 못되는 소량화물(LCL cargo)을 운송하는 경우 선적지 및 도착지의 CFS[21]에서 화물의 혼적 또는 분류작업을 하게 된다. 이때 발생하는 비용을 CFS Charge라 한다. 따라서 FCL화물[22]에 CFS Charge를 청구해서는 안 된다.

(3) 서류 발행비(Documentation Fee)

서류 발행비(documentation fee)는 선사가 일반관리비의 보전을 목적으로 수출시에는 선하증권을 발행할 때, 수입시에는 화물인도지시서를 발행해 줄 때 징수하는 비용이다. 이는 터미널 화물처리비의 신설 취지와 유사하게 시황에 따라 등락을 반복하는 해상운임과는 달리 선사가 안정적인 수입을 확보하기 위해 만든 소산물이라고 여겨진다.

(4) 체화 할증료(Port Congestion Surcharge)

도착항의 항만이 선박으로 혼잡할 경우 신속히 하역할 수 없게 되어 선박의 가동률이 저하되어 선사에 손해가 발생하게 된다. 이를 화주에 전가하는 요금이다.

(5) 유류 할증료(Bunker Adjustment Factor: BAF)

선박의 운항비용 중 연료비가 20~30%를 차지하는데, 선박의 주 연료인 벙커유의 가격 변동에 따른 손실을 보전하기 위해 부과하는 할증료를 말한다. 기본운임에 대하여 일정비율(%) 또는 일정액을 징수하고 있다. 예를 들어, 1 배럴당 미화 25달러를 기준으로 운임계약을 체결하였으나 유가가 1 배럴당 미화 40달러로 올랐을 경우 부과된다.

(6) 통화 할증료(Currency Adjustment Factor: CAF)

운임표시통화(운임기준통화)의 가치 하락에 따른 손실을 보전하기 위해 도입한 할증료로서 일정 기간 해당 통화의 가치변동률을 감안하여 기본운임의 일정비율(%)을 부과하고 있다. 해상운임은 국내 무역업체에게도 미화(U$)로 징수하고 있는데, 가령 U$1=1,200원일 때 운송계약을 체결하였으나 달러 가치의 하락으로 U$1=1,000원밖에 되지 않는다면 선사는 그만큼의 손실을 보게 되므로 이를 보전해달라는 취지의 요금이다.

환율이 오르거나, 벙커유 가격이 떨어지면 선사의 수익이 오르게 되지만 실제로 선사들이 통화할증료(CAF)[23]/유류할증료(BAF)[24]를 적용하는 경우는 없다.

(7) 성수기 할증료(Peak Season Charge)

수출화물이 특정 기간에 집중되는 경우, 화주들의 선복수요를 충족시키기 위해 용선료, 기기확보비용의 성수기 상승분을 보전받기 위해 적용되는 요금으로, 대부분 원양항로에 적용되고 있다.

---

21) 소량화물집하장(CFS)이라 함은 Container Freight Station을 말한다.; 최신해운 · 물류용어대사전(2006), 242쪽 참조.

22) 컨테이너만재화물(FCL Cargo)이라 함은 Full Container Load Cargo를 말한다.; 최신해운 · 물류용어대사전(2006), 402쪽 참조.

23) 최신해운 · 물류용어대사전(2006), 219쪽 참조.

24) 최신해운 · 물류용어대사전(2006), 174쪽 참조.

(8) 지체료(Detention Charge)

화주가 컨테이너 또는 트레일러를 대여 받았을 경우 규정된 시간(free time) 내에 반환을 못할 경우 벌과금으로 운송업체에 지불해야 하는 비용이다. 정기선사(shipping line)들은 보통 4일 내지 10일 기간의 무료사용기간(Free Time)을 설정해두고 그 이상을 경과하면 하루당 미화 10달러 정도의 지체료를 징수하고 있다.

〈표 16〉 Detention Charge 요율표(예시)

Cargo Type	Route	Free Time (Unit: Day)		Route	40' Rates			
					20'		40'	
	Exceeding Days	Outbound	Inbound	Exceeding Days	Outbound	Inbound	Outbound	Inbound
dry	Free Time	10	6	1-4일 5일	US$3 US$6	₩2,500 ₩5,500		₩3,500 ₩7,000
reefer	Free Time	10	6	1-4일 5일	US$12 US$24	₩10,000 ₩20,000		₩15,000 ₩30,000
special	Free Time	10	6	1-4일 5일	US$3 US$6	₩10,000 ₩20,000		₩15,000 ₩30,000

〈표 17〉 정기선 운임의 구조

운임의 구조		정의
기본운임(basic rate)		• 운임 요율표에 명기된 품목별 운임 • 운임톤에 기본운임률을 곱하여 산정
할증료 (surcharge)	유류할증료 (baf: bunker adjustment factor)	• 유가인상분에 대한 추가 비용을 보전하기 위해 부과하는 할증료
	통화할증료 (caf: currency adjustment factor)	• 화폐가치 변화에 의한 손실보전을 위해 부과하는 할증료
	혼잡할증료 (congestion surcharge)	• 항구에서 선박 폭주로 대기시간이 장기화될 경우 부과하는 할증료
	수에즈운하할증료 (suez surcharge)	• 수에즈운하 봉쇄 시 희망봉 회항에 따른 추가비용 보전을 위해 부과하는 할증료
	특별운항할증료 (special operating service charge)	• 비상사태에 대비하여 부과하는 할증료

운임의 구조		정의
추가운임 (additional charge)	외항추가운임 (out port arbitrary)	• 선박이 기항하는 항구(Base Port) 외의 지역행 화물에 적용하는 운임
	선택항추가운임 (operational charge)	• 선적시 양하항을 복수로 선정하여 최초항 도착 전 양하항을 지정할 경우 적부상의 문제 등을 감안, 추가로 부과하는 운임
	항구변경료 (diversion charge)	• 선적시 지정했던 항구를 선적한 후 변경시 추가로 부과하는 운임
	환적할증료 (transshipment charge)	• 환적으로 발생하는 추가비용을 보전하기 위해 부과하는 운임
	초과중량할증료 (heavy lift charge)	• 단위당 중량이 초과하여 특별한 장비 사용 시 발생하는 추가비용 보전을 위해 부과하는 운임
	장척할증료 (long length charge)	• 단위당 길이가 길어 특별한 장비 사용 시 발생하는 추가비용 보전을 위해 부과되는 운임
	전쟁위험할증료 (war risk premium)	• 전쟁위험지역이나 전쟁지역에서 적 · 양하되는 화물에 부과되는 운임
기타(others)	CFS Charge	• LCL화물의 CFS 내 작업에 소요되는 요금
	체선료 (demurrage charge)	• 무료장치기간(Free Time) 이내에 화물을 CY에서 반출하지 않을 경우 부과하는 요금
	지체료 (detention charge)	• 무료장치기간 내 반출해간 컨테이너를 지정된 선사의 CY에 반송하지 않을 경우 부과하는 요금
	경과보관료 (over storage)	• 컨테이너를 무료장치기간을 초과하여 CY에 장치하는 경우 TOC가 선사에 부과. • 화주와 직접적인 관련은 없으나 선사가 화주에 부과하는 Demurrage Charge의 근거가 됨

제3절 외항 정기선 운송의 공정한 경쟁과 해운동맹

I. 해운동맹

1. 개념

해운동맹(shipping conference, liner conference)이라 함은 특정 항로에 정기선을 배선하고 있는 다수의 선사가 서로간의 과당경쟁을 지양하고 상호이익의 유지 및 증진을 위하여 운임 · 적취량 · 배선 · 영업형태 등을 담합하기로 협정한 일종의 카르텔(cartel)을 말한다.[25]

해운동맹은 대내적으로 운임협정(rate agreement), 배선협정(sailing agreement), 풀링 협정(pooling agreement) 등의 방법을 채택한다. 또 맹외선[26]의 활동을 억제하기 위하여 대항경쟁격퇴선(fighting ship)을 취항시키고 화주들을 구속하기 위하여 각종 계약제도상의 규약을 설정해 놓기도 했었다.[27] 경쟁의 제한은 독점을 금지하는 나라에서는 당연히 「독점금지법」(Anti-Trust Act)에 저촉되는 것이다. 그러나 해운동맹은 다분히 국제적 성격을 띠고 있으며, 이것을 단순히 금지하면 결국 선사 간에 경쟁을 격화시켜 선복공급 면이나 운임 면에서의 불안정을 일으켜 오히려 원활한 국제운송을 저해하게 되므로 일정한 제한하에서 해운동맹의 존재를 인정하고 있다.

본래 자유경쟁적 성격을 가지고 있는 해운업은 원칙적으로 누구나 자유로이 경영할 수 있으며 국내 산업처럼 수입의 제한, 관세의 부과 등의 보호수단을 강구할 수 없는 산업이다. 따라서 반드시 국내외의 경쟁을 전제로 해서만 존재하고 다른 기업에 비해 사업자 간의 경쟁도 한층 격화되는 경향이 있다. 이는 일반적인 경쟁원리에 따른 자동조절작용이 적용되지 않기 때문이다. 즉 해운시장의 호황 · 불황을 불문하고 일정한 스케줄에 따라 배선하여 수요에 응해야 한다.[28]

운임 면에서도 정기선은 부정기선의 경우만큼 시황을 민감하게 반영하지 않고 일정 수준의 운임이 일정 기간 유지되는 것을 원칙으로 하고 있다. 그러므로 정기선업계에서는 가능한 한 상호간의 출혈경쟁을 억제하고 협조체제를 구축하여 선사간의 자구책을 마련하는 기틀을 형성할 필요를 느끼게 되어 정기선 시장에서 각 항로별 해운동맹 결성이 필연적이라고 하겠다.

1870년에서 1900년 사이에 영국은 세계해운에서 지배적 위치를 확보하였으며, 해운동맹은

25) 영국의 왕실위원회보고서(Report of Royal Commission on Shipping Rings)에 의하면 다음과 같이 정의하고 있다. 즉 "해운연합(shipping ring) 또는 해운동맹(shipping conference)은 특정한 항로 또는 모든 항로에 있어서의 해운업의 경쟁을 규제하거나 제한할 목적으로 결성된 모든 해운회사의 다소 내밀적인 결합체이다."('A shipping ring or conference' is a combination more or less close of shipping companies formed for the purpose of regulating or restricting competition in the carrying trade on a given trade route or routes); 官本清四郎, 「海運同盟制度論」, (海文堂, 1978), 51-57쪽;최신해운 · 물류용어대사전(2006), 788쪽 참조; 정영석(해상운송론, 2013), 68~69쪽; 박명섭 · 김은주(2011), 187쪽 참조; 임석민(2007), 181-182쪽 참조.

26) 맹외선(outsider)이라 함은 국제적인 단체 및 조합에 있어 비가입자를 뜻한다. 정기선해운에서는 동맹에 가입하지 않은 맹외선주 또는 맹외선을 가리킨다.

27) M. G. Graham · D. O. Hughes, *Containerization in the Eighties*, (LLP., 1985), p. 44.

28) 정영석(해상운송론, 2013), 69쪽 참조.

영국 관련 정기항로에서 최초로 결성되었다. 그보다 앞서 1820년경부터 북대서양운항동맹(North Atlantic Steamship Conference)에 의거하여 미국인 소유의 블랙 볼 라인(Black Ball Line)이 스케줄에 따라 범선을 운항하고 있었으나, 항해시간을 미리 계산할 수 없었고 출항 일자만 결정하는 정도였기 때문에 근대적 의미에서의 정기선서비스는 영국에서 시작되었다고 할 수 있다.

1896년 수에즈(Suez)운하의 개통으로 유럽과 아시아를 직접 연결함으로써 선박의 운항 범위가 확대되고 정기선의 선복량이 증가되었다. 이 기간에 영국에서 는 무역량의 증가보다 선복량의 증가 속도가 빨라 선복과잉으로 인해 운임률이 저하되었다. 이를 방지하기 위한 제도적인 해결방법의 필요성 때문에 영국에서는 다음과 같은 조치를 취하였다.[29)]

① 유리한 운임 획득 필요성 인식

② 만선 여부를 불문하고 공시한 고급선 배선

③ 선박의 대형화와 정기서비스 강화

④ 선박은 철도와 달리 운송량의 증감 대응의 불가능 인식

⑤ 화물부족 시에도 선박의 안정적 운항 유지

⑥ 호황과 불황의 공동감수 대책 강구 필요성 인정

이에 최저운임제의 적용, 운임거치환급할인계약(rebate contract) 등을 통한 선사 간 경쟁방지를 위하여 1875년 8월 영국-캘거타 항로에서 4개 선사가 캘거타 해운동맹을 결성하였는데, 이것이 해운동맹의 시초이다.

그 후 마드라스-영국, 봄베이-카라치 항로에서 해운동맹이 결성되었다. 선복 과잉의 문제가 심각해지자 영국의 7개 선사가 영국-캘거타 해운동맹에 가입하고 다음과 같은 사항에 합의하였다.[30)]

① 각 선주의 항해 횟수를 규제하고, ② 영국의 주요 항구와 인도의 캘거타 항구간의 평균최저운임을 고정시킬 것 등.

이 당시까지 화주에 대한 운임거치환급할인(rebate)의 제공은 없었으며, 모든 화주에게 균일한 운임을 적용하였다. 그러나 이 동맹에서는 선주간의 도의적 규약을 설정하였을 뿐 화주에 대한 구속력이 없었다. 때문에 맹외선(outsider)의 경쟁을 방지할 수 없었고 동맹회원 선사 중에서도 화주에게 운임할인 제공 등 불공정영업 행위가 빈번하여 기대하던 동맹결성의 실효를 거두지 못하였다. 그래서 그 구제책으로 1877년에 주요 화물인 맨체스터산 직물에 대한 운임환급제를 실시함으로써 비로소 동맹은 기반을 갖추게 되었다. 그 후 1879년에는 중국동맹, 1884년에는 오스트레일리아동맹, 1886년에는 남아프리카동맹, 1895년에는 북브라질동맹이 각각 결성되었다.

한편 영국의 동맹과는 별도로 유럽대륙의 선사들은 북대륙 해운동맹을 결성하고, 영국 선사들은 큰 회사를 중심으로 합병하기 시작하였다. 미국에서는 1902년 잡모간(Jop Morgan)이 트러스트(trust)를 결성하여 미국과 영국의 8개 선사를 흡수하여 해운동맹의 기반을 구축하게 되었다. 세계적으로 동맹은 그 규모가 다양하여 2개 선사에서 70여 개 선사로 구성되어 있으며, 그 숫자가 한때는 약 340여 개에 달한 적도 있었다. 현재는 해운동맹의 영향도 상대적으로 줄어들고 있고, 선사간의

29) 정영석(해상운송론, 2013), 70쪽.

30) B. M. Deakins, *Shipping Conference*, (Cambridge Univ. Press, 1973), pp. 23-24.

인수합병, 글로벌 얼라이언스(global alliance)의 결성 등을 통한 더욱 강한 기업결합의 출현 등으로 줄어들고 있는 추세이다.

2. 해운동맹의 분류

가. 카르텔의 방식에 따른 분류

정기선사간의 카르텔을 광의에서 해운동맹이라고 보면, 이는 좀 더 발전하여 동맹간 협정(interconference agreement), 풀링 협정(pooling agreement), 공동운항협정(joint-service agreement), 신사협정(gentlemen's agreement) 등으로 진화하였다.

첫째, 동맹간 협정은 동일 혹은 영향권에 있는 교역루트에서 서비스하고 있는 동맹 간에 협력을 위한 협회가 있는데, 이러한 협회를 통하여 동맹 간에 경쟁을 해소하기 위해 이루어지는 동맹간 협정을 말하며 해운동맹보다 광의의 카르텔이다.

둘째, 풀링협정[31)]은 해운카르텔 중 가장 강력한 형태로서, 모든 회원에게 고정운임률이 공동으로 적용되고 운송조건도 동일하다. 이 중 화물풀(cargo pool)은 각 회원 간에 항해수가 고정되며, 재정풀(financial pool)은 합의된 조건하에 모든 운임수입을 동일 계정에 산입하여 배분하는 경우이다. 풀링 협정은 3~4개 회사가 합의하여 일정항간의 운항에서 이루어지는 것으로, 동맹 내외에 공히 존재한다.

셋째, 공동운항협정은 항해수를 늘리고 운임시장에서 경쟁을 최소화하기 위하여 통상 두 회사가 공동으로 운송 서비스를 제공하는 제도이다.

넷째, 신사협정은 선사간의 구두협정으로, 운임률, 항해 일정과 횟수 및 기타 조건 등에 대한 협정으로 이루어진다. 풀링 협정, 공동운항협정과 같이 일정 루트와 지역에 국한시키는 것이 보통이다.

나. 개방 정도에 따른 분류

해운동맹은 가입이나 탈퇴가 용이한 개방동맹(open conference)과 가입과 탈퇴가 용이하지 않은 폐쇄동맹(closed conference)으로도 구분된다. 또한 후자는 합리적인 폐쇄동맹과 비합리적인 폐쇄동맹으로 분류된다.[32)]

(1) 비합리적인 폐쇄동맹

전형적인 폐쇄동맹 또는 비합리적 폐쇄동맹(closed conference without rationalization)이라 하는 해운동맹의 유형은 정부가 직접 해운동맹과 운임률 또는 동맹협정에 간섭하지 않고 동맹 스스로 자율규제를 하도록 방임하는 유형이다. 이 유형의 대표적인 예는 영국을 중심으로 하는 유럽식 모델(European model)이다.[33)] 이 유형은 1906년 영국정부가 왕립해운동맹 조사위원회(Royal Commission on Shipping Ring)를 설치하여 운임거치할인제(deferred rebate system) 및 부당운임률에

31) Pooling Agreement를 운임공동계산협정으로 번역하기도 한다; 박명섭 · 김은주(2011), 188쪽 참조.

32) Gunnar K. Slertmo · Emest W. Williams, Jr., *Liner Conference in the Container Age: U.S. Policy at Sea*, (Macmillan Publishing Co., Inc., 1984), pp. 306-307.

33) 방희석(2005), 128-129쪽 참조.

관한 조사결과를 포괄적인 보고서로 발표한 것이 발단이 되었는데, 이 위원회에서는 권고 내용에 대한 의견일치를 보지 못해 다수파와 소수파로 나누어 보고서가 제출되었다.[34)]

다수파에 의하면 운임거치할인제를 갖는 해운동맹의 역할이 크다. 따라서 정부가 적정 이윤의 보증을 부여하는 경우를 제외하고 통제기관의 강화 및 운임률의 강제조정에 대해서는 반대 입장을 취하고 있다. 또 해운동맹의 독점을 결정하는 방법은 부정기선과 새로운 해운회사로부터 받는 비동맹경쟁, 모든 설비 및 서비스 분야에 있어서 동맹 회원사간의 경쟁 및 화주에 의해 행해지는 공동행위 등이라고 지적하고 있다. 해운동맹의 독점남용방지를 위해 상무부가 인정한 전 항로의 대표로 화주협회와 해운동맹과의 단체협상을 하도록 권고했다. 양자의 이해가 상충되어 협정 체결이 불가능한 경우에는 상무부에 조정자를 임명해 주는 권한이 부여되어야 한다고 권고되었다. 더욱이 태리프를 공표하는 점, 동맹회원 간, 동맹과 비동맹사 간 및 동맹과 화주협회(shipper's association) 간 협정내용 및 환급제도의 내용, 표준운임표 등을 상무부에 제출하도록 하고 있다. 또한 상무부에 중요한 국가이익에 영향을 미친다고 생각되는 사항에 대해서는 항상 조사할 수 있는 권한을 부여하여야 한다고 권고되었다.[35)]

이에 대해 소수파는 해운동맹제도의 이점은 다수파에 의해 과장되어 있을 뿐 아니라 이러한 이점이 운임거치할인제에 의해 보증이 되는 것도 아니라고 판단하였다. 다수파와 달리 상무부에 강력한 권한을 부여하는 것에는 반대 입장을 취하였다. 특히 국가이익에 중대한 영향을 주는 사건을 조사하는 것은 제한되어야 하며, 만약 조사가 행해지는 경우 그 결과는 모두 의회에 제출되어야 한다고 권고했다. 또한 앞서 언급한 모든 협정은 상무부에 신고하는 것에 그치지 않고 의회에도 보고해야 한다고 권고했다.[36)]

이어 영국에서는 1918년 대영제국해운위원회(Imperial Shipping Committee)가 구성되어 해운 및 영연방 관련 항로에서 설비와 모든 조건에 관한 고충을 조사해 권고하는 권한이 부여되었다. 대영제국해운위원회의 권고는 동맹제도에 관한 분쟁이 당사자인 해운동맹과 화주와의 협의에 따라 해결되어야 하고, 특별법에 의한 정부의 간섭을 끝까지 피해야 한다는 왕립해운동맹조사위원회의 다수파와 동일한 견해에 근거를 두고 있다. 그러나 운임거치할인제는 화주에 대해 강력한 구속력이 있기 때문에, 이를 대신하여 구속력이 약한 이중운임제(dual rate system: royalty contract)를 채택하거나 이것이 곤란한 경우 적어도 두 제도에 대해 화주에게 자유선택권을 부여해야 한다고 하였다. 결론적으로 특별법에 의해 운임거치할인제의 금지는 물론 선택제를 강요해서도 안 되며 모든 문제는 당사자 간의 이해와 합의에 따라 해결되어야 한다고 보았다.

1967년 이후 영국정부의 자문에 의해 해운업에 관해 여러 각도에서 조사 · 연구해 온 Rochdale 경을 위원장으로 하는 해운조사위원회(Committee of Inquiry into Shipping)는 1970년 발표한 보고서에서 해운동맹에 관해 폐쇄동맹이 화주 · 선주 및 일반대중의 최대이익에 합치된다는 주장을 하면서도 지금까지의 해운동맹의 비밀주의를 배제해 해운동맹의 민주화를 강하게 요구했다. 즉 해운동맹 내지 가맹선사의 활동에 관한 상세한 정보를 발표함과 동시에 화주와의 협의기구 설치를 권고하

34) 정영석(해상운송론, 2013), 72쪽.

35) 官本清四郎(1978), 200쪽.

36) 정영석(해상운송론, 2013), 73쪽.

고 있다. 더욱이 개발도상국을 중심으로 한 해운동맹의 공격에 대비해 동맹행동규범을 규정하고 국제적으로 수용되는 동맹헌장의 확립을 요구했다.

이 동맹헌장은 1963년 3월 결성된 선진국해운장관회의(Consultative Shipping Group: CSG)에서 1971년 말 유럽선주협회와 유럽화주평의회의 협의와 검토를 거쳐 작성된 ESC/CENSA Code (European Shipper's Councils/Council of European and Japanese National Shippowner's Association Code)를 채택했다. 이 헌장의 핵심은 정부의 간섭 없이 선주와 화주간의 직접적인 대화를 추진하는 것이다.[37)]

(2) 합리적인 폐쇄동맹

오스트레일리아 항로는 1920년대를 전후하여 많은 문제에 직면하게 되었고 1920년대 말경에는 대부분의 해운회사들이 손실을 입었다. 이때 왕항(outbound voyage) 운임률이 인상되었으며, 오스트레일리아 운송업자들은 이것이 복항 운임률 인상의 전조라고 판단하여 정부의 개입을 요청했다. 이에 오스트레일리아 정부는 1929년 4월 외항해운협회(Overseas Shipping Conference)를 소집해 권고안을 채택했다. 이것이 오스트레일리아 정부가 해운에 개입하게 되는 시발점이 되었으며, 합리적인 폐쇄동맹 발전의 계기가 되었다.[38)] 이것은 오랫동안 단계적으로 발전했는데, 우선 정부개입 이후에 생산 및 수출업자들로 구성된 오스트레일리아 외항운송협회(Australian Overseas Transport Association: AOTA)라는 화주협회를 구성한 것이었다. 이 협회에서는 선복량 예측과 운임률 협정에 동의하는 권한이 부여되었다.[39)]

이어「1965년 무역관행법」(Trade Practices Act 1965)이 제정되어 해운동맹에 대하여 ① 오스트레일리아 정부에 신고해야 하고, ② 운임 기타 운송조건은 오스트레일리아 정부가 지정한 화주협회와 협의해서 결정해야 하고, ③ 화주협회로부터 협의에 필요한 정보 제공을 요구하면 이에 응해야 하며, ④ 화주와의 협의에는 오스트레일리아 정부의 담당관을 출석시키도록 규정했다.[40)]

이상과 같이 해운동맹 활동의 적법성이 인정된 결과 화주와 해운동맹과의 협조체제가 확립되어 장기적으로 안정적인 해운 서비스 제공이 가능하게 되었다.[41)] 이와 같은 형태로 폐쇄적 해운동맹에 정부가 개입하여 일정한 조건을 충족할 경우에 해운동맹의 활동을 합법적으로 허용하는 형태를 합리적 폐쇄동맹(closed conference with rationalization) 또는 오스트레일리아식 모델(Australian Conference model)이라 한다.

(3) 개방동맹

해운동맹이 처음 결성되었던 당시 미국을 위시한 정기항로는 영국 선주를 중심으로 한 비합리적인 폐쇄동맹에 의해 지배되었기 때문에 미국 화주는 불만이 많았다. 미국 정부는 화주의 이익을 옹호하면서 자국의 해운경쟁력을 도모하기 위해 해운동맹에 대해 국가의 규제를 하게 되었다.[42)]

---

37) Gunnar K. Sletmo · Emest W. Williams(1984), pp. 288~289.

38) Sidney Gilmen, *The Competition Dynamics of Container Shipping*, (Gower Publishing Co., Ltd., 1983), p. 2.

39) Gunnar K. Sletmo · Emest W. Williams(1984), p. 279.

40) 塚本揆一,「海運同盟入門:國際海運におけるカルテルの實態」(成山堂, 1972), 41쪽.

41) 방희석(2005), 128쪽 참조.

42) 塚本揆一(1972), 35쪽.

1912년 제62회 의회 하원결의에 기초해서 하원은 상선 · 어업위원회(Committee on Merchant Marine and Fishery, House of Representative)의 위원장 알렉산더(J. W. Alexander)에게 미국 중심의 정기항로에서 해운독점에 관한 조사를 지시하였다. 이 조사 결과는 1914년 〈알렉산더보고서〉(Alexander Report)로 발표되었는데, 해운동맹이 항해의 규칙성과 빈도수, 운임의 안정성과 항해의 경제성이란 측면에서 큰 편익을 제공하고 또한 화주들을 동등하게 취급하며 비밀협약의 제거 및 차별적 수단의 제거에 도움이 된다고 평가했다. 또한 해운동맹이 없으면 운임경쟁이 이루어져 궁극적으로 독점에 이르게 되기 때문에 해운동맹이 이에 대한 유일한 대처 방안이며, 독점력의 남용에 대해 정부의 규제가 있어야 한다고 권고했다.[43]

이 위원회의 권고에 기초해서 제정된 것이 「1916년 해운법」(Shipping Act 1916)이다. 동법에는 운임거치할인제 · 대항경쟁격퇴선 · 화주에 대한 보복 및 차별대우 금지, 동맹협정의 체결 · 변경 · 폐지의 승인제, 해운업자와 화주간의 부당한 차별 · 우대 금지 등이 규정되었다.

운임거치할인제는 금지하고 있지만, 이중운임제에 대해서는 명확하게 규정하지 않았다. 따라서 미국에서는 해운동맹이 운임거치할인제의 대체 수단으로 이중운임제의 채택이 일반화되어 제2차 세계대전 발발 시까지 미국을 중심으로 한 외국항로에서 68개의 해운동맹이 이중운임제를 채택하였다.[44]

1946년 이중운임제에 반대해 비동맹선으로서 세계일주 항로를 운항한 미국의 이스브란센(Isbrandtsen)사는 취항항로 중 하나인 뉴욕-유럽대륙항로를 서비스하는 북대서양동맹(North Atlantic Continental Freight Conference or Continental North Atlantic Westbound Freight Conference)이 채택한 이중운임제가 「1916년 해운법」에 위반했음을 이유로 미국 연방해사국(Federal Maritime Board: 이하 'FMB'라 한다)에 제소했다.[45] 이에 대해 연방해사국은 조사원의 최초 보고에 따라 이중운임제 자체는 「1916년 해운법」 위반이 아니라고 결정하였다. 이스브란센사는 이에 불복하여 1948년 뉴욕주 남부지방법원에 연방해사국을 상대로 제소했다.[46] 본건은 당시 이스브란센사 대 북대서양동맹의 분쟁 문제로부터 연방해사국 대 뉴욕주 남부지방법원 사건으로 발전해 대법원에서 최종 심판이 요청되기에 이르렀다. 대법원은 1958년 이중운임제가 비동맹선 축출을 목적으로 도입되었기 때문에 이중운임제의 실시는 위법이라고 판결하였다.

이중운임제가 위법이라는 최종 판결이 내려졌기 때문에 해운동맹의 기본 기능 중 하나인 이중운임제가 위법이라면 정기항로에는 혼란이 발생할 우려가 있었다. 이 문제를 입법적으로 해결하기 위해 하원 상선 · 어업위원회의 보너(Bonner) 의원은 이중운임제를 합법화하는 해운법 개정안을 제출하였고 상 · 하 양원에서 심의 · 수정을 거쳐 「1961년 보너법」(Bonner Act)이 입법되었다.[47] 이에 따라 이중운임제는 일정한 조건하에 그 합법성이 인정되었다.[48]

---

43) Sidney Gilmen(1983), p. 3.

44) 방희석(2005), 127쪽 참조.

45) Federal Maritime Board v. Isbrandtsen Co. Inc. et al. 354 U.S. 481 (1958).

46) 官本清四郎(1978), 204~205쪽.

47) 海運研究所 編, 「1984 米國海運法の解說: 米國海運規制政策の沿革と變遷」, (成山堂, 1984), 33쪽.

48) 방희석(2005), 127-128쪽 참조; 정영석(해상운송론, 2013), 75~77쪽 참조..

3. 해운동맹의 경쟁억제수단

가. 대내적 억제수단

해운동맹이 동맹 내부의 경쟁을 막기 위하여 사용한 수단으로는 다음과 같은 것이 있다.

(1) 운임협정

운임협정(rate agreement)은 동맹에서 태리프를 제정하고 각 회원들에게 이를 엄수할 것을 요구하는 것으로 운임경쟁을 지양하는 것이 목적이다. 해운업의 가장 중요한 경쟁이 바로 운임경쟁이기 때문이다.[49)]

각 동맹회원은 태리프를 기준으로 화물을 인수하여야 하며, 이를 변경할 경우에는 나머지 회원의 동의를 얻어야 한다. 다만, 항로 사정에 따라서는 부정기선 선적이 많은 대량 벌크 화물이나 특정 화물에 대해서는 일시적으로 협약운임에서 제외되는 자유운임(open rate)을 인정하는 경우도 있다.[50)]

(2) 배선협정

배선협정(sailing agreement)은 동맹회원 간에 적정한 배선 수를 설정 · 유지함으로써 상호의 과당경쟁을 방지하고 동맹 내 질서를 유지하는 것이다. 단순한 운임협정보다 더욱 강화된 경쟁방지 수단으로 일정 항로상의 배선 선복량을 회원별로 할당하고 발착일시 · 항해빈도수의 일정화, 발항지 및 기항지, 적취화물의 종류 · 수량에 대한 제한, 취항 국가 수를 운항 스케줄에 정하여 줌으로써 경쟁을 제한시키는, 소위 생산자간의 수량적 카르텔에 해당한다.[51)]

(3) 풀링 협정

풀링 협정(pooling agreement)은 각 동맹회원의 특수항로에서 일정 기간 내에 취득한 운임액 가운데 소정의 항해경비 및 하역비용 등을 공제한 나머지 순운임수입을 공동기금으로 각출하였다가 일정한 기간이 경과한 후에 각 동맹회원의 실적을 근거로 미리 정해진 비율(pool point)에 따라서 수익운임을 배분한다. 이 제도는 동맹회원간의 이해를 조화시키고 동맹에 대한 구속력을 강화하여 집화경쟁의 격화를 방지할 수 있다. 운임수입이 할당된 비율에 미달하여도 할당량을 초과하여 운송한 선사로부터 수입운임의 일부를 넘겨받을 수 있으므로 집화경쟁을 최대한으로 억제하게 되는 고도의 연합방법이다. 반면 동맹회원의 집화 의욕을 감퇴시키는 약점도 있다.[52)]

(4) 공동운항

공동운항(joint service)은 동맹회원간의 경쟁배제, 경비절감 및 합리적 배선을 철저히 하기 위해서 특정 항로에 한하여 일시적으로 경영을 공동으로 하는 것이다. 공동운항에서는 동맹회원은 각자의 독립성을 유지하면서 특정 항로의 선박 및 시설 등을 특정 동맹회원에게 수탁하는 방법과 공동경영의 일부를 분담하는 방법이다. 그리고 운항수익은 미리 정해진 비율에 따라 매 결산기마다

---

49) 방희석(2005), 138쪽.

50) 海運實務硏究所, 「海運實務要論」, (海文堂, 1996), 49-50쪽.

51) 방희석(2005), 139쪽.

52) 방희석(2005), 139쪽.

동맹회원에 배분된다.[53)]

(5) 중립감시기구

중립감시기구(neutral body: N/B)는 동맹 회원사간의 건전한 상거래질서 유지를 위해 회원사의 부당행위(malpratice)를 감독 · 관리하고, 위반 시에는 이를 적발하여 벌금을 부과한다.[54)] 동맹은 중립감시기구 활동의 공정성을 기하기 위해 유럽해운동맹(FEFC)의 경우는 외부의 전문 용역회사에 의뢰하고 있다. 미국 관련 해운동맹에서는 미국의「1984년 해운법」발효 이후 중립감시기구제도가 사실상 폐지되었다.[55)]

나. 대외적 억제수단

동맹에 가입하지 않고 당해 항로에 배선하고 있는 맹외 선주에게 대항하고 계약화주를 동맹에 구속시키기 위해 동맹은 다음과 같은 수단을 이용한다.

(1) 이중운임제

이중운임제(dual rate system: royalty contract)는 동맹선에만 전적으로 선적한다는 계약을 동맹과 체결한 화주에게는 비계약운임(non contrat rate)과 일정한 차등을 두는 것으로 일명 계약운임률제(contract rate system)라 한다.[56)] 그 격차(spread)는 보통 9.5% 이내이다. 계약화주가 이를 위반하여 맹외선을 이용한 경우에는 일정한 위약금을 지급하게 하거나 이후의 계약을 거부하는 등의 조치를 취한다.[57)]

이 제도는 ① 일반운임과 계약운임의 격차(spread)가 클 경우, ② 위약금이 고액일 경우 화주를 구속하는 힘이 더욱 커진다. 운임거치할인제(rebate system)에 비하여 화주에 대한 구속력이 약하다고 할 수 있으나, 운임거치할인제가 인정되지 않는 국가에 있어서는 그것에 대신할 가장 유효한 수단이라 할 수 있다. 오늘날은 합법성 여부가 논란의 대상이 되어 점차 축소되고 있다.[58)]

(2) 운임거치할인제

운임거치할인제는 1877년 캘커타해운동맹에서 처음 도입하였다.[59)] 화주가 일정 기간(보통 6개월: 계약선 간) 맹외선에 일체 선적하지 않았을 때 화주는 그 기간 내 지급운임금액의 일정 부분(보통 10%)을 되찾을 자격을 얻게 되며 계속하여 다음 일정 기간(보통 6개월: 유보 기간)에도 동맹선 만을 이용할 때는 그 금액을 화주에게 환급하는 방법이다.[60)] 즉 환급 대상 기간뿐 아니라 일정한 거치 기간에 걸쳐 단 한 번이라도 화주가 맹외선을 이용하면 연속되는 두 기간에 걸친 고액의 환급에 대한 청구권을 상실하게 되므로 1877년 캘커타해운동맹에서 최초로 이 제도를 채택한 이래 화

---

53) 방희석(2005), 139쪽.

54) 최신해운 · 물류용어대사전(2006), 632쪽.

55) 최신해운 · 물류용어대사전(2006), 632쪽.

56) 최신해운 · 물류용어대사전(2006), 364쪽.

57) 방희석(2005), 140쪽.

58) 정영석(해상운송론, 2013), 79쪽.

59) L. C. Kendell, *The Business of Shipping*, (Chapman & Hall, 1986), p. 303.

60) Alan E. Branch, *The Elements of Shipping*, (Chapman & Hall, Ltd., 1970), pp. 100-101.

주를 구속하여 맹외선을 억제하는 강력한 수단으로 동맹에 의해 이용되어 왔다. 그러나 이 제도는 화주에 대한 부당한 구속이며 맹외선에 대한 부당한 압박이라는 판단으로 미국에서는「1916년 해운법」에 의해 금지되고 있다. 따라서 이 제도는 영국계 해운동맹에서 주로 실시되었으나 현재는 이 제도가 거의 사용되지 않고 있다.[61)]

(3) 성실규약제

성실규약제(fidelity rebate system)는 동맹과 미리 계약을 체결하지 않고도 일정 기간, 통상적으로 4개월 동안 동맹선을 이용했다는 소정 양식의 선적명세서(loyalty declaration)를 첨부하여 리베이트 지급을 요청하면 동맹은 그것을 확인한 다음 수령운임의 일부를 화주에게 환급하여 주는 방식이다.[62)] 이것은 이중운임제와 같이 처음부터 계약에 의하여 화주를 구속하는 것이 아니라 화주가 맹외선을 이용하였다고 하더라도 화주는 다만 환급금의 청구권을 상실할 뿐 위약금의 지급 같은 것은 없다.

(4) 대항경쟁격퇴선

대항경쟁격퇴선(fighting ship)[63)]은 동맹에 소속한 선박 중에서 특정 선박을 선정하여 맹외선의 기항지를 동일한 일시에 따라 다니며 채산성을 무시한 저운임으로 경쟁하여 맹외선으로 하여금 동맹항로에의 배선을 단념하게 하는 맹외선 배제수단이다.[64)] 이러한 채산성을 무시한 대항경쟁격퇴선의 운항으로 발생하는 손해는 동맹 전체가 공동으로 부담한다. 미국에서는「1984년 해운법」이 금지하고 있으므로 신규 가입을 제한하지 않는 미국 항로의 개방동맹에 있어서는 대항경쟁격퇴선이 용인되지 않는다.「유엔정기선동맹행동헌장협약」(Convention on a Code of Conduct for Liner Conference)에서도 금지시키고 있다.[65)]

(5) 삼중운임제

삼중운임제(three-tier rate system)는 비계약운임률, 계약운임률, 특별계약운임률의 세 가지 운임을 동시에 적용하는 제도로서, 송하인이 FOB 조건으로 수출하는 경우에는 수하인의 지정에 따라 맹외선에 선적하더라도 계약위반이 되지 않는다. 그러나 이중운임계약을 체결하고 있는 계약화주가 이 FOB 조항을 이용하지 않는다는 취지의 계약을 추가하는 경우에는 이 특별계약화주에게 현재의 계약률보다 싼 특별계약운임률을 적용하는 제도이다.[66)]

(6) 백화점거래협정

백화점거래협정(department store deal arrangement)은 유럽해운동맹에서 대량 화주와 동맹이 공동으로 일정한 비율로 운임을 할인해 주는 방식이다.[67)] 미국 항로에서 대화주 우대계약제와 같은 방식이다.

---

61) 방희석(2005), 140쪽; 정영석(해상운송론, 2013), 79쪽.

62) William L. Grossman, *Ocean Freight Rates*, (Cornell Maritime Press, 1956), pp. 71-81.

63) 투쟁선 또는 대항투쟁선으로도 번역한다.

64) 최신해운 · 물류용어대사전(2006), 406쪽.

65) 정영석(해상운송론, 2013), 80쪽.

66) 방희석(2005), 141쪽; 정영석(해상운송론, 2013), 80쪽.

67) 방희석(2005), 141쪽; 정영석(해상운송론, 2013), 815쪽.

(7) 협의협정

협의협정(discussion agreement)은 동맹 간에 협의에 의해 운임률을 결정하는 형태이다. 동 협정은 동맹회원과 비동맹사간에 체결되고 있다. 미국 FMC에 신고된 협의협정 건수는 1985년과 1991년 사이에 91건이었다.[68)]

4. 해운동맹의 효과

가. 운임 안정

해운동맹은 회원사간의 운임을 협의함으로써 장기간에 걸쳐 운임의 안정을 가져왔다. 또 안정적이고 정기적인 운송수단의 확보로 지역시장(local market)의 역할을 대신할 수 있는 중앙시장(central market)의 형성이 가능하게 되었다.[69)] 중앙시장은 각 지역으로부터 공급량이 일단 집중되었다가 소비자에게 다시 배분되는 시장이기 때문에 가격이 안정적이다. 화주의 입장에서 상품을 특정일까지 납품 가능하다는 사실뿐 아니라 원가 · 운임 및 보험료를 미리 산정할 수 있고 선물계약을 맺을 수 있다는 장점이 있다. 운임에 관한 협약이 없으면 화주는 개개의 운송인과 일일이 운임협상을 하여야 하는 어려움이 있다. 결과적으로 운임의 안정을 유지하는 일은 해운동맹의 가장 중요한 기능으로 무역 발전에 기여하는 부분이 있다.[70)]

나. 정기적 운항의 유지

해운동맹이 조직되어 있는 항로에서는 선박의 정기적인 운항이 유지되고 있기 때문에 화주는 상품을 규칙적으로 선적할 수 있는 기회가 보장된다. 이는 그 항로에서 바로 그 상품의 장소효용(place utility)과 시간효용(time utility)을 높이는 것을 의미한다.[71)] 또한 상품의 효용가치가 증가하면 자연히 수요가 유발되어 소비를 증가시킬 수 있다. 해상운송이 특정 항로에서 규칙적인 운항이 가능하기 위해서는 해상물건운송의 안정성이 보장되어야 하기 때문이다.[72)]

다. 운항서비스의 개선

해운동맹의 조정기능에 따라 항로의 안정성이 유지되고 출혈경쟁이 억제되어 선사는 운항경비를 상당히 절감할 수 있게 된다. 그 결과 동맹회원은 특정 항로의 운송에 보다 적합한 설비를 지닌 고급 · 고속 · 대형의 선박을 투입시킬 수 있어 상품을 안전하고 신속하게 운송할 수 있으며 적하보험료도 저렴해지게 된다.[73)]

선박이 배선되는 항로의 각종 조건을 적합하게 갖출 경우 그 이점은 더욱 두드러지게 된다. 그 이유는 양륙항의 흘수(draft)도 각기 다르고 또한 화물의 종류, 수량 및 운송시기도 각기 다르기 때

68) 방희석(2005), 141쪽; 정영석(해상운송론, 2013), 81쪽.

69) D. Phillp Lockin, *Economics of Transportation*, 7th ed., (Homewood Ill: Richard D. Irwin, 1972), p. 2.

70) 방희석(2005), 136쪽.

71) Paul T. McElhiney, *Transportation for Marketing and Business Students*, (New Jersey: Littlefield, Adams & Co., 1975), pp. 1~2.

72) 정영석(해상운송론, 2013), 81~82쪽 참조

73) 방희석(2005), 137쪽.

문이다. 예컨대 영국이나 오스트레일리아, 아르헨티나 항로에서는 복항화물의 대부분이 육류, 과일, 버터와 같은 부패하기 쉬운 화물이기 때문에 이들 화물의 안전운송을 위해서는 냉각실 및 냉동시설을 장비한 선박이 반드시 필요하다. 또한 아르헨티나로부터 복항항로에서는 특히 흘수를 얕게 건조한 선박이 필요해진다. 따라서 해운동맹이 그 항로에 적합한 설비를 갖춘 선박을 안정적으로 배선하게 되면 화주는 이용하고자 하는 선박의 등급이나 종류에 대해서 염려할 필요 없이 균등하며 안정된 서비스를 언제든지 받을 수 있게 된다.[74]

라. 대·소화주균등운임 적용

동맹규정은 대 · 소 화주를 불문하고 동일한 품목에 대해서는 균등한 운임률을 적용시키게 하고 있다. 따라서 선사는 상대적으로 소화주를 대화주로부터 보호해 줄 수 있다. 대화주에게 특혜운임(preferential rates)을 제공하지 않음으로써 대 · 소화주 간의 공정한 경쟁을 촉진함과 동시에 이와 같은 경쟁으로 생기는 혜택을 소비자에게까지 골고루 미치게 할 수 있는 것이다. 또한 이 제도는 선사 간 불필요한 경쟁을 해소하게 하여 안정된 이익을 보장하며 배선의 합리화로 선주에게 유리한 점도 많다.[75]

한편 화주의 입장에서는 다음과 같은 단점이 있다.[76]

① 동맹의 독점성에 따른 초과이윤 획득 가능성

② 동맹회원 이용 시 저렴한 운임률을 제공하므로 타 선사 이용의 어려움 발생

③ 독점성의 남용

④ 동맹의 집합독점성이라는 비합리성

⑤ 동맹회원이 아닌 선사로부터의 비난

⑥ 대화주의 입장에서는 소화주와 동일한 서비스의 질과 운임을 내야 하며 운임협상 여지가 없다는 점에서 자유시장경제 원리에 어긋남

이와 같은 단점으로 최근에는 전통적인 단일요율제도가 붕괴되어 계약조건에 따라 운임률이 상이해져가고 있으며, 동맹 내에서도 회원사별 개별운임협상을 하는 형태로 변하고 있어 전통적인 해운동맹제도는 사라지고 있다.[77]

II. 해운동맹의 환경 변화

1. 유엔정기선동맹행동헌장협약

1960년대에 들어서면서 해운동맹의 독점으로 인한 횡포로 개발도상국은 불리한 여건에 처하게 되었지만, 해운업이 발달하지 않은 개발도상국의 무역업자는 해운동맹에 크게 의존하지 않을 수

74) 정영석(해상운송론, 2013), 82쪽.

75) 정영석(해상운송론, 2013), 82~83쪽.

76) 방희석(2005), 138쪽; 임석민(2007), 188쪽 참조.

77) 정영석(해상운송론, 2013), 83쪽.

없는 처지에 놓여 있었다. 개발도상국의 입장에서 보면, 선진국들이 해운동맹이란 카르텔을 형성하여 ① 운임률을 고정시키고, ② 비동맹사와 경쟁하기 위하여 운임거치할인제를 도입하고, ③ 대항경쟁격퇴선을 투입하여 독점적으로 시장을 지배하고, ④ 동맹 내에서 비밀주의에 입각하여 해운업을 영위했으며, ⑤ 1960년대 후반에는 세계 교역량의 65%가 개발도상국에서 적 · 양하되었는데, 선복량은 세계 선복의 8%밖에 보유하지 못하였다. 따라서 개발도상국이 부담하는 운임 비중이 높아졌고 무역 환경은 상대적으로 악화되었다. 해운동맹의 독점과 통제되지 않는 악행에 대해 세계적인 관심이 집중되어 해운동맹을 다자간 국제협약으로 규제하려 하는 움직임이 대두되었다.[78]

한편 선진국이 「유엔정기선동맹행동헌장협약」(United Nations Convention on a Code of Conduct for Liner Conference)의 제정에 동조하게 된 이유는 다음과 같다.[79]

① 정기선동맹의 지나친 비밀주의 및 폐쇄적 그리고 독점적 운영방법으로 인한 폐단을 인식하고 이를 사전에 개선해야 한다는 점.

② 정기선동맹의 폐습을 방치할 경우, 개발도상국이 동맹회원에 대하여 일방적 규제조치를 취할 가능성을 미연에 방지하여야 한다는 점.

③ 개발도상국이 자국선 우선주의로 정책을 급진전시킬 가능성을 미연에 방지하거나 최대한 축소시켜야 한다는 점.

따라서 각국의 보호주의적인 추세는 점점 더 다국적 협의 노력을 필요로 하게 되었다. 또 정치적 관점보다는 상업적 입장에서 보다 새로운 국제협약을 추구하게 되었다.[80] 이에 UNCTAD를 중심으로 외항 정기선의 운송질서를 개발도상국 입장에서 유리하게 유도하기 위한 동 협약의 필연성을 인지하게 되었다. 1972년 UNCTAD는 정기선동맹행동헌장전권회의에 초안 작성을 의뢰하여 그 다음 해에 초안이 작성되었다. 이어 협약이 UNCTAD 제5차 회의에서 채택되었다.

협약의 제정 목적은 ① 세계교역 증대에 기여, ② 국제무역에 적합한 효율적이고 정규적인 정기선 서비스의 발전 도모, ③ 해운 서비스의 공급자와 수요자의 균등한 이해관계 유지 등의 세 가지로 요약된다.

협약의 주요 내용은 다음과 같은 7가지로 요약할 수 있다.[81] ① 무역당사국 선사의 동맹가입 자유화, ② 무역당사국에 의한 50:50의 적취율 유지 혹은 제3국 선박이 있을 경우에는 양 당사국과 제3국의 적취비율은 40:40:20으로 정함, ③ 개발도상국 상품의 수출 촉진을 위해 장려운임 제도(promotional freight) 도입, ④ 화주와 선주의 협력기구에 당사국 정부 참여, ⑤ 운임인상 후 구체적 절차 및 유예기간 등 설정, ⑥ 선주 간 혹은 선주와 화주 간의 분쟁처리에 강제중재제도 도입(단, 국내법이 존재하는 경우 국내법 우선), ⑦ 맹외선에 대한 대항경쟁격퇴선에 의한 공격 금지 등이다.

협약의 발효 요건은 비준국 24개국 이상과 비준한 국가들의 선복량 합계가 세계 선복량의 25% 이상일 것인데, 1983년 4월 서독과 네덜란드가 비준하면서 발효 요건이 충족되었으며, 그로부터 2

78) UNCTAD, United Nations Conference of Plenipotentiaries on a Code of Conduct for Liner Conference, UN, Doc. TD/CODE/13/Add. 1, Vol, II, 1975. 이하에서는 「정기선동맹헌장」 혹은 「헌장」(code)이라 칭한다.

79) 정영석(해상운송론, 2013), 84쪽.

80) Elliot Schrier · Ernest Nadel · Bertram E. Riffas, "Forces Shipping International Maritime Transport." *The World Economy*, (1984. 3), p. 87.

81) 방희석(2005), 143쪽; 「1974년 정기선동맹행동헌장협약」의 자세한 내용은 임석민(2007), 194-196쪽 참조.

년 경과 후인 1985년 말 정식으로 발효되었다.

2. 1984년 해운법

가. 입법 배경

미국은 전통적으로「독점금지법」에 의한 자유경쟁을 경제의 대원칙으로 고수해 온 나라이기 때문에 해운동맹의 존재를 근본적으로 인정하지 않았다. 그렇지만 해운동맹을 규제하기 위한 활동인 알렉산더위원회(Alexander Committee)의 권고안에 따라「1916년 해운법」이 제정되면서 오히려 해운동맹에 대한「독점금지법」의 적용을 면제하고 이를 합법화하였다. 그러나 동시에 해운동맹은 법에 의하여 엄격한 규제를 받게 되어 운임거치할인제, 대항경쟁격퇴선, 화주에 대한 보복조치 및 차별대우 등이 일체 금지되었다. 이러한 개방동맹체제 하에서 미국항로 동맹은 제3국선의 미국항로 취항을 용이하게 하였다. 특히 1970년대 두 차례에 걸친 오일쇼크로 인한 국제 해운경기의 후퇴, 개발도상국 및 공산권 국가의 대거 해운업 참여, 신조선의 급증 등으로 인한 선복과잉 현상을 초래하게 되자 미국의 국제경쟁력을 크게 저하시키기에 이르렀다.

또한「유엔정기선동맹행동헌장협약」의 발효에 따라 세계 외항 정기선 운송은 보호주의적 경향을 강하게 띠기 시작하였다. 미국에서도 이와 같은 세계 해운질서의 변화에 대처하는 동시에「1916년 해운법」에 의하여 미국 연방해사위원회(Federal Maritime Commission: 이하 'FMC'라 한다)[82]의 관할 하에서 지나친 규제를 받아 왔던 정기선사에게 보다 자유로운 기업활동을 보장하여 막대한 자금력으로 선대의 대형화를 통한 경쟁력 확보와 해상운임의 자유로운 경쟁을 통한 자국의 대화주를 보호하는 정책으로 전환하지 않을 수 없었다.

이러한 문제로 인하여「1916년 해운법」의 개정 필요성이 제기되어, 제정된 지 70년 만에 동법이 폐지되었다. 이 법을 대체하는「1984년 해운법」(Shipping Act 1984)이 제정되어, 1984년 6월 18일부터 발효하게 되었다.「1984년 해운법」의 제정 배경은 다음과 같다.[83]

① 최소의 정부 간섭과 비용으로 미국 상선대를 육성 · 강화할 필요성

② 해운동맹 또는 해운협정은 FMC에 제출하여 인가를 받을 것을 조건으로「독점금지법」의 적용 · 면제의 원칙을 확립할 것과 동시에 협정의 인가기준을 명확히 하고 인가와 그 발효를 신속화할 것.

③ 화주의 요망에 따라 독자행동권(independent action: I/A),[84] 기간물량할인운임(time-volume rate: TVR)[85] 및 대화주 우대계약(service contract: S/C)[86]이라는 새로운 세 가지의 운임 제도를 동시에 도입.

---

82) 미국의 외항해운 및 해운동맹의 규제 · 감독 관청은 제1차 세계대전 이래 해운국(US Shipping Board)에서 상무부 해운국(Shipping Board of the Department of Commerce), 미국 해사위원회(US Maritime Commission, USMC), 연방해사국(Federal Maritime Board, FMB)을 거쳐 연방해사위원회(Federal Maritime Commission: FMC)로 변천하여 왔다.

83) 방희석(2005), 144쪽.

84) 최신해운 · 물류용어대사전(2006), 491쪽 참조.

85) 최신해운 · 물류용어대사전(2006), 856쪽 참조.

86) 최신해운 · 물류용어대사전(2006), 777쪽 참조.

④「유엔정기선동맹행동헌장협약」이 발효됨으로써 이에 대한 대응책.

⑤ 복합운송체계의 촉진.

나. 주요 내용

「1984년 해운법」은 대체적으로 개별 선사의 자유경쟁 범위를 보다 확대하고 해운동맹의 운임결정 기능을 약화시키는 것을 내용으로 하는데, 주요 내용은 다음과 같다.[87)]

(1) 독점금지법의 적용 제외

「독점금지법」이 적용되지 않는 제반 협정과 활동을 구체적으로 규정하였던「1916년 해운법」은「독점금지법」에 대한 특례법으로 제정되었다. 그러나 시행하는 동안 해운동맹의 계약운임률제(contract rate system, 이중운임제)가 차별적 방법에 의한 보복적 조치라는 이유로「독점금지법」위반이라는 대법원 판결(Federal Maritime Board v. Isbrandtsen Co. Inc. et al. 사건)[88)]이 내려졌다. 또한 FMC가 승인한 해운동맹의 활동도 경우에 따라서는「독점금지법」에 위반되는 등의 모호한 점이 있었다.[89)] Federal Maritime Commission et al. v. Aktiebolaget Svenska America Linen (Swedish American Line) et al. 사건[90)]은 "「독점금지법」의 정책과 상충되는 내용을 포함한 협정은 공공이익을 위한 것이거나「1916년 해운법」의 규제 목적의 증진을 위한 사실을 증명할 수 있는 자료를 제시할 경우만 승인된다"고 미국 대법원이 내린 판결이었다.[91)]

그러나「1984년 해운법」제7조에서「독점금지법」의 적용제외 요건을 분명히 명시하여 운송인에게「독점금지법」(The Anti-Trust Act)의 적용제외를 보다 넓게 보장하고 있으며,「독점금지법」의 적용조치를 감소시키고 있다(1984년 해운법 제7조 (c) (1)).「1984년 해운법」의 특이한 점은 운송인이「독점금지법」적용제외의 혜택을 받을 수 있도록 일반기준과 이에 관련된 절차법을 개정한 점과 복합운송운임률결정협정이「독점금지법」의 적용제외가 될 수 있다는 규정을 명백히 하고 있다는 점이다.

(2) 동맹협정에 대한 조치

동맹협정은 벌과금의 부과 없이 가입과 탈퇴가 자유로운 개방동맹을 그대로 인정하도록 규정하고 있다. 종래의「1916년 해운법」에서는 정기화물운송인의 모든 협정은 FMC의 사전인가를 받아야 유효하고 인가까지의 기한이 특별히 명시되어 있지 않았으나,「1984년 해운법」에서는 이를 간편화하여 협정신청 후 45일 또는 연방등록부 공시 후 30일을 경과하면 자동적으로 발효하도록 규정하고 있다(1984년 해운법 제6조 (c)). 또한 기존 인가기준은 공익기준이라는 개념처럼 추상적이고도 막연한 인가기준이었다. 입증책임도 신청자에게 있었으나「1984년 해운법」에서는 FMC가 협정이 경쟁제한에 의해 부당하게 운송 서비스의 저하와 운송비용의 불합리한 상승을 초래한다고 판

---

87) 정영석(해상운송론, 2013), 87쪽.

88) 354 U.S. 481 (1958): 자세한 내용은 海事産業研究所 編,「1984年米國海運法の解說」(成山堂書店, 1984), 281-283쪽 참조.

89) Federal Maritime Commission et al. v. Aktiebolaget Svenska America Linen (Swedish American Line) et al. 390 U.S. 238 (1968).

90) 390 U.S. 238 (1968): 자세한 내용은 海事産業研究所 編(1984), 41-44쪽 참조.

91) 방희석(2005), 145쪽.

단될 경우에는 법원에 대하여 협정발효의 중지를 요구할 수 있도록 하였다. 또 이 경우 입증책임은 FMC에 있고, 법원은 제3자의 개입을 허락하지 않을 수 있다고 규정하고 있다(1984년 해운법 제6조 (d), (g), (h)). 그러나 운송 서비스의 저하 또는 운송비용의 상승에 대한 FMC의 판단기준이 모호하여 논란의 대상이 될 소지가 있다.[92)]

(3) 독자행동권

독자행동권(independent action: IA)은 해운동맹에게는 재량의 여지가 없이 동맹협정에 의무적으로 받아들이는 것으로서 해운동맹 내 각 선사가 10일 전 사전통지로 해운동맹의 태리프[93)]와는 별도로 화주에게 독자적인 운임률과 서비스를 제공할 수 있다는 행동권을 의미한다(1984년 해운법 제5조 (b) (8)). 독자행동권의 적용범위는 태리프 상의 운임률과 서비스 항목에만 한정되어 있으며, 후술할 대화주 우대계약(service contract)은 태리프에 기재할 것을 강제하고 있지 않으므로 독자행동권도 의무화하지 않고 있다(1984년 해운법 제8조 (a)).[94)]

(4) 기간물량할인운임

기간물량할인운임은 선사와 해운동맹이 정기해상운송 중 일정 기간에 제공되는 화물량에 따라 상이한 운임률을 제공할 수 있는 운임 제도이다.[95)] 이때 선사 및 해운동맹에 관련된 제반 사항을 태리프에 수록하여 일정 기간 수정하지 않고 실시해야 한다. 기간물량할인운임은 물동량과 선복을 연계시켜 특정한 보장을 하고 있지 않기 때문에 독자행동권(independent action)을 행사할 수 있다. 따라서 기간물량할인운임을 이용하는 화주는 선사 및 해운동맹과의 협정에 따른 선적에 앞서 동 운임률을 적용할 의사를 통지하여야 한다(1984년 해운법 제8조 (b)).[96)]

(5) 대화주 우대계약

대화주 우대계약(service contract)은 해운동맹이나 선사가 특정 기간 일정 화물에 대해 특정화주 및 화주협회와 특정운임 및 일정한 서비스를 제공하는 조건으로 운송계약을 체결할 수 있도록 한 계약조건이다. 계약 시 화주 또는 화주협회는 최소한의 물량이나 운임수입을 약속하여야 하며, 또한 동 계약서에는 계약불이행 시의 불이익 규정도 명시할 수 있다. 대화주 우대계약과 기간물량할인운임과의 가장 큰 차이점은 선복(space)의 보장, 항해순서, 경유시간 등과 같은 서비스의 질적 수준이 계약에 포함됨으로써 태리프에 속한 서비스 이상의 인수의무를 부담한다는 점이다. 또한 대화주 우대계약은 선사와 화주 간에만 유효한 반면 기간물량할인운임은 무선박운송인(non vessel

92) 방희석(2005), 146쪽.

93) 태리프(tariff)라 함은, 교역상품에 대해 부과하는 관세율표 또는 어떤 상품 또는 서비스의 가격이나 수수료에 관한 요율표(a schedule of price or fee)를 의미한다. 그러므로 해운에 있어서 Tarrif라고 함은 선사가 운송 서비스를 제공함에 따른 보수로서 상대방(화주)에게 부과하는 운임율표라고 말할 수 있지만, 해운업계에서 사용하는 Tariff의 구체적 의미는 선사(또는 해운동맹)가 적용하는 특정구간별 화물운송에 대한 운임율(Tariff Rate) 뿐만 아니라 이와 관련된 규정(Rules)을 포함하는 개념이다.; 최신해운 · 물류용어대사전(2006), 842쪽 참조.

94) 방희석(2005), 146쪽.

95) 최신해운 · 물류용어대사전(2006), 856쪽 참조.

96) 방희석(2005), 146쪽.

operating common carrier: 이하 'NVOCC'라 한다)[97]을 포함한 모든 커먼 캐리어(common carrier)[98]와의 계약에 적용되며, 이른바 기간물량할인운임의 개별계약의 도입을 인정함으로써 불특정 다수의 화주를 대상으로 하는 외항 정기선동맹 분야에서도 부분적이나마 인더스트리얼 캐리어 시스템(industrial carrier system)[99]의 도입이 가능하게 되었다(1984년 해운법 제3조 (21)).[100]

(6) 대화주 우대계약, 기간물량할인운임과의 관계

기간물량할인운임은 화주 혹은 화주협회가 해운동맹 또는 독자운항선사와 일정 기간 물량에 대해 계약을 체결할 수 있다는 점에서 대화주 우대계약제(service contract system)와 유사하나, 선복(space)보장, 항해순서, 경유시간 등과 같은 서비스의 질적 수준이 계약 내용에 포함되지 않는다는 점에서 구별된다. 또한 대화주 우대계약은 화주와 선사 간 계약에만 유효한 반면, 기간물량할인운임은 NVOCC를 포함한 모든 일반운송인과의 계약까지 포함된다. 또한 대화주 우대계약의 경우에 독자행동권은 행사할 수 없지만 기간물량할인운임은 태리프 상에 공시하고 독자행동권을 행사할 수 있다. 그리고 기간물량할인운임의 경우에는 손해배상약정이 없으나 대화주 우대계약의 경우에는 손해배상책임을 져야 한다.

한편 북아메리카해운동맹에서 도입 · 실시하고 있는 대량화물우대제도(volume incentive pro-

---

97) NVOCC는 운송인 자신이 운송수단을 가지고 있지 않고 선사와 하도급계약을 체결하여 이용하여 자기의 태리프로 일관운송 서비스를 제공하는 자를 말한다. 이들은 국제복합운송인(international freight forwarder)인 경우가 대부분인데, 여러 나라 사이의 해륙일관운송에 있어서 상대국의 복합운송인과 제휴함으로써 전 구간의 운송을 책임지는 운송 주체가 된다.

FMC의 관계 규정을 보면, NVOCC는 첫째, 미국「해운법」에 규정된 내항 및 외항 해운을 이용하여 물건운송을 하기 위하여 광고, 권유, 기타 방법으로 태리프의 설정 · 유지를 고시한 자, 둘째, 물건운송에 관해 책임을 맡거나 또는 법정운임을 책임지는 자, 셋째, 사용 선박의 소유 또는 점유 유무를 불문하고 선박운항업자를 하수급인으로 이용하여 자기 명의로 당해 물건운송을 하는 자들로 규정하고 있다; 최신해운 · 물류용어대사전(2006), 638-639쪽 참조.

98) 커먼로(common law) 상 커먼 캐리어(common carrier)라 함은 그에게 운송을 위탁하는 누구에게나 운송 서비스를 제공하는 자를 말한다. 이에 반하여 프라이비트 캐리어(private carrier)라 함은 그에게 운송을 위탁하는 사람 모두에게 운송 서비스를 제공하는 것이 아니라 일정 종류의 운송만을 제공하는 자를 말한다. 예컨대 일반 화물선(general cargo ship)을 사용하여 어떤 화주의 것이든 가리지 않고 다 운송하는 정기선의 소유자라면 당연히 커먼 캐리어에 속한다. 반면 어느 부두의 관리인이 자신이 운영하는 부두 창고에 입고할 고객의 운송물에 대하여만 부선(lighter)을 이용하여 본선으로부터 자기의 창고까지 운송하였다면 이는 프라이비트 캐리어인 것이다.

그리고 특정한 해상운송인이 커먼 캐리어인가, 아니면 프라이비트 캐리어인가 하는 구별은 그 해상운송인이 실제 운영하고 있는 영업 형태에 따라 결정되는 사실 관계에 관한 문제이다. 다시 말해서 그 해상 물건 운송인이 실제 어떻게 영업을 하고 있었느냐에 따라 결정되는 문제인 것이다.

법적인 면에서 볼 때 커먼 캐리어는 자신이 운송할 수 있는 한 운송을 위탁한 자에 대하여 운송을 거절하여서는 아니 될 의무를 부담하나, 프라이비트 캐리어에게는 이러한 의무가 없다는 점이 가장 큰 차이점이다. 따라서 우리「상법」에서 말하는 운송인은 커먼 캐리어에 해당하는 것으로 본다.

99) 산업용품운송인이라고도 번역되는 인더스트리얼 캐리어(industrial carrier)는 제조회사 등 특정 산업체가 선박을 보유하고 자사가 필요로 하는 원료를 운송하는 경우를 일컫는다. 머천트 캐리어(merchant carrier)라고 하는 해운영업 선사에 상대되는 개념이다. 인더스트리얼 캐리어의 목적은 운송수단의 확보로 자사가 소비하는 원료를 적기에 운송하고 운송비용을 절감하는 데 있다. 예컨대 포스코가 철광석 전용선을 보유하고 주원료인 철광석을 운송한다든지, 한국가스공사가 LNG선을 보유하고 LNG를 운송한다든지, 정유회사가 유조선을 보유하고 직접 원유를 운송하는 경우에 포스코, 한국가스공사, 정유회사 등이 인더스트리얼 캐리어에 속한다; 최신해운 · 물류용어대사전(2006), 493쪽.

100) 방희석(2005), 146-147쪽.

gramme: VIP)는 그 기준이 물량이 아니라 운임액수로 되어 있다는 점에서 앞의 제도와 차이점이 있다. 유럽동맹에서 실시하는 성실계약제(fidelity rebate system)는「독점금지법」의 적용을 받는 반면, 대량화물우대제도는 동법의 적용을 받지 않는다.[101]

(7) 이중운임제의 금지

해운동맹이 맹외선 대책으로 사용하던 이중운임제(dual rate system), 즉 성실계약제도(loyalty contract)가「1984년 해운법」에서는「독점금지법」에 합치되는 경우가 아닌 한 금지된다(1984년 해운법 제10조). 따라서 두 회사 이상의 협정에 의한 이중운임제는「독점금지법」의 적용 대상에 해당되므로 실제로는 이중운임제의 사용을 전면 금지시키고 독자행동권과 대화주 우대계약 및 기간물량할인운임으로 대체되었다. 또한 운임거치할인제, 대항경쟁격퇴선, 화주차별, 운임과다 및 과소징수 등의 금지행위규정 외에 공동운항금지조항에서는 특정 항로에서 선사 상호간에 경쟁을 상당히 억제할 가능성이 있는 공동투자행위를 금지사항으로 규정하고 있다.[102]

(8) 미국 국적선의 보호

「1984년 해운법」은 정부의 규제를 감소시킨 반면 FMC의 감독기능을 강화시켰다. 특히 외국 정부나 선사의 3국간 항로에서 부당하고 불공정한 행위에 대해 FMC가 미국 선사를 보호할 권한을 위임받았다(1984년 해운법 제13조 (b) (9)). 이 규정의 제정 취지는「유엔정기선동맹행동헌장협약」의 체약국들이 동 협약의 이행시 발생하게 될 제반 사항에 대해 미국 선사의 효과적 대처에 있다. 「1984년 해운법」제13조 (b)를 근간으로 하여 이루어진 시행세칙의 특징으로는 미국 국적선에 부당한 대우를 하는 조건들에 대해 FMC가 신속히 이를 규제할 수 있도록 융통성을 부여하고 있다. 일반적으로 부당한 통제는 근본적으로 외국 정부의 법령과 관련하여 발생하는 것으로 생각되지만, 이 세칙에서는 그러한 통제가 상관습에 기인하더라도 FMC가 규제조치를 취할 수 있도록 권한을 부여한 점과 3국간 항로(crosstrade)[103]의 해석에 있어서 국제복합운송 개념을 포함하고 있어 기존의 미국 해운 관련 법령과는 구별된다.[104]

(9) 화주협회와 NVOCC

「1984년 해운법」에서 화주협회(shipper's council)는「독점금지법」하의 비합법성 때문에 인정되지 않았다. 그러나 중소화주들의 권익을 옹호하도록 하려는 비영리목적의 화주협회에 대해서는 선사의 협상거부를 금지하고 있으므로(1984년 해운법 제10조 (b) 13), 화주(협회)단체를 사실상 인정하고 있다. 이 화주협회는 공적인 협의체가 아니라 회원을 위한 특정한 행동을 하는 조직이며, 비영리성 · 화물의 혼재(consolidation) · 분배(distribution)를 수행할 수 있는 단체이어야 한다고 규정되어 있다. 그러므로 한국의 무역협회에 설치된 화주협회와는 다른 의미이다. 그 밖에 주된 개정 내용으로는 본법의 정의규정에 NVOCC의 지위를 인정하고 있는 점이다. 즉 NVOCC는 화주에 대해 커먼 캐리어의 자격을 가지며, 해상운송인인 선사나 해운동맹과의 관계에서 화주의 자격을 가지게 된

101) 방희석(2005), 147쪽.

102) 방희석(2005), 147쪽.

103) 삼국 간 항로(crosstrade)라 함은 선박이 등록된 국가의 수출입 화물이 아닌 외국간 항로에서 화물을 운송하는 것을 말한다; 최신해운 · 물류용어대사전(2006), 312쪽.

104) 방희석(2005), 148쪽.

다. 그러므로 이들이 기간물량할인운임계약(time-volume rate: TVR)을 체결하는 경우, 법률상 화주의 지위를 인정받게 된다.[105]

3. 1998년 해운개혁법

가. 입법 배경

「1984년 해운법」의 발효 후 미국 관련 모든 해운동맹에 독자행동권의 강제 도입과 대화주 우대계약(service contract)의 허용으로 종전에 비해 대형화주의 유치가 훨씬 용이해짐에 따라 시랜드(Sea Land)를 포함한 동맹회원들은 미국 관련 정기항로에서 자사의 시장점유율 확대를 크게 기대했던 게 사실이다. 그러나 1980년대 중반 이후 한국 · 대만 · 홍콩 · 중국 등 아시아계 정기선사의 컨테이너 선복량의 증강과 비동맹사로서의 공세적인 마케팅[106]으로 인해 이들 선사들의 시장점유율이 크게 늘어난 반면, 미국 선사를 포함한 해운동맹 회원사들은 「1984년 해운법」의 발효 초기부터 당초의 기대와는 달리 시장점유율이 감소하는 추세를 나타냈다.[107]

일부 정기선사들은 극심한 영업부진에 의한 운항채산성[108] 악화로 도산하거나 타 선사에 흡수 또는 합병되었다. 예컨대, 미국 선사인 US Line, 일본 선사인 쇼와(Showa), 재팬라인(Japan Line), YS Line과 한국의 대한선주(주) 등을 들 수 있다.[109]

한편, 1990년대에 들어서도 외항 정기선 시장에서 계속적으로 어려움을 겪게 된 미국 정기선사들 중 특히 시랜드(Sea Land)는 그동안 감소된 자사의 시장점유율 만회를 위한 노력의 일환으로 1995년부터 미국 내 최대 화주협회인 전국산업운수연맹(National Industrial Transportation League: NITL)과 공동으로 「1984년 해운법」을 대폭적으로 개정하기 위한 의회 로비활동을 강화했다.[110]

시랜드와 전국산업운수연맹이 공동으로 의회에 제안했던 1995년 해운개혁법(안)(The Ocean Shipping Reform Act of 1995)은 하원 본회의에서 H.R. 2149로 1996년 5월 1일 통과되었다. 1997년 3월 1일 상원의 허치슨(Hutchson) 의원은 해운개혁법(안)을 상원에 S. 414로 상정하였으나 항만노동단체, 중 · 소형화주, FMC뿐 아니라 미국 정기항로에 취항 중이던 외국적 선사들의 강력한 반대로 통과되지 않았다. 한편 시랜드와 전국산업운수동맹은 그동안 「해운개혁법」 제정에 반대해왔던 항운노조, FMC, 외국 선사 등과의 대타협을 통해 1995년 해운개혁법(안)을 수정한 「1998년 해운개혁법」(The Ocean Shipping Reform Act of 1998)을 상원 본회의에 S.414로 상정하여 4월 21일 통과시

105) 방희석(2005), 148쪽.

106) 주로 대화주 우대계약(service contract)을 실시하였다.

107) 방희석(2005), 148쪽.

108) 운항채산(voyage estimate)이라 함은, 예상수치를 이용하여 예기되는 항차의 채산을 계산하는 것이다. 부정기 선주의 경우 수익성을 결정하기 위해 두 개 이상의 가능한 항차를 예상수치를 이용하여 비교한다. 이와 유사하게 정기용선자는 전반적으로 비용이 가장 적게 드는 선박을 용선하기 위해 두 척 이상의 선박을 비교한다. 예상수치는 용선형태 및 조건, 그리고 선주 또는 용선자가 계산하는 것에 따라 상이하다. 선주인 경우 주요 비용은 운항비(정기용선자인 경우 용선료), 벙커 소모비, 항만사용료, 운하통과세, 선박대리점 수수료와 화물취급비이며 수입원은 일일용선료이다: 최신해운 · 물류용어대사전(2006), 910쪽 참조.

109) 방희석(2005), 149쪽.

110) 정영석(해상운송론, 2013), 93쪽.

켰다.

이 법안은 1998년 8월 4일 하원 본회의에서 S.R. 215로 주요 내용의 수정 없이 통과된 후 10월 1일에는 상원 본회의에서 통과되었다. 마침내 10월 14일 클린턴 대통령이 서명함으로써 1999년 3월 1일 이전까지 FMC에서 시행세칙 제정을 거쳐 5월 1일부로 정식 발효되었다.[111)]

나. 주요 내용

(1) FMC에 대한 태리프 신고 폐지

「1984년 해운법」에서는 미국의 수출입 컨테이너 화물을 운송하는 모든 커먼 캐리어(common carrier)로 하여금 이 법의 집행기관인 FMC에 태리프자동신고서비스(automated tariff filing information service: ATFI)에 신고를 의무화 시켰다.

한편, 「1998년 해운개혁법」(The Ocean Shipping Reform Act of 1998)에서는 FMC에 태리프를 신고하도록 한 제도를 폐지하는 대신 민간 전문업체가 운영 중인 자동신고방식[112)]을 이용하여 FMC가 승인한 양식에 의거 신고하도록 규정하고 있다. 필요한 경우 FMC가 열람할 수 있도록 하고 있다. 이 법은 태리프 신고면제품목에 기존의 벌크화물 · 임산물 · 재생용 고철 · 폐지 외에 신규 조립 자동차를 추가하였다.

(2) 운임거치할인 및 이중운임계약의 허용

「1984년 해운법」에서는 선사와 화주간의 운임거치할인(deferred rebate)과 이중운임계약(loyalty contract)의 체결을 금지행위로 규정하였다. 반면 1998년 해운개혁법에서는 거치운임할인을 이중운임계약에 포함시켜 미국 법무부(Department of Justice: DOJ)의 「독점금지법」 심사를 조건부로 허용하고 있다.[113)]

(3) 대화주 우대계약의 일부 내용 대외비 인정

「1984년 해운법」에서는 선사 또는 해운동맹은 화주 또는 화주협회(shipper's association: SA)와 정기화물운송과 관련하여 대화주 우대계약(service contract)의 체결을 허용함과 동시에 계약서의 필수조건(essential terms)인 운송구간, 품목명, 계약운임, 계약기간, 서비스 약속 및 계약 불이행 시의 벌칙금을 반드시 태리프 양식으로 FMC에 신고하도록 하고 있다. 한편 「1998년 해운개혁법」에서는 선사는 개별적으로 또는 해운동맹이나 타 선사와 제휴하여 화주 또는 화주협회(SA)나 화주그룹과 대화주 우대계약의 체결을 허용하고 있지만 계약 내용의 신고 요건을 종전에 비해 크게 완화시키고 있다. 예컨대, 대화주 우대계약 내용 중 해상운송구간(선적항과 양륙항), 품목명, 계약기간, 계약물량은 종전대로 태리프 양식을 이용하여 FMC에 신고를 규정하고 있지만, 내륙운송구간(최초 출발지와 최종 목적지), 계약운임, 서비스 약속, 계약불이행 시의 벌칙금은 대외비로 인정해 주고 있다.[114)]

(4) 해운동맹 회원사의 독자적인 대화주 우대계약 체결 허용

111) 정영석(해상운송론, 2013), 93쪽.

112) 그러한 방식으로는 인터넷 웹페이지를 예로 들 수 있다.

113) 방희석(2005), 150쪽.

114) 방희석(2005), 150-151쪽.

「1984년 해운법」에서는 해운동맹이 개별 회원사와 화주간의 독자적 대화주 우대계약(service contract)의 체결을 금지시킬 수 있다. 그러나「1998년 해운개혁법」에서는 해운동맹 회원사의 화주와의 독자적인 대화주 우대계약의 체결을 허용하고 있다.

(5) 미국 항운노조, 선사에 대화주 우대계약 내용 요구 가능

「1998년 해운개혁법」에서는 미국에 취항 중인 선사가 미국 내 항운노조(ILA,[115] ILWU[116])와 단체협상협정을 체결했을 경우 항운노조가 서면으로 선사에 화주가 체결한 대화주 우대계약의 내용을 요청하면 기간 내에 통지하도록 규정하고 있다.[117]

(6) 선사의 화주 차별대우 인정

「1984년 해운법」에서는 중소형 화주를 보호하기 위해 대화주 우대계약에도 커먼 캐리지(common carriage)의 개념을 적용하여 대화주 우대계약의 필수조건인 FMC에 신고한 후 일정 기간(예: 30일) 이내에 유사한 조건을 갖춘 화주(similarly situated shipper)가 원할 경우 동일한 내용의 대화주 우대계약(이를 'me-too SC'라 한다)의 체결을 허용하도록 규정하고 있었다. 그러나「1998년 해운개혁법」에서는 이를 폐지함으로써 선사의 화주 차별대우를 사실상 허용하고 있다.[118]

(7) NVOCC의 자격요건 강화

「1984년 해운법」에서 최초로 NVOCC를 인정하였다. 한편「1998년 해운개혁법」에서도 NVOCC를 인정하고 있지만, 해상운송주선인(ocean freight forwarder: OFF)[119]과 함께 해운중개인(ocean transportation intermediary)으로 통칭하고 있다.「1998년 해운개혁법」에서는 NVOCC도 해상운송주선인(OFF)과 마찬가지로 FMC로부터 면허 취득을 의무화하여 자격요건을 강화하였다.[120]

(8) 선사 간 협정에 독점금지법 적용제외

「1984년 해운법」에서는 동 법에 의거 FMC에 신고 후 검토를 거쳐 발효 중인 실시간 협정에서

115) 국제항만노동자조합(International Longshoremen's Association: ILA)은 북아메리카 대서양안의 Maine 주에서 걸프의 Texas 주에 이르는 각 항만노동자의 단일조직의 노동조합이다. 각 지구에서 구성되어 미국 노동조합총연맹 산업별회의(AFL-CIO)에 소속되어 있다. 미국 서부의 ILWU와 더불어 미국 최대 항만노동자조합의 하나이다; 최신해운 · 물류용어대사전(2006), 523쪽.

116) 국제항만 및 창고노동자조합(International Longshoremen's & Warehousemen's Union: ILWU)은 북아메리카 태평양안의 Alaska, British Columbia, Washington, Oregon, California, Hawaii 등의 항만 및 창고노동자조합으로서 각 지역별로 구성되어 있다. ILWU는 1933년 ILA에서 분리 · 독립된 것으로 AFL-CIO에 소속되어 있지 않다. 컨테이너 운송에 관해서는 사용자단체인 PMA(Pacific Maritime Association)와 기계화 · 근대화협약(M & M Agreement)을 체결하고 있다; 최신해운 · 물류용어대사전(2006), 523-524쪽 참조.

117) 방희석(2005), 151쪽.

118) 방희석(2005), 151쪽.

119)「1916년 해운법」에서는 '독립해상운송주선인'(Independent Ocean Freight Forwarder)으로 정의되었으나「1984년 해운법」에서 'Ocean Freight Forwarder'라고 명명하였다. 동 법상 정의는 ① 미국에서 송하인(shipper)을 위하여 해상운송인에 의해 운송되는 화물을 발송하거나 그 밖의 방법으로 수배하는 사람, ② 서류를 작성하여 선적에 부수되는 관련 업무를 행하는 자를 말한다. 이 업종을 경영하기 위해서는 FMC의 면허를 받아야 한다. ICC의 관할하의 Domestic Freight Forwarder와 구별하여 이를 'Foreign Freight Forwarder'라고 부르기도 한다; 최신해운 · 물류용어대사전(2006), 643-644쪽 참조.

120) 방희석(2005), 151-152쪽.

는「독점금지법」의 적용을 면제시키고 있었는데, 이 규정은「1998년 해운개혁법」에서도 그대로 유지하고 있다.

「1998년 해운개혁법」에서 선사 간 협정과 관련한 개정 내용은 다음과 같다.[121)]

① 태리프 내용에 대한 선사의 독자행동권의 통지 기한을 종전 10일 전에서 5일 전으로 단축시켰다.

② 동맹회원에게 대외비로 독자적인 대화주 우대계약의 체결을 허용하였다.

(9) 내륙운송업자와 선사 간 공동협상 허용

「1984년 해운법」은 2개 이상의 선사가 철도운송업자 · 트럭운송업자나 항공운송업자와 내륙운송을 할 경우 운임과 서비스에 관한 공동협상을 금지시키고 있었다. 반면「1998년 해운개혁법」에서는「독점금지법」을 위반한 경우가 아니면 공동협상을 허용하고 있다.[122)]

(10) 불법 운임할인 금지각서 제출제도 폐지

「1984년 해운법」에서는 수출입 컨테이너 화물을 운송하는 모든 커먼 캐리어(선사와 NVOCC를 포함한 개념임)는 본사와 지사에 근무하는 모든 직원들이 화주에게 불법적인 방법으로 운임할인을 제공하지 않는다는 것을 내용으로 하는 대표이사 명의의 각서(anti-rebating certificate)를 매 짝수년 말까지 FMC에 제출하도록 의무화하고 있었는데,「1998년 해운개혁법」에서는 이를 폐지시켰다.[123)]

(11) 외국적 선사의 운임덤핑에 대한 규제 강화

「1984년 해운법」에서는 외국적 국영선사(controlled carrier)의 운임덤핑을 특별히 규제했지만,「1998년 해운개혁법」에서는 운임덤핑 규제 대상에 외국 국영선사뿐 아니라 모든 외국 선사들을 포함시켰다.[124)]

III. 해운동맹 기능의 변화

1. 기능 변화의 요인

정기선 분야에서 컨테이너화가 진행됨에 따라 해운동맹 세력에는 변화가 일어나기 시작했다. 해운동맹 세력의 변화란 해운동맹 고유 기능의 변화를 뜻하며, 그 기능을 제대로 발휘할 수 없게 됨을 의미한다.[125)]

해운동맹의 기능을 통제하는 요인으로는 해운동맹 내부의 경쟁(intraconference competition), 비동맹선과의 경쟁(competition from outsiders), 항공운송과의 경쟁(role of air transport), 화주의 협상력

---

121) 방희석(2005), 152쪽.

122) 방희석(2005), 152쪽.

123) 방희석(2005), 152쪽.

124) 방희석(2005), 152쪽.

125) 해운산업연구원,「외항 정기선 운송정책 방향연구: 원양컨테이너 전용선을 중심으로」(해운산업연구원, 1986), 101쪽.

강화(bargaining strength of shipper), 미국의 규제 정책, 복합운송 및 세계일주 서비스의 도입, 「유엔 정기선동맹행동헌장협약」의 발효 등을 들 수 있다.[126]

2. 기능 통제 요인

가. 해운동맹 내부의 경쟁

컨테이너 운송 방식이 정기화물운송 시장에서 기반을 확립함으로 인하여 기존 정기선사 중 일부는 시장에서 축출 당했으며, 일부는 시장점유율을 유지하거나 확대시키기 위해 컨소시엄(consortium)을 형성했다. 해운동맹 회원사는 자유로운 계약에 의해 운임을 결정하기 위해 자유운임(open rate)을 채택하기도 했다. 또한 정기선사는 컨테이너 터미널에 투자하여 환적 및 내륙접속서비스를 확대하게 되었다. 이러한 과정 중 해운동맹 내부에서도 선사 간에 경쟁이 야기되었다.

나. 비동맹선과의 경쟁

비동맹선의 출현은 정기선 시장에서 동맹회원의 채산성을 악화시킴으로써 해운동맹 체제의 존속을 위협하게 되었다. 특히 1970년대 후반부터 출현하기 시작한 개발도상국의 국영선사 및 신흥선사가 맹외선 활동을 시작했다. 이들이 동맹에 참여하지 않은 이유는 다음과 같다.[127]

첫째, 개발도상국 선사는 해운 민족주의(nationalism)에 입각한 정부의 자국해운육성정책에 힘입어 시장 참여를 위한 자금조달이 비교적 용이하였다. 정기선 시장 참여를 바라던 각국에서 국영선사의 설립 또는 민간기업에 대한 적극적인 국가의 지원이 이루어졌다.

둘째, 사회주의 국가가 국가정책 목표 수행을 위해 국영기업으로 정기화물운송업을 경영하기 시작했다.

셋째, 극동의 주요 선사들이 편의치적 방식으로 선복을 늘려가면서 대형 해운기업으로 성장했다.

다. 항공운송과의 경쟁

제2차 세계대전 이후 고가화물, 경량화물, 신속한 운송을 요하는 화물,[128] 육상운송으로는 곤란한 화물 등에 대하여 항공운송이 가능해졌다. 특히 고가화물이 항공운송의 중요한 부분을 차지해 왔다. 그러나 해운동맹 서비스에 대한 항공운송의 영향은 대단치 않은 것으로 받아들여지고 있는데, 그 이유는 다음과 같다.[129]

① 운송기술상 항공운송이 복합운송 서비스에 적합하지 않다. 즉 해상운송용 컨테이너는 무겁고 주사위형인 반면, 항공운송용 컨테이너는 가볍고 이글루(igloo)형이다.

② 항공서비스는 환적 지점에서 화물의 재포장을 위한 비용과 위험을 수반한다.

라. 화주의 협상력 강화

126) 정영석(해상운송론, 2013), 97쪽.

127) 방희석(2005), 154쪽.

128) 이러한 화물로는 패션제품, 부패성 식료품, 기계부품 등을 들 수 있다.

129) 방희석(2005), 154-155쪽; 정영석(해상운송론, 2013), 98~99쪽.

해운동맹 세력을 변화시킨 또 다른 주요한 요인은 화주가 점점 강해진 협상력을 바탕으로 해운동맹의 활동에 간섭한다는 점이다. 해운동맹의 기능에 대한 화주의 간섭은 구매자 집중의 결과라 할 수 있다. 이는 시장에서 구매자의 수와 구매자의 상대적 규모를 뜻하는 것으로서 그 집중의 결과는 판매자 간의 시장력을 상쇄시키거나 가격 설정력을 약화시키게 된다. 이러한 현상은 판매액의 80%는 20%의 고객에 의해 발생한다는 80:20법칙(80:20 rule)이 있듯이 소수의 대기업이나 운송주선인(forwarder)은 외항 정기선 운송업자에게는 중요한 고객이다. 이러한 고객들은 막강한 구매력을 바탕으로 해운동맹에 압력을 가할 수 있는 강력한 위치에 있다.[130)]

구매자집중을 통해 해운동맹에 영향을 주는 화주의 대표적인 경우는 화주협회[131)]와 중앙예약협정(central booking arrangement) 등이다. 화주협회는 1960년대와 1970년대에 출현한 기구로서 운임인하를 위해 협상하고 이것을 위해 조사와 대체 방법을 찾아내는 등 화주의 이익단체로 기능을 수행한다. 화주의 활동과 관련하여 화주협회는 국경을 초월하여 협조하며 경험을 공유하고 비교함으로써 학습곡선(learning curve)이 작용한다. 화주 간 긴밀한 협조가 이루어진 예는 유럽화주평의회(European shipper's councils: ESC)를 들 수 있다. 한편, 중앙예약협정의 발달에도 주목할 필요가 있다. 이 제도의 대표적인 예는 스리랑카의 유일한 화주인 중앙화물국(central freight bureau)이다. 이 제도에 의하면 중앙화물국이 스리랑카의 유일한 화주로서 모든 화물은 이를 통해 계약해야 한다. 해운동맹이 스리랑카의 제한된 부분 밖에 통제권이 미치지 않는 반면, 중앙화물국은 스리랑카 시장의 전체를 통제한다고 보면, 시장의 지배력을 이해할 수 있다.[132)]

마. 미국의 규제정책

「1916년 해운법」은 「보너법」(Bonner Act)이라고 불리는 개정이 있은 이후 1970년대에 들어서면서 미국의 해운 환경은 다시 큰 변화를 겪게 되었다. 국제적으로는 컨테이너화 및 복합운송체제의 등장으로 해상운송이 육상운송의 많은 부분에 개입하게 되었다. 또 국내적으로는 국내 운송업계의 자율화로 인해 해운업 분야도 영향을 받게 되었다. 이러한 환경에 적응하기 위해 「1916년 해운법」을 폐지하고 「1984년 해운법」이 발효되었다. 이 법이 컨테이너화에 따른 해운동맹의 기능에 변화를 야기시킨 요인은 독자행동권, 대화주 우대계약(service contract) 및 이중운임제의 금지 등이다.[133)]

첫째, 독자행동권의 강제 도입이다. 독자행동권은 해운동맹에게는 재량의 여지가 없이 동맹협정에서 의무적으로 받아들이는 것으로서 동맹 회원사가 동맹이 정한 태리프에 표시된 운임과는 별

---

130) 방희석(2005), 155쪽.

131) 미국의 「1984년 해운법」에서 새롭게 인정한 단체로 화물 확보, 물량할인운임(volume rate) 또는 대화주 우대계약(service contract)의 체결을 위해 단체내 회원사를 대신하여 비영리적인 목적으로 화물을 집화 또는 배분할 수 있는 권한을 가진다. 이 법의 발효 이후 대화주의 경우에는 대량화물계약(volume contract)과 장기운송계약(service contract)이라는 수단을 통해 대폭적인 운임할인을 받을 수 있지만, 중 · 소 화주의 경우에는 이와 같은 혜택을 받을 수가 없게 된다는 점에서 상대적으로 불리한 여건에 처하게 되었다. 이러한 문제를 해결하고 공정한 기회를 부여하기 위하여 화주협회(shipper's association)의 결성과 활동을 인정한다. 한편 이 단체의 활동은 미국 법무부(U.S. Department of Justice)로부터 「독점금지법」의 적용 제외 허가를 사전에 얻어야 한다. 단 무역협회 산하의 화주협회(Shipper's Council)는 이러한 단체로 인정되지 않는다; 최신해운 · 물류용어대사전(2006), 786쪽 참조.

132) 정영석(해상운송론, 2013), 99~100쪽.

133) 방희석(2005), 156쪽.

도로 화주에게 보다 유리한 운임을 독자적으로 정할 수 있는 권한을 의미한다. 따라서 독자행동의 신청인은 동맹 회원사이면서도 비동맹사와 같은 행동을 하게 된다. 결국 독자행동권의 도입은 해운동맹 운임정책의 혼란을 가져와 해운동맹의 결속력을 약화시키고 동맹 회원사간의 경쟁을 야기시키는 원인이 되었다.

둘째, 대화주 우대계약의 도입이다. 대화주 우대계약이란 화주와 선사 또는 해운동맹과의 계약으로서 화주가 일정 기간 동안 최저량의 화물 제공을 약속하고 선사 또는 해운동맹이 일정한 운임 또는 운임계획표 및 서비스 수준을 약속하는 계약을 의미한다. 그러므로 물량이 많은 화주에 의해 운임률이나 서비스가 좌우될 위험부담이 선사나 해운동맹에 가해지게 되어 해운동맹 내부의 경쟁 유발 가능성이 있다.

셋째, 이중운임제의 금지이다. 이중운임제란 계약운임제(contract rate system)라고도 하는데, 해운동맹이 개별 화주와의 사이에 동맹선에 한해 선적할 것을 조건으로 일반운임(비계약운임)보다 낮은 계약운임으로 운송할 것을 약속하는 제도이다. 이중운임제는 「보너법」(Bonner Act)[134] 이래 정식으로 승인받은 해운동맹의 무기였지만 「1984년 해운법」에서는 금지되었다. 「1998년 해운개혁법」이 발효되면서 자유경쟁원리가 해운 서비스에 더욱 정착됨으로써 전통적인 해운동맹은 존폐의 기로에 서게 되었다.

바. 복합운송 및 세계일주 서비스의 도입

컨테이너화는 다른 종류의 교통기관 상호간 유기적인 결합에 의해 능률적인 복합일관운송을 가능하게 했다는 데 그 의의가 크지만, 이로 인하여 외항 정기선 운송업의 경쟁구조를 변화시켰다. 또 컨테이너에 의한 서비스가 시작되면서 내륙운송을 포함한 복합일관운송 서비스의 중요성이 높아졌는데, 랜드 브리지 서비스(Land Bridge service)가 중요하다.[135] 미국의 경우 대륙횡단철도를 이용하여 해상과 해상을 연결하는 것을 의미하며, 해상-육상-해상루트에 의한 복합운송의 한 형태를 말한다. 내륙운송연계의 중요성에 기반해서 등장한 것이 시베리안 랜드 브리지(Siberian Land Bridge)와 아메리칸 랜드 브리지(American Land Bridge)이다. 이들 랜드 브리지 서비스(Land Bridge service)[136]는 각각 수에즈운하 또는 파나마운하 경유 극동-유럽항로에 대항하기 위한 대표

134) 미국에서는 「1916년 해운법」이 제정된 이래, 운임거치환급할인제도(rebate system)를 금지한 반면, 이중운임제(dual rate system)는 적법한 것으로 간주되어 널리 이용되었다. 그러나 1952년 발생한 이스브란센 사건(Isbrandtsen)을 계기로 그 적법성을 둘러싼 격렬한 논쟁이 전개되었다. 이 사건에서 미국 대법원은 1958년 이중운임제가 불법으로 판결되었다. 이에 FMC가 정한 새로운 표준계약서식의 채택을 조건으로 이중운임제를 적법한 것으로 인정하는 개정 법률이 1961년 제정되었는데, 이 법을 일명 「보너법」(Bonner Act)이라 한다; 최신해운 · 물류용어대사전(2006), 201쪽 참조.

135) 랜드 브리지(Land Bridge)라 함은 해륙일관운송에 있어서 화물의 출발지에서 목적지까지의 운송 경로 중 대륙을 경유하는 경우, 그 대륙을 마치 다리처럼 통과하여 목적지까지 운송한다고 하여 생겨난 용어이다. 예컨대 부산발 로테르담 행 운송의 경우 부산에서 미국 롱비치까지는 해상운송, 롱비치에서 뉴욕까지는 철도운송/도로운송, 뉴욕에서 로테르담까지는 다시 해상운송하는 경로를 이용하는 경우에 미국 대륙을 마치 다리처럼 통과하기 때문에 이를 'American Land Bridge'라고 한다. 랜드 브리지의 다른 예로는 캐나디언 랜드 브리지(Canadian Land Bridge), 시베리안 랜드 브리지(Siberian Land Bridge), 차이니즈 랜드 브리지(Chinese Land Bridge) 등이 있다; 최신해운 · 물류용어대사전(2006), 556쪽 참조.

136) 랜드 브리지 서비스(Land Bridge Service)라 함은 일관운송인의 단일책임하에 해상-육상-해상으로 이어지는 운

적인 대체 루트가 되고 있다. 랜드 브리지는 해상루트뿐 아니라 그 일부를 육상루트로 운송하는 것을 포함하고 있는데, 미니랜드 브리지(Mini Land Bridge)[137]와 마이크로랜드 브리지(Micro Land Bridge)[138]가 좋은 예이다.[139][140]

이와 같이 복합운송 서비스의 확대는 해상루트를 중심으로 발전하여온 해운동맹의 기존 질서를 붕괴시키게 되었다. 또한 1980년대 초, 세계일주 서비스 시스템(worldwide service system)이 도입되면서 기존의 종점간 패턴(end-to-end service)이 사라지게 되어 해운동맹의 기본 질서가 결정적으로 약화되는 원인이 되었다.[141]

사. 유엔정기선동맹행동헌장협약의 발효

정기선의 주요 항로는 해운동맹에 의해 운영되어 왔고, 그 운영문제는 가능한 정부간섭을 배제하는 이른바 비합리적 폐쇄동맹(closed conference without rationalization)에 의한 자율적인 규제에 맡겨져 있었다. 그 결과 정기항로는 유럽의 유력 선사가 주축이 되어 해운동맹을 결성하여 동맹회원 선사를 제한하고 가입 선사간의 적취비율을 미리 정하는 등 강력한 국제카르텔조직으로 운영

송구간 중 중간 구간인 육지를 가교로 하여 선박, 트럭, 기차 또는 항공기 등 2가지 이상의 서로 다른 운송수단에 의하여 운송을 완료하는 서비스를 말한다. 해상운송인이나 복합운송인이 랜드 브리지 서비스를 이용할 수 있게 된 것은 1970년대 이후 컨테이너 운송 시스템이 본격적으로 이용되면서 가능하게 되었다; 최신해운 · 물류용어대사전(2006), 556쪽 참조.

137) 미니랜드 브리지 서비스(Mini Land Bridge Service: MLB)라 함은 아시아 국가에서 선적된 화물이 미국의 태평양 서안 항구에서 양륙되어 철도나 트럭에 의하여 북아메리카대륙을 횡단하여 미국 대서양안의 동부 및 걸프지역 항구까지 운송되는 서비스를 말한다. 또한 거꾸로 미국 동안이나 걸프지역 항구에서 육상운송으로 미국 서안항을 거쳐 아시아지역으로 운송되는 방식도 이에 해당된다. 미니랜드 브리지는 극동-미국 서안-대륙횡단-미국 동안-유럽대륙으로 연결되는 아메리칸 랜드 브리지(American Land Bridge)의 축소판이라는 의미에서 '미니랜드 브리지'(Mini Land Bridge)라고 한다; 최신해운 · 물류용어대사전(2006), 611쪽 참조.

138) 마이크로랜드 브리지 서비스(Micro Land Bridge Service)는 마이크로브리지 서비스(Micro Bridge Service)라고도 하는데, 운송인이 아시아지역 수출화물을 북아메리카 내륙지역까지 연결하여 일관운송해 주는 서비스와 그 반대 방향 서비스를 말한다. 미니랜드 브리지 서비스(Mini Land Bridge Service)가 극동지역에서 출발하여 태평양안을 거쳐 내륙지역을 통과한 후 북아메리카 대서양안 항구까지 일관운송하는 서비스인 반면, 마이크로랜드 브리지 서비스는 그보다 짧은 내륙지역가지에 그치는 서비스이므로 미니(mini)보다 작은 개념인 마이크로(micro)를 붙였다. 마이크로랜드 브리지 서비스는 보통 IPI 서비스(Interior Point Intermodal Service)와 같은 뜻으로 쓰인다; 최신해운 · 물류용어대사전(2006), 610쪽 참조.

139) Research Department Mitsui O.S.K. Lines, "Review of Development and Future Outlook of Containerization in World Shipping." *World Containerization*, (Shipping and Trade News, 1983), p. 26.

140) IPI Service(Interior Point Intermodal Service)는 일명 마이크로브리지 서비스(Micro Bridge Service)라고도 하는데, 한국, 일본 등을 비롯한 아시아 지역발 화물을 미국 서안이나 동안을 경유하여 내륙의 주요 도시까지 선사가 일관운송책임을 지고 운송하는 서비스를 말한다. 1980년 Sea-Land 사가 개발한 서비스 방법으로, 미국 동안 항구까지의 해상 루트 대신 개발한 미국 서안을 경유하여 미국 동안 또는 걸프안의 항구까지 가는 미니랜드 브리지 서비스와는 달리 미국의 내륙에 위치한 도시까지의 운송이라는 점에 특색이 있다. 반대로 미국 내륙 도시에서 아시아 등 외국으로 수출되는 화물을 선사가 일관운송 선하증권을 발행하여 복합운송할 수 있다. 이때 내륙운송의 운임은 각 선사가 개별 트럭운송업자나 철도운송업자 등과 협상하여 결정하고 여기에 해상운임을 붙여 IPI 운임이라 하여 일괄적으로 적용한다; 최신해운 · 물류용어대사전(2006), 511쪽 참조.

141) 방희석(2005), 157쪽.

되어 왔다. 그러나 해운동맹의 지나친 독과점체제로 인하여 어떤 형태로든 해운동맹을 규제할 장치가 필요하다는 인식이 널리 퍼졌다. 또 선진국 사이에서도 어떤 조치를 강구하여 자율규제를 추진해야 한다는 움직임이 일게 되었다. 1960년대 국제무역이 활발해짐에 따라 많은 개발도상국이 정기항로 진출을 기도하면서 기존의 동맹회원과 경쟁관계를 초래하게 되었고, 개발도상국의 국영선사(national line)의 해운동맹 가입 문제 및 적취비율 할당 문제, 운임 문제 등에 개발도상국의 불만이 제기되었다.[142)]

개발도상국은 UNCTAD를 무대로 하여 남북문제 해결을 위한 해운동맹제도의 개선을 주장하고, 체약국 정부를 구속하는 국제조약 또는 법적 구속력을 갖는 협정을 통해 해운동맹의 행동을 제약하는 제도적 장치를 개발하여 새로운 질서를 확립할 것을 요청하게 되었다. 그 결과 1974년 4월 UNCTAD의 제네바 전권회의에서 「유엔정기선동맹행동헌장협약」(United Nations Convention on a Code of Conduct for Liner Conference: UN Liner Code)[143)]이 채택되었고, 1983년 4월 서독과 네덜란드가 비준함으로써 1983년 10월 6일부터 발효하게 되었다. 이 협약의 주요 내용은 해운동맹 가입 문제, 교역참여 문제, 해운동맹 · 화주간의 관계 및 분쟁해결수단 등에 관한 사항이다.[144)] 「유엔정기선동맹행동헌장협약」은 국가간 정기선화물 배분에 대한 기준을 제공함으로써 해운동맹에 대한 새로운 인식을 불러일으키게 되었다. 선진 해운국 위주로 운영되어온 해운동맹에 대해 근본적인 변화를 요구하면서 과거의 시장지배적인 지위에서 탈피하도록 하는 지침을 주게 되었다.[145)]

Ⅳ. 글로벌 얼라이언스의 등장과 2008년 금융위기 이후 해운시장의 경쟁구도 변화

해운동맹이 해운 서비스의 질을 높였다는 점은 의심할 여지가 없으며, 안정적인 운송 서비스를 제공함으로써 국제무역에도 크나큰 기여를 했다. 그러나 「유엔정기선동맹행동헌장협약」과 「1984년 해운법」, 「1998년 해운개혁법」의 제정, 세계적인 시장자율화 및 규제완화 정책으로 해운동맹이 약화되었다. 컨테이너 운송이 시작되고, 단일 회사가 독자적으로 운송 서비스를 담당할 수 있을 만큼 대형선사가 출현하면서 서비스 패턴이 과거 목적지별 운송에서, 세계일주 서비스로 전환되어 기존 해운동맹의 패턴이 바뀌었다. 이러한 여건 변화로 전통적 해운동맹이 그대로 유지되기는 어려워졌다. 또 유럽연합(EU)이 2008년 해운동맹에 대한 「독점금지법」 적용 제외를 철폐하면서 해운동맹은 사실상 해체 국면에 접어들었다. 주요 해운동맹이었던 유럽해운동맹도 해체되었다.

이러한 환경 변화에 대응하여 최근 대형선사들은 해운동맹보다는 서로 다른 선사들이 모여 만든 전략적 제휴그룹인 얼라이언스(alliance)를 통해 해운시장에서 경쟁하고 있다. 대표적인 얼라이언스가 Grand Alliance, CKYH The Green Alliance, Maersk-Sealand, The New World Alliance,

142) 윤민현 편, "정기선과 복합운송." 「해운실무강좌 2」, (해운산업연구원, 1986), 102쪽.

143) Lawrence Juda, *The UNCATD Liner Code: United Stated Maritime Policy at the Crossroads*, (Westriew Press, 1983), p. 8.

144) 민성규, "외항 정기선동맹의 행동규준에 관한 협약의 연구." 「한국해양대학논문집」, 제14집, (1979), 103쪽 이하.

145) 방희석(2005), 159쪽.

Evergreen/LT 등이다. 이들 얼라이언스는 항로의 선박 배정이나, 터미널, 장비 서비스 등을 공동이용하고 있다.

CKYH The Green Alliance는 중국의 COSCO, 일본의 K-LINE, 대만의 양밍, 한국의 한진해운으로 2003년 1월에 결성되었다. TNWA Alliance는 싱가포르의 APL, 일본의 MOL,한국의 현대상선이 소속되어 있으며 1998년 1월 결성되었다. GA는 독일의 하팍로이드, 일본의 NYK Line,홍콩의 OOCL을 구성원으로 1996년 1월 결성되었다.

얼라이언스라는 선사간의 새로운 형태의 글로벌 제휴는 화주들이 요구하는 해운물류망을 구축함에 있어서 ① 추가적인 투자를 최소화하고, ② 비용은 획기적으로 절감하여 경제적인 효과를 극대화하였다는 점과, ③ 단기간에 전 세계에 걸친 서비스망을 구축하면서, ④ 운항빈도수(frequency)를 확대하고, ⑤ 운송시간(transit time)은 단축하는 효과를 거두는 방향으로 발전하고 있다.

세계 정기선사의 해운공동운항체제라는 새로운 형태로 나타난 글로벌 제휴의 특징을 다음과 같이 열거할 수 있다.[146]

① 제휴 선사 간에는 서비스 장비, 경영기반 등에 있어서 상호보완관계가 유지된다.

② 서비스 항로 및 지역은 물론 물류에 있어서도 광범위한 제휴관계가 형성된다.

③ 제휴기간이 짧으면 2~3년에 불과하던 과거와는 달리 최고 10~15년 이상으로까지 장기화되고 있다.

④ 제휴의 내용이 선복 및 운항에 국한되었던 과거와는 달리 내륙운송, 컨테이너의 공동사용, 선박보유, 정보관리, 영업조직 등에까지 확대되어 실질적으로는 흡수합병에 접근하는 수준으로 발전하고 있다.

⑤ 터미널의 공동사용, 정보관리의 통합, 장비의 공동관리, 재무회계의 통합 또는 공동관리 등에 의하여 인적자원을 공유하게 됨으로써 인력의 충원이나 교육에 소요되는 비용도 절감하고 있다.

그러나 2008년 금융위기로 인한 세계경제 침체와 세계 1위 선사인 Maersk의 1,8000 Teu 급 대형선박 취항, 데일리서비스 실시, 각국 대형선사의 선복 공급과잉과 저운임, 고유가로 전 세계 해운업계는 큰 위기를 맞게 되었다. 그 결과 2016년 당시 세계 6위 컨테이너 선사이던 한진해운이 도산하고 현대상선은 대규모 구조조정으로 규모가 1/3로 축소되었다.

1위인 머스크에 대응하고 서로의 생존을 위해, ① 2위 선사인 MSC와 3위 선사인 CMA-CGM의 전략적 선복공유, ② GA와 TNWA가 합쳐져 G6로 개편, ③ 기존의 CKYH The Green Alliance는 대만 선사인 Evergreen과 유럽서비스 제휴 등과 같은 새로운 구도의 얼라이언스나 선사들 간의 서비스 협력 등 다양한 자구책을 시도하고 있다.

당시 해운 위기의 근본적인 원인은 중국 경제의 폭발적 성장에 따른 해운의 장기 호황으로 인한 무분별한 선복량 확대와 그 결과 발생한 선복공급과잉에 있었다. UNCTAD의 2020년 통계자료에 따르면 2009년 대비 2019의 세계교역량은 약 28% 성장한 반면, 선복량은 약 90% 이상 성장하였다는 점에서 해운 위기의 근본적인 원인을 해결하지 못하고 환경이 악화되고 있다는 점과 선박의 상업적 수명이 30년 이상 된다는 점에서 짧은 기간 내에 해운경기를 전환시키기는 어려워 보인다.

146) 방희석(2005), 334-335쪽.

한편 이러한 전망과는 달리 2020년 말부터 2021년 상반기에 사상 유례가 없는 해상운임의 폭등 현상을 보이고 있다. 그러나 이러한 운임 폭등은 해운경기의 회복이라기보다는 2019년 말부터 시작된 코로나19 사태로 인하여 전 세계 물류망이 멈춰선 영향으로 심각한 체선 · 체화, 공 컨테이너의 미회수로 인한 컨테이너 부족 등으로 인한 일시적 현상으로 볼 수 있다.

제5장

컨테이너 운송

제1절 컨테이너 개론

I. 컨테이너의 개념과 종류

1. 개념

컨테이너(container)란 화물의 단위화(unitization)를 목적으로 하는 운송용구로서, 해상 · 육상 · 항공 등 운송수단(mode of transport)에 적재할 수 있을 정도의 일정한 용적[1]을 가지고, 적당한 강도로 반복적 사용이 가능하고, 신속한 하역작업을 가능하게 하고, 다른 종류의 운송수단간 접촉을 용이하게 하도록 특별히 고안된 운송용기를 말한다.[2]

국제표준화기구(International Organization for Standardization: 이하 'ISO'라 한다)에서는 컨테이너를 다음의 조건을 만족하는 운송설비의 용구로 정의하고 있다.[3]

① 내구성이 있고 반복 사용에 적합한 충분한 강도를 지닐 것.

② 운송 도중 내용 화물의 이적 없이 하나 또는 그 이상의 운송수단에 의한 화물운송을 용이하도록 설계할 것.

③ 운송수단의 전환 시[4] 신속한 취급이 가능한 장치 구비.

④ 화물의 적입과 적출이 용이하도록 설계될 것.

⑤ 내용적이 1 m^3(35.5ft^3) 이상일 것.

또 한국의「컨테이너 관리」[5](관세청 고시)에서는 "컨테이너라 함은 일종의 운송기기(리프트 반(lift van), 가반탱크(movable tank) 또는 기타 유사한 구조)로서 다음과 같은 7가지의 요건을 충족하는 것을 말한다"라고 정의하고 있다.

① 물품을 보관하기 위한 격실을 형성하도록 완전히 또는 부분적으로 둘러싸여 있어야 하며,

② 항구적인 성질을 가지며, 따라서 반복 사용에 적합할 정도로 견고하여야 하며,

③ 도중에 재 적재함이 없이 하나 또는 그 이상의 운송수단에 의하여 물품의 수송을 용이하게 하도록 특별히 설계되어 있어야 하며,

④ 하나의 운송수단에서 타 운송수단으로 환적될 때 용이하게 취급되도록 설계되어 있어야

---

1) 용적(measurement)이라 함은, 화물운송에서 입방미터(meter) 또는 일방피트(feet) 등 화물의 크기를 말한다.: 최신해운 · 물류용어대사전(2006), 604쪽.

2) 최신해운 · 물류용어대사전(2006), 286쪽: 방희석,「국제운송론(개정판)」, (박영사, 2005), 291쪽; 엄윤대,「국제운송강론」, (일진사, 2003), 123쪽.

3) 방희석(2005), 291쪽; 엄윤대(2003), 123쪽.

4) 운송수단의 전환이라 함은 자동차로 운송하다가 선박으로 이적하여 운송한다든지, 선박에서 자동차, 자동차에서 항공기 등과 같이 다른 운송수단으로 이적하여 운송하는 것을 말한다.

5) [관세청고시 제2010-66호, 2010.6.10., 일부개정]: 이 고시는 관세법, 컨테이너에 관한 관세협약, 국제도로 면세통과증서의 담보하에 행하는 화물의 국제운송에 관한 관세협약 및 컨테이너에 관한 관세협약의 시행에 관한 규정의 시행에 관하여 필요한 사항과 컨테이너 및 내장 물품의 신속한 유통과 효율적인 관리를 위하여 필요한 사항을 정함을 목적으로 제정되었다.

하며,

⑤ 물품의 적입 및 적출이 용이하도록 설계되어 있어야 하며,

⑥ 1㎥ 이상의 내부용적을 가지고 있어야 하며,

⑦「컨테이너에 관한 관세협약」(이하 '컨테이너협약'이라 한다) 부속서 4에 게기된 컨테이너의 기술적 조건을 충족하여야 한다.

2. 종류

가. 재질에 의한 분류

컨테이너를 제작재료의 재질에 의하여 분류하면 철제 컨테이너, 알미늄 컨테이너, FRP 컨테이너로 구분할 수 있다. 이들 컨테이너의 재질별 특징은 다음과 같다.6)

① 철제 컨테이너: 견고하고 제작비용이 저렴하나, 부식이 쉽고 무겁다.

② 알미늄 컨테이너: 부식에 강하고 가벼우나, 제조비가 높고 충격에 약하다.

③ FRP 컨테이너: 용적이 넓고 충격에 강하나, 무겁고 제작비가 높다.

나. 사용 목적에 의한 분류

컨테이너는 모양과 크기에 따라 다양한 종류로 발달해 오고 있는데, 기술이 발달하면서 과거에는 컨테이너리제이션(containerization)이 가능하지 않았던 화물도 컨테이너 운송이 가능해지면서 그 종류가 30-40가지 이상 되고 있다.7)

유통 중인 컨테이너는 용도에 따라 표준 컨테이너(standard container), 온도조절 컨테이너(thermal container)와 특수 컨테이너(special container)로 구분된다.

표준 컨테이너는 주로 건화물(dry cargo)의 운송에 사용되고, 온도조절 컨테이너는 육류 · 생선류의 운송을 위한 냉동 컨테이너(reefer container)와 과일 · 채소 · 종자 등의 운송에 사용되는 냉장 컨테이너(insulated container)와 통풍 컨테이너(ventilated container)를 들 수 있다. 그리고 특수 컨테이너는 벌크 컨테이너(bulk container), 액체화물용 탱크 컨테이너(tank container), 철재 및 기계류운송용 오픈탑 컨테이너(open-top container), 플랫랙 컨테이너(flat-rack container), 플랫폼 컨테이너(platform container), 유럽형 팰릿 컨테이너(Euro-pallet container), 화물용유 로-팰릿 컨테이너를 들 수 있다.8)

컨테이너의 종류를 용도별로 보면 다음과 같은 것이 널리 사용된다.9)

① 표준 컨테이너(Standard Container): 일반화물 운송용

② 냉장 컨테이너(Insulated Container): 야채, 과일 등 운송용

③ 냉동 컨테이너(Reefer Container): 생선, 육류 등 운송용

④ 탱크 컨테이너(Tank Container): 화학약품 등 액체화물운송용

---

6) 정영석,「해상운송론」, (텍스트북스, 2013), 117쪽.

7) 방희석(2005), 298쪽.

8) 정영석(해상운송론, 2013), 118~120쪽.

9) 엄윤대(2003), 126쪽; 임석민,「국제운송론(제3판)」, (삼영사, 2007), 258~262쪽.

⑤ 통풍식 컨테이너(Ventilated Container): 과일, 야채 등 운송용
⑥ 팬 컨테이너(Pan Container): 동물 운송용
⑦ 벌크 컨테이너(Bulk Container): 곡류 등 운송용
⑧ 프랫랙 컨테이너(Flat Rack Container): 기계, 원목, 자동차 등 운송용
⑨ 생피용 컨테이너(Hide Container): 동물생피운송용

Refrigerated Container

Tank Container

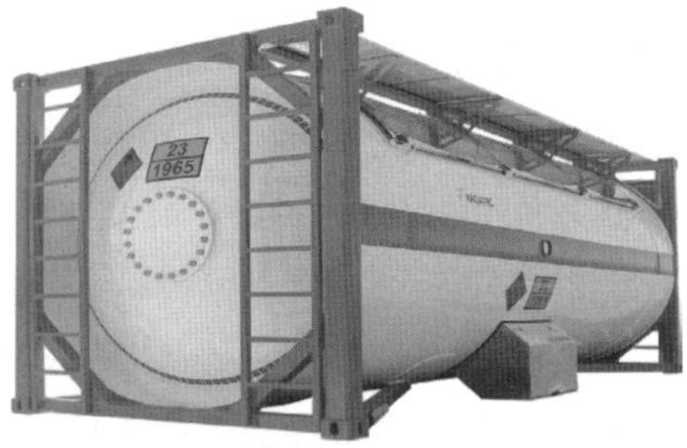

Ventilated Container

Flat Rack Container

〈그림 22〉 컨테이너의 종류(용도기준)

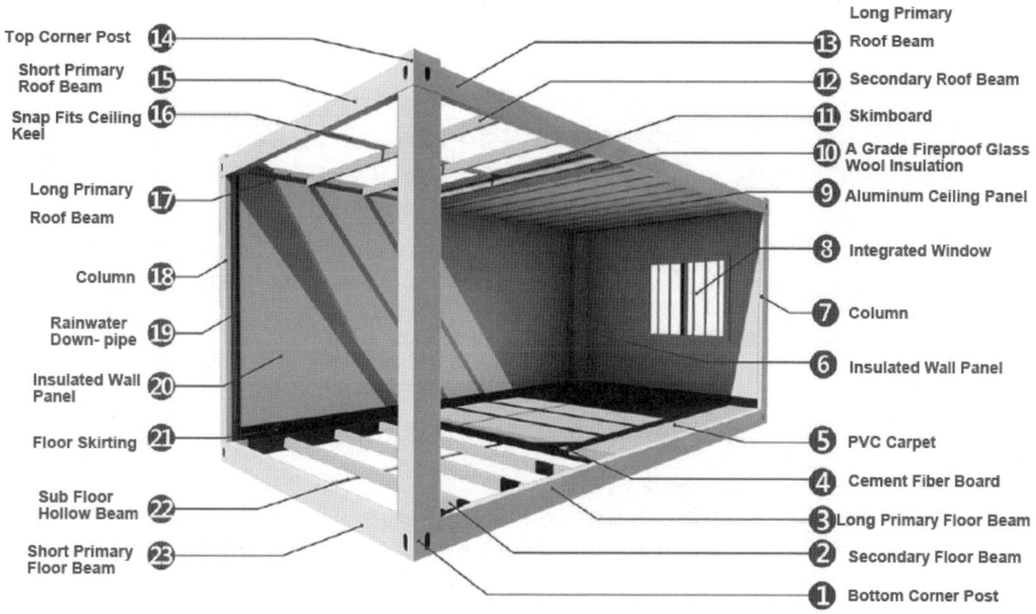

〈그림 23〉 컨테이너의 구조도

3. 사양 확인 방법

컨테이너의 문 우측 상단에는 최대총중량 등을 기록한 제원의 표찰이 부착되어 있으나 「도로법」 및 「도로교통법」 등 현재 국내에서 적용하는 과적차량 단속기준 때문에 최대총중량만큼 싣지 못한다. 그러므로 화물적입 시 컨테이너의 자체 중량과 화물의 중량뿐 아니라 적입 시에 사용하는 팰릿(pallet),[10] 던니지(dunnage)[11] 및 내장화물(inner packing cargo)[12]을 고정시키는 모든 자재의 중량 등도 함께 고려하여야 한다.

10) 팰릿(pallet)은 낱개의 화물을 선적 · 양륙하기 편리하도록 단위화(unitization)하는 도구로서, 나무, 플라스틱 등으로 짜서 만든 화물운송용 받침대를 말한다. 포크리프트 등이 운송할 수 있게 포크(fork)가 들어오는 부분이 만들어져 있다: 최신해운 · 물류용어대사전(2006), 676쪽.

11) 던니지(dunnage)는 화물을 선체 또는 다른 화물로부터 보호하기 위하여 사용하는 재료, 즉 화물보호재를 말한다. 오염손상, 압력손상, 마찰손상 등을 방지하고, 화물의 이동방지 목적 외에도 통풍을 용이하게 하고 여러 종류의 화물을 동일 장소에 적재할 경우 분리시키는 목적으로도 사용할 수 있다. 재료, 용도에 따라 Dunnage Mat, Cross Dunnage, Single Dunnage, Wooden Dunnage 등이 있다: 최신해운 · 물류용어대사전(2006), 364쪽.

12) 개개의 물건을 보호하고 고객에게 만족을 주기 위하여 하는 내부포장을 내장(inner packing)이라 하고, 내부포장된 화물을 내장화물이라고 한다: 최신해운 · 물류용어대사전(2006), 498쪽.

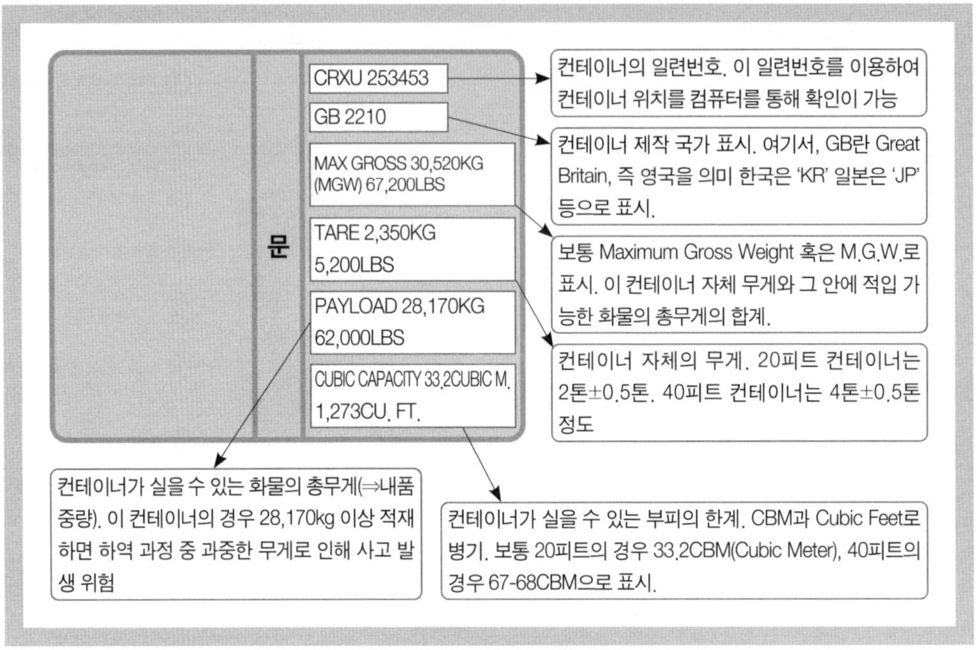

〈그림 24〉 컨테이너의 사양 확인 방법

출처: 한국화주협의회 홈페이지(http://www.kita.net/fresh_sg/export/dic_info.jsp)

4. 컨테이너의 제원

가. 규격

현재 유통되고 있는 컨테이너의 규격은 20피트와 40피트가 있는데, 그 구체적인 규격은 다음과 같다:

구분		20ft unit		40ft unit	
		min	max	min	max
내부 용적	길이(m)	5.89	5.93	12.05	12.06
	넓이(m)	2.33	2.35	2.34	2.36
	높이(m)	2.25	2.26	2.37	2.39
개폐문	넓이(m)	2.34	2.34	2.30	2.35
	높이(m)	2.13	2.15	2.26	2.27
용적(m2)	30.00	31.00	66.50	68.10	
컨테이너 중량(kg)	1.60	2.32	3.41	3.90	
최대 적재 중량(kg)	18.00	18.72	27.07	27.58	

나. 무게

컨테이너의 재질별 중량은 다음과 같다.

(단위: 톤)

종 류	규격별	빈 컨테이너	적 컨테이너
철제 컨테이너(Standard)	20피트	2.08 ~ 2.25	20.32
	40피트	3.88 ~ 4.05	30.48
철제 컨테이너(Hard Top)	20피트	2.50 ~ 2.70	20.32
	40피트	3.90 ~ 4.10	30.48
알미늄 컨테이너	20피트	2.08	20.32
	40피트	2.91 ~ 3.09	30.48

※ ISO 인정 공칭 중량.

다. 세부 명칭

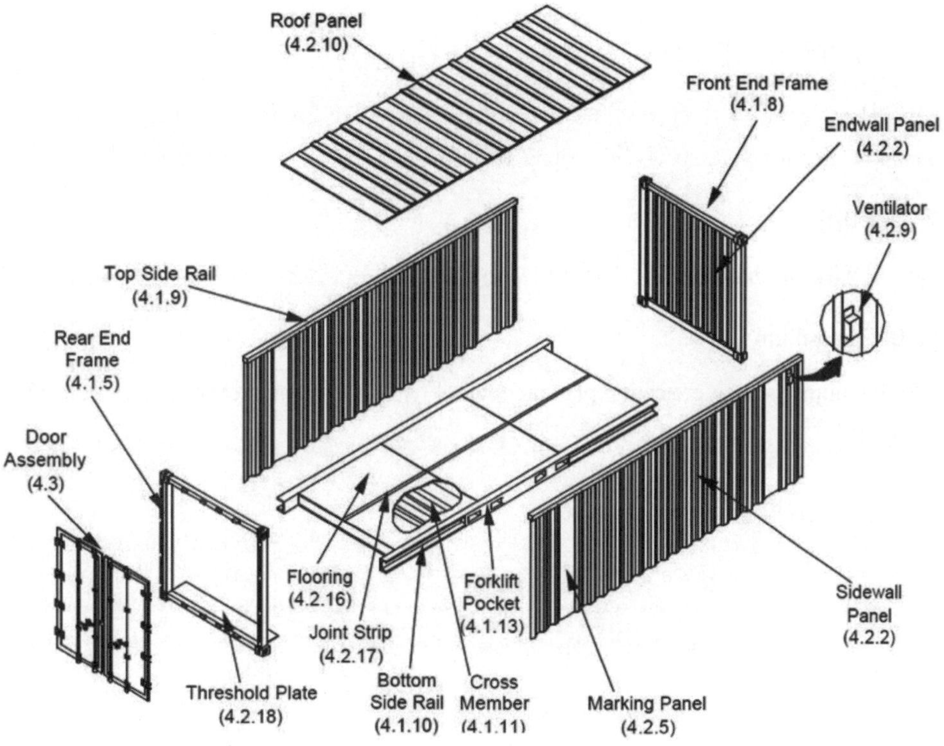

II. 컨테이너 리스

1. 리스의 수요

컨테이너 운송의 선결 과제는 컨테이너를 확보하는 것이다. 이미 설명한 바와 같이 컨테이너도 그 재질, 용도에 따라 여러 가지가 있으므로, 화물의 특성과 형태에 따라 적절한 컨테이너를 사용해야 한다. 그러나 컨테이너의 수요는 언제, 어디서 발생할 것인가를 정확하게 예측하기가 매우 어려울 뿐 아니라, 컨테이너의 제작비용이 상당히 고가이고 보관에도 상당한 비용과 장소가 소요되므로 수요를 정확하게 예측한다 하더라도 언제나 필요한 만큼의 컨테이너를 그때 그 장소에 항상 보관하고 있기는 매우 어렵다. 이 때문에 선사를 비롯한 물류회사가 직접 보유하고 있는 컨테이너 외에도 컨테이너를 리스[13]할 수요가 항상 발생하기 때문에 컨테이너 리스업이 발전하게 되었다.

컨테이너를 보유하는 것과 비교할 때 리스의 장점은 ① 자금의 고정화 방지(to avoid tying-up), ② 감가상각이 필요 없음(to avoid depresciation), ③ 노후화된 설비에 의한 위험방지, ④ 지역적 · 계절적 변동에 필요한 컨테이너 수요에 적절히 대응 가능, ⑤ 재고관리비용과 위치선정비용의 절감, ⑥ 유휴기간(idling time) 중 장치비용 절감, ⑦ 유지관리비용 절감, ⑧ 인플레이션에 의한 영향 감소 등을 들 수 있다. [14]

이러한 이유로 인하여 전 세계에 유통 중인 약 1,000만 개 이상의 컨테이너 중 약 50% 정도는 리스 회사가 소유하고 있는 것으로 알려져 있다.[15]

2. 리스 계약의 기본 요소

컨테이너 리스에는 ① 렌탈 비용(rental charge), ② DDP Premium(damage protection plan premium), ③ Interchange Ratio, ④ Geography Table의 네 가지를 기본 요소로 한다.[16]

가. 렌탈 비용

렌탈 비용(rental charge)는 1일 컨테이너 1 대당 요금 또는 1월 컨테이너 1 대당 요금을 말한다.

나. DPP Premium

DPP Premium(damage protection plan premium)은 렌탈 비용(rental charge)에 손상요금을 가산한 것을 말한다.

13) Lease라 함은, 선박 · 컨테이너 등 해운 관련기기를 타인에게 빌려주는 것을 말한다. 선박 Lease의 경우는 신조선의 건조와 중고선의 매입 등에 활용되고 있다. 신조선 Lease의 경우를 단계별로 구분하면 ① 조선회사와 리스회사 선사 3자간에 계약을 맺고 ② 리스회사와 선사는 리스 계약을 맺은 다음 ③ 조선회사는 선박을 건조하여 리스회사에 인도하고 ④ 리스회사는 리스료(料)를 지불받은 조건으로 선사에 이를 인도하게 된다.: 최신해운 · 물류용어대사전(2006), 563쪽.

14) 임석민(2007), 262쪽

15) 방희석(2005), 318쪽.

16) 방희석(2005), 318~319쪽; 임석민(2007), 263~264쪽.

다. Interchange Ratio

주 계약(master contract)에 적용되는 것으로 월간 리스 갯수와 회수 갯수의 비율에 따라 요금이 부과되는 경우를 말한다.

예를 들면, 'Interchange 30%'로 계약된 경우 총량으로 계약된 것 중에 한 달에 리스하거나 반납해야 할 비율이 30%라는 것이다. 이러한 비율에 따라서 정해진 비율이 초과되면 약정된 리스료(lease charge)가 변경된다.

라. Geography Table

반납표(table)로서 요율협정과 주 계약 등에 따라 통상 1 지점에서 1개월간에 반납해야 할 최대수량을 기록한 표를 말한다.

예를 들어 LA 30 units DOC $50'이라고 하면, LA에서 30개까지 DOC(drop off charge)가 US 50달러가 된다.

3. 리스 계약의 종류

가. 트립 리스

트립 리스(trip lease)라 함은 사용자가 필요할 때마다 컨테이너를 인수하는 방식의 리스 계약을 말하며, 스팟 리스(spot lease)라고도 한다.[17] 계약조건은 컨테이너의 기 · 종점(origin and destination)과 시장 상황 및 리스 회사의 영업 상태에 따른다. 트립 리스는 다시 편도 리스와 왕복 리스로 구분된다.

① 편도 리스(one-way lease): 컨테이너를 출발지에서 도착지에 이르기까지 편도로만 임차하는 방식, 즉 사용자가 필요로 하는 곳에서 인수한 후 목적지에서 리스사에 반납하는 형태를 말한다. 편도 리스는 빌려가는 장소와 반납하는 장소에 따라 리스요금 외에 Pick Up Charge나 Drop Off Charge와 같은 할증료가 추가되기 때문에 리스료(lease charge)가 상대적으로 높다.[18]

② 왕복 리스(round-trip lease): 왕복 기준으로 계약하는 경우, 즉 왕복 사용 컨테이너를 왕복 사용한 뒤 출발지에서 반납하는 조건으로 컨테이너를 임차하는 것을 말한다. 화주가 본인 보유 컨테이너 만으로 왕복 운송 수요에 미치지 못할 경우에 주로 이용되고 있다.[19] 사용자는 카고밸런스(cargo balance)가 이루어진 곳에서 운송할 때 이러한 방법을 선택하거나, 시장 상황에 따라 리스사의 요구에 의해 왕복 리스가 이루어지는 경우가 많다.[20]

나. 요율협정

리스요율이 시황에 따라 크게 차이가 있으므로 사용자에게 리스요율의 변동이 큰 부담이 된다. 따라서 수요공급의 원칙에 따라 기본요율을 정한 후 1개월당 반납 개수와 연관하여 DOC(drop off

17) 임석민(2007), 264쪽.

18) 최신해운 · 물류용어대사전(2006), 655쪽; 엄윤대(2003), 132쪽; 임석민(2007), 264쪽.

19) 최신해운 · 물류용어대사전(2006), 754쪽; 엄윤대(2003), 132쪽.

20) 방희석(2005), 319쪽.

charge)를 결정하는 방식을 말한다.[21)]

다. 마스터 리스

요율협정 방식은 사용자에 대한 특정한 제약조건은 없다. 마스터 리스(master lease)는 사용자가 사용할 최소량을 정해 놓고 이것을 지키지 못할 경우 특별요율을 추가로 지불하는 방식이다.[22)] 또 Interchange Ratio에 따라 일정한 시장에서 일정한 %의 컨테이너를 반환해야 한다. 마스터 리스 계약을 위해서 리스사는 세계적 네트워크를 가지고 있어야 하기 때문에 가장 높은 관리비용이 발생한다.[23)]

라. 장기 리스

장기 리스(long term lease)는 일정 기간을 기준으로 컨테이너 리스 계약을 하는 것으로, 이용자는 계약기간 중 개시일에서 종료일까지 사용해야 할 의무를 부담하게 되어 있는 계약방식이다. 만약 계약기간 중 중도해지를 하게 되면 조기해지요금(early termination charge)을 내야 한다.[24)]

III. 국제협약

1. 의의

컨테이너 운송과 관련된 국제협약은 컨테이너와 내장 화물의 통관 절차 간소화 등을 목적으로 한 통관 관련된 규칙과 컨테이너 제작 및 취급상의 안전 관련 규칙으로 제정되어 있다.

복합운송과 컨테이너 운송을 신속 · 원활하게 하기 위하여 통관 절차의 간소화 및 면제를 위한 국제통관규칙으로는「컨테이너 통관협약」(Customs Convention on Containers, 1972: 이하 'CCC협약'이라 한다),「화물의 국제도로운송에 관한 통관협약」(Customs Convention on the International Road Transit of Goods under Cover of TIR Carnet: 이하 'TIR협약'이라 한다),「화물의 국제운송에 관한 통관협약」(Customs Convention on the International Transit of Good: 이하 'ITI협약'이라 한다)의 세 가지가 있다. 한국은 이들 협약에 모두 가입한 상태이다.

또 컨테이너 안전 관련 규칙으로는「컨테이너 안전을 위한 국제협약」(International Convention for Safety Containers, 1972: 이하 'CSC 협약'이라 한다)이 있다.

2. 통관 관련 국제협약

가. 컨테이너 통관협약

컨테이너 통관협약(Customs Convention on Containers, 1972)은 컨테이너 자체가 국경의 세관

21) 임석민(2007), 264쪽.

22) 엄윤대(2003), 132쪽; 임석민(2007), 264쪽.

23) 방희석(2005), 319쪽.

24) 방희석(2005), 319쪽; 임석민(2007), 264쪽.

을 통관함에 따라 당사국간의 관세에 대한 문제와 통관 방법 등을 합의하여 시행할 필요가 있어 1956년 유럽경제위원회(Economic Commission for Europe: 이하 'ECE'라 한다)가 제정하였다. 그 후 유엔과 IMO에서 범세계적으로 통용 가능한 수정안을 만들고 1975년 12월 새로운 컨테이너 통관협약(CCC협약)을 발효시켰는데, 이를 한국도 1981년 10월 국회의 비준동의를 얻어서 정식 가입하였다.[25)]

협약의 주요 내용은 ① 일시적으로 수입된 컨테이너를 재수출하는 조건으로 면세함, ② 국제보세운송에 있어 체약국 정부의 세관봉인(seal)을 존중하는 것이다. 이 협약의 발효로 인하여 체약국간의 컨테이너에 대한 관세를 면세하게 되어 원활한 유통이 가능하게 되었다.[26)]

나. 화물의 국제도로운송에 관한 통관협약

화물의 국제도로운송에 관한 통관협약(Customs Convention on the International Road Transit of Goods under Cover of TIR Carnet 1959)은 1959년 ECE가 제정하여 1981년 발효하였고, 한국은 1981년 10월 정식 가입하였다.

컨테이너 통관협약(CCC협약)이 컨테이너 자체의 수출입에 관한 관세법상의 특례를 인정한 것인데 비하여 화물의 국제도로운송에 관한 통관협약(TIR협약)은 컨테이너 속에 내장된 화물이 특정 국가를 통하여 목적지까지 운송됨에 따른 관세법상의 특례를 규정하고 있다는 점에서 다르다.[27)]

이 협약은 전문, 본문 6개 장 50개 조, 부속서 9개 및 서명의정서로 구성되어 있다. 협약의 입법 목적은 도로운송 차량에 의한 화물의 국제운송을 원활하게 하는 것으로서, 다음과 같은 주요 내용으로 규정되어 있다.

① 체약국은 도로운송 차량에 의하여 컨테이너에 적입 · 봉인되어 운송되는 화물에 대하여 일정한 조건하에 경우지 세관에서의 수입관세나 수출관세의 납부 또는 공탁을 면제한다.

② 원칙적으로 경유지 세관에서의 세관검사가 면제된다.

위와 같은 편익을 누리기 위해서는 다음의 요건을 갖추어야 한다.[28)]

① 도로운송 차량 또는 컨테이너는 소정의 기술요건을 구비하고 사전에 이를 승인받을 것.

② 출발지 세관이 봉인하고 그 봉인에 이상이 없을 것.

③ 국제운송수첩(TIR Carnets)에 의한 보증이 있을 것.

이 세 가지 요건 중 가장 중요한 것은 국제운송수첩에 의한 보증 문제이다. 이것은 경유국에서 화물의 멸실 등의 사고가 있을 경우, 그 사고 발생지 관할세관에 지불할 관세와 운송도중 발생하는 제세공과금 및 벌금지불을 보증하는 증명서로서 관련업자로 구성된 민간보증단체가 발행한다. 일반적으로 터미널 운영자와 운송차량 기사 간에 교환되는 TIR(trailer interchange receipt)도 있다.[29)]

25) 정영석(해상운송론, 2013), 128쪽.

26) 방희석(2005), 324쪽.

27) 정영석(해상운송론, 2013), 128쪽.

28) 방희석(2005), 325쪽.

29) 컨테이너 용기의 임차를 위해 EIR(equipment interchange receipt)를 발행하고, 상호서명하는 것과 같이 컨테이너를 실은 트레일러의 수령증을 발행할 때 이용 된다; 방희석(2005), 325쪽 각주 23) 참조.

다. 화물의 국제운송에 관한 통관협약

화물의 국제운송에 관한 통관협약(Customs Convention on the International Transit of Good)은 1971년 제정되었으나 아직 미발효 상태이다. 화물의 국제도로운송에 관한 통관협약(TIR협약)이 도로운송차량 또는 이에 적재된 컨테이너에 의한 도로운송을 대상으로 하는 반면, 화물의 국제운송에 관한 통관협약은 철도 · 차량 · 부선 등 각종 운송수단에 의해 국제운송되는 화물에 대한 통과국의 세관 절차를 규정하고 있다.[30)]

라. 컨테이너 통관협약과 화물의 국제도로운송에 관한 통관협약 관련 결의문

컨테이너 통관협약(CCC협약)과 화물의 국제도로운송에 관한 통관협약(TIR협약)이 채택된 이래 오랜 시간이 경과함에 따라 컨테이너 및 운송기술의 혁신에 따라 양 협약의 내용이 현실에 부합하지 않는 부분이 많이 발생하게 되었다. 이에 유럽경제위원회(ECE)가 이들 미비점을 보완하기 위한 결의문(resolution)을 채택하여 각국에 이를 실시하도록 권고하여 왔다.

결의문의 주요 내용은 다음과 같다.[31)]

① 면세로 일시 수입되는 컨테이너의 수출입에 관계되는 서류제출제도를 모두 폐지하고 가능한 한 담보의 제공도 요구하지 않는다.

② 컨테이너에는 소주자의 국적, 회사명, 컨테이너의 하중과 식별번호 등을 표기하여야 한다.

③ 면세로 수입된 컨테이너를 1회에 한하여 국내 사용을 인정하기로 한다.

3. 컨테이너 안전을 위한 국제협약

「컨테이너 안전을 위한 국제협약」(International Convention for Safety Containers)은 컨테이너의 조작 장치 및 운송에 있어서의 안전 확보를 위한 국제적 공통 요구사항을 규정하는 것이다.[32)] 1972년 채택하여 1977년 발효하였고 한국에서는 1979년부터 발효하였다.[33)]

30) 정영석(해상운송론, 2013), 129쪽.

31) 방희석(2005), 325~326쪽.

32) 최신해운 · 물류용어대사전(2006), 516쪽.

33) 정영석(해상운송론, 2013), 130쪽.

제2절 컨테이너선

I. 선형별 분류

1. 컨테이너 전용선

컨테이너 전용선(full-container ship)이라 함은 선박을 건조할 때부터 갑판과 선창에 컨테이너만을 적재하도록 설계된 선박을 말한다. 일반적으로 Lift on/Lift off 선에서는 셀(cell) 구조를 채용하고 갑판 상에도 컨테이너를 여러 단으로 적재하도록 설계되어 있다. 또 Roll on/Roll off 선에서는 최상갑판도 포함하여 전체 선창에 컨테이너 및 트레일러를 적재한다.[34] 전용형 컨테이너선이라고도 한다.[35]

2. 세미 컨테이너선

세미 컨테이너선(semi-container ship)이라 함은 재래선의 일부 선창에 셀 가이드(cell guide)를 설치하여 컨테이너 전용 선창으로 개조하여, 컨테이너를 갑판 위에 적재할 수 있도록 설계된 선박이다. 이러한 선박은 컨테이너 화물과 일반 화물을 동시에 적재 · 운송할 수 있는 선박이라는 의미에서 분재형 컨테이너선이라고도 한다.[36] 일반적으로 세미 컨테이너선에는 컨테이너와 화물을 적재하기 위한 선상 크레인이 갖추어져 있다.

3. 혼재형 컨테이너선

혼재형 컨테이너선(conventional ship)이라 함은 재래선의 갑판이나 선창에 일반잡화와 컨테이너 화물을 혼재하여 운송하는 선박을 말한다. 이러한 선박은 컨테이너 전용선(full-container ship)과 세미 컨테이너선(semi-container ship)과 대비하여 컨테이너 운송을 고려하지 않고 설계된 정기선을 말하는 것으로 재래정기선이라고도 한다. 엄밀한 의미로 볼 때 컨테이너선이 아니지만,[37] 컨테이너 운송이 일반화된 오늘날은 재래정기선에서도 컨테이너 화물을 적재하지 않을 수 없기 때문에 컨테이너 운송선이라는 의미에서 분류한 개념이다.

---

34) 최신해운 · 물류용어대사전(2006), 443쪽.

35) 방희석(2005), 301쪽.

36) 최신해운 · 물류용어대사전(2006), 775쪽.

37) 방희석(2005), 301쪽.

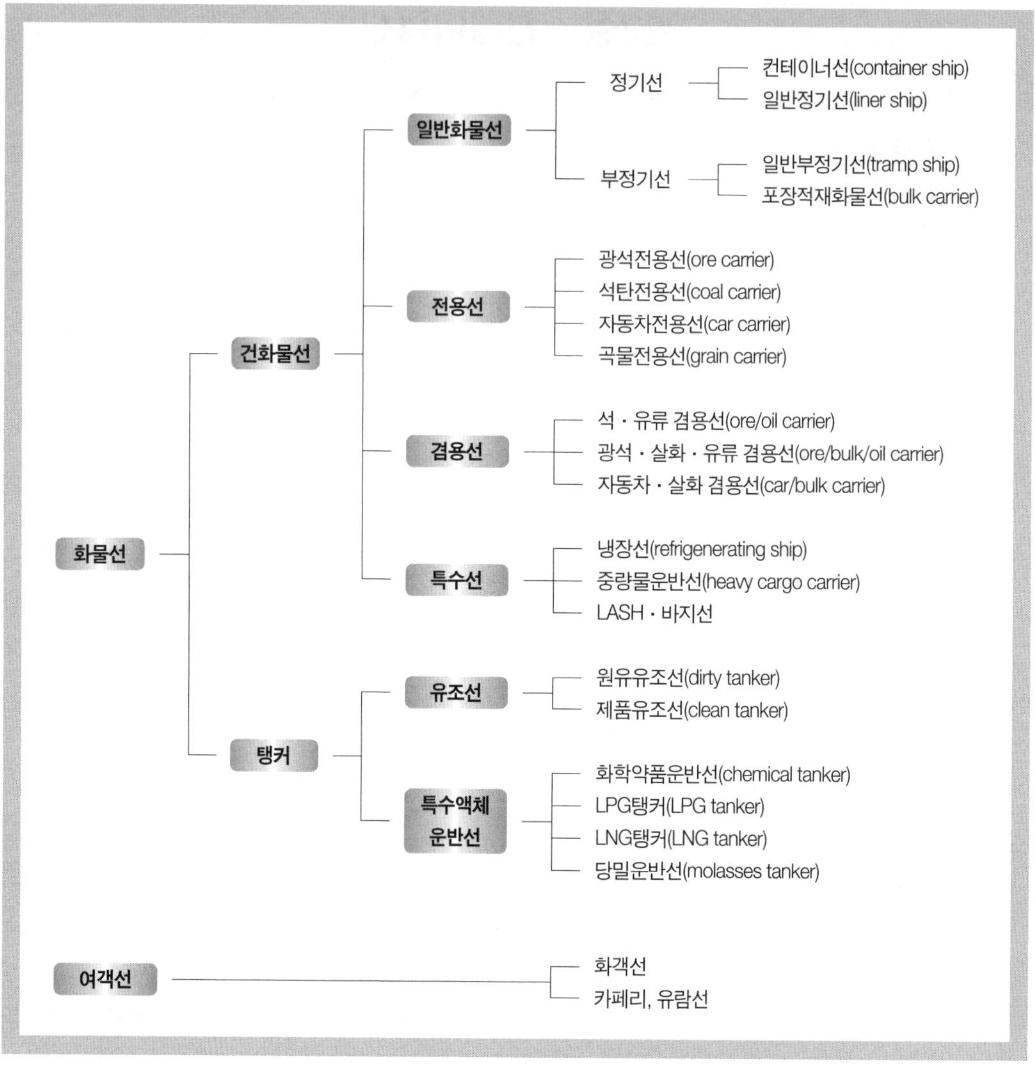

〈그림 25〉 선박의 분류도

II. 적재 방식에 따른 분류

1. Lo-Lo선

Lo-Lo선(Lift-on Lift off ship)이라 함은 컨테이너의 선적 방식에 따른 분류로서, 일반적인 컨테이너 전용선(full-container ship)에 적용되는 방식으로 갠트리크레인(gantry crane: container crane)을 이용하여 수직으로 컨테이너를 선박에 적재 또는 양륙하여 선적하도록 설계된 선박을 말한다. 이러한 방식을 채용한 선박은 창구가 넓기 때문에 선창의 양현에 상형(箱形) 탱크를 설치하는 동시에 크로스덱백빔(cross deck back beam: sponson beam)을 설치하고 있다.[38] 선박에는 별도의 하역 장비(crane)을 설치하고 있지 않기 때문에 보통 갠트리크레인이 설치된 컨테이너 터미널(container terminal에서 하역작업을 한다. 오늘날의 컨테이너 전용선(full-container ship)은 대부분 이러한 방식을 채택하고 있다.[39]

2. Ro-Ro선

Ro-Ro선(Roll on-Roll off ship)이라 함은 Ro-Ro 방식으로 화물을 선적하고 양륙하도록 설계된 선박을 말한다. 하역 방식으로 Ro-Ro 방식이라 함은 자동차나 철도화차를 운송하는 페리 보트(ferryboat)[40]에서 종전부터 이용해 오던 하역 방식을 말한다. 즉 컨테이너에 섀시를 부착한 채로 육상전용의 트레일러를 선미와 현측의 현문에 설치된 경사관(ramp)을 거쳐 트랙터(tractor)를 이용하여 수평으로 끌어들이거나 끌어내리는 방식을 말한다.

Ro-Ro 방식은 Lo-Lo 방식에 비하여 브로큰 스페이스(broken space)[41]가 3~5배나 필요하기 때문에 적재량이라는 측면에서 불리하지만 근거리 운송 시 하역시간의 단축을 통하여 하역비를 절감할 수 있으므로 피더 서비스(feeder service)[42]에 많이 이용된다.[43]

3. 래쉬선

래쉬선(lighter aboard ship)은 압항식 부선(pusher barge)을 항내 적소에 이동시켜 대형부선의 상당 척수를 전후로 주행하는 250~500톤의 갠트리크레인으로 선미에 들어올려 선상에 적재하는 하역 방식을 사용하거나 선박에 조정된 하역장비(crane)로 들어올리는 하역 방식을 사용하는 선박이다. 래쉬 어보드 방식(lash aboard system)을 사용하는 선박은 싱글덱(single deck), 전부 거주구, 선미 또는 세미에프트(semiaft), 기관 등으로 구성되어 있고, 각 선창은 1~3 바지셀(barge cell)로 구성

38) 방희석(2005), 301쪽.

39) 정영석(해상운송론, 2013), 132쪽.

40) 페리선이라고도 하는 페리보트(ferryboat)는 원래 나룻배를 의미하는 말이었다. 오늘날은 해협이나 섬 사이 등 비교적 가까운 거리의 해로를 오가는 연락선을 의미한다. 페리선은 해상운송에서 새로운 개념을 확립해 가고 있는데, 페리운송은 대량 · 장거리 운송수단이라는 선박의 특성과 기동성이 뛰어난 운송수단인 자동차의 기능을 유기적으로 결합하여 협동 · 일관운송하는 방식으로 발전하였다. 하역 방식은 Roll-on Roll-off 방식이다. 오늘날은 선박도 대형화하고 장거리 운송도 하는 추세이기 때문에 장거리 페리라는 용어도 사용된다: 최신해운 · 물류용어대사전(2006), 404쪽.

41) Broken Space이라 함은, 화물을 적재하는 경우 화물과 화물과의 사이 또는 화물과 선체 사이에 생기는 틈 또는 공간으로서 화물이 적재되지 않는 공간이라는 점에서 공적(空積)이라고도 한다.: 최신해운 · 물류용어대사전(2006), 209쪽.

42) 정기선 운항은 운항채산성을 고려하여 정해진 몇몇 주요 항구에만 기항하게 된다. 이들은 주로 물동량이 일정량에 도달해 있고, 항만 시설이 양호한 항구들이다. 반면 항만시설이 미비하거나, 대형선박이 입 · 출항할 수 없거나, 물동량이 소량인 항구에는 외항 정기선이 직접 기항하는 대신 철도나 자동차 또는 소형 피더선 등을 이용하여 보조적인 운송을 하게 된다. 이 경우 주로 피더선(feeder ship)을 이용하게 되는데, 이러한 운송 서비스를 피더 서비스(feeder service)라 한다: 최신해운 · 물류용어대사전(2006), 404쪽.

43) 방희석(2005), 301-302쪽.

되어 있다.[44] 이러한 선박은 수심이 낮은 하천이나 운하 등 내수로를 통하여 내륙의 오지까지 화물을 운송할 수 있다. 또 항만시설 또는 컨테이너 터미널(container terminal) 시설이 없는 항구에서 채용할 수도 있다. 세계 최초의 래쉬선(lash)은 1965년 노르웨이의 Mosvold 조선소에서 건조한 Acadia Forest 호(총톤수 36,862톤)이다.[45]

제3절 컨테이너리제이션

I. 컨테이너리제이션의 역사

1. 배경

컨테이너 운송방식 또는 컨테이너리제이션(containerization)이란 컨테이너 용기에 내장 화물을 적재하여 운송하는 시스템을 총체적으로 일컫는 말이다. 제2차 세계대전 이후 선진 각국은 대량생산체제를 도입하여 선진 각국 간에 공업제품의 교역이 증대하였다. 이에 국제간 고속대량운송의 요청이 급증하였고, 정기화물운송체계도 더욱 활성화되었다. 선진공업국이 필요로 하는 대량의 석유 및 원자재의 해상운송은 1960년대에 들어와서 석유 및 철강원료의 운송을 중심으로 선형의 대형화 및 전용선화가 적극적으로 추진되어 대량고속운송이 가능하였다. 그러나 개품운송계약(affreightment in a general ship)이 중심을 이루는 재래정기화물운송은 제2차 세계대전 이후의 해상물동량의 급증과 세계 선복량의 과잉 팽창으로 인하여 세계 각지의 항만 기능이 현저히 저하되고, 항만하역의 능률이 떨어져 1960년대가 되어서도 대량고속운송이 이루어지지 못하였다.[46]

재래정기선(conventional ship)의 대량고속운송이 실현되기 못한 것은 하역시간의 장기화가 주된 요인이었다. 당시 재래정기선의 운항시간 전체에서 하역시간이 차지하는 비중은 40~50%에 달하여, 탱커와 벌크선의 항만정박 기간이 운항시간 전체의 10~15%에 불과하다는 점과 비교할 때 매우 비효율적이고 하역 합리화에 뒤지고 있었음을 보여준다.[47] 또 미국 내에서 재래정기선의 해상운송비용 중 하역비가 차지하는 비중이 60%나 되었고, 선박의 항만정박 기간을 비용으로 계산한다면 전체 해상운송비용 중 약 80%가 항만에서 발생하는 비용이었다.[48] 따라서 비능률적인 항만하역을 해결하기 위해서는 항만에서의 작업 방식을 노동집약적 방식에서 자본집약적 방식, 기계화로 전환하지 않을 수 없었다. 이로 인하여 대두된 운송 형태가 바로 컨테이너리제이션(containerization)된

44) 방희석(2005), 302쪽.

45) 최신해운 · 물류용어대사전(2006), 569쪽.

46) 방희석(2005), 292쪽.

47) 한국해사문제연구소,「해상 컨테이너 수송실무지침」(한국해사문제연구소, 1978), 4쪽.

48) S. Gilman, *The Competitive Dynamics of Container Shipping*, (University of Liverpool, 1983), p. 7.

화물이 단위화(unitization)되어 운송되는 방식이다.[49)]

컨테이너 운송은 해상운송업계에서 주도하였는데, 그 배경은 위에서 언급한 바와 같이 항만에서의 불필요한 비용을 줄이고, 선박의 체항시간을 단축하여 선박의 운항시간을 보다 생산적으로 혁신하기 위한 것이었다. 이를 통하여 화물의 단위당 비용을 절감하여 운송수단에 비하여 우위의 경쟁력을 확보하는 것이 컨테이너리제이션의 목적이었다.

이와 같이 컨테이너리제이션은 화물단위당 운송비용을 최소화하고 선복을 최대한 활용할 수 있기 때문에 물류기업의 이윤을 극대화하는데 가장 적합하다는 경험적 결론에 도달하여 국제해상운송에 도입한 지 불과 4년만인 1970년대 초에는 세계 주요 항로의 대부분에 컨테이너선이 취항하기 시작하였다.

2. 해상운송과 컨테이너리제이션 과정

컨테이너는 1926년 유럽에서 이미 사용되었다고 하며,[50)] 미국에서는 1926년 뉴욕과 시카고 간 철도운송에 컨테이너 19개를 적재할 수 있는 철도운송차량을 제작 투입하여 컨테이너가 최초로 사용되었다. 이후 제2차 세계대전 중 미국 육군 군수품 운송에 해상 컨테이너가 최초로 등장하여 전후에도 독일 주둔 보급창과 본국 간 물자운송에 계속 이용하였다.[51)]

민간 물류업체에서 컨테이너를 처음 사용한 것은 철도운송이 자동차운송과 경쟁하기 위하여, 컨테이너 운송 방식을 도입한 것이었고,[52)] 해상운송에서는 1953년 최초의 Ro-Ro선 코멧(Comet)호를 건조하여 화물과 트럭을 함께 선적하였다. 상업적 해상운송에 컨테이너를 도입한 것은 1956년 시랜드(Sea-Land)에서 휴스톤과 뉴욕 간의 연안운송(domestic transport)에 소형 탱커선을 개조한 최초의 게이트웨이시티(Gate Way City)호를 투입한 것이 최초였다. 이후 1966년 4월 시랜드에서 뉴욕-유럽항로에 풀 컨테이너선인 페어랜드(Fair Land)호를 투입함으로써 국제 근거리 해상 컨테이너 운송이 시작되었다. 1967년 미국 맷슨사(Matson)가 컨테이너 전용선(full-container ship) 하와이언플랜트(Hawaiian Plant)호를 극동-북미항로에 투입함으로써 태평양 항로 컨테이너 해상운송 시대를 개막하였다.[53)]

이러한 컨테이너 해상운송 시대는 사실상 맬린(Malcolm McLean)이라는 사업가에 의하여 도입되었다. 녹슨 트레일러 한 대를 빌려 물류사업에 뛰어든 맥린은 제2차 세계대전이 끝나갈 무렵인 33살의 나이에 이미 162대의 트럭을 소유한 거대 운송기업의 사장이 되어 있었다. 운송업에서 맥린의 성공 비결은 끊임없이 운송비용을 줄이기 위해 노력하고 항상 새로운 아이디어를 갈구하는데 있었다. 이러한 맥린의 입장에서 고속도로에서의 정체 현상은 풀어야 하는 도전의 대상이었다. 고민을 하던 맥린은 붐비는 고속도로에서 시간을 보낼 필요 없이 선박에 트레일러를 실은 뒤 부두로 내보내는 방법을 생각하게 되었다. 아이디어가 떠오른 맥린은 바로 행동으로 옮겨 사업을 추진하였고

49) 방희석(2005), 292쪽.

50) K.M. Johnson · H.C. Gamett, *The Economics of Containerization*, (George Allen & Unwin, Ltd., 1971), p. 12.

51) ESCAP, *Handbook of International Containerization*, (ESCAP, 1973), p. 1.

52) 방희석(2005), 292~293쪽.

53) 정영석(해상운송론, 2013), 136쪽.

그러면서 트레일러의 바퀴와 몸체를 분리해서 트레일러만 선박에 싣는 것이 훨씬 이득이라는 것을 발견하였다. 이것이 컨테이너선 역사의 시작이다.

트럭운송은 트럭운송업자가 담당하고, 해운회사는 해상운송만 담당하였기 때문에 서로의 영역을 침범하지 않던 1950년대로서는 혁명적인 발상이었다. 그리고 트럭운송만 알고 있던 맥린은 아이디어가 떠오른 후에는 과감하게 트럭운송회사를 정리하고 해운업으로 뛰어들어 큰 성공을 거두었다.

컨테이너가 물류혁명이라고 불리는 이유도 하역의 시간을 최소화하고 육상운송과 해상운송을 지체 없이 연결해 줌으로써 운송비용을 혁신적으로 낮춘 데 있다. 컨테이너 운송이 도입되기 전의 부두의 모습은 다음과 같다.

"배가 도착하면 수많은 인부들이 직접 선박에서 짐을 하나씩 내린 후 부두 근처 창고로 옮긴다. 이때 짐들의 크기는 천차만별이고 종류도 다양하다. 바나나, 술, 커피자루부터 구리 덩어리, 전선, 기계같이 커다란 화물까지 다양한 화물을 선박에 싣고 내리기 위해서는 인부들이 직접 운반하는 수밖에 없었다. 물론 수많은 인부들이 손으로 직접 물건을 나를 경우에는 하역에 드는 시간이 길어질 뿐 아니라 막대한 비용이 소요되었다."

실제로 1956년 맥린이 최초의 컨테이너선인 IDEAL-X호로 화물을 날랐을 당시에 중간 크기의 비포장 화물의 선적비용은 톤당 5.83달러였다. 이에 비해 맥린의 컨테이너에서 같은 양의 화물을 선적하는 데는 톤당 15.8센트 밖에 들지 않았으니 컨테이너선은 가히 혁명적인 발명이라고 불릴 만하다.

〈표 18〉 컨테이너 해상운송 도입의 역사

1. 1953년 최초의 RORO선 Comet 호 건조 - 화물과 트럭을 함께 선적
2. 1956년 미국의 육상운송회사 경영인 맥린(Malcolm McLean)의 컨테이너 운송 구상 - 컨테이너만 적재하는 방안 강구 -Pan Atlantic Steamship 인수하여 갑판 상에 컨테이너를 적재가능 6척을 포함하여 총 37척 운항
3. 1956년 4월 26일 세계 최초의 컨테이너선 Ideal X호 운항 - 갑판에 컨테이너 60개를 싣고 뉴욕항-휴스턴항 운항
4. 1957년 맥린이 회사명을 Sea-land로 변경 - 화물창에도 컨테이너를 적재할 수 있도록 개조 - 선박에 갠트리크레인 탑재
5. 1966년 Sea-land와 US Line, 유럽항로에 컨테이너선 투입
6. 1967년 Matson사 - 미국과 일본 항로에 컨테이너 투입

출처: 임석민, " 컨테이너선의 세대별 변천 추이", 「한국해운학회지」, 제21호에서 정리.

〈표 19〉 제1세대 컨테이너선의 제원 비교

선명	Gateway City	Hawaiian Citizen	President Lincoln	Elizabeth Port	Summit	Hawaiian Queen
신/개조	C-2 개조	C-3 개조	신조	T-3 개조	T-2 개조	C-4 개조
건조년	1957	1960	1961	1962	1963	1965
선사	Sea-Land	Matson	APL	Sea-Land	Sea-Land	Matson
선종	풀 컨테이너 선	풀 컨테이너 선	세미 컨테이너 선	풀 컨테이너 선	세미 컨테이너 선	풀 컨테이너 선
전장(m)	142.8	-	171.8	191.2	159.6	192.1
폭(m)	19.2	21.2	23.2	23.8	20.7	21.8
선심(m)	12.2	13.1	13.6	14.4	12.0	16.0
흘수(m)	7.6	9.0	9.6	8.2	7.0	10.0
배수량	13,125	18,210	22,620	27,698	16,240	29,300
DWT	7,785	10,282	14,040	15,770	9,394	17,658
NRT	5,340	7,928	8,580	11,928	5,518	11,658
TEU	226	408	126	476	196	690
컨테이너 규격	35×8×8	24×8×8.5	20×8×8	35×8×8.5	35×8×8.5	24×8×8.5
크레인	본선	육상	본선	본선	본선	육상
마력	6,600	9,350	19,250	9,900	7,240	9,900
속력	16	-	20	16	16	15
비고	2×24.5톤		121,651 입방 피트	2×24.5톤	234,573 입방 피트	

주: 1) 개조선의 건조년은 개조년도
2) 본선 크레인의 수와 용량
3) 세미 컨테이너선의 일반화물 적재공간
출처: 日本造船硏究會編, 「新版コンテナ船」, (船舶技術協會, 1968), 208~215쪽.

물류의 혁명을 가져온 컨테이너 운송은 1970년대 초에 이미 국제항로에서 일반화되었기 때문에 대부분의 세계 주요 항로에 컨테이너선이 취항하였다. 선형도 1,000 Teu[54] 미만이 주류인 제1세대 선박, 1,000~2,000 Teu 급인 제2세대 선박, 2,000~3,000 Teu 급인 제3세대 선박이 출현하였다. 이때 운송물동량도 폭발적으로 증가하여 해상운송의 혁명시대라고 부르기도 한다.[55] 그후 약 10년이 지난 1984년에야 4,000 Teu 급 선박인 제4세대 선박이 출현하였고, 1990년대 중반 5,000 Teu 급, 6,000 Teu 급 선박이 출현하였다. 컨테이너 운송의 세대 구분과 이러한 선박의 세대 구분은 대체로 일치한다고 볼 수 있는데, 이러한 선박을 제5세대 선박으로 분류할 수 있다. 2005년 이후로는 6,000 Teu 급 이상의 초대형 선박이 속속 등장하고 있어서 2020년 현재 20,000 Teu 급 선박까지 취항하고 있다. 이러한 선박은 파나마운하의 통과를 선박설계의 원칙으로 삼지 않고 초대형 항만에만 기항하

54) Teu(twenty-foot equivalent units)sms 20피트 컨테이너의 크기 단위를 말하는데, 일반적으로 컨테이너선이나 컨테이너 터미널의 크기나 화물처리 능력을 표시할 때 사용되는 단위이기도 하다: 최신해운 · 물류용어대사전(2006), 849쪽.

55) 방희석(2005), 293쪽.

는 방식의 운항을 한다. 이에 대항하여 파나마운하도 초대형 선박의 이용을 위하여 운하의 폭을 확장하였다. 2006년 이후 현재까지를 제8세대로 분류할 수 있지 않을까 하는데, 고속 · 초대형 선박을 이용한 규모의 경제에 의한 경쟁력 확보를 관건으로 하고 있다.

기존의 파나마운하는 폭은 33.5m, 최대 수심은 12.8m에 불과했고, 컨테이너를 최대 5000개 정도(5000 Teu)만 실을 수 있는 파나막스급 선박만 운항이 가능했다. 하루에 운하를 지날 수 있는 파나막스 급 선박도 30~40척에 불과해 인근에서 통과를 기다리는 선박이 부지기수였다. 2014년 완공된 확장 공사로 운하의 폭은 55m, 최대 수심은 28.3m까지 확장돼 최대 1만 3000 Teu 급 선박도 자유롭게 드나들 수 있게 되었다.

컨테이너리제이션이 꾸준히 증가하는 원인은 ① 선복이용 증대, ② 항만생산성 증대의 필요성, ③ 비생산적인 비용의 감소, ④ 노동집약적 물류 서비스의 탈피, ⑤ 선박회항 시간 단축, ⑥ 기업이윤의 증대 필요성으로 요약할 수 있다.[56)]

〈표 20〉 컨테이너선의 세대별 구분

구분		I세대	II세대	III세대	IV세대	V세대	VI세대	VII세대	VIII세대
발전 방향		본격화	대형/고속화	에너지절약화	거대화		초거대화		
명칭		피더형	핸디형	준파나막스	파나막스	포스트 파나막스	슈퍼포스트파나막스		울트라막스
시기		60년대 후반	70년대	70년대 말~80년대 초	80년대 후반	90년대 전반	90년대 후반	90년대 말	21세기 초
선형(TEU)		200~1,500	1,800~2,300	2,000~2,500	2,500~4,400	4,300~5,400	6,000~6,670	7,000~8,700	10,000~13,000
대표 선박	건조선사	NYK	MOL	Safmarine	APL	Hapag-Lloyd	Maersk	Maersk	-
	건조연도	1968년	1973년	1979년	1988년	1991년	1996년	1997년	(2006년)
	선명	Hakonemaru	뉴저지호	S.A.Waterpark	LevenkusenE.	P.Truman	Regina M.	Souverin M.	-
선박 제원	적재능력(TEU)	752	1,887	2,464	4,340	4,262	6,418	6,600	(13,000)
	선장-Lpp(m)	187.0	263.3	247.4	260.8	281.6	302.3	331.5	(365.0)
	선장-Los(m)	200.0	280.0	258.5	275.2	294.0	318.224	7.0	(380.0)
	선폭(m)	26.0	32.2	32.2	39.4	32.25	42.8	42.8	(55.0)
	선창깊이(m)	15.5	19.62	4.12	3.62	1.42	4.12	4.1	(30.0)
	최대흘수(m)	10.5	11.5	13.2	12.5	13.5	14.0	14.5	(15.0)
	톤(GT)	16,240	37,799	52,615	50,206	53,800	81,488	91,560	(150,000)

56) 방희석(2005), 293쪽.

구분		I세대	II세대	III세대	IV세대	V세대	VI세대	VII세대	VIII세대
적재 규모	선창내(단)	6	7~9	8	8	8	9	9	(10)
	갑판(단)	2	2~3	3	4	5	6	6	(7)
	선창횡적수(개)	7	9	10	11	12	14	14	(18)
	갑판횡적수(개)	9	12	13	13	16	17	17	(22)
추진	주기관(마력)	27,800	69,600	34,840	59,960	49,640	74,640	74,555	(140,000)
	항해속도(노트)	22.6	26.0	19.5	24.2	24.5	25.0	26.4	-
	추진축수(개)	1	1	1	1	1	1	1	(2)

3. 우리나라에서의 컨테이너리제이션

한국에서 컨테이너가 처음 소개된 것은 해운업계가 아니라 한국전쟁 중 미군이 군수물자 운송을 위하여 미군 운송선단이 컨테이너를 사용한 것이다. 한국 해운의 컨테이너 운송은 피더운송 서비스기, 원양운송 서비스기, 세계일주 서비스기로 크게 나눌 수 있다.

피더운송 서비스기는 1970년 한국-일본 간에 극동선박이 미국 U.S. Line과의 계약에 의하여 피더운송 서비스를 개시한 것이 한국의 컨테이너 운송의 시발점이다. 이후 1972년 대진해운의 인왕호, 고려해운의 뉴오리온호가 대일항로의 피더운송 서비스를 시작하였다.

원양운송 서비스는 1975년 한국-북미간의 태평양 항로에 대한해운이 코리아리더호를 취항한 것이 원양항로에 컨테이너 운송 서비스가 처음 시작된 것이었다. 곧이어 고려해운의 페이픽크 트레이드호가 한국-북미항로간의 항로에 컨테이너를 운송 서비스에 추가되었다. 1979년 2월에는 대한해운공사의 제이스원호가 한국-유럽간의 항로에 취항하게 되었고, 1991년 2월부터는 한진해운이 컨테이너 전용선(full-container ship) 14척을 투입하여 펜듈럼서비스(pendulum service)[57]를 개시하게 되었다. 또 1992년 조양상선㈜가 독일 선사 Senator 및 DSR과 제휴하여 3사 체제로 세계일주운송 서비스(round the world route service)[58]를 개시하였다.

57) 시계추 서비스라고도 하는 펜듈럼서비스(Pendulum service)는 한 항구를 중심으로 두 대양안(大洋岸: 태평양안과 대서양안을 일컬음)에 있는 항구 간을 정기왕래하는 해상운송 서비스를 말한다. 예컨대, 부산항-LA항-부산항-로테르담항과 같은 항로서비스를 말한다: 최신해운 · 물류용어대사전(2006), 659~660쪽.

58) 세계일주항로서비스(round the world route service)라고도 하는데, 정기적으로 출항지를 떠나 지구를 한 방향으로 항해하며 출발지항으로 되돌아오는 항로를 운송 서비스하는 것을 의미한다: 최신해운 · 물류용어대사전(2006), 754쪽.

〈표 21〉 한국 해운의 컨테이너리제이션 발전과정

구분	항로	내용
한국전쟁 중	북미-한국	미국의 군수물자 운송선단에 의하여 컨테이너 운송
1970년	한국-일본	극동선박㈜과 미국 U.S. Line간의 계약에 의거 피더선 취항
1972년	한국-일본	대진해운㈜ '인왕호', 고려해운㈜ '뉴오리온호' 피더 서비스 개시
1975년 10월	한국-북미	대한해운공사 '코리아리더호'(22,936DWT) 북미항로 서비스 개시
1978년 11월		고려해운㈜ '페이픽크 트레이드호'(19,115DWT) 북미항로 서비스 추가
1979년 2월	한국-유럽	대한해운공사 '제이스원호'(26,489DWT) 유럽항로 서비스 개시
1991년 2월	북미-한국	한진해운㈜ 컨테이너 전용선 14척 투입하여 Pendulum 서비스 실시
	세계일주	조양상선㈜가 독일선사 Senator 및 DSR과 제휴하여 3사 체제로 세계일주(RTW) 서비스 실시

II. 컨테이너리제이션의 장 · 단점

1. 경제적 이점

컨테이너의 등장은 물류산업에 경제성, 신속성, 안전성이라는 3대 혁신을 가져왔다. 운송 서비스 이용자의 입장에서 컨테이너리제이션의 이점은 다음과 같이 설명할 수 있다.[59]

가. 경제성

첫째, 포장비의 절감을 들 수 있다. 컨테이너 자체가 화물의 외포장 역할을 하기 때문에 화물의 포장비용을 절감할 수 있다.

둘째, 운송비용의 절감을 들 수 있다. 컨테이너 운송은 운송인에게 화물취급상의 편리함, 신속성 등 다양한 장점을 제공하기 때문에 결과적으로 화주 입장에서는 운송비용의 절감 효과를 유발한다. 재래식 화물운송의 경우에는 이동경로가 복잡해서 생산공장 또는 창고로부터 포장, 모듈화, 이송 등의 단계를 거쳐 일반화물자동차에 의해 운송되지만, 컨테이너리제이션할 경우 생산공장 및 창고로부터 수하인 문전까지 일관운송이 가능하기 때문에 화물의 육상운송비용이 현저하게 절감될 수 있다.

셋째, 하역비의 절감을 들 수 있다. 컨테이너의 최대 강점이 하역 단계를 간소화함으로써 노동력을 절감하고 화물의 기계하역으로 인한 하역비의 대폭 절감이다.

넷째, 보관비용의 절감을 들 수 있다. 컨테이너 자체가 보관 창고의 역할을 하기 때문에 화물의 보관을 위한 별도의 창고 건설비용이 절감된다. 실제로 컨테이너는 화물의 일시 보관기능을 가지고 있어서 그만큼 창고보관료가 절감된다.

---

59) 박명섭 · 김은주, 「무역계약의 이해」, (우용출판사, 2011), 205쪽; 엄윤대(2003), 106~107쪽; 임석민(2007), 230~231쪽.

다섯째, 자금이 신속하게 회전된다. 화물 이동의 신속화에 따라서 자금의 원활하고 신속한 회전을 기대할 수 있다.

여섯째, 인건비 · 사무경비의 절감을 들 수 있다. 종래 복잡한 작업 단계에서 일어나는 서류작업절차의 복잡성을 대폭 간소화할 수 있다. 이러한 사무절차의 간소화 · 기계화에 따른 사무비, 인건비 등 경비를 절감할 수 있다.

나. 신속성

컨테이너 화물은 철도운송과 육상운송과의 연결이 원만하고, 환적 시 지연 없이 해륙일관운송이 가능하므로 화물의 생산지로부터 소비지까지의 운송 기간을 단축할 수 있다. 또 컨테이너 화물은 취급이 기계화되어 있어 하역시간을 획기적으로 단축할 수 있고, 작업 능률면에서 기존의 하역방식에 비하여 혁신적으로 높아졌다.[60]

컨테이너 운송의 이러한 효율성으로 인하여 화물운송 서비스의 계속적 공급과 이용이 가능하여 운송 서비스 이용의 신속성이 높아졌다.

다. 안전성

컨테이너 자체가 견고하고 밀폐성이 높으므로, 컨테이너 화물의 하역과정이 간편하고, 하역과정에서 발생하기 쉬운 화물의 파손 · 오손 · 분실 등의 위험이 재래화물에 비하여 훨씬 감소되었다. 또 컨테이너는 임시창고로서의 기능도 가지고 있으므로 운송 도중에 비바람 · 온도변화 · 습도변화 등으로부터 화물을 보호할 수 있다.

2. 단점

컨테이너리제이션는 다음과 같은 단점도 있다.[61]

첫째, 전용항만시설, 하역장비, CY, CFS(container freight station)[62] 등 대규모의 컨테이너 처리시설이 필요하다.

둘째, 기항지(calling port) 최소화로 기항지 외로 운송되는 화물은 추가운임(additional freight)이 발생한다.

셋째, 컨테이너 용기의 신속 회수 및 손상방지 등 재고관리에 애로가 발생한다.

넷째, 항만시설 및 운송수단이 미비한 일부 국가에서는 부적합하다.

---

60) 하역노동자 17명을 한 팀으로 1시간당 하역능력과 크레인을 중심으로 한 기계하역의 경우 크레인 1대가 하역노동자 1팀의 작업능력보다 12배 이상 높다고 한다: 방희석(2005), 295쪽.

61) 임석민(2007), 231쪽.

62) CFS는 소량화물집하장이라고도 불리는 창고를 말한다. 수출지에서는 수출 LCL 화물을 수령 · 검수 · 계량 · 보관하였다가 컨테이너에 적입(stuffing: vanning)하여 선적지 CY로 운송하는 작업을 한다. 또 수입지에서는 수입 LCL 화물이 적입된 컨테이너를 CY로부터 가져와서 컨테이너로부터 화물을 적출(destuffing/devanning/stripping) · 검수 · 계량 · 보관하였다가 수하인에게 인도하는 업무를 행하는 장소이다: 최신해운 · 물류용어대사전(2006), 288쪽.

제4절 컨테이너 선사의 운영 방식

I. 운항 방식

1. 의의

정기선사(shipping line)는 대체로 정기화물운송 서비스의 제공에 사용되기 때문에 화물 확보 여부와 관계없이 정기적인 항해 일정에 따라 선박을 운항한다. 정기선사(shipping line)의 운항 방식에는 단독운항 방식, 컨소시움 운항 방식, 공동운항 방식, 스페이스 차터 운항 방식 등이 있다. 정기화물운송은 컨테이너선의 대형화와 대규모 집화조직 및 정기항로의 유지에 대자본이 소요됨에 따라 선사의 재원조달 · 비용절감 · 집화활동 등에 유리한 컨소시움 운항 방식이나 스페이스 차터 운항 방식을 채택하는 경우가 많다.[63)]

2. 운항 방식

가. 단독운항 방식

단독운항 방식(independent operation system)은 개별 정기선사(shipping line)가 다른 선사와 제휴하지 않고 단독으로 필요한 선단을 구성하여 운항스케쥴, 기항지(calling port), 영업정책 등을 독자적으로 결정하여 운항하는 방식을 말한다.[64)]

나. 컨소시움 운항 방식

컨소시움 운항 방식(consortium operation system)은 여러 정기선사(shipping line)가 별도의 회사를 설립하여 선박의 공동스케쥴 작성, 운송장비 및 터미널의 공동사용, 운임수입과 화물의 공동배분(pooling) 등의 방식으로 운항하는 방식을 말한다.[65)]

다. 공동운항 방식

공동운항 방식(joint service operation system)은 두 개 이상의 정기선사(shipping line)가 합작회사 형태로 수척의 선박을 공동으로 투입하되, 각 선사별로 독자적인 운임, 서비스 조건 등을 정하여 운항하는 방식을 말한다.

라. 스페이스 차터 운항 방식

2개 이상의 정기선사(shipping line)가 각각 1척 이상의 컨테이너선을 투입하여 운항하는 경우, 상호간의 스케쥴을 조정하여 타사 선박에 대해서도 각기 일정한 선복(space)을 확보하여 컨테이너를 운송하는 계약을 스페이스 차터(space charter)라고 한다. 이 경우 선박경비 · 운항 제비용은 분담

63) 정영석(해상운송론, 2013), 144쪽: 최신해운 · 물류용어대사전(2006), 806쪽.

64) 임석민(2007), 232쪽.

65) 임석민(2007), 233~234쪽.

하지 않고 또 운임풀(pool)도 행하지 않는다. 다만, 타사 선박에 적재한 컨테이너에 대해서는 정해진 계약에 따른 용선료를 지급한다.[66] 이러한 방식으로 운항하는 것을 스페이스 차터 운항 방식이라 한다. 선사간의 일부 용선계약(항해용선계약)을 통하여 선복을 공유하는 방식이다.

마. 전략적 제휴방식

전략적 제휴방식(strategic alliance)은 정기선사간의 경쟁심화와 운항비 증가에 대처하고, 품질 서비스에 대한 화주의 수요 충족 및 항로안정을 위하여 경쟁사와 제휴하는 방식이다. 전략적 제휴의 장점은 마케팅, 구매, 운항 및 통제 등을 공동으로 수행하여 규모의 경제를 통한 원가절감을 달성할 수 있다는 점이다. 제휴를 통해 추가 투자 없이 보다 넓은 지역을 서비스할 수 있고, 터미널의 공동사용 등으로 해상 및 육상에서 비용을 크게 절감할 수 있다.[67]

II. 컨테이너 화물의 인 · 수도 방식

1. 의의

컨테이너선에 의해 운송되는 컨테이너 화물은 운송계약 형태에 따라 선사와 화주간 책임의 시간적 한계가 정해진다.[68] 이는 운송인이 송하인으로부터 화물을 수령하는 장소를 어디로 할 것인지, 또 운송인이 수하인에게 어느 장소에서 화물을 인도할 것인지를 어떻게 합의하느냐에 달려 있다. 이를 컨테이너 화물의 인 · 수도 방식이라 하는데, 화물의 특성이 FCL 화물(full container load cargo)[69]인가, LCL 화물(less than container load cargo)[70]인가에 따라서도 달라질 수 있다. 화물의 인 · 수도 장소에 따라 CY-CY 인도 방식, CFS-CFS 인도 방식, CY-CFS 인도 방식, CFS-CY 인도 방식으로 나눌 수 있다.[71]

---

66) 최신해운 · 물류용어대사전(2006), 806쪽.

67) 임석민(2007), 235쪽.

68) 정영석(해상운송론, 2013), 145~146쪽.

69) FCL 화물(full container load cargo: 컨테이너 만재화물)은 컨테이너 1개를 채우기에 충분한 물량의 화물을 말한다. CY cargo라고도 한다: 최신해운 · 물류용어대사전(2006), 442쪽.

70) LCL 화물이라 함은 컨테이너 1개를 채우기에 부족한 소량화물을 말하며, FCL 화물에 대비하여 사용되는 용어이다. CFS 또는 Inland Depot에 집적되고, 목적지에서는 마찬가지로 CFS 또는 Inland Depot에서 컨테이너로부터 적출되어 인도된다. 이 경우 LCL service charge, CFS receiving charge, CFS delivery charge 등의 명목으로 추가요금이 부과된다. Sea-Land는 육상운송 용어를 사용하여 이와 같은 소량화물은 LTL cargo(less than trailer load cargo)라 부르고 있다: 최신해운 · 물류용어대사전(2006), 564쪽.

71) 정영석(해상운송론, 2013), 146쪽.

2. 인·수도 방식의 분류

가. CY-CY 인도 방식

송하인의 책임 하에 화물을 컨테이너에 넣어서 선적지 CY(container yard)[72]에서 선사에 인계되며, 양륙지에서도 CY에서 컨테이너 채로 수하인에게 인도하는 방식을 말한다. 대개 FCL 화물의 경우에 채용하는 방식이다.

나. CFS-CFS 인도 방식

LCL 화물의 경우, CFS에 집하하여 선사에 의해 여러 화주의 화물이 하나의 컨테이너에 혼재(consolidate)되고, 또 양륙지에서는 CFS에서 화물을 컨테이너로부터 꺼내 수하인에게 인도하는 방식을 말한다. 대개 LCL 화물의 경우에 채용하는 방식이다.

다. CY-CFS 인도 방식

화물을 송하인이 컨테이너에 적입한 후 선적지 CY에서 운송인이 수령하고, 양륙지의 CFS까지 컨테이너가 외관 및 봉인에 이상 없이 도착하면 선사의 책임이 종료하는 방식이다. 대개 CFS에서 컨테이너 내부의 화물을 해체하여 개별 수하인에게 인도한다.

라. CFS-CY 인도 방식

송하인은 선적지의 CFS까지 화물을 인도하면 CFS에서 선사의 책임하에 화물을 적입하고, 양륙지 CY에서 컨테이너의 외관 및 봉인에 이상 없이 수하인에게 인도하면 선사의 책임이 종료하는 방식이다.

72) 컨테이너 장치장(container yard: 이하 'CY'라 한다)은 선박에서 선적 · 양륙을 위하여 선사나 그 대리점이 지정한 컨테이너를 보관 또는 인도하는 장소를 말한다. 컨테이너 터미널 시설의 대부분의 면적을 차지하고 있다. 터미널 내에 보관하는 부두내 장치장(on-dock CY)와 컨테이너 터미널 외부에 설치한 부두밖 장치장(off-dock CY)로 구분된다: 최신해운 · 물류용어대사전(2006), 294쪽.

제5절 컨테이너 화물운송 실무

I. 수출 화물운송 실무

1. 수출업무 절차

가. 송하인

송하인(수출업자)[73]의 입장에서 컨테이너 수출 화물의 운송 절차는 ① 선박수배, ② 선적예약, ③ 선적, ④ 선하증권의 수령, ⑤ 선적통지의 순서로 이루어진다.

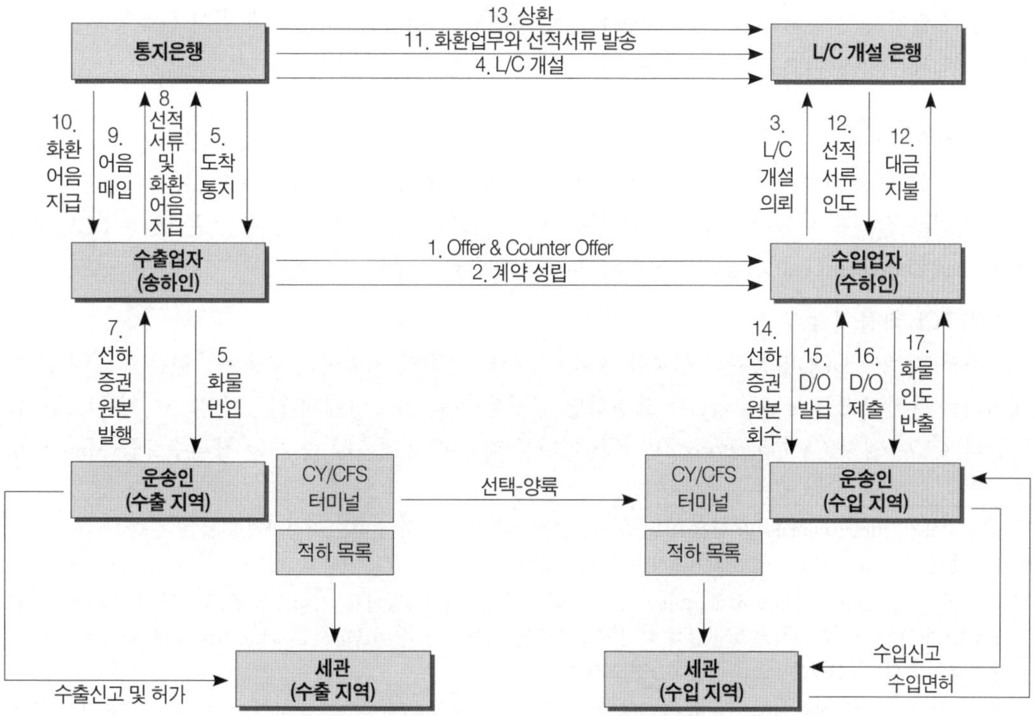

〈그림 26〉 컨테이너 화물 수출입 흐름도

FOB 조건인 경우 수입상, CIF 조건인 경우 수출상이 각각 운송책임을 지게 되므로 이들이 운송계약을 체결하고 선박을 수배하여야 한다. 이때 배선 스케줄(shipping schedule)을 선사 및 대리점을 통해 확인하고 선박을 수배한다.

73) 운송계약의 관점에서는 화주라 함은 송하인과 수하인으로 구분될 수 있다. 동일한 화주가 물건의 매매라는 관점에서 보면 매도인과 매수인, 수출계약이라는 관점에서 보면 수출업자와 수입업자로 구분된다. 또 화환어음의 결재와 관련하여서는 어음발행인과 어음금 지급인으로 구분된다. 즉 송하인, 매도인, 수출업자, 어음발행인은 동일인을 의미한다. 반대로 수하인, 매수인, 수입업자, 어음금 지급인도 동일인이다.

배선 스케줄을 확인할 때는 ① 선박입출항일 및 시간, 운송소요기간(transit time),[74] 직항 또는 환적항 기항 여부, ② 출항예정시간(estimated time of departure: 이하 'ETD'라 한다),[75] ③ 입항예정시간(estimated time of arrival: 이하 'ETA'라 한다),[76] ④ CY 화물인 경우 화물수령 마감시간(closing time)을 확인하여야 한다. 화주는 선사 및 운송주선인(freight forwarder)의 소정 양식인 선적의뢰서(shipping request: S/R)를 발송하여 선적예약(booking)을 한다. 수출 컨테이너 화물을 선적항 CY 혹은 터미널에 마감시간(closing time) 전에 반입하여야 한다. 미국행 해상화물은 적재 24시간 전 적하목록(manifest)[77]을 제출해야 하기 때문에, 기타 행선지 화물보다 마감시간을 앞당겨 운영하고 있음에 유의하여야 한다.

화주는 선적 완료 후 선사로부터 선하증권을 수령하여야 한다. 운임선불조건인 경우에는 운임을 선하증권의 수령과 동시에 지급해야 하므로, 선하증권의 수령 후 운임조건을 확인해야 한다. 또 선하증권의 기재 내용에 이상이 없는지 반드시 확인해야 한다.

선적 절차가 완료되면 수출업자(송하인)는 수입업자(수하인)에게 지체 없이 선적통지를 하고 선하증권 사본(copy of B/L)을 송부한다.

나. 운송주선인

화주가 화물운송중개인으로서 운송주선인(freight forwarder)을 이용하는 이유는 복잡한 수출입 및 선적업무 절차를 위임하여 효율성과 신속성을 기하려는 것이다. 이때 운송주선인은 LCL 화물(Less than Container Load Cargo)을 집화하고 혼재하는 것이 주된 임무이다.

(1) FCL 화물의 경우

첫째, 화주의 DOOR 통관의 경우에는 화주로부터 운송을 의뢰받은 운송주선인은 선사에 빈 컨테이너의 문전인도(door delivery)를 요청하면 선사는 트럭 운송인에게 일정한 장소까지 인도를 요청한다. CY 운영자(CY Operator)가 빈 컨테이너를 화주에게 대출해 줄 때는 장비수도증(equipment

74) 운송소요기간(transit time)이라 함은 어느 한 지점에서 화물을 선적하여 다른 지점까지 화물을 운송하는데 소요되는 시간을 말한다: 최신해운 · 물류용어대사전(2006), 871쪽.

75) 출항예정시간(estimated time of departure: ETD)이라 함은 선박이 입항한 후 서비스를 받고 출항할 예정시간을 말한다. ETA와 마찬가지로 선석작업과 선석 배정에 필수적인 정보이다. 실제출항시간(actual time of departure)과 큰 차이가 없어야 한다: 최신해운 · 물류용어대사전(2006), 382쪽.

76) 입항예정시간(estimated time of arrival: ETA)이라 함은 선박이 약속된 항만에 도착할 예정시간을 말한다. 선박이 항만을 이용할 경우에는 사전에 입항예정시간(ETA)을 알려주어야 한다. 이것은 선석 배정 등 사전 작업준비에 필수적이다. 실제입항시간(actual time of arrival)과 입항예정시간에는 큰 차이가 없어야 한다: 최신해운 · 물류용어대사전(2006), 382쪽.

77) 일반적으로 manifest는 목록이라는 뜻을 가지고 있지만, 국제운송에서는 운송용구에 적재된 화물의 목록이라는 의미인 적하목록(cargo manifest)이라는 의미로 사용된다. 선사는 당해 항구에서 선적 또는 양륙하지 않는 통과 화물의 목록을 포함하여 선박이 출항할 때는 'Outward Cargo Manifest'를, 입항할 때는 'Inward Cargo Manifest'를 관할 세관에 제출하여야 한다. 통합 선하증권(master bill of lading)이 발행한 경우에는 선사가 적하목록을 작성해야 하고, 혼재선하증권(house bill of lading)이 발행한 경우에는 운송주선인이 작성해야 한다. 이를 취합하여 세관에 제출해야 하는 자는 화물을 운송한 선장이다. 적하목록의 제출 방법은 EDI 등 전자문서에 의한 방법을 채택하고 있다. 적하목록을 정확하게 기재하지 않는 경우에는 선장과 선사가 관세법에 의한 책임을 진다: 최신해운 · 물류용어대사전(2006), 592쪽.

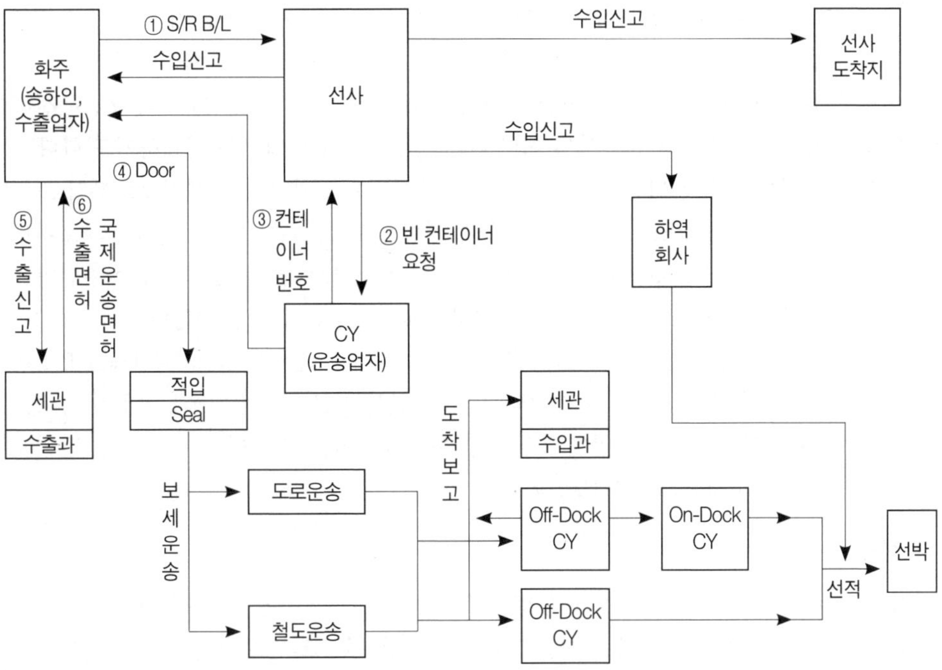

〈그림 27〉 수출 컨테이너 화물의 운송 절차

interchange receipt: EIR)[78]을 작성하여 트럭기사를 통하여 화주에게 전달 후 수령 확인한다. 수출통관 및 통관 후 보세운송허가(비보세구역일 경우 타소장치허가)를 받고, 컨테이너에 적입하여 선사의 봉인이나 필요시 세관의 봉인 후 보세운송한다.

둘째, 화주의 문전통관(door 통관) 외의 경우에는 일반트럭을 이용하여 벌크 상태로 운송하여 ODCY에 반입 장치한다. 이후 수출통관 및 수출면장을 득하여 컨테이너에 적입 운송한다.

(2) LCL 화물의 경우

LCL 화물은 화주가 운임상의 혜택과 동일 지역행 화물과의 혼재를 용이하게 하기 위하여 운송주선인을 이용한다.

(3) 주요 업무

① 화물의 CY 반입: 운송주선인이 선적의뢰한 선사와 계약관계에 있는 ODCY에 반입 후 CY에서 운송주선인 화물수령증(forwarder's cargo receipt: FCR)[79]을 받는다. 화주의 문전(door)에서

78) 장비수도증(equipment interchange receipt)은 장비기기교환증이라고도 하는데, 컨테이너, 섀시 등의 장비류가 CY에서 반출 또는 CY에 반입될 때 이들 장비류의 인수도를 증명하는 서류를 말한다. 컨테이너의 경우 EIR(장비수도증)은 내륙운송업자와 CY 운영자(CY Operator) 간에 인도 · 수령의 사실 및 컨테이너의 상태가 기재된다. 통상 5부가 작성되는데, 용도는 ① original은 트럭기사가 화주에게 전달, ② Local Office copy, ③ 선적 CY, CFS, ④ 양륙항 CY, CFS, ⑤ Office File 등이다: 최신해운 · 물류용어대사전(2006), 380쪽: 방희석(2005), 342쪽.

79) 운송주선인 화물수령증(forwarder's cargo receipt)이라 함은 운송계약에 따라 운송주선인이 화물을 수령하고 송하인에게 발행하는 화물수령증을 말한다. 이는 선하증권이 아니며, 단지 화물을 수령하였다는 영수증에 불과하다: 최신해운 · 물류용어대사전(2006), 428쪽.

LCL 화물을 집화한 운송주선인은 자기 책임하에 화주가 원하는 지역으로 가는 화물과 혼재한다. LCL 화물의 대부분은 미통관 상태로 부산/광양지역 ODCY의 CFS로 반입 처리한다.

② 혼재작업(Co-Loading): 운송주선인이 집하한 화물이 LCL 화물일 때는 타 운송주선인이 보유한 동일 목적지의 LCL 화물과 혼재[80]하거나 타 운송주선인에게 화물을 인계하기도 한다.

③ 혼재시의 서류관계: 혼탁혼재를 의뢰한 운송주선인은 혼재 운송주선인으로부터 포워더 선하증권(forward's B/L: 이하 'FBL'이라 한다)[81]을 발행받으며, 본선에 선적이 되면 선사로부터 마스터 선하증권(master bill of lading: 이하 'MBL'이라 한다)[82]을 발행받는다. 또한 운송주선인은 해당 화주에게 하우스 선하증권(house bill of lading: 이하 'HBL'이라 한다)을 발행한다.

④ 운송주선인의 수수료: 운송주선인이 화주에게 발행하는 하우스 선하증권(house B/L)상에는 운송주선인이 화주에게 청구한 운임이 기재되어 있고, 선사가 운송주선인에게 발행하는 통합 선하증권(MBL)상에는 선사가 운송주선인에게 청구한 운임이 기재되어 있어 양 선하증권 간의 운임차액이 운송주선인의 주선 서비스 수수료이다.

다. 선사

선사는 각 지점 또는 대리점을 통하여 화주로부터 선박 스케줄에 따른 선적예약 접수를 받아, 선사의 자사 운영 또는 계약된 내륙운송업자에게 화주로부터 위임받은 화물의 내륙운송을 의뢰하며 선적계획에 따라 모선별, 목적지별로 선적 후 출항토록 한다.

라. 내륙운송업체

한국 컨테이너 화물은 대부분 도로로 운송되며 일부가 철도로 운송되고 있다. FCL 화물은 서울, 경인지역에서 수출통관된 후 컨테이너에 적입되며, LCL 화물은 화주가 자동차를 수배해서 CY/CFS까지 운송하는 경우가 대부분이다.

(1) FCL 화물운송(서울, 경인지역에서 수출통관 후 적입된 FCL 화물)

① 화주문전 통관 후 도로운송: 화주문전 → 통관 → 적입 → 부산 ODCY 도로운송(또는 부산 TOC[83] 직송 후 선적)→일시 장치→셔틀→ TOC→ 선적

80) Consolidated Cargo(혼재화물)이라 함은, 한 개의 컨테이너에 적재하기에는 부족한 소량화물을 모아 FCL 화물로 만든 화물을 말한다. 혼재화물일 경우 LCL로 운송하는 것보다 일반적으로 저렴한 운임이 적용된다: 최신해운 · 물류용어대사전(2006), 283쪽.

81) 포워더 선하증권(forwarder's B/L)이라 함은 운송주선인이 발행하는 선하증권을 말하는데, 실무에서는 줄여서 FBL이라고 한다. LCL 화물을 운송할 경우 운송을 의뢰받은 운송주선인이 여러 송하인의 화물을 혼재하여 하나의 컨테이너에 취합하는 혼재(consolidation)를 하는데, 이때 운송주선인이 자신의 명의로 발행하는 일종의 화물수령증으로 하우스 선하증권(house B/L)이라고도 한다: 정영석, 「선하증권론(제3판)」, (텍스트북스, 2008), 287~289쪽.

82) 마스터 선하증권(master bill of lading)은 취합 선하증권(omnibus bill of lading)이라고도 하는데, 운송할 화물이 컨테이너 1대 분량이 되지 않는 LCL 화물의 경우에, 운송주선인이 같은 목적지로 가는 화물을 하나의 운송 단위로 구성하여 선적해 보낼 때 선사가 운송주선인에게 교부하는 선하증권을 말한다: 정영석(선하증권론, 2008), 286쪽.

83) 터미널운영회사(terminal operation company, terminal operating company: 이하 'TOC'라 한다)라 함은 항만 운영의 효율성을 제고하고 항만하역사업의 합리화를 추진하기 위하여 부두를 물자별 · 기능별로 구분하여 하역작업을 직접 책임지고 수행하도록 하역회사를 제정하였는데, 이때 항만하역사업을 책임지고 수행하는 항만하역업체를 말한다: 최신해운 · 물류용어대사전(2006), 848쪽.

② 화주문전 통관 후 철도운송: 화주문전 → 통관 → 적입 → 의왕 ICD[84)85)] 시내 운송 → 의왕 ICD 상하차, 일시장치 → 철도 이용 보세운송 → 부산진역 → 지선 → TOC → 선적

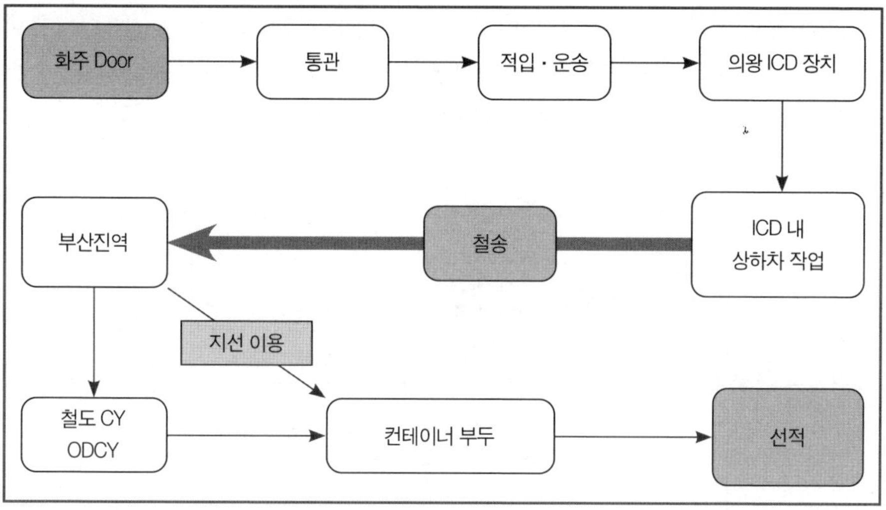

〈그림 28〉 국내 철도운송 흐름

(2) LCL 화물운송

① 화주의 트럭 수배 → 트럭운송 → 의왕 ICD 내 CFS → 통관 혼재 및 적입 → 철도 이용 보세운송 → TOC → 선적

② 화주의 트럭 수배 → 통관 후 수출면장 발행→트럭 운송→TOC(ODCY)의 CFS → 혼재 적입 → 셔틀운송(TOC CFS)→선적

③ 화주의 트럭 수배→벌크 상태로→TOC(ODCY) CFS→통관→혼재 적입→셔틀운송(TOC CFS)→선적

84) ICD(inland container depot: 이하 'ICD'라 한다)는 내륙 컨테이너 기지라고도 변역되는데, 컨테이너 화물을 능률적으로 처리하기 위해서 부두지역 외부의 내륙에 설치된 컨테이너 처리시설을 말한다. ICD는 다음과 같은 두 가지 의미로 사용되고 있다. 첫째는 주로 항만과 내륙운송수단과 연계가 편리한 산업지역에 위치한 빈 컨테이너 장치장을 말한다. 둘째는 이들 컨테이너 화물의 장치 외에 통관기능까지 부여된 컨테이너 기지를 말한다. 후자의 경우도 ICD라고 하는데, 이때는 '내륙통관기지'(inland clearance depot)라는 의미가 된다. 이곳에서는 빈 컨테이너의 장치는 물론 여러 내륙운송 수단에 의하여 이송되어온 여러 종류의 화물의 연계운송을 위한 일시적 장치, 보관 등의 업무 및 통관기능까지도 수행할 수 있는 곳이다: 최신해운 · 물류용어대사전(2006), 496쪽.

85) 내륙통관기지(inland clearance depot)라고 하는 의미로도 사용되는데, 컨테이너선이 기항하는 항만터미널을 벗어나 내륙에 설치되는 컨테이너 및 화물통관기지를 의미한다. 이곳에서는 주로 컨테이너 화물의 통관 · 배송 · 보관 · 집하 등이 행하여진다. 화물집배 시에 항만지구의 야적장 주변에 있어서의 교통혼잡의 감소 등의 효과를 가져온다: 최신해운 · 물류용어대사전(2006), 496쪽.

마. ODCY/CFS 업체

(1) 빈 컨테이너 화주 문전인도(door delivery) (Spotting Order)

빈 컨테이너는 선사가 보유하거나 리스 회사의 것을 주로 사용하는데 화주의 문전(door)이 서울 · 경인지역을 포함한 대전 이북 지역의 경우는 거의가 의왕 ICD에 장치된 빈 컨테이너를 이용하고, 부산을 포함한 대전 이남 지역에서는 부산 지역 ODCY에서 필요한 빈 컨테이너를 조달 · 사용한다.

빈 컨테이너를 반출할 때는 장비수도증(EIR)에 화주의 서명을 받는다.

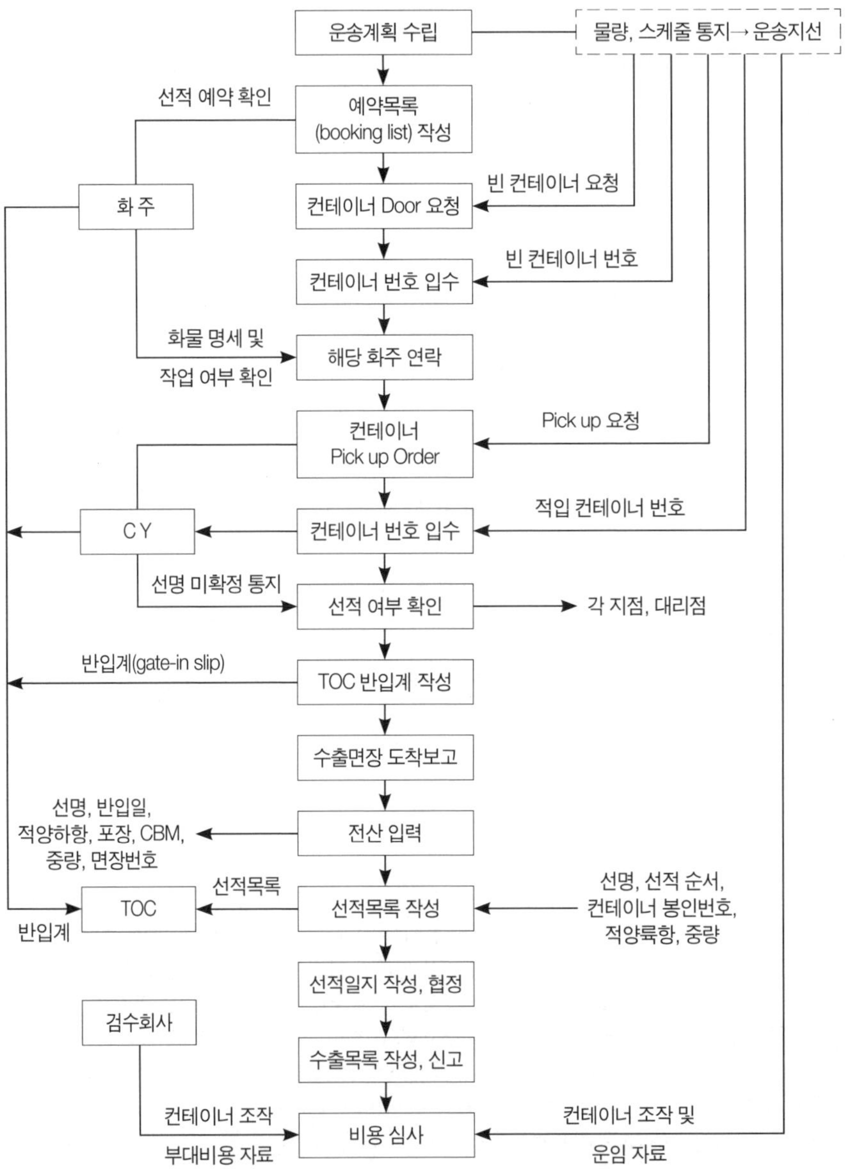

〈그림 29〉 빈 컨테이너의 유통과정

(2) FCL 화물 처리 절차

화주는 관할지 세관에 수출신고 및 타소장치허가를 득하여 선사에 빈 컨테이너의 문전인도(door delivery)를 요청한다.

선사는 화주별로 필요한 컨테이너의 개수, 유형 및 종류 등을 기재한 예약목록(booking list)[86]을 ODCY 및 트럭회사에 통지한다.

빈 컨테이너의 문전인도를 접수한 내륙운송회사는 화주가 지정한 장소까지 빈 컨테이너를 운송한다. 적입된 컨테이너는 도로로 운송되어 ODCY에 수출면장[87] 및 컨테이너 적부도[88]와 함께 반입한다.

CY 운영자(CY Operator)는 반입 컨테이너 화물에 대한 수출면장을 확인하고 야드 플랜(yard plan)에 따라 컨테이너 화물을 야적하고, TOC가 결정되면 ODCY는 컨테이너 화물의 출고를 지시한다. ODCY의 각 선사 담당자는 화물과 함께 접수된 수출면장을 확인한 후 TOC에 제출할 반입계(gate-in slip)를 작성하여 해당 트랙터(tractor)로 TOC의 게이트(gate)에 전달한다.

(3) LCL 화물 처리 절차

① 선사가 TOC의 CFS를 이용하는 경우: 선박 스케줄 접수→예상 화물량 입수→빈 컨테이너 확보(선사)→통관 여부 확인→입고지시 수령→화물 입고→수출면장 인수→ 화물입고대장 정리→검수검량(tallyman)→모선 선적 여부 확인(선사)→적입지시서(stuffing order)→선사로부터 수령→적입 작업→검수서(tally sheet)[89]와 컨테이너 적부계획(container load plan)[90] 작성→반입계(gate-in

---

86) 예약목록(booking list)이라 함은 운송 예약된 화물의 명세가 열거된 목록을 말한다. 컨테이너 운송에 컴퓨터가 사용될 경우 예약목록의 모든 자료가 컴퓨터에 의하여 집계 · 정리되어 알람표로 출력된 것으로 이 리스트에 기재된 화물에 관해서 수령해도 좋다는 화물수령지시서의 역할을 수행하게 된다. 따라서 터미널 운영자는 예약목록과 대조해 가면서 화주가 반입한 화물을 수령한다: 최신해운 · 물류용어대사전(2006), 202쪽.

87) 수출면장(Export Permit)이라 함은, 화물 수출입을 관리하는 세관이 수출을 허가한 증서를 말한다. 수출이 허가된 화물은 관세법상 외국물품이 된다. 세관은 수출신고를 접수하면 서류심사와 해당 물품에 대한 검사 · 감정을 하여 이를 수리하는 절차를 밟는다. 수출면장에는 수출 화물의 품목 · 수량가격 · 예정선박 등 제반 사항이 기록된다. 따라서 이를 정정하려면 면장교부와 같은 절차를 거쳐 세관장의 승인을 얻어야 한다. 수출업자는 수출면장을 근거로 관련 은행이 화환어음을 취결하는 데 필요한 첨부서류로 제출하기도 하고 수입원재료에 대한 관세 환급을 받는데 사용하기도 한다: 최신해운 · 물류용어대사전(2006), 397쪽.

88) 적부도(Stowage Plan)라 함은, 선박의 안전항해와 효율적인 양륙 작업을 위하여 선적될 화물의 실제 선적작업에 앞서 작성하는 것으로, 선박의 각 창에 적재된 화물의 상태를 나타낸 도면을 말한다. 이 적부도에는 우선 선적되어 있는 창과 공적창이 구분되고 선적창의 화물은 양륙항별로 구분하여 컨테이너 번호, 크기 등을 기입하고 특히 구별이 용이하도록 색깔을 사용하고 있다. 항구별로 양륙해야 할 화물의 식별이 용이하기 때문에 시간과 노력이 절약되는 이점을 갖고 있다: 최신해운 · 물류용어대사전(2006), 821쪽.

89) 검수서(tally sheet)라 함은 화물을 선적하거나 양륙할 때 화물의 수량 및 화물의 외형상의 고장 유무를 검사하는 것을 검수 · 검량(tally)이라 하고, 검사인을 검수인 · 검량인(tallyman)이라 한다. 이때 검사의 결과를 기록한 것을 검수서(tally sheet)라 한다. Mate's Receipt, Boat Note 기타 화물의 수령 및 인도와 관련된 서류는 이 검수서에 의거하여 발행된다. 그러므로 검수서를 조사하면 화물의 손상 · 부족 여부 등이 운송의 어느 단계에서 발생했는가를 판명할 수 있다: 「최신해운 · 물류용어대사전(2006), 202쪽.

90) 컨테이너 적부계획(container load plan: CLP)이라 함은 컨테이너 1개마다 당해 컨테이너에 담겨진 화물에 관한 일체의 정보(화물의 종류, 개수, 냉동 컨테이너의 경우는 유지 온도 등)와 컨테이너 내의 적재 위치를 표시한 서식을 말하며, 컨테이너에 화물을 채워넣는 자에 의하여 작성된다.

slip) 작성 및 제출(TOC CY) → 데이터 전산입력→선적예정목록(loading list)[91] 작성(TOC) →선적→수출면장 세관 인계(선사)→잔량화물 체크(선사, TOC)

② 선사 또는 화주가 ODCY의 CFS를 이용하는 경우: 화주로부터 선적의뢰와 함께 제반 서류를 송부 받은 선사는 예약목록(booking list), Outbound Container No. List, 개략적인 적부계획을 비롯한 CFS 내에서의 컨테이너 화물 하역작업을 지시하는 CFS Order 등을 하역회사에 발송한다. 선사로부터 CFS Order가 접수되고 화물이 입고되면 하역회사는 이를 확인하여 수출 화물반출입정리부를 작성한다. 선사는 CFS에 LCL 화물의 혼재를 지시하는 적입지시서(stuffing order)를 발송한다. 하역회사는 빈 컨테이너에 적입[92] 및 검수[93], 검량 후 세관봉인하여 구내 CY로 이송한다. 적재된 컨테이너는 구내 CY에서 TOC나 재래부두 장치장까지 셔틀운송되어 일시장치된 후 본선적부계획에 따라 선적한다.

바. 터미널(TOC)

(1) 본선 하역관리 및 운영업무

구분	업무 절차 및 내용
본선입항계획	① 선사의 월간 본선입항계획을 본선 입항 전월 25일까지 입수 ② 이를 토대로 3일치의 본선 입항 세부 계획 수립
선석운영계획	① 월별 입항계획서를 작성해 컴퓨터에 입력 ② 운영부장이 선석 배정원칙에 입각하여 선석 결정 ③ 확정된 입항계획은 지방해양수산청 선석회의에 제출
양륙계획	① 선사로부터 본선 적부계획서를 접수한 후 작업계획서 작성 ② 컨테이너 적재계획(bay plan)상에서 양륙순위 기입 및 컴퓨터 입력 ③ 화물양륙순서목록 및 화물양륙상황요약목록 작성
선적계획	① 선사로부터 General Stowage Plan과 Loading Container No. List 접수 ② 작업계획서 작성 및 야드계로부터 야드장치 현황표 접수 ③ 선적순서목록 작성 ④ 최종 Bay Plan 작성 및 선사에 전달

FCL 화물의 경우에는 화주 또는 그의 대리인, LCL 화물의 경우에는 CFS 운영자(CFS operator)에 의하여 작성되는데, CY에 화물이 적입된 컨테이너를 반입할 경우 CLP를 CY 운영자에게 제출하여야 한다. CLP는 컨테이너 별로 내장 화물의 명세를 표시한 유일한 서류로서 선적지에 있어서는 증거가 되므로 본선의 법정보존서류로서 그리고 양륙항에서는 컨테이너 인출 작업(unstuffing) 등에 광범위하게 사용되는 매우 중요한 서류이다: 최신해운 · 물류용어대사전(2006), 289~290쪽.

91) 선적예정목록(loading list)이라 함은 선적될 화물의 내용을 선적지별 · 양륙지별 · 화주별로 중량 · 용적 등으로 세분하여 일목요연하게 알아볼 수 있도록 도표화한 것으로 본선의 적부계획을 작성하고 관계 대리점에서 제반 준비를 갖추는데 사용된다: 최신해운 · 물류용어대사전(2006), 578쪽.

92) 적입(Stuffing)이라 함은, 컨테이너에 화물을 채워 넣는 것을 말한다. Vanning 이라고도 한다: 최신해운 · 물류용어대사전(2006), 825쪽.

93) 검수(Tallying)라 함은, 선적화물을 적재하거나 양륙할 때 당해 화물의 개수와 화물 상태의 이상 유무의 점검을 하는 것을 말한다. 화물을 받을 때 개수 · 하인(荷印) · 화물 상태 · 외관 등을 확인하여 제3자적인 입장에서 이것을 증명하는 업무이다. 이 검수업무에 종사하는 사람을 검수인(tallyman)이라 한다: 최신해운 · 물류용어대사전(2006), 840쪽.

(2) CY 운영계획 및 관리업무

구분	업무절차 및 내용
장치계획 수립	① 반입 컨테이너 화물과 양륙 컨테이너 화물로 구분 ② 반입의 경우는 운영계획과에서 모선의 Short-Term Calling Schedule에 의하여 선석배정계획이 수립되면 Yard Control Center에서 모선의 선석 예상 물량을 감안하여 가급적 접안예정선석에 가까운 수출 컨테이너 장치장을 배정 ③ 양륙의 경우는 하역순서표가 작성되면 작업조(G/C 기사, 신호수, Uner-Man, T/C 기사, 본선작업(control center)에 배포되며 양륙작업이 시작되면 T/C 기사가 양륙 순서표에 장치위치를 기재, 장치위치가 기재된 양륙 순서표는 작업 교대시에 Control Center에 제출되며 본선계에서는 양륙 완료 컨테이너 화물의 장치위치를 기록
반출계획관리	① 터미널 야드의 반출작업을 효율화하기 위하여 ODCY의 조정요원은 모선별 미반출목록을 ODCY에 제공 ② ODCY에서는 익일 반출 예정 컨테이너 화물목록을 TOC에 제출
반출입관리	① 야드로의 반출입은 게이트, CFS, 철송조작장에서 발생 ② 게이트 반입관리는 트레일러 기사가 반입 게이트에서 반입계(gate-in slip)를 제출하면 게이트 요원은 반입계(gate-in slip)의 내용을 입력하고, 컨테이너의 손상 여부와 컨테이너의 제원을 체크, 이상이 없는 경우 게이트 요원은 장치 블럭이 기재된 EIR 발행 ③ 게이트 반출관리는 OCDY 요원이 게이트 파견되어 자사의 트레일러 기사에게 미반출 컨테이너 화물목록에 의거하여 반출 컨테이너 번호와 장치위치를 알려주고, ODCY 요원이 작성한 반출계를 게이트 요원에게 제출하면 게이트 요원은 반출계를 입력
야드관리	일반 적 컨테이너의 장치장의 재고를 관리하며 냉동 컨테이너 화물, 위험 컨테이너 화물, 빈 컨테이너를 관리
보세운송관리	① 보세운송 도착 화물에 대하여 도착 확인을 하고 보세운송 도착 화물 일(월)보와 보세운송 목적지 변경 승인 목록을 세관에 신고 ② 양륙 컨테이너 화물의 경우는 운영계획과로부터 보세운송 예정목록을 입수하여 장치 확인 일수를 입력하며 ODCY에서 가져오는 보세운송신고서에 장치 확인을 함
철송관리	① 철송 도착관리는 ODCY에서 작업예정 통지서를 제출하며 화물이 TOC야드로 반입되는 경우는 반입계(gate-in slip)도 제출 ② 철송 발송관리는 ODCY에서 작업예정 통지를 받고 부산진역으로부터는 물량통지를 받음

(3) CFS 관리운영 업무

구 분	업 무 절 차 및 내 용
화물반입관리	① 수출 화물 반입 · 선사로부터 입고의뢰서 접수 · 수출 화물 반입신고서와 화물 인수 · 검수 · 선사의 입회하에 화물의 수량과 상태 체크 · 수출 화물 반입신고서에 장치확인을 기재하여 화주와 선사에 발행 · 수출 화물 반입신고서를 세관에 보고 ② 수입 화물 반입 · 선사 · 검수회사의 입회하에 반입확인서 작성 · 수입 화물 반입신고서를 세관에 보고 · 월별 수입 화물 반입 및 재고량 보고서를 세관에 제출
화물반출관리	① 수출 화물 반출: 선사로부터 출고의뢰서 접수 ② 수입 화물 반출: 선사로부터 출고의뢰서 접수 및 수입면장 접수
화물장치관리	① 장치계획 작성: 수입 화물, 수출 화물 분류 및 장소 할당, 화물표 작성 및 부착, 관리대장 기재 ② 장치기간 관리: 수출입화물 재고현황 및 체화량을 세관에 보고, 장치기간 경과 화물 목록 작성 및 선사에 통지
화물적입관리	① 적입계획 작성: 선사로부터 적입의뢰서 및 CLP 접수, Tonnage List작성, 작업비 정산 및 청구, 장비 · 인원 · 계획 수립, 빈 컨테이너 CY로부터 인수 ② 적입 작업: 선사 · 검수회사 입회하에 적임 및 봉인, 적입보고서를 선사에 송부. 선사로부터 반입계(gate-in slip)를 접수하여 CY에 인도 ③ 세관보고: 수출 화물 반출보고서를 세관에 보고
화물인출관리	① 인출계획 작성: 선사로부터 적하목록 접수 및 장비, 인원계획 수립, 반출계를 작성하여 CY로부터 적 컨테이너 인수 ② 인출 작업: 세관의 입회하에 봉인을 확인한 후 개봉 및 인출. 선사의 검수회사 입회하에 화물량을 체크하여 적하목록과 대조 확인 ③ 관련 보고: 인출보고서 작성, 수입 화물 반입을 세관에 보고(반입신고)

사. 세관

화물통관, 수출물품적재작업신고, 수출면장도착보고, 컨테이너 화물선적보고, 수출 컨테이너 목록신고 등으로 이루어진다. 선사의 수출 화물에 대한 세관업무의 흐름을 그림으로 나타내면 다음과 같다(〈그림 30〉).

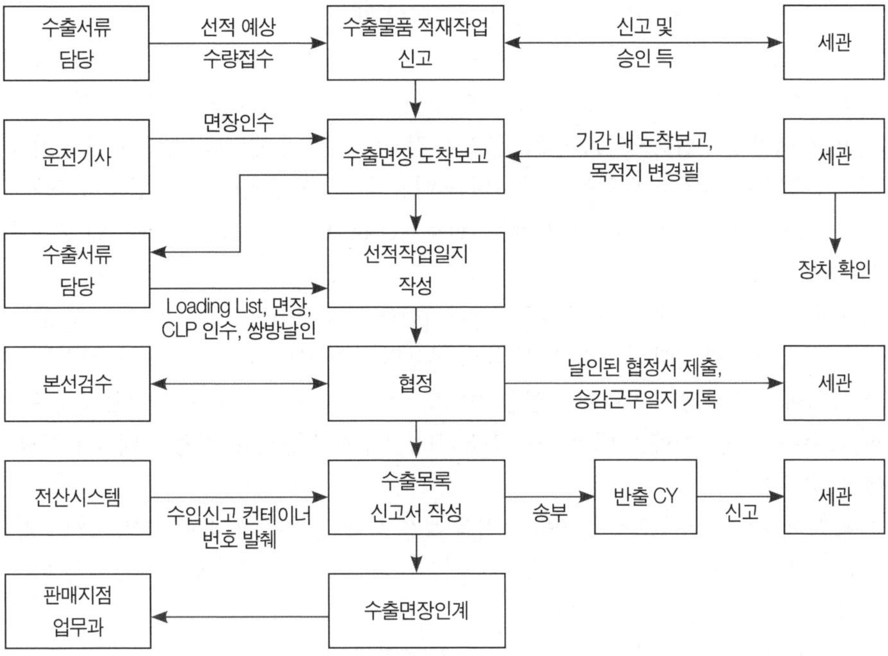

〈그림 30〉 세관의 수출업무 흐름도

2. FCL 화물과 LCL 화물의 수출운송 절차의 특징

가. FCL 화물

한국 수출 컨테이너 화물의 약 90%는 FCL 화물이다. FCL 화물은 컨테이너 내장 화물의 화주가 단일화된 것으로 수출업자가 물건을 생산한 후 선적을 위해서 항만까지 국내운송 절차를 거치게 된다. 이때 국내운송은 도로운송, 철도운송, 연안운송 등의 세 가지 방식으로 이루어진다.

통상 FCL 화물은 화주의 공장에서 수출 통관 후 보세운송[94] 형태로, ① 고속도로 또는 국도를 이용하여 도로운송하는 경우, ② 의왕 ICD를 통한 철도운송, ③ 인천→부산/광양 간의 연안운송을 이용하게 된다.

첫째, 수출업자는 수입업자에게 선적의뢰 시 선적요청서(shipping request: S/R),[95] 포장명세서(P/L), 상업송장(commercial invoice: C/I)[96] 등의 서류를 제출한다. 특히 빈 컨테이너의 투입을 요청

94) 보세운송(Bonded Transportaion)이라 함은, 관세법상의 외국물품(통관 절차를 필하여 국내물품으로 되지 않은 상태의 물품)을 그대로 국내 특정 장소(예, 개항, 보세구역, 세관관서, 통관역 등) 상호간에 운송하는 것을 말하는데, 세관장에게 신고하여 허가를 받아야 한다. 보세운송은 기차나 자동차에 의한 육로운송이 대부분이지만 선박이나 항공기로도 가능한다: 최신해운 · 물류용어대사전(2006), 201쪽.

95) 선적요청서(shipping request: application for shipment)는 선적신청서라고도 하는데, 하주가 선사에 제출하는 운송의뢰서를 의미한다. 선적을 의뢰하는 선박명, 품명, 수량, 목적항 등을 기재한다. 선사는 이것에 의해 본선에 선적지시를 하고, 선하증권을 작성하게 되는 주요 서류이다: 최신해운 · 물류용어대사전(2006), 790쪽.

96) 상업송장(commercial invoice)이라 함은 선적된 화물에 대해 품명 · 수량 · 단가 · 총액 · 선적항 · 양륙항 · 출항일 · 도착예정일 등을 기재한 서류로서 매도인이 매수인에게 매매대금을 청구하는 대금청구서의 기능을 가지고 있

할 경우에는 시간, 장소 등에 관해 정확하게 알려주어야 한다.

둘째, 수출신고(통관)는 원칙적으로 장치장소에 장치한 후에 이루어지지만, 물건 제조 전에 수출신고를 하고자 할 경우에는 제조 · 가공완료 예정일 기준으로 수출신고가 가능하다.

셋째, 빈 컨테이너 투입장소(생산공장 등)가 대전 이북인 경우에는 의왕 ICD, 대전 이남인 경우에는 부산의 ODCY에 장치되어 있는 컨테이너를 이용한다. CY 운영자가 빈 컨테이너를 화주에게 임대할 경우에는 장비수도증(equipment interchange receipt: EIR) 5부를 작성하여 이 중 1부를 화주에게 전달한다.

넷째, 수출신고가 완료된 후 수출면장(Export permission: E/P)이 발행된 경우, 화주는 컨테이너에 화물을 적입하고 빈 컨테이너 투입 시 함께 전달된 선사 봉인(carrier's seal)을 직접 컨테이너에 장착한다. 공장에서 직접 컨테이너에 화물을 적입할 수 있다. 이때 제3의 공적기관의 검수 · 검량인(tally man) 또는 공장책임자에 의해 화물의 수량이나 상태가 점검된다. 점검 상태가 완전할 경우 컨테이너에 적입한다.

다섯째, 보세운송은 외국으로 반출될 물건을 보세 상태(통관된 상태)로 개항, 보세구역, 타소장치허가장소에 한한다. 국내운송이 허용되는 것으로 수출의 경우 보세운송허용 기간은 30일 이내이며, 보세운송신고는 수출신고서로 한다.

여섯째, 컨테이너 터미널에 직접 인도되거나 ODCY에 반입된다.

일곱째, ODCY에 반입한 후 CY 운영자로부터 보세운송도착보고용 수출신고서에 장치확인을 받아 관할 세관에 보세화물도착 보고를 한다.

여덟째, ODCY에 반입된 화물은 컨테이너 터미널에 반입이 결정되면 ODCY에 있는 각 선사의 업무담당자(line clerk)는 컨테이너와 함께 접수된 수출면장을 확인한 후 컨테이너 터미널 게이트에 제출한 반입계(gate-in slip)를 작성하여 해당 트럭기사 편으로 전달한다. 이때 ODCY에서 컨테이너 터미널의 마샬링 야드까지의 단거리운송을 셔틀운송이라 하며, 본선 입항 5일 전부터 출항 12시간 전까지만 반입하면 된다.

아홉째, 컨테이너 터미널에 반입된 컨테이너는 작업 절차를 거쳐 해당 선박에 선적된다.

나. LCL 화물

수출 화물의 약 10%를 차지하는 LCL 화물은 20피트 또는 40피트 컨테이너에 1명의 화주가 해당 컨테이너 1대에 채울 만큼의 화물을 확보하고 있지 못하기 때문에 FCL 화물과 같이 컨테이너 문전운송(door to door transport) 과정이 필요 없이 루즈화물(loose cargo)[97] 상태로 트럭에 실려 운송인 또는 운송주선인이 지정한 부산/광양의 CFS로 운송된다.

다. 줄여서 'Invoice'라고도 한다: 최신해운 · 물류용어대사전(2006), 268쪽.

97) 루즈화물(loose cargo)이라 함은 단위화된 화물(unitized cargo)의 반대되는 개념으로, 정기선 화물 중 짐을 꾸리기는 했지만, 팰릿화나 컨테이너에 적입되지 않은 화물을 가리킨다: 최신해운 · 물류용어대사전(2006), 585쪽.

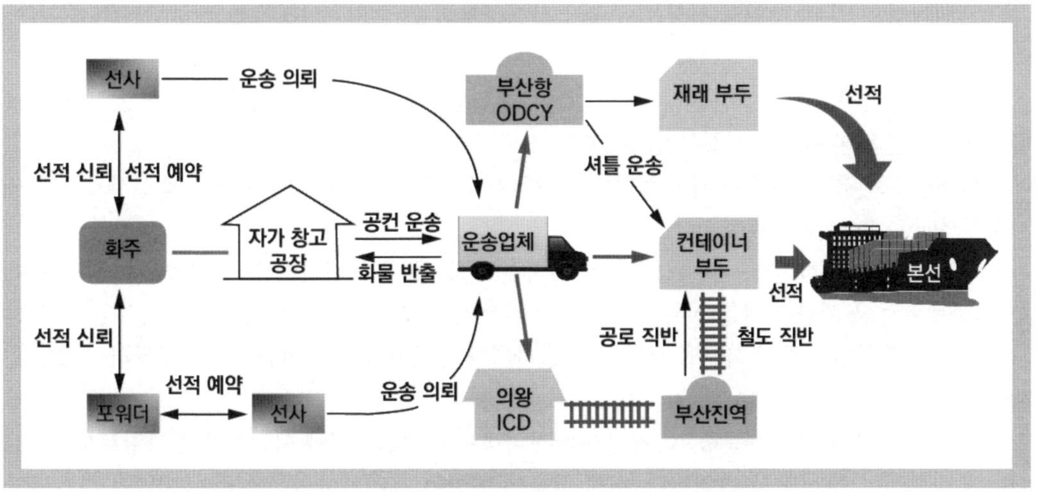

〈그림 31〉 FCL 화물의 수출 경로

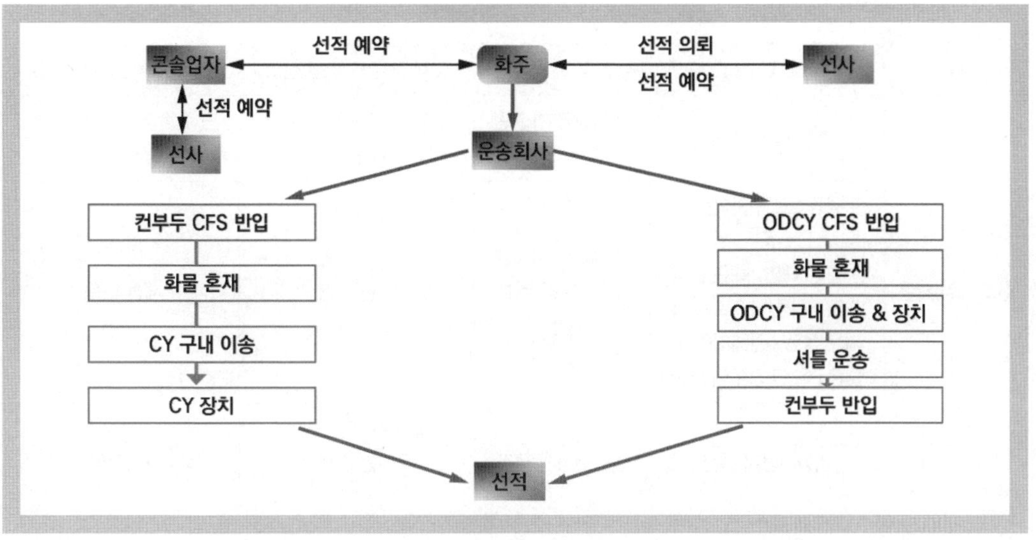

〈그림 32〉 LCL 화물의 수출 경로

II. 수입 화물운송 실무

1. 수입 화물운송 업무 절차

가. 개요

수입 컨테이너 화물의 운송 업무는 다음과 같은 순서로 이루어진다.

① 선적정보 입수: 수입국 선사는 수출국 선사로부터 컨테이너 선적목록, 선하증권 목록, 선박 출항보고서를 접수한다.

② 선하증권 원본 입수: 신용장 방식의 경우, 수입업자는 수입대금을 신용장 개설 은행에 완납하고 선하증권 원본 등 선적서류를 입수한다.

③ 화물 도착통지: 화주는 해당 선박이 도착하기 전, 도착 화물을 인수하기 위해 선사로부터 도착통지서(arrival notice)를 수령한다.

④ 선박입항 및 하선: 선사는 선박입항 24시간 전(중국 등 근거리는 입항 시까지)에 입항보고서, 적하목록 등을 세관에 제출한다. 수입 화물을 부두에서 직반출하는 경우, 해당 선박입항 전에 선사 또는 운송주선인에 해당 화물을 부두 내 하선하거나 본선에서 차상 반출하도록 부두하선 요청을 해야 한다.

⑤ 화물의 장치 및 보세운송: 하역업자는 적하목록 하선신고서에 따라 하선신고일로부터 7일 이내에 하선 장소에 물품을 반입한다. 하선 장소에 반입된 컨테이너 수입물품은 10일이 경과되면 물품을 수출입화물집화소 또는 다른 보세구역에 반입시켜야 한다. 다만, 다른 보세구역으로 반입하기 곤란한 컨테이너 수입물품인 경우 20일 범위 내 세관장에게 장치기간 연장을 신청한다.

⑥ 수입통관절차

구분	출항 전 신고	입항 전 신고	보세구역 도착 전 신고	보세구역 장치 후 신고
신고 시기	선박(항공기) 출항 전	선박(항공기) 출항 후 입항보고 전	입항 후 당해 물품 이 반입될 보세구역 도착 전	당해 물품이 보세구역에 장치된 후
신고 대상 제한	· 항공기로 수입되는 물품 · 일본, 대만, 홍콩, 중국으로부터 선박으로 수입되는 물품 · 컨테이너 화물은 FCL인 경우에 한함	컨테이너 화물은 FCL 인 경우에 한함	제한 없음	제한 없음
신고 세관	입항예정지 세관	입항예정지 세관	입항지 또는 보세구역관할 세관	보세구역관할 세관
검사 대상 통보 시기	출항 후	수입신고일	수입신고일	수입신고일
검사 생략 물품의 신고 수리 시기	적하목록 제출 후	적하목록 제출 후	보세구역 도착일	수입신고일
검사 대상 물품의 신고 수리 시기	검사 후	검사 후	검사 후	검사 후

⑦ 화물인도지시서(delivery order) 수령 및 화물 수령: 수하인은 개설 은행으로부터 입수한 선

하증권 원본(original bill of lading)을 선사에 제출하고 화물인도지시서를 수령하여, 다시 선사에 제출하고 화물을 수령한다.

⑧ 빈 컨테이너 반송: 원칙적으로는 컨테이너를 수령했던 ODCY로 반환하여야 하지만, 예외적으로 선사가 지정한 ICD(내륙 컨테이너 기지)에 반환할 수도 있다.

〈표 22〉 수입 화물의 운송 시 처리 주체별 업무내용

화주	선사	운송주선인	하역회사	터미널
L/C 개설 선적서류 입수 부두하선 요청 보세운송 신고 수입통관 화물 인출	선박입항 업무 선적서류 접수 적하목록 제출 하선신고서 제출 화물양륙 화물인도	선적 통지 도착 통지 혼재적하목록작성 및 선사제출 선적서류 입수 화물인출	적하목록 접수 하선신고서 접수 화물반입 및 장치 수입통관 화물반출 내륙수송	본선입항 계획 본선양하 계획 게이트반출 업무

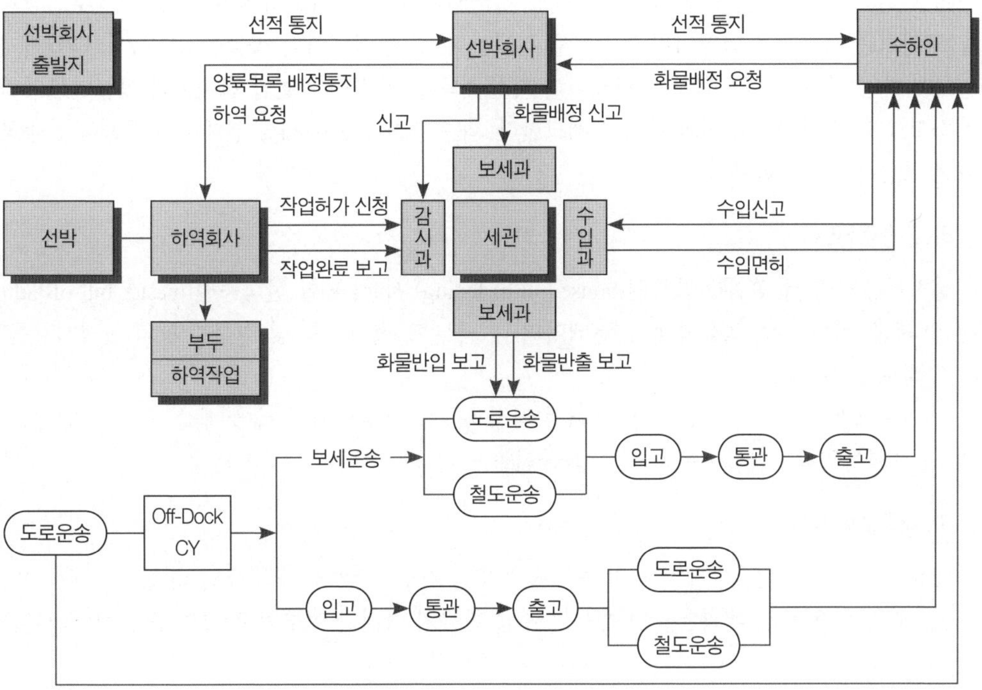

〈그림 33〉 수입 화물의 처리 절차

나. 수하인

수하인은 수입 화물의 청약(offer)을 접수하고, 거래은행에 수입승인서, 양도담보계약서 및 보험계약서 등을 제출하여 신용장(L/C)을 개설한다. 일반적으로 선적서류 원본이 은행을 통해 전달되는데 수출면장, 포장명세서, 송장 및 선하증권 등으로 구성된다. 일본 등 근거리 화물은 선적서류가 나중에 도착하고, 원거리 화물은 선적서류가 먼저 도착된다.

수입통관과 물품인출을 위해 수하인이 해당 내륙운송업체에 선하증권, 상업송장, 포장명세서 및 수입승인서(세관용)를 제출하면 내륙운송업체는 관세사를 통하여 수입통관을 대행하고 CY 등에서 물품을 인출, 수하인에게 인도한다.

다. 선주

① 수입국 선사는 수출국 선사로부터 선적정보 입수: 선적목록, 선하증권 목록, 선박 출항보고서 등을 Telex, Mail, Fax 등으로 접수한다. 선하증권 사본(copy of B/L), 적하목록, 위험화물 목록, 식물화물 목록, 최종 본선 적부도, 컨테이너 적부도, 컨테이너 번호목록 등을 접수하여 화주 및 CY/CFS에 전달한다.

② 세관에 적하목록을 신고한다.

③ 수입 화물 배정목록 작성 제출: 수입국 선사는 보세운송, OCDY, 특허보세구역, 자가창고, CFS 등의 인도 형태별로 수입 화물배정목록을 작성하여 세관에 제출하여 확인을 받는다. 운송요청서를 작성하여 운송 관련 부서에 전달하면서 직반출, 컨테이너, 벌크, 특수 컨테이너 등에 대한 정보를 제공한다. TOC에 반출계를 제시하여 해당 컨테이너 화물을 반출하며 이때 일정한 무료장치기간을 경과하는 경우에는 컨테이너 장치료를 부과한다. 반출 컨테이너 화물을 ODCY에 반입시키며 일일 CY 반입 컨테이너 및 화주별 컨테이너 화물목록을 작성한다. 일일 컨테이너 화물인도계획을 수립하고, CY 내 컨테이너 체화 현황을 체크한다. 화주의 요청으로 해당 컨테이너 화물을 반출하며 비용을 정산하여 청구한다.

라. 운송주선인

선적서류 송부서, 혼재선하증권(house bill of lading) 사본, 통합 선하증권(master bill of lading) 원본 및 사본, 상업송장, 포장명세서, 컨테이너 내 적부도, 적하목록 및 정산서 등의 선적서류를 다음의 순서로 입수한다.

① 화주에게 화물 도착 통지 → ② 배정 적하목록을 작성하여 선사에 제출 → ③ 수입신고 및 통관 → ④ 화물양륙 · 입고 · 운송 → ⑤ 화물인출

마. 내륙운송업체

내륙운송업체에서는 ① 배정 적하목록 접수 또는 작성 → ② 화물의 반입 및 장치 → ③ 수입통관 → ④ 화물반출 → ⑤ 내륙운송의 순서로 수입 화물의 처리가 이루어지는데, 구체적인 내륙운송 절차는 다음과 같다.

(1) FCL 화물

터미널에서 보세운송으로 내륙 직반출운송(내장물품 부두보세운송)과 터미널 통관 후 내륙 직반출 운송(컨테이너 내장물품 부두통관) 경로가 있다.

① 터미널 양륙→보세운송 및 타소 장치 허가→철도이용 보세운송 →부산진역 경유→의왕 ICD 도착→열차 하차→(일시장치)→ 트럭 상차→화주 문전 도착→수입통관→ 컨테이너 내장물품 인출→빈 컨테이너 반환

② 터미널 양륙→게이트 반출→ODCY 반입→장치→수입통관→화주의 화물 반출→화주 문전 운송

③ 터미널 양륙→게이트 반출→ODCY 반입→보세운송 및 타소 장치 허가→도로보세 운송→화주 문전 수입 통관→내장물품 인출 →빈 컨테이너 반환

(2) LCL 화물의 각종 처리 절차

① TOC 통관의 경우: 터미널 양륙→셔틀운송→CFS 입고→ 반입신고→수입통관 및 수입면장 발행→화주별 또는 선하증권별 컨테이너 내장물품 인출→필요시 검수 · 검량 · 감정→화주의 반출

② ODCY CFS 통관의 경우: 터미널 양륙→게이트 반출→셔틀운송 →ODCY 반입→게이트 기록부(gate log) 작성→CFS 반입→(수입통관 및 수입면장 발행)→ 컨테이너 내장물품 인출→검수 · 검량 · 감정→화주의 화물반출

③ 정기내륙운송 서비스: 한진해운의 경우 서울/부산 간 도로운송을 매일 36회 정기적, 반복적으로 실시하여 서울에서 출발한 차량과 부산에서 출발한 차량이 추풍령에서 만나 컨테이너 만을 교환하는 서비스 실시

바. ODCY

① ODCY의 처리 절차: 본선양륙→창고 배정→ODCY 반입→반입 확인→수입신고 및 통관→수입면허 확인→선사로부터 화물인도지시서(delivery order) 수령→화물인도지시서와 수입면장 확인→화주에 보관료와 작업료 청구 → 화물 출고

② ODCY CFS의 처리 절차: 하역회사는 배정 적하목록을 세관에 제출하여 양륙 예정 컨테이너 화물의 보세 운송 여부, 일반 창고입고 여부 등을 확인받아 이를 토대로 수입 컨테이너 화물에 대한 처리계획을 수립한다. 선박이 입항하면 하역회사는 수입 화물 송장과 선사로부터 받은 Inbound Container No. List를 토대로 선사와 세관원과 함께 서류상의 화물과 실제 도착한 화물의 일치를 확인한 뒤 협정서를 작성 날인한다. 컨테이너 화물을 ODCY로 이송하고 CY 게이트는 서류상의 컨테이너 봉인번호와 타임이 실제의 것과 동일한지를 체크한 후 게이트 기록부(gate log)를 작성하고 CY에 장치되면 세관에 통지한다. CFS 담당자는 이미 작성된 배정 적하목록을 통해 화물 및 작업사항을 확인하며 CFS 창고로 컨테이너를 이송한다. CFS 입고가 완료되면 입고확인서 작성 후 세관통지 및 반입계(gate-in slip)를 작성한다. 컨테이너의 봉인을 제거한 뒤 배정 적하목록에 기재된 선하증권 번호를 확인한 후 화물을 인출한다. 빈 컨테이너는 CFS에서 CY로 인도, CY 담당자는 컨테이너 기기의 이상 유무를 검사한다. 화주는 화물인도지시서를 선사로부터 받아 수입면장과 함께 CFS에 제출하고, 화물보관료, 하역료, 입출고료 및 화재 보험료 등의 비용을 지불한다. 이때 화물반출허가서를 발행받아 화물을 반출한다.

2. 수입 화물의 처리 절차

수입 화물 처리에는 수입통관, 수입물품 하선작업 신고, 수입물품 보세운송 도착보고, 본선 양륙작업 일지 작성 및 협정, 수입 컨테이너 목록신고 등의 절차가 있는데 〈그림 34〉과 같다.

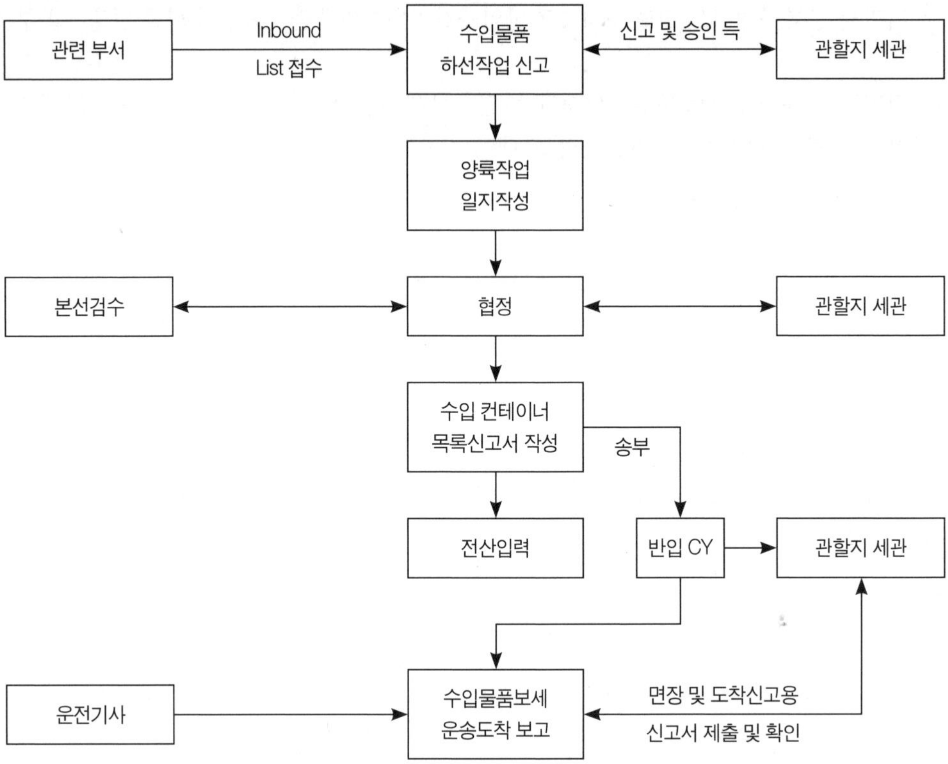

〈그림 34〉 수입 화물처리 흐름도

3. 수입 FCL 화물과 LCL 화물의 통관 및 수입운송 흐름

가. FCL 화물

수입 화물의 약 90%를 차지하는 FCL 화물이 부두에서 양륙되어 수입업자의 창고 또는 공장까지 도착되는 과정의 이동경로는 보세운송을 통한 도착지통관인 경우와 부두의 보세장치장에서 통관하여 일반운송되는 양하지통관, 선박 도착 전에 통관 절차를 완료하는 선상통관의 세 가지 방식으로 이루어진다.

① 부두에서 보세운송으로 부두 직반출(컨테이너 내장물품의 부두 보세운송)
② 부두 통관 후 부두 직반출(컨테이너 내장물품의 부두 통관)
③ 부두양하 → 보세운송 · 타소장치 허가 → 철도이용 보세운송 → 부산진역 경유 → 의왕 ICD → 화물차 하차 → (일시장치) → 트럭 → 상차 → 화주 문전 도착 → 수입 통관 → 컨테이너 내장물품 인출 → 빈 컨테이너 반환
④ 부두양하 → 게이트반출 → ODCY 반입 → 장치 → 수입 통관 → 화주화물 반출 → 화주 문전 수송
⑤ 부두양하 → 게이트반출 → ODCY 반입 → 보세운송 · 타소장치 허가 → 도로 보세운송 → 화주 문전 수입 통관 → 컨테이너 내장물품 인출 → 빈 컨테이너 반환

〈그림 35〉 수입 FCL 화물의 이동경로

나. LCL 화물

수입 화물의 약 10%를 차지하는 LCL 화물은 반드시 양하지 통관을 거쳐 일반화물 상태로 화주의 문전에 도달하게 된다.

① 부두 통관: 터미널 양하 → 구내이송 → CFS 입고 → 반입신고 → 수입통관 → 화주별 또는 B/L별 → 컨테이너 내장물품 인출 → 필요시 검수, 검량, 감정 → 화주의 화물 반출
② ODCY 통관: 터미널 양하 → 터미널 게이트 반출 → 셔틀 운송 → ODCY 반입 Gate Log 작성 → CFS 반입 → 수입 통관 → 컨테이너 내장물품 인출 → 필요시 검수, 검량, 감정 → 화주의 화물 반출

〈그림 36〉 수입 LCL 화물의 이동경로

제6절 컨테이너 화물의 운임

I. 컨테이너 화물에 적용되는 요율

1. 최저이용요율

컨테이너 최저이용(container minimum utilization)을 기준으로 요율을 정하는 경우에, 운송인은 컨테이너 당 중량이 용적으로 최소량을 정하거나, 총적재 능력(capacity)의 일정비율(%)로 규정한다. 이때 각 운송인마다 각각 다른 기준을 적용하기 때문에 복합운송인(MTO)은 최저이용요율(minimum utilization rate) 보다 낮은 운임으로 합의하지 않으면 손해가 발생한다.

가. 부족분 운임(shortfall freight)

중량 혹은 용적을 기준으로 최소 이용치(minimum utilization)에 도달하지 못하였을 때 그 차이만큼 부족분 운임(shortfall freight)이 부과된다. 통상적으로 부족분 운임의 부과기준은 컨테이너 내장화물의 운임 중 가장 높은 운임이 된다.

나. 최저상자운임률(minimum box rate)

Teu당 평균운임으로 부과해야 할 최소 기준을 설정해 놓고 그것에 미치지 못하면 부가요금(surcharge)을 부과하는 방식을 말한다.

2. 최대이용요율

컨테이너 최대이용요율(container maximum utilization rate)은 화물을 아주 조밀하게 적재해서 컨테이너 적재능력보다 화물용적이 많아질 경우에 적용하는 요율 방식이다. 단, 내장화물이 단일품목에 단일요율이 적용되었다면 동 요율을 기준으로 하여 컨테이너 내부 용적으로 부과한다. 내장화물이 단일품목이 아닐 경우에는 요율이 높은 품목요율을 기준하여 내부 용적에 의하여 요율이 부과된다.

3. 품목별 무차별 운임률

품목별 무차별 운임률(freight all kinds rate: FAK)은 모든 품목에 동일하게 부과하는 요율 방식이다. 비동맹선사에서 많이 이용되기는 하나 품목에 따라 달리 정하는 경우도 있다. 예를 들면 와인에 대한 요율과 생수에 대한 요율을 그 화물의 운임부담능력을 감안하여 달리 정하기도 한다.

4. 상자 당 운임률

상자 당 운임률(commodity box rate)은 비동맹선사에서 이용되기 시작한 것으로, 운임부과단위가 톤 기준(ton base)에서 박스 기준(box rate)으로 변경되어 부과되는 요율 방식이다. 이 요율은 화주에게 유리한 서비스를 제공하기 위하여 만들어진 것이며. 운송원가에 근거한 요율부과 방식이다. 최근에는 해운동맹에서도 이 요율을 이용하고 있다.

5. 기간-물량별 운임률

기간-물량별 운임률(time-volume rate)은 일정 기간과 물량을 기준으로 화주에게 유리한 운임률을 제공하는 제도를 말한다. 일정 품목에 한정하거나 품목별 무차별 운임률(FAK)을 기준으로 한다. 화물량의 기준은 Teu나 지불된 운임으로 하며 적용기간은 계약에 따라 상이하다.

6. 대화주 우대계약

대화주 우대계약(service contract: S/C)이라 함은 화주는 일정한 대규모 컨테이너 화물을 일정기간 제공할 것을 직접 또는 화주협회를 통해 약속하고 해운동맹 또는 선사는 저렴한 운임률뿐 아니라 일정한 선복, 운송 기간 등의 제공을 약속하는 계약을 말한다.

기간물량별 운임률(TVR)과 유사하지만, 다음과 같은 점에서 차이가 있다:

첫째, 기간물량별 운임률은 FMC에 제출된 태리프로 공표하여야 하기 때문에 동일한 조건의 화주에게 동일한 수준의 운임률을 제공하여야 한다. 반면, 대화주우대계약의 내용은 태리프에 포함되지 않으므로 FMC에 태리프의 형태로 제출할 필요가 없다. 다만, 대화주우대계약의 필수조건(essential terms)은 태리프의 형식으로 FMC에 제출하여 일반인이 열람할 수 있도록 하여야 한다.

둘째, 기간물량별 운임률은 독자행동권의 행사가 가능하지만, 대화주우대계약에서는 독자행동권의 행사를 제한할 수 있다.

셋째, 기간물량별 운임률을 위반할 때는 벌금의 대상이 되지만, 대화주우대계약을 위반할 때는 법원의 판결에 의하지 않고는 별도의 제재를 받는 것은 아니다. 이는 대화주우대계약은 선사와 화주간의 합의에 의하여 요금을 결정하는 계약의 형식을 취하고 있기 때문에 해운법(Shipping Act)이라는 행정법규의 규정에 의한 운임률고시제도와는 근본적으로 다르다.

넷째, 대화주우대계약은 과거 해운동맹이 사용하던 로얄티 계약(loyalty contract)과 유사한 점이 많은데, 두 가지 계약의 차이점은 다음과 같다.

구분	로열티 계약 (Loyalty Contract)	대화주우대계약 (Service Contract)
대상 화물	화주의 전체 화물	최소 화물량을 합의
서비스 장소	해운동맹이 서비스하는 모든 장소/항구	특정 지역에 한정
서비스 기간	다음 요금인상 시까지로 한정	합의기간 설정
서비스 화물	전반적인 화물	계약에 정한 특정 사항 충족 화물

II. 내륙 컨테이너 화물의 운임률 특혜제공방식

운송원가를 줄이기 위하여 많은 선사가 선박의 기항 항만의 수를 축소하고 있다. 이에 따른 선적화물량의 축소를 방지하기 위해 여러 가지 보완수단을 채용하고 있는데, ① 항만평준화제도(port equalization system), ② 항만추가운임제도(port arbitrary system), ③ 총그리드 제도(total grid system) 등을 많이 사용하고 있다.[98)]

1. 항만평준화제도

재래화물선(general cargo ship) 시절, 스페인의 발렌치아(Valencia), 알리칸테(Alicante), 카르타제나(Cartagena)에서 미국 동부해안으로 벌크화물을 운송하였었다. 컨테이너 정기운송이 시작되면서 발렌치아를 주기항지로 하고 알리칸테 또는 카르타제나 근처의 화물에 대해서는 내륙운임을 알리칸테 또는 카리제나까지의 운임만 부과하고 발렌치아에서 화물을 선적하는 방법을 사용하고 있다. 이러한 방식을 항만평준화제도(port equalization system)라고 한다.

2. 항만추가운임제도

북대서양에서 컨테이너선이 출발할 때 해운동맹은 피더선(feeder vessel)을 사용해야 하는 보르도만(Bordeaux)의 기항을 중단하고, 편리한 르아브르(Le Havre)를 주기항지로 하고 보르도만 지역의 화물에 대해서는 르아브르항까지 정규철도운임보다 저렴한 추가운임(additional freight)을 부과

98) 방희석(2005), 323쪽.

하였다. 이러한 형태를 항만추가운임제도(port arbitrary system)라고 한다.

3. 총 그리드 제도

내륙지역을 여러 개의 소규모 구획으로 구분하고, 이 소규모 구획으로부터 가장 가까운 주요 항까지의 내륙운임을 부과하는 방식으로 이때 선사가 임의로 선적항을 정할 수 있다. 이러한 방식을 총 그리드 제도(total grid system)라고 한다.

제6장

복합운송

제1절 의의

제2절 복합운송의 역사

제3절 국제복합운송의 주요 경로와 유형

제1절 의의

I. 개념

복합운송(multimodal transport)의 일반적인 개념은 이른바 일관운송과 관련하여 이해하는 것이 타당하다. 일관운송(through transport)이라 함은 하나의 운송계약에 여러 명의 운송인이 관여하는 경우로서, 처음부터 운송인 및 운송수단의 복수가 예정되어 있다.[1] 일관운송은 사용되는 운송수단(mode of transport)에 따라 선박에 의한 해상운송, 열차에 의한 철도운송, 트럭에 의한 도로운송, 비행기에 의한 공중운송 등으로 구분된다. 또 각 운송 구간에서의 운송이 동일한 운송방식에 의하여 이루어지는 일관운송을 단순일관운송(unimodal through transport)이라 하고, 다른 종류의 운송방식에 의하여 이루어지는 일관운송을 복합운송이라고 한다.[2] 복합운송이 두 나라 이상에 걸쳐 국제적으로 이루어지는 경우, 국제복합운송(international multimodal transport)이라고 한다(유엔복합운송협약 제1조 제1호).

복합운송을 넓은 의미에서 일관운송의 일종으로 보는 일반적인 견해와는 달리 복합운송과 일관운송을 완전히 별개로 보는 견해[3]도 있다. 이러한 견해에 의하면 일관운송은 다른 종류의 운송방식을 전제로 하지 않으며, 또 운송의 실행도 각 구간별로 국지적으로 이루어지기 때문에 운송인책임도 복합운송의 경우와 달리 한 운송인에게 집중하는 일이 없다고 한다.

복합운송은 서로 다른 운송수단의 결합이므로 운송을 위한 용기(receptacle)가 무엇인가 하는 것은 문제가 되지 않는다. 그러나 잡다한 물건을 용기 안에 통합할 수 있으면 복합운송을 더욱 촉진할 수 있고, 그러한 용기의 대표적인 것이 컨테이너이므로 실무적으로는 복합운송은 컨테이너 운송(container transport)을 의미하는 것으로 사용되기도 한다.[4] 컨테이너는 상품 생산자의 문 앞에서 소비자의 문 앞까지의 복합일관운송(multimodal through transport)에 이용되기 때문에 컨테이너 복합운송(container multimodal transport)이라는 표현을 쓰기도 한다. 오늘날 복합운송은 컨테이너의 활용과 불가분의 관계에 있기 때문이다.

이론상으로는 서로 다른 운송방식의 결합으로 이루어지는 일관운송은 모두 복합운송이므로, 가령 문명 발달 이전의 고대에 흔히 있었을 것으로 추측되는 소, 말 또는 낙타와 범선 등을 차례로 이용하여 이루어진 장거리운송도 하나의 복합운송의 형태라 할 수 있을 것이다.

운송협약상으로는 이미 「1929년 국제항공운송협약」(Convention for Unification of certain Rules

1) 서돈각, 「상법강의(하권)(제3전정)」(법문사, 1985), 538쪽.

2) 谷川 久 · 高田四郎 · 櫻井玲二, 「改訂コンテナB/L」, (勁草書房, 1974), 5쪽.
복합운송의 영문 표현은 유엔복합운송협약에서 multimodal transport로 되어 있으나, 일반적으로는 combined transport 또는 intermodal transport라는 용어가 보다 널리 사용되었다.

3) H.G. Röhreke, "Combined Transport and The Hague Rules," *European Transport Law*, Vol. 10, (1975), p. 621.

4) H.G. Röhreke(1975), p. 620.

relating to International Transportation by Air)[5] 제4장이 '복합운송에 관한 규정'(provision relating to combined transport)이라는 표제하에 제31조에서 "일부가 항공에 의하여 이루어지고, 또한 일부가 다른 운송방식(other mode of carriage)에 의하여 이루어지는 복합운송(combined carriage)의 경우에는……"이라고 하는 복합운송에 대한 규정을 두고 있다.

복합운송은 국제간의 화물운송에서 가장 큰 효율성을 발휘하고 있는데, 국제복합운송이 되기 위해서는 ① 일관 운임률(through rate), ② 복합운송증권(through bill of lading), ③ 단일책임제도(single carrier's liability system)라는 요건이 충족되어야 한다.[6]

복합운송은 운송수단의 결합에 의하여 실행이 되는데, 운송수단의 결합방법은 ① 트럭-선박-트럭-철도-트럭, ② 트럭-선박-트럭-항공기-트럭, ③ 트럭-선박-트럭, ④ 트럭-항공기-트럭, ⑤ 철도-선박-철도-트럭, ⑥ 도로-선박-항공기-트럭 등의 방식이 있다. 이와 같은 정형적인 운송수단의 결합방식은 얼마든지 변형시킬 수 있지만, 가장 흔히 사용하는 방식이 Sea-Land 형태이다. Sea-Air-Land를 결합하는 형태는 단위선적장비(unit load device)의 관점에서 해상/육상용 컨테이너와 항공용 컨테이너 간에 규격이 맞지 않아 잘 사용되지 않는다.

II. 복합운송의 특징

재래식 운송방식에 비하여 하나의 통합된 운송(integrated transport)으로서의 복합운송(multimodal transport)의 특징은 다음과 같다.[7]

첫째, 일관된 직접서비스(direct service)를 받을 수 있다. 즉 재래식의 구간별 운송을 할 때는 여러 차례의 환적(transshipment)[8]을 해야 하므로 화물의 분실 또는 손상 등이 자주 발생하나, 복합일관운송(multimodal through transport)의 경우에는 그러한 우려가 적고, 또 이러한 유리한 지위로 말미암아 서비스의 신속성과 신뢰성을 증진시킬 수 있다.

둘째, 재래식 운송방식에 의한 경우에는 각 운송구간별로 분할된 책임(separate responsibility for each leg)을 지게 되므로 여러 당사자가 각각 자기의 운송방식에 의한 운송구간에 대하여서만 책

5) 보통「1929년 바르샤바 협약」이라고 부른다.

6) 방희석,「국제운송론(개정판)」, (박영사, 2005), 410쪽; 엄윤대,「국제운송강론」, (일진사, 2003), 342쪽.

7) Jan Ramberg, "The Implication of New Transport Technologies", *European Transport Law*, Vol. XV No. 2, (1980), pp. 120~122.

한편 박명섭 · 김은주,「무역계약의 이해」, (우용출판사, 2011), 209쪽에서는 ① 운송책임의 단일성, ② 복합운송서류의 발행, ③ 일관운임의 설정, ④ 운송방식의 다양성, ⑤ 운임부담의 분기점을 송하인이 물건을 내륙 운송인에게 인도하는 시점으로 하는 점, ⑥ 컨테이너 운송의 보편화로 설명하고 있다.

8) 환적(Transshipment)이라 함은, 일단 선적된 화물을 들어내 다시 다른 선박이나 다른 수송기관에 적재하는 것을 말한다. 줄여서 T/S라고도 한다. 이것은 한 수송기관 이상의 접속에 의하여 화물을 최종 목적지에 도착시키기 위하여 다른 수송기관에 바꾸어 싣는 것을 가리키는 것이다. 이에는 선박에서 선박으로의 환적, 선박과 철도의 해륙연결 수송에 의한 경우의 환적이 있으며, 앞의 경우에는 다시 동일한 선주에 속하는 다른 선박에의 환적과 상이한 선주의 선박에의 환적이 있다. 항만에서 환적되는 컨테이너는 부두 배후의 교통수요를 유발하지 않고 부가가치가 높기 때문에 세계 항만당국은 환적 컨테이너의 유치를 위한 경쟁이 치열하다; 최신해운 · 물류용어대사전(2006), 873쪽.

임을 지지만, 현실에서는 책임 발생 구간을 확정하기 어려운 경우가 많다. 그러나 복합일관운송에 의한 경우에는 한 사람이 전 과정에 대하여 책임을 진다.

셋째, 재래의 구간별 운송방식에 의할 경우에는 각 구간별로 여러 운송증권(document of transport)이 있어야 하나, 복합운송의 경우에는 하나의 운송증권이 필요할 뿐이다.

넷째, 재래식 운송방식에 의할 때는 각 구간별로 비용을 산정해야 하나, 복합운송의 경우에는 한 번의 총비용(a total cost)을 산정하면 되는 이점이 있다.

III. 경제적 이점

복합운송의 궁극적 목적은 컨테이너 화물의 일관운송(through transport)을 통해 문전에서 문전까지 운송하고, 이를 통하여 경비절감 효과를 거두는 것인데, 이를 다음과 같은 6가지로 설명할 수 있다:9)

① 물류의 신속성을 들 수 있다. 인도지연의 회피, 통관절차의 간소화, 화물혼재의 가능함으로 인하여 물류를 보다 신속하게 할 수 있다.

② 물류의 안정성을 들 수 있다. 단일화된 책임 주체와 일관운송으로 인하여 화물손상, 오손의 감소 등으로 인하여 물류의 안정성이 높아진다.

③ 물류비용이 저렴해진다. 상품 매입가격의 인하, 포장비의 절감, 해상보험료의 절감, 서류작성 및 하인(荷印) 등에 필요한 비용절감, 자금회전이 신속해짐에 따라 자금조달 필요성의 감소, 화물혼재로 인한 비용절감 등이 전체적인 물류비용의 절감효과를 가져올 수 있다.

④ 운송서류의 간소화 효과가 있다. 즉 서류작성과 하인(荷印)의 감소로 인하여 운송서류의 간소화 효과가 발생한다.

⑤ 하역설비 자동화가 가능하여 노동력 절감효과가 발생한다.

⑥ 무역의 확대를 촉진하는 효과가 있다. 화물인도 시 상품가격의 견적이 용이해지고, 재고감소, 자금조달의 필요가 감소되고, 화물적부작업지역 및 환적지점(stowage operating area or transshipment place)의 분산이 가능해짐에 따라 무역활동이 상대적으로 활성화될 수 있는 여건이 조성된다.

9) 방희석(2005), 411쪽; 박명섭 · 김은주(2011), 209쪽.

제2절 복합운송의 역사

I. 복합운송 시스템의 도입과 발전

복합운송(multimodal transport)의 기원은 컨테이너리제이션(containerization)과 밀접한 관련이 있다. 즉 컨테이너리제이션에 의해 화물운송의 단위화가 가능해졌고, 화물의 단위화가 가능해졌기 때문에 복합운송이 가능하게 되었다. 이러한 관점에서 컨테이너리제이션의 역사가 곧 복합운송의 역사라고 할 수 있다.

오늘날과는 그 형태가 다르겠지만, 컨테이너가 처음 사용된 것은 1 세기경으로 알려져 있다.[10] 또 오늘날과 같은 형태로 운송에 컨테이너라는 용기가 사용된 것은 육상운송에서 출발하였다. 즉 철도운송이 시작된 후 영국에서 1830년에 갠트리 크레인(gantry crane)을 사용하여 우편물이 담긴 상자를 화차에 적재한 우편열차가 운행되었다. 1930년에서 1960년대에 이미 도로와 철도를 연결하는 복합운송기술이 유럽의 여러 지역에서 사용되고 있었다.[11]

복합운송이 본격적으로 활성화되기 시작한 것은 해상운송에 컨테이너가 활용되면서부터이다. 즉 1930년대 북아메리카의 연안무역에서 선박에 의한 컨테이너 운송이 사용되고 있었다. 또한 1942년부터 1945년까지 제2차 세계대전 중에 미군이 유럽지역으로 군수품을 운송하는데 해상과 육상을 연결하는 복합운송 서비스를 이용하였다. 1950년에는 시트레인(Seatrain)사가 철도와 도로운송을 연결하는 복합운송에 특수한 하역시설을 사용하도록 하는 발전을 이루게 되었다. 또 1956년에는 제5장에서 설명한 바와 같이 미국인 맥린(Malcom Maclean)이 뉴욕과 휴스턴 사이에 컨테이너를 적재한 선박을 운행하기 시작하였는데, 이것이 상업적 컨테이너 해상운송의 효시라 할 수 있다. 이어 그는 회사 이름은 시랜드(Sea Land Service Inc.)로 변경하고 1966년에 뉴욕과 유럽 간의 국제항로에 컨테이너선을 운항하여 국제항로에 컨테이너 운송을 본격적으로 개시하였다.

재래정기선은 하역의 기계화가 불가능하여 하역비 상승과 정박기간의 장기화를 초래하였다. 반면 컨테이너 운송방식을 사용하면서 하역 방식을 기계화하게 되어 하역비 절감과 정박기간을 단축할 수 있게 되었다. 이러한 환경의 변화가 복합운송을 지속적으로 발전시키게 되는 계기가 된 것이다. 컨테이너라는 용기가 등장하기 전에도 해상운송과 육상운송을 연결하는 운송방식은 존재하고 있었지만, 환적에 따르는 시간과 비용이 과다하여 복합운송이라기보다는 서로 다른 운송수단으로의 단순한 연결에 의한 연장운송이었다고 할 수 있다. 그러나 컨테이너라는 용기가 등장함으로써 선박과 육상간의 이동이 간단 · 신속하게 되어 개별 운송수단의 특성이 약화된 전체 운송구간에서 운송을 생각할 수 있게 되었다. 이러한 관점에서 복합운송은 지속적인 발전을 하고 있다.

---

10) Alan E. Branch, *Economics of Shipping Practice and Management*, (Chapman and Hall, 1982), p. 116.

11) R. Callou · D. Schwartz, "Changing Patterns of Economic Activity, Trade and Freight Transport, Combined Transport: Technical, Economic and Commercial Aspects", *8th International Symposium on Theory and Practice in Transport Economics*, (Sep. 1979), p. 142.

II. 한국에서의 복합운송 시스템의 도입

한국의 복합운송 시스템 도입도 컨테이너 운송의 개시와 그 역사를 같이 한다. 즉 1969년에 USL(United States Lines)[12]이 미군의 화물을 컨테이너를 사용하여 한국에 양륙하면서 시작되었다. 수출중심경제정책에 힘입어 수출입 물동량이 증가함에 따라 1970년 3월 시랜드의 컨테이너선이 부산항에 입항하면서 복합운송(multimodal transport)이 활발하게 진행되었다. 이 당시 컨테이너 운송 장비를 보유한 한국의 육상운송업체는 (주)한진, 국보운수, 천일정기화물, 양양운수 등 5개사뿐이었다. 또 컨테이너 터미널 확보를 위해 1970년 (주)한진에 의하여 부산 해운대구 재송동에 최초의 컨테이너 터미널 부지를 확보하였다. 이어 극동선박 등도 컨테이너 운송에 참여하기 시작하였다.

1972년에는 부산진역과 용산역 간 컨테이너 철도운송이 시작되었다. 1971년에는 시베리아철도를 이용해 극동아시아와 유럽, 중동을 연결하는 시베리아 랜드 브리지(siberian land bridge)가 개설되었으나 그 이용은 부진하였다. 일본의 YSL(Yamashita-Shinnihon Steamship co., Ltd.) 등에 의해서 복합운송이 시작되었고, 당시 한국의 해상 운송주선인은 일본계 선사 등의 대리점으로 복합운송에 참여해 왔다. 이후 한국과 소련과의 경제협력 관계가 개선되면서 시베리아 랜드 브리지(SLB)를 이용하는 빈도수가 증가하게 되었다.

또 1972년에 극동아시아와 유럽, 캐나다를 연결하는 아메리칸 랜드 브리지(American Land bridge)와 극동아시아와 미국의 대서양연안, 걸프연안을 연결하는 미니 랜드 브리지(mini land bridge)의 개설과 1977년 IPI 서비스(inter point intermodal service: IPI Service)[13]의 개설로 미국지역 복합운송이 활발하게 진행되게 되었다.

또 대한해운공사가 1975년 10월 컨테이너 전용선(full-container ship)인 코리안리더(Korean Leader)호를 도입하여 1976년 9월 아메리카 항로에 취항시킨 이후 여러 국적선사가 아메리카 · 유럽 항로 등에 취항하기 시작하였다.

한편 항공운송이 발달함에 따라 해상과 항공을 결합한 해공서비스(sea-air service)가 1977년 에어캐나다(air Canada)의 한국 진출과 함께 시작되었다.

---

12) 1873년 'The American Line'이라는 사명(社名)으로 출발했다가 1943년 'Unites States Lines'로 사명을 변경하였다. 1966년 3월 컨테이너선 4척으로 북대서양(북아메리카 동해안 항구와 유럽의 로테르담, 앤트워프, 암스텔담 간)의 컨테이너선 서비스를 개설하였다. 1978년 4월 Sea Land의 창업주인 맥린(Malcom Maclean)이 세운 Maclean Industries가 매수하여 운영해 왔다. 1984년 9월 4,258 Teu 급의 'American New York'호의 취항을 계기로 세계 최초의 세계일주 서비스에 들어갔으나 해운 시황이 좋지 않아 적자가 누적되자 1987년에 파산하였다:최신해운 · 물류용어대사전(2006), 893쪽.

13) 일명 'Micro Bridge Service'라고도 하는데, 한국, 일본 등을 비롯한 아시아 지역에서 출발하는 화물을 미국의 서해안이나 동해안을 경유하여 내륙의 주요 도시까지 선사가 일관책임을 지고 운송하는 서비스를 말한다. 반대로 미국의 내륙 도시에서 아시아 등 외국으로 수출되는 화물은 선사가 일관선하증권(through bill of lading)을 발행하여 복합운송할 수도 있다. 이때 육상운송의 운임은 각 선사가 개별 트럭운송인이나 청도운송인 등과 교섭하여 결정하고 여기에 해상운임을 붙여 IPI 운임이라고 하여 일괄적으로 적용하게 된다. 1980년 Sea Land가 개발한 서비스 방법이다; 최신해운 · 물류용어대사전(2006), 511쪽.

제3절 국제복합운송의 주요 경로와 유형

I. 해륙복합운송

1. 해륙복합운송 경로

육상 · 해상 · 항공운송을 서로 연결하는 국제복합운송은 운송방식으로 볼 때 반드시 컨테이너 운송에 제한된 것은 아니지만, 시랜드에 의해 착수된 컨테이너리제이션이 복합운송의 발전을 주도해 왔다고 할 수 있다. 시랜드의 창업자인 맥린이 동체로부터 분리가 가능한 컨테이너를 개발함으로써 컨테이너리제이션이 실현되었으며 이로 인해 해륙간은 물론 항공을 포함하는 운송의 기반이 조성되었다. 컨테이너를 기축으로 한 국제복합운송이 급속히 발전해 왔기 때문에 국제복합운송은 컨테이너라는 매체를 통해 발전해 왔다고 볼 수 있다. 따라서 각 운송수단 간의 공통분모인 컨테이너 조작운송인이 발달하고, 운송로가 다양화되어 국제복합운송이 발달하게 되었다.

한국에서 서비스가 가능한 국제복합운송로는 다음과 같이 다양하다.[14)]

① 태평양 연안 경유 미국 중서부 지역 향 경로
② 미니 랜드 브리지(MLB)에 의한 미국 동부 및 걸프 지역 향 경로
③ 북태평양 경우 캐나다 · 동부 지역 간 향 경로
④ 캐나다 동해안 경유 캐나다 동부 지역 간 경로
⑤ 시베리아 랜드 브리지(SLB)에 의한 유럽행 경로
⑥ 유럽 각항 경유 유럽 각국 간 경로
⑦ 아메리칸 랜드 브리지(ALB)에 의한 유럽 향 경로
⑧ 오스트레일리아 항로에 의한 동부 오스트레일리아 향 경로
⑨ 부관페리에 의한 한일복합운송 경로

해륙복합일관운송이 실현됨에 따라 해로-육로-해로로 이어지는 운송구간 중 중간 구간인 육로운송구간을 랜드브리지(land bridge)라 한다. 이는 대륙횡단을 위한 육로운송방식을 이용하여 매개운송구간화함으로써 육상과 해상을 잇는 해륙복합운송을 위한 다리(bridge)의 역할을 하고 있다. 랜드브리지는 일반적으로 2구간 랜드브리지(two span land bridge)와 3구간 랜드브리지(3 span land bridge)의 두 가지가 있다.

극동아시아에서 유럽까지 운항 시 파나마와 수에즈 운하를 경유하지 않는 ① 극동아시아-북미태평양안-철도-북미대서양안-유럽(아메리칸 랜드 브리지)와 ② 극동아시아-나호드카-철도, 해상-유럽의 각 항 및 유럽내륙(시베리아 랜드 브리지)의 두 가지를 랜드브리지의 전형적인 운송 경로로 볼 수 있다.

14) 방희석(2005), 422~423쪽.

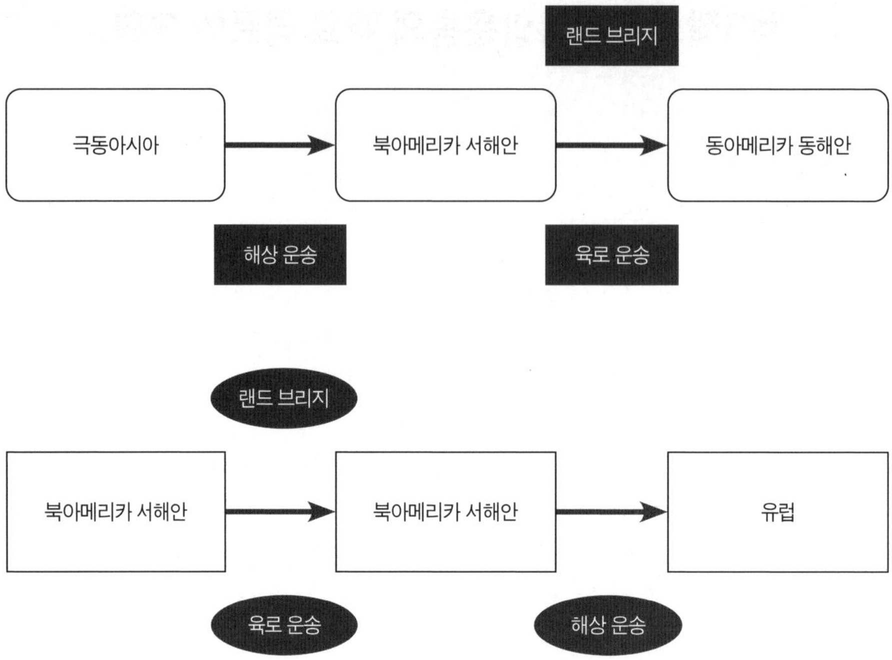

〈그림 37〉 2구간 랜드브리지의 예시

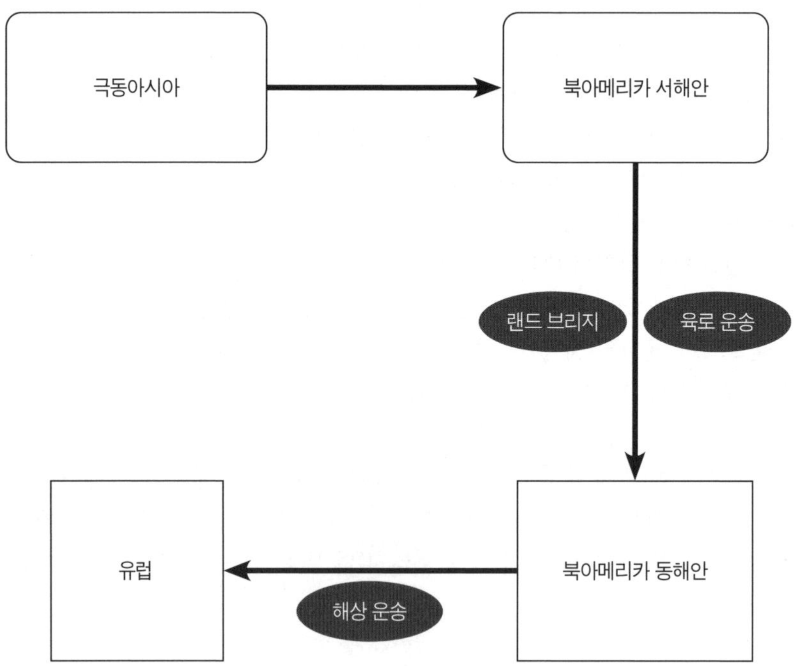

〈그림 38〉 3구간 랜드브리지의 예시

2. 주요 랜드브리지[15)]

가. 아메리칸 랜드 브리지

아메리칸 랜드 브리지(American Land Bridge: 이하 'ALB'라 한다)는 1972년 미국의 시랜드가 처음으로 개설한 복합운송 경로로서 아시아와 유럽 간의 화물운송에서 아메리카대륙의 횡단철도로 중계하여, 아시아-유럽 간의 화물을 컨테이너를 이용하여 일관운송(through transport)하는 것이다.[16)] 구체적으로는 아시아와 유럽간 화물운송에 있어서 아시아 각 항구에서 선적한 화물을 미국 서해안에 양륙하여 육상 운송수단(트럭 또는 기차)으로 미국 대륙을 횡단하여 미국 동해안까지 운송한 다음 다시 선박에 선적하여 유럽의 항구까지 운송하는 경우에 미국 대륙이 아시아와 유럽을 연결하는 복합운송 시스템상의 다리 역할을 한다는 점에서 아메리칸 랜드 브리지(ALB)라 한다.[17)]

이 경로에서의 운송일수는 한국-유럽 간의 지역에 따라 다소 차이는 있지만, 대개 27~32일 정도 소요된다. 해상운송의 경우는 33~35일이 소요되며, 시베리아횡단철도(TSR)의 경우에는 25~33일 소요되기 때문에 ALB가 해상운송보다는 운송 기간이 단축된다. 이러한 운송일수는 비교적 양호한 편이며, 운송의 안정성도 보장되고 있으나 재래식 해상운송로에 비하여 운송일수와 운임 면에서 큰 차이가 없으므로 큰 운송실적을 올리지 못하고 있는 실정이다.

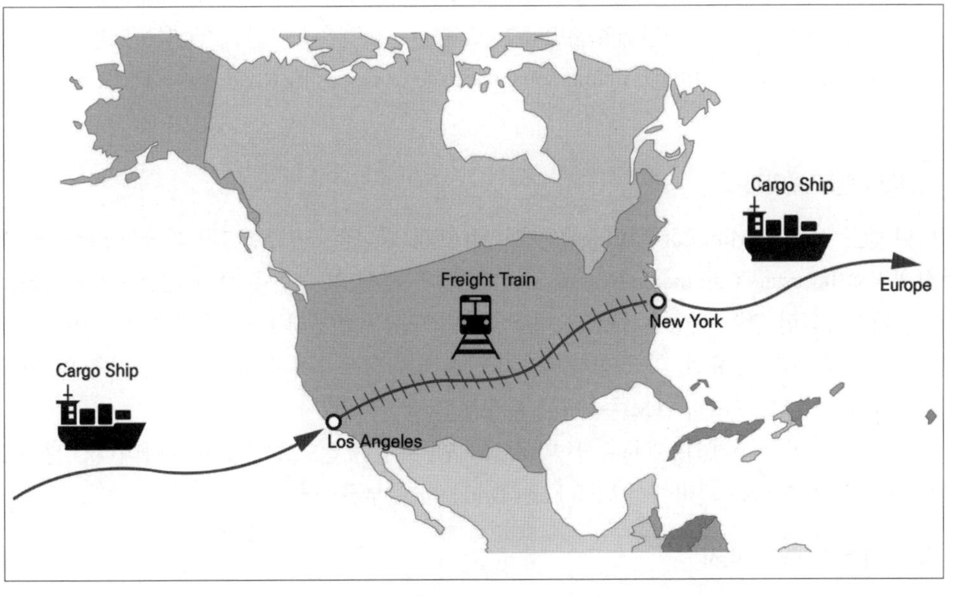

〈그림 39〉 아메리칸 랜드 브리지의 운송 경로도

15) 박명섭 · 김은주(2011), 215~219쪽.

16) 엄윤대, 「국제운송강론」, (일진사, 2003), 346쪽.

17) 최신해운 · 물류용어대사전(2006), 149~150쪽.

나. 시베리아 랜드 브리지

시베리아 랜드 브리지(Siberia Land Bridge: 이하 'SLB'라 한다)는 1971년 3월 한국이나 일본으로부터 대륙운송의 접점인 러시아 나호드카(Nakhodka)나 블라디보스토크(Vladivostok)까지 컨테이너선으로 해상운송하고, 그곳에서 시베리아철도로 육로운송하여 유럽과 중동의 운송기관과 연결하여 목적지까지 운송하는 극동아시아-유럽-중동간의 국제복합일관운송로이다. 현재 한국이 이용하는 SLB의 운송로는 다음과 같은 세 가지가 있다.[18)]

① Trans Sea-해상-철도-해상

② Trans Rail-해상-철도-육로

③ Trans-Cons-해상-철도-철도

위의 세 가지 경로 중 운송량의 측면에서는 ①과 ②가 유리하고, 하역이라는 측면에서는 ②와 ③이 유리하고. 경제성과 편리성이라는 측면에서는 ③이 가장 유리하다. 경로를 선택할 때는 화물의 종류, 목적지의 사정(트럭의 중량 제한, 도로 사정 등)을 고려하여야 한다.

SLB는 부산-유럽 간의 주요 경로 중의 하나로서 운송일수는 부산-유럽의 각 지역에 따라 다소 차이가 있지만, 대개 30~45일이 소요된다. SLB에서는 복합운송증권(through B/L)의 뒷면약관에 의하여 운송인의 책임에 합의하는데, 대개 해상구간은 「헤이그 규칙」「헤이그 비스비 규칙」, 철도운송구간은 「국제철도물건운송협약」(Convention concerning International Carriage of Goods by Rail: 이하 'CIM'이라 한다)「소련연결운송규칙」(SMGS), 트럭운송구간은 「국제도로물건운송협약」(Convention on the Contract for the International Carriage of Goods by Road: 이하 'CMR'이라 한다)을 준거법으로 한다.

다. 미니 랜드 브리지

미니 랜드 브리지(Mini Land Bridge: 이하 'MLB'라 한다)는 1972년 3월 미국의 Sea Train이 주제통상위원회(Interstate Commerce Commission: ICC)와 FMC의 승인을 받아 개설되었다. 극동아시아-미국 태평양연안 간을 해상운송하고, 태평양연안의 항구로부터 미국 동해안/멕시코만의 각 항구까지 철도운송하거나, 유럽-미국의 대서양 연안까지 해상운송하고 미국 대서양연안 항구로부터 서해안의 태평양 각 항구까지 철도운송하는 운송로를 말한다.[19)]

극동아시아-미국 서해안-대륙횡단-미국 동해안-유럽대륙으로 연결되는 아메리칸 랜드 브리지(ALB)의 축소판이라는 의미에서 Mini Land Bridge라고 부른다.[20)]

라. 마이크로 랜드 브리지

마이크로 랜드 브리지(Micro-Land Bridge: 이하 'MCB'라 한다)는 1977년 State Steamship Lines가 개발하여 운송을 시작한 복합일관운송(multimodal through transport) 중의 하나로서 한국, 일본을 비롯한 아시아 지역에서 출발하는 화물을 미국 서해안이나 동해안을 경유하여 중서부 · 내륙지역

18) 엄윤대, 「국제운송강론」, (일진사, 2003), 348~349쪽.

19) 엄윤대(국제운송강론, 2003), 346쪽.

20) 최신해운 · 물류용어대사전(2006), 611쪽.

의 주요 도시까지 선사의 책임하에 운송하는 형태를 말한다.[21] IPI 서비스(interior point intermodal service)라고도 하는데, 이것은 미국 내륙지역의 도시까지 선사가 일관서비스하기 때문에 해륙복합운송의 최종 목적지인 문전운송(door to door)의 개념이 완성된 형태이다. 이 서비스는 미국 동해안 항구까지의 해상로 대신 개발된, 미국 서해안을 경유하여 미국 동해안 또는 걸프해역의 항구까지 가는 MLB서비스와는 달리 미국의 내륙에 위치한 도시까지의 운송이라는 점에 특색이 있다.[22] 반대로 미국 내륙도시에서 아시아 등 외국으로 수출되는 화물을 일관선하증권(through bill of lading)을 발행하여 복합운송할 수도 있다. 이때 내륙운송의 운임은 각 선사가 개별 트럭운송인이나 철도운송인 등과 교섭하여 결정하고 여기에 해상운임을 붙여 IPI 운임이라고 하여 일괄적으로 적용하게 된다.[23]

마. 캐나다 랜드 브리지

캐나다 랜드 브리지(Canada Land Bridge: 이하 'CLB'라 한다)는 아시아-유럽 간 컨테이너일관운송(container through transport)에서 SLB에 대항하기 위하여 1980년에 개시한 복합운송로로서 아시아와 유럽간 복합운송로의 하나이다.[24] CLB는 미국대륙횡단철도와 같이 한국이나 극동아시아 지역으로부터 캐나다 서해안에 있는 항구인 밴쿠버, 시애틀까지 해상운송한 후, 캐나다 철도를 이용하여 몬트리올 또는 동부해안까지 운송한다. 그리고 다시 캐나다 동부해안의 항구에서 해상운송으로 유럽의 함부르크, 로테르담, 르아브르 등 각 항구까지 해상운송하는 시스템이다.[25]

바. OCP

OCP(overland common point)는 북아메리카 대륙 내에서 공통운임이 부과되는 지역을 말한다. 지역적으로는 록키산맥 동쪽의 원격지를 말한다. 태평양연안의 항구에 도착된 화물 중 화주가 OCP의 목적지까지 운송을 의뢰하는 경우, OCP 화물은 OCP 운송인으로 하여금 철도나 트럭에 일관운송(through transport)하여 목적지에 도착된다. 이러한 운송을 OCP운송이라 한다.[26]

OCP 화물의 운임(OCP rate)[27]은 미국의 국내운임보다 5% 내지 30% 정도 저렴하게 책정되어 있다. 이는 아메리카 대륙 대서양연안 및 걸프연안을 경유하는 화물과의 경쟁을 고려했기 때문이다. OCP 운임은 운송인의 형태, 화물의 종류, 목적지에 따라 차등이 있다.[28]

---

21) 최신해운 · 물류용어대사전(2006), 511쪽.

22) 방희석(2005), 427쪽.

23) 최신해운 · 물류용어대사전(2006), 511쪽.

24) 최신해운 · 물류용어대사전(2006), 221쪽.

25) 방희석(2005), 427쪽

26) 최신해운 · 물류용어대사전(2006), 670쪽.

27) OCP 운임률(overland common point rate: OCP Rate)은 운송인이 북아메리카 서해안 항구까지만 운송을 인수한 화물을 화주의 비용과 부담으로 양륙항에서 OCP 지역까지 운송하는 경우에 적용되는 운임률을 말한다. 그러나 현재는 모든 선사에서 OCP Rate를 폐지하였다. 오히려 화주의 비용으로라도 컨테이너를 OCP 지역으로 운송해 가는 것을 허용하지 않고 있다: 최신해운 · 물류용어대사전(2006), 670쪽.

28) 방희석(2005), 427쪽.

사. 중국횡단철도

중국횡단철도(Trans China Railroad: 이하 'TCR'이라 한다)는 중국 정부가 개방정책을 추진하여 경제발전을 가속화하고 경제개발에 필요한 재원을 확보하기 위해 늘어나는 동유럽 각국과의 교역물량의 원활한 운송의 필요성과 중국이 가지고 있는 풍부한 관광자원을 이용하여 관광수입을 목적으로 중국 대륙을 최단거리로 동서로 관통하여 러시아철도와 연계하여 유럽까지 연결시키는 운송로이다. 구체적 운송로는 한국, 일본 등 아시아 각국을 기점으로 할 경우에 선박으로 렌윈항(連云港)까지 해상운송한 후 내륙운송의 동단 기점에서 철도로 중국 대륙을 동서로 관통하여 러시아철도와 연결되어 유럽의 폴란드, 독일 등을 거쳐 로테르담항까지 연결한다. 육상 총거리는 10,700㎞이고, 중국 내륙운송 거리는 4,111㎞이다. TCR은 다음과 같은 5개의 운송로로 구분된다.[29)]

① 렌윈항-모스크바-로테르담

② 렌윈항-Kuibyschew-Smolensk-Rotterdam

③ 렌윈항-Aktogai-Turow-Brest-Rotterdam

④ 렌윈항-ALMA-ATA-Tehran

⑤ 렌윈항-ALMA-ATA-TERMEZ-Afghanistan

TCR과 시베리아횡단철도(TSR)가 연결되는 철도노선을 이용할 경우에는 아시아와 유럽간 화물운송에 있어서 거리 측면에서 해상운송로에 비하여 약 10,000㎞ 짧다. 운송 기간도 그만큼 단축될 것이기 때문에 향후 해상로와의 경쟁이 치열하게 될 가능성이 높다.[30)]

〈그림 40〉 TCR의 루트

출처: 한국무역협회

29) 방희석(2005), 867쪽.

30) 최신해운 · 물류용어대사전(2006), 867쪽.

아. 아시아 횡단철도

아시아 횡단철도(Trans Asian Railway: 이하 'TAR'이라 한다)는 아시아태평양경제사회이사회(Economic and Social Commission for Asia and the Pacific: 이하 'ESCAP'이라 한다)에 의하여 추진 중인 한반도-중국(TCR)-러시아(TSR)를 경유하여 로테르담까지 연결되는 새로운 철도망을 말한다. TAR을 이용하는 경우 부산에서 로테르담까지의 거리가 10,370㎞로서 컨테이너 운송은 약 24일 걸리지만, 해상운송 거리인 20,000㎞ 보다 9,630㎞가 단축되어 운송 기간도 4-5일 정도 빠르고 운임도 20% 이상 저렴하다는 점이 장점이다.[31)]

〈그림 41〉 TAR의 루트

출처: 한국무역협회

자. 아시안 하이웨이

아시안 하이웨이(Asian Highway)는 아시아태평양경제사회이사회(ESCAP)에서 추진 중인 아시아 각국의 주요 교통유발지역을 고속화 도로망으로 연결하여 아시아 각국 간에 경제 · 사회 교류를 확대하고자 하는 취지에서 구상된 것이다.[32)] 동남아시아와 서아시아를 연결하는 도로망 사업에서 출발하여, 오늘날은 필리핀-인도네시아-말레이시아-태국-몽골-중앙아시아-유럽을 최단거리로 연결하는 북부노선이 추가되었다.[33)]

---

31) 방희석(2005), 429쪽.

32) 엄윤대(국제운송강론, 2003), 353쪽.

33) 방희석(2005), 430쪽.

〈그림 42〉 아시안 하이웨이

출처: 국토해양부. 2011

II. 해공복합운송

1. 의의

해공복합운송은 항공운송의 신속성과 해상운송의 저렴성의 장점을 결합한 복합운송 형태를 말한다.34)

해공복합운송은 다음과 같은 이점을 가진 종합물류시스템이다.

① 해상운송에 비하여 운송일수가 대폭 단축된다.

② 항공운송에 비하여 운송비용이 절감된다.

③ 전 구간 해상운송에 비하여 재고투자와 창고료, 포장비가 절감된다.

이러한 이점을 가진 해공복합운송은 1962년 미국의 플라잉타이거(Flying Tiger)항공사에 의하여 개발되었다. 항공운송을 위한 특수운임이 설정되어 있는데, 이러한 운임을 'Import Tariff'라고 한다. Import Tariff는 통상의 항공운임이 'Air Port to Air Port Basis'로 되어 있는 것과는 달리 해상운송의 양륙항으로부터 목적지의 공항(seaport to airport)까지를 기준으로 한 것이다.35)

해공복합운송은 실무적으로는 이미 완성되어 해공복합일관운송의 형태로 널리 활용되고 있다. 다만 법률적으로는 단일운송인책임을 지는 복합운송인법제가 완성되어 있지 않으므로 완전한 복합운송체제가 갖추어진 것은 아니다. 다만 실무적으로는 복합운송증권(through B/L)의 뒷면 약관

34) 방희석(2005), 430~431쪽.

35) 방희석(2005), 433~434쪽.

에 의하여 복합운송인의 전구간책임체제를 채택하고 있다.[36)]

2. 주요 해공복합운송 경로

가. 북미서해안 경유 해공복합운송로

1964년 Air Canada가 개발한 북아메리카서해안 경유 해공복합운송은 극동아시아지역 항구에서 미국의 서해안이나 캐나다의 밴쿠버까지 해상운송하고 양륙된 화물은 항공회사가 국제공항까지 육상운송한 후 항공기를 통하여 최종 목적지까지 항공운송하는 복합운송로를 말한다.[37)] 구체적으로는 ① 아시아-북아메리카 서해안간의 태평양항로는 해상운송을 이용하고, 미국 역내 및 대서양 연안에서는 항공운송을 이용하여 미국 중동부 및 유럽 각지로 운송하는 방식이다.

나. 러시아 경유 해공복합운송로

Aeroflot가 지정하는 부산항의 CFS에 화물이 반입되면 러시아 극동선박공사(FESCO)의 컨테이너선에 의하여 모스크바의 보드토치니(Vostochny)로 운송되고 트레일러에 의해 블라디보스토크까지 육상운송된 후 Aeroflot의 화물기 편으로 유럽 각지로 운송되는 복합운송로를 말한다.[38)]

다. 동남아시아 경유 해공복합운송로

1980년대 항공화물운송인에 의하여 개발된 복합운송 경로로서 부산에서 홍콩, 방콕, 싱가포르까지는 선박으로 운송하고, 유럽까지는 항공편으로 운송하는 경로를 말한다. 이 경로는 국제항공운송협회(International Air Transport Association: 이하 'IATA'라 한다)에 가입하지 않은 항공사가 부정기화물전용 항공사의 저운임을 이용하여 서비스 방법이나 운송 경로 개발, 운임설정 시 행정적 제약 없이 자유경쟁에 의하여 이루어지고 있어서 다양한 운송 경로가 개발되고 있다.[39)]

라. 기타 해공복합운송로

그밖에도 다음과 같은 해공복합운송로가 많이 이용되고 있다.

① 북아메리카 태평양 연안에서 양륙하여 남아메리카로 항공운송하는 운송로.

② 일본-나호드카 간을 해상운송하고, 나호드카-블라디보스토크/모스크바-유럽 각 공항까지는 항공운송하는 운송로.

③ 한국-두바이 간은 해상운송, 두바이-유럽까지는 항공운송하는 운송로

---

36) 방희석(2005), 434~435쪽.

37) 방희석(2005), 431쪽.

38) 방희석(2005), 431쪽.

39) 방희석(2005), 431쪽.

제7장

해운중개업

제1절 선박매매/용대선중개인

I. 개념

광의의 해운중개업은 「해운법」 제5조 제2호에서 규정한 화물운송중개업, 선박매매중개업, 용대선중개업을 모두 포함한 중개업을 말한다. 또 협의의 해운중개업은 화물운송중개업(freight forwarding)을 제외한 선박매매, 용대선을 중개하는 사업을 말한다.

「해운법」 제5조 제2호에서 열거한 중개업에 종사하는 자를 해운중개인(shipping broker)이라고 하는데, ① 화물운송중개인(freight forwarder), ② 선박매매중개인(S&P broker), ③ 용대선중개인(chartering broker)[1]을 총칭하는 용어라 할 수 있다.

실무상으로는 화물운송중개인은 「상법」상의 운송주선인을 의미하는 것으로, 이를 제외한 선박매매중개인과 용대선중개인을 협의의 해운중개인이라고 한다. 이때 선박매매와 용선에는 대자본이 소요되므로 선박매매중개, 용대선중개와 함께 이들 중개인은 선박금융과 운임선물을 중개하기도 하므로, 세분하면 협의의 해운중개인에는 선박매매중개인, 용대선중개인, 선박금융중개인(financing broker), ④ 운임선물중개인(FFA broker)으로 구분할 수 있다.[2]

화물운송중개인은 중개 업무 외에 운송개입권의 행사에 의하여 운송인의 지위를 가지기도 하기 때문에 협의의 해운중개인과는 업무수행 방식이나 내용면에서 상당한 차이가 있으므로 화물운송중개인은 제2절에서 별도로 다루고, 이 절에서는 선박매매중개인과 용대선중개인에 대하여 설명한다.[3]

II. 기능과 업무 수행 방식

해운중개인은 ① 최적의 비즈니스 제공, ② 양질의 정보 수집, ③ 사업모델 개발, ④ 원만한 영업환경 조성, ⑤ 선박소유자, 용선자 등의 업무보조 등을 주요 기능으로 한다.

「해운법」 제5조 제2호에서 다양한 종류의 해운중개인을 열거하고 있으나, 해운시장에서는 중개인별로 특정한 시장이나 시장의 한 부분을 전문적으로 특화하여 중개하는 것이 일반화되어 있다. 용대선중개에서 선주와 용선자는 중개인의 정보, 전문지식, 협상기술에 관심을 가지고 있다. 일반적으로 선주와 용선자는 각각의 중개인을 지정한다. 그래서 양자는 그들의 이익과 의도를 최선의

1) 실무상으로는 용선중개인(chartering broker)이라 한다. 「해운법」상 대선(貸船)이라 하는 용어는 소위 선체용선(bareboat charter)을 의미하는 것이기 때문에 광의의 용선(charter party)에 속한다고 할 수 있다. 따라서 용선중개의 개념에는 「해운법」상의 용대선을 모두 포함하는 개념으로 해석할 수 있다. 그러나 이하의 설명에서는 용어의 혼선을 피하기 위해서 「해운법」의 정의를 따라 용대선중개, 용대선중개업, 용대선중개인이라는 용어로 통일하여 사용하기로 한다.

2) 정영석 · 정대 · 우보연 · 염정호, 「해운중개업개론」, (한중해사법연구센터/(재)부산인적자원개발원, 2012), 278쪽.

3) 이 절에서 해운중개인이라 하면 선박매매중개인과 용대선중개인을 의미한다.

방법으로 지키고 대변해 줄 수 있는 대표자인 해운중개인을 통하여 협상을 진행한다.

예를 들어, 벌크선 시장[4]과 이중갑판선(tween-deck)시장처럼 차이점이 큰 분야에서 한 명의 해운중개인이 모든 분야의 거래를 혼자서 직접 중개한다는 것은 매우 어려운 일이다. 해운중개인은 이러한 거래에 관심을 표명하는 상대방 거래처 담당자와 좋은 관계에 있는 다른 해운중개인과 나누어 중개를 진행하는 것이 보편적인 업무처리 방식이다. 이 과정에서 선주 측의 해운중개인과 용선자 측의 해운중개인을 연결해주는 역할만을 하는 제3의 해운중개인도 있다.[5]

III. 해운중개인의 역할

해운중개인은 협상에서 고객을 대리하여 다음과 같이 역할을 수행한다:[6]

첫째, 해운중개인은 자신이 중개한 고객인 선주와 용선자에게 지속적으로 정보를 제공해야 한다. 즉 시장 상황을 알려주어야 하며, 시장 개척, 가능성 있는 화물의 제시, 선적 가능성에 대한 정보 제공, 그리고 현재 주어진 조건과 고객의 요청에 따라서 최선을 다해 시장을 조사하는 것이 모두 그 주된 역할이다.

둘째, 해운중개인은 협상과 관련해서는 주어진 권한 내에서만 행동해야 한다. 해운중개인이 상당히 폭넓은 권한을 갖게 되는 경우도 있지만, 어떠한 경우에도 고객이 위임한 권한의 범위를 넘어서서 중개를 해서는 안 된다.

셋째, 해운중개인은 충실하게 자신의 고객만을 위해서만 일해야 하며, 계약과 관련된 협상과 다른 관련 업무에 있어 신중하고 기술적으로 접근해야 한다.

넷째, 해운중개인은 고객에게 어떤 정보든 전달하지 않거나, 잘못된 정보를 제공해서는 안 된다. 해운중개인은 고객의 기밀을 누설해서는 안 되며 계약을 성사시키기 위해 협상에서 상대에게 이익이 되도록 행동하여서는 안 된다.

IV. 해운중개업의 현황

1. 국제적 해운중개인

오랜 역사를 가지고 전 세계의 해운시장을 움직이고 있는 해운중개인으로는 영국의 SSY, Braemer Shipping, E.A. Gibson, Clarkson, Howe Robinson, 노르웨이의 R.S. Platou, Astrup Fearnleys,

4) 벌크선(bulk carrier)이라 함은, 곡물, 석탄, 광석 등의 대량화물은 일정 단위로 포장하지 않은 상태에서 장비를 이용하여 선박에 적재 운송하는 것이 효율적인데. 이러한 화물을 전문적으로 운송하는 선박을 말한다. 따라서 석탄전용선(coal carrier), 광석전용선(ore carrier), 시멘트전용선(cement carrier), 곡물전용선(grain carrier) 등이 벌크선의 일종이라 할 수 있다. 적재화물의 성격상 선박의 복원성(stability)이 약하기 때문에 「SOLAS 협약」상 선박구조의 구획설계가 의무화되어 있다; 최신해운 · 물류용어대사전(2006), 212쪽.

5) 정영석, 「해상운송론」, (텍스트북스, 2013), 198쪽.

6) 정영석(해상운송론, 2013), 198쪽.

그리스의 Bulkers Shipbroking, 독일의 Andreas J. Zachariassen, 일본의 Teh Tung, 중국의 Ocean Robin 등이 있다.

SSY(Simpson Spence Young)은 1880년 어니스트 심슨, 루이스 스펜스, 윌리엄 영 선장에 의해 설립되었다. 건화물선 용선, 유조선 용선, 선박매매 등의 분야에 대한 해운중개를 하고 있다. 또한 SSY Futures Ltd는 파생상품 전문 중개인으로서 화물뿐 아니라 철광석, 석탄, 철강, 알루미나 등의 새로운 시장을 취급하고 있다. SSY는 전 세계에 21개 영업소를 운영하며 400명 이상의 직원이 종사하고 있다.7) Braemar는 해운, 해양 및 에너지 산업에 대한 지식 및 기술 기반 서비스를 제공하는 기업으로서, 해운중개(Shipbroking), 금융(Financial), 엔지니어링(Engineering), 물류(Logistics)의 4개 분야의 사업을 수행하고 있다. 이 중 해운중개 분야는 용선중개와 선박매매중개에 있어서 전 세계에서 가장 규모가 큰 해운중개회사 중 하나에 속한다.8) E. A. Gibson은 125년의 역사를 자랑하는 해운중개인으로, 런던, 휴스턴, 홍콩, 싱가포르 등에 영업소를 두고 세계적인 해운 솔루션의 해운중개 플랫폼을 제공하고 있다. 탱커, 건화물선, 오프 쇼어, 가스 운반선에서 두각을 나타내고 있다.9) Clarkson은 세계적인 해운 서비스 기업으로, 해운중개, 금융, 항만서비스, 조사연구 서비스를 제공하고 있다. 클락슨의 해운중개서비스는 중개인의 수, 시장의 범위와 폭, 전 세계적 서비스 망과 정보에 있어서는 독보적인 위치에 있다.10) Howe Robinson은 1883년 런던에서 설립되어 현재는 싱가포르에 기반을 둔 세계적인 해운중개인으로, 전 세계 12개의 영업소와 200명 이상의 중개인을 포함한 300여 명의 직원이 종사하고 있다.11)

국가	회사명
영국	SSY Braemer Shipping E.A. Gibson Clarkson Howe Robinson
노르웨이	R.S. Platou Astruo Fearnleys
그리스	Bulkers Shipping
독일	Andrears J. Zachariassen
일본	Teh Tung
중국	Ocean Robin

7) https://www.ssyonline.com/about-us/(2021.06.13. 검색).

8) https://braemar.com/divisions/shipbroking/(2021.06.13. 검색).

9) https://translate.kakao.com/(2021.06.13. 검색).

10) https://www.clarksons.com/services/broking/(2021.06.13. 검색).

11) https://www.howerobinson.com/about-us/(2021.06.13. 검색).

2. 우리나라의 해운중개인

우리나라는 2019년 현재 선복량 기준으로 세계 5위의 해운국, 선박건조량 기준으로 세계 1위의 조선국, 용선시장 규모 세계 3위 수준임에도 상대적으로 해운중개업은 인적기반이 미약한 편이다. 2020년 현재 해운중개업협회 회원사는 65개에 불과하다. 그러나 우리나라의 무역 및 해운산업의 규모, 조선 및 해양플랜트의 세계 시장점유율을 고려하면 해운중개 전문인력의 필요성과 해운중개시장의 확대 가능성은 매우 높다고 할 수 있다.

〈표 23〉 해운중개업 등록업체 추이

연도	등록업체	협회 회원사
2001	267	65
2002	294	67
2003	321	70
2004	364	71
2005	370	59
2006	500	59
2007	600	65
2008	650	67
2009	700	66
2010	850	67
2020	미확인	65

〈표 24〉 우리나라의 연도별 해운중개업의 실적(단위: 10천 US$)

연도	화물	선박	합계	업체 수	평균
1991	6715	4738	1억1453	46	249
1992	7952	4951	1억2903	59	219
1993	7392	5378	1억2770	59	216
1994	8610	7409	1억6019	59	272
1995	1억1882	1억6998	2억8880	58	498
1996	9521	1억5147	2억4668	58	425
1997	1억0063	1억6568	2억6631	59	451
1998	7750	1억3546	2억1296	58	367
1999	3835	8348	1억2183	58	210
2000	1539	3041	4580	10	458
2001	1215	3368	4583	10	458
2002	1190	2080	3270	10	327

V. 주요 해운거래소

1. 해운중개업과 해운거래소의 관계

해운중개업은 세계 각지의 실시간 해운정보의 소통이 중요하다. 이러한 정보소통의 중심지의 역할을 해운거래소(shipping exchange) 또는 해운정보센터라고 한다. 런던, 뉴욕 그리고 도쿄가 정보센터로서 오랫동안 중심지 역할을 해왔지만, 오슬로, 함부르크, 파리, 피레에푸스, 상하이, 서울 등도 점차 해운거래의 중심지로 중요해지고 있다.[12)]

2. 볼틱해운거래소

볼틱해운거래소(Baltic Mercantile & Shipping Exchange)는 해운정보의 교환을 위하여 런던에 설립된 가장 오래된 기관이다. 볼틱해운집회소라고도 번역되는데, 런던에 위치한 부정기선 운항의

12) 정영석(해상운송론, 2013), 200쪽.

수요공급에 대한 거래를 하는 일종의 해운시장이다. 세계 해운시장의 중심지로서 세계 각국의 선주, 해운중개인, 곡물, 석유, 석탄, 목재 등의 무역업자 등 수천 명의 회원으로 구성되어 있다.[13] 운송 수요자와 공급자가 이곳의 해운중개인을 통하여 운임을 결정하고 용선계약을 체결하게 된다.

17세기 후반에 해운업자들이 런던의 커피하우스(coffee house)에 모여 해상운임에 대하여 상담하던 것에서 유래하여, 이것이 영국 해운업을 국제적으로 발전시킨 계기가 된 곳이다. 1903년에 해운거래소로 정식 발족하게 되었다.[14]

17세기 커피하우스 시절에는 해운중개인과 용선자의 대리인들이 이곳에 모여 정오에 비밀리에 화물에 대한 정보를 회람시키고 정보를 교환하기 위해 몇 시간 정도 주기적으로 만남을 가진 것이 거래소의 시발점이라고 하겠다. 거래소에서는 시장의 지배적인 상황에 대한 논의, 형식적인 운임협상, 용선계약의 성약[15]이 결론지어지기도 했다. 오늘날은 원거리통신방식, 인터넷미디어시스템을 통해 해운정보의 교환과 거래가 이루어지고 있지만, 중요한 개인적인 연락도 여전히 유지되고 있다.[16]

볼틱해운거래소는 볼틱운임지수(Baltic Freight Index: 이하 'BFI'라 한다)[17]를 발표해 왔으나, 1985년부터는 볼틱국제운임선물지수(Baltic International Freight Futures Index: 이하 'BIFFEX'라 한다)[18]를 발표하기 시작하면서 새로운 중요한 역할을 하는 국제적인 운임거래소로서 발전되었다.

1990년대에는 추가적인 시스템인 선물운임거래계약(forward freight agreement: 이하 'FFA')[19]이 시작되었다. 이것은 선주와 용선자가 지금으로부터 3달 후의 운임 수준을 미리 예상하여 현재

---

13) 최신해운 · 물류용어대사전(2006), 179쪽.

14) 최신해운 · 물류용어대사전(2006), 179쪽.

15) 성약(fixture)이라 함은, 선주와 용선자 간에(대개는 중개인을 통하여) 용선계약 협상이 성공적으로 마무리되는 것을 뜻한다. 용선계약이라고 반드시 특별한 양식이 필요한 것은 아니고 일반계약법상의 원칙에 따라 당사자들이 구속력 있는 계약을 체결하면 된다. 선주, 용선자 또는 중개인이 용선계약의 기반조건을 서신이나 전문 등에 의해서 합의하고 통보합의가 정식계약서로 작성 · 서명하기 전까지는 특별히 구속력을 가질 수 없다는 의도를 명백히 표시하지 않는 한 위 합의는 계약체결, 즉 성약(fixture)으로 간주된다; 최신해운 · 물류용어대사전(2006), 410쪽.

16) 정영석 · 정대 · 우보연 · 염정호(2012), 292쪽.

17) 볼틱운임지수(Baltic Freight Index)라 함은 런던의 볼틱해운거래소에서 12개 주요 항로의 용선성약을 토대로 하여 가중 평균화한 용선료 지수를 말한다. 1990~1991년에 3항로를 추가하여 현재는 15개 항로의 용선료 지수가 사용된다; 최신해운 · 물류용어대사전(2006), 178쪽.

18) 볼틱운임선물지수(Baltic International Freight Futures Index)라 함은 볼틱 국제해운동맹의 건화물 선물거래를 위해 고안된 운임지수를 말한다. 용선료는 때에 따라 변동이 심한 것이 특징이므로 미래의 용선계약을 미리 매매하기 위하여 설정한 용선료 지수이다; 최신해운 · 물류용어대사전(2006), 179쪽.

19) 선물운임거래계약(forward freight agreement)은 BFI에 기초하여 실물거래에서의 위험을 회피하기 위하여 구매 당사자가 체결하는 운임선도거래계약을 말한다. 이는 거래 당사자가 현재 체결하는 계약을 현재 이행하는 것이 아니라 계약은 현재하되 이행은 현재의 계약조건으로 미래의 특정 시점에 행하는 일종의 선물거래(futures transaction)계약이라 할 수 있다. 즉 FFA는 거래 당사자들이 현재 시점에서 미래 일정 시점에 미리 정해진 항로에 대한 운임률을 일정 규모의 화물에 대한 계약을 통해 정하게 되는 것이다. FFA 거래는 원칙적으로 본인 대 본인(principal to principal) 거래이므로 계약자 쌍방이 합의한다면 어떤 종류의 조건도 포함될 수 있다. 1985년에 설립된 BIFFEX(Baltic International Freight Exchange)의 BDI는 그 포괄적 성격 때문에 BIFFEX 선물은 때로는 운임시장에서 선주와 화주들에게 광범위하고 포괄적인 일종의 헷징 수단으로 이용되기도 한다. BIFFEX 시장에서 거래되는 상품은 메이저 항로로 구성된 BDI를 기초로 한 일종의 Index 선물계약이다; 최신해운 · 물류용어대사전(2006), 427쪽.

합의할 수 있는 것을 말한다. 특정한 양을 기준으로 미리 예상된 운임 수준에서 선주는 운송서비스를 팔고 용선자는 그 운송서비스를 사는 것이며, 합의된 미래의 날짜에 최종적으로 계산되는 것이다. 이는 잘 알려진 해운중개인의 패널에 의해 매일매일 만들어지는 것이므로, 합의된 미래의 날짜에는 그 운임 수준이 합의된 요율보다 좀 더 낮거나 높을지도 모르기 때문에 실제운임 수준에서 선주가 다시 사고 용선자는 팔 수도 있다. 선주가 일반적인 운임 수준에서 성약을 하는 시점에, FFA 비지니스에서 손실 입은 부분을 추가한 후에, 양 당사자는 최종적인 계산은 마치 그들이 합의된 운임선물거래금액 수준으로 그날 성약한 것과 거의 같은 금액으로 거래된다. 이 시스템은 큰 선박과 화물량에 적용되고 미래의 시장 움직임에 대한 대비책으로 이용되는 것이다. 그러나 BIFFEX와 달리, 물리적인 해상운송을 위한 합의나 약속이 아니라, 단지 운임의 매매를 위한 것이다.[20]

VI. 중개수수료

중개수수료(commission)라 함은 거래 성사를 위하여 해운중개인이 수행한 서비스의 대가로서, 그러한 서비스를 행한 당사자에게 지급하는 수수료를 말한다.[21] 이 중 용대선중개수수료(brokerage)는 선주와 용선자 사이에서 용선을 중개해주고 받는 대가를 가리키는 것이다.[22]

해운중개인은 중개수수료와 관련해서 조심스럽게 제안하거나 의사를 표현하지 않거나 또는 정확하게 말하지는 않는다. 다양한 계약 형식에 중개수수료에 대해 명시되어 있지만 중개수수료의 요율까지 기입되어 있지는 않다. 선박대리점료(agency fee)[23]를 제외하고는 대리인(agency)과 해운중개인은 전체 운임을 일정한 비율로 계산하여 중개수수료를 받고 있다. 일반적으로 용대선계약, 선박매매계약 내지는 예약(booking)이 확정되거나 계약서에 서명이 되어야 중개수수료를 받을 수 있다. 이와 같이 해운중개인이나 대리인의 수입은 운임시장 상황이나 선박매매계약 또는 용대선계약의 금액에 좌우된다. 계약금액은 화물의 양이나 용대선 기간 또는 선가로 책정할 수 있다.

대개 계약 건에 관련된 모든 해운중개인은 전체 운임의 1.25 %에 해당하는 금액을 중개수수료로 받는다. 선박매매에 관련된 중개수수료는 선가의 1~2% 내외, 정기선 선박대리점료는 %~5% 정도가 일반적이다. 그러나 기항지 선박대리점은 기항지와 선박의 크기를 고려해서 책정된 정해진 선박대리점료를 받는다.[24]

중개수수료는 일반적으로 'Commission'이라 하는데 별도로 정한 경우가 아니면 선주가 지불한다. 이때 각 계약 전체 금액에 대해 일정 비율로 지불되며 이 비율(전체 중개수수료)을 모든 주문(order)에 명시하여 선주가 미리 알 수 있어야 한다.

---

20) 정영석 · 정대 · 우보연 · 염정호(2012), 293쪽.

21) 최신해운 · 물류용어대사전(2006), 269쪽.

22) 최신해운 · 물류용어대사전(2006), 209쪽.

23) 선박대리점료(agency fee)라 함은 선박이 입출항할 때 선주를 대리하여 입출항 등 제반지원 사무를 대행해 주는 선박대리점에 지급하는 수수료를 말한다. 화물의 종류, 개수에 따라 그 액수가 차이가 나지만 기본적인 요금은 계약으로 정해두는 것이 일반적이다; 최신해운 · 물류용어대사전(2006), 140쪽.

24) 정영석(해상운송론, 2013), 203쪽.

해운중개인에게 지불되는 중개수수료의 다른 명칭은 'Brokerage'이다. 이는 해운중개인이 계약을 위해서 한 일과 관련 활동비 지출에 대한 보수로 볼 수 있다. Brokerage에서 해운중개인의 영업비 지출과 실제 보수가 지불되는 것이다.

건화물 시장에서는 보통 한 명의 해운중개인이 1.25%를 받게 되며, 연관된 해운중개인의 수에 따라 운임이나 용선료에서 2.5% 또는 3.75%가 중개수수료로 계산된다. 그러나 운임과 용선료에서 실제로 계산되는 전체 중개수수료에는 Adcom(address commission)[25] 항목이 항상 포함되기 때문에 중개수수료만 계산한 비율보다 높아진다. 거의 모든 항해용선계약 및 정기용선계약에서 선주가 실제운임 또는 용선료로 받는 금액은 위에 언급한 address commission 항목으로 인해서 계약금액에 대비하여 줄어든다. 이 address commission의 비율은 최고 5%까지도 가능하다. 또한 용선자의 해운중개인이 고객의 전담 해운중개인인 경우에는 2.5%의 중개수수료를 받는 경우도 있다.

결론적으로 보면, 선주가 모든 중개수수료를 지불하기 때문에 선주는 계약 협상 시 전체 중개수수료가 반영된 운임이나 용선료를 제시하게 된다.[26]

제2절 화물운송중개인

I. 의의

1. 화물운송중개업

화물운송중개업(freight forwarding)이라 함은 대가를 받고 화주의 위탁을 받아 운송인과의 사이에 화물운송의 중개를 하는 사업을 의미한다.[27] 화물운송중개업은 「상법」상으로는 운송주선인에 의하여 영위되는 상행위로서의 운송주선을 업으로 하는 사업이라 할 수 있다(법 제114조 참조). 이

25) 'address commission'이라 함은 항해용선계약의 경우에 양륙지에 있는 용선자 대리점으로 하여금 화물의 양륙을 주선하도록 하거나 선박사고에 대한 처리를 대행하도록 하고, 그에 대한 대가로 선주가 지급하는 수수료를 말한다. Adcom은 보통 운임의 2~5% 수준인데, 영국에서는 용선계약서에 반대의 규정이 없는 한 이를 지급하는 것이 관행으로 되어 있다. 실무적으로는 용선계약서에 "커미션으로 운임의 2.5%를 공제하고 양륙항에서 운임을 지급할 수 있다"(freight payable at port of discharge after deducting 2.5% usual commission)는 문구를 삽입하기 때문에 실질적으로는 운임을 할인하는 결과가 된다. 'address commission'이라는 용어가 현재도 사용되고 있지만, 이는 일종의 리베이트의 성격을 띠므로 특약이 없는 한 수하인에게 이를 청구할 권리를 주는 것은 아니다; 최신해운 · 물류용어대사전(2006), 135쪽.

26) NYPE(1993) 제43조는 다음과 같이 중개수수료를 규정하고 있다:
"선박 또는 선박소유자는 이 정기용선계약 및 정기용선계약의 계속 또는 연장에 의하여 지급된 용선료에 대하여 ○○%의 수수료를 ○○에게 지급할 수 있다."

27) 최신해운 · 물류용어대사전(2006), 959쪽.

때 운송주선이라 함은 타인의 계산으로 자기의 명의로 운송계약을 체결하는 상행위를 말한다.[28)]

화물운송중개업은 「상법」상으로는 운송주선업에 속하지만, 「해운법」과 「물류정책기본법」에 정한 일정한 요건을 갖추어 등록하여야 사업을 영위할 수 있다. 「해운법」에서는 해상여객운송사업, 해상화물운송사업, 해운중개업, 해운대리점업, 선박대여 및 선박관리업을 해운업으로 규정하고 있는데(법 제2조 제1호), 해운중개업은 해상화물운송의 중개, 선박의 대여 · 용대선 또는 매매를 중개하는 사업을 말한다(법 제2조 제5호). 이 중 화물운송의 중개가 화물운송중개업에 해당한다.

또 「물류정책기본법」에서는 물류사업 중 화물운송의 주선을 물류서비스업으로 분류하고(법 제2조 제1항 제2호 다목), 동법 제3조 물류사업의 범위에서는 해운 부대사업으로 해운중개업을 들고 있다.[29)] 또 타인의 수요에 따라 자기의 명의와 계산으로 타인의 물류시설 · 장비 등을 이용하여 수출입화물의 물류를 주선하는 사업을 국제물류주선업이라고 정의하고(법 제2조 제1항 제11호), 국제물류주선업을 영위하기 위해서는 「물류정책기본법」에 따라 국토교통부 장관에게 일정한 요건(법 제43조 제3항)을 갖추어 국토교통부 장관에게 등록하도록 하고 있다(법 제43조 제2항).[30)]

2. 화물운송중개인

화물운송의 중개를 하는 자는 「해운법」상으로 해운중개인, 「물류정책기본법」상으로는 국제물류주선인(international freight forwarder)이라 한다. 이는 모두 「상법」상의 운송주선인에 해당하고, 실무에서는 이를 포워더(forwarder) 또는 프레이트 포워더(Freight Forwarder)[31)]라고 한다. 화물운송중개인을 사전적으로는 "화주를 위하여 통관[32)], 운송의 주선 또는 선복을 수배하는 등 운송주선 업무를 하는 자"로 정의하고 있다. 이들은 운송주선만을 하기도 하고 그가 스스로 운송인의 지위에서 운송책임을 지기도 한다. 후자의 경우 운송주선인은 운송수단을 보유하지 않으면서도 계약운송인(contracting carrier)[33)]으로서 이행운송인(performing carrier)처럼 운송의 주체로서 기능과 책임을 다한다고 설명하고 있다.[34)]

운송주선인의 국제민간기구인 FIATA(Federation Internationale des Association de Transitaires

28) 정영석 · 정대 · 우보연 · 염정호(2012), 168쪽.

29) 정영석 · 정대 · 우보연 · 염정호(2012), 64쪽.

30) 정영석 · 정대 · 우보연 · 염정호(2012), 107~108쪽.

31) Forwarder란 '전방에(으로)' '발송하다' '촉진하다' 등의 여러 뜻을 가진 forward에서 온 말로 오늘날에 있어서 Freight Forwarder라고 하면 MTO 또는 NVOCC와 거의 구분 없이 동의어로 사용되고 있다. 이하 '운송주선인'이라고 한다.

32) 통관(customs clearance)이라 함은, 세관이 물건의 국내 반입 및 반출을 허용하는 것을 뜻한다. 즉 수출화물의 경우에는 화주(또는 그 대리인)가 수출신고를 하고 세관으로부터 수출검사를 받아 수출허가를 받는 절차이며, 수입화물의 경우에는 외국무역선 또는 항공기로 내린 화물에 대하여 수입신고를 하고, 수입검사를 거쳐 관세를 납부한 후에 세관으로부터 수입허가를 얻는 등의 절차를 말한다; 최신해운 · 물류용어대사전(2006), 317쪽.

33) 계약운송인(contracting carrier)이라 함은 화물운송수단인 선박과 항공기 등을 보유하고 있지 않으면서 화물운송에 따른 책임을 인수하는 서류상의 운송인, 즉 운송계약 당사자로서의 운송인을 말한다; 최신해운 · 물류용어대사전(2006), 296쪽.

34) 최신해운 · 물류용어대사전(2006), 437쪽.

et Assimiles)[35]는 포워더를 "운송의 설계자(architect of transport)"로 그 특징을 파악하고 있다. 또 화물운송중개인이란 국제교역화물을 출발 지점에서 목적 지점까지 이동하는데 있어서 ① 정확한 장소에, ② 정확한 시간에, ③ 온전한 상태로, ④ 가장 경제적인 비용으로 도착시킬 것을 보증하는 자"(The freight forwarder is the party who ensure that internationally traded goods move from point of origin to point of destination to arrive; at the right place, At the right time, In the good order and condition, At the most economic cost)로 정의하고 있다.[36]

화물운송중개인은 Freight Forwarder, Forwarding Agent, Shipping Agent, Shipping & Forwarding Agent 등을 총칭하는 개념이다. Forwarding Agent는 원래 소량화물을 철도화차 단위의 화물량으로 집화, 분배하는 사업가를 말하는 것으로 유럽에서 발생되었다. Shipping Agent는 주로 매도인을 대리하여 선적절차의 이행, 선적서류 작성, 선적 등의 일을 하지만 영국에서는 선사를 위해 선복(space)의 판매를 하기 때문에 그들의 일부는 지금도 선적중개인으로 활동하고 있다. 영국에서는 Forwarding Agent가 수행하는 일은 선박, 철도 등의 운송인을 상대로 운송을 주선하고 필요한 경우 선박, 철도, 세관 등의 사이에서 여러 가지 주선을 하기 위하여 화주의 대리인으로서 행동하는 사람이지만 운송인은 아닌 것으로 인식되어 왔다. 그러나 오늘날에는 화물운송중개인이 화주의 단순한 대리인으로서가 아니라 운송인으로서 책임을 지는, 즉 운송계약의 주체로서 행위하고 있어 그 역할에 대한 정의가 변천되어 가고 있다.[37]

3. 화물운송중개인의 연혁

가. 유럽

화물운송중개인이 언제 등장했는지는 분명하지 않지만 13세기경 유럽의 도시국가 시대에 알프스산맥에서 라인강 하구로 이어지는 지역에서 인접 국가 간에 교역이 활발했을 때 프라흐터(Frachter)라는 특수상인집단으로 활동한 것이 가장 먼저 알려져 있다.[38] 이들은 상인과 화물을 마차에 싣고 강도에 대비해 무장경호원을 대동하고, 국경을 넘을 때마다 통과세를 지불하고, 도중에 말(horse)을 바꿔가면서 유럽의 여러 국가를 넘나들었다. 그리고 화물은 동승한 상인에 의해 현지에서 매각되었다. 이러한 프라흐터는 상사제도, 무역관행, 통관, 국제운송, 세제 등에 관한 전문지식을 갖고 있던 중간매개체로서 지금의 무역업자와 운송업자의 겸업 형태의 상인집단이었다.[39] 1600년경에는 프라흐터가 독자적인 운송인으로 변모하게 되는데, 이들은 잘 알고 있는 교역로와 교역 중

35) FIATA는 프랑스어로 'Federation Internationale des Association de Transitaires et Assimiles'의 두문자를 딴 약자이며, 영어로는 'International Federation of Freight Forwarders' Association'으로 표기한다. 이 FIATA는 국가별 화물운송중개인협회와 화물운송중개인으로 구성된 국제민간기구로서 1926년 비엔나에서 설립되었다. FIATA는 세계 복합운송업계의 결속 및 복합운송업의 발전, 전 세계 국가 간의 국제교역 촉진 등을 위한 목적으로 현재 스위스 취히리에 본부를 두고 있다. 2009년 3월 말 현재 83개국 92개의 협회가 가입한 국가회원(national association)과 150개국 3,031개 사의 준회원(individual members)이 가입해 있다.

36) 정영석(해상운송론, 2013), 206쪽.

37) 한국국제물류협회, 「프레이트포워딩 매뉴얼」, (한국국제물류협회/고용노동부/한국산업인력공단, 2010), 52쪽.

38) 임석민, 「국제운송론(제3판)」, (삼영사, 2007), 611쪽.

39) 한국국제물류협회(2010), 51쪽.

심지를 중심으로 마차 행렬을 조직하여 운송대리점을 설치하고, 교역 중심지에 창고를 마련하고, 운송증권을 발행하는 방식을 취하였다. 이후 수차례의 전쟁을 치른 유럽은 18세기 말에 이르러 평화와 함께 안전한 교역로가 확보되었으며, 19세기 초 철도의 출현으로 운송 분야의 획기적 발전을 가져왔다.[40] 이때부터 화물운송중개인을 스피디쳐(Spediteur)로 부르게 되었는데, 이것이 화물운송중개인의 효시로 평가되고 있다.[41]

유럽은 여러 개의 소규모 국가들로 구성되어 있었음에도 기차가 인접 국가를 경유하는 것이 허용되지 않았다. 그러나 화물운송중개인은 오랜 경험을 토대로 운송을 방해하는 장벽을 제거하고, 화물혼재 업무(consolidating business)와 운송증권 발행을 담당하였다. 19세기에는 많은 독립국가와 속국이 남아 있었으므로 상이한 통화, 운임률에 대하여 고도의 전문지식과 광범위한 지식이 필요하였는데, 국제화물운송중개인(international freight forwarder)은 법률 · 경제 분야의 전문가의 도움을 받아가며 그 기반을 넓혀갔다. 19세기 중기부터 말기 사이에는 만족할 만한 법적 지위도 확보하였다.[42] 20세기에 이르러서는 국제무역의 팽창에 힘입어 운송 분야의 전문가로서 세계무역의 발전에 공헌하고 있다.[43]

나. 미국

미국에서는 화물운송중개인이 19세기 후반과 20세기 초반에 걸쳐 서서히 등장하기 시작하였다. 제1차 세계대전 이전까지는 미국의 수출화물의 대부분은 뉴욕항을 중심으로 처리되었다. 당시 선박을 이용한 수출화물은 걸프만이나 남태평양으로부터의 생산된 면화에 불과하였다. 따라서 미국 서해안의 무역은 철도편으로 뉴욕항이나 뉴올리언즈항으로 운송되어 그곳에서 선박으로 환적[44]되어 운송되었다.[45] 대량화물은 1815년경부터 출현한 운송중개인에 의하여 취급되었다. 이들은 선박 측을 위한 업무를 수행하는 경우 선박중개인(ship broker)이라 하였고, 송하인을 위한 업무를 수행하는 경우 화물중개인(cargo broker)이라 하였다. 1825년 이리운하의 개통으로 수입화물과 유럽으로부터의 이주민을 운송할 수 있게 되었는데, 국내화물운송중개인(domestic freight forwarder)의 전신인 운송중개인(forwarding merchant)이 원거리의 운송을 단시간에 수행할 수 있게 되었다. 1830년에는 남캐롤라이나 철도회사의 증기기관차가 운행을 시작하여 운송수단의 혁명을 가져왔

---

40) 방희석,「국제운송론(개정판)」, (박영사, 2005), 454쪽.

41) 한국국제물류협회(2010), 51쪽.

42) 방희석(2005), 454쪽.

43) Alfred Murr,「Export/Import Traffic Management and Forwarding」, 5th ed., (Cornell Maritime Press Inc., 1977), pp. 1~3.

44) 환적(Transshipment)이라 함은, 일단 선적된 화물을 들어내 다시 다른 선박이나 다른 운송기관에 적재하는 것을 말한다. 줄여서 T/S라고도 한다. 이것은 한 운송기관 이상의 접속에 의하여 화물을 최종 목적지에 도착시키기 위하여 다른 운송기관에 바꾸어 싣는 것을 가리키는 것이다. 이에는 선박에서 선박으로의 환적, 선박과 철도의 해륙연결 운송에 의한 경우의 환적이 있으며, 앞의 경우에는 다시 동일한 선주에 속하는 다른 선박에의 환적과 상이한 선주의 선박에의 환적이 있다. 항만에서 환적되는 컨테이너는 부두 배후의 교통수요를 유발하지 않고 부가가치가 높기 때문에 세계 항만 당국은 환적 컨테이너의 유치를 위한 경쟁이 치열하다; 최신해운 · 물류용어대사전(2006), 873쪽.

45) Gerald H. Ulman, *The Ocean Freight Forwarder, The Exporter and the Law*, (Cornell Maritime Press, Inc., 1967), p. 1.

다. 이때 한덴(William Fredrick Harnden)에 의하여 국제화물운송중개인이 탄생하게 되었다.[46)]

해운산업을 육성하고 항구의 모든 세금, 용역 및 해운 업무를 규제할 목적으로 1916년 9월 17일「1916년 해운법」(The Shipping Act, 1916)이 제정되었는데, 1946년 2월 25일 미국 연방대법원(Supreme Court of United State)은 국제화물운송중개인도 이 법의 적용을 받도록 하는 판결을 내렸다. 제2차 세계대전의 발발과 함께 외국 정부들이 운송대리인에 해당하는 구매사절단을 파견함으로써 미국의 화물운송중개업이 영업 기회의 박탈로 완전히 없어질 위기에 처했다. 이 위기를 극복하기 위하여 미국 의회는 1942년 3월 14일 소위「브랜드 프레이트 포워딩법」(Bland Freight Forwarding Act)을 제정하였다. 1950년 6월 1일 FMC는 화물운송중개인에게 등록을 하도록 하였으며, 미국 의회는 1961년 9월 19일 공법(Public Law) 87-254로 독립해상화물운송중개인(independent ocean freight forwarder)의 면허제를 제도화했다.[47)48)]

다. 우리나라

현재의 화물운송중개 서비스는 아니더라도 이와 비슷한 서비스가 우리나라에 도입된 것은 1950년대 말 또는 1960년대 초로 볼 수 있다. 당시 주요 무역대상국인 일본 및 동남아 국가들을 대상으로 견본품 등 소량화물을 동일 목적지별로 모아서 상자에 넣어 운송하고, 수입화물의 경우 부산항에서 국내 각 지역별로 화물을 재분류하여 운송하는 형태였다. 이러한 서비스는 주로 하역, 육상운송 및 창고업체가 제공하였는데, 필요에 따라 부수적으로 화물운송중개인과 유사한 서비스를 제공하였다.[49)]

우리나라에 화물운송중개업이 처음 진출한 것은 1960년대 말 또는 1970년대 초로 보고 있다.[50)] 당시 수출입국 시책에 따라 수출입 물동량이 크게 늘어나면서 유럽지역의 유수한 화물운송중개인들이 개별적으로 우리나라에 진출하였다. 당시 우리나라의 운송업자들은 화물운송중개에 대한 인식부족으로 이를 수용하지 못함에 따라 외국선사의 대리점업체(ship agent)에 유럽의 화물운송중개인들의 대리인 역할을 담당하도록 화물을 지정(nomination)하여 줌으로써 화물운송중개인과 유사한 서비스를 개시하게 되었다. 그러나 선박대리점은 외국선박 소유자의 업무를 대행하는 입장이기 때문에 화주의 운송 업무대행을 주 업무로 하는 화물운송중개인과는 이해가 상충될 수밖에 없었다. 이로 인하여 1973년부터 독자적인 화물운송중개인이 출현하게 되었다. 이후 수출입 물동량의

---

46) 1834년 보스턴으로부터 철도가 놓였을 때, 보스턴과 웨체스트 간에 운행되는 열차의 차장이었던 윌리엄 프레드릭 한덴(William Fredrick Harnden)이 화물운송중개인(freight forwarder)이라는 새로운 영역의 사업을 창안해 낸 것이다. 그 때까지는 철도화물의 보호와 취급은 전적으로 기관차의 차장에게 일임되어 있었다. 한덴은 철도운송과 부수적 화물인도 업무를 할 수 있는 회사를 설립하여, 뉴저지 기선회사를 관장하면서, 뉴욕과 프로비던스 간을 운행하는 보스턴 프로비던스철도회사의 대표에게 접근하여 부지약관(content unknown)—운송회사가 화물을 외관상 양호한 상태로 인수한 경우 내장 화물의 내용이나 상태에 대해서 면책된다는 약관—에 해당하는 하인을 찍은 나무상자의 독점운송권(exclusive franchise)을 얻어냈다. 또 보스턴, 뉴욕 간의 고속소포운송권(express package service)을 얻어내는데 성공하여, 운송과 더불어 관리, 보호 업무를 개시하였다; 방희석(2005), 455쪽.

47) 방희석(2005), 455쪽.

48) 이상 자세한 내용은 임석민(2007), 612~615쪽.

49) 정영석(해상운송론, 2013), 209쪽.

50) 한국국제물류협회(2010), 65쪽; 임석민(2007), 616쪽.

급격한 증가에 힘입어 새로운 업종으로서 각광을 받으면서 차츰 업체가 늘어나게 되었다.

수출입화물의 적기운송이라는 당면 과제와 운송업계의 영업 질서 확립을 위한 화물운송중개업의 필요성을 인정하여 「해상운송사업법」(해운법의 전신)에 의거하여 1976년 10월, 26개 업체에게 최초로 면허를 발급함으로써 화물운송중개업이 정식으로 도입되었다. 처음 도입될 당시에는 면허제로 운영되었으나 1984년부터는 등록제로 전환되었다. 등록제도의 본래 의미대로 시행되지 않아 신규 참여가 어려웠으나 1987년 7월 1일부터는 법에 의한 등록기준만 갖추면 누구나 화물운송중개업을 영위할 수 있게 되었다(준칙제). 복합운송의 주체로서 복합운송인의 정의나 자격에 관한 직접적인 규정은 없지만 화물운송중개업은 자기 책임 하에 국제간 일관운송을 이행하는 사업으로 규정[51]하고 있었으므로 현실적으로 화물운송중개인은 복합운송인으로 불리게 되었으며, 이들 사업자단체가 한국국제복합운송협회로 되었다. 1989년 6월부터 내 · 외국인 합작투자가 가능하였고, 1994년 7월부터는 외국인의 100% 투자가 가능하게 되었다.

한편 항공운송주선업은 1969년 5월에 「항공법」에 의해 정식 도입되었으며, 1991년 12월 「화물유통촉진법」이 제정됨으로써 1993년 12월 「항공법」에서는 삭제되는 등 많은 변천 과정을 거쳐 오늘날의 국제물류주선업에 이르고 있으며, 1996년 1월부터는 100% 외국인 투자가 가능하게 개정되었다.

국제물류주선업은 운송수단별로 각기 다른 법률에 규정되어 있는 화물운송중개인을 하나로 통합하여 한 사람의 운송인이 자기 책임하에 2종류 이상의 운송수단을 결합하여 일관운송하는 체제를 도입하기 위해 생겨난 업종이다. 즉 복합운송의 주체에 관한 법령은 「해운법」, 「항만운송사업법」, 「자동차운수사업법」, 「철도소운송업법」 등 각기 달리 규정되어 있었기 때문에 이들 법령의 합리적인 조정이 필요하였다. 이에 복합운송인이 육 · 해 · 공 일관운송 및 이에 부수되는 포장, 보관, 통관 등의 업무를 종합적으로 처리할 수 있도록 하여 국제경쟁이 가능한 복합운송업체를 육성한다는 계획하에 1991년 12월 14일 「화물유통촉진법」이 제정되었다. 그러나 화물운송중개인은 「해운법」과 「화물유통촉진법」에 의한 업종으로 이원화되는 결과를 초래함으로써 취급 업무가 유사함에도 근거 법률과 소관부처(구 해운항만청 및 건설교통부)를 달리하여 정책 추진의 일관성 저하, 업종 간 이해 다툼, 이용 화주의 혼란 등 많은 문제점을 노출시키게 되었다. 이러한 문제점을 들어 한국국제복합운송업협회[52]에서는 1994년 12월 양 업종의 일원화를 건의하게 되었고 그동안 많은 논의과정을 거쳐 1995년 12월 29일 「화물유통촉진법」이 개정 · 공포되어 1996년 6월 30일부터는 동법에 의한 복합운송주선업으로 일원화되었다.

그 후 1998년 12월 31일 「화물유통촉진법 시행령」의 개정으로 복합운송주선업등록기준 중 일부가 변경되어 시행되고 있으며, 1999년 3월 1일부터는 등록과 관련된 모든 업무가 건설교통부 장관으로부터 광역자치단체장(시 · 도지사)에게 위임되었다. 이러한 복합운송주선업은 다시 국제물

51) 해운관련업의 등록 및 사후관리요령(해운항만청 고시 제93-32호) 제2조 제1호.

52) 「해운법」의 규정에 의한 해상운송주선업체의 사업자단체인 한국국제복합운송업협회(Korea International Freight Forwarders Association)와 「화물유통촉진법」이 규정에 의한 복합운송주선업체의 사업자단체인 한국복합운송주선업협회(Korea Multimodal Transport Association) 등 2개의 협회가 있었으나 두 업종의 통합으로 협회도 한국복합운송협회(Korea International Freight Forwarder Association)로 합병했으며(1996. 11. 25), 「물류정책기본법」의 시행(2008. 2. 4)으로 한국국제물류주선업협회로 개칭되었다.

류주선업으로 개칭되었는데, 이는「화물유통촉진법」을 전부 개정하여「물류정책기본법」으로 입법화함에 따른 것이다.[53)]

라. 국제조직화

1926년 빈(Wien)에서 16개국의 화물운송중개인협회가 화물운송중개인 대표기관으로 국제해상화물운송주선인협회(International Federation of Freight Forwarders Associations: 이하 'FIATA'라 부른다)를 창설하였다. 우리나라도 1977년 9월 한국해상운송주선인협회가 FIATA에 정회원으로 가입하였다.

II. 화물운송중개인의 기능과 경제적 효용성

1. 기능

화물운송중개인은 화주의 대리인으로서 적절한 운송수단을 선택하여 운송에 따르는 일체의 부대 업무를 처리해주는 전통적인 운송주선 기능과 오늘날의 복합운송시스템 하에서는 컨테이너 등의 운송설비를 갖추고 집화, 분배, 혼재 업무를 행하는 운송의 주체로서의 기능을 동시에 지니고 있다.[54)]

화물운송중개인의 업무는 국내화물운송중개형(Local 형), 국제화물운송중개형(International 형) 및 운송인형(carrier 형)의 3가지로 구분할 수 있다. 국내화물운송중개형 화물운송중개인은 활동 영역이 국내적이거나 부분적인 특정 범위에 한정되어 있다. 국제화물운송중개형 화물운송중개인은 국내 업무에 추가하여 국제적 네트워크를 결합한 유형이다. 운송인형 화물운송중개인은 기존의 운송주선 외에 복합운송인(MTO) 또는 NVOCC로서 직접 운송계약을 체결하기도 한다.[55)]

화물운송중개인의 기능을 간략히 살펴보면 다음과 같다:[56)]

첫째, 전문적 조언자 역할을 한다. 화주의 요청에 따라 해상, 항공, 철도, 도로운송의 소요비용과 시간, 신뢰성, 경제성을 고려하여 가장 적절한 운송로를 채택하게 해준다. 또한 그 운송수단, 운송로에 따른 화물포장 형태 및 목적지의 운송 관련 각종 법령 · 규칙을 알려주고, 운송서류를 용이하게 작성하도록 하는 등 일체의 조언을 해준다.

둘째, 운송계약의 체결 및 운송수단의 예약을 한다. 화물운송중개인은 특정 화주의 대리인의 자격으로 자기 명의로 운송계약을 체결한다.[57)] 운송계약을 체결할 때 특정 선박 또는 항공기를 예약해야 한다. 이때 선사 또는 항공회사는 화물운송중개인으로부터 구두예약을 접수하여 화물의 명세, 필요한 컨테이너 개수, 운송조건 등을 기재한 선복예약서(booking note)를 작성하게 되며, 화주

---

53) 자세한 내용은 임석민(2007), 616~618쪽

54) 한국국제물류협회(2010), 53쪽.

55) 한국국제물류협회(2010), 53쪽.

56) 방희석(2005), 462쪽~466 참조; 임석민(2007), 619~623쪽.

57) Morris S. Rosenthal, Techniques of International Trade, (McGraw-Hill Book Company, Inc., 1950), p. 116.

는 선복예약서에 기재된 조건대로 선적할 수 있다.

셋째, 관계서류의 작성 업무를 수행한다. 화물운송중개인은 선하증권, 항공운송장 또는 이와 유사한 서류, 통관서류, 원산지 증명서, 보험증권, 선적지시서 등의 작성 업무를 수행한다. 서류는 화물운송중개인이 직접 작성하든가 또는 화주의 작성에 조언을 한다.

넷째, 통관수속을 한다. 주요 항만이나 공항에 사무소를 두고 세관원 및 관세사들과 긴밀한 접촉을 유지하면서, 화주를 대신하여 관세사를 통하여 통관수속을 한다. 통관 절차는 매우 복잡하므로 전문지식과 풍부한 경험이 필요하다. 우리나라의 경우 예외적으로 인정하는 경우를 제외하고는 관세사나 자기명의 통관허가를 받은 자만 할 수 있다. 반면 영국에서는 화물운송중개인이 직접 할 수 있고, 미국에서는 세관에서 인가를 받은 화물운송중개인이 통관중개인(customhouse broker)의 자격으로 통관 업무를 할 수 있다.

다섯째, 운임 및 기타 비용의 대납 업무를 한다. 화물운송중개인과 화주 간에 통상의 거래관계가 확립되어 있는 경우, 화물운송중개인은 고객을 대신하여 모든 비용을 대납한다. 수출입업자는 보통 선사, 항공사, 기타 운송인 및 하역업자, 컨테이너, 보관시설, 기타의 설비 등을 이용하게 된다. 이러한 업무가 화물운송중개인을 통하여 이루어지게 되면, 이 비용을 화물운송중개인이 대납하고 수출입업자는 화물운송중개인에게 일괄 지불함으로써 절차가 간소화된다. 이와 관련하여 해외의 거래관계를 통하여 현금인도(Cash on Delivery: COD)[58]의 편의를 제공하는 수도 있다. 또한 화물운송중개인은 고객을 위하여 L/C나 외환매매 등에 관한 은행 업무의 수배를 하기도 한다.

여섯째, 포장 및 창고보관 업무를 수행한다. 화물의 포장방법에 관해서는 운송수단이나 목적지에 가장 적절하고 효과적인 것을 화주에게 조언한다. 또한 화물운송중개인은 운송인으로서 소량 컨테이너 화물(LCL)의 통합 · 분배 또는 혼재[59] 업무를 행하기도 하기 때문에 자기의 창고를 소유하여 일시적 또는 단기적인 보관 서비스를 제공하기도 한다.

일곱째, 보험계약을 주선한다. 화물운송중개인은 고객에게 가장 유리한 적하보험의 종류, 보험금액, 보험조건 등에 정통하기 때문에 화주를 대리하여 보험계약을 주선할 수 있다. 또 화물에 사고가 발생한 경우에는 보험사고의 처리와 관련하여 화주를 효율적으로 보좌하는 기능을 수행한다.

여덟째, 화물의 집화 · 분배 · 혼재 서비스를 수행한다. 전통적인 주선인으로서가 아니라 운송인으로서 화물운송중개인은 화물의 집화 · 분배 · 혼재 서비스 등을 한다. 오늘날은 운송인으로서의 업무가 화물운송중개인 본연의 중요한 기능이라 할 수 있다.

아홉째, 관리업자, 분배업자의 업무를 수행한다. 화물운송중개인은 수하인을 위한 화물의 관리업자 및 분배업자로서의 기능도 가지고 있다. 문전운송(door to door)의 전 과정에 걸쳐 화물의 안전과 원활한 흐름을 도모하기 위해 화주를 대신해서 이를 감시하는 일을 관리업자로서의 기능이라 한

58) 무역결재조건에서 COD란 현금인도조건을 말한다. L/C나 D/A, D/P의 개재 없이 수출업자가 물건을 수입자에게 인도하면서 대금을 수취하는 방법을 말한다. 일반적으로 COD는 항공운송에서 사용되며, 항공운송인이 경쟁력을 제고시키기 위해 운송인 간에 국제적으로 협조체제를 갖추어 수하인(수입업자)으로부터 수입대금을 회수한 물건을 인도한다.

59) 혼재화물(Consolidated Cargo)이라 함은, 한 개의 컨테이너에 적재하기에는 부족한 소량화물을 모아서 FCL화물로 만든 화물을 말한다. 혼재화물일 경우 LCL로 운송하는 것보다 일반적으로 저렴한 운임이 적용된다; 최신해운 · 물류용어대사전(2006), 283쪽.

다. 또 대량으로 수입되는 화물을 일관하여 통관한 뒤 각지에 흩어져 있는 수하인에게 배송 · 인도하는 일을 분배업자의 기능이라 한다. 또한 최근에는 3자 물류[60]에까지 그 영역을 넓혀 3자 물류업자로서의 역할도 수행하고 있다.

열째, 시장조사 업무를 수행한다. 해외의 거래망을 통하여 수입업자를 소개하기도 하고, 국내시장에 관한 정보를 수집하는 등 여러 가지로 수출입업자를 지원하는 기능을 수행한다.

2. 경제적 효용성

가. 수출업자의 입장

복잡한 국제화물유통 관련 업무에 관해 화물운송중개인을 이용함으로써 비용 · 시간 · 인력의 절감 등을 꾀할 수 있다. 자기 기업 내에 운송 전문인력을 두지 않고도 화물유통정보, 운송지식, 운송에 관한 노하우 등 최적의 조언을 활용할 수 있어 자기 본업인 생산과 판매에 전념할 수 있다.

나. 수입업자의 입장

수하인은 화물 수령에 필요한 서류작성 및 절차에 관해 화물운송중개인의 조언을 용이하게 입수할 수 있다. 따라서 자기의 고유한 업무에 전념하고 있으면 화물운송중개인은 화물의 도착통지를 해줄 뿐 아니라 수하인의 문전까지 화물을 인도해 준다.

다. 규모의 경제 실현

화물운송중개인은 다수의 송하인으로부터 위탁 받은 선복[61] 협상권을 활용하여 화물량(cargo volume)을 대형화하여 이행운송인(performing carrier)과 협상할 수 있다. 이를 통하여 유리한 운임과 운송조건을 유도함으로써 규모의 경제(scale merit)를 실현하여 화주에게 이익이 되도록 한다.

라. 최적의 운송시스템 선택

수출입업자가 스스로 국제물류 업무를 수행할 경우에는 각자 육상, 항만, 해상 등의 각 분야별 정보를 입수하여 포장, 보관, 하역에 관한 정보와 결합시켜 수출입 상품의 물류비용을 파악하는데 많은 어려움이 따른다. 이에 반해, 화물운송중개인을 이용할 경우 수출입업자의 활동을 최소화시킴으로써 일관운송서비스를 수행하기 위한 해당 상품의 운임 부담력 또는 수급의 완급에 따라 최적의 운송시스템 선택이 가능하도록 한다.

---

60) 제3자 물류(Third Party Logistics: TPL or 3PL)는 제조기업과 물류기업이 상호 Win-Win할 수 있는 전략적 제휴방안으로서 1980년대 후반부터 시작된 개념이다. 제3자 물류는 기업의 물류활동을 수행하는 주체에 따라 분류하는 개념으로서, 제조기업이 사내 부서를 통해 자체적으로 물류 업무를 수행하는 경우를 제1자 물류(First Party Logistics: 1PL), 기업이 사내의 물류부서를 별도의 자회사로 독립시켜 물류활동을 수행하는 경우를 제2자 물류(Second Party Logistics: 2PL)라고 한다. 제3자 물류(3PL)는 외부의 전문 물류기업에 물류 업무를 외주(outsourcing)하는 것을 말한다.

61) 선복(Ship's space)이라 함은, 화물을 적재할 수 있는 선박 내의 모든 공간을 말한다. 선복량이라고 하면 선박이 지닌 운송서비스의 생산능력을 말하는 것이므로, 단순히 물리적인 선내 공간의 양이 아니라 의장을 갖추고 선원을 승선시킨 상태의 선내 공간을 말한다; 최신해운 · 물류용어대사전(2006), 784쪽.

마. 이행운송인의 입장

화물운송중개인은 이행운송인(performing carrier, actual carrier)에 대한 관계에서 화주의 입장이 되기 때문에 운송인이 화물운송중개인을 이용할 경우 일반 화주와 직접 교섭하는 것보다 많은 이익을 누릴 수 있다. 항공운송인(air carrier)은 화주를 상대로 직접 집화 활동을 하지 않으며, 보통 계약대리점(air cargo agent, air freight forwarder)을 통하여 집화하고 있다.[62)]

III. 각국의 화물운송중개인 제도

1. 미국

가. 개관

미국에서는 화물운송중개인을 네 가지 유형으로 구분하여 법제화하고 있으며, 법률에 따라 각기 다른 위원회의 규제를 받고 있다.

첫째, 국내화물운송중개인(domestic freight forwarder)은 구 주제통상법(Interstate Commerce Act: ICA)의 규정에 따라 주제통상위원회(Interstate Commerce Commission: ICC)[63)]의 관할에 속하였는데, 1995년 12월「Interstate Commerce Commission Termination Act」의 제정에 의해 ICC가 폐지됨으로써 교통부 산하의 새로운 기구인 비항공운송국(Surface Transportation Board: 이하 'STB'라 한다)[64)]으로 이관되었다.

둘째, 항공화물운송중개인(air freight forwarder)은 국내외를 막론하고「연방항공법」(Federal Aviation Act: FAA)의 규정에 따라 민간항공위원회(Civil Aeronautics Board: CAB)의 관할에 속한다.

셋째, 해상화물운송중개인(ocean freight forwarder)과 NVOCC는 FMC의 관할에 속한다.

나. 국내화물운송중개인

국내화물운송중개인은 철도, 자동차 및 수상운송인이 아닌 커먼 캐리어(common carrier)로서 보수를 받고 미국 각 주 사이의 화물운송 또는 운송준비를 인수하는 자를 말한다(Interstate Commerce Act, sect., 402(a)2).

통상적인 업무 내용은 ① 화물의 집화, 혼재, 분배, 배송 업무의 수행 또는 그 준비, ② 수령지로부터 인도 시까지 화물운송에 대한 책임을 지고, ③ 화물운송을 위하여 철도, 자동차, 수상운송수단을 이용하는 것 등을 들 수 있다.

즉 국내화물운송중개인은 이행운송인(performing carrier)이 아닌 계약운송인(contracting carrier)이라고 할 수 있으며, 화주에게는 원래의 운송계약자로서 운송책임을 지고 운송증권을 발행하기 때문에 NVOCC와 성격이 비슷하다.

62) 한국국제물류협회(2010), 56쪽 각주 22).

63) 전일수,「국제복합운송시스템」(21세기한국연구재단, 1997), 134쪽.

64) Surface Transportation이라 함은 항공운송 외의 운송 형태를 말한다.

다. 해상화물운송중개인

해상화물운송중개인이 미국 법에 처음으로 규정된 것은 「1942년 Bland Freight Forwarding Act」이며, 「1961년 공법 87-254호」에 의하여 독립해상화물운송중개인(independent ocean freight forwarder)에 대한 FMC의 면허제도가 도입되었다.

그 후 「1984년 해운법」 제3조 제19항에 의하면 해상화물운송중개인은 ① 화주의 대리인으로서 해상운송을 통해 미국으로부터 수출품의 선적 또는 선적을 위한 선복예약 및 기타의 방법을 취하며, ② 서류작성과 선적에 수반하는 작업을 행하는 자로 규정하고 있다.

이와 함께 「1984년 해운법」의 시행규칙이라고 할 수 있는 FMC의 CFR(Code of Federal Regulation)[65] § 510.2 h에는 화물운송중개인의 서비스에 관하여 자세히 열거하고 있다. 화물운송중개인의 서비스에 대한 대가로 화주(shipper, consignee, seller)로부터는 주선수수료를 받고, 선사로부터는 집화보상금(compensation)을 받을 수 있도록 규정하고 있다. 「1984년 해운법」 제17조에 의하면 해상화물운송중개인으로서 행위하기 위해서는 FMC의 면허를 취득하여야 한다. 또 FMC의 면허를 받으려면 화물운송중개서비스의 수행 자격을 보유할 것과 재무부 장관이 인정하는 보증서를 제출하도록 규정하고 있다. 그리고 이 규정에 근거하여 제정된 CFR Subport B(§510.11~§510.19)에는 화물운송중개인의 면허발급 요건에 관하여 다음과 같이 구체적으로 규정하고 있다.

① 미국 내에서 3년 이상 화물운송중개 업무에 종사한 자일 것.
② 미화 50,000[66]달러의 보증금(Surety Bond)을 예치할 것.
③ 화물운송중개 업무를 수행할 수 있는 적합한 자질을 갖출 것

이 중 화물운송중개 업무를 수행할 수 있는 자질보유 여부를 판단하기 위한 자료로 FMC에서는 추천서를 요구하고 있다. 추천서로는 선사의 추천서, 다른 화물운송중개인의 근무확인서, CPA의 소견서, 거래은행의 평가서 등이 이용되고 있다.[67]

라. NVOCC

NVOCC(non-vessel operating common carrier)가 법제화된 것은 「1963년 FMC General Order 4」 §510. 21(b)이다. 이후 「1984년 해운법」 제3조 제17항에 의하면 NVOCC란 해상운송에 있어서 자기 스스로 선박을 직접 운항하지 않으면서 해상운송인(ocean common carrier)에 대해서는 보수를 받고 미국과 타 국가 간의 해상화물운송 업무를 수행한다. 이때 ① 선적항 또는 화물수령 지점에서부터 양륙항 또는 화물인도 지점까지의 운송에 관한 책임을 지며, ② 운송행위의 전부 또는 일부를 위해서 미국과 타 국가 간을 운항하는 선박을 이용할 것을 내용으로 수행할 것임을 대중에게 공시하는 자를 뜻한다. 이러한 커먼 캐리어에는 NVOCC 외에 VOCC(Vessel Operating

65) CFR은 Shipping Act에 근거하여 FMC가 제정한 미국 연방정부조례이다.

66) 「1998년 해운개혁법」(The Ocean Shipping Reform Act of 1998)의 개정(발효 1999년 5월 1일)에 따라 종전의 미화 3만 달러에서 5만 달러로 바뀌었고, 지사의 경우 1만 달러이다. 보증방법은 재정보증으로 Bond, Insurance, Surety 등이다.

67) 한국국제물류협회(2010), 58~59쪽.

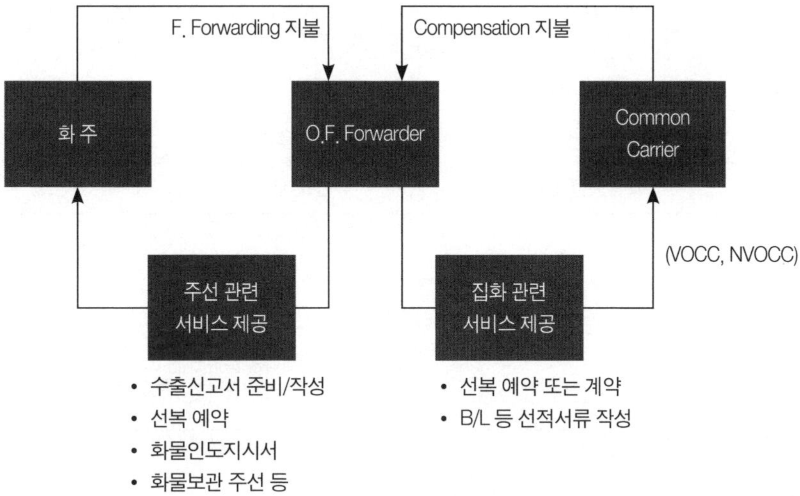

〈그림 43〉 1984년 해운법상 해상화물운송중개인의 기능[68)]

Common Carrier)가 있으며, NVOCC는 VOCC에 대해 화주의 입장이 된다는 점에서 구분된다.[69)]

NVOCC의 자격에 관해서는 1999년 5월 1일 발효된 「1998년 해운개혁법」(The Ocean Shipping Reform Act of 1998)에서 최초로 입법되면서 종전의 태리프 파일제(Tariff File)에서 면허제로 변경되었다.

NVOCC의 면허요건은 ① 관련업에 최소한 3년 이상의 유경험자로서 NVOCC로서의 서비스를 제공하기에 필요한 소양을 갖춘 자, ② 재정책임보증가입[70)] ③ Tariff 신고, ④ 법정대리인(Legal Agent) 지명 등이다.

〈표 25〉 미국 법상 Freight Forwarder와 NVOCC의 비교

구분	Domestic Freight Forwarder	Ocean Freight Forwarder	NVOCC
근거 법률	Interstate Commerce Act	Shipping Act	Shipping Act
관장기관	STB(구 ICC)	FMC	FMC
제도의 형태	자유제(1986년 이전에는 ICC의 면허제)	FMC의 면허제	FMC의 면허제
운송구간	미국내 주와 주 사이	미국과 다른 국가간	미국과 다른 국가간
B/L 발행	자기 명의 B/L 발행	자기 B/L 발행 불가	자기 명의 B/L 발행
운송책임	있음	없음	있음

68) 미국의 「1984년 해운법」 제19조 (a)에 의거 작성됨.

69) 한국국제물류협회(2010), 59쪽.

70) 미국 국내법상의 법인으로서 본사의 경우 미화 7만 5천 달러, 각 지사는 1만 달러, NVOCC와 해상화물운송중개인을 겸업하는 경우에는 10만 달러의 보증금(surety bond)을 예치해야한다. 미국 국적 외의 업체는 연간 15만 달러를 보증금을 예치해야 한다.

구분	Domestic Freight Forwarder	Ocean Freight Forwarder	NVOCC
Tariff	자체 운임표	자체 운임표 없음	자체 운임표 있음
Carrier	Common Carrier 기능	운송이닝 아님	Common Carrier 기능
주요 업무	소량화물 혼재	선복예약, 서류작성	LCL 혼재, 선적

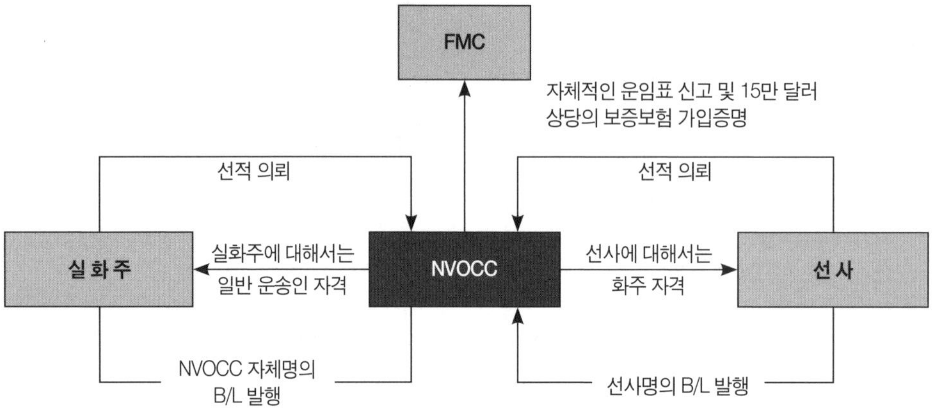

〈그림 44〉 NVOCC의 운송 관계도

마. 해상운송중개인

「1998년 해운개혁법」(The Ocean Shipping Reform Act of 1998)에서는 해상화물운송중개인과 NVOCC의 역할과 기능을 구분하고 있으나, 이외에도 해상운송중개인(Ocean Transportation Intermediary)의 개념을 새로이 도입하여 해상화물운송중개인과 NVOCC를 여기에 포함시키고 있다.71)

해상운송중개인(OTI)은 FMC로부터 사전에 면허를 취득해야 하며 재정책임보증보험가입, 외국업체인 경우 법정대리인의 지명이 의무화되어 있다.

〈표 26〉 1998년 해운개혁법상 NVOCC의 의무

구 분	주 요 내 용
FMC의 면허 취득	• 관련업에 최소한 3년 이상의 유경험자 • NVOCC로서의 서비스를 제공하기에 필요한 소양을 갖춘 자.

71) [원문]Sec. 3.(17): Ocean transportation intermediary(OTI) means an ocean freight forwarders(OFF) or a non-vessel-operationg common carrier(NVOCC).

[번역] 제3조 제17항: 해상운송중개인(OTI)은 해상화물운송중개인(OFF) 또는 무선박운송인(NVOCC)를 의미한다.

구분	주요내용
재정책임 보증	① 미국 국적업체 - 본사: US$75,000 - 지사: US$10,000 - NVOCC & OFF 겸업시: US$100,000 ② 미국 국적 외의 업체: US$150,000
Tariff 공개(신고)	• 공개방법: Internet Website • 공개내용: 운임, 요금 품목분류, 규칙, 관행(예외품목: 벌크화물, 임산물, 고철, 신규조립자동차, 폐지 등) • 운임발효: 신규·인상운임 - 공개 30일 경과 인하운임: Tariff 공개 즉시 • 자료보관: Tariff에 공개되었던 내용은 대체 또는 최소일로부터 5년간 보관 • 각서(Certification) 제출: 태리프의 발효에 앞서 대표이사는 태리프 내용이 틀림 없음을 확인하는 각서를 서면으로 작성하여 FMC에 제출
법정대리인 지정	• 미국 국적 외의 NVOCC는 미국에서 자사를 대리하여 법원 관련 업무를 수행할 법정대리인을 지명해야 함 • 대리인 유고 시는 FMC 직원이 대리인의 역할을 수행하도록 함

2. 일본

일본은 「화물이용운송사업법」에서 운송주선업이 규정되어 있는데, 제1종 화물이용운송사업과 제2종 화물이용운송사업으로 구분하고 있다. 제1종 화물이용운송사업이란 타인의 수요에 적절하게 유상으로 이용운송을 실시하는 사업으로 제2종 화물이용운송사업 외의 것으로 우리나라의 화물자동차운송주선사업에 해당된다. 제2종 화물이용운송사업이란 타인의 수요에 응하여 유상으로 선박운항업자, 항공운송사업자 또는 철도운송사업자가 행하는 운송을 이용하는 이용운송과 당해 이용운송에 선행 및 후속하는 해당이용운송에 관계되는 화물의 집화 및 배달을 위한 자동차에 의한 운송을 일관하여 행하는 사업으로 우리나라의 「물류정책기본법」상의 국제물류주선업을 말한다.

제1종 화물이용운송사업은 국토교통성에 등록하여야 하며, 제2종 화물이용운송사업은 국토교통성으로부터 허가를 받아야 한다. 제1종 및 제2종 화물이용운송사업 모두 이용운송약관을 정해 국토교통성 장관의 인가를 받아야한다.[72)]

3. 중국

중국은 「국제해운조례」에 따라 선박을 보유하지 않고 운수 업무를 경영할 경우 반드시 국무원 교통주관기관에 선하증권을 등기하고 보증금을 납부해야 한다. 선박을 보유하지 않은 운수 업무경영자(화물운송중개인 또는 NVOCC)의 선하증권 등기보증금은 80만 위엔이며, 매 지점 설립시 20만 위엔씩 증가한다.

중국의 국제화운대리업(freight forwarding)은 외자기업에 대한 개방이 이루어져 2006년부터 외자기업의 100% 단독 출자를 허용하고 있다. 「외국투자국제화물운송대리기업관리규정」(대외무역경

72) 한국국제물류협회(2010), 61~62쪽.

제합작부부령)에 따라 중국 기업과 합작투자 또는 외국 기업 독자투자가 가능하며, 자본금은 미화 100만 달러 이상이어야 한다.[73)]

IV. 우리나라의 화물운송중개인 제도

1. 상법

「상법」에서는 운송주선인 제도를 두고 있는데 "자기의 명의로 물건운송의 주선을 영업으로 하는 자"라고 규정하고(법 제114조), 다른 약정이 없으면 직접 운송할 수 있으며, 이 경우 운송인과 동일한 권리의무가 있다는 개입권(법 제116조)을 인정하고 있다. 또한 운송주선인이 위탁자의 청구에 의해 화물상환증을 작성한 때에는 직접 운송하는 것으로 본다고 규정(법 제116조 제2항)하고 있기 때문에 운송주선인은 물건운송을 주선하는 주선인의 지위에 국한하지 않고 직접 운송을 행하는 운송인의 지위도 동시에 갖고 있다.

운송주선인은 운송인과 마찬가지로 화물의 멸실, 훼손 또는 지연으로 인한 손해배상책임을 지고(법 제115조), 운임 또는 보수청구권(법 제119조) 및 유치권(법 제120조)과 같은 권리도 있다.

2. 화물자동차운수사업법

운송주선업의 사업자등록과 관련하여서는 운송수단별로 각기 다른 법률에 규정되어 있다. 육상운송의 경우 화물자동차운수사업법에 의한 화물자동차운송주선업과 해상 및 항공운송의 경우 「물류정책기본법」에 의한 국제물류주선업으로 규정되어 있다.

화물자동차운송주선업은 타인의 수요에 응하여 유상으로 화물운송계약을 중개 · 대리하거나 화물자동차운송사업을 경영하는 자의 화물운송수단을 이용하여 자기의 명의와 계산으로 화물을 운송하는 사업을 가리킨다(화물자동차운수사업법 제2조 제4호).

3. 물류정책기본법

정부에서는 국내외적으로 물류산업의 중요성이 증가하고 있으나 물류 관련 정책 기능이 여러 부처에 분산되어 있어 효율적인 정책 추진이 어려운 문제점이 지속적으로 제기됨에 「물류정책기본법」을 제정하였다. 이 법은 물류정책의 종합조정기능을 보강하고 제3물류 시장을 확대하여 물류산업의 발전 기반을 마련하고, 국내 물류기업의 해외진출 등 국제물류 활성화 기반 구축을 목표로 2007년 8월 3일 법률 제8617호로 제정되었다.

이 법에서는 「화물유통촉진법」의 복합운송주선업을 국제물류주선업으로 개칭하고, 그 정의도 타인의 수요에 따라 자기의 명의와 계산으로 물류시설 · 장비 등을 이용하여 수출입화물의 물류를 주선하는 사업(법 제2조 제11호)으로 하였다.

---

73) 한국국제물류협회(2010), 62쪽.

〈표 27〉 국제물류주선업의 등록기준

자본금 또는 자산평가액	법인인 경우 자본금 3억 원 이상 개인인 경우 자산평가액이 6억 원 이상
보증보험 가입	1억 원 이상의 보증보험에 가입할 것. 다만, 각호의 1에 해당하는 경우에는 그러하지 아니하다. 1. 자본금 또는 자산평가액이 10억 원 이상인 경우 2. 컨테이너 장치장을 소유하고 있는 경우 3. 은행법 제2조의 규정에 의한 금융기관에서 1억 원 이상의 지급보증을 받은 경우 4. 1억 원 이상의 화물배상책임보험에 가입한 경우

제3절 운송주선인의 상법상의 책임

I. 의의

1. 개념

운송주선인은 자기의 명의로 물건운송의 주선을 영업으로 하는 자를 말한다(법 제114조). 따라서 운송주선업은 운송 자체를 실행하는 영업이 아니라, 송하인의 위탁을 받아서 자기의 이름으로 운송인과 운송계약을 체결함으로써 운송에 대한 송하인과 운송인의 수급을 연결해 주는 영업을 말한다.[74]

첫째, 운송주선인은 '타인의 계산으로, 자기의 명의로' 운송계약을 체결하는 자이다.

둘째, 물건운송의 주선을 하는 자이다. 이때 물건이란 운송의 객체가 될 수 있는 모든 물건을 말하고, 운송이란 물건의 육상 · 해상 또는 항공 운송 및 이를 복합적으로 연결하여 하는 운송을 의미한다. 「상법」은 이와 같이 운송주선업을 물건운송의 주선에 한정하였으므로, 여객운송의 주선을 영업으로 하는 자는 운송주선인이 아니라 준위탁매매인이다.[75]

셋째, 물건운송의 주선을 영업으로 하는 자이다. 운송주선인은 물건운송의 주선의 인수를 영업으로 함으로써 상인이 된다(법 제4조, 제46조 제12호). 운송주선인은 물건운송의 주선의 인수를 영업으로 함으로써 상인이 되지만, 다른 종류의 영업을 겸영하는 것을 금지하는 것은 아니다. 보통 운송주선인은 그 사업의 성질상 부수운송(철도 · 궤도 등의 대형 운송기관이 하는 운송에 선행 또는 후속하여 하는 물건운송), 이용운송(대형 운송기관으로부터 하도급 형식으로 물건운송을 인수하는

74) 이철송, 「상법강의(제9판)」, (박영사, 2008), 219쪽.

75) 정희철, 「상법학(상)」, (박영사, 1989), 204쪽; 정동윤, 「상법총칙 · 상행위법」, (박영사, 1996), 591쪽; 이철송(2008), 220쪽.

것), 원수운송(이삿짐 등 소규모 화물의 운송을 인수하고 이들 화물을 집하하여 선사에 운송을 위탁하는 경우) 및 이 기본 행위에 부수하여 필요서류의 준비 등 비법률행위적 사무의 위탁을 받는 경우가 많이 있다.[76] 이러한 업무는「상법」제114조가 규정하는 운송주선은 아니지만 운송주선업에 보통 부수하는 것이므로, 이것에 그 성질이 허용하는 한 운송주선업에 관한 규정을 준용하여야 할 것으로 본다.[77]

2. 복합운송인과의 구별

「화물유통촉진법」제2조 제6호는 복합운송주선업에 대하여 정의 규정을 두고 있는데, 이에 의하면 "복합운송주선업이라 함은 타인의 수요에 응하여 자기의 명의와 계산으로 타인의 선박 · 항공기 · 철도차량 또는 자동차 등 2가지 이상의 운송수단을 이용하여 화물의 운송을 주선하는 사업을 말한다"라고 한다. 따라서 복합운송인(freight forwarder)의 개념은 복합운송의 실무를 반영하여 그 범위를 확대 · 개편한 것으로, 복합운송인이「상법」상의 운송주선인인지의 여부는 위탁자(송하인)와 체결된 계약 내용에 따라 결정되어야 할 것이다. 즉 법문상의 주선이나 자기계산에 의하여 복합운송인의 지위가(운송주선인인지 여부)가 결정되는 것이 아니라, 위탁자(송하인)와 계약을 체결하면서 복합운송증권을 발행하는 등 처음부터 운송인이 될 의사로 계약을 체결한 경우에는 운송인의 지위를 갖게 되고, 복합운송증권을 발행하지 아니하고 운송주선인으로서 화물수령증(forwarder's cargo receipt: FCR)만을 발행한 경우에는 운송주선인의 지위를 갖는다고 보아야 할 것이다.[78] 일반적으로 운송주선인이 운송인이 되는 경우는「상법」제116조 제1항 제1문의 규정에 의한 운송주선인의 개입권을 행사하여 다른 사람의 물건을 운송하는 것으로 해석할 수 있다.

3. 운송주선계약의 법적 구조와 해상기업의 주체성

운송주선에는 2개의 법률 관계가 존재한다. ① 위탁자(송하인)는 운송주선인에게 수하인을 특정해서 운송계약을 체결할 것을 위탁하고(주선계약), ② 운송주선인은 그 위탁계약의 이행으로써 자기 명의로 이행운송인(actual carrier/ performing carrier)과 운송계약을 체결한다.

---

76) 대판 2007.4.26. 선고 2005다5058:「상법」제114조에서 정한 '주선'은 자기의 이름으로 타인의 계산 아래 법률행위를 하는 것을 말하므로, 운송주선인은 자기의 이름으로 주선행위를 하는 것이 원칙이지만, 실제로 주선행위를 하였다면 하주나 운송인의 대리인, 위탁자의 이름으로 운송계약을 체결하는 경우에도 운송주선인으로서의 지위를 상실하지 않는다.

77) 정희철(1989), 204쪽.

78) 김창준, "복합운송인의 법적 지위에 관한 연구",「법학박사학위논문」, (경희대, 2004.2), 9~12쪽.

① 대판 2007. 4. 26, 2005 다 5058(공보 2007, 754): 해상운송주선인이 위탁자의 청구에 의하여 선하증권을 작성한 때에는「상법」제116조에서 정한 개입권을 행사하였다고 볼 것이나, 해상운송주선인이 타인을 대리하여 위 타인 명의로 작성한 선하증권은 특별한 사정이 없는 한 같은 조에서 정한 개입권 행사의 적법조건이 되는 '운송주선인이 작성한 증권'으로 볼 수 없다.

② 대판 2007. 4. 27, 2007 다 4943(공보 2007, 783): 운송주선인이「상법」제116조에 따라 위탁자의 청구에 의하여 화물상환증을 작성하거나 같은 법 제119조 제2항에 따라 운송주선계약에서 운임의 액을 정한 경우에는 운송인으로서의 지위도 취득할 수 있지만, 운송주선인이 위 각 조항에 따라 운송인의 지위를 취득하지 않는 한, 운송인의 대리인으로서 운송계약을 체결하였더라도 운송의뢰인에 대한 관계에서는 여전히 운송주선인의 지위에 있다.

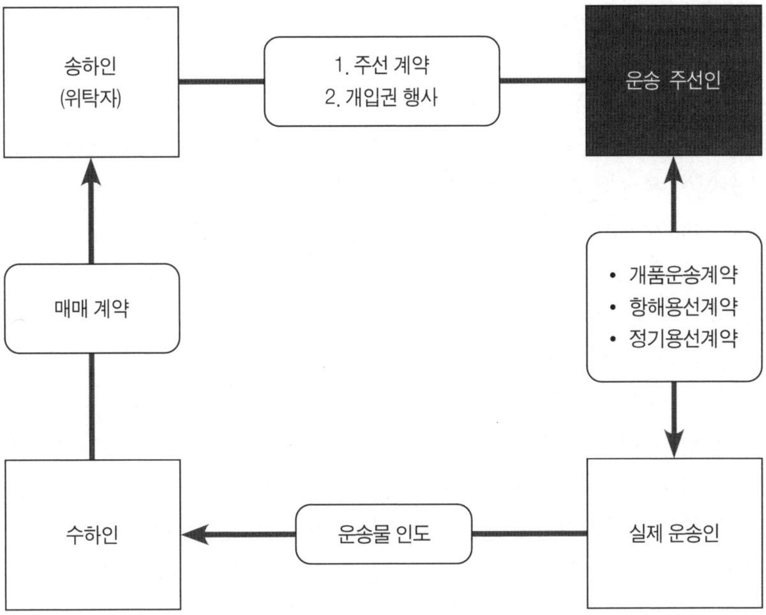

〈그림 45〉 운송주선의 법적 구조

일반적으로는 ②의 운송계약이 개품운송계약의 형태로 이루어지지만, 경우에 따라서는 항해용선계약이나 정기용선계약으로 이루어질 수도 있다. 이때 ②의 운송계약이 개품운송계약으로 체결된 경우, 운송주선인이 송하인이 되며, 원 송하인인 위탁자와 운송인 사이에는 직접적인 법률 관계가 생겨나지 아니한다. 따라서 위탁자가 운송인에 대한 권리를 행사하기 위해서 운송주선인으로부터 지명채권양도방식에 의하거나 화물상환증이나 선하증권의 양도에 의해 채권을 양도받아야 한다.[79] 이와 같이 운송주선인과 이행운송인 사이에 개품운송계약이 체결된 경우에는 운송주선인이 개입권을 행사하여 운송인의 지위를 얻었다고 하더라도 운송주선인이 직접 선박을 이용하는 것은 아니기 때문에 해상법상의 해상기업의 주체(선박운항자)가 되는 것은 아니다. 따라서 선박소유자책임제한제도를 원용할 수는 없고(법 제774조 참조), 운송(주선)계약의 내용에 따라 실제 화주에 대한 계약운송인으로서의 책임을 지는 경우가 있다. 다만, 운송계약은 강행법규에 위반하지 않는 한 자유롭게 정할 수 있으나, 통상 운송계약서에 「상법」 제791조 내지 제816조의 규정에 의한 개품운송인의 개별적 책임제한제도 등의 적용을 규정하는 것이 일반적으로 행하여지고 있고, 이들 규정이 운송인의 최소한의 책임을 규정하고 있다는 점에서 인정된다고 하겠다.

79) 대판 1987.10.13, 85다카 1080: 운송주선인은 위탁자를 위하여 물건운송의 주선을 하는 것이기 때문에 운송인과의 사이에 물건운송계약을 체결했을 때는 「상법」 제123조, 제104조에 의하여 그 구체적 내용에 관한 통지를 해야 하고 이 경우에는 위탁자와의 내부 관계에 있어서는 운송주선인이 체결한 운송계약상의 권리의무는 주선인에 의한 양도 등 특별한 이전 절차 없이도 위탁자에 귀속되는 것이지만 위탁자가 그 권리를 운송인에게 주장할 수 있기 위해서는 「민법」 제450조 내지 제452조에 따른 채권양도의 통지가 필요하고 다만 지시식이나 무기명식의 선하증권이 발행되어 있을 때는 「민법」 제508조, 제523조에 의하여 운송주선인이 이를 위탁자에게 배서 또는 교부함으로써 그러한 절차를 이행하는 것이 된다.

반면 운송주선인이 이행운송인과 항해용선계약이나 정기용선계약을 체결한 경우에도 선박소유자와의 관계에서는 송하인의 지위, 실제 송하인과의 관계에서는 계약운송인의 지위를 얻게 된다.

운송주선인이 개입권을 행사하여 운송인의 지위를 얻는 경우는 통상은 원 운송인과 개품운송계약을 체결하는 경우인데, 다음과 같이 설명할 수 있다. 소규모 화물의 운송을 의뢰한 여러 명의 하주와 운송주선인이 운송계약을 체결하고 이들 하주에게 운송주선인이 운송인의 자격으로 하우스 선하증권(house bill of lading)을 발행하고, 다시 운송주선인은 하주의 자격으로 이들 화물을 모두 모아 선사와 운송계약을 체결하고 마스터 선하증권(groupage bill of lading or master bill of lading)을 발행한다. 이때 하주와 운송주선인, 운송주선인과 선사(이행운송인) 간에 별개의 운송계약이 각각 체결된다. 하주와 운송주선인 간의 계약은 운송계약일 경우도 있고, 운송주선인의 개입권의 행사일 경우도 있다. 일종의 무선박운송인(NVOCC)의 개념으로 볼 수 있다. 이때 마스터 선하증권(master B/L)의 송하인 칸에는 운송주선인 자신이 기재되고 수하인 칸에는 운송주선인의 대리점이 기재된다. 최종 수하인은 하우스 선하증권(house B/L)을 가지고 운송주선인의 대리점에 가서 통합선하증권과 상환하고, 상환한 통합선하증권을 선사에 제시하여 운송물을 수령하게 된다. 이러한 관계로 보면, 운송주선인이 개입권을 행사하게 되면 계약운송인의 지위에 서게 된다.

그러나 「상법」 해상편에서 말하는 선박을 운항하는 주체는 아니기 때문에 소위 선박소유자로서의 책임의 주체성을 인정하기는 어렵고 단지 선하증권의 발행 주체로서의 책임 또는 운송계약의 주체로서의 책임의 주체가 될 수 있다.

II. 운송주선인의 의무

1. 일반적 주의의무

운송주선계약은 위임계약이므로 운송주선인은 선량한 관리자의 주의를 가지고 운송주선계약을 이행하여야 한다(법 제123조 · 제112조, 민법 제681조). 그런데 여기에서의 운송주선계약의 이행이라 함은 운송계약을 체결하는 것에 한하는 것이 아니라, 이에 부수하는 업무로서 상관습상 인정되거나 또는 위탁자로부터 지시받은 업무를 포함한다. 예컨대 「상법」 제115조의 운송물의 수령 · 인도 · 보관 · 운송인이나 다른 운송주선인의 선택 · 기타 운송에 관한 주의의 해태만을 의미하는 것이 아니라 그 밖의 선량한 관리자로서의 주의의무의 해태(예컨대 포장의 점검 · 서류작성 등에서 필요한 주의의무의 해태)를 포함한다. 손해의 유형에서도 운송물의 멸실 · 훼손 · 연착으로 인한 손해에 한하지 않고 그 밖의 손해를 포함한다.[80)]

2. 손해배상액

운송주선인의 손해배상액에 대하여는 「상법」에 별도의 규정이 없으므로 「민법」의 일반원칙에 의한다. 즉 운송주선인은 원칙적으로 채무불이행과 상당 인과관계에 있는 모든 손해를 배상하여야

80) 정희철(1989), 205쪽.

하고, 예외적으로 특별손해는 운송주선인이 그 사정을 알았거나 알 수 있었을 때에 한하여 배상할 책임을 진다(민법 제393조 제2항).[81]

「상법」 제115조는 임의규정이므로 운송주선인의 고의를 제외하고(민법 제2조, 제103조, 제104조 참조), 당사자 간의 특약에 의하여 그 책임을 면제 또는 제한하는 것은 무방하다고 본다.[82]

3. 불법행위책임과의 관계

「상법」 제115조는 운송주선인의 주선계약서상의 채무불이행으로 인한 손해배상책임을 규정한 것인데, 운송물이 멸실 또는 훼손된 경우에는 동시에 불법행위를 구성하는 경우가 있게 된다. 이 경우에 위탁자는 운송주선인에 대하여 채무불이행과 불법행위를 이유로 하는 두 개의 청구권을 동시에 가지게 된다.

4. 고가물에 대한 특칙

화폐 · 유가증권 기타의 고가물[83]에 대하여는 수탁자가 운송의 주선을 위탁함에 있어 그 종류와 가액을 명시하지 않으면 운송주선인은 손해배상책임을 지지 않는다(법 제124조, 제136조). 「상법」이 이와 같이 고가물에 대하여 특칙을 둔 이유는 위탁자는 고가물의 종류와 가액을 명시하지 않음으로써 고가물에 상당하는 보수의 지급을 면하고자 하는 경우가 많은데 이를 방지하고, 위탁자가 고가물을 명시하였더라면 운송주선인은 그 보관 기타의 처리에 있어서 그에 상당한 주의를 하여 손해의 발생을 미리 방지할 수 있기 때문이다.[84]

5. 지정가액준수의무

운송주선인은 위탁 받은 운송계약을 체결함에 있어서 지정가액준수의무를 진다(법 제123조, 제106조). 지정가액은 송하인이 정한 운임을 말한다. 그러므로 송하인이 지정한 운임보다 고가로 운송계약을 체결한 때에는 그 차액을 운송주선인이 부담하는 때에 한하여 송하인에게 운송계약의 효력을 주장할 수 있다(법 제123조, 제106조 제1항). 그리고 송하인의 지정가보다 저가로 운송계약을 체결한 때에는 그 차액은 다른 약정이 없으면 송하인의 이익으로 한다(법 제123조, 제106조 제2항).

6. 운송주선인의 책임의 시효

운송주선계약에 의하여 운송주선인이 부담하는 채무는 상행위에 의하여 생긴 채무이므로 이 채무의 불이행으로 인한 책임은 원칙적으로 5년의 시효에 걸리는 것이 원칙이겠지만(법 제64조),

81) 정희철(1989), 206쪽; 정동윤(1996), 596쪽.

82) 정희철(1989), 206쪽; 정동윤(1996), 598쪽.

83) 대판 1963. 4. 18, 63 다 126 (集 11 ① 民 256): 견직물은 오늘날 사회경제 및 거래 상태로 보아 고가물이라고 할 수 없다.

84) 정희철(1989), 207쪽.

「상법」은 운송주선인의 책임에 관하여 단기소멸시효를 두어 수하인이 운송물을 수령한 날로부터 1년을 경과한 때에는 소멸시효가 완성한다고 하였다(법 제121조 제1항). 그 이유는 운송주선계약상의 채무불이행으로 인한 책임(특히 운송물의 멸실 · 훼손 · 연착으로 인한 책임)은 이에 관한 증거가 인멸되기 쉽고, 비록 증거가 보전된 경우에도 무수한 운송물을 다루는 운송주선인으로서는 오래 그 증거를 보전하기가 곤란하고, 또 운송물의 멸실 · 훼손 · 연착 등은 운송인 또는 다른 운송주선인의 귀책사유와 밀접한 관계가 있기 때문이다.[85]

1년의 시효는 원칙적으로 수하인이 운송물을 수령한 날의 익일부터 기산되는데(법 제121조 제1항, 민법 제157조 본문), 운송물이 전부 멸실된 경우에는 예외적으로 그 운송물을 인도한 날의 익일부터 기산한다(법 제121조 제2항, 민법 제157조 본문).수하인이 운송물을 수령한 날이라 함은 위탁자를 보호하기 위하여 위탁자가 운송물의 수하인으로 지정한 자가 적법하게 운송물의 인도를 받은 날을 의미하며, 운송주선인이 운송물을 운송인에게 인도한 날 또는 운송주선인 또는 그의 이행보조자가 운송계약상 수하인으로 된 경우에 이러한 자가 운송물을 수령한 날을 의미하는 것은 아니다.[86]

1년의 단기 소멸시효기간이 적용되기 위해서는 ① 운송주선인의 책임 발생 원인이 운송물의 멸실 · 훼손 및 연착으로 인한 경우에 한하고, ② 또 운송주선인이나 그 사용인이 악의가 아니어야 한다(법 제121조 제3항). 따라서 운송주선인의 책임이 운송물의 멸실 · 훼손 및 연착 외의 원인으로 발생하거나, 운송주선인이나 그 사용인이 악의인 경우에는 운송주선인의 책임은 일반상사시효와 같이 5년의 소멸시효에 걸린다(법 제64조). 이때 운송주선인이나 그 사용인이 악의라 함은 적극적으로 운송물의 멸실 · 훼손 · 연착을 초래하거나 은폐한 경우뿐 아니라, 소극적으로 이를 알면서 수하인에게 알리지 않고 인도한 경우를 포함한다고 본다.[87] 또한 이러한 1년의 단기 소멸시효기간은 당사자 간의 약정에 의하여 이를 배제하거나 연장할 수 없다.[88]

7. 수하인에 대한 책임

운송물이 도착지에 도착한 후에는 운송주선계약상 수하인으로 된 자도 권리자이므로(법 제124조, 제140조 제1항), 운송주선인은 이러한 수하인에 대하여도 운송주선계약상의 의무 및 이러한 의무위반에 따른 책임을 부담한다.

85) 정희철(1989), 207쪽; 정동윤(1996), 596~597쪽.

86) 정희철(1989), 207쪽; 정동윤(1996), 597쪽.

87) 대판 1987. 6. 23, 86 다카 2107(공보 806, 1216): 운송인이나 그 사용인이 운송물에 훼손이나 일부 멸실이 있다는 것을 알면서 이를 수하인에게 인도한 경우는 악의에 해당한다).

88) 대판 1987. 6. 23, 86 다카 2107:당사자 사이에 해상운송인의 책임에 관하여 제소기간을 약정하고 그 기간 연장에 합의하였다 하더라도 위와 같은 제소기간의 약정과 그 기간 연장에 관하여 상관습법이 확립되었다고 인정되지 아니한다면 그러한 약정과 합의에 의하여 위 소멸시효에 관한 「상법」이나 「민법」 규정의 적용을 배제할 수는 없다.

III. 운송주선인의 권리

1. 보수청구권

운송주선인은 상인이므로 당사자 간에 보수에 관한 특약이 없더라도 위탁자에 대하여 상당한 보수를 청구할 수 있다(법 제61조). 운송주선인은 이러한 보수청구권을 언제 행사할 수 있느냐가 문제된다. 즉 운송주선인은 주선계약(위임계약)의 이행을 완료하였을 때 보수청구권을 행사할 수 있는데, 언제 주선계약의 이행이 완료되었다고 볼 것인지가 문제된다(민법 제686조 제2항). 이는 운송주선인이 운송인과 운송계약을 체결하고, 운송인에게 운송물을 인도하였을 때라고 보아야 할 것이다. 이에 대하여 우리「상법」은 운송주선인의 보수청구권에 관하여 "운송주선인이 운송물을 운송인에게 인도한 때에는 즉시 보수를 청구할 수 있다"라고만 규정하여(법 제119조 제1항), 특히 보수청구권의 행사 시기에 대하여만 규정하고 있는데 이는 운송계약의 존재를 전제로 하고 있다. 따라서 운송물의 인도가 있더라도 운송계약이 성립하지 않은 이상 운송주선인은 보수를 청구할 수 없다. 운송계약의 성립을 전제로 하지 않는 운송물의 인도는 운송주선계약의 이행에 따른 인도라고 볼 수 없기 때문이다.[89)]

운송주선인이 보수를 청구함에는 운송주선에 관한 계산보고를 하여야 할 것이며, 또 운송주선인이 도착지 운송주선인의 사무까지 인수한 경우에는 그 사무를 끝마쳤을 때 비로소 보수를 청구할 수 있다.[90)] 운송주선인에게 책임 없는 사유로 말미암아 운송주선인이 운송인에게 운송물을 인도할 수 없었을 때에는 인도 없이 보수를 청구할 수 있는 것은 물론이다(민법 제686조 제3항).

다만, 운송주선인은 운송주선계약에서 운임의 액을 정하는 경우가 있다. 이 경우에는 특약이 없는 한 운송주선인은 따로 보수를 청구하지 못한다(법 제119조 제2항). 왜냐하면 이 경우에는 당사자가 보수를 포함하여 운임액을 확정하고, 상호간 운임에 대한 특약을 하고 있다고 볼 수 있기 때문이다. 특히 운송주선인이 다수의 위탁자로부터 동일한 운송노선에 관하여 운송을 위탁받고 자기명의와 자기계산으로 운송계약을 체결하는 경우에는 운임이 확정되지 않은 경우에도 앞에서 본 확정운임운송주선계약과 동일하게 보아야 할 것이다. 따라서 이 경우에는 운송주선인은 위탁자에 대하여 별도의 보수청구권을 갖지 못한다.[91)]

그러나 이 때 운송주선인이 위탁자의 계산으로 (그러나 자기명의로) 운송계약을 체결하는 경우에는, 운송주선인이 받은 운임과 실제의 운임의 차액은 위탁자가 이득을 보는 것이므로 이러한 운송계약은 실제로 운송주선계약이 된다. 따라서 이 경우에는 운송주선인은 위탁자에 대하여 보수청구권을 갖는다.

2. 비용상환청구권

운송주선인이 주선계약을 이행함에 있어서 운송인에게 운임 기타 운송을 위한 비용을 지급한

89) 정희철(1989), 210쪽; 정동윤(1996), 599쪽.

90) 정희철(1989), 210쪽.

91) 정희철(1989), 212쪽; 최기원,「상법학신론(상)(제15판)」, (박영사, 2004), 352쪽.

때에는 위탁자에 대하여 이의 상환을 청구할 수 있다(법 제123조 · 제112조, 민법 제688조). 운송주선인은 주선계약의 이행에 관해 별도의 보수청구권을 가지므로 이 비용에서 이익을 얻을 수는 없다.[92)]

3. 유치권

운송주선인은 운송물에 관하여 수령할 보수 · 운임 기타 위탁자를 위한 체당금이나 선대금에 관하여서만 그 운송물을 유치할 수 있는 특별상사유치권을 갖는다(법 제120조). 이와 같이 운송주선인은 이 유치권을 위에 열거한 채권에 관하여서만 행사할 수 있다. 상인간의 유치권인 일반상사유치권에 비하여 운송주선인의 특별상사유치권의 피담보채권의 범위를 이와 같이 제한한 것은, 위탁자와 운송주선인 간에는 원칙적으로 계속적 거래관계가 없고 또 수하인의 이익을 보호할 필요가 있기 때문이다.[93)]

이와 같이 운송주선인의 특별상사유치권은 ① 피담보채권과 유치목적물과의 관련을 요하고, ② 유치목적물(운송물)의 소유권의 소재 여하 · 점유취득 원인이 상행위인지 여부를 묻지 않으므로, 일반상사유치권(법 제58조)과는 많은 차이가 있고 오히려 민사유치권(민법 제 320조)과 유사하다. 그러나 유치목적물이 운송물로 한정된다는 점에서는 민사유치권과 구별된다.

운송주선인의 보수청구권은 운송물을 운송인에게 인도하였을 때 행사할 수 있으므로(법 제119조 제1항) 이러한 보수청구권을 담보하기 위하여 운송주선인에게 유치권을 인정하는 것은 물건의 점유를 요건으로 하는 유치권과 모순되는 것 같지만, 운송주선인은 운송인을 통하여 운송물을 간접점유를 하고 있으므로 운송물의 처분권을 행사함으로써(법 제139조) 유치권을 행사할 수 있다.

4. 개입권

가. 의의

운송주선인은 다른 약정이 없으면 직접 운송할 수 있는데(법 제116조 제1항 제1문), 이를 운송주선인의 개입권이라 한다.

운송주선인이 개입권을 행사함에는 개입금지의 특약만 없으면 충분하고, 위탁매매인의 개입권과 같이 운임에 관하여 시세가 있음을 요하지 않는다. 이는 운임이나 운송방법이 대체로 일정하여 운임에 관하여 시세가 있음을 요하는 요건이 없어도 개입에 의한 폐단이 없기 때문이다.[94)] 또한 운송주선인이 아직 운송계약을 체결하지 않았어야 한다는 요건도 필요 없다(이 점도 위탁매매인의 개입권 행사의 요건과 구별된다). 따라서 운송주선인이 운송인과 운송계약을 체결한 후라도 위탁자에게 주선계약의 이행을 통지하기까지에는 그 운송계약을 해제하고 개입권을 행사하거나 또는 개입권을 행사하여 그 운송계약을 하도급 운송계약으로 할 수 있다.[95)]

92) 이철송(2008), 223쪽.

93) 정희철(1989), 211쪽.

94) 정희철(1989), 211쪽; 정동윤(1996), 602쪽.

95) 정동윤(1996), 602쪽.

개입권의 성질은 형성권이므로, 운송주선인의 위탁자에 대한 명시 또는 묵시의 단독의 의사표시로 이를 행사한다.[96] 개입의 효력은 이러한 개입의 의사표시가 상대방에게 도달하였을 때 생긴다고 본다(민법 제111조 제1항). 왜냐하면 개입은 운송주선인이 스스로 운송인으로서 운송채무를 부담하는 효과를 생기게 할 뿐이며 반드시 스스로 운송을 할 필요가 없기 때문에, 그 의사표시가 없는 한 개입의 유무를 위탁자가 판별할 수 없어 거래의 안전을 해할 염려가 있기 때문이다. 그러나 운송주선인이 스스로 운송을 개시하고 위탁자가 그 사실을 안 때에는 묵시의 개입의 의사표시가 있다고 볼 수 있을 것이다.[97]

나. 개입권 행사의 효과

개입을 한 경우에는 운송주선인은 운송인과 동일한 권리의무를 갖는다(법 제116조 제1항 제2문). 즉 위탁자와 운송주선인 사이에는 새로이 운송계약상의 법률 관계가 생겨 육상운송 또는 해상운송의 규정을 적용받게 된다.

그러나 개입은 운송주선계약을 이행하는 하나의 방법에 불과하므로 위임관계가 종료하는 것은 아니다. 따라서 운송주선인은 개입권을 행사하더라도 운송주선인으로서의 의무를 부담하는 동시에 운송주선인으로서의 권리도 가지고 있어 보수 · 비용 등을 청구할 수 있다. 다만 이 경우에는 운송주선인이 스스로 운송인이 되는 것이므로, 보수청구권의 행사 시기는 운송물을 인도받았을 때가(법 제119조 제1항) 아니라 현실로 운송을 개시하였을 때라고 보아야 할 것이다.[98]

위탁자가 개입의 통지를 받은 후에는 위탁자는 위탁을 취소할 수 없다. 왜냐하면 개입의 의사표시는 위탁자가 그 통지를 받은 때부터 당연히 그 효력이 생기기 때문이다.[99]

다. 개입의 의제

개입권의 행사는 명시 또는 묵시의 의사표시로 하는데, 「상법」은 일정한 경우에는 개입권을 행사한 것으로 의제하고 있다. 즉 운송주선인이 위탁자의 청구에 의하여 화물상환증을 작성한 때에는 직접 운송하는 것으로 의제하고 있다(법 제116조 제2항). 「상법」이 이와 같이 개입을 의제하는 규정을 둔 취지는 운송주선인이 자기명의로 화물상환증을 발행하는 경우에는 개입을 한다는 묵시적인 의사표시가 있는 것으로 볼 수 있고, 또 그러한 운송증권의 유효성과 신용을 확보해 주기 위해서이다.[100] 「상법」은 화물상환증을 작성한 경우에 대하여만 규정하고 있으나, 선하증권을 작성한 경우에도 동일하게 해석하여야 할 것이다.

이때 운송주선인이 발행하는 화물상환증은 자기명의로 발행한 경우에 한하며, 타인의 대리인으로 발행한 경우에는 개입이 의제되지 않는다.[101]

---

96) 이철송(2008), 224쪽.

97) 정희철(1989), 212쪽.

98) 정희철(1989), 213쪽; 정동윤(1996), 604쪽.

99) 정희철(1989), 213쪽.

100) 이철송, 「상법총칙 · 상행위(제4전정판)」, (박영사, 2003), 455쪽; 정희철(1989), 212쪽.

101) 대판 1987. 10. 13, 85 다카 1080(공보 813, 1691): 해상운송주선인 갑이 선적선하증권을 자기의 명의로 발행한 것이 아니고 양륙항에서의 통관 및 육상운송의 편의를 위하여 화주의 부탁을 받고 양육항의 현지 상인이면서 갑과

라. 운송주선인의 채권의 소멸시효

운송주선인이 위탁자 또는 수하인에 대하여 가지는 채권은 1년간 행사하지 않으면 소멸시효가 완성된다(법 제122조). 이러한 단기 소멸시효가 적용되는 운송주선인의 위탁자에 대한 채권은 보수청구권과 비용상환청구권이며, 그 시효기간의 기산점은 그 채권을 행사할 수 있는 때이다.

Ⅳ. 수하인의 지위

운송주선계약에서 운송물의 수령인으로 지정된 자인 수하인(운송계약상의 수하인과 반드시 동일인인 것이 아님)은 운송주선계약의 당사자는 아니지만, 운송물의 공간적 이동과 계약이행의 정도에 따라 마치 운송계약에 있어서의 운송인과 수하인과의 관계와 같이 직접 운송주선인과의 사이에 법률 관계가 생긴다. 즉 ① 운송물이 도착지에 도착한 때에는 수하인은 운송주선계약에 의하여 생긴 위탁자의 권리와 동일한 권리를 취득하고(법 제124조, 제140조 제1항), ② 운송물이 도착지에 도착한 후 수하인이 그 인도를 청구한 때에는 수하인의 권리가 위탁자의 권리에 우선하며(법 제124조, 제140조 제2항), ③ 수하인이 운송물을 수령한 때에는 운송주선인에 대하여 보수 기타의 비용과 체당금을 지급할 의무를 부담한다(법 제124조, 제141조).

Ⅴ. 순차운송주선에 관한 특칙

1. 순차운송주선의 유형

동일 운송물의 운송에 수인의 운송주선인이 관계하는 형태에는 다음과 같이 여러 형태가 있는데, 이를 넓은 의미의 순차운송주선이라 한다.

가. 부분운송주선

수인의 운송주선인이 각 구간별로 독립하여 위탁자(송하인)로부터 운송주선을 인수하는 경우가 이에 해당한다. 이는 각 운송주선인과 위탁자 간에 개별적인 운송주선계약이 성립하므로, 각 운송주선인 상호간에는 아무런 법률적인 문제가 생기지 않는다.

나. 하도급 운송주선

한 운송주선인이 전 구간의 운송주선을 위탁자(송하인)로부터 인수하고, 이의 전부 또는 일부를 자기의 명의와 자기의 계산으로 다른 운송주선인에게 다시 위탁하는 경우가 이에 해당한다. 이는 위탁자와의 관계에서 보면 최초의 운송주선인만이 주선계약의 당사자이고, 다른 운송주선인은 최초의 운송주선인의 이행보조자에 불과하므로 위탁자와는 직접적인 법률 관계를 갖지 않는다. 따

상호대리관계에 있는 을의 대리인 자격으로 발행한 것이라면, 갑과 을 간에 상호대리관계가 있다 하여도 그것만으로는 이 선하증권이 「상법」 제116조의 개입권행사의 「상법」 조건이 되는 "운송주선인이 작성한 증권"으로 볼 수는 없다.

라서 이 경우에도 운송주선인 상호간 및 운송주선인과 위탁자와의 관계에서 새로운 법률문제가 발생하지 않는다.

다. 중계운송주선

중계운송을 요하는 운송물에 관하여 제1의 운송주선인(발송지의 운송주선인)이 위탁자(송하인)로부터 최초의 구간의 운송주선을 인수하고, 자기의 구간 외의 구간에 대하여는 자기의 명의와 위탁자의 계산으로 제2 이하의 운송주선인과 운송주선을 할 것을 인수하는 등, 운송주선인의 명의와 위탁자의 계산으로 하는 이러한 운송주선의 인수행위가 순차로 이어져 최후에는 도착지의 운송주선인이 운송주선을 인수하는 경우에, 제1의 운송주선인의 구간 외의 운송주선이 이에 해당한다. 이때 제1의 운송주선인이 중간 운송주선인을 선임하는 것은 복위임에 해당하므로, 제1의 운송주선인은 위탁자와의 사이에서 이에 관한 특약이 있든가 또는 부득이한 사정이 있는 경우에만 이를 선임할 수 있다고 본다(민법 제120조, 제121조 참조).[102]

이러한 형태의 운송주선을 협의의 순차운송주선이라 하고(법 제117조 제1항의 '수인이 순차로 운송주선을 하는 경우'는 이를 의미함), 중계지와 도착지의 운송주선인을 중간 운송주선인이라고 한다.[103] 협의의 순차운송주선의 경우 제1의 운송주선인은 중간 운송주선인의 선택에 과실이 있는 경우에만 책임을 지고 전 구간에 대하여 책임을 지는 것이 아닌 점에서 하도급 운송주선과 구별된다(민법 제121조 제1항 참조).[104]

이러한 협의의 순차운송주선의 경우에는 운송주선인 상호간에 새로운 법률문제가 발생하므로 「상법」은 제117조와 제118조에서 특별히 규정하고 있는 것이다.[105]

2. 법률관계

가. 전자의 권리를 행사할 의무

수인이 순차로 운송주선을 하는 경우에는 후자(중간 운송주선인)는 전자(발송지 운송주선인 또는 자기의 이전의 중간 운송주선인)에 갈음하여 그 권리(보수 · 비용 등의 청구권, 유치권)를 행사할 의무를 부담한다(법 제117조 제1항). 원래 발송지 운송주선인(갑)과 제1의 중간 운송주선인(을) 또는 제1의 중간 운송주선인(갑)과 제2의 중간 운송주선인(을)간에는 운송주선계약이 체결될 것이므로 을은 수임인으로서 갑을 위하여 선량한 관리자의 주의로서 위임사무를 처리할 의무를 부담하는데(민법 제681조), 을이 갑의 권리를 행사하여야 할 의무를 부담하는 것은 이러한 선관주의의무를 구체화한 것이라고 볼 수 있다. 따라서 여기에서 전자라고 하는 것은 자기의 직접적인 전자(운송주선계약의 상대방)만을 의미한다.[106]

---

102) 서돈각 · 정완용, 「상법강의(상)(제3전정)」, (박영사, 1999), 214쪽.

103) 이철송(2008), 225쪽.

104) 정동윤, 「상법총칙 · 상행위법」, (박영사, 1996), 609쪽.

105) 정희철(1989), 214쪽.

106) 손주찬, 「상법(상)(제15보정판)」, (박영사, 2004), 330쪽; 임홍근, 「상법(총칙 · 상행위)」, (2001), 415쪽(후자는 전자의 위임을 필요로 하지 않고 전자에 갈음해서 그 권리를 행사하는 대리권을 당연히 가진다고 한다); 정동윤, 「상법

을의 권리행사는 갑의 대리인으로서 하는 것이지만, 갑의 수권을 요하지 않고 운송주선계약에서 당연히 생기는 일종의 법정대리이다.[107] 이것은 운송의 특수한 성질(지역적으로 이전하는 성질)에서 후자에게 전자를 위한 법정대리인의 지위를 인정한 것으로 볼 수 있다. 을의 이 의무는 법률상의 의무이므로 을이 이 의무를 게을리하면 갑에 대하여 손해배상책임을 진다.[108]

나. 전자의 권리의 취득

수인이 순차로 운송의 주선을 하는 경우에는 후자가 전자에 변제를 하였을 때는 전자의 권리를 취득한다(법 제117조 제2항). 이 경우의 전자는 반드시 자기의 직접 전자임을 요하지 않는다(통설).[109] 왜냐하면 전자의 청구금액이 명백한 이상, 이것을 변제하는 것은 그 자의 이익이 되면 되었지 불이익이 될 까닭이 없기 때문이다.

이때 후자는 변제에 의하여 전자의 권리를 법률상 당연히 승계취득하는 데, 「민법」상 변제자대위(민법 제481조)에 대한 특칙으로 볼 수 있다.[110] 따라서 전자의 채무자(예컨대 전자의 위탁자 등)는 전자에 대항할 수 있었던 항변사유로서 그 권리를 승계취득한 후자에 대하여도 전부 대항할 수 있다.

다. 운송인의 권리의 취득

운송주선인이 운송인에게 변제를 한 때에는 운송인의 권리(운임 기타의 채권)를 취득한다(법 제118조). 「민법」상 변제자대위(민법 제481조)에 대한 특칙으로 볼 수 있다.[111] 여기에서 운송주선인이라 함은 중간 운송주선인(특히 도착지운송주선인)을 말하며, 운송인이라 함은 자기가 운송계약을 체결한 운송인을 말하는 것이 아니라 자기의 이전 구간의 운송인을 말한다(보통 중간 운송주선인은 이전 구간의 운송인에게 운임 · 비용 등을 지급하고 운송물을 수령한다). 왜냐하면 운송주선인이 운송계약을 체결한 운송인에게 변제를 하는 것은 당연하고, 또 그가 그 변제로 인하여 운송인의 권리를 취득한다는 것은 자기에 대한 권리를 취득하는 것이 되어 무의미하기 때문이다.[112]

(상)(개정증보판)」, (박영사, 2003), 227쪽(자기와 전전자 사이에는 아무런 법률관계가 없기 때문이라고 한다).

107) 정희철(1989), 215쪽;서돈각 · 정완용(1999), 214쪽.

108) 정동윤(2003), 277쪽.

109) 정희철(1989), 215쪽; 정동윤(1996), 611~612쪽.

110) 김정호, 「상법강의(상)(제4판)」, (2005), 312쪽.

111) 김정호(2005), 312쪽.

112) 정희철(1989), 215쪽; 이철송(2003), 457쪽; 이기수 · 최한준 · 김성호, 「상법총칙 · 상행위법」, (박영사, 2003), 425쪽.

제8장

용선계약

제1절 부정기선 운송과 용선계약

I. 용선계약의 개념

광의의 용선계약은 선체용선계약(bareboat charter party)을 포함한 항해용선계약(voyage charter party)과 정기용선계약(time charter party)의 세 가지 형태의 계약을 모두 일컫는다. 이 중 선체용선계약은 법적 성질이 선박임대차계약(charter by demise)의 성격을 가진 것이므로, 운송계약으로 분류되는 항해용선계약과 정기용선계약에 한하여 협의의 용선계약이라고 부르기도 한다. 우리「상법」도 2007년 개정으로 제5편 제2장을 운송과 용선이라는 제목을 붙이고, 제3절 항해용선, 제4절 정기용선, 제5절 선체용선으로 규정하여 영미법상 광의의 용선계약의 개념으로 분류하고 있다.[1)]

광의의 용선계약은 선주와 용선자(charterer)가 일정 기간 또는, 한 번 혹은 여러 번의 항해에 대해 선박의 전부나 일부의 사용 또는 그 선박의 운송서비스(service)를 제공받을 것을 목적으로 하는 임대차계약 또는 운송계약을 말한다. 반면 협의의 용선계약은 선주와 용선자가 일정 기간, 또는 한 번 혹은 여러 번의 항해에 대하여 선박의 전부 또는 일부의 선복(space)을 이용한 운송서비스 또는 운송 서비스 능력을 제공할 것을 목적으로 하는 운송계약을 말한다.

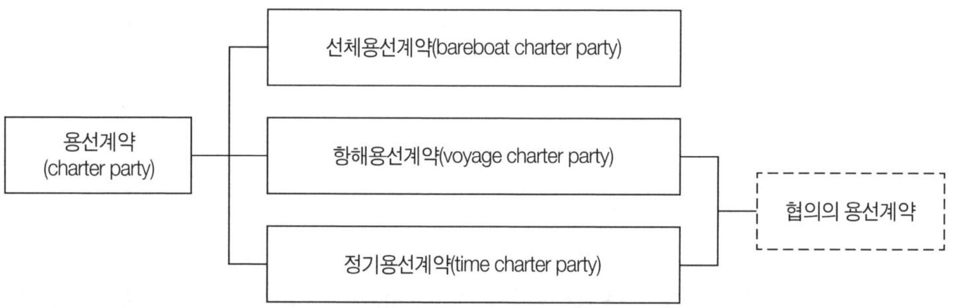

〈그림 46〉 용선계약의 분류

II. 용선계약의 경제적 의의

항해선(ocean-going vessels)의 용선계약은 수세기에 걸쳐 행하여져 왔다. 해운업의 발전과 원자재 및 완성품의 국제적 거래량의 증대와 더불어, 용선계약의 이용은 해운과 무역거래의 모든 면에 영향을 미친다고 할 정도로 널리 보급되었다. 석유, 곡물, 광석, 비료, 석탄, 사탕, 목재, 고철, 코프라(copra), 어분과 같은 원자재 및 자동차, 철강, 중기계와 같은 완성품과 냉동화물은 용선된 선박에 의하여 대부분 운송되고 있다.[2)]

1) 정영석,「해상법원론」(텍스트북스, 2009), 13~15쪽.

2) 정영석,「용선계약법강의」(해인출판사, 2005), 11쪽.

또 정기운항업무(liner operating service)를 행하고 있는 많은 컨테이너선과 정기화물선(general cargo ships)의 경영에 있어서도 기업의 재정 형편상 또는 일시적 선대보충의 목적으로 선체용선계약 또는 정기용선계약을 널리 이용하고 있다.

용선계약은 계약에 기인하여 선주와 용선자 간에 직접 생기는 대내적 청구권은 물론이고, 제3자에 대한 책임으로부터 발생하는 각종 청구권의 행사와 법적 책임의 중요한 근거가 된다. 신체의 상해와 사망, 화물의 멸실 · 훼손을 이유로 하는 제3자의 손해배상청구 및 선박의 충돌에 의한 손해배상과 조선업자(shipbuilder) 및 수선업자의 청구가 용선계약에 영향을 미치고 있다. 그러므로 용선계약에 관계되는 법과 실무의 기본적인 사정과 세부 사항에 관한 확실한 지식이 해운실무와 선박의 관리, 주요한 상품의 수출입, 해상보험, 손해의 정산 및 해운중개업에 종사하는 실무자에게는 매우 유용하다.[3)]

현재 사용되고 있는 용선계약의 표준계약서식(standard forms)에는 여러 가지 종류가 있고 그 수도 많으나 상당 부분 우연한 사정에 의하여 발전되어 온 것이 많다. 이들 표준계약서식은 종종 고풍스러운 것이 많아 부정확하게 작성된 용어를 포함하고 있고, 그 용어는 연혁과 전통 및 거래관습과 관행에 거의 물들어 있다. 그 결과, 용선계약의 조항과 조건의 대상이 되고 있는 상품이나 해당 상품의 거래에 정통한 것이 용선계약의 조항과 조건의 의미를 완전하게 이해하기 위하여 불가결하다. 이런 사실은 특히 다음의 사실에 의하여 입증되고 있다. 즉 과거 용선계약에 관계되는 많은 수의 분쟁은, 법원이나 법률 전문가가 아닌 해운업에 종사하고 있는 해사중재인에 의해 해사중재로 해결되었고, 그들의 결정은 판례에 의하여 영향을 받는 것이 아니라 거래의 상황과 관행에 영향을 받기 때문에 사법적 재심사의 대상이 되는 것도 아니다.[4)]

또한 해상운송을 유형별로 분류할 때 부정기선 운송과 정기운송으로 구분할 수 있는데, 부정기선 운송의 경우에는 항해용선계약 또는 정기용선계약과 같은 용선계약이라는 형식으로 운송계약을 체결하고 있다. 반면 정기화물운송은 계약의 유형으로는 개품운송계약에 해당하기 때문에 별도의 계약을 체결하는 경우는 거의 찾을 수 없고 선하증권 뒷면 약관에 운송계약의 추정적 효력을 인정하고 있다. 외형상으로는 정기화물운송에서도 용선된 선박이 이용되는 경우가 있는데, 이는 운송계약의 형태가 아니며, 당해 운송인이 운영하는 정기선 운항에 이용될 선복의 부족을 해소하기 위하여 타인의 선박을 임대차하는 선체용선계약이나 일시적으로 선복과 운송서비스 능력을 확장하기 위한 정기용선계약을 이용하는 것으로 화주와의 간에서 체결되는 직접적인 운송계약은 아니다.

III. 해사중재기관

1. 미국 해사중재인협회

미국의 해사중재인협회인 'The Society of Maritime Arbitrators, Inc.(SMA)'는, 뉴욕시 17번지에 주된 사무소를 두고 중재업무를 계속해서 하고 있다. 현재까지 약 1,000건을 웃도는 해사중재 판정

3) 정영석(용선계약법강의, 2005), 11쪽.

4) 정영석(용선계약법강의, 2005), 11~12쪽.

과 결정을 구독자에게 배포하고 있다.

이들 결정에 정통한 것은, 정식으로 용선계약의 중재를 신청해서 용선계약의 문제에 관해 의뢰인에게 조언하는 변호사에게 필수적이다. 이 협회는, 미국중재협회가 작성한 상사중재규칙에 따라 중재판정서를 작성하고, 1974년 7월 1일에 개정된 일련의 규칙이 발효하였다. 중재인은 이들의 규칙에 준거해야 할 것을 당사자의 고문변호사에게 요구하는 경우가 많다. 또한 분쟁의 대상 금액이 3,500 달러 이하인 경우에 적용하는 간이절차를 규정하고 있다.

2. 런던 해사중재인협회

1966년 영국 중재법에 근거하여 설치된 런던 해사중재인협회(LMAA)는 임의중재기구로서 전담 해사중재인 39명과 보조 해사중재인 700명 이상이 활동 중이다.[5] 주로 잉글랜드, 웨일스, 북아일랜드를 중심으로 중재를 하고 있는데, 2013년 이후 매년 3,500건 이상의 중재신청 건수가 있다. 중재의 95% 이상이 해사중재이고 소액분쟁 절차에 따른 중재가 5% 정도의 비중을 차지한다.

3. 아시아태평양해사중재센터

아시아태평양해사중재센터는 국내 해사중재의 전문성, 신뢰성을 높이고 해운선진국으로 발전하기 위하여 대한상사중재원 산하 조직으로 부산에 설립되었다. 2019년 아태해사중재규칙이 대법원규칙으로 승인됨과 동시에 설립된 기관중재기관이다. 아태해사중재센터에서는 해상분쟁, 항만물류 분쟁, 어업 및 수산업 관련 분쟁, 수상레저 등 해양레포츠 분쟁, 선박건조 및 수리와 해양플랜트 분쟁, 해양환경 관련 분쟁 등의 6개 분야의 중재를 전문적으로 수행한다.[6]

제2절 용선계약의 체결과 표준계약서식

I. 청약과 승낙

1. 계약자유의 원칙

부정기선 운송시장에서는 선박이용계약으로서 용선계약을 이용하고 있다. 개품운송계약이 부합계약의 성질을 가진 것과는 달리 용선계약은 완전한 계약자유의 원칙을 따르고 있어서, 계약의 방식, 계약의 내용에 있어서 강행법규에 의한 계약방식이나 당사자 의사의 제한은 없다. 그러나 용선시장에서는 선주 또는 화주를 중심으로 시장이 형성되어 있고, 그러한 시장에 통용되는 표준계약서식(standard forms)을 사용하여 용선계약을 체결하는 것이 일반화되어 있다. 즉 계약당사자는 ①

5) 정영석, 「해사중재 전문인력 양성 방안」, (대한상사중재원, 2019), 20쪽.

6) 정영석(해사중재 전문인력 양성 방안, 2019), 12쪽.

특정한 형식의 용선계약 서식을 채용하는 것에 합의하고, ② 각각의 개별적인 계약 상황을 반영하기 위해 조항을 추가하거나 삭제하는 방식으로 계약을 체결한다. 선택된 계약서식은 무역, 화물 관련 당사자 등과 같은 몇 가지 주요한 요소에 따라 달라진다. 다만 어떠한 용선계약서식을 채용하는가 하는 것은 당해 용선계약이 체결되는 시장이 어느 곳인가, 또 당해 운송시장이 선주가 주도하는가 아니면 용선자가 주도하는가에 따라 달라진다.[7)]

2. 용선계약의 청약과 승낙

용선계약을 체결하기 위해서는 용선자가 희망 선복, 선박의 속력, 선박 형태, 항로, 이용 항만, 용선계약의 종류, 운송할 화물의 종류, 선박등기등록 상태, 성약률 범위 등을 명시하여 용선중개인(chartering broker)이나 선주에게 조회(inquiry)를 하게 된다.

용선자의 조회에 대하여 선주가 화주에게 유효기간을 정하여 확정청약(firm offer)을 한 후, 화주가 승낙하면 성약각서(fixture note)를 교환하고 성약각서에 근거한 용선계약서를 작성하게 된다.

일반적으로 성약률이 문제가 되는데, 성약률은 당시 선복수급 상황, 세계경제 동향, 선박 형태, 용선기간, 용선에 따른 선박비용, 선박명세, 운임지수의 적용 방식에 따라 영향을 받게 된다.[8)]

3. 성약

용선계약은 전형적으로 계약방식에 있어서 자유로운 계약이다. 따라서 굳이 서면으로 계약서를 작성할 필요는 없다. 원칙적으로 선주, 용선자 또는 그들의 대리인이나 중개인이 용선계약의 제반 조건을 서신이나 전신문 등으로 합의했다면, 이렇게 합의된 사항은 성약(fixture), 즉 계약의 체결로 추정된다.[9)] 다만 정식으로 계약서를 작성하고 서명이 있기 전까지는 효력이 발생하지 않는다는 취지의 별도의 합의가 있다면 성약으로 간주되지는 않을 것이다. 이와 같이 용선계약은 당사자의 합의만으로 성립하는 낙성계약이다.

4. 용선계약서의 서명 전 성약의 효력

당사자가 합의결과를 정식 문서인 용선계약서로 남기고자 할 경우에, 이 용선계약서는 이전의 합의사항을 단순히 기록으로 남기자는 것인지 아니면 정식으로 작성하여 서명할 때까지는 성약 자체를 부인하는 것인지의 해석이 문제된다. 이 경우 유효하게 체결되었다고 주장하는 당사자가 성약의 근거자료를 증빙서류로 제시하여 이를 입증하게 된다. 그러나 통상적으로는 계약서에 서명하기 전에 성약이 이루어진 것으로 추정하고 있으므로, 서명 전까지는 계약이 성립하지 않는다는 단서조항(subject clause)을 두지 않은 경우에는 성약이 된 것으로 추정할 수 있다.[10)]

---

7) 정영석(해상운송론, 2013), 248쪽.

8) 방희석 교수는 계약이 성립한 것으로 간주한다고 해석하고 있으나[방희석(2005), 105쪽], 이는 일반적인 용선계약의 관행상 이의가 없으면 성약된 것으로 해석한다는 것이므로 추정적 효력이 있는 것으로 보는 것이 정확하다.

9) 방희석(2005), 105쪽.

10) 정영석(해상운송론, 2013), 249쪽.

용선계약서의 정식 작성 및 서명 전까지 성약을 유보하는 단서조항(subject clause)은 다음과 같은 문구로 작성된다.[11)]

① subject to open(미 성약 조건으로)

② subject to contract(계약서 작성을 조건으로)

③ subject to tender(입찰제안서를 조건으로)

④ subject to government permission(정부허가를 조건으로)

⑤ subject to shippers approval(화주의 승인을 조건으로)

⑥ subject to stem(선적일자에 화물이 준비될 것을 조건으로)

⑦ subject to details(주요 사항 부속서류 첨부 조건으로)

⑧ subject to logical alteration(논리적 조건 변경을 수용하기로 함)

II. 계약의 성립요건

1. 성립요건

용선계약이 유효하게 성립하기 위해서는 ① 합의, ② 의사표시에 하자가 없을 것을 요건으로 한다.[12)]

첫째, 합의(agreement)는 청약(offer)과 승낙(acceptance)의 합치에 의하여 성립되는 계약의 본질적 요소이다.

청약이란 상대방의 승낙이 있으면 곧 계약을 성립시킨다고 하는 확정적 의사표시를 의미한다. 청약의 존속 중에 승낙이 있으면 계약은 곧바로 성립된다. 청약은 청약의 통지가 청약자(offerer)로부터 피청약자(offeree)에게 도달하였을 때 그 효력을 발생한다. 그러나 청약은 시간의 경과, 청약의 거절, 반대청약 등의 사유로 인하여 소멸된다.

승낙이란 피청약자가 청약에 응하여 계약을 성립시키는 의사표시를 말한다. 승낙은 선박, 선박국적, 선적시간, 용선료 등의 계약의 주요 내용에 대하여 청약과 합치되어야 한다.

이와 같이 용선계약은 승낙이 효력을 발생했을 때 비로소 성립된다. 따라서 언제 승낙의 효력이 발생하느냐가 문제되는데, 이에 대하여는 각국의 입법정책에 따라 의사표시의 도달주의와 발신주의로 나누어진다.

둘째, 성약 과정에서 착오(mistake), 사기(fraud), 부실표시(innocent misrepresentation)와 같은 내심의 의사와 표시(representation)가 불일치하는 경우가 없어야 한다.

2. 낙성·불요식계약

영국에서 18세기까지는 용선계약의 체결에 날인증서(deed)[13)]를 필요로 하였다. 그러나 19세

11) 방희석(2005), 106쪽.

12) 정영석(용선계약법강의, 2005), 69쪽.

13) 날인증서(deed)는 영국에서 양피 또는 종이에 쓰인 서면 위에 서명하고 날인하여 교부하는 방식으로 작성된 증

기 초부터는 날인증서 요건이 없어져 서면만 필요하게 되었다. 다시 당사자 간에 합의만 있으면 서면을 필요로 하지 않고 계약으로 성립되는 것으로 판례가 변경되면서 불요식계약이 인정되었다. 즉 영국법상으로도 용선계약은 낙성 · 불요식계약이다. 이는 미국법과 한국법에서도 동일하다.[14)]

구두계약, 성약각서(fixture note), 청약서(offer note) 등의 어떠한 형식이든 용선계약으로 합의된 내용만 있으면 유효한 계약으로 인정된다. 다만 단서조항(subject to contract)이 조회 단계에서 오간 경우에는 계약서에 서명하지 않으면 계약이 성립되지 않는다.[15)]

III. 표준용선계약서식

1. 용선시장과 표준용선계약서식의 사용

원칙적으로는 용선계약은 불요식계약이기 때문에 구두계약도 법적 구속력을 가진다는 점은 분명하다. 그러나 국제용선시장에서는 당사자 간의 분쟁에 대비한 입증의 필요성 때문에 당사자 간의 합의사항을 기재한 성약각서를 기초로 용선계약서를 서면으로 작성하고 있다. 용선계약서는 대표적인 용선시장에서 창안된 표준용선계약서식(standard form for charter party)을 채택하여 작성되는 것이 일반적이다.

코펜하겐에 위치한 볼틱국제해운동맹(Baltic and International Maritime Conference: BIMCO)[16)]이 표준용선계약서식을 주도적으로 작성하여 이를 널리 이용하고 있는데,[17)] 다음과 같은 표준용선계약서식이 있다.

〈표 28〉 BIMCO의 표준용선계약서식

선체용선계약서식	항해용선계약서식	정기용선계약서식
① BARECON 2001 ② BARGEHIRE 2008	① GENCON 94 ② BIMCHEMVOY 2008 ③ CEMENTVOY 2006 ④ GASVOY 2005 ⑤ HEAVYLIFTVOY	① GENTIME ② BOXTIME 2004 ③ SUPPLYTIME 2005

또 뉴욕생산물거래소(New York Produce Exchange)와 같은 국제거래소, 엑슨사(Exxon)와 같은

서를 말한다. 단순히 법률행위의 증거가 되는데 그치지 않고 특별한 효력을 가진다; 鴻 常夫 編修, 「英美商事法辭典」, (大光書林, 1988), 218쪽.

14) 정영석(해상운송론, 2013), 251쪽.

15) 정영석(용선계약법강의, 2005), 70쪽.

16) 선주의 이익과 편의를 도모하기 위하여 설립한 북유럽의 해운동맹을 말한다. 방대한 선박중개인(broker) 회원과 용선망을 확보하고 있다. 이 동맹은 선박에 관한 많은 자료를 수집하여 회원국들의 편의를 돕고 있다.

17) 정영석(용선계약법강의, 2005), 72쪽.

시장지배력이 강한 화주가 독자적인 표준용선계약서식을 작성하여 사용하기도 한다. 이와 같이 대형 선사와 화주는 그들이 독자적으로 사용하는 표준용선계약서식을 가지고 있는 경우가 많지만, 추가 조건이 표준용선계약서식에 삽입되는 경우에는 이로 인한 새로운 법적 문제가 대두될 수 있기 때문에 인쇄된 문서의 삭제와 수정이 요구될 수 있다. 실무상으로는 수정조항이 빠짐없이 요구되기 때문에 여간해서는 수정 없이 표준용선계약서식을 그대로 사용하지는 않는다.[18]

2. 용선계약 관련 서류

당사자들 간의 상업적 · 법률적인 관계를 관장하는 가장 중요한 서류는 용선계약서와 선하증권이다. 선적예약서(booking note: 이하 'B/N'이라 한다)[19]와 화물인도지시서(delivery order: 이하 'D/O'라 한다)[20]와 본선수령증(mate's receipt: 이하 'M/R'이라 한다)[21]과 같은 기타 서류 또한 중요한 역할을 한다.

이 서류들 외엔 관련 당국이 요구하는 적하목록, 상업송장, 통관통지서와 같은 서류들이 있다. 어떤 경우에는 수많은 서류의 원본뿐 아니라 부본들이 발행된다. 선하증권은 원본 3부와 몇 부의 부본이 발행된다. 예를 들면 컴퓨터를 이용함으로써 서류작성과 서류작업을 간소화하기 위해 노력한다 할지라도 수출업무는 보통 대규모의 사무 처리를 안고 있다.[22]

---

18) 정영석(해상운송론, 2013), 251쪽.

19) 선적예약서(booking note: B/N)는 선사가 하주로부터 구두 또는 문서로 선적예약(booking)을 받았을 때 화물의 명세 · 소요 컨테이너 수 · 운송조건 등을 기입하는 것을 말한다. 선적예약목록(booking list) 작성 시의 데이터 및 컨테이너 수배를 위한 기초자료로 사용된다: 최신해운 · 물류용어대사전(2006), 202쪽.

20) 화물인도지시서(delivery order: D/O)는 해상물건운송에서 보통 D/O라고 하는데, 선주 또는 그 대리인으로부터 본선의 선장 앞으로 발행된 서류의 하나이다. 컨테이너 운송의 경우에는 선사가 화물을 보관하고 있는 CFS 또는 CY 운영업자에게 화물인도지시서 소지인에 한해 화물을 인도할 것을 지시하는 비유통성 운송서류를 말한다. 원래 화물인도는 선하증권 원본과 상환으로 이루어지는 것이지만 실무적으로는 수하인으로부터 선하증권 원본을 제출받았을 때 선사가 화물인도지시서를 발행하고 수하인은 이것을 CFS 또는 CY 운영업자에게 제시하고 화물을 수령한다.

선사의 화물인도지시서 발행 절차는 수하인 또는 그 대리인이 제시한 선하증권 원본이 정당하게 유통된 것인가를 확인하기 위해서 선하증권 발행인의 서명, 배서의 연속성을 심사하고 미지급 운임이 있으면 그것을 징수한 후 발행한다. 만약 당해 화물에 공동해손이 발생하였다면 공동해손 분담금을 확보할 때까지, 약정된 목적지가 아닌 곳에서 화물인도청구를 받은 경우에는 선하증권 원본 전통(全通)을 회수할 때까지, 적정한 배서가 없는 선하증권 원본이 제시된 경우에는 적정하게 배서된 선하증권 원본을 제시할 때까지 화물의 유치권을 행사해서 화물인도지시서를 발행하지 않을 수 있다. 또 화물인도지시서에는 이것과 상환하여 화물을 인도해야 한다는 문구가 있으나, 화물인도지시서는 단지 인도의 약속을 표시한 문서에 지나지 않기 때문에 유통성을 가진 증권으로는 보지 않는다; 최신해운 · 물류용어대사전(2006), 336쪽.

21) 화물이 본선에 반입되면 일등항해사(chief mate)가 선장을 대신하여 선사에서 발행한 선적지시서(shipping order: S/O)와 대조하면서 화물을 수령한 다음 선창 내에 적입한다. 이때 화물을 수령한 증거로서 검수인(tally man)의 Tally Sheet에 의하여 본선이 발행하는 수령증서를 본선수령증(mate's receipt: M/R)이라 한다. 본선수령증의 비고란(remarks)에 적재 화물의 외관상 하자에 대한 기재가 있는 것을 파울 본선수령증(foul M/R, dirty M/R), 외관상 하자에 대한 기재가 없는 것을 클린 본선수령증(clean M/R)이라 한다. 파울 본선수령증을 선사에 제시하면 이것에 의하여 파울 선하증권이 발행되는데 신용장거래의 경우 이러한 불완전한 선하증권은 은행에서 수리하지 않는다; 최신해운 · 물류용어대사전(2006), 602쪽.

22) 정영석(해상운송론, 2013), 253쪽.

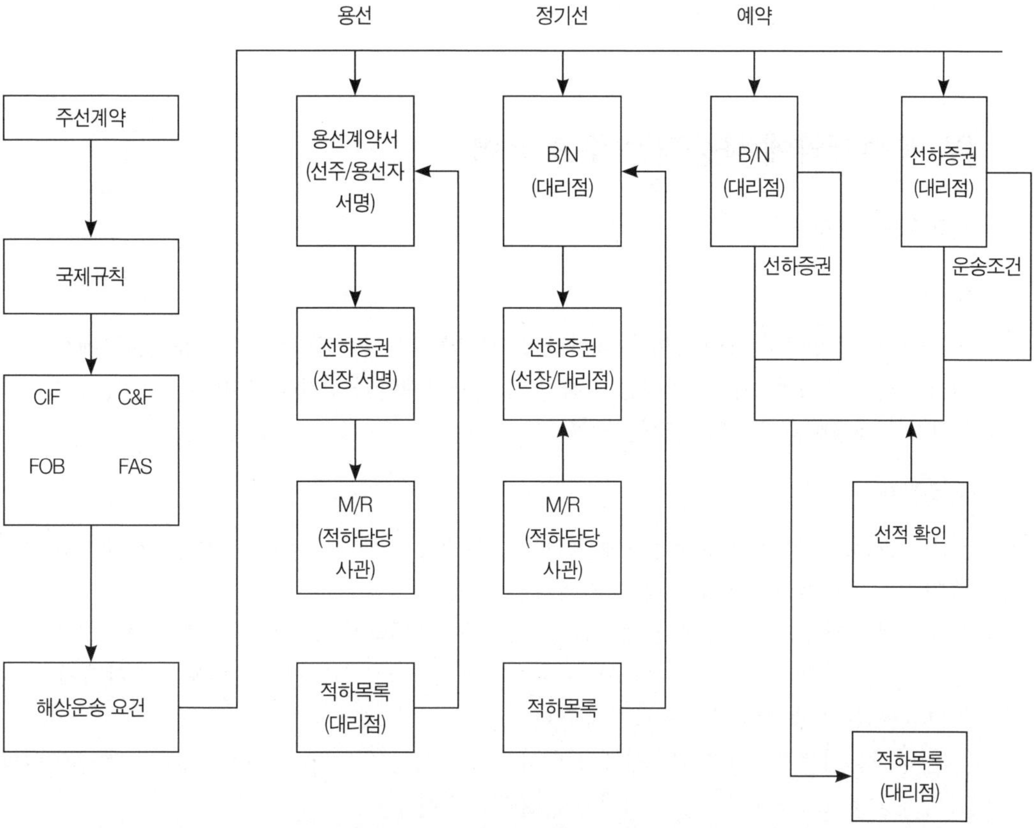

〈그림 47〉 용선-운송-선적 절차상의 서류

출처: Lars Gorton, Rolf Ihre, Arne Sandevarn, Shipbroking and Chartering Practice, 5th ed., (LLP, 1999), p. 104, Fig. 19.

이 흐름도는 절차상 주요한 서류의 위치와 어떻게 서로 다른 서류들이 상호 관계하고 있는지를 보여준다. 용선계약하에서 선장은 모든 화물이 본선에 선적되었음을 확인했을 때 선하증권에 서명할 것이고 선주는 보통 선불운임조건에 따라 운임을 수령한다. 정기선 운항에 있어서 선하증권은 기본적인 해상운송계약으로서 선적예약서(B/N)를 가지고 선적 당시 화물의 상태나 양을 기재한 본선수령증상의 불변의 근거와 기초 검증에 따라 선장이나 정기선대리점에 의해 서명된다.[23)]

정기선 운항에 있어서 선적예약서와 선하증권은 동등한 서류에 속한다. 또 운송계약의 조건은 선하증권 뒷면 약관에 삽입된다. 적하목록은 선적항 대리점에 의해 수집되고 발행되는 화물목록으로 이는 선주의 다각적인 조직과 외부적으로는 관계 당국, 대리점 및 항만서비스에 사용된다. 그중 일부 사본은 선주의 내부적인 사용을 위해 운송될 수 있다. 그것은 용선자/송하인의 일방과 선주/정기선 운항자의 다른 일방 간의 해상운송에 대한 상호협약이 용선계약서 또는 선적예약서임을 주지해야 한다. 선하증권은 화물소유자를 증명하는 서류로 선적하기 위해 화물을 수령했고, 해상운송

23) 정영석(용선계약법강의, 2005), 71~72쪽.

에 대한 협약이 존재함을 증명하는 서류이다.[24)]

Ⅳ. 용선계약에 사용되는 주요 용어

1. 계약당사자

가. 선주

용선계약에서 선주(owner)라 함은 용선자의 상대방 당사자를 말한다. 선체용선계약에서는 용선자에게 선박을 임대해주는 임대인을 말하고, 정기용선계약과 항해용선계약에서는 용선자에게 운송서비스를 제공하는 운송인을 말한다.[25)]

나. 용선자

용선자(charterer)라 함은 용선계약에서 선주의 상대방 당사자를 말한다. 선체용선계약의 경우와 운송형 용선계약[26)]의 경우에 각각 그 지위가 다르다.[27)]

첫째, 선체용선계약의 경우에는 계약된 선박을 선주로부터 임차하여 자기 또는 타인의 화물을 운송하는 운송인의 지위를 가지는 자로서, 선주와의 관계에서는 선박임차인의 지위를 가지게 되고, 제3자에 대하여는 운송인의 지위를 가지게 된다.

둘째, 정기용선계약이나 항해용선계약의 경우에는 계약에 의거하여 선주로부터 계약된 선박을 이용한 운송서비스를 제공받는 송하인의 지위를 가지게 된다.

셋째, 일반적으로 선주로부터 직접 선박을 임차하거나 운송서비스를 제공받는 자를 용선자라고 하지만, 이들로부터 제2, 제3의 용선계약, 즉 재용선계약(sub-charter)에 의하여 선박을 임차하거나 운송서비스를 제공받는 재용선자(sub-charterer)도 용선자로 불린다.

다. 용선 선주

용선 선주(chartered owner)라 함은 용선자가 선주로부터 용선한 선박을 제공하여 제3자와의 용선계약(재용선계약)을 체결하고, 자기의 책임하에 화물을 운송하는 운송인으로서 관리 선주(disponent owner)라고도 부른다.[28)]

2. 계약 관계자

가. 용선중개인

용선중개인(chartering broker) 또는 용대선 중개인이라 함은 선적할 화물을 구하고 있는 선주

24) 정영석(해상운송론, 2013), 253쪽.

25) 정영석,「해상운송론」, (텍스트북스, 2013), 242쪽.

26) 운송형 용선계약이라 함은 선체용선계약에 대비하여 정기용선계약이나 항해용선계약을 일컫는 것이다.

27) 정영석(해상운송론, 2013), 242~243쪽.

28) 최신해운 · 물류용어대사전(2006), 246쪽.

와 선복을 구하고 있는 용선자 간에서 중개인으로 활동하는 자를 말한다. 용선중개인 중에는 선주 측을 위해 중개를 하는 선주 중개인(owner's broker)과 용선자를 위하여 중개를 하는 용선자 중개인(charterer's broker)이 있다. 자기의 고객을 위하여 용선계약의 협상에 임하며 이를 업으로 하는 전문가를 통상적으로 용선 브로커라고 부른다.[29] 뉴욕, 도쿄, 홍콩, 오슬로, 함부르크, 상하이, 서울 등에 해운거래를 중개하는 중개인이 집결되어 있다.[30]

나. 용선 대리인

용선 대리인(chartering agents)이라 함은 화물운송에 필요한 선복을 확보하기 위하여 용선자가 지정한 중개인을 말한다. 용선자는 선복에 대한 문의를 다른 중개인에게는 일체 정보를 제공하지 않아야 하고, 전적으로 용선 대리인에 한하여 통지하게 된다.[31] 그러므로 선복의 교섭과 용선에 관한 한 용선 대리인은 주문한 본인을 위하여 중개인으로서 활동하게 된다.[32]

다. 용선자 대리인

용선자 대리인(charterer's agent)이라 함은 용선계약상 용선자의 책임으로 적 · 양하 비용을 부담해야 할 경우 본선의 대리점 업무를 수행하도록 하고, 관행적인 대리점료(agency fee)를 지불하기로 하고 지정하는 대리인을 말한다. 용선자는 본인의 대리점을 본선대리점으로 지정함으로써 선주와 용선자 간에 최대의 협력이 보장된다고 주장한다. 그러나 용선자와 선주의 이해관계가 대립할 경우에는 용선자 대리인은 선주의 이익보다는 용선자의 이익을 도모할 것이므로 선주의 입장에서는 이러한 조건은 유익하지 않다.[33]

용선자 대리인을 지정한 경우 선주로서는 자기의 이익을 보호하기 위하여 선장에게 조언을 해줄 수 있는 감독대리인(supervisory agent)을 위임하는 경우도 많다. 이렇게 하면 선주는 이중의 대리점료(agency fee)를 부담해야 하지만, 그러한 비용을 부담하더라도 감독대리인을 계약할 필요가 있다.[34]

라. 용선자 측 하역업자

용선자 측 하역업자(charterer's stevedore)라 함은 용선자에 의하여 지정된 하역업자를 말한다.[35] 용선자 측에서 화물의 특성에 적합한 하역업자를 지정하게 된다. 이는 육상으로부터 본선에 적재될 때까지의 모든 선적작업 또는 선창으로부터 양륙 작업이 완료될 때까지의 모든 하역작업을 용선자의 위험과 비용으로 그의 하역인부에 의하여 수행하는 자를 말한다.[36]

---

29) 최신해운 · 물류용어대사전(2006), 246쪽.

30) 정영석(해상운송론, 2013), 243쪽; 방희석, 「국제운송론(개정판)」, (박영사, 2005), 98쪽.

31) 정영석(해상운송론, 2013), 243~244쪽; 방희석(2005), 96쪽.

32) 최신해운 · 물류용어대사전(2006), 246쪽.

33) 방희석(2005), 96쪽.

34) 정영석(해상운송론, 2013), 244쪽.

35) 방희석(2005), 97쪽.

36) 최신해운 · 물류용어대사전(2006), 246쪽.

3. 기타 용어

가. 용선료(charterage)

용선료라 함은 용선계약에서 선주가 선박을 임대하거나 운송서비스를 제공하는 대가로 용선자가 선주에게 지급하는 금전적 대가를 말한다. 선체용선계약(bareboat charter)에서는 선박임대에 대한 임차료의 성격을 가지고 있다. 반면 정기용선계약과 항해용선계약에서는 운송서비스의 대가인 운임의 성격을 가지고 있다.[37)]

정기용선계약과 항해용선계약에서는 선주가 부담하는 선박의 경상지출(ordinary expenditures)과 용선자가 부담하는 항비(port charge)[38)]로 구성되는 원가를 최저기준으로 하여 여기에 선복수요에 따른 실제 시세가 반영되어 정해진다. 이때 중량 1톤당 기준으로 용선료를 산정한다.[39)] 정기용선계약에서는 1톤당 1개월을 기준으로 하는 것이 보편적으로 사용되지만, 1톤당 1일을 기준으로 하는 경우도 있다. 또 항해용선계약에서는 용선료를 톤당으로 정하지 않고, 1 항해 당 얼마로 정하는 일괄선복용선(lumpsum charter)으로 정하는 경우도 많다.

정기용선계약에서의 용선료는 운임, 선체용선계약의 용선료는 임차료의 성질을 가지고 있지만, 기간 단위로 용선료가 정해진다는 점에서 영어로는 'hire'라는 용어가 사용된다. 반면 항해용선계약에서의 용선료는 선박의 경상지출(ordinary expenditures)과 항비(port charge) 등 직접선비(management cost)[40)]와 간접선비(indirect vessel expense)[41)]가 모두 사전 계산이 가능하므로 이들을 포함한 순수한 운임의 성질을 가지게 되므로 영어로는 'freight'라는 용어가 사용된다. 이는 개품운송계약에서도 운임을 'freight'라고 사용하는 것과 동일하다.[42)]

나. 용선료 보험

용선료 보험(charterage insurance)이라 함은 선주가 자기 소유 선박을 다른 사람에게 용선해 주었을 때 당해 용선기간을 보험기간으로 하여 그 기간 중 매월 받게 되는 용선료(charterage) 총액을 보험가액으로 부보하는 보험을 말한다.[43)]

---

37) 정영석(해상운송론, 2013), 245쪽.

38) 항비(port charge)라 함은 선박의 출입이나 정박 등 해당 항만을 이용함으로써 발생하는 일체의 비용을 말한다. 주요 항비로는 도선료(pilotage), 입출항세(entrance and clearance fee), 톤세(tonnage dues), 부두사용료(wharfage), 부표사용료(buoyage), 예선료(towage), 줄잡이비용(line handling charge), 통선료(sampan hire), 세관 제비용(customs fee), 영사관 수수료(consular fee), 청소비(garbage dispodal charge), 등대세(light dues), 항만관계위생비용(sanitary fee), 대리점료(agency fee) 등을 들 수 있다: 최신해운 · 물류용어대사전(2006), 701쪽.

39) 방희석(2005), 96쪽.

40) 직접선비(management cost)라 함은 선박원가에 관련된 용어 중 선박을 항시 가동 가능한 상태로 유지 · 관리하기 위하여 필요한 비용을 말한다. 이러한 비용에는 선원비, 수선비, 선용품비, 윤활유비, 일반관리비 등이 들어가며, 연료비 등의 운항비(operation cost or voyage cost)와 대비되는 용어이다; 최신해운 · 물류용어대사전(2006), 592쪽.

41) 간접선비(indirect vessel expense)라 함은 특정 선박의 유지만을 위해 발생하는 비용이 아니라, 전 선박에 대하여 공통적으로 발생하는 비용으로 선박 감가상각, 선박보험료, 금리, 일반관리비를 포함한 비용을 말한다; 최신해운 · 물류용어대사전(2006), 493쪽.

42) 정영석(해상운송론, 2013), 245쪽.

43) 방희석(2005), 97쪽.

다. 용선계약부 선하증권

용선계약부 선하증권(charter party B/L)이라 함은 화물의 운송이 용선된 선박에 의하여 행하여지는 경우에 그 용선자가 발행하는 선하증권을 말한다.[44] 용선계약서는 계약 성립 시에 작성되어 선적 시에 선하증권이 발행되는데, 선하증권의 뒷면에 용선계약과의 관계를 나타내는 문구[45]가 첨가된다. 과거에는 약식 선하증권(short form B/L)의 형태로 발행되는 경우가 많았다.[46]

이 선하증권은 용선계약이 체결되어 있다는 사실을 전제로 발행되는 것이므로 양자가 내용상 상반되지 않아야 한다. 용선계약과 선하증권의 내용에 있어서 해석상 차이가 있더라도 계약당사자 간에서는 용선계약이 유일한 운송계약이므로 용선계약에 따른다. 다만 선의의 선하증권 소지인과 선하증권 발행인과의 관계는 선하증권의 법리에 따르지만, 이는 용선계약과는 별개의 문제가 된다.[47]

라. 용선자 선하증권

용선자 선하증권(charterer's B/L)이라 함은 용선자 또는 그의 대리인이 서명하고 발행하는 선하증권을 말한다. 자기 명의의 선하증권에 서명하게 되면 이는 선하증권의 발행 행위가 되므로 선하증권의 발행인, 즉 운송인으로서의 책임을 지게 된다.[48]

마. 용선 시황

용선 시황(chartering market)이라 함은 용선시장으로 널리 알려진 암스테르담, 런던, 뉴욕, 도쿄 등지에서의 용선 동향이나 계약이 성립된 선복량 등 용선에 관계된 일체의 정보 및 상태를 통괄하여 지칭하는 용어이다.[49]

바. Charter Base

Charter Base(C/B)라 함은 용선료산출지표를 말한다. 운임수입액에서 선박운항에 필요한 운항비를 뺀 나머지의 수입액을 1개월(30일) 당, 1 dwt 당의 금액으로 표시한 것이다.[50]

사. Charter Back

Charter Back이라 함은 선박을 매매 · 양도한 선주가 당해 선박을 다시 정기용선하여 용선서비스를 이용하는 것을 말한다. 선박을 매매하는 경우에는 '용선조건부매매'(sale on basis of charter back)라는 것이 있는데, 이는 매매계약상에 'Charter Back'을 조건으로 한 것이다.[51]

---

44) 방희석(2005), 97쪽.

45) 'freight and all other conditions as per charter party'(운임과 기타 조건은 용선계약에 따른다)와 같은 형태로 용선계약과 선하증권의 관계를 표시한다.

46) 최신해운 · 물류용어대사전(2006), 245쪽.

47) 정영석(해상운송론, 2013), 246쪽.

48) 최신해운 · 물류용어대사전(2006), 246쪽.

49) 최신해운 · 물류용어대사전(2006), 246쪽.

50) 최신해운 · 물류용어대사전(2006), 245쪽.

51) 최신해운 · 물류용어대사전(2006), 244쪽.

아. Charter In

'Charter In'이라 함은 선주로부터 선박을 임차하거나 용선서비스를 제공받는 것을 의미한다.[52)]

자. Charter Out

'Charter Out'이라 함은 선주가 용선자에게 선박을 임대하거나 용선서비스를 제공하는 것을 말한다.[53)]

제3절 항해용선계약

I. 의의

1. 개념

항해용선계약이라 함은 특정한 항해를 할 목적으로 선박 소유자가 용선자에게 선원이 승무하고 항해장비를 갖춘 선박의 전부 또는 일부를 물건의 운송에 제공하기로 약정하고, 용선자가 이에 대하여 운임을 지급하기로 약정함으로써 효력이 생기는 계약을 말한다(상법 제827조 제1항).[54)]

협의의 용선계약은 선박 소유자가 선장 이하의 선원 및 필요한 속구 등을 갖춘 선박을 제공하여 운송서비스를 제공하고 용선자가 이에 대해 용선료(charterage)를 지급하는 계약이다. 그러나 용선계약 내지 차터파티(charter party)라고 총칭되는 계약 중에도 항해용선계약과 정기용선계약은 다음과 같은 점에서 그 내용이 서로 다르다:[55)]

첫째, 항해용선계약은 특정의 1 항해(혹은 경우에 따라서는 복수의 항해)를 단위로 선복의 전부 또는 일부를 제공하는 계약이며, 정기용선계약은 6개월, 1년 혹은 수년이라는 일정 기간 선원을 배승한 선박의 운송서비스 능력을 제공하는 계약이다. 이 같은 용선계약의 내용은 계약 당사자 간에 맺어진 용선계약서의 내용에 따라 정해지지만, 통상은 화물의 종류에 따른 전형적인 표준계약서식(standard forms)이 이용된다.

둘째, 항해용선계약은 용선자가 특정의 1 항해(복수의 연속항해를 일괄해 계약하는 연속항해용선계약도 있다)에 대해 선박의 전부 또는 일부를 이용하는 운송계약이기 때문에, 선박 소유자는 단순히 선박의 의장을 하는 것만이 아니라 선박의 운항관리, 항비(port charge) · 연료비 · 수선비 · 예선료(towage) 등의 비용을 부담하는 외에 운송행위에 관련된 위험을 모두 인수하게 된다. 항해용

52) 정영석(해상운송론, 2013), 247쪽.

53) 최신해운 · 물류용어대사전(2006), 245쪽.

54) 박명섭 · 김은주, 「무역계약의 이해」, (우용출판사, 2011), 195쪽.

55) 정영석(해상운송론, 2013), 255쪽.

선계약에서 용선료(운임)는 운송된 화물의 수량 혹은 선복량에 따라 정해진다. 항해용선계약은 순수한 운송계약의 성질을 가지기 때문에 정기용선계약과 같이 용선자의 제3자에 대한 불법행위책임 등이 문제가 되는 것은 아니지만 이 계약하에서도 용선자가 제3자 간에 재운송계약을 체결한 경우는 화물운송에 관해 용선자가 재운송인[56]으로서 책임을 진다.

전형적인 항해용선계약의 서식으로는 일반화물용의 GENCON,[57] 곡물용의 NORGRAIN, 탱커용의 INTERTANKVOY 등이 있다.[58]

2. 항해용선계약의 종류

가. 전부용선계약과 일부용선계약

항해용선계약에는 운송에 제공하는 선복이 선박의 전부이면 전부용선계약이고, 선복의 일부만 제공하는 경우이면 일부용선계약이다. 「상법」은 이를 달리 취급하여 규정하고 있는 경우가 있으나(상법 제832조, 제833조), 대체로 전부용선계약을 중심으로 규정하고 있다(상법 제828조 내지 제831조).

한편, 정기선 운항자가 선복의 일부를 용선하여 제3자와 자신이 운송인의 자격으로 재운송계약을 체결하여 물건을 운송하는 경우에 최초의 용선계약을 슬롯 용선(slot charter) 또는 스페이스 용선(space charter)이라고 한다. 이러한 형태의 용선계약도 항해용선 중 전형적인 일부용선계약에 속한다. 슬롯 용선자는 선복을 빌려서 운송인이 된다는 점에서 정기용선자와 비슷한 지위에 있고, 대부분 정기선사(shipping line)로서 해상기업이라는 점에서 슬롯 용선을 항해용선과 구별하거나,[59] 정기용선도 아니고 항해용선도 아닌 혼합형의 운송 형태(hybrid type of contract)로 보는 견해[60]가 있다. 그러나 슬롯 용선자가 제3의 하주와의 운송계약에 의하여 자기가 용선한 선복을 제3의 운송에 이용하는 것은 재운송계약의 한 형태로서, 항해용선계약 체결 이후 자기가 확보한 용선서비스에 대한 다양한 이용 형태의 하나에 불과한 것으로 본질은 항해용선계약 중 일부용선계약에 속한다. 또한 정기화물운송서비스에서는 해운동맹에 가입한 다수의 선사 간에 선복을 공유하여 일정한 선복을 상호간에 사용하는 경우가 있는데, 이러한 경우에도 실무적으로 개별 선박에 대하여는 각각 선복의 일부를 항해용선한 일부용선계약의 한 형태일 뿐이다. 항해용선한 선복에 대하여 용선자가 재운송계약을 통하여 운송서비스의 주체가 되는 것은 원래의 항해용선계약과는 별개의 계약행위

56) 이때 재운송계약의 종류는 항해용선계약 또는 개품운송계약이 될 수 있다. 이와 같은 재운송계약에서는 최초의 항해용선계약의 당사자인 선주가 이행운송인이 되고, 최초의 항해용선자는 계약운송인, 제3의 화주는 순수한 화주로서의 용선자 또는 송하인이 된다. 이때 최초의 항해용선자가 제3자인 화주에 대하여 운송인으로서 책임을 지게 되는 것은 재항해용선계약에 의한 계약운송인으로서의 책임 또는 개품운송계약에서 선하증권을 발행한 경우에는 선하증권의 발행인으로서의 책임을 지는 것이지, 최초의 항해용선계약에 따른 책임을 지는 것은 아니다.

57) 세계적으로 널리 이용되고 있는 항해용선계약의 표준계약서식을 말한다. 1922년 영국의 볼틱국제해운동맹이 제정하여 그후 영국 해운집회소가 채용한 서식으로서 다른 공인 서식에 비하여 운송인을 가장 많이 보호하고 있는 것이 특징이다.

58) 정영석(해상운송론, 2013), 78쪽.

59) 김인현,「해상법(제2판)」, (법문사, 2008), 46쪽.

60) John Richardson, *Combined Documents*, (LLP, 2000), p. 145.

로서 구분해야 할 것으로 본다.

나. 항해용선계약과 기간용선계약

특정한 항해를 단위로 용선계약이 체결되는 경우를 항해용선계약이라고 한다(상법 제827조 제1항). 이에 반하여 용선계약의 존속을 일정 기간으로 정하는 것을 광의의 기간용선계약이라고 하는데, 기간용선계약은 거의 정기용선계약화되었고(상법 제824조), 순기간용선계약은 거의 존재하지 않는다. 다만「상법」은 선박 소유자가 일정한 기간, 용선자에게 선박을 제공할 의무를 지지만, 항해를 단위로 운임을 계산하여 지급하기로 약정한 경우에는 항해용선계약의 규정을 준용하도록 하고 있다(상법 제827조 제3항). 결국 법적 성질상 항해용선계약의 일종으로 보고 있고, 다만 존속을 기간 단위로 한정된다는 점에서 기간용선을 구분할 수 있다. 법적으로는 이 양자의 구별의 실익은 없다고 볼 수 있다.[61]

다. 물건용선계약과 여객용선계약

항해용선계약에는 운송에 제공하는 선복을 용선자가 물건의 운송에 이용하는 경우에는 물건용선계약이고(상법 제827조 제1항), 여객의 운송에 이용하는 경우에는 여객용선계약이다(상법 제827조 제2항).「상법」제2장 제3절은 물건용선계약으로서 항해용선계약을 규정하고 있다. 이러한 규정은 그 성질에 반하지 않는 한 여객운송을 목적으로 하는 항해용선계약에도 준용되므로(상법 제827조 제2항), 양자는 법 규정의 적용에 거의 차이가 없다.

II. 계약의 주요 내용

1. 계약당사자, 용선할 선박과 예정항해

가. 계약당사자

모든 항해용선계약서에는 서두에 계약당사자의 이름을 명시한다. 이때 선주는 선박의 소유권자가 기재되지만, 타 선주로부터 용선한 선박을 운항하는 타선 운항자의 경우에는 용선 선주(chartered owner) 또는 관리 선주(disponent owner)가 된다.[62]

나. 용선할 선박과 예정항해

용선할 선박을 확정하기 위하여 이를 기재하는데, 선명과 함께 국적(nationality of vessel), 톤수(tonnage), 선급(classification of vessel)을 기재한다.[63]

용선할 선박에 관한 사항 중 용선자가 가장 관심을 갖는 사항은 화물적재 능력인데, 주로 중량톤수(deadweight tonnage)로 표시된다. 중량톤수라 함은 선박이 만재흘수(maximum draught) 도달

61) 정찬형,「상법강의(하)(제10판)」, (박영사, 2008), 889쪽.

62) 정영석(해상운송론, 2013), 257쪽; 방희석(2005), 108쪽.

63) 방희석(2005), 108쪽.

시에 운송할 수 있는 화물의 최대중량을 말한다. 다만 화물적재 능력이란 각각의 화물별로 그 적부를 어떻게 하느냐에 따라 달라지는 것이기 때문에, 중량톤수에 대한 언급이 어떤 화물이라도 반드시 그 정도의 양만큼 운송할 수 있음을 보장하는 것은 아니다.[64)]

또 계약 체결 당시 본선의 위치 또는 목적지로 항해하는 선박의 위치를 표시한다.[65)] 예정항해와 관련하여서는, 선적항과 양륙항을 특정하여 하역하는 경우도 있고, 혹은 일정한 항구 또는 일정한 지역을 명시한 채 용선자가 이 중의 어느 항구를 지정할 수 있는 권리를 갖는 방식으로 약정하는 경우도 있다.[66)]

2. 화물의 종류와 수량에 관한 규정

항해용선계약에는 선적, 운송할 화물의 종류와 수량에 관한 규정이 있다. 용선자가 수출업자 또는 매도인으로서 특정 수출물건의 운송을 위하여 용선한 경우에는 선적할 화물의 종류와 수량이 특정되어 기재되지만, 용선자가 일반무역업을 위하여 용선한 경우에는 선적할 화물에 관하여 일정한 종류의 화물들을 적시하고 그중의 어떤 것이라도 선적할 수 있다는 식으로 약정할 수도 있다. 후자와 같은 방식으로 약정한 경우에는 용선자는 만재화물(a full and complete cargo)을 선적해야 할 의무를 진다는 내용이 추가로 약정되는 게 보통이다. 용선자가 선적하기로 약정한 일정량의 화물을 다 선적하지 못한 경우에도, 용선자로서는 실제 선적하지 못한 화물에 대한 운임도 지급해야 한다. 이러한 운임을 일컬어 공적운임(dead freight)이라 한다.[67)]

3. 운임에 관한 규정

항해용선계약에는 운임에 관한 규정이 있다. 통상 운임요율과 이 운임요율이 적용될 화물의 중량 또는 용적단위, 그리고 운임을 지급할 시기와 장소에 관하여 규정하고 있다.

운임의 계산방식은 간단하지만, 선적시의 화물수량을 기준으로 할 것인지 아니면 양륙 시의 화물수량을 기준으로 할 것인지를 명확하게 해두어야만 한다. 측정기구의 차이 또는 항해 중 자연증발 기타의 이유로 해서 선적 시와 양륙 시의 화물수량이 달라지기 때문이다. 이러한 문제를 피하기 위하여 화물의 수량에 관계없이 일정액을 운임으로 지급하기로 약정할 수도 있다. 또 운임지급시기와 관련하여서는 미리 선하증권 발행 시에 지급하기로 할 수도 있고 추후 목적지에서 화물인도 시에 지급하기로 할 수도 있다. 이 운임 후불의 경우에는 선주를 보호하기 위하여 선주에게 운임이 지급될 때까지 화물의 인도를 거절할 수 있는 유치권(lien)을 허용하여 주는 것이 보통이다. 또 환율변동과 관련하여 운임의 지급통화를 특정하여 놓는 경우도 있다.[68)]

그리고 한 가지 명확히 해야 할 사항은 선적 및 양륙비용에 관한 것이다. 선적 및 양륙비용이 약정운임에 포함된 것인지 아니면 용선자가 선적 및 양륙비용을 운임과는 별도로 부담해야 하는 것

64) Milar v. Freden(1918)1 K.B. 611.

65) 방희석(2005), 109쪽.

66) 정영석(해상운송론, 2013), 258쪽.

67) 정영석(해상운송론, 2013), 258쪽.

68) 정영석(해상운송론, 2013), 258~259쪽.

인지를 명확히 해야 한다.

4. 정박기간, 체선료, 초과정박손해배상금, 조출료에 관한 규정

항해용선계약에는 정박기간(laytime or laydays), 체선료, 초과정박손해배상금(damages for detention or detention charges), 조출료(dispatch money)에 관한 규정이 있다. 정박기간이라 함은 선주가 화물의 선적, 양륙을 위하여 용선자에게 허용한 기간이다. 용선자는 별도의 비용 부담 없이 이 기간을 사용할 수 있다. 다만 이 기간을 초과하게 되면 용선자는 선주에게 정박기간 초과로 인한 손해를 배상해야 하는 것이 초과정박손해배상금이다.

그리고 용선자가 이 정박기간을 전부 사용하지 않고 선적 · 양륙을 종료한 경우 그 미사용한 부분만큼 선주가 용선자에게 환급하여 주는 것이 조출료이다. 선주로서는 하루라도 빨리 선박을 다른 용도로 이용할 수 있으면 이익이 되므로 용선자에게 이처럼 선적 · 양륙 작업을 빨리 진행시키도록 보상하여 주는 것이 바로 조출료인데, 일반적으로 체선료의 절반으로 약정하고 있다.[69)]

용선자는 원래 위 정박기간 내에 선적, 양륙을 마쳐야만 할 용선계약상의 의무를 부담하는 것이다. 따라서 그 기간을 초과하게 되면 용선계약위반이 되고, 선주에게 이로 인한 손해배상을 해야 할 의무를 지게 된다. 그러므로 체선료의 법적 성질은 약정손해배상액(agreed damages)으로서 선주는 그 손해의 발생을 입증할 필요 없이 당연히 배상을 받을 수 있는 것이고, 초과정박손해배상금(damages for detention or detention charges)의 법적 성질은 불확정손해배상액(unliquidated damages)으로서 선주는 실제 손해를 입증하여 실제 손해액 전부를 배상받을 수 있는 것이나 통상적으로 체선료와 같은 금액을 인정하여 준다.

정박기간은 '가능한 한 빨리'(as fast as can)라든가 '항구의 관습에 따라'(according to custom of port)라는 식으로 규정하기도 하지만, 그러한 표현은 명확하지 않아서 분쟁의 소지가 있기 때문에, 특정 기간으로 정하거나, 또는 예컨대 '하루 2,000톤'(2,000 ton per day)하는 식으로 선적률 또는 양륙률로 정하는 방식으로 하고 있다. 또 정박기간을 정함에 있어서는 일요일이나 공휴일 등도 산입되는 것인지의 여부를 명확하게 해야 한다.

그리고 정박기간과 관련하여 가장 문제가 되는 것은 그 기산 시점이다. 즉 언제부터 정박기간이 진행한다고 보아야 하는지 하는 문제이다. 이에 관하여서는 통상 다음의 요건—선적 시에는 세 가지 모두, 양륙 시에는 두 가지이이 충족되면 정박기간이 진행한다고 보고 있다.

① 선박이 선적항 혹은 양륙항의 목적지점에 도착해야 함-도착선 요건(arrived ship).

② 선적준비완료통지(notice of readiness to load)를 해야 함.[70)]

③ 실제로 선적 혹은 양륙준비가 완료되어 있어야 함.

69) 정영석(해상운송론, 2013), 259쪽.

70) 영국법하에서 선주는 선적 시에만 선적준비완료통지를 해야 할 의무를 지고, 양륙 시에는 양륙준비완료통지를 할 의무를 지지 않는다. 다만 실무상으로는 대부분의 표준항해용선계약서(voyage charter party)에서 선주로 하여금 양륙준비완료통지를 하도록 규정하고 있기 때문에 별다른 문제는 발생하지 않는다. 어찌되었든 양륙 시에는 양륙준비완료통지의무가 없기 때문에 이 경우의 정박기간 기산의 요건은, 첫째, 선박이 양륙 지점에 도착하고, 둘째, 실제로 양륙할 준비가 완료되어 있기만 하면 된다.

5. 예상선적가능일과 취소일에 관한 규정

항해용선계약에는 예상선적가능일(a date at which the vessel is expected ready to load)과 취소일에 관한 규정이 있다. 예상선적가능일이라 함은 용선한 선박이 선적항에 도착하여 선적할 수 있으리라고 예상하여 약정한 날짜를 말한다. 또 취소일(cancelling date)이라 함은 용선한 선박이 어느 날짜까지 도착하지 않은 경우 용선자가 용선계약을 취소할 수 있는 권리를 갖도록 한 경우에 용선자가 취소권을 취득하게 되는 그런 날짜를 말한다.[71]

용선자로서는 언제쯤 선적이 가능한 지에 대하여 예상할 수 있어야 하므로 예상선적가능일을 약정할 필요가 있으나, 선주로서는 피치 못할 사정으로 그 예상선적가능일까지 선적항에 도착하지 못할 가능성이 있다. 그러므로 양자의 이해를 조정하여 통상 예상선적가능일을 정한 다음 그로부터 일정 기간을 두고 취소일을 정하여, 선박이 취소일까지도 도착하지 않는다면 용선계약을 취소할 수 있도록 하고 있다.[72]

6. 항해용선계약의 이행 단계

항해용선계약의 이행은 다음 네 가지 단계로 뚜렷이 구분된다.

① 선적할 장소로의 예비항해단계(preliminary voyage).

② 선적 작업 단계(loading operation).

③ 양륙할 장소로의 운송항해 단계(carrying voyage).

④ 양륙 작업 단계(discharging operation).

이 중 ① 및 ③의 단계는 선주가 단독으로 이행해야 할 내용이며, ② 및 ④의 단계는 용선자와 선주가 공동으로 이행해야 할 내용이다.

그런데 항해용선계약에서는 악천후나 선적항에서의 혼잡으로 인하여 지연된 경우와 같이 선주나 용선자의 귀책사유 없이 이행이 지연된 경우, 누가 지연으로 인한 손해를 부담해야 하는가 하는 문제가 생겨난다.

이에 관하여 용선계약에 별다른 규정이 없는 한, 지연이 발생된 각 단계별로 이행해야 할 책임이 있는 당사자가 그로 인한 손해를 부담한다고 보는 것이 원칙이다. 따라서 위 각 단계의 종결 시점과 그 다음 단계의 시작 시점이 언제인지를 명확히 하는 것이 중요하다. 다만 ② 및 ④의 선적 작업 단계와 양륙 작업 단계의 종결 시점이 언제인지는 비교적 명확하나, ① 및 ③의 예비항해 단계와 운송항해 단계의 종결 시점, 다시 말하여 선적작업과 양륙 작업을 위한 정박기간의 기산 시점이 언제인지는 명확하지 않다. 이때는 통상 선박이 도착하고, 선적준비완료통지를 하고, 실제로 선적 혹은 양륙준비가 완료되어 있는 등의 세 가지 또는 두 가지 요건이 충족되어야만 정박기간이 개시된다.[73]

71) 정영석(해상운송론, 2013), 260쪽.

72) 정영석(해상운송론, 2013), 261쪽.

73) 정영석(해상운송론, 2013), 262쪽.

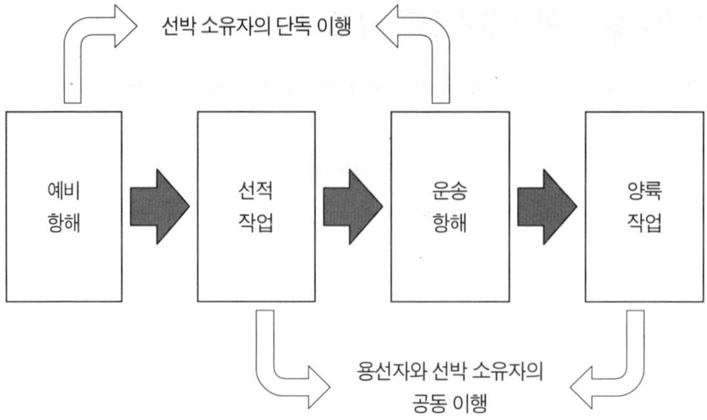

〈그림 48〉 항해용선계약의 이행 단계 구분

III. 정박기간과 체선료 등

1. 정박기간

가. 의의

정박기간이라 함은, 항해용선계약에서 선적 또는 양륙을 위하여 사용되도록 약정되어 있는 기간을 말한다. 즉 용선된 선박이 예비항해(preliminary voyage) 또는 운송항해(carrying voyage)를 마치고 선적항 또는 양륙항에 도착하게 되면, 선적작업 또는 양륙 작업을 해야 하는데, 이 선적작업 또는 양륙 작업을 위하여 용선계약에서 약정하여 놓은 기간을 말하는 것이다. 용선자는 이 기간을 자유로이 사용할 수 있다. 다만 용선자는 이 기간 내에 선적 또는 양륙을 완료해야 하는데, 이 기간 내에 완료하지 못하고 선적 또는 양륙을 위하여 선박을 이 기간 이상 정박하게 할 때는 선주에게 그에 상당한 손해배상을 해야 한다. 이것이 체선료(demurrage), 초과정박손해배상금(damages for detention)이다.[74]

나. 정박기간의 규정 방식

(1) 통상의 속도로/가능한 한 빠르게

정박기간을 규정하는 방식에는 여러 가지가 있다. 우선, 정박기간을 일정한 날짜라든가 기타 특정한 기간으로 규정하지 않고 '통상의 속도로'(with customary dispatch)라든가 '가능한 한 빠르게'(as fast as the ship can receive) 등과 같이 규정하는 경우가 있다. 이러한 경우에는 선적항 또는 양륙항의 관행에 비추어 상당한 시간 내에 선적 또는 양륙해야 하는 것으로 해석되나, 어느 정도가 상당한 시간인지에 대하여 늘 다툼의 여지가 있는 규정 방식이라 할 것이다.

74) 정영석(해상운송론, 2013), 262쪽.

(2) 일정한 날짜

정박기간을 일정한 날짜로 규정하는 경우도 많다. 즉 '15일'(15 days 또는 15 running days)이라고 하는 것이다. 이 경우, 원래 일(day)은 24시간을 의미하는 것이 아니라 자정부터 다음날 자정까지의 월력일(calendar day)을 의미하는 것이다. 따라서 용선자는 선적 또는 양륙을 할 수 있게 된 시간이 자정이 아니라면 그날의 자정부터 15일을 계산하여 15일이 종료되는 자정까지를 정박기간으로 사용할 수 있는 것이다. 만일 용선자가 선적 또는 양륙을 할 수 있게 된 날에 자정까지 기다리지 아니하고 선적 또는 양륙 작업을 시작하여 그날을 사용하였다면 그날도 정박기간 중의 하루(day)로서 산입된다.[75)]

하지만 요즈음 대부분의 용선계약서에서는 하루를 월력일이 아닌, 선적 또는 양륙준비완료통지(notice of readiness to load or discharge)의 효력이 종료하는 시간부터 시작하는 인공약정일(artificial or conventional day)로 규정하고 있다.

예컨대, 선적 또는 양륙준비완료통지가 오전 10시 이전까지 이루어지면, 정박기간이 그날 오후 1시부터 시작하는 것으로 약정하였다고 가정하면, 이때는 오후 1시부터 그 다음날 오후 1시까지가 하루(day)가 되는 것이다. 따라서 일은 월력일이 아니고 인공약정일이다.

그리고 또 별다른 제한 없이 15일(15 days or running days)이라고 하면 정박기간이 개시된 날부터 연속적으로 15일이 계산되는 것이 원칙이다. 따라서 만일 일요일이나 공휴일 등을 제외하고자 한다면 반드시 제외한다는 표현을 넣어두어야 한다. 예를 들면, '일요일과 공휴일을 제외한 15일'(15 days, Sundays and holidays excepted)과 같이 해야 한다. 이 경우 일요일과 공휴일이라 하더라도 실제 작업을 한 날을 정박기간에 산입하고자 할 때는 '사용되지 아니한 일요일과 공휴일을 제외한 15일'(15 days, Sundays and holidays excepted unless used)이라고 하면 된다.

또 일요일과 공휴일을 제외하고 싶을 때 이와는 달리 아예 '15작업일'(15 working days)로 표현할 수도 있다. 작업일(working day)이라 함은, 선적항 또는 양륙항에서 작업이 이루어지는 날을 의미한다. 이슬람 국가라면 금요일이 휴일이므로, 금요일은 작업일에 산입되지 않을 것이다. 토요일의 경우에는 비록 오후에는 작업이 이루어지지 않는다 하더라도 오전에는 작업이 이루어지므로 작업일에 해당한다(토요일이 공휴일인 나라에서는 달리 해석될 수 있음).[76)]

또 날씨가 나빠서 작업을 할 수 없는 날을 제외하고자 할 때는, '15 날씨작업일'(15 weather working days)이라고 표현하고 있다. 날씨작업일(weather working days)이라 함은, 작업일 중에서도 날씨가 좋아서 작업을 할 수 있는 날만을 의미하는 것이다. 즉 날씨가 나빠서 작업을 할 수 없는 날은 정박기간에 산입되지 않는 것이다.[77)] 따라서 어느 날이 날씨가 나빠서 작업을 할 수 없었다면, 가령 그날에 용선자가 준비가 안 되어서 작업을 할 수 없었다거나 또는 작업을 할 의사가 없었다고 하더라도, 날씨작업일에 해당되지 않는 것이다. 날씨작업일은 어느 한 작업일 중 일부 시간에만 날씨가 나빠서 작업을 할 수 없었다면, 이는 그에 상당한 비율로 산입되지 않는다.[78)] 날씨(weather)에

75) The Katy(1895) p. 56.

76) Reardon Smith Line v. Ministry of Agriculture(1963) A.C. 691.

77) Compania Naviera Azuero v. British Oil & Cake Mills(1957) 2 Q.B. 293.

78) Alvion Stemship v. Galban Lobo Trading(1955) 1 Q.B. 430.

는 폭우나 해일뿐 아니라 선적작업을 불가능하게 하는 한 얼음이 어는 것도 포함되지만,[79] 선적작업을 불가능하게 하는 정도로 날씨가 나빠야만 날씨작업일에 해당되지 않는 것이지 선적작업이 가능한 정도의 날씨라면 날씨작업일에 해당되는 것이다.[80]

(3) 하루당 선적량 또는 양륙량을 정하는 방식으로 규정하는 경우

정박기간의 날짜를 확정하지 않고 하루당 선적량 또는 양륙량을 정하는 방식으로 규정하는 경우도 있다. 예컨대, '날씨작업일당 1,000톤'(1,000 ton per weather working day) 또는 '창구 당 날씨작업일당 1,000톤'(1,000 ton per hatch per weather working day) 또는 '작업가능 창구 당 날씨작업일 당 1,000톤'(1,000 ton per workable hatch per weather working day)이라고 규정하는 것이다. 이 경우에는 선적량 또는 양륙량을 이 비율로 나누면 정박기간이 계산되어 나온다.

다. 정박기간의 개시 시점

(1) 의의

정박기간과 관련하여 중요한 문제는 정박기간이 언제부터 진행되기 시작하는가 하는 것이다. 정박기간이 진행되기 위하여서는 다음의 세 가지 요건이 충족되어야 한다. 첫째, 선박이 목적지인 선적 또는 양륙지점에 도착해야 하고, 둘째, 선적 또는 양륙의 준비를 완료하고 있어야 하고, 셋째, 선적준비완료통지를 해야 한다.[81] 이하에서 차례로 살펴본다.

(2) 도착선 요건

정박기간이 진행되려면 우선 선박이 선적 또는 양륙지점에 도착해야 한다. 선적 또는 양륙을 할 수 있는 상태가 되어야만 정박기간이 진행될 수 있을 터이니 당연한 요건이라 하겠다. 그런데 용선계약에서 선적 또는 양륙지점이 선석(berth)이나 부두(dock)와 같이 비교적 좁은 지점으로 지정되어 있으면 선박이 그곳에 도착하였는지 아니하였는지의 판단에 있어서 별다른 어려움이 없다. 하지만 선적 또는 양륙지점이 항구(port)와 같이 비교적 넓은 지점으로 지정되어 있으면 선박이 그곳에 도착하였는지 여부의 판단에 어려움이 있다. 즉 도대체 이 항구 중의 어느 지점까지 와야 도착한 것으로 보아야 할지가 모호하기 때문이다.

이 점에 관하여 영국 대법원은 The Johanna Oldendorff 사건[82]에서 명확한 입장을 밝혔다. 즉 선적 또는 양륙지점이 항구로 지정되어 있는 용선계약의 경우(port charter party) 선박이 도착하였다고 할 수 있으려면, 첫째, 선박이 항구의 지리적 경계 내에 들어와 있어야 하고(within the port), 둘째, 선석(berth)이 비게 되면 곧 선석으로 이동할 수 있다는 의미에서 선박이 즉각적이고도 효과적으

---

79) Dampskibsselskabet Botnia A/S v. Bell (1932) 2. K.B. 569.

80) Compania Crystal de Vapores v. Herman(1958) 2 Q.B. 196.

81) 커먼로(common law)하에서 선주는 선적 시에만 선적준비완료통지를 해야 할 의무를 지고, 양륙 시에는 양륙준비완료통지를 해야 할 의무를 지지 않는다. 다만 실무상으로는 대부분의 표준 항해용선계약서(voyage charter party)에서 선주로 하여금 양륙준비완료통지를 하도록 규정하고 있기 때문에 별다른 문제는 발생하지 않는다. 어찌되었든, 이처럼 양륙준비완료통지 의무가 명시적으로 규정되지 않은 항해용선계약의 경우에는 양륙 시 양륙준비완료통지 의무가 없기 때문에, 이 경우의 정박기간 개시의 요건은 첫째, 선박이 양륙 지점에 도착하고, 둘째, 실제로 양륙할 준비가 완료되어 있기만 하면 될 것이다.

82) The Johanna Oldendorff(1973) 2 Ll.R. 285.

로 용선자의 지시에 따를 수 있는 장소에 있어야만 한다(at the immediate and defective disposition of the charterer)고 판시하였다. 그리고 만일 선박이 그 항구에서 선석이 빌 때까지 통상적으로 기다리는 장소에 있으면, 이는 선박이 즉각적이고도 효과적으로 용선자의 지시에 따를 수 있는 장소에 있는 것이라고 추정되며, 그렇지 않다는 점을 용선자가 입증해야 하고, 만일 선박이 그 항구에서 선석이 빌 때까지 통상적으로 기다리는 장소에 있지 않으면, 선주는 그 장소가 선박이 즉각적이고도 효과적으로 용선자의 지시에 따를 수 있는 장소임을 입증해야 한다고 하였다.[83]

그 후 선박이 선석이 빌 때까지 통상 기다리는 장소에 도착하였지만 그 장소 자체가 항구 바깥에 있는 경우에 이를 선박이 도착한 것(arrived ship)으로 볼 수 있겠는가 하는 문제가 대두된 적이 있었다. 이에 대하여 영국 항소법원(Court of Appeal)은 이를 도착한 것으로 보아야 한다고 하였으나 영국 대법원은 이를 파기하고 도착한 것으로 볼 수 없다고 판시한 사례가 있다.[84]

또 선적 또는 양륙지점이 선석으로 지정되어 있으면서도 이와 함께 '소요시간은 선박이 선석에 있든 없든 산입된다'(time to count……, whether in berth or not)라는 내용이 추가로 약정되어 있으면, 이는 선박이 도착하였는지 또는 정박기간이 언제부터 진행되는지 등의 문제를 결정함에 있어서 선적 또는 양륙지점이 항구(port)로 지정되어 있는 용선계약과 동일하게 취급해야 한다고 판단한 사례가 있다.[85]

그리고 선적 또는 양륙지점이 선석으로 지정되어 있으면서 이와 함께 이 선석이 '도착 즉시 도달할 수 있는 곳'(reachable on arrival)이어야 한다는 내용이 추가 약정되어 있으면, 선박이 그 항구에 도착하였으나 당해 선석이 혼잡하여 선석에 도착하는 것이 지연된 경우에는, 비록 그 혼잡한 상황이 용선자의 귀책사유에 기하지 않은 것이라 하더라도 용선자는 도착 즉시 도달할 수 있는 선석을 지정하지 못한 것이기 때문에 워런티 위반(breach of warranty)이 되고, 선박은 그 항구에 도착하였을 당시에 도착한 것으로 간주되며, 정박기간은 그에 따라 진행된다고 한 사례가 있다.[86]

(3) 선적 또는 양륙준비의 완료

정박기간이 진행되려면 선박이 도착하였을 뿐 아니라 선적 또는 양륙의 준비가 완료되어 있어야 한다. 그 완료의 정도에 관하여 보면, 앞으로 정박기간이 개시되는 때에 준비가 완료될 것이라는 예상(anticipated readiness to load or discharge)만으로는 부족하고, 선적 또는 양륙의 준비가 실제로 완료되어 있어야만(actual readiness to load or discharge)한다. 즉 선적준비완료통지를 할 당시에 선적준비가 완료되어 있지 않았다면 그 통지는 효과가 없다. 뿐만 아니라 선적준비가 실제로 완료되어 있었다 하더라도 앞으로 정박기간이 개시되는 때에 준비가 완료될 것이라는 내용으로 통지를 하

---

83) 이를 Reid test라고 하는데, 그 원문은 다음과 같다:

On the whole matter I think that it ought to be made clear that the essential factor is that before a ship can be treated as an arrived ship she must be within the port and at the immediate and effective disposition of the charterer and that her geographical position is of secondary importance;but for practical purposes it is so much easier to establish that, if the ship is at a usual waiting place within the port, it can generally be presumed that she is there fully at the charterer's disposal.

84) The Maratha Envoy(1977) 2 Ll.R. 301.

85) The Kyzikos(1987) 2 Ll.R. 122.

86) The Laura Prima(1982) 1 Ll.R. 1.

였다면 그 통지는 선적준비완료통지로서의 효과가 없다.[87]

이 요건을 선박의 위치와 관련하여 보면, 선박이 선적 또는 양륙지점에 도착, 접안하고 있어야만 선적 또는 양륙 준비가 완료되었다 할 수 있을 것이다. 다만 선적준비완료통지를 할 당시에도 선적준비가 실제로 완료되어 있어야 하는데 이와 관련하여 선적지점을 항구로 지정하고 있는 용선계약의 경우에는 선박이 항구에 도착한 이상 아직 선석에 도달하기 이전이라 하더라도 선적준비완료통지를 할 수 있다고 한 사례가 있다.[88]

선박의 물리적 상태와 관련하여 보면, 그 선박의 모든 선창이 용선자의 화물을 선적할 수 있는 상태에 있어야만 선적 또는 양륙 준비가 완료되었다 할 수 있을 것이다. 즉 그 선창에 싣고 왔던 다른 화물을 전부 양륙하여 선창의 모든 부분을 용선자가 사용할 수 있도록 해야 한다.[89] 그리고 용선자의 화물을 안전하게 수령 · 운송 · 보관할 수 있는, 즉 감하능력(cargo-worthiness)이 있어야 한다. 예컨대, 선창에 전염병이 돌아 소독이 필요한 상태에서 행한 선적준비완료통지는 무효이다.[90] 다만 입항에 필요한 검역허가증(free pratique)을 아직 발행받지 않은 상태에서 선적준비완료통지를 하였다 하더라도 검역허가증이 당연히 발행될 것으로 예상되는 상황이었다면 그 선적준비완료통지는 유효하다.[91] 또 이와 관련하여 양륙지점을 항구로 지정한 용선계약에 있어서 선창의 창구(hatch)가 열려 있지 않고 양륙 기어가 아직 설치되지 않은 상태에서 양륙준비완료통지를 하였다고 하더라도 그 선박이 선석에 닿을 때까지 이들이 완료될 수 있다면 양륙준비완료통지가 효력이 있다고 한 사례가 있다.[92]

(4) 선적준비완료통지

정박기간이 진행되려면, 선박이 도착하고, 실제 선적준비가 완료되어야 할 뿐 아니라, 선적준비완료를 통지해야 한다. 이 선적준비완료통지를 하도록 하는 목적은 용선자에게 선적작업을 할 수 있음을 알리고 또 정박기간의 개시 시점을 명확히 하고자 하는데 있다. 보통 표준항해용선계약서에서는 이 선적준비완료통지 후 몇 시간 후부터 정박기간이 진행되는 것으로 규정하고 있다.

이 통지의 형식에는 아무런 제한이 없으나, 당해 용선계약에서 그 형식에 대하여 규정하고 있으면 그에 따라야 할 것이다.

실제 선적준비가 완료되었을 때(actual readiness to load)에만 이 선적준비완료통지를 할 수 있고, 앞으로 정박기간이 기산될 때 선적준비가 완료될 것이라고 예상되는 것(anticipated readiness to load)만으로는 선적준비완료통지를 할 수 없음이 원칙이다.[93]

또 선적준비완료통지를 할 당시에 실제 선적준비완료가 되어 있었다 하더라도 그 통지의 내용이 앞으로 선적준비가 완료될 것이라는 내용이었다면 이는 유효한 선적준비완료통지로 볼 수 없다

87) Christensen v. Hindustan Steel(1971) 1 W.L.R. 1369.

88) The Kyzikos(1987) 2 Ll.R. 122.

89) Lyderhorn Steamship v. Duncan Fox(1909) 2 K.B. 929.

90) The Tres Flores(1973) 2 Ll.R. 247.

91) The Delian Spirit(1972) 2 Q.B. 103.

92) Armement Adolf Deppe v. Robinson(1917) 2. K.B. 204.

93) Christesen v. Hindustan Steel(1971) 1 Ll.R. 395; The Tres Flores(1973)2 Ll.R. 247.

고 한 사례가 있다.[94)]

앞에서도 본 바와 같이 영국 커먼로(common law)에서 선주는 선적준비완료통지만을 할 의무가 있고 양륙준비완료통지를 할 의무는 없다. 이는 선하증권계약(bill of lading contract)이 체결되는 정기선(liner)의 경우에 수많은 수하인들에게 일일이 통지한다는 것이 큰 부담이 되기 때문에 비롯되었던 것 같으나, 수하인이 별로 많지 않은 부정기선(tramp)의 용선계약에 있어서는 그리 합리적인 원칙이라고는 생각되지 않는다. 실무상으로는 많은 표준항해용선계약서에서 양륙준비완료통지를 하도록 규정하고 있는데 그러한 경우에는 양륙준비완료통지를 해야 정박기간이 진행될 수 있다.

라. 정박기간의 진행 정지

(1) 의의

정박기간은 일단 진행하기 시작하면 그 기간이 끝날 때까지 연속하여 진행한다. 그런데 정박기간 도중에 부두노동자가 파업을 하여서 선적 또는 양륙 작업을 할 수 없는 상황이 발생한다면, 이러한 상황이 존속하고 있는 동안에도 정박기간은 계속 진행하는가 아니면 정지하는가가 문제된다. 즉 이러한 상황이 존속하고 있는 기간도 정박기간으로 산입해야 할 것인가 아니면 산입하지 말아야 할 것인가 하는 문제가 대두된다. 이는 정박기간을 특정한 기간으로 정하여 놓았는가 그렇지 않았는가에 따라 효과가 달라진다.

(2) 정박기간을 특정 기간으로 정하여 놓지 않은 경우

예컨대, '통상의 속도로'(with customary dispatch) 등과 같이 정박기간을 특정 기간으로 정하여 놓지 않은 경우에는 용선자의 귀책사유에 의하지 않는 작업중단 사유가 발생하였다 하더라도 그 사유가 존속하는 동안 정박기간은 진행하지 않고 정지한다. 즉 그 사유가 존속하는 기간만큼은 정박기간에 산입되지 않는다.[95)]

(3) 정박기간을 특정 기간으로 정하여 놓은 경우

예컨대, '15 작업일'(15 working days)과 같이 정박기간을 특정 기간으로 정하여 놓은 경우에는, 용선자는 그 기간 내에 작업을 완료해야 할 의무가 있으며, 자신의 귀책사유에 의하지 않는 작업 중단 사유가 발생한다 하더라도, 정박기간은 진행을 정지하지 않고 그 사유가 존속하는 기간은 정박기간에 전부 산입된다.

다만, 선주의 귀책사유로 작업이 중단된 경우와 용선계약에서 정박기간이 진행되지 않는 사유로서 명시한 경우는 정박기간이 정지한다. 따라서 날씨가 나빠서 작업을 할 수 없었던 경우,[96)] 항구가 혼잡하여 작업을 할 수 없었던 경우,[97)] 선주가 임명한 하역인부들이 파업하여 작업을 할 수 없었던 경우,[98)] 선박을 안정시키기 위하여 저하(ballast)를 싣기 위해 작업을 할 수 없었던 경우,[99)] 정부

94) Christensen v. Hindustan Steel(1971) 1 Ll.R. 395.

95) Hick v. Raymond(1893) A.C. 22; Good v. Isaacs(1892) 1 Q.B. 555.

96) Thiis v. Byers(1876) 1 Q.B. 244.

97) The Johanna Oldendorff(1973) 2 Ll.R. 285.

98) Budgett v. Binnington(1891) 1 Q.B. 35.

99) Houlder v. Weir(1905) 2 K.B. 267.

의 출항명령에 따라 2주간 출항하여 있느라고 작업을 할 수 없었던 경우,[100] 해일의 위험을 피하기 위하여 6일간 항구를 떠나 있느라고 작업을 할 수 없었던 경우[101] 등에도 정박기간은 계속 진행되고 그 사유가 존속하는 기간은 전부 정박기간에 산입된다.

반면, 선장이 공습의 위험이 없는데도 있다고 잘못 판단하여 선박을 그 항구로부터 사흘간 떠나 있게 한 경우에는, 선주 측의 귀책사유로 작업이 중단되었던 것이기 때문에 정박기간은 진행하지 않고 그 기간만큼은 정박기간에 산입되지 않는다.[102] 또 정박기간이 진행하지 않는 것으로서 용선계약에 명시하여 놓은 예외사유(exceptions)로 인하여 작업이 중단된 경우에도 정박기간은 진행하지 않고 그 기간만큼은 정박기간에 산입되지 않는다.[103] 이 경우 예외사유로서 파업(strike)을 규정하였을 때, 이 파업에는 부분파업 및 동정파업도 포함된다고 본 사례가 있다.[104][105]

2. 체선료, 초과정박손해배상금, 조출료

가. 의의

체선료(demurrage)라 함은, 용선자가 용선계약에서 약정한 정박기간 내에 선적 또는 양륙하는 경우, 용선자가 선주에게 정박기간을 도과하여 정박시키는 기간에 대하여 지급하기로 약정한 금원을 말한다. 또 초과정박손해배상금(damages for detention or detention charges)은 체선료에 대한 약정이 없거나 있더라도 체선료가 적용될 기간이 종료한 경우에, 용선자가 선주에게 도과하여 정박시키는 기간에 대하여 지급해야 할 손해배상금을 말한다.

용선자는 정박기간 내에 선적 또는 양륙 작업을 종료해야 할 계약상의 의무를 부담한다. 용선자가 정박기간 내에 선적 또는 양륙 작업을 종료시키지 못하고 선박을 그 기간 이상 정박시키면 이는 용선계약 위반이 되고, 선주에게 이로 인한 손해를 배상해야 할 의무를 지게 된다. 그러므로 체선료의 법적 성질은 약정손해배상액(agreed damages)으로서 선주는 그 손해의 발생을 입증할 필요 없이 당연히 배상을 받을 수 있는 것이다. 또 초과정박손해배상금(damages for detention or detention charges)의 법적 성질은 불확정손해배상액(unliquidated damages)으로서 선주는 실제 손해를 입증하여 실제 손해액 전부를 배상받을 수 있는 것이나 실무상으로는 체선료와 같은 기준의 금액을 지급하는 것이 일반적 관행이다.[106]

선주는 선적 또는 양륙을 위하여 선박을 대기시켜야 할 의무가 있는 바 이러한 선박대기의무는 정박기간[107]뿐 아니라 체선료가 약정되어 있는 기간에도 존재한다. 즉 ① 체선료의 발생 기간

100) Cantiere Navale Triestina v. Russian Agency(1925) 2 K.B. 172.

101) Compania Crystal de Vapores v. Herman(1958) 2 Q.B. 196.

102) The Fontevivo(1975) 1 Ll.R.339.

103) The Loch Dee(1949) 2 K.B. 430, The Amstelmolen(1961) 2 Ll.R.1.

104) The New Horizon(1975) 2 Ll.R. 314.

105) The Laga(1966) 1 Ll.R. 582.

106) 정영석(해상운송론, 2013), 270쪽.

107) Harries v. Edmonds(1845) l C. & K. 686.

을 일정한 기간으로 약정한 경우라면 그 일정 기간,[108] ② 체선료에 관하여 약정하기는 하였으나 그 발생 기간을 일정한 기간으로 약정하지 아니한 경우라면 해당 용선계약의 목적을 달성할 수 없을 정도가 될 때까지(such as to frustrate the commercial object of the charterparty)[109] 존재한다. 이와 같이 선주는 체선료가 약정되어 있는 기간 동안 선박을 회수시킬 수 없음이 원칙이나, 용선자가 화물의 선적을 명백히 거절하는 경우에는 이를 이행기간 전의 이행거절(anticipatory repudiation of the contract)로 취급하여 계약을 해제하고 선박을 회수시킬 수 있다.[110] 그리고 체선료가 약정되어 있는 기간을 도과하는 경우에 선주는 더 이상 선박을 정박시켜야 할 의무를 부담하지 않고, 언제라도 선박을 회수시켜 출항할 수 있다. 이러한 경우에는 미처 선적하지 못한 분량의 화물에 대하여는 공적운임(dead freight)을 청구할 수 있을 뿐 아니라 용선자가 화물을 하나도 선적하지 못한 경우라면 용선계약을 해제하고 손해배상을 청구할 수도 있다.

나. 체선료 기간의 진행 및 정지

정박기간이 종료하면 바로 체선료 기간이 진행한다. 그리고 체선료 기간은 통상 정박기간에서 제외되고 있는 일요일이나 공휴일, 날씨가 나빠 작업을 할 수 없는 날(bad weather working days) 등도 전부 포함하여 산입된다. 이를 보통 "일단 체선료가 발생하면 계속 체선료가 발생한다"(once on demurrage, always on demurrage)라고 표현한다.

체선료 기간도 선주의 귀책사유로 인하여 작업이 중단되는 경우와 용선계약에서 그 기간이 진행되지 않는 것으로 명시하여 놓은 예외 사유로 인하여 작업이 중단되는 경우에는 그 진행이 정지된다. 다만 그러한 예외 사유로 인정받을 수 있으려면 용선계약에서 체선료 기간의 진행을 정지한다고 명백히 명시해야 한다. 가령 정박기간의 진행을 정지시키는 예외 사유로 규정된 것이라 하더라도 이것이 체선료 기간의 진행을 정지시킨다고 명백히 규정하고 있지 않는 한 체선료 기간의 진행을 정지시키는 예외 사유로는 인정되지 않는다.[111]

다. 조출료

조출료(dispatch)라 함은, 용선자가 정박기간을 전부 사용하지 않고 정박기간 내에 선적 또는 양륙 작업을 종료한 경우 그 미사용한 부분만큼 선주가 용선자에게 환급하기로 약정한 금원을 말한다. 선주로서는 하루라도 빨리 선박을 다른 용도로 이용할 수 있으면 이익이 되므로 용선자에게 이처럼 선적 또는 양륙 작업을 빨리 진행시키도록 보상하여 주는 것인데, 통상 체선료의 절반으로 약정한다.[112] 조출료 산정 기준이 되는 기간이 미 사용된 정박기간만을 의미하는 것인지 아니면 정박기간에는 포함되지 않는 일요일 또는 공휴일도 포함한 절약된 전체 기간인지가 문제되는데, 계약당사자의 의사 해석의 문제라 할 것이다.

---

108) Connor v. Smythe(1814) 5 Taun. 654.

109) Universal Cargo Carriers v. Citati(1957) 2 Q.B. 401.

110) Inverkip Steamship v. Bunge y Born(1917) 2 K.B. 193.

111) The Spalmatori(1964) A.C. 868, The Dias(1978) 1 Ll.R. 325.

112) 정영석(해상운송론, 2013), 272쪽.

제4절 정기용선계약

I. 의의

1. 개념

정기용선계약이란 선박 소유자가 용선자에게 선원이 승무하고 항해장비를 갖춘 선박을 일정한 기간 항해에 사용하게 할 것을 약정하고, 용선자가 이에 대하여 기간으로 정한 용선료(hire)를 지급할 것을 약정함으로써 그 효력이 생기는 계약이다(상법 제842조).[113)]

정기용선계약도 차터파티(charter party)라고 불리는 용선계약의 일종으로 「상법」상의 운송계약이다. 계약의 일방당사자를 「상법」은 선박 소유자라고 규정하고 있으나, 자선의장자인 선박 소유자, 타선의장자인 선체용선자는 물론이고 정기용선자도 재용선계약을 통하여 재재정기용선계약을 체결할 수 있기 때문에 개념상으로는 선박 소유자라는 용어보다는 운송인이라는 용어가 더 정확하지 않을까 한다.

정기용선계약이 운송계약이라고 보는 관점에서는 용선자는 제3자와 운송계약을 체결해 재운송인으로 화물에 관한 책임을 지는 일은 있어도 해상기업 주체로서 선박 소유자와 같은 책임을 지는 일은 없다. 그러나 정기용선자가 용선하고 있는 선박의 연돌에 자기 사장(社章)을 표시하거나 선박의 운항에 관해 일상적으로 구체적인 지휘 · 명령을 발하고 있거나 하는 것에서 그 실체가 해상기업자라고 판단되는 견해도 있다.[114)]

정기용선계약은 타선 이용의 해운 형태로 국제적으로 보급되고 있는 것이지만, 그 배경에는 정기용선계약이 ① 조선가격의 급등에 의해 해운회사가 자사선을 새로 건조할 위험을 부담하지 않고 선박을 조달 가능한 방법이라는 점, ② 선박 소유자가 선박을 편의치적선(flag of convenience)으로 등록한 경우 선적국에 설립한 회사를 소유자로 하여, 이 선박을 정기용선해 이용하는 것이 편리하다는 점이 있다.

2. 선체용선계약 및 항해용선계약과의 구별

정기용선계약은 다음과 같은 점에서 선체용선계약과 다르다:

첫째, 선체용선계약에서는 용선자가 선박을 점유(control)하는 반면, 정기용선계약에서는 선박 소유자가 선박을 점유한다.

둘째, 선체용선계약에서는 용선자가 선장과 해원의 선임 · 감독권을 가지는 반면, 정기용선계약에서는 선박 소유자가 선장과 해원의 선임 · 감독권을 가진다.

셋째, 선체용선계약에서는 용선자가 해상기업을 영위하는 주체가 되는 반면, 정기용선계약에서는 선박 소유자가 해상기업을 영위하는 주체가 된다. 다만 정기용선자가 용선한 선박의 연돌에

113) 박명섭 · 김은주(2011), 195쪽.

114) 정찬형(2008), 787쪽.

자기 회사의 표시를 한 후 자기의 정기화물운송서비스나 항해용선서비스에 제공하는 경우에는 소위 재운송계약이라는 새로운 계약을 통하여 정기용선자가 해상기업을 영위하는 한 방법이 있기는 하지만, 정기용선계약 그 자체가 용선자에게 해상기업의 주체성을 인정하는 것은 아니라고 보아야 한다.

한편 정기용선계약은 다음과 같은 점에서 항해용선계약과 구별된다.

첫째, 항해용선계약은 계약에서 정해진 특정한 항해를 목적으로 하는 운송계약인 반면, 정기용선계약은 계약에서 정해진 일정한 기간 선박 소유자의 운송서비스를 제공받기로 하는 포괄적인 운송계약으로서 구체적인 운송서비스 내용은 그때그때 용선자가 특정해 줄 필요가 있다는 점에서 다르다. 이와 같은 운송서비스의 특정 행위를 용선자가 지휘 · 명령권을 가지는 것으로 보아 선박에 대한 점유권의 행사로 보는 견해도 있으나, 선박 소유자와 용선자의 이해가 충돌될 경우에는 궁극적으로 선박 소유자가 임명한 선장과 해원이 용선자의 지시에 따를 수 없다는 점에서 그 내용에 있어서 선박의 점유권, 즉 지휘 · 명령권을 가진다고 보기는 어렵다.

둘째, 정기용선계약과 항해용선계약은 운송계약이라는 점에서는 동일한 법적 성질을 가지고 있다.

셋째, 항해용선계약에서는 계약의 이행과 관련된 각종 비용 및 직접선비(management cost), 간접선비(indirect vessel expense)를 모두 선박 소유자가 부담하지만, 정기용선계약에서는 직접선비를 용선자가 부담한다는 점에서 다르다. 정기용선계약에서는 일정 기간 운송서비스를 제공하기로 약속하고 구체적인 항해의 내용에 대하여는 그때그때 용선자의 특정에 의하여 정해지기 때문에 계약 체결 당시에 직접선비를 미리 산정할 수 없다. 따라서 이를 용선자가 부담하기로 한 것으로 정기용선계약의 법적 성질과는 무관하다고 보아야 한다.

넷째, 항해용선계약에서는 운임의 성질이 개품운송계약에서의 운임과 완전히 동일한 성질을 가지기 때문에 영문으로 'freight'로 표현되는 반면, 정기용선계약에서는 기간 단위로 운임을 부과하기 때문에 영문으로 'hire'라는 용어를 사용한다.

3. 법적 성질

해운업계에서는 정기용선계약을 운송계약의 일종이라고 보는 생각이 지배적이다. 운송계약설은 ①「상법」이 용선계약을 운송계약으로 보고 있고, 정기용선계약도 항해용선계약과 함께「상법」 제5편 제2장에서 규정하고 있는 점, ② 정기용선계약에서는 선장 및 그 외 선원의 선임 · 감독권이 선박 소유자에게 유보되어 있다는 점, ③ 선박의 점유가 용선자에게 이전하지 않기 때문에 용선자가 선박상의 지배권을 행사할 수 없다는 점과 ④ 화물은 선박 소유자 등의 점유 · 관리하에 장소적으로 이동되는 점[115]을 논거로 하고 있다.

이 학설에 대하여는 선박의 공간을 이용하도록 하여 주는 것이라는 점에서 운송계약에서 볼 수 있는 도급성이 약하고, 기업형 정기용선계약의 경우에는 용선자가 임차인처럼 선박을 장기간 자유롭게 이용하므로 오히려 선체용선계약에 더 가깝다는 비판이 가해진다.

그러나 첫째, 정기용선계약은 선박 소유자의 선원에 대한 임면권과 지휘명령권에 의하여 선박

115) 정찬형(2008), 789쪽.

이 선박 소유자의 물권적 지배하에 있는 것이 분명하므로 선박이 용선자의 점유하에 있음을 전제로 하는 혼합계약설에는 근본적인 문제가 있다는 점, 둘째, 「상법」 및 전형적인 용선계약서[116]의 명문 규정과 그 해석론으로 운송계약설이 타당하다는 점, 셋째, 정기용선계약은 항해용선계약의 변형된 형태로서, 선박 소유자와 용선자의 경제적 이해관계의 일치에 의하여 선박 소유자는 운송서비스 능력을 용선자에게 제공하고, 용선자는 구체적으로 필요할 때 계약 내용에 따라 서비스(급부)의 내용을 특정해 줌으로써 구체적으로 운송서비스의 내용이 확정되어 이행되는 특수한 형태의 용선계약으로 보아야 한다는 점. 즉 장기간에 걸친 운송계약이므로 당시의 사정에 따라 구체적 서비스 내용을 용선자가 지정하도록 유보하고 있는 것이지, 용선자의 지휘 · 명령권이 결코 선박의 점유권은 아니므로 임대차계약으로 해석하여서는 안 된다는 점, 넷째, 법적 성질을 운송계약으로 이해하면서도 민법의 임대차계약에 관한 규정을 유추적용해야 한다는 주장이 있으나,[117] 해석법학에서 법적 성질을 가리는 것은 계약의 내용이 불명확하거나 미흡할 때 또는 해당 법률규정이 미비되어 있을 경우에 이를 보충적으로 해석하는 기준을 정하는 것으로 법적 성질을 운송계약으로 이해하면서 임대차계약의 규정을 유추 적용해야 한다고 해석하는 것은 논리의 모순이라는 점에서 운송계약으로 보는 것이 타당하다.

한국 대법원은 2003년 8월 22일 판결을 통하여 그 법적 성질을 운송계약설로 전환함으로써 해운실무와 영미의 오랜 판례에서 확립된 이론과 일치되는 바람직한 입장을 취하게 되었다.[118]

---

116) ASBATIME (standard forms) 제25조는 "본 계약서의 어떠한 기재도 용선자와의 선체용선으로는 해석되지 않는다"고 명기하고 있다.

117) 이기수 · 최병규 · 김인현, 「보험 · 해상법[상법강의IV]」(박영사, 2003), 356쪽.

118) 대법원 2003. 8. 22. 선고 2001다65977 판결: "타인의 선박을 빌려 쓰는 용선계약에는 기본적으로 선체용선계약, 정기용선계약 및 항해용선계약이 있는데, 이 중 정기용선계약은 선박소유자 또는 임차인(이하 통칭하여 '선박소유자'라 한다)이 용선자에게 선원이 승무하고 항해 장비를 갖춘 선박을 일정한 기간 동안 항해에 사용하게 할 것을 약정하고 용선자가 이에 대하여 기간으로 정한 용선료를 지급할 것을 약정하는 계약으로서 용선자가 선박소유자에 의하여 선임된 선장 및 선원의 행위를 통하여 선박소유자가 제공하는 서비스를 받는 것을 요소로 하는 것이고, 선박 자체의 이용이 계약의 목적이 되어 선박소유자로부터 인도받은 선박에 자기의 선장 및 선원을 탑승시켜 마치 그 선박을 자기 소유의 선박과 마찬가지로 이용할 수 있는 지배관리권을 가진 채 운항하는 선박임대차계약과는 본질적으로 차이가 있으며, 정기용선계약에 있어서 선박의 점유, 선장 및 선원에 대한 임면권, 그리고 선박에 대한 전반적인 지배관리권은 모두 선박소유자에게 있고, 특히 화물의 선적, 보관 및 양하 등에 관련된 상사적인 사항과 달리 선박의 항행 및 관리에 관련된 해기적인 사항에 관한 한 선장 및 선원에 대한 객관적인 지휘감독권은 달리 특별한 사정이 없는 한 오로지 선박소유자에게 있다고 할 것이다."

이 판례에서도 '…상사 사항과는 달리 …해기적인 사항에 관한 한…'이라고 판시하고 있으나 이는 상사 사항과 해기 사항을 구분하는 학설에 따르고 있다고 보기보다는 이 사안에서 문제가 된 부분이 소위 해기적인 사항에 속하므로 이론의 여지가 없는 부분에 대하여 명확한 판결을 내린 것이고 상사적인 사항에 대하여는 판단을 유보한 것으로 보인다. 그러나 이 판결은 기존의 혼합계약설의 입장에 따르던 하급법원의 판례를 분명히 뒤집은 것으로 해사법의 오랜 전통과 해운실무계의 현실을 수용한 합리적인 판결이라고 본다.

〈표 29〉 용선계약의 내용 비교119)

내용 \ 유형	항해용선계약	정기용선계약	선체용선계약
법적 성질	운송계약 (도급계약)	운송계약 (도급계약)	운송수단 임대차
운항 주체	선박 소유자	선박 소유자	용선자
선박의 점유권자	선박 소유자	선박 소유자	용선자
선장 · 해원의 선임감독권자	선박 소유자	선박 소유자	용선자
항해지휘권자	선박 소유자	선박 소유자	용선자
상사지휘권자	선박 소유자	선박 소유자	용선자
운송화물지정권자	용선자	용선자	용선자
선박 소유자 부담경비	간접선비 직접선비 운항비	간접선비 선박보험료	-
용선자 부담경비	없 음	운 항 비 직접선비	직접선비 운 항 비 선박보험료

II. 계약의 주요 내용

1. 표준계약서식의 사용

정기용선계약의 내용은 계약 당사자 간에 체결된 용선계약서에 따라 결정되지만, 항해용선의 경우와 같이 이 계약에서도 전형적인 서식이 몇 개 있다. 처음 정기용선계약은 볼틱해의 목재나 광석을 운송하기 위한 계약으로 발전해 온 것이므로 여기에서 파생한 BALTIME(The Baltic and White Sea Conference Uniform Time Charter), 영미법계의 나라에서도 가장 잘 이용되는 NYPE(Time Charter Government Form approved by New York Produce Exchange) 및 일본 해운집회소의 표준계약서식 등이 대표적인 것이라 할 수 있다.

정기용선계약서의 주요 내용으로는 ① 선박 소유자는 정해진 용선 기간에 대해 선박을 용선자에게 제공할 것, ② 용선자는 이에 대해 용선료를 지급할 것(통상 1개월 또는 15일 단위의 선급), ③ 선박 소유자는 해당 선박이 감항 능력을 가지는 것을 보장하고 동시에 용선계약 기간 중 이 상태를 유지할 것, ④ 선박 소유자는 선박에 필요한 비품을 넣을 장소를 제외한 일체의 선창, 객실 등을 용

119) 박용섭, 「정기용선계약법(전면개정 제4판)」, (효성출판사, 1999), 94~95쪽.

선자의 운송에 종사시킬 것, ⑤ 선박 소유자는 선원의 급료 및 선원에 관한 그 외의 각종 비용, 선박 보험료, 수선비, 본선에 관련된 세금 등의 비용을 부담할 것, ⑥ 용선자는 연료, 적하에 관한 각종 비용, 화물 적 · 양하에 관한 일체의 비용, 항세, 선창료, 예선료(towage), 수선료 등의 비용을 부담할 것, ⑦ 선박 소유자는 선장 또는 그 외의 선원을 이용해 신속하게 항해를 시키고 용선자의 업무를 지원할 것 등으로 구성되어 있다.

2. 선박의 명세

선박의 효율성은 정기용선에 있어서 매우 중요한 요소이기 때문에, 정기용선계약서 맨 앞부분에는 통상 선박의 속도, 선적능력, 연료소비율 등의 선박명세가 상세히 기재된다. 그런데 이러한 선박명세에 관한 기재가 법률적으로 어떠한 의미를 가지는가에 관하여서는 견해가 나뉘고 있다. 통상 미국 뉴욕의 중재인들은 이를 용선기간 동안 계속 지켜져야 하는 워런티(continuing warranty throughout the charter)로 보고 있는 반면, 영국법원에서는 이를 선박이 용선자에게 인도될 당시에 있어서의 선박의 상태에 관한 워런티(warranty as to the state of the vessel at the time of delivery)로 보고 있다. 워런티 위반 시의 손해배상액은 해운시장에서 용선계약과 동일한 명세를 갖춘 선박을 용선하는 경우의 용선료와 실제 인도된 선박과 같은 명세, 성능을 갖춘 선박을 용선하는 경우의 용선료와의 차액이 된다.[120)]

3. 용선기간

정기용선계약에서는 용선기간이 며칠, 몇 월 또는 몇 년으로 정하여져 있다. 그런데 실제에 있어서는 선박의 운항이 용선자의 계획대로만 이루어질 수는 없기 때문에 정기용선계약에서 약정한 종료 시점에 맞추어 정확하게 선박을 반환할 수 없는 경우가 많다. 즉 용선기간 종료 이전에 반환하거나(underlap), 용선기간 종료 이후에 반환되는 경우(overlap)가 많다.

용선기간 종료 이후에 반환하는 경우에 대하여 명시적인 약정을 하는 경우도 있으나, 비록 명시적 약정이 없다 하더라도 영국법원은 통상 용선기간의 5%를 초과하지 않는 범위 내에서 여유 기간을 인정하여 주고 이 동안에 반환이 되면 계약 위반으로 취급하지 않는다. 용선기간이 종료되기는 하였으나 5% 이내의 기간 중에 반환한 경우에는 초과한 시간에 대하여 용선계약에서 약정한 용선료율을 적용한 금액을 용선료로 지급하면 된다. 5%의 기간을 초과한 이후에 반환한 경우에는 계약위반이 되는 경우도 있다. 이때는 당시의 해운시장 용선료율에 의하여 산정한 손해액을 배상해야 한다.[121)]

4. 사용약관/보상약관

가. 사용약관

정기용선계약에서는 용선자가 일정한 제한의 범위 내에서 선박을 자신이 원하는 대로 사용할

120) 정영석(해상운송론, 2013), 277~278쪽.

121) 정영석(해상운송론, 2013), 278쪽.

수 있고 이를 위하여 선장은 용선자의 지시나 명령을 따라야 한다는 내용의 약관이 삽입되는데, 이를 사용약관(employment clause)이라 한다. 이는 정기용선계약의 기능에 비추어 당연한 내용이라 할 것이다. 여기서 일정한 제한이란 화물의 종류나 운항수역을 제한하는 것 등을 말하는데, 특히 안전한 항구(safe port)를 지정해야 한다는 제한은 반드시 용선계약에 삽입된다.

다만 이 사용약관에 있어서 정기용선자에게 인정되는 지시 · 명령권은 용선을 한 상업적 목적의 달성에 필요한 범위 내의 지시 · 명령, 예컨대, 어떤 항구로 가라든지, 정박하여 있으라든지, 어떤 화물을 실으라든지 하는 것들에 대해서만 허용되는 것으로 운송서비스의 내용을 구체적으로 특정하는 것으로 볼 수 있다. 선박의 운항 및 관리에 관하여서는 정기용선자의 지시 및 명령은 허용되지 않는다. 또 필요한 범위 내의 지시 · 명령이라 하더라도 선박의 안전에 중대한 위험을 초래함이 명백한 것인 경우에는 역시 허용되지 않는다.[122)]

용선자의 사용권한 중에서 가장 중요하다고 할 수 있는 것은 선하증권 발행 청구권이다. 용선자는 선장에게 자신이 원하는 내용의 선하증권을 발행하여 달라고 요구할 수 있으며, 선장은 용선자의 청구가 있을 때는 선하증권을 발행하여 주어야 한다. 그리고 선장은 통상 선주의 대리인으로서 선하증권을 발행하기 때문에 선주는 통상적으로 용선자를 제외한 선하증권의 정당한 소지인에 대하여 이 선하증권에 기한 운송계약상의 의무를 이행해야 한다. 이때 선하증권의 내용과 용선계약의 내용이 다르다는 이유로 그 의무이행을 거절할 수는 없다. 용선계약이란 오직 선주와 용선자 간의 계약에 불과하기 때문에 용선계약에 따라 선하증권의 소지인에 대하여 책임을 지는 것이 아니라, 선하증권의 문구증권성에 의하여 선하증권을 발행한 선주가 선하증권의 소지인에게 책임을 지는 것이다.

나. 보상약관

용선자가 선박을 사용함으로써 선주에게는 손해가 발생할 수 있다. 예를 들어, 용선자가 위험한 화물을 선적함으로써 선박이 훼손되었다든가 또는 용선자가 선주에게 용선계약보다 선주의 책임이 더 무겁게 정한 내용의 선하증권을 발행하도록 함으로써 선주가 선하증권 소지인에게 용선계약의 내용 이상의 의무를 부담하게 되는 손해를 입었다든가 하는 경우 등이다. 이러한 손해는 마땅히 용선자가 부담해야 할 것이기 때문에 정기용선계약에서는 용선자가 선박을 사용함으로 인하여 선주가 손해를 입게 되면 이를 보상해 주어야 한다는 내용의 약관이 삽입된다. 이를 보상약관(indemnity clause)이라 한다. 또한 보상약관이 명시적으로 삽입되어 있지 않다 하더라도 영국법원은 묵시적으로 이러한 내용이 포함되어 있다고 해석하고 있다.[123)]

5. 용선료 지급과 선박회수약관

용선료(hire)는 정기용선계약에서 용선자가 운송서비스 능력 제공에 대한 대가로서 선주에게 지급하는 금원이다.[124)] 이는 통상 30일 또는 1개월 등의 특정 기간에 대하여 선박의 중량톤 당(per

122) 정영석(해상운송론, 2013), 279쪽.

123) 정영석(해상운송론, 2013), 279~280쪽.

124) 정기용선계약이든 항해용선계약이든 용선자가 용선의 대가로서 선주에게 지급하는 금원이면 다 용선료일 것이

ton of the vessel deadweight) 얼마 하는 식으로 계산된다. 그리고 용선료는 현금으로, 1 개월 또는 15일 단위로 선불되도록 하고 있다.[125)]

정기용선이란 비교적 장기간 용선되는 것이기 때문에 그동안 환율의 변동도 있을 수 있고, 인플레이션에 의하여 선박의 운항경비가 증가할 수도 있다. 이에 대비하여 일정한 기준통화와 용선료지급통화 간의 환율을 고정시킨다든가 함으로써 환율변동의 위험을 피하고자 하는 통화약관(currency clause),[126)] 선박운항경비의 증가에 따라 용선료를 조정할 수 있게 하는 신축약관(escalator clause)[127)]이 삽입되기도 한다.

용선료가 약정한 대로 지급되면 별다른 문제가 없겠지만, 약정한 대로 지급되지 않으면 선주에게는 어떤 구제책이 마련되어 있어야 할 것이다. 커먼로에서는 용선계약에 있어서 시간을 준수하는 것이 그다지 중요한 요소로 간주되지 못하였었다. 즉 용선료지급이 지연된다 하더라도 그 지연으로 인하여 용선계약의 목적을 달성할 수 없게 될 정도가 되어야만(such as to frustrate the commercial object of the charterparty) 계약의 이행을 거절할 수 있을 뿐이었다. 그러므로 선주로서는 이러한 결과를 피하기 위하여 용선자가 제때에 용선료를 지급하지 아니하면 곧바로 선박을 회수할 수 있는 권리(right to withdraw the vessel)를 갖는다는 내용의 약관, 즉 선박회수약관(withdrawal clause)을 삽입시키게 되었다. 이 약관이 개발될 당시에는 용선자의 용선료 지급을 촉구하기 위한 목적이었으나 실제로 이 약관은 선주가 해운시장에서의 용선료의 등락에 따른 이익을 얻고자 하는 경우에 이용되고 있다. 즉 해운시장에서 용선료가 인상된 경우에, 용선료의 지급을 조금이라도 게을리 하면 선주는 이 약관에 기하여 곧바로 선박을 회수한 후 다시 동일한 용선자에게 인상된 용선료에 따라 남은 용선기간 동안 용선하여 줄 수 있는 것이다. 그리고 영국법원은 이 선박회수약관을 대단히 엄격하게 해석하고 있어서 선주에게는 유리하다.[128)]

6. 오프-하이어 약관

정기용선계약에서는 용선자가 선박을 실제로 사용하든 안 하든 용선기간에 해당하는 용선료를 지급해야 한다. 그런데 용선자의 귀책사유로 선박의 서비스를 이용하지 않는 경우가 아니고 선주의 책임 범위 내에서의 사고나 하자로 인하여 일시적으로 선박을 사용할 수 없는 경우에 대해서까지도 용선료를 지급하라고 하는 것은 부당하다. 이러한 경우에 용선료가 발생하지 않도록 합의한 약관을 용선료지급정지약관(off-hire clause)이라 한다.[129)]

지만, 영어 표현으로서는 정기용선계약에서의 용선료는 hire라고 하고, 항해용선계약에서의 용선료는 freight라고 하고 있다.

125) 정영석(해상운송론, 2013), 280쪽.

126) 통화약관(currency clause)이라 함은 용선계약서에서 운송 도중 발생하는 외환율의 변경을 조정하는 조항을 말한다; 최신해운 · 물류용어대사전(2006), 314쪽.

127) 신축약관(escalator clause)이라 함은 시세나 임금이 변동하면 약관이 정한 조건에 따라 변동할 수 있도록 신축성을 부여한 특약조항을 말한다. 유가나 환율의 변동이 심하기 때문에 처음 계약된 운임으로는 도저히 채산성을 맞출 수 없을 때 그 운임을 조정할 수 있게 만든 계약조항이다; 최신해운 · 물류용어대사전(2006), 381쪽.

128) 정영석(해상운송론, 2013), 281쪽.

129) 정영석(해상운송론, 2013), 281쪽.

이 약관은 용선료 지급정지 사유를 명시하고 있다. 명시된 사유가 발생하기만 하면 선주에게 귀책사유가 있든 없든 불문하고 바로 용선료의 발생이 정지되도록 하고 있다. 명시된 사유가 존속하는 동안 용선료의 발생은 정지되고, 용선료 지급이 정지된 부분만큼의 용선료에 대하여 정기용선계약서에서는 다음에 지급해야 할 용선료에서 공제할 수 있도록 규정하고 있다. 용선계약서에서 이를 명시적으로 규정하고 있지 아니한 경우에는 오프 하이어를 인정해 줄 것인지가 분명하지 않다.

7. 반선약관

용선기간이 종료하면 용선자는 선주에게 용선한 선박을 반환해야 한다. 문제는 반환할 때의 선박의 상태인데, 용선자는 선박을 처음 인도받았을 때와 같은 상태로 반환해야 한다(원상회복의무).

정기용선계약서에는 선박을 반환할 때 자연소모된 부분을 제외하고는(fair wear and tear excepted) 인도 당시와 같은 상태로 반환해야 한다는 내용의 약관이 삽입된다. 이러한 약관이 있어도 선주는 손상된 선박에 대하여 인도 당시의 상태로 복구될 때까지 그 반환을 거부할 수는 없다. 단지 그로 인한 손해를 배상받을 수 있을 뿐이다.[130)]

130) 정영석(해상운송론, 2013), 281~282쪽.

제9장

선하증권

제1절 의의

제2절 법적 성질

제3절 기능

제4절 법적 효력

제5절 종류

제1절 의의

I. 선하증권과 개품운송계약의 관계

1. 개품운송계약

개품운송계약(contract of affreightment)이라 함은 운송인이 개개의 물건을 해상에서 선박으로 운송할 것을 인수하고, 송하인이 이에 대하여 운임을 지급하기로 약정함으로써 그 효력이 생기는 계약을 말한다(상법 제791조).

이때 화물이 될 수 있는 물건은 운송할 수 있는 모든 유체동산을 말한다. 이는 재산적 가치의 유무 또는 거래의 대상이 될 수 있는지의 유무를 묻지 않고 운송의 대상이 되는 것은 모두 포함하는 개념이다. 이러한 물건에는 산 동물(live animal)도 포함되고, 물건이 컨테이너 등의 운송용기에 들어 있거나 포장되어 있는 경우에는 그 운송용기나 포장도 포함되지만, 저하(ballast)[1]는 화물이 아니다.

개품운송계약은 물건운송계약이므로 운송인이 화물을 수령하여 보관하여야 한다. 계약의 체결에 대하여는 원칙적으로 계약자유의 원칙이 지배하며, 그 방식에 있어서도 아무런 제한이 없다. 운송인은 송하인의 청구에 의하여 선하증권 또는 해상화물운송장을 교부하여야 하지만(상법 제852조, 제863조), 이는 계약의 성립 요건은 아니다. 그러나 개품운송계약은 부합계약이므로 계약의 상대방을 보호할 필요가 있다는 점에서 개품운송계약에 적용되는「상법」의 규정은 상대적 강행규정으로서「상법」의 규정에 반하여 운송인의 책임을 경감하거나 면제하는 특약 또는 화물에 대한 보험의 이익을 운송인에게 양도하는 약정 등은 모두 무효로 하고 있다(상법 제799조 제1항).

2. 개품운송계약에서 선하증권의 기능

용선계약(C/P)[2]에서는 선복(space)의 이용이 계약의 목적이기 때문에 선박의 개성이 중시되지만, 개품운송계약에서는 화물의 개성(종류, 수량, 중량 등)이 중시되고 선박의 개성은 문제가 되지 않는다.[3] 따라서 개품운송계약에서는 선적예정 선박을 바꾸어 다른 선박을 이용하여 운송하는 것을 약정한 대선약관(substitution clause) 및 일단 선적한 화물을 다른 선박으로 교체할 수 있는 재량권을 유보한 환적약관(transshipment clause)이 이용되는 경우도 많다.

---

1) 저하(ballast)는 Ballast cargo라고도 하는데, 선박의 안정을 유지하기 위하여 배의 가장 밑바닥에 싣는 중량물을 말한다. 해운 실무에서는 원어 그대로 밸러스트라고 부른다. 화물이 너무 소량인 경우 선박의 저하가 없으면 프로펠러가 공전할 우려가 있고 선박의 복원성을 해치게 되어 원양 항해가 곤란하게 되므로 저하가 필요하다. 저하로 싼 운임의 광물 등을 적재하기도 하고 경우에 따라서는 물로 탱크를 채우기도 하고, 모래를 저하로 사용하기도 한다. 그러한 의미에서 ballast cargo를 bottom cargo라고도 한다; 최신해운 · 물류용어대사전(2006), 177쪽.

2) 이하 운송계약을 설명하면서 용선계약(C/P)이라 하면 항해용선계약과 정기용선계약에 한정하여 설명하기로 한다. 선체용선계약(bareboat charter party)은 선박임대차계약(charter by demise)에 해당하므로 운송계약인 항해용선계약 및 정기용선계약과는 그 성질이 전혀 다르다.

3) 정영석,「해상법강의요론」, (해인출판사, 2003), 97쪽.

용선계약이 선박 소유자와 용선자와의 1:1의 계약인 것과는 달리 개품운송계약은 선박소유자와 불특정 다수의 송하인과의 간에 체결되는 1:다수의 계약이다. 그러므로 개품운송계약에서는 번잡을 피하기 위해 선하증권의 뒷면에 기재한 운송약관에 따라 획일적인 계약이 이루어지는 부합계약의 성질을 가지고 있다. 선하증권 뒷면 약관에 의한 운송계약에는 선박 소유자가 자기에게 유리한 면책특약을 설계할 가능성이 다분히 있기 때문에 「상법」 제799조 제1항[4]은 선박 소유자에게만 유리한 면책특약을 금지하고 있다.

항해용선계약(voyage charter party)은 화물이 선박을 부르는 부정기선 운송시장에서 사용되는 계약인 반면, 개품운송계약은 선박이 화물을 부르는 정기선 운송시장에서 이용되고 있다. 정기선에 의해 운송된 화물은 거래 단위가 비교적 적으며 동시에 시장성이 높은 것이 많기 때문에 해상운송의 안정성과 신속성이 강하게 요구된다. 이 같은 요청에 따라 등장한 것이 컨테이너 운송이다. 컨테이너 운송은 알루미늄 경합금 등을 재질로 한 컨테이너 속에 종이 상자 혹은 나무 상자로 적부(stowage)한 물건을 쌓아 고정해 운송하는 것으로 이 방법을 채용함으로써 하역 작업의 시간은 획기적으로 단축되었고 적재 · 환적 등의 작업 시에 화물의 손상이 줄어들었다. 컨테이너 운송으로 해상운송의 합리화에 기여하고 있는 것이 화물의 발송지에서 목적지까지의 운송(해상운송 및 육상운송)을 일관해 행하는 일관운송계약(contract of through transport)인 것이다.

II. 개념

1. 선하증권

선하증권(bill of lading)이라 함은 화물을 수령 또는 선적하였음을 확인하고 이를 운송하여 양륙항에서 증권의 정당한 소지인에게 그 화물을 인도할 것을 약속하는 유가증권이다.[5]

즉 선하증권은 운송인에 대한 화물 인도청구권을 나타내는 유가증권이라고 정의할 수 있다. 운송인이 그 증권에 기재된 화물을 수령한 사실을 확인하고, 또한 그 화물을 지정된 목적지까지 운송하고 그곳에서 해당 화물을 선하증권 소지인—통상은 수하인(consignee)—에게 인도할 것을 약속하는 유가증권이다. 정당한 소지인이 증권상의 권리를 행사하고 해당 화물의 인도를 청구함에는 증권을 제시하여 상환하여야 한다.

가장 단순한 형태의 매매계약에서는 상품과 그 매매대금을 매도인(seller)과 매수인(buyer)이 동시에 교환하지만, 국제간의 거래에서는 매매의 양 당사자는 서로 원격지에 떨어져 있고, 그간에 무역운송의 기간과 구간이라는 간격이 존재한다.

4) 「상법」 제799조 (운송인의 책임경감금지) ① 제794조부터 제798조까지의 규정에 반하여 운송인의 의무 또는 책임을 경감 또는 면제하는 당사자 사이의 특약은 효력이 없다. 화물에 대한 보험의 이익을 운송인에게 양도하는 약정 또는 이와 유사한 약정도 또한 같다.

② 제1항은 산 동물의 운송 및 선하증권이나 그 밖에 운송계약을 증명하는 문서의 표면에 갑판적으로 운송할 취지를 기재하여 갑판적으로 행하는 운송에 대하여는 적용하지 아니한다.

5) 박명섭 · 김은주, 「무역계약의 이해」, (우용출판사, 2011), 168쪽; 엄윤대, 「국제운송강론」, (일진사, 2003), 138쪽; 정영석, 「선하증권론(제3판)」, (텍스트북스, 2008), 26~27쪽.

송하인과 운송인 간에 체결된 운송계약에는 원격지의 매수인, 수하인은 참가할 수 없을 뿐 아니라, 심지어 상품을 검사할 기회도 가지지 못한다. 이러한 시간적 · 공간적 장애를 극복하고 매수인이 무역계약에서 약정된 상품을 확실하게 입수할 것을 계획하고, 무역관계자 등이 여러 해에 걸친 경험과 지혜를 결집한 결과, 제도적으로 확립된 것이 선하증권 제도이다.

또 현재의 선하증권이 제도적 기반을 갖추게 된 것은 영국의 「1855년 선하증권법」(The Bill of Lading Act 1855)에서부터이다. 영국 법원에서 이 법의 적용에서 많은 문제점이 지적됨에 따라 이를 폐지하고 「1992년 해상물건운송법」(Carriage of Goods by Sea Act 1992)으로 대체 입법하였다.

유가증권은 재산권(물권 · 채권 및 유체재산권)을 나타내는 증권이고, 그 권리의 이용(발생 · 권리이전, 권리의 행사)이 증권을 통하여 행하여질 것을 요건으로 하는 것이다. 영미법계에서 유통증권(negotiable document)이라고 부르는 것처럼, 권리를 증권화하여 이것을 일정한 방식하에서 유통시켜 그 실현을 도모하는 것이다.

유가증권이라고 부르는 것으로는 주식 · 사채(社債)와 같은 대량의 자금조달의 수단으로 이용되는 것, 어음 · 수표와 같은 대금결제 · 송금 · 신용수수에 이용되는 것이 있다. 선하증권은 육상운송의 화물상환증이나 창고증권과 같은 종류의 유가증권에 속하고, 어느 것이든 재화에 대한 시간적 · 공간적 장애를 극복해서 대금의 빠른 회수를 도모하는 법적 기술로서 이용되는 것이다. 이 중 어음 · 수표는 권리의 발생 · 이전 · 행사의 모든 것에 대하여 증권이 필요한 완전 유가증권으로서, 그 특성은 엄격한 법 규제에 따른다는 것이다. 이와 달리 선하증권은 운송계약에 의하여 이미 발생해 있는 화물인도청구권을 나타내는 것이고, 그의 이전 · 행사에 대하여 증권을 필요로 한다. 따라서 불완전 유가증권이고, 법정 요건을 모두 갖추지 않더라도 해당 운송계약에서 사실상 선하증권으로 볼 정도의 최소한의 요건만 갖추면 유효한 증권으로 취급되고 있다.

2. 구별해야 할 개념

해상운송을 위하여 화물을 수령하였음을 나타내는 운송증권은 선하증권과 해상화물운송장을 들 수 있으나, 본선수령증, 부두수령증 등도 화물을 수령하였음을 확인하는 중요한 증거증권에 속한다. 다만 이들 증권은 화물수령의 증거증권은 될 수 있지만, 운송계약의 증거증권이 되지는 못한다는 점에서 본질적으로 다르다.

가. 본선수령증

원래 선하증권은 화물의 선적이 완료된 시점에 선장이 발행하였다. 그러나 요즘은 화물이 본선에 반입되면 선장을 대리하여 1등 항해사(chief mate)가 선사의 선적지시서(shipping order)와 대조하면서 이를 수령하고 선창 내에 적부한다. 이때 화물을 수령한 증거로 1등 항해사가 송하인에게 발행하는 화물 수령증권을 본선수령증(Mate's Receipt: M/R)이라 한다. 송하인이 선하증권을 발행받기 위하여 본선수령증을 선사에 제출하면, 선하증권을 발행하는 자는 화물의 선적 및 이상 여부를 확인할 수 있으며, 그에 따라 클린 선하증권(clean bill of lading)이나 파울 선하증권(foul bill of lading)을 발행한다.[6]

6) 정영석(선하증권론, 2008), 36쪽.

그러나 컨테이너선 운송 실무에서는 1등 항해사가 컨테이너에 내장된 화물의 종류 · 수량 · 상태 등을 송하인이 제공한 명세서와 일일이 대조한 후 화물의 이상 유무를 점검하고 선박에서 본선수령증을 발행하는 것은 사실상 불가능하다. 그러므로 컨테이너선 운송에서는 "본선수령증은 송하인이 서면으로 제공한 화물명세에 기재된 물건이 송하인에 의하여 적입되어 있다고 추정되는 컨테이너를 본선에서 수령하였다"는 의미로 해석하는 것이 정확할 것이다.[7)]

본선수령증도 화물의 선적을 확인하는 증거증권이라는 점에서는 선하증권과 그 성질이 같다. 그러나 선하증권은 화물인도청구권을 나타내는 권원증권(document of title)이기 때문에 선하증권의 양도는 곧 화물의 양도와 유사한 효과를 가지고 있는 반면, 본선수령증은 이러한 기능은 가지고 있지 않다. 다만 본선수령증을 소지하고 있다는 것은 선적 선하증권의 발행을 청구할 수 있는 권리가 있다고 본다.[8)]

나. 부두수령증

부두수령증(dock receipt: D/R)은 컨테이너선 운송에서는 부두운영자(terminal operator)가 컨테이너 터미널에서 화물의 수령을 확인하는 수령증으로 발행하는 증권으로서, 재래선의 본선수령증에 해당한다. 재래선 운송과는 달리 컨테이너선 운송은 특수한 경우가 아니면 운송인의 책임 기간은 컨테이너 터미널(CY or CFS)에서 컨테이너 터미널까지이다. 그러므로 컨테이너 터미널 운영자가 작성하여 발행하는 부두수령증이 운송인의 대리인의 자격으로 CY나 CFS에서 화물을 수령하였음을 확인하는 증권으로 기능하고, 이것에 근거하여 선적 선하증권이 발행된다.[9)]

III. 연혁

1. 유럽에서의 역사

유럽에서 선하증권의 전신이라 할 수 있는 것은 11세기경 지중해에서 사용한 선박장부이다. 최초의 형태는 선박서기(scriba escriva; scriptor; scribanus)에 의해 작성된 선박장부(cartularium; cartolario quaternus; quaderno catasto capibrevium) 또는 대장(register book)이다.[10)] 이것은 14세기에 이르러서는 지중해 지역의 전역에 전파되었다. 선박서기는 선장에의 판매위탁, 선장에 의한 채권의 회수가 수행되는 당시의 해운실무 관행상 일종의 선박의 공증인으로서 필요하게 된 것이다.[11)]

이후 등장한 것은 적하목록사본이다. 이것은 송하인과 수하인이 병존하는 경우에 선박장부에 적하목록의 해당 화물을 기록한 사본으로, 14세기 말에 일반화되어 16세기 중엽까지 계속되었다.

7) 엄윤대, 「선하증권론」, (신대종, 2002), 15쪽.

8) Raoul Colinvaux, *Carver's Carriage by Sea*, Vol. I. 12 ed., (Stevens & Sons, 1971), p. 54.

9) 정영석(선하증권론, 2008), 37쪽.

10) Enrico Bensa, *The Early History of Bills of Lading*, (Etabilimento d'arti Grafiche Camio, 1925), p. 6.

11) 1063년의 The Ordonnance Maritime of Trani(이탈리아의 한 마을)에는 "선장은 선박 서기를 승선시키지 않으면 안 된다"고 기록되어 있다.

16세기 후반이 되면서 선박서기의 임무가 선장의 임무에 차차 흡수되어 적하목록사본을 선박서기가 아닌 선장이 서명하는 관습이 생겼고, 이것이 선하증권(bill of lading)이 되었다.

현존하는 가장 오래된 선하증권은 이탈리아어로 1397년에 발행된 것이고, 현존하는 가장 오래된 영국의 선하증권은 1538년에 발행된 것이다. 1546년의 The Brandaries 사건에서는 선하증권이 권리증권으로서는 최초로 인정되어 여러 통이 발행되었다. 1554년에 발행된 네덜란드의 선하증권은 해상위험(peril of the sea)의 면책을 기재한 최초의 선하증권으로 유명하다.[12)]

16세기 후반의 선하증권은 여러 통(3통)이 발행되어 오늘날의 선하증권과 거의 같은 역할을 해왔다. 그러나 배서의 관행은 18세기경에 이르러 화환어음(bill of exchange)의 배서와 함께 비로소 시작되었다. 그때까지 유럽에서는 송하인으로부터 수하인에게 물건의 권원(the title to the goods)을 이전시키기 위하여 선하증권을 이전시켜도, 운송계약에서 정해진 권리와 의무는 이전하지 않는 것으로 되어 있었다. 그렇지만 몇 가지 판례[13)]의 영향을 받아 선하증권이 수하인에게 이전된 경우에는 선하증권에 기재된 권리와 의무는 그대로 인계되고 이러한 뜻을 담은 법률이 「1855년 선하증권법」(The Bill of Lading Act 1855)이다. 당시의 선하증권은 모두 용선계약에 기한 것이었고, 선하증권이 독자적으로 발달하기 시작한 것은 정기항로가 확립되기 시작한 19세기 초반 이후이다.

2. 국가별 명칭

이탈리아에서는 당초 'polizza del carricamento', 'lettere di porto', 'lettere di caric' 등이 선하증권을 지칭하는 용어로 사용되어 왔지만 나중에 'polizza di arico'로 통일되었다. 또 스페인에서도 'conocimiento'와 'conoscimiento' 중 'conocimiento'로 용어가 통일되었다.

프랑스의 북대서양안에서는 'cognoissement' 또는 지중해안에서는 'police de cargaison', 'police de chargement'이 사용되어 왔지만, 오늘날에는 'cognoissement'으로 용어가 통일되었다. 독일과 네덜란드에서는 프랑스어로부터 그 용어가 유래하였다.

〈표 30〉 국가별 선하증권의 명칭

국가	명칭
한국어	船荷證券(Bill of Lading)
일본어	船荷證券(Bill of Lading)
중국어	船單, 提單
영어	Bill of Lading
프랑스어	connaissement
독일어	Konnossement

12) 정영석(선하증권론, 2008), 39쪽.

13) Snee v. Prescott(1793); Lickbarrow v. Mason(1794) 5 TR 683; Grant v. Norway(1851) 10 CB 665.

국가	명칭
네덜란드어	cognoscement
이탈리아어	polizza di carico
스페인어	conocimiento de embarque

제2절 법적 성질

I. 권리의 발생과 내용

1. 요인증권성

증권 발행의 기초가 되는 법률 관계가 유효하다고 하는 것을 증권상의 권리의 효력 발생 요건으로 하는 증권을 요인증권이라고 한다.[14] 어음 · 수표 외의 거의 모든 유가증권이 요인증권이다. 선하증권은 해상운송계약에 의거하여 운송인이 용선자 또는 송하인으로부터 화물을 수령하고 선하증권의 교부 청구가 있을 때 발행하므로 요인증권이다(상법 제852조, 헤/헤비 제3조 본문, 함 제15조 제1항). 그러므로 선하증권이 사전에 발행된 후 화물을 선측에 인도하지 못하여 선적이 되지 아니하였다면 운송계약은 해제되어 계약이 유효하게 성립하지 못하게 된다(상법 제836조). 따라서 선하증권에 명시된 권리, 즉 화물의 인도청구권도 당연히 무효이다. 이는 고전적 의미에서의 요인증권성이라 하는데, 이처럼 무효가 된 선하증권을 소지한 사람은 목적지에서 선하증권을 제시하여도 화물을 인도받을 수 없다. 이 경우에 수하인은 운송인에 대하여 불법행위를 이유로 하여 손해배상청구 소송을 제기할 수 있으나 신속하고 안전한 해상거래는 이루어질 수 없다고 보아야 한다.

이러한 문제점을 해결하기 위하여 위의 고전적인 요인증권설 대신에 선하증권의 요인증권성은 증권발행의 원인인 법률 관계(운송계약)가 증권에 명기되어 있으면 충분하다고 보는 학설이 있다. 즉 원인관계와 실질적 관련이 불필요하다는 설이 우세하다. 선하증권 앞면 약관의 첫머리에 수령(received) 또는 선적(shipped)이라는 문구를 인쇄하여 두고 운송인은 현실적으로 화물을 수령 · 선적하지 아니하였다고 해도 그 선하증권은 유효한 것으로 본다. 이와 같은 견해를 법률관계설이라 한다.

2. 요식증권성

선하증권은 기재 사항이 법정되어 있는 유가증권이다(상법 제853조). 선하증권은 유통되는 것

14) 정영석(선하증권론, 2008), 40쪽.

을 전제로 하여 작성 · 발행되는 증권이므로 이것을 양수하는 제3자가 증권상의 기재만으로 그 화물을 특정하고, 운송계약의 주 내용을 살펴서 알 수 있는 정도로 일정 사항이 증권 자체에 기재되어 있어야 한다. 이와 같은 법정기재 사항은 어음 · 수표와 같이 엄격한 것은 아니므로 이 중 어느 것이 빠져 있더라도 사실상 선하증권으로 볼 수 있으면 그러한 흠결은 선하증권의 효력에는 영향을 주지 아니한다. 「헤이그 규칙」 및 「헤이그 비스비 규칙」에서도 그 기재 사항은 화물의 표시 · 수량 · 무게 및 외관상 양호한 상태만을 구체적으로 명시하고 있을 뿐이므로(헤/헤비 제3조 제3항 (a), (b), (c)), 요식증권이지만 그 기재 사항이 매우 완화되어 있음을 알 수 있다.[15]

선하증권의 기재 사항에 대하여 「함부르크 규칙」은 매우 상세하게 열거하고 있고, 그 다음이 「상법」의 규정이고, 「헤이그 규칙」 및 「헤이그 비스비 규칙」은 매우 간단하게 규정하고 있다. 「상법」상 선하증권에는 다음과 같은 법정기재 사항을 기재하고 운송인이 기명날인 또는 서명하여야 한다.

1. 선박의 명칭 · 국적 및 톤수
2. 송하인이 서면으로 통지한 화물의 종류, 중량 또는 용적, 포장의 종별, 개수와 기호
3. 화물의 외관 상태
4. 용선자 또는 송하인의 성명 · 상호
5. 수하인 또는 통지수령인의 성명 · 상호
6. 선적항
7. 양륙항
8. 운임
9. 발행지와 그 발행연월일
10. 수통의 선하증권을 발행한 때에는 그 수
11. 운송인의 성명 또는 상호
12. 운송인의 주된 영업소 소재지

3. 문언증권성

선하증권은 증권에 의해 행사하려고 하는 권리의 내용이 증권에 기재된 문언만에 의해 결정되는 유가증권이다. 당사자는 증권에 의하지 않은 입증방법으로서 증권 문언의 의미 · 내용을 변경하거나 보충할 수 없다(상법 제854조, 헤/헤비 제3조 제4항, 함 제16조 제3항).

「상법」 제854조는 "① 제855조 제1항의 규정에 따라 선하증권이 발행된 경우, 운송인과 송하인 간에 선하증권에 기재된 대로 개품운송계약이 체결되고 화물을 수령 또는 선적한 것으로 추정한다. ② 제1항의 선하증권을 선의로 취득한 소지인에 대하여 선하증권에 기재된 대로 화물을 수령 또는 선적한 것으로 보고 선하증권에 기재된 바에 따라 운송인으로서 책임을 진다"라고 규정하여 「헤이그 규칙」 및 「헤이그 비스비 규칙」 제3조 제4항의 수령의 추정과 선의의 취득자에 대한 반증금지의

15) 정영석(선하증권론, 2008), 41~42쪽.

원칙(금반언의 원칙)을 채택하였다.

그런데 「상법」 제131조에서는 육상의 화물상환증에 대해서는 선하증권의 추정적 수령 대신에 엄격한 문언증권성을 인정하고 있으므로 선하증권과는 다르다는 점에 유의하여야 한다. 제131조는 사실과 다른 기재가 있어도 운송인과 소지인 간에는 반증을 허용하지 않는 엄격한 문언증권성을 가지는 것으로 해석해야 한다.[16)]

II. 권리의 행사 방법

1. 제시증권성

증권에 나타난 권리를 행사함에 채무자(발행인)에게 증권을 제시할 것을 요건으로 하는 유가증권이 제시증권이다. 수하인은 무언가 다른 방법에 의해 자기가 화물의 정당한 취득권자임을 입증해도 선하증권을 제시하지 않으면 화물을 수령할 수 없다. 즉 선하증권에 나타난 권리를 행사함에 있어서는 발행인인 채무자에게 선하증권을 제시하여야 하므로 선하증권은 제시증권이라고 보아야 한다.[17)]

해운실무에서는 화물이 먼저 도착하고 선하증권이 도착하지 않았을 때 수하인은 은행(보통 자기의 거래은행)에서 발행된 화물선취보증장(letter of guarantee: L/G)으로서 보증도(무 선하증권 인도)를 상관행으로 행하고 있다.

보증도는 판례에 의하여 적법성을 인정받고 있으나, 후일 선하증권의 정당한 소지인이 그 화물의 인도를 청구할 경우에는 운송인은 손해배상 책임을 져야 할 경우도 생길 수 있다. 그 후 2차적으로 보증은행과 수하인에게 구상권을 행사하거나, 현금공탁이 있으면 그 현금에서 손해배상액을 회수할 수 있을 뿐이다.

2. 상환증권성

증권과 상환하지 않으면 채무의 변제를 할 필요가 없는 증권을 상환증권이라고 한다. 「상법」 제129조에서는 "화물상환증을 작성한 경우에는 이와 상환하지 아니하면 화물의 인도를 청구할 수 없다"고 규정하여 화물상환증과 선하증권의 상환증권성을 인정하고 있다(상법 제861조, 제129조).

이것은 선하증권이 발행된 경우에 화물의 인도청구에는 선하증권의 제시가 효력발생 요건인 것이다. 이를 인정한 이유는 운송인이 선하증권과 상환하지 않고 화물을 수하인에게 인도할 경우에 후일 선하증권의 정당한 소지인이 다시금 화물의 인도청구를 주장할 위험을 방지하기 위한 것이다.

특히 선하증권의 유통성을 보호하기 위해서도 운송인이 화물을 인도할 때 반드시 선하증권을 회수하여야 한다. 이미 앞에서 지적한 바와 같이 선하증권의 정당한 소지인은 운송인에 대하여 화물의 인도청구권을 주장할 수 있고, 만일 인도가 불가능한 때에는 운송인은 손해배상 책임을 져야

16) 정영석(선하증권론, 2008), 42쪽.

17) 정영석(선하증권론, 2008), 43쪽.

한다.

선하증권의 상환증권성은 일반 유가증권의 상환증권성과 같이 운송인이 이중변제의 위험을 막기 위한 것이다. 그 본질을 채무이행과 관련한 동시이행의 항변권과 같은 일종의 항변권이라고 보아야 한다(민법 제536조).[18]

III. 권리의 처분

1. 인도증권성

선하증권은 증권의 정당한 소지인에게 증권을 인도하면 그 인도는 증권에 기재된 물건 그 자체를 인도한 것과 같은 효력을 가지는 것이므로, 이러한 유가증권을 인도증권이라고 한다(상법 제861조, 제133조).[19]

해상운송 중에 있는 화물은 화주의 직접점유를 떠나 운송인의 이행 보조자인 선장의 간접점유하에 있기 때문에, 화물이 해상매매를 통하여 소유권이 인도되더라도 화물의 점유를 취득하는 것은 쉬운 일이 아니다.

그리고 항해 중에 화물에 질권을 설정하려고 하여도 질권 설정의 요건인 화물의 인도가 이루어질 수 없다(민법 제330조). 이러한 점유이전의 법률 문제를 해결하기 위해서는 선하증권 또는 화물상환증을 이용하여 처분하는 법기술, 즉 선하증권을 인도함으로써 화물 자체의 점유를 인정한 것과 동일한 효력을 인정할 필요가 있다(물권적 효력).

즉 법률 문제로서 운송 중인 물건은 질권 설정 등과 같은 요물계약이나 동산의 매매계약에서와 같이 목적물의 인도를 요건으로 하는 계약의 체결은 현실적으로 불가능하다. 따라서 이러한 경우에 선하증권을 인도하면 화물 자체를 인도한 것으로 본다면 화물의 해상매매와 질권 설정이 가능하게 될 것이다.

2. 처분증권성

증권상에 표시된 물건에 대한 처분 · 양도 · 질권 설정을 할 때는 그 증권을 가지고 해야만 하는 유가증권을 처분증권이라고 한다(상법 제861조, 제132조).

이것은 선하증권의 인도증권성으로부터 자동적으로 도출되는 성질이다. 인도증권성은 증권의 인도를 물건 자체의 인도로 의제하는 것이지만, 그것만으로는 충분하다고 볼 수 없다. 만약 증권 없이 물건 자체만으로 인도가 행하여질 경우 선하증권을 통한 매매, 질권 설정에 응한 상대방은 불측의 손해를 입고 손해배상청구 소송을 제기해야 하는 경우가 생기게 된다. 선하증권이 발행된 이상은 거기에 표시되어 있는 물건의 법적 처분은 선하증권에 의해 행해져야만 하고 물건 자체에 의해

18) 정영석(선하증권론, 2008), 43~44쪽.

19) 정영석(선하증권론, 2008), 44쪽.

행해져서는 안 된다는 것이 처분증권성을 인정하는 취지이다.[20]

3. 지시증권성

선하증권은 증권에 지정된 사람 또는 그 지정된 사람이 다시 증권상에 지정한 사람을 선하증권에 나타난 권리의 정당한 주체로 하는 유가증권이다. 여기서 지정 방식은 배서(endorsement)에 의한다. 배서인(endorser)이 피지정자인 피배서인(endorsee)을 지정하고 서명함으로써 선하증권의 유통성을 보장하는 것이다.[21]

원칙적으로 지시증권은 증권의 지시문구에 의하여 그 효력을 발휘하는 것이나 이러한 문구에 관계없이 법률의 규정에 의해 당연히 지시증권으로서 법적 효력이 발생할 수도 있다(상법 제861조, 제130조). 또한 「헤이그 규칙」 및 「헤이그 비스비 규칙」에서도 선하증권이 선의로(in good faith) 제3자에게 유통된 것에 대하여 반대증명을 허용하지 아니함으로써 이를 간접적으로 인정하고 있다(헤/헤비 제3조 제4항 후단, 상법 제854조 제2항).

「상법」은 "선하증권이 기명식인 경우에도 배서에 의하여 양도할 수 있다. 그러나 선하증권에 배서를 금지하는 뜻을 기재한 때에는 그러하지 아니하다"라고 규정하여 선하증권의 당연한 지시증권성과 배서양도의 원칙을 명시하고 있다(상법 제861조, 제130조).

IV. 증권의 효력

1. 채권증권성

유가증권으로서 선하증권이 나타내는 것은 화물의 인도청구권이다(상법 제861조, 제129조). 이는 재산권의 하나인 채권의 내용 또는 작용으로서 생기는 것이므로 선하증권은 채권증권이다. 즉 증권에 기재된 목적지에 있는 선하증권의 발행회사의 사무소에 증권에 기재된 화물을 인도한다고 하는 행위를 요구하는 것이다.[22]

어음 · 수표와 같은 금전증권도 유가증권이지만 이들 완전 유가증권과는 달리 선하증권은 불완전 유가증권이기 때문에 선하증권의 물권적 효력을 잘못 해석하여 선하증권이 화물의 소유권을 나타내는 물권증권인 것처럼 오인하여서는 안 된다.

일반적인 형태로 선하증권은 송하인으로부터 화환어음의 할인은행에 양도되지만, 은행은 별도로 교환할 수 있는 화환약정서에 의해 화물에 질권 설정하는 것만으로써 그 소유권은 매수인이 어음금을 신용장 개설은행(establishing bank)에 지급하고 교환으로 선하증권을 취득한 때에 직접적으로 매수인에게 이전한다. 할인은행에 신탁 양도되는 경우도 있지만 그것도 화환약정에 의한 효과이고, 선하증권의 교부에 의한 것은 아니다.

20) 정영석(선하증권론, 2008), 45쪽.

21) 정영석(선하증권론, 2008), 45쪽.

22) 정영석(선하증권론, 2008), 42쪽.

2. 유통증권성

선하증권의 상환증권성과 인도증권성에서 본 것처럼 선적 · 운송 중인 화물은 선하증권의 소지를 이전시켜 화물의 양도효과를 얻을 수 있다(물권적 효력). 따라서 선하증권은 어음 · 수표와 같이 유통성을 가진 증권으로 해석되고 있다.[23)]

대륙법계에서 선하증권의 기본적인 성질을 유가증권으로 해석하는 반면, 영미법계에서는 유통증권(negotiable instrument) 또는 상업증권(commercial papers, effort of commerce)으로 해석하고 있다. 대륙법계에서 유가증권이란 재산적 가치가 있는 증권을 칭하고 있으나 영미법계에서는 유통증권과 권리증권을 포함시킨 개념이다. 따라서 영미법계에서는 유통증권이 아니라 유통성 권리증권이라고 본다. 미국에서는 지시식 선하증권(order bill of lading), 무기명식 선하증권(beared bill of lading)은 유통성 권리증권이나, 기명식 선하증권은 유통 불가 권리증권으로서 동산(chattel)으로 취급된다.

3. 면책증권성

면책증권이라 함은 채무자가 증권의 정당한 소지인에게 증권상의 채무를 변제하면 소지인이 정당한 권리자가 아닌 경우에도 악의 또는 중대한 과실이 없는 한 채무를 면하는 효력을 가진 증권을 말한다.[24)]

선하증권의 정당한 소지인이 선하증권을 제시해서 화물의 인도를 청구하면 운송인은 증권과 교환하여 증권에 표시된 화물을 인도해야 하고, 그 청구자가 진정한 권리자인가 아닌가를 조사할 의무나 권리는 없다.

실무상 유의해야 할 것은 채무자인 운송인이 진정한 권리자가 아닌 선하증권 소지인에게 화물을 인도했어도 면책되는 것은 그 인도에 관해서 운송인에게 "악의 또는 중대한 과실이 없는 경우"에 한한다는 점이다. 선하증권이 분실되었음을 송하인 등으로부터 통지받게 되어 있는 경우에는 그 선하증권의 인도청구를 받은 때, 화물을 인도하면 악의로 추정되어 면책의 이익을 상실하는 경우도 있을 수 있다.

---

23) 정영석(선하증권론, 2008), 46~47쪽.

24) 정영석(선하증권론, 2008), 47쪽.

제3절 기능

I. 법적 기능

1. 의의

화물을 수령하거나 선적한 후 운송인 또는 그의 대리인이 발행한 선하증권은 운송인, 송하인, 수하인 및 선하증권 소지인의 관계에서는 크게 다음과 같은 세 가지의 법적 기능을 가지게 된다.[25]

첫째, 선하증권은 운송계약서는 아니지만, 운송인과 송하인 간에 운송계약이 체결되었음을 추정하게 하는 증거증권(evidence of contract for carriage of goods by sea)의 기능을 가지고 있다.

둘째, 운송인이 운송을 위하여 송하인으로부터 화물을 수령하였음을 증명하는 증거증권(evidence of receipt for shipment)의 기능을 가지고 있다.

셋째, 선하증권의 정당한 소지인은 선하증권에 기재된 화물의 인도를 청구할 수 있는 권원증권(document of title to the goods)으로서의 기능을 가지고 있다.

2. 운송계약의 증거증권

해상운송계약은 원칙적으로 낙성 · 불요식계약이다. 부정기선 운송에서는 통상 용선계약서가 작성되고 있지만, 정기선 운송에서는 다수의 화주를 상대로 한 운송계약이 체결되어야 하기 때문에 별도의 계약서를 작성하지 않고 화물의 수령에 대하여 선하증권만 발행되고 있다. 이때 선하증권은 운송인과 송하인 간에 사실상 운송계약이 체결되어 있음을 증명하는 추정적 증거력(prima facie evidence)을 가지고 있다. 따라서 선하증권에는 화물의 수령 사실과 함께 뒷면에 운송인과 송하인의 운송계약상의 권리의무 관계에 대한 약관을 부합계약의 형태로 삽입하고 있다. 선하증권의 운송계약에 대한 증거증권으로서의 기능은 1884년 Swell v. Burdick 사건[26]에서 Browell 판사가 "선하증권은 운송인과 송하인 사이의 운송계약 자체는 아니지만, 운송계약의 가장 훌륭한 증거에 지나지 않는다"라고 판시한 이래 오랫동안 인정되어 온 본질적 기능이다.

실무적으로 운송계약은 선하증권이 서명 · 교부되기 전에 이미 성립되었다고 볼 수 있으며, 선하증권은 성립된 운송계약의 내용과 조건이 구체화된 증권라고 볼 수 있다. 따라서 선하증권의 내용과 불일치하는 구두 또는 서면의 운송계약이 선하증권 발행 이전에 이미 존재하였음을 증명한다면 운송계약 당사자, 즉 운송인과 송하인 간에는 선하증권의 내용보다 운송계약에 우선적 효력이 발생된다.[27]

또한 운송계약은 계약 당사자 쌍방이 합의하여 서명 또는 기명날인하게 되지만, 선하증권은 특

25) 엄윤대(국제운송강론, 2003), 140쪽; 정영석(선하증권론, 2008), 48쪽.

26) 1884, 10 App. Cas. 74.

27) S. S. Ardennes(owner of cargo) v. Ardennes(owners) 〔1951, 1 K.B. 57〕: 선하증권은 운송계약 그 자체는 아니기 때문에, 선하증권이 발행되기 전에 존재하고 있던 운송계약은 선하증권상의 계약조건과 일치하지 않음에도 불구하고 그 운송계약이 효력을 가진다.

별한 경우가 아니면 운송인 일방만이 서명하여 발행된 것이라도 계약의 증거증권으로서 효력이 발생된다.[28] 이와 같이 선하증권은 부합계약성을 띠고 있기 때문에 각국의 국내법은 강행규정으로 운송인과 송하인, 수하인 또는 선하증권 소지인의 권리의무를 규정하고 있다.[29]

3. 화물수령의 증거증권

운송인은 선하증권에 기재된 화물을 약정된 목적지까지 운송하기 위하여 특정 선박에 선적하였거나 혹은 최소한 선적하기 위하여 운송인의 관리하에 수령하였음을 확인하는 증거증권의 기능을 가지고 있다. 그러므로 선하증권이 발행된 경우는 증권의 기재 내용과 동일하게 운송인이 화물을 수령하였다고 추정한다. 또 선하증권을 선의의 제3자가 취득한 경우에 운송인은 이 선의의 선하증권 소지인에 대해서는 선하증권에 기재된 대로 화물을 수령하지 않았다는 반증을 드는 것이 허용되지 않는다.[30]

4. 화물인도청구의 권원증권

선하증권은 그 자체가 화물을 나타내는 권원증권이다. 따라서 송하인 또는 선하증권의 정당한 소지인이 적법한 방법으로 타인에게 선하증권을 교부한 때에는 그 교부는 화물 위에 행사하는 권리(소유권 · 질권)의 취득에 대하여 화물을 인도한 것과 동일한 효력을 갖는다(상법 제861조, 제133조)(인도증권성). 선하증권의 물권적 효력으로 인하여 선하증권이 발행된 경우에는 화물에 대한 처분인 화물의 양도 · 질권 설정 등은 선하증권으로 하여야 한다(처분증권성).[31] 즉 선하증권은 화물의 인도청구권을 상징하고 있기 때문에 선하증권의 양도는 선하증권에 기재된 물건에 대한 인도청구권 자체를 양도하는 것과 동일한 효력을 가지게 된다. 선하증권의 이러한 성질을 선하증권의 권원증권성이라고 한다.[32]

그러나 선하증권은 어음과 같은 완전한 유통증권은 아니기 때문에 절도 · 유실물 습득 등의 불법한 방법으로 선하증권을 취득한 자로부터 양도 받은 선의의 선하증권의 양수인(bona fide transferee)은 화물의 진정한 소유자에게 대항할 수 없다. 그러므로 운송인이 선하증권의 수하인칸(consignee)에 표시된 수하인에게 화물을 인도하였다 해도 정당한 배서가 없는 선하증권 원본(original bill of lading)을 회수하였거나, 선하증권 원본을 회수하지 않은 경우 등에는, 이후 선하증권의 정당한 소지인이 나타나 화물인도청구권을 행사하면 운송인은 손해배상 책임을 면하지 못한

---

28) 운송계약 내용에 대한 합의의 증거로서 발행인은 송하인에게 선하증권에 기명날인 또는 서명을 청구할 수 있으며, 그 경우 송하인은 동 청구에 응하여 선하증권에 기명날인 또는 서명하여 운송인에게 교부하여야 한다(상법 제852조 제1항). 그러나 송하인의 기명날인이 있다고 하여도 선하증권의 발행 실무 절차나 상관습을 볼 때, 선하증권 발행의 부합계약성이 부인된다고 보기는 어려울 것으로 생각한다.

29) 엄윤대(선하증권론, 2002), 12~13쪽.

30) 정영석(선하증권론, 2008), 50쪽.

31) 양승규,「판례교재 보험법 · 해상법」(법문사, 1982), 655쪽; 이영욱,「해상법」(동화문화사, 1973), 305쪽.

32) 정영석(선하증권론, 2008), 50쪽.

다.[33] 또 운송인이 선하증권 원본을 회수함이 없이 화물선취보증장(letter of guarantee: L/G)[34]만을 받고 화물을 인도한 경우에도 선하증권의 정당한 소지인이 화물인도청구권을 행사하면 이에 대하여 책임을 면할 수 없다.[35] 대법원에서는 위조된 화물선취보증장을 제시하고 화물을 인도받은 사건에 대해 선하증권의 상환증권성에 입각하여 선하증권 소지인의 권리를 절대적으로 보호하고 있다.[36]

한편 미국의 경우에는「연방선하증권법」(Federal Bills of Lading Act, 1916/1994, known as the Pomerene Act) 제80104조 제(b)항에서 "선하증권의 유통자가 의무를 위반하거나, 또는 선하증권의 소유자가 사기 · 사고 · 실수 · 강박 · 분실 · 도난 또는 횡령에 의해 선하증권의 점유를 상실하더라도, 그 선하증권의 양수인 또는 후속 양수인이 그 선하증권을 선의 · 유상취득하고 그 의무위반 · 사기 · 사고 · 실수 · 강박 · 분실 · 도난 또는 횡령 등에 대해 통지받지 않았다면, 그 선하증권의 유통은 유효하다"라고 규정하고 있다. 이 규정은 유통과정이 정당하지 않더라도 선하증권의 효력을 인정하고 있어 선하증권의 유통성을 매우 강조하고 있다. 이는「상법」은 물론 영국의「1855년 선하증권법」[37]과도 다른 점이다.

---

33) 엄윤대(선하증권론, 2002), 17~18쪽.

34) 보증장(letter of guarantee: L/G)이라 함은 계약불이행 또는 어떤 하자로 인하여 상대방에게 손해를 끼치는 경우 손해를 배상한다는 내용의 보증장을 말한다. 해운 실무에서는 수입화물을 선적한 선박이 수입항에 도착하였는데, 선적증권이 아직 도착하지 않은 경우에 수하인이 선하증권과 상환하지 않고 화물의 인도를 받기 위하여 은행이 연대보증한 화물선취보증장을 운송인에게 제출하고 화물을 수령하는 관행이 있다. 이때 제출하는 보증장을 수입화물선취보증장이라 한다: 최신해운 · 물류용어대사전(2006), 565쪽.

35) 대법원 1989.3.14. 선고 87다카1791 판결: 가. 해상운송인 또는 운송취급인이 선하증권과 상환하지 아니하고 화물을 선하증권 소지인 아닌 자에게 인도함으로 인하여 선하증권 소지인에게 화물을 인도하지 못하게 된 경우 그 운송인 또는 운송취급인의 행위는 선하증권 소지인의 화물에 대한 권리의 위법한 침해로서 불법행위가 되며, 운송인 또는 운송취급인은 특별한 사정이 없는 한 그 권리침해의 결과를 인식한 것으로 보아야 하고 만약 그 결과의 발생을 인식하지 못하였다면 그와 같이 인식하지 못하게 된 점에 운송인 또는 운송취급인으로서의 주의의무를 현저히 결여한 중대한 과실이 있다.

나. 이른바 보증도의 상관습은 운송인 또는 운송취급인의 정당한 선하증권 소지인에 대한 책임을 면제함을 목적으로 하는 것이 아니고 오히려 보증도로 인하여 정당한 선하증권 소지인이 손해를 입게 되는 경우 운송인 또는 운송취급인이 그 손해를 배상하는 것을 전제로 하고 있는 것이므로 운송인 또는 운송취급인이 보증도를 한다고 하여 선하증권과 상환함이 없이 화물을 인도함으로써 선하증권 소지인의 화물에 대한 권리를 침해하는 행위가 위법성이 없는 정당한 행위로 된다거나 운송인 또는 운송취급인의 주의의무가 감경 또는 면제된다고 할 수 없다.

36) 대법원 1992.1.21. 선고 91다14994 판결: 나. 운송인 또는 운송취급인이 '보증도'를 한다고 하여 선하증권과 상환함이 없이 화물을 인도함으로써 선하증권 소지인의 화물에 대한 권리를 침해하는 행위가 정당한 행위로 된다거나 운송취급인의 주의의무가 경감 또는 면제된다고 할 수 없고, '보증도'로 인하여 선하증권의 정당한 소지인의 화물에 대한 권리를 침해하였을 때에는 고의 또는 중대한 과실에 의한 불법행위의 책임을 진다.

다.「상법」제820조, 제129조의 규정은 운송인에게 선하증권의 제시가 없는 화물인도청구를 거절할 수 있는 권리와 함께 인도를 거절하여야 할 의무가 있음을 규정하고 있다고 봄이 상당하다.

라. '보증도' 등으로 화물이 멸실된 경우에 채무불이행으로 인한 손해배상 청구권은 물론이고 불법행위로 인한 손해배상 청구권도 선하증권에 화체되어 선하증권이 양도됨에 따라 선하증권 소지인에게 이전되는 것이므로 화물이 멸실된 후에 선하증권을 취득(양수)하였다고 하더라도 그 선하증권 소지인이 손해배상채권을 행사할 수 있고, 별도의 채권양도 통지가 필요치 않다.

37) The Bill of Lading Act, 1855 및 The Carriage of Goods by Sea Act, 1992.

II. 경제적 기능

1. 의의

해운 실무의 관점에서 선하증권은 운송인이 화물을 수령한 후 송하인에게 발행하고(화물 수령의 증거증권), 목적지에서 증권 소지인에게 운송인이 화물을 인도해 줄 것을 약속하는 증권(화물 인도청구권)으로서 의미가 있다. 그러나 무역 실무의 관점에서는 선하증권의 유가증권성으로 인하여 물건 매매대금의 결제 수단, 매매대금에 대한 담보수단으로서의 역할이 크고, 심지어는 운송 중에 선하증권을 양도함으로써 사실상 운송 중인 물건을 매매할 수 있는 화물전매의 기능을 가지고 있다. 선하증권의 이러한 기능으로 인하여 오랜 기간 중요한 무역서류로 자리 잡고 있다.

2. 물건 매매대금 결제 수단

국제무역에서 매매 대상 물건을 선적한 매도인은 물건 대금을 회수하기 위하여 화환어음(documentary draft: documentary bill of exchange)에 의한 결제방식을 주로 사용하고 있다. 이러한 대금결제 방식에서 선적화물을 나타내는 선하증권은 화환어음의 취결에서 가장 중심적인 위치에 있는 증권으로서 물건 대금을 받는 필수적 증권의 역할을 하게 된다. 즉 매도인은 물건과 매매대금 자체를 서로 교환하는 것이 아니라, 선하증권 등(신용장에서 요구하는 상업송장, 포장명세서,[38] 보험증권 등의 증권)을 첨부하여 수하인을 지급인으로 한 화환어음을 발행하고, 이를 수출지의 은행에 매입시켜 물건 대금을 지급받으므로 선하증권은 국제무역에서 물건 대금의 결제 수단의 역할을 하게 된다.[39]

선하증권이 이러한 기능을 가지게 되는 것은, 물건매매계약에서 약정한 여러 가지 주요 사항(물건의 종류, 수량, 수령지, 선적지 및 선적일자 등)이 증명됨은 물론, 선하증권 자체가 유가증권으로서 법적 보호를 받기 때문이다.

38) 포장명세서(packing list)라 함은 포장 속에 들어 있는 물건의 목록을 기술한 증권을 말한다. 그 기재 내용은 수량, 순중량(net weight), 총중량(gross weight) 및 용적 등에 대한 것이다. 포장명세서가 상업송장과 다른 점은 전자는 포장단위별로 내용물 목록을 모두 기재하고 있으나, 목록별 가격은 기재하지 않는 것이 관례이다. 반면 후자는 포장단위별 목록을 요구하지 않고, 요구 품목 전체에 대한 수량과 가격을 한꺼번에 기재하는 것이 관례이다. 실무상 신용장(L/C) 관련 기타 증권 중 상업송장, 운송증권과 함께 가장 많이 요구되는 것이 포장명세서이며, 통관 시 및 사고발생 시 운송인에 대한 배상청구 또는 보험자에 보험금 청구 시에도 사용된다: 최신해운 · 물류용어대사전(2006), 676쪽.

39) 엄윤대(국제운송강론, 2003), 141쪽; 정영석(선하증권론, 2008), 51~52쪽.

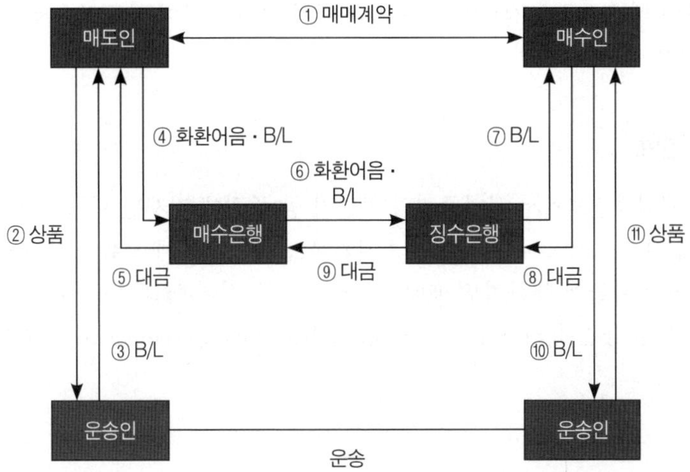

〈그림 49〉 화환어음에 의한 결제

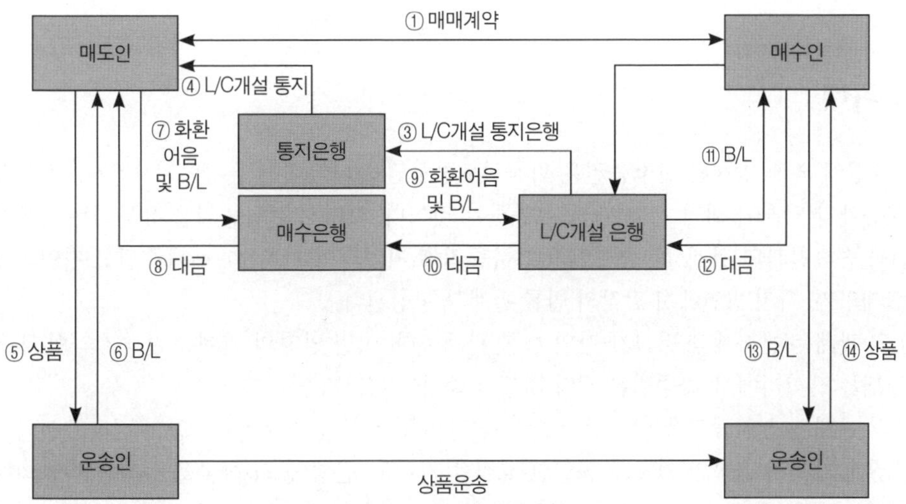

〈그림 50〉 신용장에 의한 결제

3. 매매대금의 담보 수단

선하증권을 첨부한 화환어음을 매입하고 매도인에게 물건의 매매대금을 지급한 은행(매입은행)이 이들 증권을 신용장 개설은행에 보내면 그 개설은행은 매수인으로부터 물건의 매매대금을 지급받아 수출지의 매입은행에 지급하여야 한다.

만약 신용장 개설 의뢰인인 매수인이 물건대금(어음금)을 지급하지 않는다면 신용장 개설은행은 그에게 선하증권을 양도하지 않을 것이며, 신용장 개설은행이 선하증권을 소지하고 있는 한 선하증권에 기재된 화물에 대한 담보권의 효력은 계속된다. 그러므로 신용장개설 의뢰인이 파산하여 매매대금을 지급하지 못할 경우 선하증권 소지인으로서 신용장 개설은행은 동 선하증권을 다른 매수인에게 매도하여 매매대금을 전보(塡補)받거나, 운송인에 대하여 화물인도청구권을 직접 행사하여 화물을 인도받을 수도 있다.[40)]

4. 화물의 전매

선하증권은 권원증권으로서 선하증권의 인도가 곧 증권에 기재된 화물을 인도하는 것과 유사한 효력을 가지게 된다. 그러므로 선하증권 소지인은 선하증권의 매매로 도착 화물을 매매할 수 있음은 물론 운송 중인 화물에 대하여도 매매가 가능하므로 전매(轉賣)가 가능하게 된다.[41)] 즉 선하증권의 이러한 기능을 증권에 의한 상징적 거래(symbolic transaction)라고도 한다.[42)]

제4절 법적 효력

I. 의의

운송인에 의해 발행된 선하증권은 화물인도청구권을 나타내는 유가증권으로서, 그 본래의 목적은 운송계약 당사자 외의 제3자에게 유통하는 것이다. 따라서 선하증권을 유통하는 경우에는 ① 운송인과 송하인과의 관계, ② 송하인과 선하증권 소지인과의 관계, ③ 선하증권 소지인과 운송인과의 관계의 세 가지 방면에서 각각의 법률 관계가 형성된다.

①의 관계는 운송계약 당사자 간의 법률 관계이다. 이런 양자의 관계는 운송계약의 내용에 의해 결정되는 것이기에, 선하증권은 계약 내용의 증거에 지나지 않는다.

②의 관계는 선하증권을 주고받는 당사자 간의 관계이다. 이 당사자 간의 선하증권의 교부는 선하증권에 기재된 화물의 인도와 동일한 효력을 가지고, 운송 중의 화물을 선하증권에 의해 처분하는 것을 가능하게 한다. 이와 같이 선하증권의 인도가 증권에 기재된 화물 자체의 인도와 동일한 효력을 가지는 것을 선하증권의 물권적 효력이라고 한다.

③의 관계는 ②의 관계에서 기인해 운송 중의 화물에 대한 권리를 취득한 선하증권 소지인과 선하증권의 발행에 의해 화물의 인도 의무를 부담하는 운송인과의 관계이다. ③의 관계에서는, 운송계약의 당사자가 아닌 선하증권 소지인이 운송인에 대해 어떠한 내용의 권리를 주장할 수 있는지가 문제가 된다. 증권 소지인과 운송인 사이의 화물인도청구권에 관해서는 선하증권에 기재된 문언에 의해 결정되기 때문에, 증권 소지인은 운송인과 송하인 간에 체결된 운송계약의 내용을 검토하지 않더라도, 선하증권에 기재된 내용만을 검토하면 자기가 취득할 수 있는 화물인도청구권의 내용

40) 정영석(선하증권론, 2008), 52쪽.

41) 엄윤대(국제운송강론, 2003), 141쪽.

42) 임석민(선하증권론, 2000), 39쪽.

을 판단할 수 있다. 이와 같은 증권 소지인과 운송인과의 채권적 관계를 정하는 효력을 선하증권의 채권적 효력이라 한다.

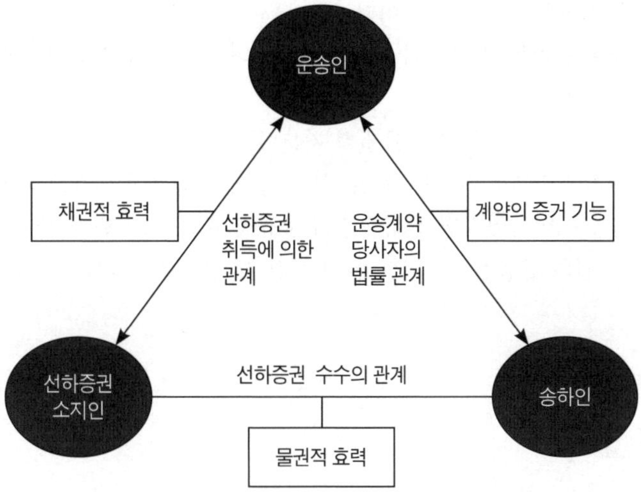

〈그림 51〉 선하증권 발행의 당사자와 효력의 관계

II. 물권적 효력

1. 의의

선하증권에 의하여 화물을 수령할 수 있는 자(선하증권의 적법한 소지인)에게 선하증권을 교부한 때에는 그 교부는 화물 위에 행사하는 권리(소유권 · 질권)의 취득에 대하여 화물을 인도한 것과 동일한 효력을 갖는다(상법 제861조, 제133조:인도증권성).[43] 이러한 효력을 선하증권의 물권적 효력이라 한다. 이 효력으로 인하여 선하증권이 발행된 경우에는 화물에 대한 처분, 즉 화물의 양도 · 질권 설정 등은 선하증권으로 하여야 한다(처분증권성).[44] 선하증권에는 물권적 효력이 인정되므로 송하인은 운송인의 직접점유 하에 있는 화물을 매매나 담보의 설정에 용이하게 활용할 수 있는 것이다.

2. 화물의 처분과 물권적 효력의 한계

선하증권 소지인이 증권에 의하여 화물을 처분하더라도 화물매매 당사자 간에 특약 또는 관습

43) 대판 1998.9.4, 96다 6240 및 대판 1997.7.25, 97다 19656.: 화물의 처분은 선하증권으로 해야 하며, 선하증권을 양도한 때에는 화물을 인도한 것과 동일한 물권적 효력이 발생하므로, 화물의 권리를 양수한 수하인 또는 그 이후의 자는 선하증권을 양수함으로써 그 채권적 효력으로 운송계약상의 권리를 취득하고 동시에 그 물권적 효력으로 화물의 점유를 인도받은 것이 되어 화물의 소유권을 취득한다.

44) 양승규(판례교재 보험법 · 해상법, 1982), 655쪽.

이 없는 한 매도인의 급부의무가 완전히 면제되는 것은 아니다. 왜냐하면 선하증권의 물권적 효력은 선하증권을 취득함으로써 화물 위에 행사하는 권리를 취득하고 또 이것을 제3자에게 대항할 수 있다는 것일 뿐, 아직 현실적으로 화물이 인도된 것이 아니므로 종국적으로 증권 소지인이 화물의 인도를 받게 될지는 불확실한 것이기 때문이다.

화물 위에 행사하는 권리는 증권 수수자 간의 계약 내용에 따라 결정될 것이므로 소유권 외에 질권 · 유치권 등일 수도 있다.

선하증권이 발행된 경우에는 화물의 물권적 처분(상법 제132조)과 운송인에 대한 처분권의 행사(상법 제139조)는 선하증권에 의해서만 할 수 있다. 그러나 화물이 실제로 처분되어 양수인이 동산의 선의취득의 요건을 구비하였다면 선하증권의 물권적 효력이 그 화물 자체의 선의취득에는 영향을 미치지 못한다. 증권의 유통질서보다는 실제 물건 자체의 유통질서가 우선적으로 보호되어야 하기 때문이다.[45]

III. 채권적 효력

1. 의의

해상운송계약이 체결되면 계약 당사자인 운송인과 송하인 간에는 운송계약의 내용에 따라 운송채무의 이행을 청구할 수 있다. 즉 송하인은 목적지까지의 운송의 청구, 운송의 중지(stoppage in transit) 또는 반송 기타 화물을 처분할 것을 청구할 수 있다(상법 제815조, 제139조 제1항). 선하증권이 발행된 경우에는 운송채권의 내용이 선하증권에 문언으로 기재되고 송하인으로부터 선하증권을 취득한 자는 선하증권 문언상의 운송채권에 대한 송하인의 권리를 양도 받게 된다.[46] 그러므로 선하증권 소지인은 선하증권을 소지한 후에는 운송계약의 이행이나 손해배상청구권을 가지게 되는데 이를 채권적 효력이라 한다.[47]

선하증권은 유통을 목적으로 발행되기 때문에 운송계약의 당사자가 아닌 수하인 또는 제3자에게 양도된다. 이때 수하인 또는 제3자는 선하증권에 기재되지 아니한 운송계약의 내용은 알지 못하기 때문에 선하증권의 채권적 효력을 인정하는 것이다. 즉 선하증권의 유통성을 강화하기 위하여 채권적 효력을 인정하는 것이다.

그러므로 운송인은 선하증권에 다른 약정이 없는 한 운송계약을 근거로 화물에 대한 선하증권 소지인의 권리를 축소 · 변경시킬 수 없다.[48] 만약 운송인과 선하증권 소지인 간에 선하증권에 명시된 대로 권리의무가 형성되지 않으면 선하증권의 법적 · 경제적 지위가 상실되어 무역결제가 현

45) 정영석(선하증권론, 2008), 223쪽.

46) 엄윤대(선하증권론, 2002), 316쪽.

47) 임석민(선하증권론, 2000), 57쪽.

48) 대판 1972.2.22. 71 다 2500 사건: 선하증권에 기재된 운임에 대한 특약사항은 선하증권 소지인에게도 효력을 미친다고 판시하여 선하증권의 문언적 효력은 인정함과 동시에 선하증권 소지인과 운송인 사이의 운송 관계는 선하증권의 기재에 따른다는 점을 분명히 했다.

금결제 방식으로 퇴보하게 될 수밖에 없을 것이다.

또한 송하인은 운송계약의 당사자이므로 선하증권의 요인성에 의하여 송하인과 운송인 간에는 채권적 효력이 발생하지 않는다.[49)]

2. 법률 구성

선하증권은 해상물건운송계약의 내용을 증명하고 운송인의 화물수령 사실을 증명하는 증거증권이며 동시에 화물인도청구권을 나타내는 채권증권이다. 그러므로 선하증권 소지인은 그 증권과 상환으로 화물의 인도를 청구할 수 있다(상법 제861조, 제139조). 또 선하증권은 법률상 당연한 지시증권이기 때문에 배서금지 문구가 없는 한 배서양도할 수 있다(상법 제861조, 제130조). 선하증권이 제3자에게 양도된 때 소지인과 운송인 사이의 법률 관계는 선하증권에 기재된 바에 의한다(문언증권성).

한편 "① 제853조 제1항에 따라 선하증권이 발행된 경우 운송인과 송하인 간에 선하증권에 기재된 대로 개품운송계약이 체결되고 화물을 수령 또는 선적한 것으로 추정한다. ② 제1항의 선하증권을 선의로 취득한 소지인에 대하여 운송인은 선하증권에 기재된 대로 화물을 수령 혹은 선적한 것으로 보고 선하증권에 기재된 바에 따라 운송인으로서 책임을 진다."(상법 제854조)라고 규정함으로써 이 문제를 입법적으로 해결하였다.

즉 선하증권이 발행된 경우에는 운송인이 그 증권에 기재된 대로 화물을 수령 · 선적한 것으로 추정되기 때문에, 실제로 선적된 화물이 선하증권의 기재와 서로 다른 경우 또는 공권이 발행된 경우는 운송인이 반증하지 못하면 채무불이행 책임을 져야 한다(상법 제854조 본문). 이는「헤이그 규칙」및「헤이그 비스비 규칙」제3조 제4항을 받아들여 선하증권의 모든 기재 사항에 대하여 추정적 증거력을 인정한 것이다.

또한 운송인은 반증이 있다 하더라도 증권의 선의 취득자에게는 대항할 수 없다(상법 제854조 제2항). 이는 선의의 증권 소지인을 보호하기 위한 영미법계상의 법리인 금반언의 원칙(estoppel)을 채용한 것이다.[50)] 그러나 반대로 소지인이 원래의 운송계약과 화물을 증명하여 권리를 행사하는 것은 상관없다.

실무에서는 대량의 화물을 취급하는 운송인이 선하증권에 기재된 대로 책임을 지기가 곤란하기 때문에 '내용불명'(contents unknown) · '송하인 선적 및 계량'(shipper's load and count) · '계량 않음'(freight purpose only) 등과 같은 부지약관(unknown clause)[51)]이 많이 사용된다.[52)]

---

49) 임석민(선하증권론, 2000), 62쪽.

50) 임석민(선하증권론, 2000), 58쪽.

51) 부지약관(unknown clause)이라 함은 선하증권의 약관 중 "운송인은 화물의 내용을 알지 못하므로 이상이 있는 경우라도 운송인은 그에 대한 책임이 없다"라는 취지로 규정된 조항을 말한다. 컨테이너 운송의 경우에는 송하인이 화물을 컨테이너에 적입하고 봉인한 것을 운송인에게 제공하므로 운송인은 그 내용물에 대하여 알 수 없다. 따라서 운송인은 사후에 선하증권 소지인에 대한 책임을 배제하기 위하여 선하증권에 그러한 사실을 기재한 약관을 삽입한다; 최신해운 · 물류용어대사전(2006), 894쪽.

52) 정영석(선하증권론, 2008), 227~229쪽.

〈표 31〉 선하증권 기재의 효력에 대한 각국 법의 비교

국가	관련 법률	효력	비고
한국	상법 제854조	추정적 증거력 선의의 증권 소지인에 대항하지 못함	1991년 개정 상법 이후 채택
일본	상법 제776조, 572조	문언증권성	내항 운송에만 적용
	국제해상물품운송법 제9조	추정적 증거력 선의의 증권 소지인에 대항하지 못함	국제물건 운송에만 적용
중국	1992년 해상법 제77조	추정적 증거력 선의의 소지인에 대한 운송인의 반증 불허	1993년 7월 1일 발효
영국	COGSA 1971	추정적 증거력 선의의 증권 소지인에 대항하지 못함	헤이그 비스비 규칙
	COGSA 1992, 제4조	증권의 적법한 소지인에 대한 결정적 증거력 인정	1855년 선하증권법의 대체 입법
미국	Harter Act 1893, 제4조	화물의 양: 추정적 증거력 인정 화물의 상태: 선의의 제3자에게 부실 기재를 이유로 항변 불가	
	Pomerene Act 1994 (Federal bill of lading Act)	화물의 양에 대하여도 선의의 제3자에게 항변 불허	
	COGSA 1936	추정적 증거력	헤이그 규칙
독일	1937년 상법 제656조	추정적 증거력 (단, 내용부지 약관이 있는 경우는 제외)	구 상법에서는 문언성 인정
프랑스	1936년 해상물건운송법	단순한 증거력 계약 당사자 및 제3자 구별 없이 선의의 제3자에 대한 반증 불허	
	1966년 해상운송계약법 제36조	선하증권 기재에 일정한 문언적 효력 인정	

제5절 종류

I. 의의

선하증권의 성질을 가지고 있는 운송증권은 운송수단 및 운송 방법의 다양한 발전과 함께 다양한 형태로 발전하여 선하증권이라는 이름을 가지고 계속 발달하여 왔다.

선하증권의 종류에 대하여는 배서양도가 가능하도록 할 것인지의 여부, 어떠한 형식으로 유통이 가능하도록 할 것인지, 수령 선하증권(received bill of lading)으로 발행할 것인지 또는 선적 선하증권(shipped bill of lading)으로 발행할 것인지 등 여러 가지로 분류할 수 있다. 여기서는 증권의 발행 시기, 증권의 유통성, 수하인의 표시 방법, 화물의 하자 상태 표시 유무, 운송인의 책임구간, 혼재 여부, 특수한 선하증권을 기준으로 분류한다.

II. 증권의 발행 시기

1. 수령 선하증권

가. 개념

수령 선하증권(received bill of lading)이라 함은 본선 선적을 위해 운송인의 관리구역 내(custody)에서 화물을 수령한 후, 그러한 수령이 있었다는 뜻을 기재한 선하증권을 말한다.

선하증권은 원래 화물을 선박에 선적하였음을 증명하는 것이었으므로 본래는 선적 선하증권만 사용되었다. 그러나 컨테이너 운송이 발달하면서 해운시장에서 정기선 운송의 비중이 절대적으로 높아짐에 따라 불특정다수 화주의 개별 화물(개품운송)을 다량으로 취급하게 되었다. 이러한 운송 형태에서는 운송인이 화물을 미리 모아두었다가 선적항에 선박이 입항할 때 이들 화물을 한꺼번에 선적하는 것이 실무상 편리하고, 선적의 효율성을 기할 수 있다. 이러한 운송 형태에서 송하인이 화물을 운송인에게 인도하고 선적할 때까지 부두수령증 만으로는 자기의 권리를 확실하게 보장받을 수 없기 때문에 수령 선하증권을 요구할 수 있게 하였다. 이처럼 본선 선적 전이라도 운송인이 화물을 실제로 수령한 후에는 수령 선하증권을 발행하는 것이 관습화되었다. 또 화물이 실제로 선적되기 이전에 선하증권을 발행받음으로써 송하인으로서는 화환어음에 의한 수출대금을 선적 전에 미리 받을 수 있는 등의 편의를 얻을 수도 있다.

수령 선하증권이 필요한 경우는 ① 신용장(L/C)의 만기일이 도래하여 선적 선하증권의 발행을 기다릴 수 없는 경우, ② 최종 기항지에서 정상적인 절차를 밟아서 선적을 하면 선적증권의 발송이 늦어질 경우, ③ 가능한 한 빨리 화환어음을 매도하여 자금의 고정화를 방지하려고 할 경우, ④ 화물의 특성상 또는 적부상 어느 선박에 선적될지 알 수 없는 경우 등이다.[53)]

53) 임석민(선하증권론, 2000), 111쪽 주 4) 참조.

나. 포트 선하증권

포트 선하증권(port bill of lading)은 화물이 운송인에게 인도되었고, 선박도 입항하였지만 본선에 아직 선적되지 않은 경우에 발행되는 일종의 수령 선하증권이다.

제5차 개정 신용장통일규칙(UCP 500)에서는 선적 선하증권의 요건을 지키기 위하여 컨테이너 화물(container cargo)의 양륙지와 최종 목적지가 다른 경우를 제외하고는 본선, 선적항, 양륙항이 확정되어야 한다고 규정하고 있다. 그러므로 '예정된(intended)' 또는 이와 유사한 용어가 사용된 증권은 수리가 거절된다(UCP 500, 제25조). 따라서 선적 전에 발행되는 포트 선하증권은 신용장에 별도의 명문 조항이 없는 한 사용이 금지되고 있다.[54]

다. 커스터디 선하증권

커스터디 선하증권(custody bill of lading)은 화물은 운송인에게 인도되었지만, 본선이 아직 입항하지 않은 경우에 발행되는 수령 선하증권의 일종이다. 미국에서 원면 운송에 이용되었으나 지금은 거의 사용되지 않는다. 포트 선하증권과 마찬가지로 신용장에 별도의 명문 조항이 없는 한 사용이 금지되고 있다.

2. 선적 선하증권

선적 선하증권(shipped bill of lading; on-board bill of lading)은 화물이 운송계약을 이행할 선박에 선적된 후에 발행되는 선하증권으로서, 증권 면에 선적표시문구(shipped 또는 on-board the vessel)로 특정의 선박에 화물이 실제로 선적되었다는 사실이 기재된 선하증권이다.[55] 그러므로 수령 선하증권도 그 증권 면에 운송인 또는 그 대리인이 선적하였다는 뜻(on-board notation)과 선박의 명칭 및 일자를 별도로 기입하고 서명하면 선적 선하증권으로 그 성질이 변경된다고 보아야 한다. 컨테이너선으로 운송할 경우 주로 이러한 형식으로 선하증권을 발행한다.

III. 증권의 유통성

1. 유통 선하증권

통상의 선하증권은 지시식 선하증권이다. 이는 문자 그대로 소지인이 자유로이 그의 증권상의 권리를 양도할 수 있도록 법률이 보장한 전형적인 유통 선하증권(negotiable bill of lading)이다.

선하증권은 전매 · 유통이 가능한가를 기준으로 유통 선하증권과 유통불가 선하증권(non-negotiable bill of lading)으로 분류할 수 있다. 해상운송은 육상운송이나 항공운송에 비하여 대량운송이며 운송 기간이 길어 운송 도중에 해상 매매가 가능하도록 일찍부터 선하증권의 유통성을 인정하여 왔다. 선하증권이 유통가능(negotiable)하다는 것은 양도가능(transferable), 거래가능(tradable),

54) 임석민(선하증권론, 2000), 137쪽.

55) UCP 500, 제23조, 제26조 참조.

배서가능(indorserable), 판매가능(marketable) 등의 용어로도 표현된다. 그러므로 유통 선하증권은 지시식 선하증권, 지참식 선하증권(bearer bill of lading), 선택지참식 선하증권, 무기명식 선하증권, 선택 무기명식 선하증권(alternative bill of lading) 등을 말한다. 선하증권에 유통가능(negotiable)이라는 표시를 하거나 수하인 칸에 지시문구('to order' or 'to bearer') 등의 표시가 있어야 한다. 또 영국 등의 일부 국가에서는 선하증권에 'or his or their assign'의 문구가 기재된 것을 유통 선하증권이라 한다.

선하증권은 화물을 나타내는(embodiment) 유가증권으로서 물권적 효력을 가지기 때문에 해상운송 중인 화물을 선하증권으로 해상매매(floating trade)하여 매매 당사자가 신속하게 자금을 융통할 수 있게 한 것이다. 해상운송의 경우 보통 장기간이 소요되기 때문에 운송인으로부터 선하증권을 발행받은 매도인이 이를 거래은행에 취결(negotiation)하면, 매수인은 신용장 개설은행에 수입대금을 지급하고 수령한 선하증권을 A에게 이윤을 붙여서 팔고, A는 다시 B에게, B는 다시 C에게 매도하는 방식으로 전전 유통하는 것이다. 이때 선하증권과 선하증권상의 권리는 배서를 통하여 A → B → C 순으로 이전한다.

운송인은 선하증권을 발행할 때 보통 3매가 한 세트로 된 원본을 발행하는데, 원본만 그 선하증권이 대표하는 화물과 상환(相換)될 수 있다. 또 신용장에 의해 이루어지는 무역거래에 있어서도 은행은 원본만을 정당한 선하증권으로 인정하며 대금결제가 이루어진다. 즉 선하증권은 원본에 대한 배서에 의해서만 제3자에게 양도 · 유통된다.

2. 유통불가 선하증권

유통불가 선하증권(non-negotiable bill of lading)이란 선하증권에 유통을 금지하는 내용을 기재함으로써 증권 소지인이 증권 자체의 양도로 그의 권리를 타인에게 양도하지 못하도록 한 선하증권을 말한다. 해운 실무에서는 선하증권 원본 외의 모든 선하증권에 미리 '유통불가'(non-negotiable)라는 문구를 인쇄해 놓았거나 고무인으로 날인하여 교부하기 때문에 이들 사본으로는 은행 등 타인에게 양도 · 유통시킬 수 없도록 하고 있다. 선하증권 사본(copy of bill of lading)은 선하증권의 유통성의 문제에 의하여 유통이 되지 않는다는 의미보다는 선하증권으로 보지 않는다고 해석하는 것이 정확할 것이다.

해상운송에서 이삿짐 운송, 본점과 지점 간의 거래 등 애초부터 매매대금결제의 문제가 발생할 여지가 없거나 유통이 불필요한 특수한 경우가 아니면 유통불가 선하증권을 사용하는 경우는 거의 없다. 다만 운송 기간이 2일 내지 3일에 지나지 않는 항공운송에서 발행하는 항공운송장(air way bill: AWB)과 근거리 운송에 사용되는 해상화물운송장(sea way bill:SWB) 등이 기명식으로 발행되는 유통불가 선하증권에 해당한다. 유통불가 선하증권은 개인용품, 이삿짐, NVOCC 간 및 본 · 지사 간의 운송 시와 같이 대금결제의 필요성이나 유통이 필요 없는 경우에 사용된다.

한국과 일본의 「상법」상으로는 선하증권은 유통증권으로 발행되는 것이 원칙이기 때문에 '유통불가'라는 특별한 문구를 선하증권에 기재하지 않으면 유통증권으로 해석해야 한다. 따라서 기명식 선하증권이라 하더라도 유통불가라는 별도의 표기가 없으면 유통증권으로 해석한다. 우리나라에서 발간되는 대부분의 문헌에서 한국과 일본 「상법」상의 기명식 선하증권에 대한 해석과 비교하여,

영국법과 미국법에서는 기명식 선하증권은 당연히 유통불가증권으로 발행되는 것처럼 해석되고 있다. 그러나 이는 영국법과 미국법의 내용을 잘못 이해한 것으로 영국법과 미국법에서는 유통불가라는 문구가 삽입된 선하증권을 유통불가 선하증권으로 정의하고 있고, 기명식 선하증권을 별도로 규정한 것은 아니다. 다만 유통불가 선하증권은 화물을 수령할 수하인을 지정하여야 하기 때문에 당연히 기명식 선하증권이 될 수밖에 없다. 사실상 한국 · 일본의 「상법」과 영국법 · 미국법이 기명식 선하증권에 대한 유통성을 달리 규정하고 있다고 해석할 근거는 없다.

IV. 수하인의 표시 방법

1. 기명식 선하증권

기명식 선하증권(straight bill of lading)은 선하증권의 수하인 칸에 특정인(회사명 또는 개인의 성명)이 기재된 선하증권을 말한다. 이것을 두고 한국과 일본을 제외한 대부분 국가에서 기명식 선하증권을 유통불가 선하증권으로 취급하고 있다고 해석하는 견해가 있다.[56] 그러나 영국법과 미국법에서도 한국이나 일본「상법」과 마찬가지로 '유통불가'라는 취지의 문구가 삽입된 선하증권을 유통할 수 없다고 규정한 것일 뿐이고, 기명식 선하증권을 유통할 수 없다고 규정한 것은 아니다. 다만 실무적 관점에서 보면 유통불가라는 문구가 들어간 선하증권은 유통이 되지 않는다고 규정한 영국법이나 미국법의 해석상 유통불가라는 문구가 들어간 선하증권은 기명식 선하증권으로 발행될 수밖에 없다.

선하증권의 수하인 칸에 'Korea Trading Co. Ltd./ Seoul, Korea'와 같은 방식으로 기재되고, 유통불가라는 표시를 고무인하는 것이 일반적인 발행 형식이다. 이 경우 선하증권을 소지하고 있다 하여도 증권에 기재된 기명 수하인(named consignee)이 아니면 화물의 인도를 청구할 수 없다.[57]

선하증권이 기명식으로 발행되는 유형은 ① 매수인 기명식(consigned to the buyer), ② 송하인 기명식(consigned to the shipper), ③ 수입지의 통관업자 기명식(consigned to a foreign custom house broker), ④ 수입지의 송하인 대리인 기명식(consigned to the shipper's agent), ⑤ 결제은행 기명식(consigned to the negotiating bank), ⑥ 추심은행 기명식(consigned to the collecting bank) 등이 있다.

기명식 선하증권으로 발행되더라도 배서금지(non-endorsable) 또는 유통불가라는 문구가 없으면 배서에 의해 양도가 가능하다(상법 제861조, 제130조). 또 미국에서도 과거에는 기명식 선하증권을 'straight bill of lading', 지시식 선하증권을 'order bill of lading'로 불렀으나, 1952년에「연방선하증권법」(Pomerene Act)을 개정하면서 이를 각각 'negotiable bill of lading', 'non-negotiable bill of lading'로 유통성을 기준으로만 규정하고 있다. 미국 주제통상위원회(Interstate Commerce Commission: ICC)는 지시식 선하증권은 황색용지에, 기명식 선하증권은 백색용지에 인쇄하여야 한다는 규정을 두고 있다.[58]

56) 엄윤대(선하증권론, 2002), 83쪽.

57) 임석민(선하증권론, 2000), 116쪽.

58) 임석민(선하증권론, 2000), 118쪽.

오늘날은 신용장[59]거래가 일반화되어 있어 신용장 개설은행이 화환담보를 필요로 할 경우, 화물의 해상매매의 경우에는 유통불가 선하증권은 담보권 행사 및 화물유통에 불편을 초래하고, 선하증권을 분실하면 제권판결[60] 등의 법적 절차가 필요하기 때문에 오히려 번거로워 잘 사용되지 않는다.

그러나 유통불가 선하증권의 발행이 필요한 경우가 있는데, ① 운송의 일부를 다른 운송인에게 위탁하는 경우에 그 사실과 책임의 한계를 명확하게 할 필요가 있거나, ② 운송 기간이 짧아 선하증권의 유통이 실효가 없는 경우, ③ 기타 선하증권은 유통을 필요로 하지 않는 견본품, 박람회 등의 전시품, 이삿짐, 개인용품, 공공단체용품 등의 운송 등과 같이 유통이 필요 없는 경우에 이용된다. 또 기명식 선하증권은 매수인 기명식(consigned to the buyer)이 가장 많이 사용되는데, ① 수입업자가 물건대금을 선불한 경우, ② 청산계정(open account)[61]으로 결제하는 경우, ③ 위탁판매조건부로 선적한 경우, ④ 신용장에 수입업자 기명식으로 선하증권 발행을 요구한 경우, ⑤ 수입지의 법률이 지시식 선하증권을 허용하지 않는 경우 등에 발행된다.

2. 지시식 선하증권

가. 개념

지시식 선하증권(order bill of lading)이란 선하증권의 수하인 칸에 수하인의 상호 및 주소를 기재하지 않고, 지시문구('to order', 'to order of shipper', 'to order of ○○○ bank')를 기재하여 유통을 목적으로 발행한 선하증권을 말한다.

지시식 선하증권의 정당한 수하인은 수하인 칸에 ① 'Order of Shipper'로 된 경우라면 송하인이 증권 뒷면에 배서(endorsement)한 증권 소지인이며, ② 'Order of Korea Trading, Co. Ltd.'로 되어 있다면 Korea Trading Co. Ltd.가 배서한 증권의 소지인이다. 그리고 ③ 'Order of Seoul Bank'라고 된

59) 신용장(Letter of Credit)이란 외국무역에 있어서 대금결제를 원활히 하기 위하여 신용장 발행은행(Issuing Bank)이 발행의뢰인(Applicant)을 대신하여 일정한 금액, 기간 및 조건하에 수익자(Beneficiary)에게 화환어음(Documentary bill)을 발행할 권한을 부여하고 그 발행은행이 지급 또는 어음을 인수하는 것을 보증하는 서류이다. 이와 같은 신용장에 의해 수출자는 매수인이 지급 불능 상태가 되더라도 물품대금을 받을 수 있다. 이를 경우에 따라서는 단순히 Credit 또는 L/C 라고도 부른다: 최신해운 · 물류용어대사전(2006), 564쪽.

60) 공시최고 신청인이 법원에 신청하여 선하증권의 무효를 판결 받아 선하증권이 없어도 화물을 인도받을 수 있는 선하증권에 대한 법원의 실권선언(失權宣言)이다. 제권판결은 공시최고절차가 필요해 최소한 6개월 이상의 기간이 소요된다. 공시최고절차는 당사자의 신청에 의해 불특정 또는 행방불명된 이해관계인에게 일정 기간 내에 청구 또는 권리의 신고를 최고하고, 신고가 없으면 실권한다는 뜻을 공고하는 절차이다(민사소송법 제450조, 제451조). 제권판결은 신고 기간 내에 권리의 신고가 없으면 당연히 하는 것이 아니고, 공시최고신청인이 최고 중에 지정된 공시최고기일에 출두하여 제권판결을 신청해야 하고(민사소송법 제458조), 법원은 신청이 적법하고 이유 있는 경우에 제권판결을 한다. 주로 유가증권의 분실 · 도난 · 멸실 시 그 증권을 무효로 하는 경우와 등기 · 등록 의무자가 행방불명일 때 증기 · 등록의 말소를 하는 경우 등에 필요하다.

61) 청산계정(Open Account)이라 함은 매매 양 당사자가 상호간에 수출입거래를 빈번하게 하는 경우에 각 거래마다 대금을 수수하지 않고 일정 기간의 거래에서 발생하는 채권 · 채무의 총액에 대하여 상계하고 그 차액을 결제하는 방법을 말한다. 우리나라는 대형 상사의 본 · 지사 간에 거래가 되고 있으며, Account Current 또는 Running Account라고도 한다.

경우는 'Seoul Bank'가 배서한 증권의 소지인이 그 화물에 대한 소유권을 가진다.

지시식 선하증권은 송하인 또는 은행이 선하증권 뒷면에 백지배서(blank endorsement)[62]하여 양도하면 이 선하증권 소지인이 화물에 대한 소유권을 가지게 되어 자유롭게 유통될 수 있다. 선하증권을 교부받은 송하인은 이 선하증권에 배서 · 양도함으로써 화물에 대한 소유권을 이전할 수 있다(상법 제65조, 민법 제513조). 보통 신용장에서는 '운임선불, 통지수령인은 수입업자, 송하인 지시식으로 작성된 클린 선적 선하증권 전통'(full set of clean on board bill of lading made out to the order of shipper, marked freight prepaid and notify accountee)을 요구한다. 화물이 운송 중 자유롭게 전매될 수 있도록 선하증권을 지시식으로 발행하는 것은 은행의 개입으로 결제가 이루어지는 신용장제도와 조화를 이루도록 하는 것이다.

지시식 선하증권은 정당한 절차대로 배서된 선하증권 소지인이 곧 수하인이므로 목적지에서 선하증권을 제시하기까지는 누가 수하인인지를 알 수 없다. 그래서 지시식 선하증권에는 화물에 관련한 통지(화물도착 예정 등)를 할 수 있도록 통지수령인(notify party)을 기재한다. 그러나 통지수령인으로 기재된 자라 하더라도 선하증권을 소지하고 있지 않는 한, 그는 정당한 수하인이 아니다. 그리고 지시식 선하증권에서 통지수령인의 기재가 선하증권의 유통성을 제한하는 것이 아님은 물론, 운송인이 반드시 통지수령인에 통지를 하여야 할 의무를 부담하는 것도 아니다.[63] 일반적으로 통지수령인 칸에는 수입업자, 통관업자, 수입지의 수출업자 대리인이 기재된다.

그러므로 매수인이 운송인으로부터 화물 또는 화물인도지시서(D/O)를 수령하기 위해서는 정확하게 배서된 선하증권 원본(original bill of lading) 1통을 제시하여야 한다. 따라서 송하인 지시식(to order of shipper)으로 발행되었으면 송하인은 전통에 백지배서 또는 특정 수하인 또는 피지시인(named consignee or order) 앞으로 배서해야 한다. 이때 최초의 원본 1통이 운송인에게 제시되면 나머지 2통은 무효가 된다. 이를 위해 선하증권에는 "앞에 기재된 증거로서 다음의 서명자(운송인)는 선장 및 선주를 대신하여 동일한 취지 및 일자의 선하증권 수통에 서명하였다. 이 중 1통이 회수되면 나머지는 무효가 된다"[In witness whereof, the undersigned, on behalf of (the steamship company's name, the master and the owner of the vessel), has signed the number of Bills of Lading stated below, all of this tenor and date, one of which being accompanied, the others to stand void.]라는 문구가 기재되어 있다.

지시식 선하증권은 다음과 같이 여러 종류가 있는데, 예컨대 신용장에서 송하인 지시식 선하증권(to order of shipper bill of lading)을 요구하는 경우에 단순 지시식 선하증권(to order bill of lading)

62) 선하증권에 양도인이 서명만 하여 인도하는 배서 방법을 말한다.

63) 임석민(선하증권론, 2000), 120쪽.

을 제공하면 엄밀일치의 원칙(doctrine of strict compliance)[64)]에 의하여 환어음[65)]의 지급을 거절하는 경우가 있다.[66)] 이러한 예로 볼 때 신용장거래의 경우에는 지시식 선하증권을 발행하더라도 신용장이 요구하는 조건에 완전히 일치하는 선하증권을 발행하고 유통시키는 것이 매우 중요하다.

나. 단순 지시식 선하증권

단순 지시식 선하증권(to order bill of lading)이라 함은 단순 지시문구(to order)로 발행되어 있어서 누군가의 지시를 받아 화물을 인도하여야 하는 선하증권을 말한다. 가장 많이 사용되는 방식으로, 운송인에게 화물의 인도를 지시할 수 있는 당사자는 송하인, 신용장 개설은행, 결제은행(setting bank), 추심은행(collecting bank), 송하인의 대리인, 매수인, 기타 소지인 등이다.

다. 송하인 지시식 선하증권

송하인 지시식 선하증권은 송하인 지시문구(to order of shipper)로 발행되어 있어서 운송인은 송하인의 지시를 받아 그가 지정한 사람에게 화물을 인도하여야 하는 선하증권이다. 또 누군가가 양륙항에서 화물을 인도받으려면 송하인이 배서한 선하증권을 제시하여야 한다. 이때 송하인이 일차적으로 화물에 대한 지배권을 가지고 있으므로 은행도 송하인의 배서가 있으면 선하증권이 담보가 되어서 안심하고 취결에 응할 수 있다.

라. 신용장 개설은행 지시식 선하증권

신용장 개설은행 지시식 선하증권은 신용장 개설은행 지시문구(to order of the L/C issuing bank)로 발행되어 있어서 운송인은 신용장 개설은행의 지시를 받아 화물을 인도하는 선하증권을 말한다. 누군가가 양륙항에서 화물을 인도받으려면 신용장 개설은행이 배서한 선하증권을 운송인에게 제시하여야 한다. 일단 신용장 개설은행이 화물에 대한 지배권을 가진다.

---

64) 신용 장거래에서 은행이 증권을 심사하고 수리 여부를 결정하는 데 있어서 논란의 대상이 될 수 있는 것은 제시된 증권에 대하여 은행이 어떤 기준에 의하며 어느 정도의 주의를 기울여 검토해야 할 것인가 하는 점에 대하여 엄밀일치의 원칙과 상당일치의 원칙을 기준으로 판단하여 왔는데, 주로 엄밀일치의 원칙을 기본으로 삼고 있다. 여기서 엄밀일치의 원칙이란 은행은 신용장의 조건에 엄밀히 일치하지 않는 증권을 거절할 수 있는 권리를 가지고 있다는 법률 원칙이다. 다시 말하면, 은행은 제시된 증권이 신용장 조건의 문언에 합치된 것으로 판명된 증권에 한하여 지급이행할 수 있다는 원칙을 말한다: Clive M. *Schmithoff, Export Trade*, 9th ed., (Stevens & Sons, 1990), pp. 404~405.

국제상거래의 지급도구인 신용장은 그 형식적인 엄밀일치성을 생명으로 하기 때문에 증권은 신용장 조건에 엄밀하게 일치하여야 하는 것을 기본으로 삼고 있다; Kurkela, Matti, *Letters of Credit under International Trade Law*, (Oceana Publications, Inc., 1950), p. 298; E. P. Ellinger, *Documentary Letter of Credit*, (University of Singapore Press, 1970), p. 279; 강원진, 「신용장론(제3증보판)」, (박영사, 2002), 30~31쪽.

65) 환어음(Bill of Exchange)이라 함은, 채권자인 수출자가 발행인(drawer)이 되고 채무자인 매수인 또는 은행을 어음의 지급인(payee)으로 발행되는 무역결제에 사용되는 어음을 말하고 Bill 또는 Draft라고도 부른다.:최신해운 · 물류용어대사전(2006), 193쪽.

66) Equitable Trust Co. of New York v. Dowson Partners Ltd. 27 Ll.L.R. 49 사건에서 "증권에 대한 한 거의 같다든가, 괜찮을 것이라는 인식은 전혀 통하지 않는다"(There is no room for documents which are almost the same or which will do just as well)라고 판시하여, 엄밀일치의 원칙을 확인하고 있다: H. C. Gutteridge and Maurice, Megrah, *The Law of Banker's Commercial Credits*, (Europa Publications Ltd., 1984), p. 117.

마. 결제은행 지시식 선하증권

결제은행 지시식 선하증권은 결제은행 지시문구(to order of the setting bank)로 발행되어 있어서 운송인은 결제은행(setting bank)이 지정한 사람에게 화물을 인도하여야 하는 선하증권을 말한다. 화환어음의 결제은행이 선하증권에 배서를 해야 화물의 인도가 가능하므로 화물에 대한 지배권은 일단 결제은행이 가진다.

바. 추심은행 지시식 선하증권

추심은행 지시식 선하증권은 추심은행 지시문구(to order of the collecting bank)로 발행된 선하증권을 말한다. 무 신용장거래(D/P 또는 D/A) 시 환어음의 추심은행(collecting bank)이 선하증권에 배서를 해야 하며, 화물은 추심은행이 지정한 사람에게 인도된다.

사. 송하인 대리인 지시식 선하증권

송하인 대리인 지시식 선하증권은 송하인 대리인 지시문구(to order of the agent of the shipper)로 발행된 선하증권을 말한다. 송하인이 매수인을 결정하지 않은 상태에서 화물을 발송하였거나, 매수인이 결정되었더라도 물건대금 또는 기타의 채권이 아직 청산되지 않은 경우에 송하인이 화물에 대한 지배권을 유지하기 위하여 발행하는 방식이다. 그러므로 화물의 수령을 위해서는 선하증권에 송하인 대리인의 배서가 있어야 하고 운송인은 대리인이 지정한 사람에게 화물을 인도한다.

아. 매수인 지시식 선하증권

매수인 지시식 선하증권은 매수인 지시문구(to order of the buyer)로 발행되는 선하증권을 말한다. 이미 물건대금이 결제되어 물건의 소유권이 매수인에게 완전히 이전되었기 때문에 송하인이 더 이상 화물을 지배할 필요가 없을 경우에 이용되는 방식이다. 선하증권에 매수인이 배서를 해야 하고 운송인은 매수인이 지정한 사람에게 화물을 인도한다.

자. 선택 무기명식 선하증권

선택 무기명식 선하증권(alternative bill of lading)은 선하증권 앞면에 화물을 '○○○무역회사 또는 선하증권 소지인에게 인도할 것'(○○○ trading Co. Ltd. or bearer)과 같은 문구를 명기한 선하증권을 말한다. 수하인으로 지정된 '○○○무역회사' 또는 그 밖의 어떠한 소지인이라도 이 선하증권을 제시하여 운송인에게 화물의 인도를 청구할 수 있다.

3. 무기명식 선하증권과 지참식 선하증권

선하증권의 수하인 칸을 비워둔 빈칸 형식으로 발행할 경우에는 무기명식 선하증권이라고 하고, 수하인 칸에 지참인(bearer 또는 to bearer)이라고 기재한 경우는 지참식 선하증권(bearer bill of lading)이라고 한다. 이 경우에는 누구나 선하증권을 소지하고 있으면 정당한 수하인이 될 수 있다. 또 선택 지참식(to ○○○ Trading Co. Ltd., or bearer)으로 발행되는 경우도 있는데, 이때는 '○○○ Trading Co. Ltd.'가 직접 수하인이 되어도 무방하다. 다만 '○○○ Trading Co. Ltd.'는 배서해야 유통시킬 수 있지만, 지참인은 배서 없이 교부만으로 유통시킬 수 있다.

이들 모든 종류의 선하증권이 지참인을 정당한 수하인으로 인정하여 선하증권 소지인에게 화물을 인도하기 때문에 무기명식으로 분류할 수 있다.

「상법」에 특별한 규정은 없으나, 선하증권의 상환증권성(상법 제861조, 제129조), 지시증권성(상법 제861조, 제130조), 처분증권성(상법 제861조, 제132조)과 같은 법적 성질과 물권적 효력(상법 제861조, 제133조)에 의하여 무기명식 선하증권의 효력을 인정한다.

또 선하증권을 완전유통증권으로 규정한 미국에서는 「통일상법전」(UCC §7-104)에 관련 규정이 있다. 국가에 따라서는 무기명식 선하증권이 인정되는 곳도 있고 인정되지 않는 곳도 있으므로 무기명식으로 선하증권을 발행할 경우에는 당사국의 법률을 확인할 필요가 있다.[67]

V. 화물의 하자 상태 표시 유무

1. 클린 선하증권

클린 선하증권(clean bill of lading)은 화물이 본선에 양호하게 선적되어 선하증권의 사고적요칸(remarks)에 화물이나 포장의 상태에 대한 하자 또는 포장불량 등의 유보 사항이나 선하증권 소지인에게 불리한 부가 단서의 기재가 없는 선하증권을 말한다(UCP 500 제32조 참조).

운송인은 화물을 선적할 때 송하인이 서면으로 신고한 화물의 수량, 포장, 하인(shipping marks) 및 외관 상태를 상당한 주의를 기울여 검사해야 한다. 이를 위해 운송인 및 송하인 쌍방에서 검수인(checker)을 선임하여 적부 전에 본선 위 또는 선측의 안벽 또는 잔교 위[68]에서 화물의 개수, 하인 및 외관 상태에 대해 입회검사를 한다. 그 결과 이상이 있을 경우에는 이 사실을 검수표(tally sheet)에 기재하고 쌍방이 확인한다. 본선측 검수인은 이를 일람표(exception list)로 작성하여 1등 항해사에게 제출한다. 1등 항해사는 선적 후 일람표의 문구를 그대로 본선수령증에 기재하고 이를 선하증권에 옮겨 적는다. 이때 사고 문구가 기재되지 않은 선하증권을 클린 선하증권이라 하고, 사고 문구가 기재된 선하증권을 파울 선하증권이라 한다.

UCP 500 제32조 및 인코텀스(Incoterms)에서는 “클린 운송증권은 물건 또는 포장에 하자가 있음을 명시적으로 표시해 주는 부가문구 또는 단서가 없는 운송증권이다”라고 정의하고 있다. 또한 일반적으로 신용장 조건에서 요구하는 선하증권은 클린 선적 해상선하증권(clean on board ocean bill of lading)이므로 클린 선하증권을 은행에 제시하여야 취결이 가능하다.

또 컨테이너 운송의 경우에는 일반적으로 송하인이 화물을 계량하고 컨테이너에 적입하여 그대로 운송 의뢰를 한다. 이때 운송인은 컨테이너를 개봉하여 내용물 및 포장의 상태를 일일이 점검할 수 없으므로 선하증권에 ‘송하인이 적입하고 계수하였음’(shipper's load & count) 또는 ‘송하인이 …을 적입하였다고 함’(Said by shipper to contain) 등과 같은 부지약관 또는 컨테이너 약관(container clause)을 기재한다.

신용장통일규칙에서는 이러한 문구가 있다 하여도 파울 선하증권으로는 보지 않고, 신용장에

67) 임석민(선하증권론, 2000), 121쪽.

68) 부선 위에서는 검수를 하지 않는 것이 원칙임.

서 금지하지 않는 한 클린 선하증권으로 수리하도록 하고 있다(UCP 500 제31조).[69] 선적 이후 화물의 훼손에 대하여는 운송계약 위반의 여부가 다투어지는 문제이므로 선적 당시에 화물에 이상이 없었다면, 클린 선하증권을 발행하여야 불필요한 법률적 분쟁을 방지할 수 있다.[70]

2. 파울 선하증권

파울 선하증권(foul bill of lading or False bill of lading or Dirty bill of lading)이란 선적된 화물 자체, 포장, 수량, 하인, 외관 상태 등에 이상이 있어서 이러한 사실이 본선수령증의 사고적요 칸(remarks)에 기재되고 그 내용이 선하증권에 그대로 기재되어 발행된 선하증권으로 클린 선하증권에 반대되는 개념이다.

화물을 본선에 선적할 때 수량 부족, 파손, 포장불량 등의 이상이 발견되면 검수인을 통하여 화물을 검사한 1등 항해사는 이러한 사실을 본선수령증의 사고적요 칸에 기재하여 파울 본선수령증(foul M/R)을 송하인에게 발행하고, 송하인이 운송인에게 파울 본선수령증을 제출하면 운송인은 선하증권에 본선수령증의 사고적요를 그대로 옮겨 적어 파울 선하증권을 발행한다.

운송인은 도착지에서 화물을 인도받는 측으로부터 손해배상 청구를 당하지 않기 위해서 화물을 수령할 때 화물이나 포장의 상태에 이상이 있으면 그것을 선하증권에 표시하여 운송인 자신의 책임이 아님을 증거로 남기려 한다.

이때 화물의 부족 · 이상 · 포장의 잘못 등에 대하여 이를 조정하거나 수선하여 사실상 무사고 상태가 되고 이에 따라 클린 선하증권을 발행하게 되면 아무런 문제가 없지만 시간적 제약 등으로 인하여 현실적으로는 이러한 조치가 불가능한 경우가 대부분이다. 그러나 선하증권에 화물 사고에 대한 사고적요가 기재되면 파울 선하증권이 되어 화환어음 취결 시 은행에서 이를 수리하지 않는다(UCP 500 제32조). 그러므로 실무상으로는 송하인이 모든 책임을 지겠다는 내용을 적은 일종의 보상장(L/I)을 운송인에게 제출하고 클린 선하증권을 교부받는 관행이 있다. 실무상으로는 파울 본선수령증이나 파울 부두수령증(foul D/R)이 발행되는 단계에서 보상장이 제출되어 클린 선하증권으로 교체 발행되는 경우가 많다. 보상장은 문제가 된 화물로 인하여 운송인이 손해배상을 해야 할 경우에 보상장을 작성한 송하인이 보상하겠다는 각서를 말한다.

파울 선하증권을 발행하여야 함에도 운송인이 보상장을 받고 클린 선하증권을 발행하는 것은 선하증권 기재의 진실성에 반하는 탈법행위(fraud)로서 법리 상으로는 문제가 된다. 영국 판례상으로는 보상장의 효력을 무효로 하고 있고 이를 허용하지 않는 해운동맹도 있다.[71]

보상장의 유무와 관계없이 운송인은 증권 소지인에 대하여는 증권의 기재 내용대로 운송채무를 이행할 책임이 있으므로 단지 제3자를 기망하기 위한 허위의 선하증권 발행행위가 아닌 한, 보

69) British Imex Industries v. Midland Bank Ltd., (1958) 2 Lloyd's Rep. 591 (Case No. 14):F. M. Ventries, 「Banker's Documentary Credits」, 2nd ed., (London: LLP, 1983), pp. 177~178.

70) Golodetz (M) & Co. Inc. v. Czarnikow-Rionda Co. Inc., The Galatia (1979) 2 All ER 726, (1980) 1 WLR 495, (1979) 2 Lloyd's Rep 450:affd (1980) 1 All ER 501, (1980) 1 WLR 495, 124 Sol Jo 201, (1980) 1 Lloyd's Rep. 453, CA.

71) 임석민(선하증권론, 2000), 124쪽; Benard Abrahamsson, *International Ocean Shipping: Current Concepts and Principles*, (Westview Press, 1980), p. 86.

상장 발행 자체는 인정하는 것이 타당하다고 보는 견해도 있다.[72] 그러나 법적으로는 보상장을 받고 클린 선하증권을 발행하는 것은 탈법행위에 불과하므로, 선하증권의 선의의 소지인에 대하여는 증권의 문언대로 효력이 발생하는 것은 당연한 것이다. 만약 선하증권 소지인이 운송인에게 선하증권의 표시대로 무사고의 화물을 인도할 것을 요구할 경우에는 운송인은 채무불이행의 책임을 져야 하지만, 사실상은 송하인을 상대로 보상장에 따른 구상권 행사가 가능할 것이다. 결국 보상장의 발행은 무역의 편의를 위하여 오랜 기간 이용되고 있는 사실인 관습으로 보아야 할 것이다.

Ⅵ. 운송인의 책임구간

1. 일관선하증권

화물이 목적지까지 운송되는 동안 여러 명의 운송인이 개입하여 같은 종류 또는 2종 이상의 운송수단(mode of transport)을 교대로 사용(선박, 항공기, 기차 또는 트럭 등의 배합)하여 단계별 운송이 이루어지는 경우가 있다. 이때 환적할 때마다 운송계약을 별도로 체결하는 번거러움을 피하고 비용을 절약하기 위하여 최초의 운송인이 전 운송구간에 대하여 이를 통합하여 발행하는 선하증권을 광의의 일관선하증권(through bill of lading)이라 말한다.

물건운송은 운송수단을 기준으로 해상운송, 철도운송, 도로운송, 항공운송으로 구분할 수 있다. 이때 일관운송(through transport)[73]이라 함은 하나의 운송에 여러 명의 운송인이 참여하고 동종의 운송수단 또는 복수의 운송수단을 사용하여 운송이 완성되는 것을 말한다. ① 전 구간의 운송이 동일한 운송수단에 의해 이루어지는 일관운송을 단순일관운송(unimodal through transport)이라 하고, ② 여러 운송수단에 의해 이루어지는 일관운송을 복합운송(multimodal or combined transportation)이라 한다.

복합운송을 일관운송의 개념에 포함하는 견해와는 달리 일관운송을 완전히 별개의 개념으로 파악하여 단순일관운송만을 일컫는 견해(협의)도 있다.[74] 협의로 파악하는 경우 일관운송은 반드시 다른 종류의 운송수단을 전제로 하지 않으며, 또 운송의 실행도 각 구간별로 국지적으로 이루어지므로 운송인의 책임도 복합운송의 경우처럼 한 운송인에게 집중되는 일이 없다. 그러나 화물의 환적이나 운송의 연결 등 운송 형식 자체에 관점을 둔다면 복합일관운송도 여기서 말하는 일관운송의 일부로 보는 것도 잘못된 개념은 아니라고 본다. 그러므로 협의의 일관선하증권은 위에서 말한 단순일관운송에서 발행하는 선하증권이라고 정의할 수 있다.

복합운송증권(MTD)은 별도로 다루기로 하고 협의의 일관선하증권에 대하여 설명한다.

일반적으로는 일관선하증권을 선박과 철도, 트럭 또는 항공기 등 하나 이상의 운송수단이 연계된 운송을 담당하는 복합운송과 동일한 개념으로 인식하여 왔다. 그러나 여러 명의 운송인이 참여

72) 배병태, 「주석해상법」, (한국사법행정학회, 1980), 277~278 쪽.

73) 일관운송은 연락운송 또는 통운송이라고도 한다.

74) H.G. Rōhreke, "Combined Transport and the Hague Rules", *European Transport Law*, Vol. 10 (1975), p. 621; 임동철 (해상법 · 국제운송법연구, 1990), 149쪽.

하는 일관운송에 발행되는 일관선하증권의 유형은 사용되는 운송수단의 종류에 따라 2가지로 분류되고 구간운송인의 책임부담 범위에 따라 다시 2가지 유형으로 각각 분류할 수 있다.

협의의 일관선하증권에는 1차 운송인(원수운송인)만 서명하고, 2차 이후의 운송인은 각각 독립해서 자기 담당구간의 운송을 인수하기 때문에 연대책임을 지지는 않는다. 즉 2차 이후의 운송에 대해서 선하증권에 서명한 1차 운송인은 송하인의 운송주선인에 불과하고, 2차 이후의 운송인과의 연결(계약체결 또는 사실상 화물의 인도 등)로서 임무가 완성된다.[75] 즉 원수운송인은 자기 구간만 책임을 지고, 타 구간 운송인과 화주는 원수운송인과는 별도의 독립적인 운송계약이 체결된다. 그러므로 환적을 위해 본선의 테이클(tackle)로부터 화물이 이동한 이후의 위험에 대해서는 직접 책임을 지지 않고[76] 다음 운송인에게 위험이 넘어간다.

일관선하증권과 관련된 각 운송인은 운송증권에 일관운송이 2 이상의 운송인뿐 아니라, 2 이상의 계약을 의미할 수 있다는 것을 나타내기 위해 당해 운송인의 책임구간에 대해서만 적용한다는 취지의 조문을 삽입할 수 있다. 그러므로 참여 운송인 상호간 그리고 송하인 및 수하인에 대하여 부담하는 책임에 따라 다양한 계약이 체결될 수 있다. 일관선하증권의 경우, 당해 구간운송인은 그의 구간에 대한 운임에 접속수속 비용이 포함된 이른바 일관운임(through freight)을 부과하고, 일관선하증권에는 환적항, 접속선명(connecting vessel) 및 접속운송인명(connecting carrier) 등이 기재된다.

반면 물건운송의 전 구간을 동일 종류의 운송수단인 선박으로 운송하지만 원수운송인이 화물의 수령지부터 인도지까지 운송하는 도중 다른 연계해상운송인(successive ocean carriers)을 자기가 하도급 계약하여 운송을 완성할 때, 최초 운송을 인수한 운송인이 전 운송구간을 책임지는 선하증권을 발행하는데, 이러한 선하증권을 해상일관선하증권(ocean through bill of lading)이라 한다. 선하증권 발행인은 자기의 운송구간은 물론 연계운송인에 의한 운송구간 전체에 대해서도 책임을 진다. 선박이라는 동일 운송수단이 사용된다는 점에서 복합운송과 다르고, 복수의 운송인이 개입되어 있긴 하지만 선하증권을 발행한 원수운송인이 모든 운송구간에 대한 책임을 진다는 점에서 복합운송과 동일하다.

2. 복합운송증권

복합운송증권(combined/multimodal/intermodal transport document: 이하 'MTD'라 한다)이란 화물의 수령지에서 인도지까지의 운송을 단일운송인의 책임, 단일운임, 최소한 두 가지 이상의 다른 종류의 운송수단(선박, 철도, 자동차, 항공기 등)을 결합하여 일관운송(through transport)할 것을 약속한 복합운송계약에 의하여 발행하는 운송증권이다. 선하증권과 마찬가지로 권원증권, 유가증권 및 증거증권으로서의 기능을 가지고 있다.

복합운송이라 하면 ① 해 · 륙 운송수단(선박+트럭, 선박+기차)의 결합, ② 해 · 공 운송수단(선박+항공기)의 결합, ③ 육 · 공 운송수단(트럭+항공기, 기차+항공기)의 결합으로 이루어지는 운송이다.

복합운송증권의 명칭은 통상 Combined Transport Bill of Lading, Multimodal Transport Bill of

75) *Recommendations for the Format of Bill of Lading*, (ICS, 1978), p. 17.

76) 이종인, 「국제해상운송론」, (효성출판사, 2001), 117쪽.

Lading, Intermodal Transport Bill of Lading, Multimodal Transport Document,[77] Combined Transport Document 등으로 다양하게 불리지만[78], 그 의미와 효력은 동일하다.

자기가 운항하는 선박이 없이 운송계약을 체결하는 운송 주선인이 사용하는 복합운송증권이나 선사가 사용하는 복합운송 선하증권(MT bill of lading)도 대부분 복합운송계약을 실질적으로 충족하는 양식을 구비하고 있다. 특히 FIATA(International Federation of Freight Forwarders Associations)[79]는 「1992년 UNCTAD/ICC 복합운송증권규칙」의 발효와 더불어 같은 해석규칙에 기초한 피아타 복합운송 선하증권(FIATA Combined Transport Bills of Lading: 이하 'FBL'이라 한다)[80] 표준약관을 제정하였고, ICC에서 로고의 사용을 허용하였다.[81] FIATA 정회원으로 가입된 회사는 FIATA로부터 사용 허가를 받아 이를 이용하고 있다.

복합운송증권은 운송수단을 어떻게 결합하든 복합운송을 인수하고 복합운송증권을 발행한 복합운송인이 화물의 수령지로부터 최종 인도지까지 책임을 질 것에 합의한 것이므로 화주는 복합운송인에게 모든 책임을 물으면 된다. 한편 복합운송인은 귀책사유가 있는 하도급운송인에 대하여 구상권을 행사하게 된다. 그러므로 운송수단의 일부만을 보유하고 일부 구간에 대하여만 운송을 실제로 이행하고 다른 구간에 대하여는 하도급계약을 통하여 운송을 이행하는 선사나 항공회사는 물론, 전혀 운송수단을 보유하지 않고 하도급계약을 통하여 실제 운송 행위를 이행하는 NVOCC도 복합운송계약을 체결하여 복합운송증권을 발행할 수 있다.

복합운송을 일관운송과 비교하여 설명하면 다음과 같다.[82]

첫째, 일관운송은 동종운송수단 또는 이종운송수단과의 조합이 모두 가능하나, 복합운송은 이종운송수단과의 조합에 한한다.

둘째, 계약 형태 면에서 일관운송은 운송구간별로 부분운송계약이 체결되지만, 복합운송은 전구간단일운송계약이 체결되고 2차 이후의 운송인은 하도급운송계약을 체결하게 된다.

셋째, 운송인의 책임 형태를 보면, 일관운송은 분할책임체계(network liability system)를 취하고 있고, 복합운송은 단일책임체계(uniform liability system)를 추구하고 있지만 현실적으로는 구간별 이종책임제(network liability system)가 적용되고 있다.

---

77) Multimodal Transport Document는 1980년 유엔복합운송협약, 1992년 UNCATD/ICC 복합운송증권규칙 및 제5차 개정신용장통일규칙(UCP 500)이 사용한 용어이다.

78) 실무에서 사용되는 복합운송증권 양식의 표제가 그렇게 되어 있는 것도 있다.

79) 국제운송주선인협회(International Federation of Freight Forwarders Associations)는 1926년 3월 31일 비엔나에서 16개국 운송주선인협회가 주도하여 창설되었다. 한국의 경우 1977년 9월 당시 한국해상운송주선업협회(KIFFA)가 LA에서 개최된 제15차 연례회의에서 정회원으로 가입하였다. 스위스 취리히에 본부를 두고 있고 130개국의 35,000여 운송주선인이 가입하고 있다. 정회원은 각국의 운송주선인단체에 한하며 준회원은 개개 운송주선인 및 관세사 등이 가입 자격이 있다: 최신해운 · 물류용어대사전(2006), 520쪽.

80) 피아타 복합운송 선하증권(FIATA Combined Transport Bills of Lading)은 「1992년 UNCTAD/ICC 복합운송증권규칙」을 수용하여 국제운송주선인협회가 제정한 복합운송 선하증권을 말한다. 신용장에서 해상선하증권을 요구하는 경우, FIATA FBL은 복합운송 선하증권이지만 그 기재 내용이 제5차 개정신용장통일규칙(UCP 500) 제26조의 요건을 충족하면 해상선하증권으로 수리될 수 있다: 최신해운 · 물류용어대사전(2006), 405쪽.

81) 김만석, 「복합운송에 대한 규칙 및 협약의 조문별 해설」, (해운산업연구소, 1994), 머리말 중.

82) 임석민(선하증권론, 2000), 133쪽 주 41) 참조.

넷째, 일관운송에서는 1차 운송인은 화주의 단순한 운송대리인(운송주선인)에 불과하지만, 복합운송에서 1차 운송인은 원수운송인이고 2차 운송인은 하도급운송인이 된다.

오늘날 개품운송계약은 대부분 컨테이너 복합운송으로 이루어지므로 운송증권도 선하증권을 대체하여 복합운송증권의 형태로 발행되고 있다. 그러므로 복합운송증권이 선하증권과 같이 무역거래에서 화환담보의 역할을 수행할 수 있어야 하고 은행에서도 수리될 수 있어야 한다. 국제상업회의소는 이러한 시대적 요구에 부응하기 위하여 1974년 제3차 개정신용장통일규칙부터 복합운송증권에 대한 조문을 신설(UCP 290 제23조)하여 복합운송증권도 다른 조건이 충족될 경우 클린 선하증권으로 인정하여 수리하도록 하였다. 그 후 1983년의 제4차 개정 및 1992년 제5차 개정을 거치면서 신용장거래에서 수리 가능한 운송증권으로 확실히 인정되었다. 즉 신용장에서 복합운송증권을 요구하고 있거나 단순히 복합운송을 허용하면서 복합운송증권의 형식이나 그 발행인을 명시하고 있지 않을 경우 은행은 복합운송증권을 수리하여야 한다(UCP 500 제26조 제6항).

3. 로컬 선하증권

부산에서 인천, 울산에서 포항 등과 같이 화물의 선적항과 목적 항이 모두 같은 국가 안에서 운송이 이루어지는 국내 해상운송 시 발행되는 선하증권을 로컬 선하증권(local bill of lading) 또는 국내 선하증권(domestic bill of lading)이라 한다.

일반 무역거래에서는 사용되지 않으나 필리핀과 같은 많은 섬으로 구성된 나라에서는 국내 선하증권에 의해 다른 섬의 항구까지 운송되고 그곳에서 다시 다른 모선에 환적되는 로컬 선하증권이 유효한 것으로 인정받고 있다.[83)]

일관선하증권이 발행되는 경우, 연계운송인 또는 하도급운송인이 원수운송인에게 발행하는 선하증권도 로컬 선하증권이라 한다. 이때 로컬 선하증권을 발행하는 목적은 ① 중간운송인의 존재를 명확히 하는 것과 ② 사고발생시 책임의 한계를 명확히 하는 것 등이다. 즉 일관운송이나 복합운송의 일부 구간에 대하여 발행하는 선하증권을 말하는데, 거의 유통불가 선하증권으로 발행된다. 또 내륙운송에 사용되는 철도 화물상환증(railroad bill)이나 내수로 선하증권(inland waterway bill of lading) 등을 로컬 선하증권이라고도 한다.[84)]

4. 해상선하증권

2개 이상의 국가 간에 항구와 항구 간(port to port)에 화물을 선박에 의한 해상운송만으로 운송할 때 발행하는 선하증권을 해상선하증권(ocean bill of lading or Marine bill of lading)이라 한다. 그러므로 송하인의 창고에서 선적항까지 및 양륙항으로부터 수하인의 창고 등 내륙의 최종 목적지까지의 운송은 화주의 위험과 비용 부담으로 이루어진다. 운송인은 단지 해상구간의 운송에 대한 책임만 지게 된다.

83) 임석민(선하증권론, 2000), 131쪽.

84) 최신해운 · 물류용어대사전(2006), 578쪽.

VII. 혼재 여부

1. 마스터 선하증권

마스터 선하증권(master bill of lading; groupage bill of lading; omnibus bill of lading)이라 함은, 운송할 화물이 컨테이너 1대 분량이 되지 않는 LCL 화물[85]인 경우에, 운송주선인이 같은 목적지로 가는 화물을 하나의 운송단위로 구성하여 선적해 보낼 때 선사(실제 운송인)가 운송주선인에게 교부하는 선하증권을 말한다.[86]

마스터 선하증권으로 화물을 통합하면 운임이 저렴해지고, 서류가 간단해지는 장점이 있다고 한다.[87] 그러나 실제로는 이해당사자의 입장과 상황에 따라 더 복잡해지는 경우도 있기 때문에 마스터 선하증권 자체가 이러한 이점을 가져온다고 보기는 어려운 점도 있다.[88]

국제복합운송업계에서는 NVOCC가 운송인의 자격으로 여러 명의 실제 송하인과 운송계약을 체결하고 화물을 수령한 다음 그들의 선하증권을 발행하여 실제 송하인에 대하여 자신과 체결한 운송계약에 대하여 모든 권리와 의무를 가지게 된다. NVOCC는 자신이 집하한 화물을 통합하여 이행운송인인 선사(Vessel Operating Common Carrier: VOCC)에게 운송을 의뢰하게 된다. NVOCC는 해상운송인과의 관계에서 보면 운송인이 아니라 송하인(1998년 해운개혁법 제3조 (17), b. 참조)의 자격으로 해상운송인과 운송계약을 체결하고 그가 집하한 화물을 해상운송인에게 제공하고 그로부터 선하증권을 교부 받게 된다. 이 경우 해상운송인이 발행하는 선하증권상의 송하인으로는 NVOCC가 기재되며,[89] 화물명세는 각각 실제 화주의 화물이 통합된 전체 화물명세가 기재된다. 이러한 선하증권을 교부 받은 NVOCC는 그것을 수하인에게 송부하여 그로 하여금 목적지에서 해상운송인으로부터 증권에 기재된 화물을 인도받게 한다.

해상운송인이 발행하는 선하증권에는 내면적으로는 여러 명의 실제 송하인의 화물이 존재하지만 이를 1명의 NVOCC가 통합하여 발행받기 때문에 해상운송인과의 관계는 하나의 선하증권으로 선적된다. 해상운송인과 실제 송하인(actual shipper)과의 권리 · 의무관계를 해상운송인이 발행한 선하증권의 관점에서 보면, NVOCC의 이름이 해상운송인의 선하증권에서 송하인 칸에 기재되

85) LCL Cargo(less than container load cargo)라 함은 컨테이너 1개를 채우기에 부족한 소량 화물을 말하며, FCL 화물에 대비되는 용어이다. CFS 또는 Inland Depot에 집적되고 목적지에서는 마찬가지로 CFS 또는 Depot에서 컨테이너로부터 양륙되어 분리 · 양도된다. 이 경우 LCL Service Charge 또는 CFS Receiving Charge 등의 명목으로 과징금을 받는 해운동맹이 많다. Sea Land 사에서는 육상운송용어를 사용하여 이들 소량 화물을 LTL Cargo(Less than Trailer Load Cargo)라 부르고 있다; 「최신해운 · 물류용어대사전」 (코리아쉬핑가제트, 1996), 297~298 쪽.

86) 최신해운 · 물류용어대사전(2006), 461쪽.

87) 이종인(2001), 118 쪽.

88) 예컨대 서류의 간소화라는 관점에서 보면, NVOCC가 그들 각각의 송하인에게 NVOCC가 발행한 선하증권을 교부하여야 한다. 이때 실제 운송인인 운송인도 그가 발행하는 선하증권의 송하인 칸(shipper)과 수하인 칸에 각각 NVOCC의 이름을 기재하고, 화물명세를 포함한 기타 사항이 통합적으로 기재되기는 하지만, 각각의 실제 송하인(actual shipper) 및 실제 수하인(actual consignee) 별로 화물명세를 별도의 첨부 서류(Rider)로 원 선하증권에 첨부하여야 하므로 증권의 간소화 또는 효율성 측면에서는 큰 도움이 된다고 보기 어렵다고 하는 비판도 있다: 엄윤대(선하증권론, 2002), 98쪽).

89) 임석민(선하증권론, 2000), 131쪽.

므로 NVOCC와 실제 송하인과의 운송계약과는 아무런 관계가 없다. 해상운송인과 운송계약의 당사자가 아닌 NVOCC의 실제 송하인은 해상운송인에 대하여 송하인으로서의 권리가 없고, 선하증권에 기재된 NVOCC에게 권리가 있다. 그러므로 마스터 선하증권의 경우 각 송하인은 자기 화물에 대한 운송증권이 아니기 때문에 화환결제에 사용할 수 없다. 또 각 수하인에 대해서는 개별적으로 각자의 화물인도지시서가 발행된다.

2. 하우스 선하증권

운송할 화물이 컨테이너 1대 분량이 되지 않는 LCL 화물의 경우에, 운송주선인이 같은 목적지로 가는 화물을 하나의 운송단위로 구성하여 선적해 보낼 때 선사로부터 운송주선인은 마스터 선하증권을 교부받는다. 여러 송하인의 화물을 하나의 컨테이너에 취합하는 행위를 혼재(consolidation)라 하고 이러한 운송을 혼재운송이라 하는데, 운송주선인이 여러 명의 송하인으로부터 화물을 집하하고 각각의 송하인에 대하여 운송주선인 자신의 명의로 발행하는 화물수령증을 하우스 선하증권(house bill of lading)이라 한다.[90]

즉 LCL 화물을 운송할 경우에, 각각의 송하인으로부터 화물을 수령한 운송주선인은 일종의 화물수령증명서 또는 선적증명서(certificate of shipping)로서 하우스 선하증권을 발행하고, 다시 운송주선인은 본선에 화물을 선적한 후 마스터 선하증권을 발행받는다.

1984년 10월 1일 제4차 개정신용장통일규칙의 발효 이전에는 신용장에 하우스 선하증권 수리가능(house bill of lading acceptable)이라는 문구가 없으면 하우스 선하증권을 은행에서 수리하지 않았기 때문에, 하우스 선하증권에 대신하여 법적 효력이 이보다 더 강한 화물인도지시서를 발행하기도 했다.[91]

이와 같이 마스터 선하증권과 하우스 선하증권이 발행된 경우에는, 마스터 선하증권에서는 운송주선인이 선하증권상의 송하인이기 때문에 각각의 송하인은 마스터 선하증권을 근거로 한 화환결제는 할 수 없다. 이때 수하인은 개별적으로 화물인도지시서를 발행 받아 화물을 인도받을 수 있다.[92] 또 하우스 선하증권에는 운송주선인과 송하인 간에 체결된 운송계약의 내용이 기재되어 있다.[93]

VIII. 특수한 선하증권

1. 용선계약부 선하증권

용선계약부 선하증권(charter party bill of lading)이라 함은 화주가 대량의 화물을 운송하기 위

90) 최신해운 · 물류용어대사전(2006), 479쪽.

91) Clive Schmitthoff, *Schmitthoff's Export Trade*, 7th ed., (Stevens & Sons, 1980), pp. 357~358.

92) 임석민(선하증권론, 2000), 132쪽.

93) 최신해운 · 물류용어대사전(2006), 461쪽.

하여 1 항해 또는 일정 기간 동안 선박의 운송서비스를 이용하는 경우에 화주와 운송인이 용선계약을 체결하고, 그 계약에 의해 운송되는 화물의 수령 또는 선적에 대해서 발행되는 선하증권을 말한다. 이러한 선하증권에는 용선계약 관계를 나타내는 문구를 표시하여 선하증권과 용선계약의 내용이 서로 충돌하지 않도록 하고 있다.[94]

용선계약은 일종의 운송계약이고 선하증권 발행 행위는 운송계약에 기하여 화물의 수령이나 선적을 증명하고 운송계약의 내용에 대한 증거로서의 추정적 증거를 가지는 증권을 발행하는 행위로 계약의 종류와 내용이 서로 다르다. 통상 선하증권이 발행되는 것은 개품운송계약에서는 운송계약의 증거로 발행되는 것이지만, 용선계약하에서도 화물의 수령 또는 선적의 증거로 발행될 수 있기 때문에 성격이 다른 계약의 충돌로 법률 관계가 복잡해질 수도 있다(용선자가 다른 송하인의 화물을 운송하기로 용선계약이나 개품운송계약을 체결하고 선하증권을 발행하는 경우).

개품운송계약에 의하여 발행되는 경우 이상으로 용선계약하에서 선하증권이 발행되는 경우도 많다. 예를 들면 ① 선주가 항해용선계약을 체결하였는데 이때 용선자가 선적한 화물에 대하여 선주가 선하증권을 발행하는 경우, ② 선주가 정기용선계약을 체결한 후, 용선자가 그 선박을 자신의 정기항로 영업에 투입하고 운송을 의뢰한 제3자의 송하인에게 선하증권을 발행하는 경우, ③ 선주가 항해용선계약을 체결하였는데, 용선자가 자신의 화물을 싣고 남은 공간을 이용하여 다른 사람의 소량의 화물을 운송하기로 하는 운송계약을 체결하고 그 제3자의 화물을 선적하여 제3자인 송하인에게 선하증권을 발행하는 경우가 있다.

이 중 ②와 ③의 경우에는 특별한 이유가 있어서 선하증권이 발행되는 것이 아니라 용선계약의 당사자는 아니지만 제3자인 송하인의 화물을 선적하기 때문에 운송인과 제3자인 송하인 간에 선하증권이 발행되는 것이다. 그러므로 선하증권의 발행에 따른 효력은 용선계약의 효력과는 별개로 다루면 된다. 그러나 ①의 경우처럼 용선자에게 선하증권이 발행되는 경우는, 용선자와 운송인 간에 이미 운송계약인 용선계약이 체결되어 있음에도 따로 선하증권이 발행되었기 때문에 용선계약서와 선하증권의 기능이 서로 충돌할 수 있다. 그럼에도 선하증권이 발행되는 것은 용선계약이 체결되어 있다 하더라도 용선자인 송하인으로서는 화물의 수령 · 선적을 입증하고 목적지에서 화물인도청구를 할 수 있는 화물수령증 또는 권원증권을 필요로 하기 때문이다.

예컨대, 수출업자가 화물을 운송하기 위하여 항해용선계약을 체결하고 용선계약서를 소지하고 있다 하더라도 다음과 같은 두 가지 이유 때문에 별도로 선하증권의 발행을 필요로 하게 된다.

① 수출업자는 화물을 선적하고 나면 화물의 선적에 대한 증거[95]를 확보하여 둘 필요가 있는데, 용선계약서는 이에 대한 증거로서의 기능을 가지고 있지 못하다.

② 수출업자는 양륙항의 수하인에게 화물을 처분할 수 있도록 할 필요가 있으며 이를 위해서는 화물인도청구권을 나타내는 권원증권이 발행될 필요가 있다. 그런데 용선계약서는 권원증권이 아니기 때문에 선하증권이 필요하게 된다.

이와 같이 용선계약하에서 선하증권이 발행되는 경우에는 법적으로 ① 선하증권 소지인이 누구인가에 따라 선하증권의 법적 지위와 효력이 달라지는가와 ② 선하증권과 용선계약서의 내용 중

94) 최신해운 · 물류용어대사전(2006), 245쪽.

95) 화물의 수량, 외관 상태, 선적 사실 자체에 대한 증거를 말한다.

어느 것이 우선적으로 적용되는가가 문제된다.[96)]

2. 히치먼트 선하증권

히치먼트 선하증권(hitchment bill of lading)이라 함은 화물이 다른 지역에 위치한 2개 이상의 선적항에서 선적되었지만 하나의 선하증권으로 이를 커버하여 발행된 선하증권을 말한다.[97)] 예를 들면, 수출업자가 수입업자로부터 1000톤의 원면 신용장을 받은 경우, 수출업자가 화물 확보 등의 이유 때문에 "운송인 ○○○의 A Vessel, Voyage No. 123이 하와이항에 기항했을 때 300톤을 선적하고, 동일 항해선박(A Vessel, Voyage No. 123)의 다음 기항지인 LA 항에서 나머지 700톤을 선적한 뒤 운송인 ○○○으로부터 두 선적항에서 선적된 총 1000톤에 대한 1 Set의 선하증권을 발행 받는 경우"를 말한다.[98)]

해운동맹 등의 태리프(tariff)[99)]에 규정된 히치먼트 선하증권의 발행 요건은 다음과 같다.[100)]

① 동일 선박(single vessel)에 선적될 것.

② 목적지가 동일할 것.

③ 송하인 및 수하인이 각각 동일인일 것.

④ 선적 일자는 화물 전량이 선적된 일자일 것.

⑤ 화물의 명세(화물의 종류, 컨테이너 번호, 중량, 용적 등)는 선적항별로 구분하여 명시할 것.

⑥ 운임은 각 선적항에 적용되는 요율을 적용할 것.

⑦ 태리프가 있는 경우 히치먼트 선하증권 비용(hitchment bill of lading charge)을 선하증권에 명시하고 청구할 것.

신용장에서 분할선적을 금지하는 조건이라 하더라도 히치먼트 선하증권은 은행에서 수리한다. 히치먼트 선하증권의 경우 선적항이 두 개 이상이고 선적 일자도 상이하지만 그것은 동일 선박 및 동일 항로로 이행되기 때문에 UCP 500에서 이를 분할선적으로 간주하지는 않기 때문이다(UCP 500, 제40조 b항).

3. 스테일 선하증권

스테일 선하증권(stale bill of lading)은 선하증권의 종류를 설명하는 개념이 아니라 신용장통일규칙의 해석과 관련된 개념이다. 즉 선하증권은 화물 선적 후 신용장에 명시된 일정한 기간 내에 은

96) 정영석(선하증권론, 2008), 291쪽.

97) 최신해운 · 물류용어대사전(2006), 476쪽.

98) 정영석(선하증권론, 2008), 301쪽.

99) 태리프(Tariff)라 함은, 교역상품에 대해 부과하는 관세율표 또는 어떤 상품 또는 서비스의 가격이나 수수료에 대한 요율표(a schedule of price or fee)를 의미한다. 그러므로 해운에 있어서 Tarrif라고 함은 선사가 운송서비스를 제공함에 따른 보수로서 상대방(화주)에게 부과하는 운임률표라고 말할 수 있지만, 해운업계에서 사용하는 Tariff의 구체적 의미는 선사(또는 동맹)가 적용하는 특정구간별 화물운송에 대한 운임률(Tariff Rate)뿐 아니라 이와 관련된 규정(Rules)을 포함하는 개념이다; 최신해운 · 물류용어대사전(2006), 842쪽.

100) FEFE and Allied conferences NT90, Rule no. 1.4.4:한진해운 컨테이너 Tarriff 030 Rule no. 2-U8; 엄윤대(선하증권론, 2002), 99쪽.

행에 선하증권을 제시하고 화환어음의 할인을 받아야 하는데, 신용장에 명시된 어음할인 기간이 이미 경과한 선하증권을 스테일 선하증권이라 한다.[101)]

스테일 선하증권이 되는 원인은 크게 다음과 같은 두 가지 경우를 생각할 수 있다:[102)]

① 매도인이 매수인을 결정하지 않은 상태, 즉 신용장이 개설되지 않은 상태에서 일단 선적부터 한 다음, 나중에 매수인을 물색하는 경우를 들 수 있다. 이때 선하증권이 발행된 날로부터 21일이 경과한 시점에 신용장을 수령한 경우가 해당한다.

② 매수인이 결정되었어도 그가 고의적으로 선적 후 21일이 경과되도록 신용장을 개설하지 않은 경우를 들 수 있다. 이는 매매자의 특별한 사정에 의해 매도인의 양해하에, 또는 상당 기간 동안 신용이 쌓여진 당사자들 간에 목적지에 화물이 도착할 시점 또는 도착 이후에 매수인이 신용장을 개설해 주는 조건으로 선적하는 경우이다. 이렇게 되면 수출업자는 상품을 선적한 후 운송인으로부터 선하증권을 발행받고도 신용장이 없어 은행에 매입을 하지 못하고 있다가 21일이 경과한 이후에야 신용장을 받고 은행에 선하증권을 제시하게 되므로 스테일 선하증권이 되어 버린다.

신용장거래의 경우, 신용장의 수익자(수출업자)는 신용장에 명시된 기간 내에 선하증권 등이 첨부된 화환어음을 제시하여야 은행이 매입 · 인수 또는 지급을 할 수 있다. 신용장통일규칙(UCP)에서는 선적일과 유효기간의 명시 외에 그 선적증권의 제시기한도 규정하고 있다. 또 제시기한이 신용장에 명시되지 않은 경우에는 선하증권 발행일로부터 21일 이내에 제시되어야 한다고 규정하고 있기 때문에(UCP 500, 제43조 a항), 이 기간이 경과한 후에 은행에 제시하면 신용장에 'Stale Bill of Lading Acceptable'이란 명문 조항이 없는 한, 은행은 이를 수리하지 않는다.

또 스테일 선하증권으로 운송된 화물의 인도와 관련된 문제가 있다. 즉 한국으로 수입되는 원자재 중 폐지(waste paper) · 원피(raw hide) · 스크랩(scrap metal) 등은 신용장이 개설되지 않은 상태 또는 보세창고인도조건(bonded warehouse transaction export: BWT)[103)]으로 선적되는 경우가 많다. 이런 경우에는 화물이 도착할 때까지도 수입업자가 신용장을 개설해 주지 않아 수출업자는 선하증권을 은행에 취결하지 못하게 되므로 목적지의 수입업자도 당연히 선하증권 원본을 소지할 수 없다. 그러므로 화물이 목적지에 도착되어도 선하증권을 제시하는 자가 없으므로 화물을 인도할 수 없게 된다. 이때 「관세법」 상으로는 양륙항의 CY에 무한정 보관할 수도 없게 되어 있다. 일정 기간이 경과하면 다른 보세구역으로 옮겨 놓아야 하므로 불필요한 경비가 발생하게 된다. 또 수입화물에 대한 한국 관세규정상 화주, 보세운송업자, 관세사 등이 보세운송의 승인 신청을 할 수 있는데, 세관의 승인심사에서는 진정한 수하인인지의 여부를 묻지 않으므로 선하증권의 통지수령인 등 적법한 수하인의 자격이 없는 자도 보세운송을 해 갈 수 있는 허점이 있다.[104)] 이러한 허점을 이용하여 일부 악의를 가진 수입업자의 경우에 ① 화물 도착 시까지 신용장을 개설해 주지 않거나, ② 비록 개설하더라도 매매대금을 지급하지 않은 상태에서 위조한 은행화물선취보증장을 이용하거나

101) 최신해운 · 물류용어대사전(2006), 813쪽.

102) 정영석(선하증권론, 2008), 302쪽.

103) 보세창고인도조건에 의한 수출을 가리킨다. 수출업자가 자기 책임하에 수입국의 보세창고까지 수출화물을 반입해 두고 현지에서 매수인을 물색하여 계약이 체결되면 상품을 인도하는 방식이다; 최신해운 · 물류용어대사전(2006), 201쪽.

104) 보세운송에 대한 고시(관세청고시 98-76 개정 98.12.11) 제3-2-3조.

운송인에 대비해 유리한 화주의 지위를 이용하여 화주의 보상장만을 제시하고 화물을 자가장치장으로 보세운송 해 가서는 임의로 이를 사용한 후, 도산 · 도피하여 운송인이 사후에 선하증권 소지인 또는 선하증권을 소지한 은행으로부터 손해배상 청구를 받는 사례가 발생되기도 한다.

특히 정기선 운송의 경우에는 화물이 선적된 후 21일이나 지나서 제시되어 스테일 선하증권이 된 경우에는 수하인이 화물 도착 시 선하증권 원본을 입수하는 것이 불가능하므로 화물선취보증장에 의한 화물인도가 불가피하다는 점에서 이러한 제도상의 취약점은 심각한 문제가 된다.[105)]

현재의 한국 제도상으로는 운송인 스스로가 화물선취보증장의 진위 여부에 대한 확인, 보세운송 동의 및 화물 인도 등의 절차 이행 시 상당한 주의를 기울일 수밖에 없다.

4. 제3자 선하증권

선하증권에 송하인으로 표시되는 자는 신용장의 수익자(beneficiary)가 되는 것이 원칙이나, 수출입 당사자가 아닌 제3자를 송하인으로 기재하여 선하증권을 발행하는 경우가 있다. 이러한 선하증권을 제3자 선하증권(third party bill of lading; neutral party bill of lading)이라 한다.[106)] 주로 중계무역 등에서 사용하는데, 신용장통일규칙(UCP)에서는 신용장에 반대의 문구가 없으면 은행이 수리하도록 규정하고 있다.[107)]

5. 환적 선하증권

환적 선하증권(transshipment bill of lading)이라 함은 화물을 목적지까지 운송하는 도중 중계항에서 다른 선박에 환적[108)]하여 최종 목적지까지 운송할 때 발행되는 선하증권을 말한다.[109)]

이 선하증권의 앞면에는 'with transshipment at Hong Kong' 또는 'on-carrier …' 등의 문구가 기재된다. 보통은 'with transshipment at …'의 빈칸에 접속 항을 기재하고, 'on-carrier…'의 빈칸은 그대로 두어 접속이 빨리 이루어지도록 한다.[110)]

한편 선적항에서 최종 양륙항까지 환적하지 않고 직항할 경우 이러한 해상운송에서 발행되는 선하증권을 직항 선하증권(direct bill of lading)이라고 부르기도 한다. 또 컨테이너 운송 시 피더 운

105) 엄윤대(선하증권론, 2002), 102~102쪽.

106) 최신해운 · 물류용어대사전(2006), 850쪽; 정영석(선하증권론, 2008), 304쪽.

107) 임석민(선하증권론, 2000), 134쪽.

108) 환적(transsipment)이라 함은, 일단 선적된 화물을 들어내 다시 다른 선박이나 다른 운송수단에 적재하는 것을 말하는데, 줄여서 T/S라고도 한다. 이것은 두 가지 이상의 운송수단의 접속에 의하여 화물을 최종 목적지에 도착시키기 위하여 다른 운송수단에 바꾸어 싣는 것을 가리키는 것이다. 이에는 선박에서 선박으로의 환적, 선박과 철도의 해륙 연결 수송에 의한 경우의 환적이 있으며, 앞의 경우에는 다시 동일한 선주에 속하는 다른 선박에의 환적과 상이한 선주의 선박에의 환적이 있다. 항만에서 환적되는 컨테이너는 부두 배후의 교통수요를 유발하지 않고 부가가치가 높기 때문에 세계 항만 당국은 환적 컨테이너의 유치를 위한 경쟁이 치열하다;최신해운 · 물류용어대사전(2006), 873쪽.

109) 최신해운 · 물류용어대사전(2006), 874쪽.

110) 정영석(선하증권론, 2008), 304~305쪽.

송(feeder service)[111]은 환적 개념이 아니므로 환적 선하증권을 발행할 필요가 없다.[112]

환적 선하증권을 발행한 경우, 각 구간 운송인은 선하증권에 연서하여 수하인 또는 선하증권 소지인에 대하여 연대책임을 진다. 또 환적은 화물의 손상 · 연착은 물론 환적비용이 발생할 가능성이 높기 때문에 신용장에 '환적금지'(transshipment prohibited)라는 문구를 기재하여 환적을 금지하고 있다. 그러나 금지 문구가 없으면 환적은 허용된다.

6. 부서 선하증권

도착된 화물에 운임 또는 기타의 채무가 미해결 상태에 있을 경우에는 수하인이 채무를 해결하지 않으면 선장은 화물에 대하여 유치권을 행사하기 때문에 화물을 수령할 수 없다(상법 제807조 제1항, 제2항).

이때 운송인은 채무의 해결을 확보하기 위하여 선하증권에 'please deliver upon endorsement'라고 발행하고 배서가 있으면 화물을 인도하는데 이러한 서명을 조건부로 발행하는 선하증권을 부서 선하증권(countersign bill of lading)이라 한다.[113]

7. 목적지 선하증권

선하증권은 화물의 선적지에서 발행하는 것이 원칙이나 송하인의 요구에 따라 화물의 최종 목적지 또는 송하인이 원하는 장소에서 발행하여 화물의 수령에 편의를 제공하게 되는데, 이러한 선하증권을 목적지 선하증권(destination bill of lading) 또는 도착지 선하증권이라 한다(UCC § 7-305).[114]

목적지 선하증권을 발행하는 것은 선하증권의 위기 또는 고속선 문제를 해결하기 위한 편법으로 목적지에서 선하증권을 발행하여 화물의 도착과 동시에 선하증권을 제시할 수 있도록 하는 것이 목적이다. 주로 모회사와 자회사 간의 거래 등과 같이 대금결제에 있어서 문제가 발생하지 않는 경우에 사용된다.[115]

8. 소화물수령증

운송인이 소화물을 수령하고 송하인에게 발행하는 증권을 소화물수령증이라 한다. 법적 성질은 선하증권과 마찬가지로 유가증권이다. 화환어음의 저당, 매매, 양도 등의 기능을 가지고 있어 수

111) 정기선 운항은 운항채산성을 고려하여 정해진 몇몇 항구에만 기항하게 된다. 이들은 주로 물동량이 일정 수준에 달해 있고 항만시설이 양호한 항구들이다. 반면 항만시설이 미비하여 대형 선박이 입항할 수 없거나 혹은 물동량이 소량인 항구는 취항 선박이 직접 기항하는 대신 철도나 자동차 또는 소형 피더선 등을 이용하여 보조적인 운송을 하게 된다. 이 경우 주로 피더선(feeder)을 이용하게 되므로 이러한 운송을 피더 서비스(feeder service)라 한다:최신해운 · 물류용어대사전(2006), 404쪽.

112) 임석민(선하증권론, 2000), 135쪽.

113) 정영석(선하증권론, 2008), 305쪽.

114) 최신해운 · 물류용어대사전(2006), 341쪽.

115) 정영석(선하증권론, 2008), 306쪽.

령 선하증권과 유사하여 선적 전이라도 발행할 수 있다.[116]

발행 형식은 운송인에 따라 다른데, 선박의 국적, 선장 명, 선적항, 증권작성지 등이 생략되어 있고 면책조항은 그대로 기재된다. 수하인의 표시는 선택 지시식(optional order form)으로 하며, 발행부수는 통상 1통이다. 소화물수령증을 교부한 화물에 대하여는 따로 선하증권을 발행하지는 않는다.

116) 정영석,「해운실무」,(해인출판사, 2005), 205쪽.

제10장

해상보험

제1절 MIA 1906

제2절 적하보험과 선박보험

제3절 P&I와 공제

제1절 MIA 1906

I. 해상보험의 의의

1. 개념

영국의 「1906년 해상보험법」(Marine Insurance Act 1906)[1] 제1조에서는 "해상보험은 보험자(insurer)가 피보험자(the insured)에 대하여 그 계약에 의하여 합의한 방법과 범위 내에서 해상손해, 즉 해상사업(maritime adventures)에 수반되는 손해를 보상할 것을 약속하는 계약이다"라고 규정하고 있다. 따라서 해상보험(Marine Insurance)은 보험자가 피보험자에게 해상사업으로 생긴 손해를 보상하는 보험을 의미한다.[2]

2. 분류

우리나라에서 운영되는 해상보험을 운영 형태를 기준으로 분류하면, 상업보험인 해상보험(민간 손해보험회사에 의하여 운영되는 선박보험, 적하보험 등), 선주상호보험(P&I), 한국해운조합과 수산업협동조합중앙회의 공제(共濟) 등으로 분류할 수 있다. P&I와 공제는 보험자와 피보험자가 동일한 상호보험(mutual insurance)이기 때문에 「상법」상의 보험으로 볼 수는 없지만, 그 운영방식이 대수의 법칙 등에 입각한 보험의 방식을 그대로 따르고 있고, 실제로 「MIA 1906」에서 상호보험에도 원칙적으로 동법의 적용을 받게 하고 있기 때문에(MIA 제85조 제3항), 해운 실무에서는 해상보험으로 분류하는 것이 올바른 분류 방법이라고 생각한다.

또 보험의 목적(subject-matter of insurance)을 기준으로 해상보험을 분류하면 적하보험과 선박보험으로 나눌 수 있다. 적하보험은 해상[3]으로 운송되는 물건을 보험의 목적으로 하는 것이고, 선박보험은 선박을 보험의 목적으로 하는 것으로, 물건보험에 속한다. 반면 P&I는 선주의 제3자에 대한 손해배상책임 또는 재해보상책임 등을 부담하는 책임보험의 일종이다.[4]

3. 역사

해상보험은 그리스 · 로마시대로부터 13세기 초까지 지중해 지방에서 선박이나 화물을 담보로 돈을 빌린 선주가 항해(해상사업)를 무사히 마치면 원금에 높은 이자를 붙여 갚고, 만약 항해 도중 해난사고나 해적의 위험으로 손해가 발생하면 그 손해의 정도에 따라 채무의 일부 또는 전부를 면

1) 「Marine Insurance Act, 1906」을 말하며, 실무적으로는 「MIA 1906」이라고도 한다. 「MIA 1906」의 해상보험계약의 정의를 소개하는 이유는 적하보험계약(cargo insurance)이나 선박보험계약(hull insurance)의 다툼에 대하여는 영국의 법률과 관습을 준거법으로 해결하기 때문이다.

2) 엄윤대, 「국제운송강론」, (일진사, 2003), 192쪽; 정영석, 「해상법원론」, (텍스트북스, 2008), 460쪽.

3) 육상에서 운송되는 화물을 보험의 목적으로 하는 보험은 운송보험이다.

4) 정영석(해상법원론, 2008), 461쪽.

제받는 모험대차계약(respondentia or bottomry bonds)[5]에서 기원하였다는 것이 통설이다.[6]

오늘날과 유사한 해상보험은 11세기 르네상스 초기에 이탈리아의 상업도시에서 상인이 보험자가 되어 해상보험을 인수한 것을 그 시초로 보고 있다. 이후 지중해 연안의 스페인, 프랑스, 포르투갈 등으로 전파되었다고 한다.

그러나 오늘날 전 세계 해상보험시장의 대부분을 지배하고 있는 영국의 해상보험은 런던에 이주한 한자 상인과 롬바르드 상인에 의하여 도입되었으나, 이들이 16세기 후반 엘리자베스 여왕 1세에 의하여 추방된 후부터 영국인이 독자적으로 해상보험을 장악하고 발전시켰다. 즉 1568년 왕립거래소(Royal Exchange)[7]가 설립되어 그곳의 복도에서 해상보험을 거래하였다고 한다.[8]

한편 1652년 커피가 수입되면서 런던에 커피하우스(coffee house)가 개업되었는데, 당시 런던에서는 템즈강이 해운과 무역의 중심지였기 때문에 이곳에 많은 커피하우스가 성업하게 되었다. 그중 템즈 강변의 타워가에 있던 에드워드 로이드가 경영하던 커피하우스에 특히 해운무역 관계자가 많이 모여 선박이나 화물의 매매가 성행하였다. 커피하우스의 주인이던 에드워드 로이드가 해운 및 무역업자들의 위험을 분산시켜주는 제도로 해상보험을 인수하기 시작하였다. 이것이 오늘날 세계 보험시장의 중심지라 할 수 있는 로이즈(Lloyd's)의 효시가 되고 있다.[9]

그러나 거대한 위험을 인수하는데 로이즈의 개인 보험사업자보다는 회사조직 형태의 보험자의 필요성이 제기되어 1720년 London Assurance Corporation과 Royal Exchange Corporation을 설립하였다.[10] 그 후 영국의 해상보험은 이와 같은 법인 보험사업자(companies market)와 로이즈 시장의 개인 보험사업자(Lloyd's market)의 상호협력 속에서 오늘날까지 발전해 오고 있다.[11]

우리나라에서는 1922년 일본인에 의하여 설립된 조선화재해상보험주식회사가 보험회사의 효시이고, 그 후 여러 개의 보험회사가 설립되었으나 이들 보험회사는 해상보험을 취급하지 않았으므로 1954년 2월부터 대한해상운송보험공동사무소가 수출입화물에 대한 보험을 인수하기 시작한 때가 우리 자본에 의한 해상보험사업의 효시라 할 수 있다. 그 후 1955년과 1957년에 해상보험을 전업으로 하는 보험회사가 설립되었고, 화재보험만 인수하던 기존의 모든 손해보험회사도 해상보험을

5) 모험대차(bottonry bonds or respondentia)라 함은 무역을 맡아 하던 선주가 무역을 하는 것을 담보로 항해자금을 차입하는 제도를 말한다. 이는 일종의 해손보상제도라고 할 수 있는데 차입한 자금의 원금과 이자는 무역의 목적을 완전히 달성했을 때에만 갚도록 약정되어 있었다. 해난을 당하였거나 해적의 피해를 입었을 경우에는 차입자금의 변제가 일부 또는 전부 면제되었다; 최신해운 · 물류용어대사전(2006), 204쪽.

6) 정영석(해상법원론, 2008), 461쪽.

7) 14~15세기 경 영국의 통상권을 장악한 한자 상인들의 배타적인 태도에 반발하여 그레샴(Thomas Gresham, 1519~1579)이 1568년에 앤트워프의 상업거래소를 모방하여 영국인이 운영하는 거래소를 만들어 그동안 개인보험자간에 개별적으로 이루어지던 보험거래를 이 거래소에서 하도록 하였다. 그레샴의 영향력으로 이 거래소는 엘리자베스 여왕에 의하여 왕립거래소인 로열익스체인지(First Royal Exchange)로 개소되어 대부분의 해상보험거래가 이곳에서 이루어졌다. 이 로열익스체인지는 1667년경 타워가에 로이즈 커피하우스가 개점될 때까지 1세기 이상 전 세계 해상보험의 중심지가 되었다; 구종순, 「해상보험(제4판)」, (박영사, 2010), 64~65쪽.

8) 정영석(해상법원론, 2008), 461쪽.

9) 로이즈(Lloyd's)의 기원에 대하여는 [구종순(2010), 68~77쪽].

10) 구종순(2010), 66쪽.

11) 정영석(해상법원론, 2008), 461쪽.

인수하기 시작하여 오늘에 이르고 있다.[12)]

II. 특성

1. 다른 손해보험과의 비교

가. 기업보험성

해상보험은 보험자의 상대방인 피보험자 역시 대자본성을 가진 선주이거나 화주이기 때문에 타 보험과는 달리 보험자가 경제적인 면에서 절대적으로 유리한 입장에서 계약을 체결한다고는 볼 수 없다. 따라서 보험계약의 부합계약성(contract of adhesion)에 기인한 상대적 강행법규성을 타 보험과 같이 전적으로 인정하기는 어렵다.[13)]

나. 보험 종사자의 전문성

해상보험은 선박을 수단으로 한 전문기술성에 바탕을 둔 해상위험(maritime perils)을 보상의 대상으로 하고 있다. 또한 국제성에 의하여 영국법이 적용되고 영국의 협회선박보험약관(ITC)이나 협회적하보험약관(ICC)과 같은 표준약관에 의하여 계약이 체결되기 때문에 보험종사자의 전문성이 매우 중요시된다. 따라서 로이즈 보험으로 대표되는 해상보험시장에서는 고도의 전문성을 갖춘 해상보험중개인(marine insurance broker)에 의하여 보험계약이 체결된다.[14)]

다. 광범위한 위험부담

해상보험은 물건보험인 선박보험과 적하보험은 물론 P&I와 같은 배상책임보험, 선원재해보상보험 등 다양한 위험을 보상한다.[15)]

라. 기평가보험

손해보험이 원칙적으로 미평가보험(unvalued insurance)으로 운영되는 것과는 달리, 해상보험은 보험기간이 상대적으로 짧으면서 국제성으로 인하여 보험가액(insurable value)에 대한 분쟁이 발생하기 쉽기 때문에 보험증권(policy)에 협정보험가액(agreed value)을 명시하는 기평가보험(valued insurance)의 형태로 보험계약을 체결하는 경우가 많다.[16)]

마. 국제성

국제무역업자를 보호하는 가장 중요한 제도로는 국제운송, 국제금융, 해상보험제도 등을 들 수 있다. 특히 이 중 해상보험은 영국법준거약관에 의하여 전 세계 대부분의 해상보험시장에서 「MIA

12) 구종순(2010), 82~83쪽.

13) 정영석(해상법원론, 2008), 462쪽.

14) 정영석(해상법원론, 2008), 462쪽.

15) 정영석(해상법원론, 2008), 462쪽.

16) 정영석(해상법원론, 2008), 462~463쪽.

1906」을 준거법으로 채택하고 있다. 이는 이 법이 200여 년간 2000여 개의 로이즈 보험증권 관련 분쟁에 대한 축적된 판례를 바탕으로 한 법이라는 점에서 법적 안정성이 매우 뛰어나기 때문이다. 또 해상보험시장은 국제무역을 바탕으로 하기 때문에 국제적 경쟁이 매우 심하여 물건매매계약조건(CIF, FOB)에 따라 계약 체결지가 다르게 된다. 또 높은 재보험(re-insurance) 의존도 등으로 인하여 국제성을 띠게 된다.[17)]

2. 로이즈 보험의 특징

런던의 로이즈(Lloyd`s)는 다음과 같은 특징을 가지고 있다.

① 로이즈는 보험회사가 아니며, 보험서비스를 제공하는 하나의 조합(association)이다. 로이즈 자체는 보험을 인수하지 않으며, 개인 회원들이 보험을 인수한다. 이 점에서 로이즈는 회원들에게 거래장소(시장)와 기타 서비스를 제공하는 보험거래소이다.

② 로이즈는 많은 신디케이트(syndicates)와 신디케이트의 회원들인 주로 개인보험자들(individual underwriter)에 의해 운영된다. 최근에는 법인도 신디케이트에 참여할 수 있게 되었다.

③ 개인보험자들은 자기가 인수하는 보험에 대하여 무한책임을 진다. 각 개인보험자들은 그들이 합의한 인수비율에 해당하는 손해액(보험금)에 대하여만 책임을 지고, 다른 회원들에게 할당된 손해액(보험금)에 대하여는 책임을 지지 않는다.

④ 로이즈의 개인보험자들은 엄격한 재정상의 요건(상당한 언더라이팅 보증금의 예치)을 충족하여야 한다.

⑤ 로이즈에서 보험거래는 로이즈 보험중개인(Lloyd`s broker)을 통해서만 이루어진다.

III. 영국법의 적용

1. MIA 1906

영국은 판례법 국가이므로, 성문법규가 없고 법원에서 내려진 판결례나 관습이 곧 법이다. 영국의 판례법을 커먼로(common law)라 한다. 그런데 해상보험에 대하여는 예외적으로 성문법규를 가지고 있는데, 이것이 「1906년 해상보험법」(Marine Insurance Act 1906: 이하 'MIA 1906'이라 한다)이다. 이는 영국에서 근대적 해상보험이 시작된 17세기 말 이후부터 19세기 말 사이에 형성되었던 약 2,000여 개의 해상보험 사건 판결례와 상관습법을 정리하여 성문법으로 만든 것이다.[18)]

이 법은 94개 조문의 본문과 제1부칙(first schedule)으로 Lloyd`s SG Policy Form과 17개 조문의 보험증권해석규칙(rules for construction of policy), 폐지되는 법률을 열거한 제2부칙(Second Schedule)으로 구성되어 있다.

그러나 이러한 성문법이 있다 하여도 법규의 흠결에 대하여는 여전히 커먼로와 상관습법이 적

17) 정영석(해상법원론, 2008), 462~463쪽.

18) 정영석(해상법원론, 2008), 464쪽.

용되고(MIA 제91조 제2항), 「MIA 1906」의 해석상 이견이 있을 때는 법원의 판결례에 의존할 수밖에 없으므로 판례법 국가인 영국에서는 커먼로와 상관습법의 중요성은 여전하다고 하겠다.[19)]

2. 영국법준거약관

「MIA 1906」은 해상보험계약에 관한 준거법약관에 의하여 영국 국내는 물론 전 세계적인 준거법으로 이용되고 있다. 즉 런던 보험자협회(Institute of London Underwriters: ILU)에서 사용하는 해상보험증권 및 협회표준약관에 영국법을 준거법으로 한다는 내용의 영국법준거약관이 삽입되어 있다. 그리고 이 보험증권 및 협회표준약관은 영국의 보험자가 인수하는 모든 해상보험에 이용되어 왔다. 그런데 그동안 영국이 전 세계 해상보험시장의 중심 역할을 해 왔고, 특히 재보험(re-insurance)을 통하여 영국의 로이즈가 해상보험시장의 대부분을 지배하고 있기 때문에 이들 약관은 전 세계에서 거의 통일약관의 형태로 사용되고 있다. 결과적으로 영국법준거약관은 거의 모든 해상보험계약에 삽입되는 결과를 가져왔다.

「MIA 1906」이 200여 년에 걸쳐 축적된 2000여 개의 해상보험 관련 판례를 집대성하여 정리한 결과일 뿐 아니라, 동법 제정 이후에도 풍부하고도 잘 정비된 해상보험의 판례가 축적되어 거의 모든 해상보험 관련 사건의 분쟁해결 지침이 되어 줄 수 있기 때문에 별다른 저항 없이 영국법준거약관이 전 세계 해상보험업계에서 인정되어 왔다. 우리나라 대법원도 영국법준거약관에 대하여는 유효한 것으로 판시하고 있다.[20)]

IV. 해상보험계약

1. 개념

해상보험계약은 보험자가 계약에 의하여 합의한 방법과 범위 내에서 해상사업에 수반되는 손해에 대하여 피보험자에게 손해보상을 약속하는 계약을 말한다(MIA 제1조). 그러므로 해상보험은 보험계약자 또는 피보험자가 해상사업으로 인하여 입은 손해를 보상하는 계약이고(MIA 제3조 제2항), 선박의 운항에 수반된 육상의 위험도 함께 보상하는 해륙혼합위험을 담보하는 보험이다(MIA 제2조 제1항).[21)]

---

19) 정영석(해상법원론, 2008), 464쪽.

20) 대법원 1991.5.14, 선고 90 다카 25314 판결: 보험증권 아래에서 야기되는 일체의 책임 문제는 외국의 법률 및 관습에 의하여야 한다는 외국법 준거약관은 동 약관에 의하여 외국법이 적용되는 결과 우리 「상법」 보험편의 통칙의 규정보다 보험계약자에게 불리하게 된다고 하여 「상법」 제663조에 따라 곧 무효로 되는 것이 아니고 동 약관이 보험자의 면책을 기도하여 본래 적용되어야 할 공서법의 적용을 면하는 것을 목적으로 하거나 합리적인 범위를 초과하여 보험계약자에게 불리하게 된다고 판단되는 것에 한하여 무효로 된다고 할 것인데, 해상보험증권 아래에서 야기되는 일체의 책임 문제는 영국의 법률 및 관습에 의하여야 한다는 영국법 준거약관은 오랜 기간에 걸쳐 해상보험업계의 중심이 되어 온 영국의 법률과 관습에 따라 당사자 간의 거래관계를 명확하게 하려는 것으로서 우리나라의 공익규정 또는 공서양속에 반하는 것이라거나 보험 계약자의 이익을 부당하게 침해하는 것이라고 볼 수 없으므로 유효하다.

21) 박명섭 · 김은주, 「무역계약의 이해」, (우용출판사, 2011), 243쪽.

2. 계약의 성립 시기

해상보험계약에서는 보험증권의 발행 여부와 관계없이 피보험자의 청약을 보험자가 승낙한 때 보험계약이 성립한 것으로 간주한다(MIA 제21조). 이때 보험슬립(slip), 보험인수증(covering note), 계약서 메모(memorandum of the contract) 등을 작성하여야 하는데, 대개 보험슬립 등이 작성된 시기에 보험계약이 성립한 것으로 간주된다.[22)]

V. 해상위험

1. 개념

해상위험이란 항해에 기인하거나 또한 부수하는 위험, 즉 해상고유의 위험(perils of the seas), 화재, 전쟁위험, 해적, 표도(剽盜), 강도, 포획, 나포, 왕후 및 인민의 억지 또는 억류, 투하, 선원의 악행 그리고 이와 같은 종류의 위험 또는 보험증권에 기재되는 기타의 모든 위험을 말한다(MIA 제3조).[23)]

위에서 보듯이, 해상보험에서의 위험은 항해의 위험에 한정하는 것이 아니라 그 항해에 부수하는 위험, 즉 육상위험이나 내수위험도 그 대상으로 한다(MIA 제2조 제1항). 따라서 오늘날 해상보험에서 보상의 대상이 되는 위험은 해륙혼합위험이다.

그런데 항해의 결과 또는 그에 부수하는 위험, 즉 해륙혼합위험들이 많이 있는데 이들 위험은 당연히 보험자가 부담하는 위험이 되는 것이 아니고 보험조건(약관)에 따라 부담위험이 되기도 하고 또 면책위험이나 비열거위험이 되기도 한다.[24)]

2. 해상위험의 규정 방식

가. 제한적 열거주의

약관에 위험을 구체적으로 열거하고 그 열거된 위험만을 보험자가 보상책임을 지는 방식을 제한적 열거주의라고 한다. 적하보험의 FPA, WA 3%, WAIOP, ICC(B) 또는 ICC(C) 조건과 선박보험은 제한적 열거주의를 채택하고 있다. 그러나 이 경우에도 특별약관에 의하여 열거위험 이외의 위험을 추가로 보상책임을 지기도 한다.[25)]

나. 예시적 열거주의

약관에 보험자가 부담하는 위험을 열거하지 않고 면책위험을 제외한 일체의 해상위험을 부담하기로 하는 방식을 포괄적 책임주의 또는 예시적 열거주의라고 한다. 적하보험의 A/R 조건 또는

---

22) 정영석(해상법원론, 2008), 466쪽.

23) 엄윤대(국제운송강론, 2003), 194쪽.

24) 정영석(해상법원론, 2008), 466쪽.

25) 정영석(해상법원론, 2008), 466~467쪽.

ICC(A) 조건은 포괄적 책임주의 또는 예시적 열거주의라고 한다. 그러나 이러한 포괄적 책임주의에 의하더라도 일정한 위험을 면책위험으로 규정하고 있는 면책약관이 있다.[26)]

3. 위험의 종류

가. 부담위험

부담위험은 제한적 열거주의에서 열거하고 있는 위험 또는 포괄적 책임주의에서 면책위험이 아닌 위험과 같이 보험자가 보험조건에 따라 담보하여 주는 위험을 말한다. 즉 그 위험에 의하여 발생한 손해의 보상을 약속한 위험을 말한다.

나. 비부담위험

비부담위험은 면책위험과 제한적 열거주의 약관에서 비열거위험으로 분류된다.

(1) 면책위험

면책위험은 보험자가 부담하여 주지 않는 위험으로서 법률에 규정하고 있는 법정면책위험과 약관에 규정하고 있는 약정면책위험으로 분류한다. 또 법정면책위험은 절대적 면책위험과 상대적 면책위험으로 분류한다.

「MIA 1906」에 규정하고 있는 면책위험은 ① 피보험자의 고의의 불법행위(악행) ② 지연에 의한 손해 ③ 통상의 자연소모, 통상의 누손 및 파손, 고유의 하자나 성질, 쥐나 벌레 등에 근인한 손해, ④ 해상위험에 근인하여 발생하지 않은 기관의 손상이다. 이 중 피보험자의 악행(wilful misconduct)은 절대적 면책위험이다.

(2) 비열거위험

부담위험도 면책위험도 아닌 위험을 중성위험이라고 하는데, 중성위험은 제한적 열거주의에서만 존재하는 위험이므로 이를 비열거위험이라고 할 수 있다. 위험의 종류를 비열거위험으로도 분류하는 이유는 손해가 하나의 위험만으로 발생하였다면 그 실익이 없으나, 열거위험과 비열거위험 또는 비열거위험과 면책위험이 함께 결합하여 손해가 발생하는 경우에는 전자는 보험보상이 되나 후자는 되지 않기 때문이다.[27)]

VI. 근인주의와 입증책임

1. 근인주의

보험자는 부담위험으로 인하여 생긴 손해에 대하여 보상책임을 지며, 면책위험으로 인하여 생긴 손해에 대하여는 보상할 책임이 없다. 이처럼 위험과 손해 사이의 관계를 인과관계(causation)라

26) 정영석(해상법원론, 2008), 467쪽.

27) 정영석(해상법원론, 2008), 467~468쪽.

고 한다.[28]

「MIA 1906」 제55조 제1항이 채택하고 있는 인과관계설(causation)은 근인주의(proximate cause)이다. 이 설은 다수의 원인적 조건 중에서 그 손해에 가장 가까운 조건, 즉 근인(proximately caused by………)만을 손해의 원인으로 인정하고 이에 따라 보험자의 책임 유무를 결정하고 원인은 고려하지 않는다는 인과론이다. 여기서 근인이라 함은 시간적으로 가장 가까운 원인조건을 말하는 것이 아니라 그 효력(영향력)에 있어서 결과에 가장 접근하는 것을 말한다.

그런데 제55조 제1항에서는 근인주의의 원칙에 대한 예외도 두고 있는데, ① 법에 달리 규정하고 있는 경우와 ② 보험증권에 달리 규정하고 있는 경우가 그것이다.

2. 입증책임

가. 제한적 열거주의

제한적 열거주의 보험증권에서 보상을 받기 위해서는 열거된 위험으로 손해가 발생하였음을 구체적으로 피보험자는 입증하여야 한다.

나. 예시적 열거주의

포괄적 책임주의 보험증권에서는 모든 위험이 일단 보험자의 부담에 속하는 것으로 추정되기 때문에 피보험자는 손해가 발생한 사실만 입증하면 된다. 즉 피보험자는 손해의 원인을 구체적으로 증명하지 않아도 보험자에게 보상청구권을 누린다는 것이다. 이때 그 멸실 · 훼손이 면책위험에 의하여 야기되어졌다는 것을 보험자가 반증하지 못하면 보험보상이 된다.

VII. 해상손해

1. 개념

해상보험에 있어 손해라 함은 보험의 목적인 선박이나 적하 등이 해상위험으로 인하여 피보험자가 입은 재산상의 불이익을 말한다. 이에 해당하는 손해는 물적 손해, 비용손해 및 책임손해로 나눌 수 있다.[29]

2. 물적 손해

보험의 목적 그 자체가 멸실 · 훼손되는 경우를 물적 손해라고 하며, 이는 전손(total loss)과 분손(partial loss)으로 구분한다.

28) 정영석(해상법원론, 2008), 468쪽.

29) 엄윤대(국제운송강론, 2003), 198쪽.

가. 전손

피보험이익(insurable interest)이 전부 멸실한 경우를 전손(total loss)이라고 하며, 이는 현실전손과 추정전손으로 구분한다.

(1) 현실전손

현실전손(actual total loss)은 ① 보험의 목적이 파괴되어 멸실한 경우(실체적 멸실), ② 물건 본래의 성질을 상실한 경우, ③ 회복할 가망이 없는 상실이 있는 경우 또는 ④ 선박 또는 화물의 행방이 상당 기간 불명인 경우 등이 있다(MIA 제57조 및 58조).

(2) 추정전손

추정전손(constructive total loss)은 보험의 목적이 현실전손될 것이 불가피한 것으로 인정될 경우 성립한다. 예를 들면, ① 선박이나 화물의 점유를 박탈당하여 피보험자가 그것을 회복할 가망이 없게 될 경우 또는 회복비용이 회복한 후의 가액을 초과하게 될 경우, ② 화물의 수선비와 목적지까지의 운반비가 도착한 후의 화물가액을 초과하게 될 경우, ③ 선박의 수선비가 수선 후의 선박가액을 초과하게 될 경우 등이 있다.[30]

추정전손은 보험의 목적을 보험자에게 정당하게 위부(abandonment)함으로써 성립되며, 만약 위부를 하지 않을 경우에는 분손으로 처리 된다. 위부제도란 추정전손의 사유가 발생하였을 때 피보험자가 보험의 목적에 관한 일체의 권리를 보험자에게 이전하고 보험금액을 보험금으로 청구할 수 있게 하는 제도이다.

나. 분손

피보험이익의 일부 멸실 · 훼손을 분손(partial loss)이라 하며 이는 단독해손과 공동해손으로 분류한다.

(1) 단독해손

단독해손(particular average)이란 분손으로서 보험의 목적이 일부 멸실 · 훼손된 경우 그 손해를 피보험자가 다른 이해관계자에게 분담을 요구할 수 없는 경우를 말한다.

(2) 공동해손

공동해손(general average: 이하 'G/A'라 한다)이란 공동해손 행위로 인하여 또는 공동해손 행위의 직접적인 결과로 발생하는 손해를 말한다. 공동해손 행위(general average act)는 공동항해 사업의 수행과정에서 위험에 놓인 재산을 보존할 목적으로 자발적으로 또한 합리적으로 이례적인 희생을 행하거나 또는 비용을 지출하는 경우를 말한다. 공동해손 손해는 물적 손해인 희생과 비용손해인 비용을 포함한다. 공동해손이 발생한 경우 그 손해를 부담한 자는 다른 이해관계자에게 일정 비율의 분담을 청구할 권리가 있는데 이를 공동해손 분담금이라 한다. 공동해손이 발생할 경우 당연히 보험자로부터 보상을 받을 수 있는 것이 아니라, 그 손해가 피보험위험을 피하기 위하여 또는 피하기 위함과 관련하여 발생한 손해라야 보험자의 공동해손과 분담금에 대한 보상책임이 발생한다.

공동해손 희생(G/A sacrifice)을 당한 재산의 소유자는 다른 이해관계자로부터 배상을 기다릴

---

30) 정영석(해상법원론, 2008), 469쪽.

필요 없이 보험자에게 직접 보상을 청구할 수 있다. 그러나 비용을 지출한 경우에는 그 비용 손해 중 자기 부담으로 귀속될 부분에 한해서 보험자로부터 보상받을 수 있다. 그런데 공동해상사업단체에 속하는 재산, 즉 선박, 운임 또는 화물이 동일인의 소유일 경우 공동해손 손해나 분담금에 관한 보험자의 책임은 이들 이익이 각각 다른 사람에 의하여 소유되고 있는 경우와 동일하게 처리한다.

공동해손의 정산기준은 통상 선하증권 뒷면에 규정하고 있는데 현재 요크 앤트워프 규칙(York Antwerp Rules)이 가장 보편적으로 사용되고 있다.[31)]

공동해손이 발생한 경우 운송인이 화주에게 요구하는 서류는 ① 공동해손 맹약서(green average bond) ② 화물가액신고서(valuation form) ③ 공동해손 보증장(general average guarantee) 또는 공동해손 공탁금(general average deposit)이다.

3. 비용손해

비용손해 중 보험보상의 대상이 되는 손해는 순수구조료, 계약구조료, 특별비용, 손해방지비용(sue and labour charge) 및 손해조사비용(부대비용)이다.

가. 순수구조료

해난사고에 놓인 재산의 발생 가능성이 있는 손해를 방지하기 위하여 임의로, 즉 계약에 기하지 아니하고 구조한 자에게 해상법에 의하여 피구조자가 지급하는 보수를 순수구조료(salvage charge) 또는 임의구조료라고 한다. 피보험위험으로 인하여 발생하는 손해를 방지하기 위하여 지출한 구조료는 피보험위험으로 인한 손해로서 회수할 수 있는데 순수구조료는 그 지출된 사정에 따라 구조료 또는 공동해손 비용(G/A Expenditure)으로 취급한다.[32)]

나. 계약구조료

해난사고에 놓인 재산의 발생 가능성 있는 손해를 방지하기 위하여 계약에 의하여 구조한 자에게 계약에 따라 피구조자가 지급하는 보수를 계약구조료(salvage fee)라 한다. 계약구조료는 발생된 상황에 따라 계약구조료, 손해방지비용 또는 공동해손 비용으로 취급한다.

다. 특별비용

보험의 목적의 안전 또는 보존을 위하여 피보험자에 의하여 또는 피보험자를 위하여 소요된 비용으로서 공동해손 비용과 순수구조료 외의 비용이다. 특별비용(particular charge)이 보험보상을 받기 위해서는 피보험위험을 원인으로 하여 비용이 발생되어야 하고, 그 발생이 이례적이어야 한다. 따라서 통상의 경비 또는 그 경비의 증가분이어서는 안 되며 또 손상된 보험의 목적만을 위해서 지출되어야 한다.

라. 손해방지비용

손해방지비용은 피보험위험이 발생하였을 경우에 이로 인한 보험의 목적의 손해방지 또는 경

---

31) 정영석(해상법원론, 2008), 470쪽.

32) 정영석(해상법원론, 2008), 471쪽.

감을 위하여 피보험자 또는 그의 사용인 및 대리인에 의하여 정당하게(properly) 그리고 합리적으로(reasonably) 지출한 비용이다. 따라서 순수구조료(salvage charge)는 손해방지비용이 될 수 없다. 또한 손해방지비용은 당해 보험의 목적의 이익만을 위하여 소요된 비용이어야 하므로 공동의 이익을 위해 소요된 비용은 공동해손 비용(G/A Expenditure)이 되며 손해방지비용으로 취급되지 않는다.

마. 손해조사비용

손해가 발생하였을 경우 손해검정인(surveyor)에 의해 손해의 원인 및 정도가 조사되는데 소요되는 비용을 손해조사비용이라 한다. 손해조사비용(survey fee)은 당해 손해가 보험자에 의해 보상될 경우에 한하여 보상된다.[33)]

4. 책임손해

책임손해란 보험의 목적을 사용, 관리, 운항하던 중 사고로 타인에게 배상하여야 할 손해를 말한다.

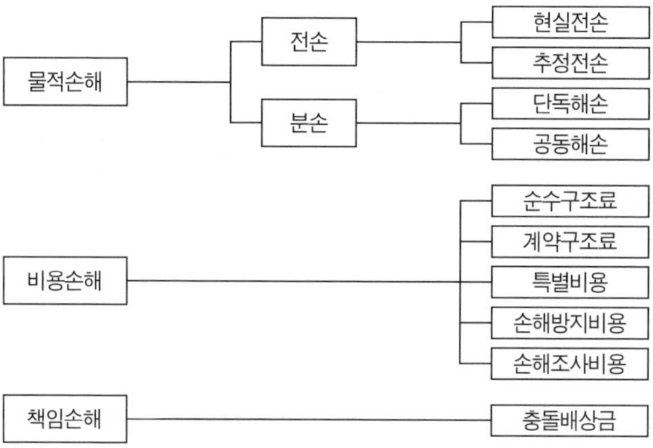

〈그림 52〉 해상손해의 종류

5. 보상의 대상이 되는 손해

가. 적하보험

적하보험은 책임손해를 제외한 위의 모든 손해, 즉 현실전손, 추정전손, 단독해손, 공동해손, 순수구조료, 계약구조료, 특별비용, 손해방지비용 및 손해조사비용이 보상의 대상이다. 그런데 보험자는 보험금액(insured amount)을 한도로 보상한다. 다만 손해방지비용을 제외한 물적 손해와 비용손해의 합계가 보험금액을 초과하더라도 손해방지비용에 한하여서는 보험금액의 한도 내에서 추가로 보상한다.[34)]

33) 정영석(해상법원론, 2008), 472쪽.

34) 정영석(해상법원론, 2008), 472~473쪽.

나. 선박보험

선박보험의 대표적인 상품인 선체 및 기관보험에서는 적하보험과 같이 물적 손해와 비용손해를 보상하고 이에 추가하여 충돌배상책임도 제한적이지만 보상한다. 또 선박보험에서도 보험자의 보상책임은 보험금액을 한도로 하지만 손해방지비용이나 충돌배상금은 예외적으로 각각 보험금액의 한도 내에서 추가 보상한다.[35)]

VIII. 워런티

1. 개념

해상보험계약은 워런티(warranty)에 위반한 경우 보험금을 지급하지 않는다. 워런티란 피보험자가 특정한 사항을 이행하거나 또는 이행하지 않을 것 또는 특정한 조건이 충족될 것 또는 특정한 사실 상태의 존재나 부존재를 확약하는 것을 말한다(MIA 제33조).

2. 종류

가. 명시적 워런티

명시적 워런티(express warranty)라 함은 보험증권에 보험계약자가 지켜야 할 구체적인 내용이 약관에 명기되어 있는 워런티를 말한다.

나. 묵시적 워런티

묵시적 워런티(Implied warranty)라 함은 법률의 규정 또는 커먼로상 당연히 인정되는 워런티로, 증권이나 약관에 명기되어 있지 않아도 피보험자가 이를 충족하여야 한다. 적법 워런티와 감항능력 워런티가 있다.

3. 위반의 효력

워런티는 위험에 대하여 중요한 것이든 아니든 정확히 충족되어야 한다. 만약 충족되지 않으면 보험증권에 다른 규정이 있는 경우가 아니라면, 보험자는 워런티를 위반한 때로부터 책임을 면하게 된다. 다만 워런티의 위반 이전에 발생된 손해에 대해서는 책임을 면하지 못한다.[36)]

그러나 사정의 변경으로 워런티가 계약에 적용될 수 없는 경우, 워런티의 충족이 그 후의 법률의 변경으로 위법이 되는 경우 및 보험자가 워런티 위반의 권리를 포기하는 경우에는 워런티 위반이 허용된다.

35) 정영석(해상법원론, 2008), 473쪽.

36) 정영석(해상법원론, 2008), 474쪽.

IX. 보험약관 해석 원칙

1. 계약 당사자 의사존중의 원칙

계약 당사자의 진의가 무엇인지를 가려내어 그 의도에 따르는 것이 가장 기본적인 해석의 원칙이며, 기타의 해석 원칙은 이 원칙을 달성하기 위한 파생의 원칙이라 할 수 있다.

2. 문언 위주 해석의 원칙

보험증권의 각 문언은 특별한 별도의 의미를 부여하고 있는 경우를 제외하고 학문적, 이론적으로 해석하려고 할 것이 아니라, 평이하고(popular method), 통상적인 방법으로(ordinary method), 그리고 통속적으로(popular method) 해석하여야 한다.

3. 수기문언 우선의 원칙

각 약관의 내용이 서로 다를 경우 어느 약관이 우선할 것인지 원칙이 없으면 분쟁을 면할 수 없다. 이런 경우 수기문언을 가장 우선적으로 적용한다는 이론을 수기문언 우선의 원칙이라 한다. 따라서 구 약관의 경우 Lloyd`s SG Policy의 본문약관⇒이태리서체약관⇒난외약관⇒협회약관⇒기타 특별약관⇒스탬프약관⇒타자약관⇒수기약관 순이며, 신 약관의 경우 본문약관⇒난외약관⇒협회약관⇒특별약관⇒스탬프약관⇒타자약관⇒수기약관의 순서가 될 것이다.[37)]

4. 작성자 불이익 원칙

문언의 뜻이 애매해서 여러 가지 해석이 가능할 때는 작성자, 즉 보험자에게 불리하도록 해석하여야 한다.

제2절 적하보험과 선박보험

I. 적하보험

1. 의의

적하보험은 해상 · 항공 또는 이에 부수하는 육상 등에 운송되는 물건이 멸실 · 훼손됨으로써 피보험자가 입은 경제적 손실을 합의된 방법과 범위에 따라 보상하는 보험이다.

37) 정영석(해상법원론, 2008), 474쪽.

적하보험의 대상은 주로 수출입화물이다. 화물을 보험에 가입함으로써 피보험위험으로 발생하는 손해를 보상받을 수 있어 무역거래를 원활하게 하는데 기여한다. 이러한 이유로 해상보험은 해상운송 및 국제금융과 더불어 무역을 뒷받침하는 세 가지 기둥 중 하나라 할 수 있다.[38)]

그런데 화물이 운송인이 책임지는 기간 중에 사고가 발생하면 그들에게 손해배상 청구를 하면 되는데도 불구하고 적하보험에 가입하는 이유는 선하증권 등에는 면책조항이 많고, 또 이에 해당하지 않는다 하더라도 책임제한규정이 있어 화주는 완전한 배상을 받지 못하는 경우가 대부분이기 때문이다.

적하보험의 피보험자가 누가 될 것인가는 무역거래조건에 따라 결정된다. FOB 조건이나 CFR 조건에서는 보험의 목적이 항해선의 선박난간을 통과하기 전까지의 구간에서는 수출업자가, 그 후 구간은 수입업자가 피보험이익(insurable interest)을 가진다. 반면 CIF 조건에서는 매매계약상 수출업자가 보험에 가입할 의무를 지고 있다.

적하보험은 국제성이 강한 보험이므로 보험요율(premium rate)도 다른 나라보다 우월한 지위에 있어야 한다. 우리나라의 경우 적하보험의 해상위험요율은 완전자율화가 되어서 각 보험자가 스스로 산정하는데, 기본보험요율은 일반적으로 화물의 종류, 운송구간 및 기본보험조건에 의한다. 그러나 전쟁과 동맹파업 등의 요율은 해상위험의 요율과는 달리 런던의 전쟁보험요율위원회(War Risks Rating Committee)에 의해 산정되고 있으며 각국의 보험자는 이에 따르고 있다.[39)] 적하보험의 보험금액은 CIF 가격의 110%로 하는 것이 보통이고, 보험조건은 CIF 조건으로 수출하는 경우는 관계 신용장 또는 매매계약서에서 규정하고 있는 보험조건으로 가입하면 되고, FOB 조건이나 CFR 조건으로 수입하는 화물은 자기의 경험에 따라 보험조건을 결정할 수밖에 없다.

2. 약관의 구성

로이즈(Lloyd's)를 비롯하여 세계의 해상보험시장에서 사용되고 있는 보험증권의 모체는 「MIA 1906」 제1부칙에 규정된 Lloyd`s SG Policy이다. 우리나라에서 사용하고 있는 영문적하보험증권 양식은 런던 보험자협회(Institute of London Underwriters)가 제정한 Companies' Combined Policy를 모방한 것이며, 이 증권은 Lloyd`s SG Policy를 선박용과 적하용으로 분리한 것이다.

그런데 이 Lloyd`s SG Policy상의 피보험위험과 약관의 내용이 해상무역 발달 등의 시대 흐름에 따라 미비한 점이 있어 로이즈시장과 보험회사시장을 대표하는 기술 및 약관위원회(Technical & Clauses Committee)에 의해 1912년 적하보험특별약관인 Institute Cargo Clause(FPA)와 Institute Cargo Clause(WA) 및 Institute Cargo Clause(A/R) 등 구 약관과 1983년에 제정된 ICC(A), ICC(B), ICC(C) 등의 신 약관을 사용하고 있다.

구 약관은 Lloyd`s SG Policy와 ICC 약관이 합하여 하나의 약관을 구성하는데 Lloyd`s SG Policy는 본문약관, 이태리 서체약관 및 난외약관으로 구성되어 있고, ICC 약관은 14개 조항으로 구성되어 있다. 그러나 Lloyd`s SG Policy가 200여 년 전부터 사용되어 오던 것이라 그 약관들의 내용 및 표현이 대단히 어려웠다. 적하보험에 관한 한 일반 무역업자들이 쉽게 이해할 수 있도록 수정해야 되

38) 정영석(해상법원론, 2008), 475쪽.

39) 정영석(해상법원론, 2008), 475~476쪽.

지 않겠느냐 하는 국제 여론이 비등해지자 1978년 11월에 UNCTAD가 〈해상보험에 관한 보고서〉를 작성하게 되었고 이에 따라 런던 보험자협회와 로이즈 보험협회의 합동작업반이 중심이 되어 Lloyd's SG Policy Form을 폐기하고 신보험증권양식과 새로운 약관, 즉 ICC(A), ICC(B) 및 ICC(C)를 제정하고 이를 1982년 1월 1일부터 사용할 수 있도록 하였다. 이를 실무적으로 신 약관이라고 한다. 신 약관은 증권 앞면에 본문약관과 중요약관이 규정되어 있고 뒷면에는 19개 조항의 ICC 약관이 규정되어 있다.[40)]

3. 보험기간

보험자가 보상책임을 부담하는 구간을 보험기간이라 한다. 적하보험의 보험기간은 화물이 보험증권에 기재된 지역의 창고 또는 보관장소에서 운송개시를 위해 떠날 때 개시하고, 그 종기는 ① 화물이 보험증권에 기재된 목적지의 수하인 또는 기타의 최종 창고 또는 보관 장소로 인도된 때, ② 보험증권에 명시된 목적지 여부를 불문하고 통상의 운송과정이 아닌 보관을 하거나 할당 또는 분배를 위한 장소에 인도된 때, ③ 본선으로부터 하역을 종료한 후 60일이 경과된 때 중 어느 하나가 먼저 도래한 때이다.

그러나 우리나라의 경우에는 수입화물에 한하여 하역 후 60일 대신 30일로 변경하고 있으므로 위 ① 및 ②의 사유가 도래하지 않았다 하더라도 수입화물은 본선으로부터 양륙을 종료한 때로부터 30일이 경과하면 보험기간은 종료한다.

한편 피보험자가 좌우할 수 없는 사정에 의하여 해상운송이 그 계약서에 기재된 목적지 외의 항구 또는 지역에서 종료되거나 또는 기타의 사정으로 위 운송약관에 규정된 화물의 인도 이전에 운송이 종료되었을 경우에는 지체 없이 그 취지를 보험자에게 통지하고 또한 청구를 받으면 추가 보험료를 지급할 것을 조건으로 하여 ① 화물이 상기의 항구 또는 지역에서 매각된 후 인도되거나 또는 ② 별도의 합의가 없는 한, 그러한 항구 또는 지역에서 매각된 후 인도되거나 또는 ③ 별도의 합의가 없는 한, 그러한 항구 또는 지역에서 외항선으로부터의 양륙작업 완료 후 60일이 경과되거나, 그중 어느 한 쪽이 먼저 생길 때 또는 ④ 화물이 60일 이내에 보험증권에 기재된 목적지 또는 기타의 목적지로 계속 운반될 경우에는 위 운송약관에 따라 보험이 종료될 때까지 보험이 존속한다.

또한 손해가 보험계약을 체결하기 이전에 발생하였을지라도 피보험자가 그 손해의 발생 사실을 알고 보험자가 몰랐을 경우를 제외하고는 피보험자는 이 보험의 보험기간 중에 생긴 손해에 대하여 보상받을 권리가 있다.

4. 보험조건별 보상범위

가. 구 약관

(1) FPA 조건

단독해손불담보조건(FPA)은 Lloyd's SG Policy상의 피보험위험, 즉 해상고유의 위험, 화재, 투하, 강도 등으로 야기된 손해 중 현실전손, 추정전손, 공동해손 및 비용손해(순수구조료, 계약구조료,

40) 정영석(해상법원론, 2008), 476~477쪽.

손해방지비용, 특별비용 및 손해조사비용)를 보상하지만, 단독해손은 원칙적으로 보상하지 않는다.

그러나 본 약관에서 특별히 규정하고 있는 특정 사고에 의하여 발생된 단독해손을 예외적으로 보상하는데 ① 침몰, 좌초, 화재, 충돌 및 폭발로 발생된 단독해손, ② 선적, 환적, 양륙 중의 추락으로 인한 포장당 전손, ③ 피난항에서 하역으로 인한 단독해손이 그것이다.

선박이 항해 중 침몰, 좌초, 대화재를 당할 경우 당시 선적되어 있었던 화물은 분손담보조건(WA)에서 보상되는 위험으로 손해가 발생된 경우라 하더라도 본 조건에서 보상하여 준다. 즉 선박이 항해 중 침몰, 좌초, 대화재를 당한 경우에는 해상 고유의 위험에 포함되는 악천후 또는 강도나 투하로 인한 단독해손도 보상이 가능하다는 의미이다.[41]

(2) WA 조건

분손담보조건(WA)은 Lloyd`s SG Policy상의 피보험위험, 즉 해상 고유의 위험, 화재, 투하, 강도 등으로 발생한 손해를 보상하여 준다. 즉 단독해손불담보조건(FPA)에서 보상하여 주는 손해에 추가하여 악천후, 투하 또는 강도로 인한 단독해손을 보상하여 주는 조건이다.

실무적으로는 WA 3%(with average 3%)와 WAIOP(with average irrespective of percentage)의 두 조건으로 보험을 인수하는데 WA 3% 조건은 악천후 등으로 야기된 손해가 3% 이상이어야 전액 보상하여 주는 조건이고, WAIOP는 그러한 손해가 발생되었을 때 공제(deduction) 없이 보상하여 주는 조건이다.[42]

(3) A/R 조건

전위험담보조건(A/R)은 면책위험 및 보험요율서에서 면책되는 위험 외의 일체의 손해를 보상하여 주는 조건이며 약관에 규정하고 있는 면책위험은 ① 피보험자의 고의 또는 악의적 비행, ② 화물 고유의 성질이나 하자로 기인된 손해, ③ 항해의 지연에 근인한 손해 또는 비용이다.[43] 그리고 보험요율서상 면책되는 위험이란 화물의 종류에 따라 다르나 예컨대, 유리제품의 파손위험과 같은 것을 들 수 있다.

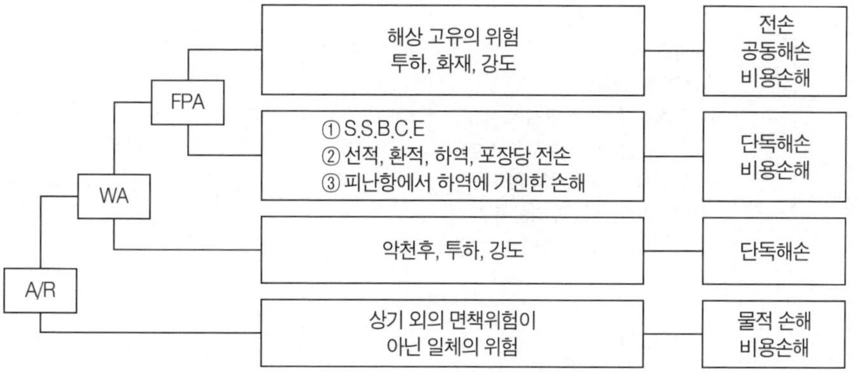

〈그림 53〉 구 약관의 보험약관별 보상범위

41) 정영석(해상법원론, 2008), 478쪽.

42) 정영석(해상법원론, 2008), 479쪽.

43) 정영석(해상법원론, 2008), 479쪽.

나. 신 약관

신 약관은 ICC(A), ICC(B), ICC(C)의 3가지 약관으로 나누어진다. 이 중 ICC(A) 약관은 포괄적 책임주의에 입각한 것이고, 나머지는 제한적 열거주의에 입각한 것이다.

구체적 피보험위험과 면책위험은 다음과 같다:

(1) 피보험위험

A	B	C	다음 위험에 정당하게 기인된 보험의 목적의 멸실 또는 손상
○	○	○	① 화재 또는 폭발
○	○	○	② 선박 또는 부선의 좌초, 좌주, 침몰 또는 전복
○	○	○	③ 육상 운송용구의 전복 또는 탈선
○	○	○	④ 본선 등과 외부 물체와의 충돌 또는 접촉
○	○	○	⑤ 피난항에서의 적하의 양륙
○	○	×	⑥ 지진, 분화 또는 낙뢰

A	B	C	다음 위험으로 인한 보험의 목적의 멸실 또는 손상
○	○	○	⑦공동해손 희생
○	○	○	⑧ 투하 또는 갑판유실
○	○	×	⑨ 파도에 의한 갑판상의 유실
○	○	×	선박, 부선, 선창, 운송용구, 컨테이너, 리프트밴 또는 보관소 해수, 호수 또는 하천수의 유입
○	○	×	선박 또는 부선에 선적 또는 양륙작업 중 해수변으로 낙하하여 멸실되거나 추락하여 발생된 포장당 전손
○	×	×	상기 외의 멸실, 손상
○	○	○	공동해손, 구조료(면책위험에 의한 것은 제외)
○	○	○	쌍방과실 충돌

부가보험조건(ICC(A) 약관에서는 자동으로 부가 보상하는 위험)

A			
○			① 도난, 발하 및 불인도
○			② 누손 또는 부족손
○			③ 파손
○			④ 한손과 가열손
○			⑤ 가열손, 한손, 자연발화
○			⑥ 우담수손(rain water damage)
○			⑦ 유류 및 타 화물과의 접촉손
○			⑧ 갈고리 및 구멍에 의한 손해
○			⑨ 곡손(denting and/or bending)
○			⑩ 오손
○			⑪ 녹
○			⑫ 곰팡이 손상
○			⑬ 쥐 또는 해충에 의한 손상
○			⑭ 원산지 손상
○			⑮ 폐사 등

(2) 면책위험

A	B	C	
×	×	×	① 피보험자의 고의의 위법행위
×	×	×	② 통상의 누손, 중량, 용적의 통상의 감소, 자연소모
×	×	×	③ 포장 또는 준비의 불완전(위험개시전, 피보험자에 의한 컨테이너의 적입)
×	×	×	④ 보험의 목적의 고유의 하자
×	×	×	⑤ 지연
×	×	×	⑥ 선주, 관리인, 용선자 운항자의 파산, 재정상의 채무 불이행
○	×	×	⑦ 여하한 자의 불법행위에 의한 고의적 손상 파괴
×	×	×	⑧ 원자핵 분열/원자핵 융합 또는 동종의 반응 또는 방사력 또는 방사성 물질을 이용한 병기의 사용에 의한 멸실 손상비용
×	×	×	⑨ 선박・부선의 불감항성, 선박・부선・운송용구・컨테이너 등의 부적합

5. 기본보험조건과 부가보험조건

가. 기본보험조건

적하보험의 대상인 화물의 주된 운송수단이 선박인 경우 FPA, WA 3%, WAIOP, A/R, ICC(A), ICC(B) 또는 ICC(C) 조건 중에 어느 하나를 보험조건으로 반드시 선택하여야 한다. 따라서 이들을 기본보험조건이라 한다.44)

나. 부가보험조건

A/R나 ICC(A) 조건은 보상의 범위가 넓어 좋으나 보험료가 상대적으로 비싼 편이다. 따라서 보험료가 상대적으로 저렴한 제한적 조건으로 가입한 경우에는 아래에 열거한 부가조건을 선택하여 보험에 가입할 수 있다.45)

부가조건으로 특정 위험을 부보하였다면 해당 위험으로 발생한 손해는 증권상 열거된 면책위험에 기인하지 않는 한 보험보상을 받을 수 있다. 부가위험으로서는 ① 도난, 발하, 불착위험(Theft, Pilfrage and Non-delivery; TPND), ② 우담수손(Rain &/or Freshwater Damage; RFWD), ③ 해수침손(Seawater Damage), ④ 갈쿠리에 의한 손해(Hook & Hole; HH), ⑤ 타 화물과의 접촉위험(Contact with Oil & Other Cargo; COOC), ⑥ 곡손위험(Bending &/or Denting), ⑦ 누손, 중량부족 위험(Leakage &/or Shortage), ⑧ 한습손, 열손위험(Sweat &/or Heating), ⑨ 혼합위험(Contamination), ⑩ 서식, 충식위험(Rate &/or Vermin), ⑪ 곰팡이손 위험 (Mildew and Mould), ⑫ 녹손위험(Rust) 등이 있다.

6. 전쟁동맹파업약관

기본보험조건들은 해상위험을 보상의 대상으로 하고 전쟁이나 동맹파업 등의 위험은 제외하

44) 정영석(해상법원론, 2008), 481쪽.

45) 정영석(해상법원론, 2008), 481쪽.

고 있다. 따라서 전쟁이나 동맹파업 등의 위험을 담보받기 위해서는 별도로 Institute War Clause와 Institute Strikes Riots and Civil Commotions Clauses를 보험증권에 첨부하여야 한다. 이들 약관도 구 약관용과 신 약관용이 별도로 제정되어 있다.

7. 특수화물에 대한 기본약관

런던 보험자협회 약관 중 정형적이고 기본적인 약관 외에 그들의 화물만을 위하여 제정된 약관이 있다. 이들 약관은 이미 기술한 ICC와 별도로 보험에 가입할 수 있도록 제정한 기본약관이다.[46]

이에 해당하는 약관으로서, 항공화물, 즉 화물의 주된 운송수단이 항공기인 경우의 기본보험조건용으로 제정한 약관이 Institute Air Cargo Clauses(All Risks)와 Institute Cargo Clauses(Air)인데, 이 약관은 ICC(A/R)와 거의 같지만 항공기에서 하역 후의 보험기간은 30일로 축소되어 있다. 또 이 화물의 전쟁위험을 위한 약관으로서 Institute War Clause(Air Cargo)가 있다.[47]

기타 원당을 위한 Raw Sugar Clause, 고무류를 위한 Rubber Clause, 원목을 위한 Timber Trade Federation Clause, 냉동식품을 위한 Institute Frozen Food Clause 및 산적석유를 위한 Crude Oil Clause 등이 있다.

8. 기타 특별약관

특수한 피보험이익에 관한 특별약관으로 피험자의 의사와 상관없이 첨부하는 약관이 있다. 이 중 기계류수선특별약관(Special Replacement Clause)은 기계를 보험의 목적으로 하는 계약에 적용된다. 기계의 일부에 손상이 발생한 경우 그 부분의 대체 비용 또는 수선비에 만일 운임 및 재조립 비용을 요하면 이들 비용을 가산한 금액을 보상한다. 손상부품의 신규 구입을 위해 관세를 지급한 때는 화물의 관세금액이 보험가입액에 포함되는 경우에 한해 보상한다. 또 갑판적약관(On-deck Clause)은 WA나 (B)조건 혹은 WA 및 (B)조건보다 넓은 조건으로 인수되는 계약에 적용된다.

적하보험은 통상 부보화물이 선창 내에 적재되는 것을 전제로 하고 있기 때문에 운송계약에 기초하여 선주 혹은 용선자의 자유재량권 행사에 의한 것인지 아닌지를 불문하고 화물이 갑판에 적재된 경우에는 보험의 조건은 이 약관에 의해 보험개시 시점부터 FPA+JWOB(투하 및 갑판유실손 포함) 조건 혹은 C+WOB(갑판유실손 포함)조건으로 변경된다. 그러나 밀폐된 컨테이너 화물에는 이를 적용하지 않는다.

9. 손해가 발생한 경우

가. 손해방지 의무

보험사고가 발생한 경우 피보험자, 그 사용인 및 그 대리인은 손해를 방지하거나 또는 경감시키기 위하여 합리적인 조치를 강구하여야 한다. 이를 수행하는 과정에서 적절하고 합리적으로 발생한 비용은 손해방지비용으로 보상한다.

---

46) 정영석(해상법원론, 2008), 482쪽.

47) 정영석(해상법원론, 2008), 482쪽.

나. 사고통지 의무

피보험자는 보험자나 그의 대리인에게 신속하게 사고 사실을 통지하여야 한다. 이 통지를 태만히 한 경우는 화물의 종류에 따라 워런티에 해당하는 사항이 있어 보상을 받지 못하는 경우도 발생할 수 있다.

다. 손해배상 청구

피보험자는 구 약관의 수탁자약관과 신 약관의 중요약관의 규정에 따라 손해배상 청구의 보존과 행사를 하여야 한다. 중요약관에서는 ① 운송인, 항만당국 혹은 기타 수탁자에게 여하한 유실물에 대해 즉시 보상청구를 할 것, ② 해난사고보고서가 발행된 경우를 제외하고 어느 경우에도 화물이 불명한 상태에 있으면 클린 수령증(clean receipt)을 교부해서는 안 되고, ③ 컨테이너에 의하여 화물이 인도된 경우에는 피보험자 또는 대리인의 책임 있는 직원이 즉시 컨테이너 및 해당 봉인을 검사할 것 및 컨테이너 자체가 손상되었거나 봉인이 파손이나 멸실 또는 선적서류에 기재된 바와 상이하게 봉인되어 컨테이너가 인도된 경우 이에 준하여 화물수령증에 기재하고 하자가 있거나 규격이 틀린 모든 봉인은 이후 확인을 위하여 보관할 것, ④ 멸실 및 손상이 명백할 경우에는 운송인이나 기타 수탁자의 대리인에게 검정을 즉시 의뢰하고, 검정 시 밝혀진 실질적인 멸실 및 손상에 대하여 운송인 기타 수탁자에게 보상청구를 할 것, ⑤ 화물을 인도한 때 멸실 · 훼손이 명백히 나타나지 않았다면 인도 후 3일 이내에 운송인이나 기타 수탁자에게 서면으로 통지할 것을 규정하고 있다.[48]

10. 보험금 사정

가. 의의

적하보험에서 보상되는 손해의 형태는 물적 손해와 비용손해이다. 비용손해는 금액화되어 있는 손해이므로 보험금을 산정하는데 어려움이 없고 또 물적 손해 중 전손의 경우는 보험금액을 보험금으로 지급하여야 하므로 역시 문제될 것이 없다. 그러나 물적 손해로서 분손은 수선의 경우라면 합리적인 수선비를 보상하면 되고, 수선을 하지 않은 경우는 손해율을 산정하여 이를 보험금액에 곱하여야 보험금이 산정된다. 그런데 보험금액은 보험증권에 기재되어 있으므로 손해율만 산정할 수 있으면 될 것이다.

나. 손해율 산정

(1) 양적 손해

화물의 전부 또는 일부가 도난, 불착, 부족, 파손된 경우와 같이 피보험자에게 화물이 인도되지 않았거나 인도되었다 하더라도 본래의 목적에 사용할 수 없어 폐기되어야 하는 경우가 양적손해에 해당된다. 이 양적 손해의 손해율은 멸실 수량을 전체 수량으로 나눈 것이 된다.

즉 양적 손해의 손해율 = 멸실 수량/전체 부보수량이다.

48) 정영석(해상법원론, 2008), 483쪽.

(2) 질적 손해

화물의 전부 또는 일부가 손상되어 도착된 경우 그 손상으로 인하여 가치가 하락된 경우를 질적 손해라 한다. 질적 손해의 손해율은 정상품 가격에서 손상품 가격을 공제한 잔액을 정상품 가격으로 나누면 된다.

즉 질적 손해의 손해율 = (정상가격 - 손상가격)/정상가격이다.

여기서 정상가액이란 도매가액을 말한다.

상기 손해율은 「MIA 1906」 제71조에 규정된 보험금 산정방식(average loss settlement)에 따른 것이다. 화물이 중간항에서 매각되어 정상가격이나 손상가격을 산정하기 어려운 경우 실무적으로 구조물차감방식(salvage loss settlement)으로 보험금을 사정하기도 한다.

구조물차감방식에서의 보험금 = 보험금액 - 구조물 순매각금이다.

다. 보험금 청구 시 구비서류

보험금을 청구할 때 필요한 서류는 ① 보험금청구서(claim letter), ② 보험증권, ③ 선하증권(bill of lading), ④ 상업송장(commercial invoice), ⑤ 화물협정서(cargo boat note, tally sheet), ⑥ 손해감정서(survey report), ⑦ 선사 또는 기타 수탁자에 대한 구상장(claim letter addressed to carrier or other bailee) 및 위에 대한 답장(reply letter to the above), ⑧ 제비용을 증빙하는 서류, ⑨ 해난사고보고서(marine protest), ⑩ 화물매각계산서(account sales), ⑪ 위부서(letter of abandonment), ⑫ 대위권양도서(receipt and letter of subrogation) 등이다. 이 중 ③ 선하증권과 ④ 상업송장은 필수서류 중의 하나이다.[49]

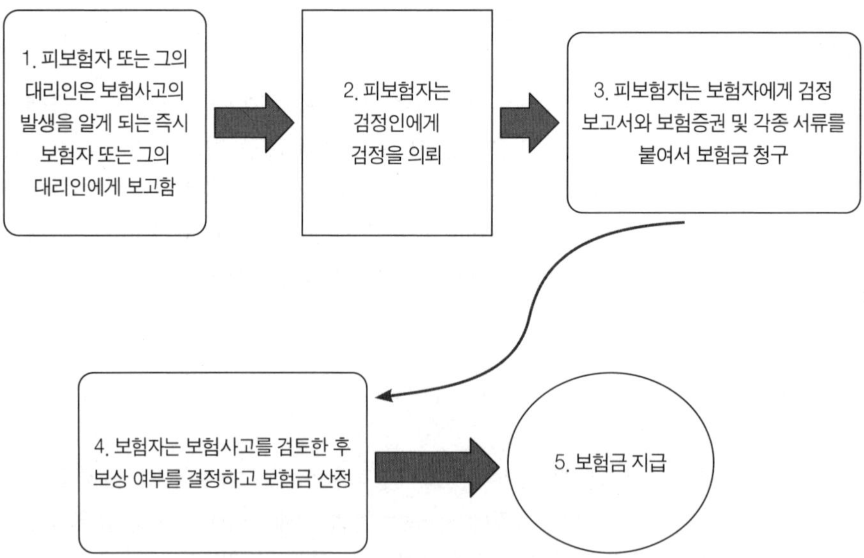

〈그림 54〉 적하보험의 보상 절차

49) 정영석(해상법원론, 2008), 484쪽.

II. 선박보험

1. 의의

가. 개념

선박보험은 선박으로 해상사업을 영위하는 자가 우연한 사고로 경제적 손해를 입은 경우 그 합의된 방법과 범위에 따라 보상하는 보험이다. 여기서 선박이란 사회통념상 선박으로 인정되는 모든 것을 말한다.

나. 기능

무역 규모의 증대로 해상교통량이 증가하고 이로 인하여 선박은 충돌, 좌초, 침몰, 기관고장 등 사고도 많이 발생한다. 해난사고로 선주가 입는 물적 손해, 비용손해, 배상책임손해 및 불가동손실금은 일반적으로 거대하다. 따라서 이를 보험에 가입하여 보상받음으로써 안심하고 해상사업을 할 수 있는 기능을 선박보험이 가지고 있다.

또한 해상사업자는 선박을 담보로 하여 자금을 대출 받기도 하는데 이때 그가 가입한 보험증권에 예컨대 전손사고가 발생하면 보험금을 담보권자에게 지급한다고 명기함으로써 대출을 보다 원활하게 받도록 하는 부수적 기능이 있다. 또한 선박이 구조를 받거나 또는 충돌한 경우에 구조업자나 충돌 상대방은 선주에게 지급보증을 요청하는데 이때 보험자가 보증함으로써 선박이 압류를 면할 수 있는 부수적 기능도 가지고 있다.[50)]

2. 선박보험의 종류

가. 선체 및 기관보험

선박보험의 대표적이자 기본적인 보험으로 선체와 기관 등을 보험의 목적으로 하는 것이다. 보험기간은 일반적으로 12개월로 하고 있다. 보험기간 중에 여러 차례 보험사고가 발생하더라도 사고마다 보험금액의 한도 내에서 보상을 하여 주며, 복원에 따른 추가보험료는 없다.

나. 계선보험

선체 및 기관 등을 보험의 목적으로 하는 보험이라는 점에서는 선체보험과 동일하다. 그러나 선체보험은 선박이 항해하는 것을 기본으로 하여 보험에 가입하지만, 계선보험(port risk insurance)은 선박이 항구나 안전한 해역에서 휴항하는 경우나 준설선과 같이 안전한 특정 해역에서 작업하는 경우를 전제로 하고 가입한다. 따라서 선체보험보다 상대적으로 계선보험료가 저렴하다. 계선보험에서는 4/4충돌배상금과 P&I 위험을 보상하는 것으로 약관에 규정하고 있다.[51)]

다. 증액 및 초과책임보험

전손의 경우 선체보험에 추가하여 보험금을 보상받기 위하여, 또 선체보험이 기평가보험임

50) 정영석(해상법원론, 2008), 485~486쪽.

51) 정영석(해상법원론, 2008), 486쪽.

에도 비용손해는 보험분담가액(insured contributory value)보다 선박분담가액(vessel's contributory value)이 많은 경우 비례보상을 받게 된다. 이렇게 비례보상을 받게 됨으로써 입는 손실을 보전받기 위한 보험을 증액 및 초과책임보험(insured value and excess liabilities insurance)이라고 한다. 끝으로 충돌배상금도 선체보험에서는 보험금액의 3/4을 최고보상액으로 하고 있으므로 배상액이 최고 배상한도액을 초과하는 경우 보상받기 위한 보험이다.

라. 운임보험

운임보험(freight insurance)은 해난사고로 항해를 중단하거나 포기하지 않았다면 취득하였을 운임의 손실을 보상해 주는 보험이다. 이 보험은 운송계약서에 운임확정취득약관이 없는 경우에 가입한다.

마. 선박불가동손실보험

선박불가동손실보험(loss of earning insurance)은 선체보험에서 열거하고 있는 위험으로 선박이 불가동 상태가 됨으로써 운항자가 입게 되는 예상이익의 손실을 보상하여 주는 보험이다.

바. 전쟁보험

전쟁보험(war risk insurance)은 해상위험을 피보험위험으로 하는 보험조건에서는 전쟁위험을 보상하지 않기 때문에, 전쟁위험으로 인한 선체손해를 보상받기 위한 보험이다.

사. 선박건조보험

선박건조보험(builder's risk insurance)은 선박의 건조부터 진수, 시운전 및 인도에 이르기까지의 육상위험과 해상위험을 담보함으로써 건조자의 경제적 손실을 보상해 주는 보험이다.

3. 선체 및 기관보험

가. 의의

선박보험 중에 가장 많이 가입하고 있는 보험은 선체 및 기관보험(hull & machinery insurance)이다. 선박은 합성물인데 선체보험에서의 보험의 목적은 선체, 선박자재, 의장구 및 직원과 부원의 용품과 식료품을 포함한다. 특수 사업에 종사하는 선박의 경우에는 그 사업에 필요한 통상의 의장을 포함하고, 또 기선의 경우에는 기계, 기관과 피보험자의 소유에 속하는 것이라면 석탄과 기관용 소모품도 포함한다(MIA Rule for Construction of Policy 제15조). 선체보험도 ITC 조건, FPL 조건 또는 예컨대, TLO, SALVAGE, SC/SL 조건과 같이 보상하여 주는 손해의 형태에 따라 다양한 보험조건이 있다. 이들 보험조건은 ITC(Hulls)(1/10/83)를 기본보험약관으로 사용하고 있고, 이 약관은 적하보험과 달리 보상은 물론 기타 이 보험에 관한 모든 다툼의 준거법을 영국의 법률과 관습으로 하고 있다.[52]

선체보험의 요율은 500톤 미만의 선박에 대해서는 보험개발원에서 작성한 표준율에 일정 범위

52) 정영석(해상법원론, 2008), 487쪽.

의 할인할증률(±15%)을 적용하는 자유요율(범위요율) 제도를 시행하고 있고, 총톤수 500톤 이상의 선박 및 협정요율을 적용하지 않는 선박에 대하여는 국내 및 해외 재보험자(re-insurer)로부터 구득한 요율을 사용하고 있다.

선박보험의 보험요율(premium rate)을 산출하는 기본 요소는 ① 선주/선박관리인, ② 톤수/선령/선재/선박의 용도(선종), ③ 보험조건, ④ 운항구역, ⑤ 선급의 유무, ⑥ 보험기간, ⑦ 보험가액/보험금액, ⑧ 사고경력 및 ⑨ 선단의 보험가입 규모 등이다.

나. 보험증권의 구성

1884년 런던 보험자협회(Institute of London Underwriters: ILU)의 설립과 함께 보험회사들이 개별적으로 사용하던 각종 보험약관의 통일을 위해 노력한 결과 1888년 최초의 ITC(Hulls)가 등장하였다. 이 약관은 Lloyd's S. G. Policy Form의 본문약관을 수정하고 보완하기 위한 목적이었다.

ITC(Hulls)는 수차례 개정하였으며, 1983년 10월 1일 약관에서는 SG Policy를 폐지하고 적하보험에 도입된 새로운 양식(MAR Form)의 해상보험증권과 함께 새로운 ITC가 도입되었다. 1983년 ITC는 1995년 11월 1일자로 일부 개정되었다. 그러나 우리나라에서는 1983년 ITC를 사용하고 있다.

선박보험의 증권은 증권본문과 난외약관 및 ITC 약관으로 구성되어 있는데 ITC는 모두 약관으로서 준거법약관에 이어 26개 조항으로 구성되어 있다.

다. 보험기간

선박보험은 12개월을 보험기간으로 하는 기간보험이 대부분이나, 예컨대 매매계약에 따라 선박을 인도하기 위한 항해 구간, 즉 어느 지점에서 다른 지점까지 항해를 보험기간으로 하는 항해보험도 있다.

선박보험이 기간보험이라고 하더라도 ITC(Hulls) 제4조는 최우선약관으로서 수기, 타자 또는 인쇄되어 있는 어떠한 조항보다 우선적으로 적용한다. 이 약관에 의하면 보험자가 그 예외 적용을 서면으로 동의하지 않은 ① 보험에 가입된 선박이 입급된 선급협회의 변경 또는 보험에 가입된 선박의 선급 변경, 정지, 중단, 탈급 또는 만기된 경우와 ② 자의 여부에 관계없이 선주 또는 선적의 변경, 새로운 관리로의 이전, 선체용선계약 조건의 용선 또는 보험에 가입된 선박의 소유권 또는 사용상의 징발의 경우는 보험이 자동적으로 종료한다고 규정하고 있다.

그러나 도선사의 승선 여부와 관계없이 항행하거나, 시운전 항해를 하거나, 조난 중의 선박을 구조하거나 예항하여도 보험기간은 계속된다. 다만 예항되는 것이 관습화되거나 또는 구조의 필요상 최초의 안전한 항구 또는 장소까지 예항되는 경우를 제외하고는 선박은 예인되지 말아야 하며, 또 소유자 또는 관리인 및 용선자가 사전에 결정한 계약에 의거 타선의 예인 혹은 구조작업을 받지 않아야 한다. 이는 적하 및 양륙작업에 관계되는 관습상의 예인을 배제하는 것은 아니다.

선박이 항해 중이거나 조난 중이거나 또는 피난항에서 기항 중 보험기간이 만기가 되었을 경우 보험자의 사전 동의를 받아 목적항에 도착할 때까지 보험기간을 연장할 수 있다.

라. 피보험위험

선체보험은 제한적 열거주의를 채택하고 있는데 ITC(Hulls)(1/10/83)에서 담보하여 주는 위험

은 다음과 같은 13가지이다:

① 항해 가능한 수면에서의 위험

② 화재, 폭발

③ 선박 외부로부터 침입한 자에 의한 폭력을 수반한 도난

④ 투하

⑤ 해적

⑥ 핵 장치나 원자로의 고장이나 사고

⑦ 항공기 또는 이와 유사한 물체 또는 그로부터 추락하는 물체, 육상 운송용구, 독(dock) 또는 항만시설이나 장비와의 접촉

⑧ 지진, 화산의 분화 또는 낙뢰

⑨ 적하 또는 연료의 선적, 양륙 또는 이동 중의 사고

⑩ 기관의 파열, 차축의 파손 또는 기관이나 선체의 잠재적 하자

⑪ 선장, 고급선원, 보통선원 또는 도선사의 과실

⑫ 수선자 또는 용선자의 과실

⑬ 선장, 고급선원 또는 보통선원의 악행

마. 보험조건 별 보상하는 손해

(1) ITC 조건

13항목의 피보험위험으로 인한 물적 손해, 비용손해 및 책임손해를 보상하여 주는 보험조건이다.

(2) FPL 조건

13항목의 피보험위험으로 기인된 단독해손 외의 물적 손해와 비용손해 및 책임손해를 보상하여 준다. 단독해손의 경우 SSFCE[침몰, 좌초, 화재, 충돌(접촉포함) 및 폭발]의 위험으로 기인된 경우에 한하여 보상되는 조건이다.

(3) TLO, SALVAGE, SC/SL조건

13항목의 위험으로 기인된 손해 중 전손, 계약구조료, 임의구조료 및 손해방지비용을 보상하여 주는 보험조건이다.

〈표 32〉 보험조건별 보상범위

구분	ITC(Hulls)	FPL Unless etc.	TLO SC/SL
보상하는 손해	전손 분손(수선비) 구조비용 손해방지비용 공동해손 분담금 3/4충돌손해배상책임	전손 해상 고유의 위험으로 인한 분손(수선비) 구조비용 손해방지비용 공동해손 분담금 3/4충돌손해배상책임	전손 구조비용 손해방지비용

바. 3/4 충돌손해배상책임약관

3/4 충돌손해배상책임약관(3/4 RDC)은 책임손해 중에 충돌배상책임을 보상하는 보험이다. 그런데 선박이 충돌함으로써 발생하는 일체의 책임을 보상하여 주는 것이 아니라 그 보상은 제한적이다. 보험자는 보험에 가입된 선박이 타 선박과 충돌하여 그 결과 피보험자가 다음의 손해에 대하여 법적 배상책임을 지고 그 손해배상금으로 일정 금액을 타인에게 지급한 경우에는, 그 금액의 3/4을 피보험자에게 보상한다.[53)]

보상의 대상이 되는 손해는 ① 타 선박 또는 타 선박에 있는 재산의 멸실 · 훼손, ② 타 선박 또는 그 재산의 지연이나 사용이익의 상실, ③ 타 선박 또는 그 재산의 공동해손, 구조 또는 계약에 의한 구조이다.

보험자의 보상은 보험금액을 한도로 하지만 충돌배상책임은 물적 손해나 비용손해의 보상과 관련 없이 보험금액의 3/4을 보상한다. 이 경우 1/4은 피보험자 자신이 부담하거나 P&I에 부보하여 보상받을 수도 있다.

충돌배상금의 보상은 이 보험계약의 다른 조항에 의한 보상에 추가되어지고 또한 보험자의 서면상의 사전승인을 받고 피보험자가 배상책임에 관해 다투거나 배상책임제한을 위한 법적 조치를 취하는 경우 피보험자가 지출하여야 할 소송비용의 3/4도 역시 보상한다.

4. 보험금 청구 절차

가. 보험사고 발생의 통지

보험사고가 발생하면 피보험자는 즉시 보험자에게 그 내용을 가능한 한 상세하게 알려야 한다. 이는 보험자로 하여금 사고 원인, 손해의 정도 등을 신속 · 정확하게 조사할 수 있도록 하기 위한 것으로서 만일 피보험자가 통지의무를 위반하게 되면, 보험금 지급 시 확정된 보험금의 15%에 상당하는 금액을 공제 당하게 된다.[54)]

나. 손해방지 의무

피보험자는 발생한 손해의 확산을 방지하거나 경감시키기 위하여 합리적인 조치를 취하여야 한다. 이러한 손해방지 의무를 게을리한 자는 보험자로부터 보상을 받을 수 없다. 한편 손해방지를 위하여 피보험자가 합리적으로 지출한 비용은 보험자가 보험금액을 한도로 추가 보상한다. 다만 이러한 비용이 경우에 따라 공동해손 비용(G/A Expenditure)으로 처리되는 경우도 있다.

다. 수선 여부의 결정

손상의 정도가 심하여 현실적으로 수선이 불가능한 경우에는 당연히 전손(total loss)으로 처리되나, 수선을 하는 것이 보험자에게 유리한 경우에는 수선을 할 수 있다. 선박의 수선은 피보험자의 자유의사이므로 즉시 실행될 수도 있고 운항 일정에 맞추어 편리한 시기까지 연기할 수도 있다. 피

---

53) 정영석(해상법원론, 2008), 490~491쪽.

54) 정영석(해상법원론, 2008), 491쪽.

보험자의 편의에 의한 임시수선비용은 특별한 경우가 아니면, 보험자가 보상하지 않는다.[55] 만약 수선을 실시하지 않았을 경우에는 피보험자는 이로 인한 감가에 대하여 보상받을 수 있다.

라. 보험금 청구에 필요한 서류

보험금을 청구할 때 갖추어야 할 서류는 사고의 유형에 따라 다르겠지만, 일반적으로 다음과 같이 나눌 수 있다.

① 해난사고 사실의 객관적 입증을 위한 서류: 해난사고 보고서, 항해일지 등

② 손해액 입증을 위한 서류: 수선비, 구조비, 기타 비용의 견적서 및 지출에 대한 객관적 입증 서류

③ 관련 법규 및 계약 내용의 충족을 확인하기 위한 서류: 선급유지증명서, 해기사면허증 등

④ 기타 서류: 공동해손 정산서, 보험증권 원본(전손의 경우)

〈표 33〉 해난사고 시 제출서류

보상청구서 및 수선청구서
수선비, 구조비, 기타 비용의 견적서 및 증빙서류
선박국적증서 사본 1부
선급유지증명서 사본 1부
항해사, 기관사 면장 사본 1부
해난사고보고서 및 경위서 약도 1부
손해검정보고서 1부
선급협회 검사보고서 1부
기상도
공동해손 정산서
기타 각종 증명서

마. 손해액의 산정

손해를 사정할 때에는 다음의 사항을 반드시 고려하여야 한다.

① 사고 발생의 우연성 및 그 발생이 피보험 위험에 근인한 것인지의 여부

② 사고 발생 시 피보험자에게 피보험이익이 존재하는지의 여부

③ 워런티(warranty)의 충족 여부

④ 고지의무, 통지의무의 충족 여부

⑤ 공동해손 분담금, 구조료, 손해방지비용의 경우에 선박의 실제가액과 보험금액과의 비교에 의한 비례보상의 여부

⑥ 충돌손해배상금의 경우에 교차책임주의의 적용 여부

⑦ 공동해손 정산 시 공제된 신구공제(new for old)를 다시 산정할 것인지의 여부

⑧ 각종의 공제액의 적용 및 그 방법에 대한 검토

55) 정영석(해상법원론, 2008), 491쪽.

바. 보험금 지급 후의 보험자의 조치

보험금을 지급한 후에는 보험자는 대위권을 행사하고, 재보험에 부보되어 있을 경우에는 재보험자로부터 보험금을 청구한다.

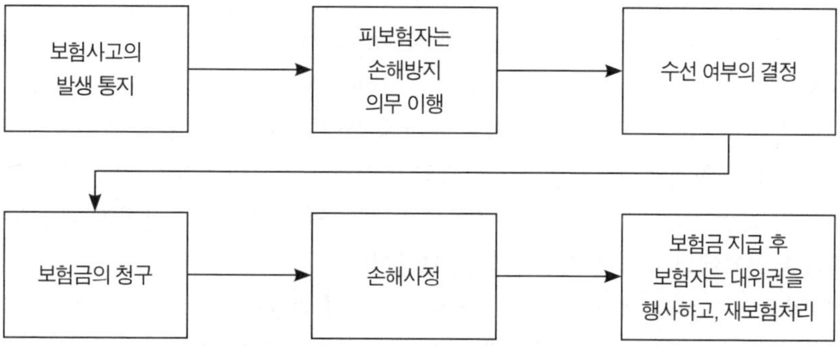

〈그림 55〉 선박보험의 보상절차

5. 보험금 사정

가. 의의

선박이 멸실 · 훼손되었을 때 보험자를 대리하는 검정인(surveyor)을 선임할 수 있도록 보험자에게 사고 통지를 하여야 한다. 그리고 보험자는 선박의 수선을 위한 항구를 결정할 권리가 있고, 또 수선자 혹은 조선소에 관해 거부권이 있다. 또한 보험자는 선박의 수선에 관해 수개의 입찰을 붙일 수 있고 또 다른 입찰을 붙일 것을 요청할 수 있다. 이 조건의 이행을 태만히 하였을 경우에는 확정된 보상청구액에서 15%의 공제를 한다.[56)]

선박보험에서는 매 사고 또는 매 사건으로 발생한 물적 손해, 비용손해 및 충돌배상금의 합계액에서 증권상의 공제액을 차감한 금액을 보험금으로 지급한다. 그러나 전손의 경우와 동일 사고에서 발생한 손해방지비용 및 좌초 후의 선저검사비용의 경우는 증권상의 공제액을 적용하지 않는다.

나. 물적 손해의 보험금 사정

보험의 목적이 전부 멸실한 전손은 보험금액을 보험금으로 지급한다. 그러나 보험의 목적의 일부가 손상된 분손의 경우는 합리적인 수선비가 보험금을 산정하는 기초금액이 된다.

그런데 합리적인 수선비에서 합리적이란 어떤 절대적 기준이 있는 것이 아니라 사실의 문제로서 상황에 따라 판단할 문제이다. 따라서 보험에 부보하지 않은 신중한 선주였더라도 그렇게 수선하였을 것이라고 통상의 합리적인 사람이 판단한다면 그로 인한 수선비는 합리성을 갖는 것으로 보아야 할 것이다.[57)]

또 합리적인 수선비를 산정할 때 신구교환차액의 공제를 하지 않으며, 보험가액과 보험금액이

56) 정영석(해상법원론, 2008), 493~494쪽.

57) 정영석(해상법원론, 2008), 494쪽.

일치하는 전부보험(full insurance)이면 설령 사고나 수선 당시 선박의 시가에 변동이 있더라도 이를 고려하지 않고 보험금액 범위 내에서 합리적인 수선비가 보험금을 산정하는 기초금액이 된다.

다. 비용손해의 보험금 사정

물적 손해와 달리 구조료, 공동해손 및 손해방지비용은 보험가액과 보험금액이 일치하는 전부보험(full insurance)이라 하더라도 선박분담가액(vessel's contributory value)과 보험분담가액(insured contributory value)을 대비하여 보험금을 사정한다. 따라서 비례보상을 받을 수도 있다.

즉 구조료와 공동해손의 경우는 선박의 분담가액 전액에 대하여 보험을 가입 한 경우에는 분담금 전액을 손해보상의 한도로 한다. 그러나 선박의 분담가액 일부만을 보험에 가입하였다면 일부보험의 비율에 따라 보험자의 보상금은 감액된다. 이때 선박의 분담가액을 산정할 때 단독해손손해를 공제한 금액과 분담가액의 비율에 의한 금액을 보상한다.

손해방지비용의 보상은 선박가액에 대한 보험금액의 비율을 또는 선박의 정체가액이 선박가액을 초과했을 경우에는 비용지출을 필요케 한 사고 발생 시에 선박의 정체가액에 대한 보험금액의 비율을 초과할 수 없다. 보험자가 전손금의 청구를 승인했을 경우, 이 보험계약 하에서 부보된 재산이 구조되었을 때는 상단의 규정은 손해방지비용이 구조된 재산의 가액을 초과하지 않는 한 적용되지 않으며, 초과했을 경우에는 구조된 재산의 가액을 초과하는 비용액에 대해서만 적용한다.

제3절 P&I와 공제

I. P&I

1. 의의

선박의 운항에 관련하여 선주에게 생기는 손해, 비용, 손해배상책임 등은 그 종류가 매우 다양하여 선박보험과 적하보험만으로는 보상받지 못하는 경우가 많다.

예컨대 선박 외의 물건과의 충돌, 선원의 사망이나 부상에 대한 배상책임 또는 선하증권의 면책사유에 해당하지 않는 화물사고에 대한 배상책임 등은 선박보험이나 적하보험으로는 해결할 수 없다. 이러한 손해와 비용을 선주가 단독으로 부담한다면 매우 무거운 경제적 부담을 지게 되어 안정된 해운기업의 경영을 할 수 없을 것이다. 이러한 부담을 보험제도와 같은 사회적 · 경제적 제도로 분산시킬 필요가 있다. 이와 같은 경제적 위험에 처해 있는 선주들을 회원으로 하는 일종의 공제조합 내지는 상호보험적인 성질을 가진 제도가 P&I(shipowner's protection and indemnity insurance)이다.[58)]

58) 우리나라에서는 「선주상호보험조합법」(법률 제11690호)에서 P&I를 선주상호보험으로 부르기 때문에 법률용어로

선박보험이나 적하보험은 자기의 재산에 대한 물리적인 손해를 보상하기 위한 것이지만, P&I는 선주의 제3자에 대한 손해배상책임을 대신하기 위한 제도라는 점에서 본질적으로 다르다.

2. 기능

선주가 선박운항상 제3자의 신체나 재산에 손해를 준 경우에 부담하게 되는 배상책임에 대하여는 보호기능(protection)에 의하여, 그리고 화물에 대한 운송인의 운송계약 위반에 대한 배상책임에 대하여는 보상기능(indemnity)에 의하여 보험보상을 해 주는 것을 P&I의 주된 기능으로 한다.

이 밖에도 P&I는 다음과 같은 보조적 기능을 가지고 있다:[59]

① 회원사의 해사채권(maritime claims)의 처리를 도와준다.

② 필요할 경우에는 회원사를 위하여 공탁금 또는 금융보증을 제공한다.

③ 회원사에 대하여 선박운항에 관하여 자문한다.

3. 보상하는 위험

가. 인명사고

(1) 선원재해보상 또는 인명손해

선원이 직무를 수행하다가 다쳤거나 사망하였을 경우에 선주가 부담하여야 할 비용인 입원비 · 치료비, 장례비, 상병선원의 하선 치료를 위한 항로이탈(deviation)비용, 선원 교체를 위한 송환 또는 대체비용, 조난 중 잃어버린 선원의 휴대품의 손해를 보상한다. 그리고 선원의 인명사고와 관련된 보상은 선원고용계약서 또는 기국의 「선원법」의 규정에 따라 결정된다.

(2) 여객의 인명사고

여객이 승선한 때부터 하선할 때까지의 기간 동안에 발생한 사고로 인하여 생긴 입원비 · 치료비, 송환비, 장례비, 장해보상, 수하물의 손해배상, 여객의 질병과 관련한 항로이탈비용을 보상한다. 그리고 여객의 인명사고와 관련된 보상은 승선표에 규정된 여객운송계약 또는 기국의 해상여객운송계약법의 규정에 따라 결정된다.

(3) 그 밖의 인명사고

도선사, 하역인부, 방문자 등으로서 선박 위에서 직무 수행과 관련하여 발생한 인명의 상해 및 사망에 관한 선주의 배상책임을 보상한다.

나. 항만 안에서 생긴 손해

항만 안에서 일어난 다음의 손해를 보상한다.

① 항만시설 또는 해양구조물과의 충돌 또는 접안시설이나 항로표지 등에 입힌 손해

정착되었다고 보아 이 책에서도 선주상호보험으로 번역하였다. 그러나 그 내용상으로는 선주의 배상책임이나 재해보상책임 등을 주로 커버하는 책임보험이며 상호보험에 해당하기 때문에 선주책임상호보험으로 번역하는 것이 정확하다고 본다..

59) 정영석(해상법원론, 2008), 495~496쪽.

② 예선을 사용하는 때에 예선의 과실로 인하여 부두시설, 본선 또는 예선이 입은 손해로서 본선 선주가 지는 손해배상책임

③ 항만관계법에 의하여 난파선의 선주가 져야 하는 난파선의 제거 비용

다. 운송 과정에서 일어난 손해

선주가 화물을 수령, 선적, 적부, 보관, 운송, 양륙 및 인도하는 운송의 모든 과정에서 일어나는 화물의 손해에 대하여 선주가 손해배상책임을 지게 되는 손해에 대하여 보상한다. 이때는 선주의 면책사유가 적용되지 않는 선주 과실로 일어난 화물의 멸실 · 훼손을 보상한다. 따라서 선주의 감항능력 주의의무의 위반으로 일어난 손해에 대하여도 보상한다.

라. 벌과금, 과태료 등의 손해

다음과 같은 부보 선박의 벌과금과 과태료로 인한 손해도 보상한다.

① 인도하는 화물의 수량, 중량, 용적 등이 크게 부족하거나 또는 너무 초과하여 생긴 벌과금, 과태료

②「검역법」,「출입국관리법」,「관세법」등과 같은 입항국의 법령 위반으로 인하여 지급하는 벌금 또는 과태료

마. 충돌손해

다른 선박과 충돌한 경우에 그 다른 선박에 대한 충돌손해배상책임이 선박보험의 3/4충돌배상책임약관으로 인하여 선박보험에서 보상되지 아니하는 1/4의 손해와 관련 비용 및 다른 선박과 그 선박의 화물이 침몰된 경우의 제거비용을 보상한다.

바. 공동해손, 구조료 및 특별비용

공동해손, 구조료, 특별비용에 대하여 다음의 손해를 보상한다.

① 출항할 때에 선주가 감항 능력을 유지하지 못하였기 때문에 화주가 공동해손 분담금의 지급을 거절한 부분

② 공동해손 분담금의 산정기준이 되는 도착선가가 보험가액을 초과한 경우에 징수하지 못한 분담금

③ 클린 선하증권을 발행하고, 그 화물을 갑판 위에 실어서 운송하는 경우에 일어난 화물의 손해

④ 선주가 부당하게 화물을 다른 선박에 옮겨 싣거나 항로 이탈한 경우

⑤ 인명구조를 위하여 합리적으로 지출한 구조선의 비용

사. 유류오염손해

해상을 항행하는 모든 선박은 연료유 또는 화물유를 싣고 다니므로 유류를 바다에 흘림으로써 손해를 일으킬 위험이 매우 높다. 이러한 유류에 의한 해양오염손해에 대하여도 P&I는 보상한다.

II. 공제

1. 의의

우리나라에는 독자적인 선주상호보험조합(P&I Club)의 설립이 늦어졌을 뿐 아니라, 그간 내항 해운회사의 규모가 영세하였기 때문에 「해운법」 제6조를 근거로 하여 한국해운조합이 주체가 되어 공제사업을 실시하고 있다. 한국해운조합이 운영하는 공제사업(insurance business)은 여객공제사업, 선원공제사업 및 선박공제사업이 있다.

공제사업은 회원인 해운회사가 직접 여객과 선원에게 배상책임을 짐으로써 입게 되는 손해와 비용 및 선박의 손해에 대해서만 보상하여 준다.

2. 여객공제사업

가. 의의

여객공제사업이란 운항 중인 선박에 승선한 여객이 사망하거나 신체에 장해를 입은 경우, 선주가 부담하여야 할 법률상의 배상책임을 돕기 위한 사업을 말한다.

나. 가입과 운영

한국해운조합의 조합원으로서 해양수산부로부터 여객선 또는 도선의 면허를 받아 여객의 운송업을 경영하는 개인, 법인 또는 공공기관을 말한다.

공제가입기간은 매년 1월 1일에 시작하여 같은 해의 12월 31일에 종료하여 만 1년으로 한다. 공제의 효력은 공제 분담금(premium)을 납부한 다음 날의 00시부터 발생하며, 그 분담금의 만기일의 24시에 종료한다.

다. 공제금의 청구와 지급

회원사는 여객이 사망하거나 신체의 장해를 입은 재해가 발생한 경우에는 즉시 조합에 알려야 한다. 그리고 조합은 청구서를 접수하면, 심사를 거쳐 공제약관에 따라 공제금(claim amount)을 지급하여야 한다.

라. 보상범위 및 조합의 면책

(1) 보상범위

공제약관 제4조에 의하면 다음과 같은 사유에 대하여 조합이 보상한다.

① 가입자가 피해자에게 지급한 법률상의 손해배상금

② 가입자가 지출한 비용: 제3자로부터 손해배상을 받기 위한 권리의 보전 또는 권리의 행사에 지출된 비용, 가입자가 조합의 동의를 얻어 지급한 변호사비용, 소송비용, 가입증서상의 보상한도액 내의 공탁보증보험료, 조합이 가입자를 대신하여 해결할 때에 사용한 비용

(2) 조합의 면책사항

조합은 가입자인 회원사가 아래의 배상책임을 부담하여 생긴 손해를 보상하지 아니한다.

① 선주, 선장 또는 승무원의 고의 또는 중대한 과실로 생긴 손해배상

② 전쟁, 폭동, 노동쟁의, 선박의 나포 또는 억류 등으로 생긴 손해

③ 지진, 홍수, 해일 등 천재지변으로 생긴 손해배상

④ 원자핵 물질, 그 오염물질, 방사성 등에 의하여 생긴 손해배상

⑤ 승선여객 외의 제3자가 입은 신체장해

⑥ 재물손해에 대한 배상책임

⑦ 가입자와 타인 간에 손해배상에 관한 약정에 따라서 가중된 손해배상. 다만 법령에 의한 배상책임은 보상한다.

⑧ 모든 공해물질의 배출 또는 유출로 생긴 손해배상

⑨ 가입자의 근로자가 업무 중에 입은 신체 장해

⑩ 가입자의 시설 안 또는 밖에서 가입자가 점유하지 아니한 음식물 또는 재물로 생긴 손해배상

⑪ 의사 또는 간호사 등의 전문 직업인의 직업상 과실로 생긴 손해배상

⑫ 티끌, 먼지 또는 소음으로 생긴 손해배상

⑬ 벌과금 또는 징벌적 손해에 대한 손해배상

⑭ 선박 또는 잡종선이 현저하게 정원을 초과하여 생긴 손해, 그리고 여객을 선박 또는 잡종선 외의 운송용구로 운송하여 생긴 손해배상

⑮ 손해방지비용

마. 회원의 통지 의무

가입 회원사는 공제가입 후에 다음 사유가 생긴 때에는 즉시 조합에 알려야 한다.

① 공제가입 신청서의 기재 사항 변경

② 여객 공제에서 담보하는 위험을 다른 보험자와 보험 계약을 맺을 경우

③ 선박을 양도, 대여 또는 반환 받았을 때

④ 선박의 정원 변경

⑤ 선박의 항로 변경

⑥ 위에 명시한 사항 외의 새로운 위험이 뚜렷이 증가한 때

3. 선원공제사업

가. 의의

선원공제사업이란 선원재해보상 공제사업을 줄인 말로 「선원법」 제85조 내지 제98조까지의 규정에 의하여 선원의 재해에 대하여, 선주의 보상 책임을 돕기 위하여 조합이 실시하는 상호공제제도이다. 선원공제사업은 선원의 퇴직금적립공제사업도 함께 시행하고 있다.

나. 공제가입과 운영

한국해운조합의 조합원으로서 선박 운항자는 회원사로서 공제에 가입할 수 있다. 또 조합원이 아니라도 특수 선박의 운영자 또는 관리인으로서 조합이 특히 필요하다고 인정할 때에는 가입할 수 있다.

이 사업의 가입 대상이 될 수 있는 선원은 조합원의 선박에 승선하여 「선원법」의 적용을 받는 선원으로 한다.

공제가입기간은 1년으로 하고, 공제의 효력은 공제 분담금(premium)을 납부한 다음 날 00시부터 만기일 24시까지로 한다. 그리고 조합은 가입자가 조합원의 자격을 잃었거나 또는 분담금을 3개월분 이상 미납하였을 때는 공제가입을 해제시킬 수 있다. 이 경우 조합원은 가입자에게 이미 받은 분담금을 돌려주어야 한다.

다. 공제 분담금의 부담과 공제금의 청구

(1) 공제 분담금의 부담

공제 분담금(premium)의 부과율은 공제기간 1년에 대한 가입 선원의 1년 임금에 대한 비율로서, 가입 선박의 총톤수와 선령에 따라 정해진 기본 부과율을 적용한다. 이 분담금은 1년 4회로 나누어 35%, 25%, 20%, 20%씩 납부한다.

(2) 공제금의 청구

공제금(claim amount)은 가입 선원이 직무상 사망, 부상 또는 장해를 입었거나 또는 3개월 이상 행방불명이 되었을 때는 약정공제금을 지급한다.

또 선원이 직무 외의 원인으로 재해를 입었을 때는 조합은 3개월의 범위 안에서 요양보상에 한하여 실제비용을 공제금에서 지급한다. 가입 선원이 3개월 동안 행방불명이 되었을 때는 사망한 것으로 추정한다.

만약 공제가입자가 선원공제사업에서 정한 요양보상 및 상병수당의 보상한도액을 초과하는 보상을 희망할 경우에는 임의공제에 가입할 수 있다. 이때에는 한국손해보험요율산정회에서 정하는 선원재해보상책임의 요율을 추가로 분담하여야 한다.

라. 공제금의 지급과 조합의 면책사항

(1) 공제금의 지급

가입 선원이 사망 또는 행방불명이 된 때에는 지급 예정인 공제금의 50/100의 범위 안에서 미리 지급할 수 있다. 그러나 사망 또는 행방불명의 사유가 조합의 보상 책임을 면하게 하는 사유일 경우에는 위로금으로서 공제금의 30/100을 지급할 수 있다.

(2) 조합의 면책사항

조합은 다음의 사유가 일어난 경우에는 공제금을 지급하지 아니한다.

① 선원 자신의 고의 또는 중대한 과실, 선원의 싸움
② 전쟁, 내란, 폭동, 나포 또는 억류로 일어난 사고
③ 약물중독, 마취, 술에 취한 결과로 일어난 손해
④ 공제금 청구원인인 사고가 일어난 날로부터 6개월이 지나도 공제금을 청구하지 아니할 때
⑤ 공제가입 시에 중요 사항을 조합에 알리지 아니한 때
⑥ 선박의 자연 소모 또는 흠으로 인한 사고
⑦ 공제가입자가 아닌 사람 또는 법인에 고용되어 있는 동안 생긴 사고
⑧ 경기, 사냥, 폴로, 등산 또는 겨울철의 운동으로 일어난 사고

마. 회원의 통지 의무

공제에 가입한 회원사는 다음과 같은 사항이 일어나면 조합에 즉시 통지하여야 한다.

① 해난사고의 발생

② 항로 또는 운항 조건의 변경

③ 선박소유권의 양도 또는 운항권의 이전

④ 선원과 임금의 변경

⑤ 선원의 승선공인 사항의 변경

4. 선박공제사업

가. 의의

선박공제사업은「한국해운조합법」제6조에 의거하여 조합 회원사의 선박 손상과 멸실에 대한 보상제도이다. 이 사업은 선박공제사업과 선박건조공제사업으로 나누어진다. 그리고 선박공제사업은 전손공제사업과 분손공제사업으로 다시 나누어진다.

나. 공제가입과 공제의 보상기간

선박공제사업에 가입할 수 있는 사람은 선박 운항자로서 조합원인 개인과 법인이다. 그리고 조합원이 아니라도 특수 선박의 운영자, 관리인 또는 선박건조자도 특히 필요하다고 조합이 인정할 때에는 가입할 수 있다.

공제의 보상기간은 1년을 원칙으로 하며, 공제의 보상효력은 공제 분담금을 납부한 다음 날 12시부터 발생하고 분담금 만료일의 12시에 종료한다.

가입 선박은 조합원이 소유 또는 용선하여 운항하는 선박, 부선, 준설선 및 건조 중인 선박을 대상으로 한다.

다. 공제 분담금과 보상한도액

가입 선박의 전손공제분담금은 공제가입액에 분담금 부과율을 곱하여 산정한다. 기본부과율은 총톤수와 선급 가입 여부에 따라서 달라진다. 그리고 공제 분담금은 전액을 한꺼번에 납부하는 것을 원칙으로 하나, 4회 균등분할 납부하는 것도 가능하다.

조합이 담보할 수 있는 공제의 보상한도액은 여객선이 1억 5천만 원, 화물선이 8천만 원이다. 가입자가 위의 한도액을 초과하여 가입할 때는 조합은 그 초과액을 시중보험회사와 공동으로 인수할 수 있다.

또 가입 회원사는 공제가입 선박이 전손 또는 분손된 경우에 그 사실을 안 날로부터 2개월 이내에 조합지부에 공제금을 청구하여야 한다.

라. 공제금 지급과 조합의 면책사항

(1) 공제금 지급

공제금은 전손(total loss) 또는 분손(partial loss) 및 구조비를 구분하여 지급하며, 구조비는 선가와 공제가입액의 비율에 따라서 지급한다. 그리고 조합은 가입 회원사의 지급 청구가 있으면, 예상 지급액의 50/100의 범위 안에서 미리 지급할 수 있다. 다만 공제가입자가 전손사고로 공제금을 청구할 때는 그 선박을 조합에 위부(abandonment) 하여야 한다. 여기서 전손에는 선박의 수선불가능과 구조불가능인 추정전손인 경우를 포함하는 것이다.

해난사고가 일어날 때마다 매회의 사고에 대하여 각각 조합의 손해보상책임이 생긴다.

(2) 조합의 면책사항

다음의 사항이 발생한 경우에는 조합은 공제금을 지급하지 아니한다.

① 공제가입자, 선주와 그 사용인, 선장 또는 해원의 고의 또는 중대한 과실로 일어난 해난사고
② 외국에서 억류 또는 그 억류를 피하기 위한 조난
③ 전쟁, 내란, 폭동 또는 나포
④ 선박의 자연소모 또는 하자
⑤ 통지의무 사항을 고의로 지키지 아니한 때
⑥ 공제가입자의 책임 있는 사유로서 위험이 현저하게 증가한 때
⑦ 법정 해기사를 승선시키지 아니한 때
⑧ 발항 당시 감항 능력을 갖추지 못한 경우
⑨「선박안전법」에 의한 검사를 받지 않은 경우
⑩ 항행 구역을 벗어났거나, 용도 밖의 목적에 사용한 경우
⑪ 밀수, 금수, 검역 등 법령을 위반할 목적에 사용하는 경우
⑫ 공제가입자가 다른 보험회사에 선박보험을 들어서 보험금액의 합계가 공제가입증서에 명시된 선박가액을 초과하게 된 경우

마. 조합원의 통지 의무

가입 회원사는 공제가입 선박에 다음의 사유가 일어난 때에는 곧 조합에 통지하여야 한다.

① 해난사고의 발생
② 선박의 양도, 질권 설정 또는 변경, 임대 및 위임 관리
③ 다른 보험에의 가입
④ 톤수 변경, 용도 변경 또는 대수선
⑤ 주 기관, 레이더 또는 주요 설비의 설치, 변경 또는 철거
⑥ 선명 또는 항해 구역의 변경
⑦ 계선 또는 폐선

바. 대위

공제가입 선박의 사고가 제3자의 행위로 인하여 일어난 것이 분명한 경우에는 조합은 공제금을 지급한 후에 사고를 일으킨 제3자에 대하여 공제가입자를 대신하여 손해배상청구권을 행사할 수 있다.

제11장

항만운영과 항만운송사업

제1절 항만시설

I. 항만의 개념

항만은 여러 가지 관점에서 정의할 수 있는데, 지리적 관점에서는 “해상운송과 육상운송의 연결점 또는 공통접속영역”으로 정의하고 있다.[1] 지리적 관점에서 정의된 항만의 개념을 경제학적인 관점에서 보면, 항만은 무역 또는 통상을 위한 교통의 연락, 해상교통 수단인 선박의 보호 및 수리를 하는 장소로서 주로 상업적으로 이용되는 국민경제의 한 요소로 정의할 수 있다.[2]

경제적 관점에서 본 항만의 개념은 결국 해운과 불가분의 관계에 있으며 거대한 투자 대상인 선박을 신속하게 회전시킬 수 있는 설비를 지닌 장소로서 의미가 있다. 특히 우리나라의 항만은 교통의 통로 또는 연결점으로서 교통시설로서, 산업발전의 중추적 기능으로서 중화학공업의 생산기지로서의 역할도 하고 있다. 이러한 사실은 우리나라의 항만 개발이 무역항뿐 아니라 산업단지의 지원항만[3] 또는 지역 발전을 위하여 추진되어 왔다는 역사적 사실에 기반해서 이해할 수 있다.

한편 항만행정의 일반법인 「항만법」[4] 제2조 제1호에서는 “선박의 출입, 사람의 승선 · 하선, 화물의 하역 · 보관 및 처리, 친수활동 등을 위한 시설과 화물의 조립 · 가공 · 포장 · 제조 등 부가가치 창출을 위한 시설이 갖추어진 곳”이라고 정의되어 있다.

II. 항만의 분류

1. 용도에 의한 분류

항만은 이를 이용하는 선박의 종류에 따라 ① 상업항, ② 공업항, ③ 어항, ④ 페리항, ⑤ 마리나항, ⑥ 군사항, ⑦ 피난항 등으로 구분할 수 있다.[5]

상업항(commercial port)은 외국과의 무역 화물 또는 국내 화물을 주로 취급하는 항만을 말한다. 이 중 정기선이 주로 입출항하는 항만은 정기선항(liner port), 부정기선이 주로 출입항하는 항만을 부정기선항(tramp port)이라고 한다.

공업항(industrial port)은 공업지대를 배후지로 가지고 있으며, 공업항에 입출항하는 선박은 원유, LPG, LNG, 에틸렌 등을 운송하는 유조선, 석탄, 철광석, 인광석 등을 운송하는 광석전용선, 벌크선 등 전용선이 많다.

어항(fishery port)은 어선의 정박, 어획물의 양륙, 출항 준비 등을 하는 항만을 말한다.

---

1) 방희석, 「국제운송론(개정판)」, (박영사, 2005), 493쪽.

2) 이철영, 「항만물류시스템」, (효성출판사, 1998), 1쪽; 정영석, 「해상운송론」, (텍스트북스, 2013), 390.

3) POSCO, 한국전력 등의 전용부두시설을 들 수 있다.

4) 법률 제11594호, 2012.12.18, 일부개정.

5) 이철영(1998), 43-44쪽; 엄윤대, 「국제운송강론」, (일진사, 2003), 67쪽; 정영석(해상운송론, 391쪽.

페리항(ferry port)은 자동차, 철도차량, 여객 등을 운송하는 선박인 페리가 입출항하는 항만을 말한다.

마리나항(marina port)은 요트, 모터보트 등과 같은 레저용 보트의 정박, 보관 등을 하는 항으로, 도시근교의 리조트 지역에 있는 경우가 많다.

군사항(military port)은 군사상의 목적을 가진 항만으로서 주로 함정의 정박, 수리, 보급을 수행하고 있다. 우리나라에서는 진해항이 이에 해당한다.

피난항(refuge port)은 소형 선박이 황천(荒天)을 피하기 위하여 이용되는 항만을 말한다.

2. 입지에 의한 분류

항만은 입지에 따라 ① 해안선에 위치한 해항(sea port) 또는 연안항(coastal port), ② 하천의 입구에 위치한 하구항(estuary port), ③ 하천을 거슬러 올라가는 곳에 위치한 하천항(river port), ④ 오대호에 위치한 시카고항, 밀워키항, 디트로이트항, 클리블랜드항과 같이 호수에 위치한 호수항(lake port), ⑤ 인공적으로 조성된 운하에 위치한 운하항(canal port) 등으로 구분된다.[6)]

부산항과 같은 우리나라의 대형 항만은 모두 해항(sea port)인 반면, 하천에는 항만이 발달해 있지 않다.[7)] 하구항으로는 허드슨강의 뉴욕항, 세느강의 르아브르항 등이 유명하다. 또 하천항으로는 런던항, 함부르크항, 브에노스아이레스항 등이 있다.

3. 배후지와의 관계에 의한 분류

항만은 그 배후지역에 대한 독점적 지위를 어느 정도 가지느냐에 따라 항만의 중요성이 달라진다고 할 수 있다. 항만은 배후지의 크기에 따라 처리 수요가 결정되며, 거대한 배후지역을 갖는 항만일수록 성장 가능성이 크다. 이러한 항만과 배후지역과의 공간적 관계를 항만의 중심성(hub)이라 한다. 그러나 복합운송의 발달로 인하여 항만은 배후지역의 화물뿐 아니라 다른 지역의 화물을 환적하거나 육상운송으로 연결해 주는 역할도 담당하게 되었다. 이 경우 항만은 자체의 배후지역 외에 다른 지역과도 배후지 관계가 설정되는데, 이를 항만의 중계성이라 한다.[8)] 따라서 오늘날의 항만은 중심성과 중계성에 의하여 그 위상이 결정된다고 할 수 있다.

항만의 중심성과 중계성을 기준으로 분류하면, 화물처리량의 규모에 따라 중소형항과 거대항, 환적과 통과화물의 처리 정도에 따라 지역항과 중심항으로 구분할 수 있다.[9)]

지역항(regional port)이라 함은 항만 발전 초기 단계의 항만으로, 주로 당해 항만 배후지역의 화물만을 처리하며 규모가 크지 않은 항만을 말한다. 지역항은 배후지역의 물동량이 많지 않고, 다른 배후지역과의 연계성이 부족하여 통과화물과 환적화물의 물동량도 적어 항만으로서의 중심성 및 중계성이 취약하다.[10)]

6) 엄윤대(국제운송강론, 2003), 66쪽.

7) 정영석(국제운송론, 2013), 392쪽.

8) 이철영(1998), 45쪽.

9) 정영석(국제운송론, 2013), 392쪽.

10) 정영석(국제운송론, 2013), 392쪽.

지역 중심항(regional hub port)은 배후지역이 작아 중심성은 부족하나 입지가 훌륭하여 중계성이 뛰어난 경우에, 항만의 규모에 비하여 환적화물의 취급비중이 큰 항만을 말한다. 스페인의 알제시라스항(Algeciras)의 경우 환적 물동량이 90%에 이르는 대표적 지역 중심항이다.

지역 거대항(regional mega port)은 거대한 소비지나 생산지를 배후에 둔 항만으로 화물처리량에 있어서는 크게 성장했으나 기능면에서는 여전히 당해 항만과 가까운 배후지역 및 자국 화물의 처리를 위주로 하여 지역적인 항만에 머물고 있는 항만을 말한다. 지역 거대항의 경우 중심성은 매우 강하지만 중계성이 부족하여 환적화물의 비중이 낮은 편이다. 일본의 요코하마항이 이러한 유형에 속한다.[11)]

거대 중심항(mega hub port)은 거대한 배후지역과 훌륭한 입지를 바탕으로 여러 지역 및 여러 국가의 화물을 중계할 수 있는 충분한 능력을 갖추고 다양한 물류서비스를 제공함으로써 광범위한 지역의 중심항만의 역할을 수행하는 항만을 말한다. 상하이항, (홍콩항), 싱가포르항, 로테르담항 등이 거대 중심항에 해당한다. 우리나라의 부산항도 전체 처리량 중 환적화물이 50% 정도에 해당하는 거대 중심항의 하나로 보아야 한다.

III. 항만시설

1. 개념

항만시설이라 함은 수역 부분의 항만구역과 육역 부분의 임항지역 · 인접지역에 설치된 시설을 포괄적으로 일컫는 것이다.[12)] 이하에서는 항만의 기초시설인 수역시설, 외곽시설, 계류시설에 대하여 설명한다.

2. 수역시설과 계류시설

가. 수역시설

선박이 항행하는 항로, 하역이나 정박을 하는 정박지, 소형 선박이 정박하는 선류장, 선박이 회전하는데 필요한 선회장 등을 총칭하여 항만의 수역시설이라 한다.[13)] 항만의 수역시설은 항만의 가장 기본적인 시설로서 이들 시설이 없이는 항만은 존재할 수 없다고 할 정도로 중요한 시설이다.

수역시설 중 항로는 선박이 항해하는 바다의 길을 말하지만, 정확한 정의는 없다. 다만 항만 내의 항로에 한정하여 설명하면 다음과 같다.

항만 내의 항로는 항의 입구 부근에 있는 입구항로(entrance channel), 정박지 내에 있는 항 내 항로(fair way), 안벽 등의 정박 장소에 접근하기 위한 접근항로(approach channel)로 구분된다. 그리고 특수한 항로의 일종으로 항내에서 선박이 방향을 바꿀 수 있도록 만든 선회장(turning basin)이

11) 정영석(국제운송론, 2013), 392~393쪽.

12) 방희석(2005), 502쪽; 엄윤대(국제운송강론, 2003), 68-70쪽.

13) 방희석(2005), 502쪽.

있다.[14]

정박지는 선박이 안전하게 정박할 수 있는 수역으로서 검역을 받기 위한 묘박장소인 검역묘지(qurantine anchorage), 선석에 접안하기 위하여 기다리는 정박장소, 하역을 위한 정박장소 등이 있다.[15] 하역을 위한 정박지를 선석(berth)이라 한다. 안벽, 잔교, 돌핀, 계선부표 등 어디라도 선석이 될 수 있다.

외곽시설은 항내를 외력으로부터 보호하기 위한 시설을 말한다. 이러한 시설로는 ① 외해의 파랑을 차폐하여 항내의 정온도를 유지하기 위한 방파제, ② 고조(高潮) 시의 피해나 빠른 조류로부터 선석을 지키기 위한 방조제, ③ 모래 등이 항내에 흘러들어와 항만을 메우는 것을 방지하기 위한 방사제, ④ 하천에서 쓸려 내려오는 토사를 항내에 쌓이지 못하게 하는 도류제 등이 있다.[16]

외곽시설 중 방파제는 천연의 양항을 제외한 대부분의 해항에 설치된 중요한 시설로서 바위나 콘크리트 구조물을 해저로부터 수면 위까지 설치하여 외해의 파랑이 항내로 들어오는 것을 막도록 설치한 구조물을 말한다. 방파제는 기상 또는 해상의 변화에 대처하여 선박의 입출항이나 하역작업을 안전하게 수행할 수 있도록 설치해야 한다.[17]

나. 계류시설

선박이 정박하는 데에는 닻을 이용하는 방법과 계류시설에 로프나 와이어를 사용하는 방법이 있다. 계류시설에는 육지에 접하여 설치된 접안시설, 육역에서 떨어져 해역에 설치된 이안시설이 있다. 계류시설 중 접안시설에는 안벽, 잔교, Detached Pier, 부잔교 등이 있으며, 이안시설에는 계선부표, 돌핀 등이 있다. 또 선박이 접안하는 장소를 부두(wharf)라고 부르나, 부두는 선박이 접안하여 화물을 하역 또는 보관하거나 여객이 승선 또는 하선하는 장소를 모두 합한 것을 말한다. 따라서 부두에서 접안시설은 일부분에 해당한다.

3. 부두

부두(wharf, terminal)는 안벽, 잔교, 돌핀 등의 선박 계류시설,[18] 화물의 적 · 양하를 위한 하역기계, 화물의 분류 · 보관, 육상운송을 위한 상옥, 야적장, 창고, 도로, 철도 등의 항만시설을 총칭하는 것으로 항만의 중심적 기능을 하는 시설이다.

항만은 사용 형태에 따라 공용부두(public wharf)와 민간전용부두(private wharf)로 구분된다. 공용부두는 개발, 유지, 보수가 국가 또는 지방자치단체 등의 공공사업으로 수행되며(공영부두), 불특정다수인 하주, 선사 등이 이용하고(공용부두) 관리도 국가 또는 지방자치단체 등이 담당한다.

민간전용부두는 민간기업이 건설, 유지, 보수하고 관리운영도 그 기업이 담당한다. POSCO, 각 정유회사 등의 전용부두가 이러한 형태로 운영되고 있다. 「항만법」에서는 항만의 국유만 인정되기 때문에 민간기업이 「항만법」에 근거하여 허가를 받고 항만을 개발하고 국가에 기부체납한 후 이를

14) 이철영(1998), 51쪽.
15) 이철영(1998), 53쪽.
16) 이철영(1998), 53쪽.
17) 이철영(1998), 53쪽.
18) 방희석(2005), 502쪽.

다시 무상대부받는 형태로 사용한다.

제2절 컨테이너 터미널의 시설과 장비

I. 개념과 입지조건

1. 개념

컨테이너 터미널(container terminal)은 컨테이너 운송에 있어 해상운송과 육상운송의 접점기지로tj[19] 컨테이너 화물의 적 · 양하, 보관, 분류, 수선, 통관, 반입 및 반출 등 종합적인 기능을 수행하는 항만의 가장 중추적 시설이다. 컨테이너 화물의 하역은 선박과 컨테이너 터미널이 일체가 되어 본선과 육상작업이 일괄적으로 이루어진다.[20]

2. 입지조건

컨테이너 터미널의 입지조건으로는 해상운송과 육상운송의 접속 지역으로서 컨테이너 물류의 수요가 많고 내륙운송이 용이하여 컨테이너 물류비용이 가장 저렴한 지점이 이용된다. 이를 나누어 설명하면 다음과 같다.[21]

① 컨테이너 전용선(full container ship)의 기항이 용이하고, ② 각 해상의 항로망이 집중될 수 있어야 하며, ③ 컨테이너 물동량의 증가에 대비하여 충분한 시설의 제공과 확장이 가능한 곳, ④ 기술 수준이 높은 근로자 확보에 어려움이 없는 곳이어야 한다.

II. 운영방식

컨테이너 터미널(container terminal)의 운영방식(operating system)은 크게 다음의 3종류로 나눌 수 있다.

---

19) 엄윤대(국제운송강론, 2003), 72쪽.

20) 정영석,「해상운송론」, (텍스트북스, 2013), 395쪽.

21) 정영석(해상운송론, 2013), 395쪽.

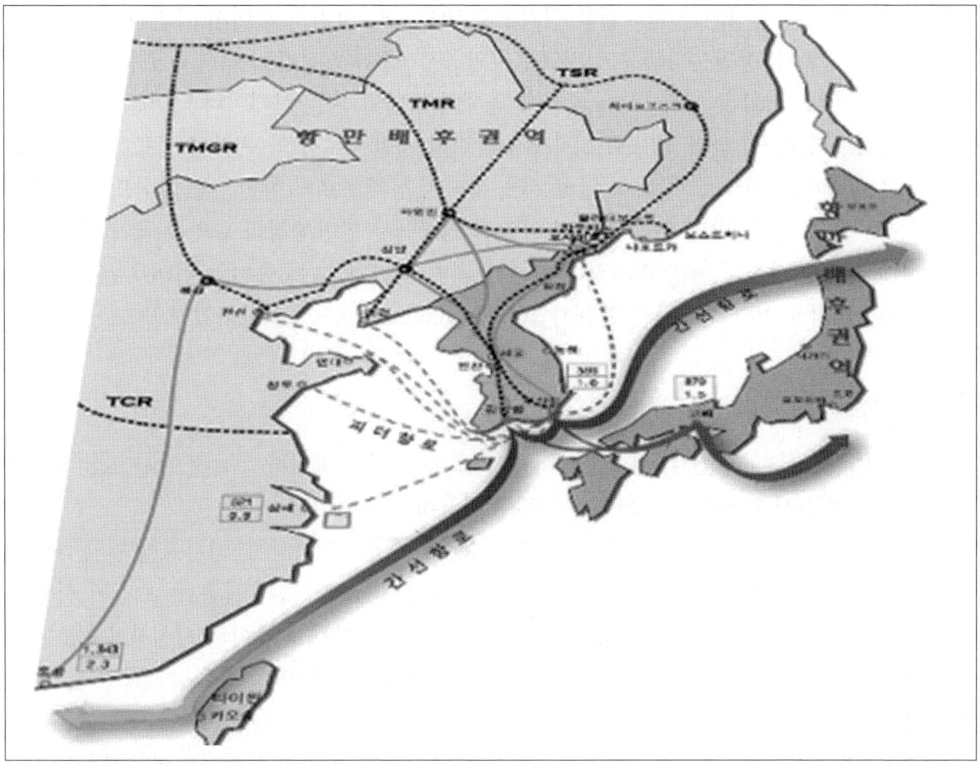

1. 공영부두방식

항만관리자가 항만시설을 건설 · 유지 · 관리하고, 이용자는 불특정인을 대상으로 한다. 이용요금은 법령으로 정해져 있고 이용한 시간당 이용료를 지불한다. 사용은 원칙적으로 선착순이고 선석과 야드의 이용에는 순서의 조정이 필요하다. 또 시설의 경우 분할 사용이 가능하기 때문에 효율면에서 다소 뒤떨어진다. 그리고 마샬링 야드(marshalling yard)는 이용 기간이 제한되어 있으므로 별도로 컨테이너를 보관할 야드를 필요로 한다.[22)]

항만을 국가나 지방자치단체가 소유하고 직접 운영하는 경우에 해당하는 방식이다. 일본의 경우에는 외무부두공사가 개발하여 임대하는 부두를 제외하면 대부분의 항만이 지방자치단체가 개발해서 운영하는 공영부두방식으로 운영된다.

우리나라는 항만을 국가만 소유할 수 있기 때문에 항만공사제도가 도입되기 전에는 모든 부두가 공영부두방식으로 운영되어 왔다.

---

22) 12) 마샬링 야드(Marshalling Yard)라 함은 본선 입항 전 선적 예정 컨테이너를 미리 입안된 본선 내 적부 계획에 의거하여 정연하게 쌓아 올려놓는 동시에 양륙된 컨테이너를 언제라도 화주의 인도 요구에 응할 수 있도록 배치해 놓은 넓은 부지를 말한다. 보통 에이프런(apron)에 인접해 있다.

마샬링 야드는 소위 컨테이너 터미널 운영의 중핵이 되는 부분이기 때문에 그 면적 · 레이아웃의 적부는 곧 전반적 운영 및 비용에 반영된다. 보통 마샬링 야드에는 컨테이너의 사이즈에 맞춰 바둑판의 선처럼 백색 또는 황색의 구획선이 그어져 있는데 이 구획선으로 막아진 각 칸을 슬롯(slot)이라 한다.

한편 싱가포르는 행정권과 관리권을 싱가포르 항만청이 가지고 있어서 항만의 개발 · 유지를 국가가 직접 수행한다. 항만운영권은 싱가포르항만공사(PSA)가 직접 수행하고 있는데, 특정 선사나 부두운영회사(terminal operating company)에 임대하지 않고 모든 컨테이너 터미널을 공용부두방식으로 운영하고 있다.[23] 과거 싱가포르는 PSA에 관리(개발 · 유지)와 운영이 일체화되어 가장 효율성이 높은 항만 중의 하나로 알려져 있었는데, 이때의 싱가포르의 항만운영 방식도 일종의 공영부두방식으로 볼 수 있다. 항만 개발이 거의 완료된 최근에는 항만행정과 관리를 국가(싱가포르 항만청)로 이관하고 항만의 운영만 PSA가 수행하게 되었다. 또 PSA는 공기업 형태로 운영되었으나 항만관리권이 국가로 이관된 지금은 민간기업(PSA Corporation)으로 전환되었다.

2. 항만공사방식

항만공사(port authority)가 컨테이너 터미널을 건설 · 유지 · 관리하고 특정 선사 또는 하역회사가 이를 임대하여 선사 전용부두 또는 공용부두로 이용하는 방식이다.[24]

임대차계약에 의하여 부두 운영자[25]가 부두시설을 사용 · 수익하고, 임차료를 지급하는 형태인데, 선사의 전용부두로 이용하는 경우 선석 · 야드를 선사가 자유롭게 사용할 수 있어 시설의 효율적 이용을 기대할 수 있다. 또 하역회사가 임차한 경우에는 임차료 형식의 시설사용료를 지급하고, 공용부두방식으로 불특정다수 또는 계약된 선사를 대상으로 항만이용료(항만하역 및 보관료)를 징수한다.

우리나라의 경우에는 컨테이너 터미널을 지나치게 분할하여 여러 부두운영회사에 임대함으로써 부두운영회사 간의 지나친 경쟁유발과 선박의 대형화 등의 추세에 비추어보면 운영상 효율성이 떨어지는 면도 발생하고 있다.

3. 민간기업방식

민간기업이 컨테이너 터미널을 건설하여 관리 · 운영하는 방식이다. 특정 선사나 부두운영회사가 관리 · 운영하게 된다. 오늘날은 영국의 항만들이 건설 · 유지 · 운영을 완전 민영화하고 있다. 우리나라에서는 부산신항만주식회사가 건설 및 관리하게 되는 부산신항만의 일부가 이러한 방식으로 건설 · 운영되고 있으나, 「항만법」상 항만은 국유가 원칙이기 때문에 국가가 소유, 부산항만공사가 관리, 부산신항만주식회사가 임대 · 운영권을 가지는 매우 복잡한 관리 · 운영방식을 취하고 있다.

민간자본에 의한 항만관리운영으로 경영의 효율성을 기하고자 하는 제도이기는 하지만, 영국의 예에서 보듯이 수익성 위주로 운영하는 민간기업의 특성상 소극적 투자 등으로 인하여 항만산업의 위축을 초래하게 되는 부작용도 적지 않다.

---

23) 정영석(해상운송론, 2013), 398쪽.

24) 정영석(해상운송론, 2013), 398쪽.

25) 항만공사가 관리하는 부두의 운영자는 부두시설을 임대한 선사나 하역회사를 말한다.

III. 주요 시설과 장비

1. 주요 시설

가. 안벽

안벽(berth)이라 함은 컨테이너선이 접안하여 컨테이너를 처리할 수 있게 하는 부두의 해면측 수직 벽을 말한다. 5만 톤급 컨테이너선 1척 접안에 안벽 약 300~350m의 길이가 소요되며, 수심은 12~18m 정도 확보되어야 한다.[26] 구조에 따라 중력식 안벽과 잔교식 안벽이 있다[27].

나. 에이프런

에이프런(apron)은 화물 적 · 양하, 컨테이너 검수, 컨테이너 크레인의 설치 및 주행, 트레일러 등의 운행이 이루어지는 장소로 안벽과 마샬링 야드 사이에 위치한다. 보통 안벽으로부터 약 30~50m 정도의 구간을 말한다.[28]

다. 마샬링 야드

마샬링 야드(marshalling-yard)는 컨테이너선으로부터 양륙하거나 컨테이너선에 직접 선적하기 위하여 컨테이너를 정렬하여 놓는 넓은 공간을 말한다.[29]

라. CY

CY(container yard)는 컨테이너를 집결, 보관, 인수, 인도하는 장소로서 수출입 컨테이너 화물의 통관 수속을 할 수 있는 보세장치장의 역할을 담당하는 곳을 말한다.[30]

마. CFS

CFS(container freight station)은 컨테이너 화물 집화소로서 LCL 화물, 즉 1개의 컨테이너를 가득 채울 수 없는 소량의 화물을 집화한 후 목적지 별로 분류하여 컨테이너에 넣거나, 수입된 LCL 화물을 컨테이너로부터 들어내는 작업을 행한 후 수하인에게 인도하는 장소를 말한다.[31]

바. 컨트롤 타워

컨트롤 타워(control tower)는 본선 하역작업 및 마샬링 야드와 CY 내에 컨테이너가 계획대로 배치되도록 지휘 · 감독하는 건물을 말한다.[32]

---

26) 이철영(1998), 62쪽.

27) 엄윤대(국제운송강론, 2003), 75쪽; 정영석(해상운송론, 2013), 399쪽.

28) 엄윤대(국제운송강론, 2003), 75쪽; 정영석(해상운송론, 2013), 399쪽.

29) 이철영(1998), 63쪽; 엄윤대(국제운송강론, 2003), 75쪽.

30) 엄윤대(국제운송강론, 2003), 75쪽; 정영석(해상운송론, 2013), 400쪽.

31) 엄윤대(국제운송강론, 2003), 75쪽; 정영석(해상운송론, 2013), 400쪽.

32) 엄윤대(국제운송강론, 2003), 75쪽; 정영석(해상운송론, 2013), 400쪽.

사. 정비공장

정비공장(maintenance shop)은 컨테이너 및 컨테이너의 취급에 필요한 기기의 점검 및 유지보수 작업장을 말한다.[33)]

아. 게이트

게이트(gate)는 수출 컨테이너와 수입 컨테이너의 검수 및 터미널 측과 컨테이너 소유자 측의 인 · 수도 서명이 이루어지는 컨테이너 차량의 출입구로서 컨테이너 화물에 대한 책임한계점이 정해지는 장소를 말한다.[34)]

〈그림 56〉 현대식 컨테이너 터미널

2. 하역장비

가. 컨테이너 크레인

컨테이너 크레인은 안벽 크레인(quayside crane) 또는 갠트리 크레인(gantry crane: GC)이라고도 불리어지고 있다. KS 규격으로 표시된 이름은 컨테이너 크레인(container crane: C/C)이다.[35)]

컨테이너 크레인은 격자구조의 붐(boom)이 있는 Box Girder의 전형적인 A-Frame으로 선박과

33) 엄윤대(국제운송강론, 2003), 76쪽; 정영석(해상운송론, 2013), 400쪽.

34) 엄윤대(국제운송강론, 2003), 76쪽; 정영석(해상운송론, 2013), 400쪽.

35) 정영석(해상운송론, 2013), 401쪽.

부두 사이로 컨테이너를 싣고 부리는 가장 핵심적인 하역장비이며, 부두의 모든 운영과 표시를 상징하는 것이다. 또한 컨테이너 크레인의 선적 및 하역 속도는 선박의 취급 속도와 부두의 전체 화물의 처리능력의 한계를 결정하기도 한다.

〈그림 57〉 컨테이너 크레인

〈표 34〉 컨테이너 크레인의 주요 재원

구 분	자성대	신선대	감만터미널	광양1단계
하역가능중량	30.5톤, 40.6톤	40.6톤	40.6톤	40.6톤
시간당처리량	25개~45개	45개	45개	45개
처리가능선박	5단13열, 5단16열	5단16열, 6단18열	6단 18열	6단18열
기당 가격	약 35억원	약 40억원	약 50억원	약 50억원
설치대수	13기	11기	12기	8기

※ 40′ 적 컨테이너 1개의 무게: 30.4톤.

나. 트랜스퍼 크레인

트랜스퍼 크레인(transfer crane: T/C)은 컨테이너를 야드에 적하 및 적치하거나 트레일러에 상하차하는 장비를 말한다. 최근 터미널 자동화를 위해 고무 타이어식에서 레일식으로 전환하는 추세이다. 자동화 터미널에서는 정확한 위치 선정 및 자동화가 용이한 레일형 트랜스퍼 크레인(RMGC: rail mounted gantry crane)을 사용하고 있다. 1블록 당 교차할 수 있는 2대의 RMGC를 설치하여 야드의 장치율 및 처리능력을 증대시켰으며, 고장 시에도 대비하였다.[36)]

〈그림 58〉 트랜스퍼 크레인

〈표 35〉 트랜스퍼 크레인 주요 재원

구 분	자성대	신선대	감만터미널	광양1단계
하역가능중량	30.5톤 ~ 40.6톤	40.6톤	40.6톤	40.6톤
시간당처리량	20개	20~25개	25개	25개
적치능력	4단 6열	4단 6열	4단 6열	4단 6열
형 식	고무타이어식	고무타이어식	고무타이어식	고무타이어식
대당가격	약 9억원	약 10억원	약 10억원	약 10억원
보 유 량	31대	32대	33대	16대

다. 스트래들 캐리어

스트래들 캐리어(straddle carrier: S/C)는 주 프레임 내에서 컨테이너를 올리고 운반하는 장비이며, 주 프레임 내에 컨테이너를 운반하면서 컨테이너 열을 횡단(2단 적재 1단 통과, 또는 3단 적재 1단 통과)할 수 있다. 스트래들 캐리어는 다른 장치(tractor)를 통하지 않고, 야드에 컨테이너를 자유

36) 정영석(해상운송론, 2013), 402쪽.

자재로 운반할 수 있는 장비이다.[37]

컨테이너를 야드로 운반 · 적재하는 장비로서 최근 자동화 및 장치능력 증대를 위해 트랜스퍼 크레인(T/C)으로 전환하는 추세에 있다.

〈그림 59〉 스트래들 캐리어

※ 주요 재원: 하역가능중량(30.5톤), 시간당 처리량(25개), 적치능력(2단).

라. 리치 스택커

리치 스택커(reach stacker)는 컨테이너의 운반용으로 주로 사용되며 컨테이너 적재 및 위치이동, 교체 등에 사용되는 산업운반용의 산업차량이다. 긴 붐(boom)을 이용하여 컨테이너를 야드에 적치 또는 하역작업을 하는데 주로 사용하고 풀 컨테이너(full container)를 취급할 수 있는 장비를 말한다.[38]

37) 정영석(해상운송론, 2013), 404쪽.

38) 정영석(해상운송론, 2013), 404쪽.

〈그림 60〉 리치 스택커

마. 야드 트랙터

야드 트랙터(yard tractor: Y/T)는 섀시와 결합되어 사용되는 컨테이너 터미널에서 가장 보편적으로 사용하는 장비이다. 타 장비(트랜스퍼 크레인, 리치 스택커, 스트래들 캐리어 등)와 다른 점은 섀시에 컨테이너를 적재한 상태로 엔진의 견인력으로 섀시를 야드 내에 운반한다는 점이다. CY 내에서 야드용 섀시를 견인하는 차량으로 주행속도가 30km/h로 제한되어 있었으나 최근 50km/h로 빨라지는 추세에 있다.[39]

〈그림 61〉 야드 트랙터

※주요 재원: 최대 적재(25~56.7톤), 최대 속도(24km/h) 회전반경(14m).

39) 정영석(해상운송론, 2013), 406쪽.

〈표 36〉 야드 트랙터의 주요 재원

구분	20′용	40′용
길이	7m	12.4m
넓이	2.6m	2.6m
적재량	30톤	40.6톤

바. 포크 리프트

포크 리프트(fork lift: F/L)는 하중을 상하로 이동하기 위한 마스트(mast)를 갖추고 이동 장소 간의 화물운송이 가능한 산업용 차량이다. 포크를 이용하여 화물을 취급, 운반하는 장비로서 컨테이너 터미널에서는 주로 컨테이너에 화물을 싣고, 내리는 장비이다.[40)]

〈그림 62〉 포크 리프트

※ 주요 재원: 인양능력(2~3톤), 주행속도(30km/h)

사. 섀시

섀시(chassis)는 컨테이너 크레인에 의해 하역된 컨테이너 박스를 야드 크레인인 트랜스퍼 크레인이 취급 가능토록 이송하는 중간 운송장비로서 사용된다. 최근에는 브레이크를 장치하여 안전운

40) 정영석(해상운송론, 2013), 406쪽.

행을 기하고 있다.[41)]

〈그림 63〉 섀시

3. 항만장비의 무인자동화

가. 로테르담항 ECT Delta 터미널의 하역장비

(1) Dual Hoist Container Crane(Double Cycle Crane)

붐(boom)에 연결된 호이스트(해상 측 hoist)가 컨테이너를 선박으로부터 집어서 붐을 따라 이동하여 크레인의 다리 부분의 플랫홈에 내려놓으면 플랫홈에 연결된 호이스트(육상 측 hoist)가 이를 트랙터에 실어주는 시스템을 말한다.[42)]

(2) AGV(Automated Guideed Vehicle)

컨테이너 크레인과 장치장 간에 컨테이너를 무인으로 이송하는 장비로서 터미널 바닥에 마이크로프로세서가 장착된 그리드(grid)를 매설하여 놓고 운행 시 이 그리드를 통하여 위치를 점검하고, 관제소의 프로세스 컨트롤 시스템(Process Control System)으로부터 목적지와 계획된 통로를 통지받아 자동항법장치를 이용하여 목적지까지 무인 이송한다. 한 번에 컨테이너 1개씩 이송하며, 충돌방지를 위하여 자체 초음파 센서 장착 및 통신으로 통제한다.[43)]

41) 정영석(해상운송론, 2013), 407쪽.

42) 정영석(해상운송론, 2013), 407쪽.

43) 정영석(해상운송론, 2013), 407쪽.

〈그림 64〉 무인이송장치

(3) ASC(Automated Stacking Crane)

AGV로 이송된 컨테이너를 정해진 위치에 장치하고, 장치된 컨테이너를 스트래들 캐리어(S/C) 또는 트랙터의 섀시 위로 상차시키는 무인 컨테이너 장치시스템이다. 시멘트 구조물 위에 크레인을 설치하여 9단 10열의 컨테이너 장치가 가능하다. Automatic Crane Control System에 의하여 조정되며, 크레인의 유지보수를 위한 원거리 고장진단 시스템 구비하고 있다.[44)]

나. 무인자동화 터미널

로테르담항 ECT Delta 및 Sea-Land Terminal에 터미널 무인자동화 설비가 설치되어 있다.

〈표 37〉 ECT 터미널의 무인자동화 설비 비교

구 분		Delta Terminal	Sea-Land Terminal
운영 주체		ECT	Sea-Land
규모	선석 길이(m)	1,650	970
	총면적(천㎡)	1,120	560

44) 정영석(해상운송론, 2013), 408쪽.

구분		Delta Terminal	Sea-Land Terminal
장비	C/C	16	8
	S/C	39	5
	Y/T	36	8
기항선사		K-Line 외 19개 선사	Sea-Land
자동화설비		ASC 24, AGV 28	ASC 24, AGV 28

자동화 터미널의 가장 중요한 부분은 AGV와 무인장치시스템의 채택으로서, 무인자동화 시스템의 도입은 단순히 장비의 도입뿐이 아니라, 터미널 전체 시스템의 개조가 요구되고 많은 시간과 투자비가 소요된다. 그러나 터미널의 자동화는 인건비 절감, 서비스 향상뿐 아니라 처리 물동량의 증가 등이 기대된다.[45)]

Ⅳ. 컨테이너 화물의 하역 시스템

1. 스트래들 캐리어 시스템과 트랜스퍼 크레인 시스템

스트래들 캐리어 방식은 에이프런에서 장치장, 장치장에서 에이프론까지 스트래들 캐리어로 운반하여 적치하는 방식이다. 컨테이너는 마샬링 야드에 2~3단으로 적치하게 된다. 2~3단만 적치가 가능하기 때문에 장치장이 넓은 부두에 적합하다. 장치장이 넓고 새시로 환적하는 과정이 생략되기 때문에 신속한 하역작업으로 컨테이너 크레인의 회전율이 높아지는 장점이 있다. 반면 2~3단만 적치되기 때문에 적치량이 적어서 장치장이 좁은 부두에서는 부적합한 하역 시스템이다. 또 스트래들 캐리어의 고장률이 높은 편이다. 독일의 브레멘항, 함부르크항, 네덜란드의 로테르담항 등에서 채택하고 있는 하역 시스템이다.

트랜스퍼 크레인 시스템은 에이프런 및 장치장 내에서 야드 트렉터로 트랜스퍼 크레인까지 운반하고 트랜스퍼 크레인이 적치하는 하역 시스템이다. 마샬링 야드에 2~6단까지 적치하게 된다. 장치장이 좁은 부두에 적합하고 6단까지 고단 적치가 가능하다는 점과 유지관리비가 상대적으로 저렴하다는 점이 장점이다. 반면 다단적치로 인하여 작업 속도가 느리고 장치장이 견고해야 하므로 포장비가 많이 소요된다. 부산항, 싱가포르항, 홍콩항, 펠릭스토우항, 롱비치항 등에서 채택하고 있다.

45) 정영석(해상운송론, 2013), 409쪽.

〈표 38〉 스트래들 캐리어 시스템과 트랜스퍼 크레인 시스템의 비교

구 분	스트래들 캐리어(S/C) System	트랜스퍼 크레인(T/C) System
하역 방식	• 에이프런에서 장치장, 장치장에서 에이프런까지 스트래들 캐리어로 운반하여 적치 • 마샬링 야드에 2~3단으로 적재	• 에이프런 및 장치장 내에서 야드 트랙터로 트랜스퍼 크레인까지 운반하고 트랜스퍼 크레인이 적치 • 마샬링 야드에 2~6단으로 적치
장 점	• 장치장이 넓은 부두에 적합(2~3단 적치) • 신속한 하역작업으로 컨테이너 크레인 회전율 증가	• 장치장이 좁은 부두에 적합(2~6단 적치) • 고단 적치 가능, 유지관리비 저렴
단 점	• 보통 2단 적치로 적치량 적음 • 장치장이 좁은 부두에 부적합 • 스트래들 캐리어 고장률이 높음	• 다단적치에 따라 작업속도가 느림 • 장치장이 견고해야 하므로 포장비가 많이 소요
사 례	• 브레멘항, 함부르크항, 로테르담항	• 부산항, 싱가포르항, 홍콩항, 펠렉스토우항, 롱비치항

2. 섀시시스템과 컴파운드 시스템

섀시시스템은 에이프런에서 장치장, 장치장에서 에이프런까지 섀시에 컨테이너를 적재한 다음 야드 크렉터로 운반하여 적치하는 방식이다. 마샬링 야드에서 즉시 처리되므로 적치가 불필요하다. 야드 트렉터와 직접 연결되므로 장치장 내에서는 보조 하역기기가 불필요하다. 또 문전에서 문전 운송에 적합하고 순발력이 높아 컨테이너에 접근성이 좋다. 반면 많은 섀시가 필요하고, 토지 활용도가 낮아진다는 단점이 있다. 오클랜드항에서 채용한 방식이다.

컴파운드시스템은 수입 컨테이너는 반출이 용이한 스트래들 캐리어로, 수출 컨테이너는 다단 적치가 용이한 크랜스퍼 크레인으로 적치하는 하역 방식이다. 각종 하역 방식의 장점을 최대한 수용하고 단점을 최소화한 방식이라고 할 수 있다. 개개 장비들이 적절한 위치에 배치되어 효율적 작업 수행이 가능하다. 다만 컨테이너 처리비용이 높고, 화물 손상, 유지보수비용이 높다는 점과 스트래들 캐리어의 고장률이 높다는 점도 단점에 속한다. 부산항 허치슨 부두, 대만 카오슝항이 채택하고 있다.

〈표 39〉 Chassis System과 Compound System의 비교

구 분	Chassis System	Compound System
하역 방식	• 에이프런에서 장치장, 장치장에서 에이프런까지 섀시에 의해 이동 • 마샬링 야드에서 즉시 처리되므로 적치 불필요	• 수입 컨테이너는 반출이 용이한 스트래들 캐리어로, 수출 컨테이너는 다단 적치가 용이한 트랜스퍼 크레인으로 적치

구분	Chassis System	Compound System
장점	• 트랙터와 직접 연결되므로 장치장 내에서는 보조 하역기기 불필요 • 문전에서 문전까지의 운송에 적합 • 순발력이 높아 컨테이너에 접근성 용이	• 각종 방식의 하역 시스템의 장점을 최대한 수용 및 단점 극소화 • 개개의 장비들이 적절한 위치에 배치되어 효율적 작업 수행 가능
단점	• 많은 섀시 필요 • 토지 활용도가 낮음	• 컨테이너 처리비용이 높음 • 화물 손상률이 높음 • 유지보수비용이 높고, 스트래들 캐리어 고장률 높음
사례	• 미국 오클랜드항	• 부산항 허치슨 부두, 대만 카오슝항

V. 운영 시스템

1. 의의

컨테이너 터미널에서는 통상 다음과 같은 업무가 이루어진다. 오늘날 이러한 업무는 대부분 전산화에 의한 사무자동화가 이루어져 있다.

① 컨테이너 반출입 업무(게이트 업무)

② 수출입 기록 업무

③ 빈 컨테이너(empty container) 재고관리 업무(inventory)

④ 컨테이너 장치관리 업무(야드 운영 업무)

⑤ 본선 적 · 양하관리 업무(본선 planning 업무)

⑥ CFS 수출입 업무

⑦ 유지 · 보수 업무

2. 업무체계

가. 게이트 업무

게이트는 터미널과 외부와의 접점으로 컨테이너 및 비 컨테이너 화물의 반출입 관리를 한다. 여기서 컨테이너 인도, 중량 계측, 외장 체크, 화물 관계서류의 수수가 이루어진다. 선사와의 정보화의 정도에 의해 게이트 운용이 신속 · 정확성에 차이가 난다.[46]

나. 수출입 기록 업무

수출에 있어 게이트 반입 시 자료와 화주로부터의 수출입 절차 서류 및 선사로부터의 목록과 대조하고 관청에 제출할 서류를 작성한다.

수입에 있어서는 화물명세서 정보와 본선 양륙 시 자료의 대조, 관세 등으로 양륙 컨테이너에

46) 정영석(해상운송론, 2013), 413쪽.

대한 각종 신고 · 검사 등 컨테이너 인도의 관리를 하고 있다.[47)]

다. 빈 컨테이너 재고관리업무

배닝용(vanning), CFS 용, 본선 적하용 등 빈 컨테이너를 관리하는 것으로 선사의 업무 영역이다.[48)]

라. 컨테이너 장치관리 업무(야드 운영 업무)

야드의 상황을 파악하여 수출입 컨테이너의 적부계획을 세우거나 본선작업을 관리한다. 최근에는 적부계획도 대부분 컴퓨터로 자동 입안할 수 있도록 되고 있다.

마. 본선 적·양하관리 업무(본선 Planning 업무)

본선 적 · 양하 플래닝 업무는 이론적으로는 컴퓨터가 주로 하지만, 여러 가지 조건이 엄격하기 때문에 100% 컴퓨터에 의존하는 형태는 아니다.

바. CFS 수출입 업무

고객의 CFS 화물의 수령/Vanning/Devanning/화물의 인도를 행한다.

사. 유지관리 업무

기계 및 컨테이너를 유지 보수하는 것으로 부품 재료의 관리 등도 행한다. 컨테이너 운송이 막 시작된 단계에서는 다양한 기능을 분산할 수 없었기 때문에 터미널 내에 집중시킬 수밖에 없었다. 그러나 오늘날은 차량 보관, CFS 등은 터미널 외에 설치하거나 유지 · 보수를 외부에 위탁하는 경우도 있다.[49)]

제3절 항만운송사업

I. 의의

물적 설비로서 항만은 화물운송에 있어서 해역과 육역의 접점으로서 화물운송의 기점이 되는 중요한 시설물이다. 또한 수출입에 있어서는 화물의 국외반출과 국내반입의 기준이 되는 중요한 지점이다. 물류에 있어서 가장 중요한 시설 중의 하나인 항만도 항만하역과 같은 항만운송사업과 항

47) 정영석(해상운송론, 2013), 413쪽.

48) Vanning 또는 Stuffing이라 함은 화물을 컨테이너에 채워넣는 작업을 말한다. 반대로 컨테이너를 꺼내는 작업을 Devanning이라고 한다.

49) 정영석(해상운송론, 2013), 414쪽.

만운송관련사업의 수행에 의하여 그 기능을 다하게 된다는 점에서 이들 사업의 중요성은 매우 크다고 하겠다.

항만운송사업과 항만운송관련사업은「항만운송사업법」이라는 행정법규에 의하여 정의되고, 이 법에 따라 사업이 수행된다. 이하에서는「항만운송사업법」상 항만운송사업과 항만운송관련사업의 종류와 그 내용을 설명한다.

II. 항만운송사업

1. 개념

항만운송사업이라 함은 영리를 목적으로 하는지 여부에 관계없이 항만운송을 하는 사업을 말한다(항만운송사업법 제2조 제2항). 이때 항만운송이라 함은 타인의 수요에 응하여 하는 행위로서「항만운송사업법」제2조 제1항 제1호 내지 제16호에 해당하는 것을 말한다(항만운송법 제2조 제1항).

2. 종류

항만운송사업은 항만하역사업, 검수사업, 감정사업, 검량사업으로 구분된다(항만운송사업법 제3조 제1호 내지 제4호).[50)]

가. 항만하역사업

항만하역사업은 다음의 행위를 하는 사업을 말한다.

① 선박을 이용하여 운송된 화물을 화물주 또는 선박 운항업자의 위탁을 받아 항만에서 선박으로부터 인수하거나 화물주에게 인도하는 행위[51)]

50) 정영석 · 정대 · 우보연 · 염정호,「해운중개업개론」, (한중해사법연구센터/(재)부산인적재원개발원, 2012), 73-76쪽.

51) 대법원 2001. 10. 9. 선고 2001두3068 판결: 항만하역사업자가 수입화물의 화주가 아니라「항만운송사업법」에 의한 항만운송사업면허를 받아 항만하역사업을 영위하는 법인으로서 하역계약의 내용에 따라 수입화물을 선박에서 양하하여 화물장치료 징수 대상 시설까지 운반하는 과정에서 부두시설을 사용할 뿐이고, 일단 수입화물이 화물장치료 징수 대상 시설에 반입된 후에는 화주가 통관절차를 이행하기 위하여 이를 사용하는 것으로서 화주가 수입면허를 받아야만 이를 반출할 수 있어 항만하역사업자로서는 화주가 이러한 절차를 밟지 않는 한 당해 화물에 관하여 아무런 조치를 취할 수 없으며, 과거부터 항만하역사업자가 개별 화주를 대리하여 화물장치료의 징수 대상 시설에 대한 사용허가신청을 하여 왔고, 비록 "화물장치료 징수대상시설에 대한 사용허가신청은「항만운수사업법」에 의한 항만하역사업자가 당해 화물의 화주를 대리하여 신청할 수 있다"고 규정한 개정 전「무역항의항만시설사용및사용료에관한규정」제7조 제1항 후단이 1996. 7. 4. 해운항만청고시 제1996-25호로 개정되어 삭제되었다고 하더라도 명문의 금지규정이 없고, 성질상 대리가 허용될 수 없는 것도 아니므로 여전히 항만하역사업자는 화주를 대리하여 위 사용허가신청을 할 수 있으며, 항만하역사업자는 무역항에서 항만하역사업을 영위하면서 계속적으로 관리청과 이러한 거래관계를 맺어왔고 관리청으로서도 항만하역사업자가 개별 화주를 대리하여 일괄하여 항만하역사업자의 명의로 항만시설 사용허가신청을 하는 것으로 각 해당 화주가 누구인지 쉽게 알 수 있었는 바, 이러한 사정 등에 비추어 보면,

② 선박을 이용하여 운송될 화물을 화물주 또는 선박운항업자의 위탁을 받아 항만에서 화물주로부터 인수하거나 선박에 인도하는 행위

③ 위 ① 또는 ②의 행위에 선행하거나 후속하여 ④부터 ⑬까지의 행위를 하나로 연결하여 하는 행위

④ 항만에서 화물을 선박에 싣거나 선박으로부터 내리는 일

⑤ 항만에서 선박 또는 부선(艀船)을 이용하여 화물을 운송하는 행위, 해양수산부령으로 정하는 항만과 항만 외의 장소와의 사이에서 부선 또는 범선을 이용하여 화물을 운송하는 행위와 항만 또는 지정구간에서 부선 또는 뗏목을 예인선(曳引船)으로 끌고 항해하는 행위.

이때 ㉮ 해운법에 따른 해상화물운송사업자가 하는 운송, ㉯ 해운법에 따른 해상여객운송사업자가 여객선을 이용하여 하는 여객운송에 수반되는 화물운송, ㉰ 해양수산부령으로 정하는 운송 중 어느 하나에 해당하는 운송은 제외한다.

⑥ 항만에서 선박 또는 부선을 이용하여 운송된 화물을 창고 또는 하역장[수면(水面) 목재저장소는 제외한다. 이하 같다]에 들여놓는 행위

⑦ 항만에서 선박 또는 부선을 이용하여 운송될 화물을 하역장에서 내가는 행위

⑧ 항만에서 ⑥ 또는 ⑦에 따른 화물을 하역장에서 싣거나 내리거나 보관하는 행위

⑨ 항만에서 ⑥ 또는 ⑦에 따른 화물을 부선에 싣거나 부선으로부터 내리는 행위

⑩ 항만이나 지정구간에서 목재를 뗏목으로 편성하여 운송하는 행위

⑪ 항만에서 뗏목으로 편성하여 운송된 목재를 수면 목재저장소에 들여놓는 행위나, 선박 또는 부선을 이용하여 운송된 목재를 수면 목재저장소에 들여놓는 행위

⑫ 항만에서 뗏목으로 편성하여 운송될 목재를 수면 목재저장소로부터 내가는 행위나, 선박 또는 부선을 이용하여 운송될 목재를 수면 목재저장소로부터 내가는 행위

⑬ 항만에서 ⑪ 또는 ⑫에 따른 목재를 수면 목재저장소에서 싣거나 내리거나 보관하는 행위

나. 검수사업

검수사업(tallying)은 선적화물을 싣거나 내릴 때 그 화물의 개수를 계산하거나 그 화물의 인도 · 인수를 증명하는 일을 하는 사업을 말한다. 해상운송을 지원하는 사업이기 때문에 중요성이 널리 인식되어 있는 것 같지는 않지만, 클레임 등 운송관계자의 책임문제와 직결되므로 엄정 · 공평 · 신뢰를 요하는 업무이다. 창고, 부두, 트럭, 철도 등 화물의 인수인계시 마다 검수할 수도 있으나 통상적으로는 선적 및 양륙 시 본선에서 하는 검수를 중시한다.[52]

다. 감정사업

감정사업은 선적화물 및 선박(부선을 포함한다)에 관련된 증명 · 조사 · 감정을 하는 일을 하는

화물장치료의 징수 대상이 되는 항만시설의 사용자는 각 해당 화주이고, 항만하역사업자가 화물의 실질적인 처분권자인 개별 화주의 수요에 따라서 화주를 대리하여 항만시설 사용허가신청절차를 밟으면서 요금 및 수수료 등의 수익을 얻고 있다고 하더라도 항만시설의 사용으로 인한 편익은 화물의 처분권자인 화주가 누리는 것이므로 그 대가인 사용료 역시 화주가 부담하여야 한다.

52) 임석민, 「국제운송론(제3판)」, (삼영사, 2007), 113쪽.

사업을 말한다. 즉, 화물의 적재상태 및 선박의 감정을 공정한 제3자의 입장에서 판정하는 업무이다. 그 업무로는 ① 위험물의 적부검사, ② 일반화물의 적부검사, ③ 흘수검사, ④ 원유감정 및 견본채취, ⑤ Bunker, Boiler Water 등의 잔량감정, ⑥ 공동해손조사, ⑦ 손상화물의 사정 · 처분에 대한 증명, ⑧ 선가의 감정, ⑨ 선체 · 기관 · 선박속구의 상태 및 손상조사 등이 있다.[53)]

라. 검량사업

검량사업(weighting and measuring)은 선적화물을 싣거나 내릴 때 그 화물의 용적 또는 중량을 계산하거나 증명하는 일을 하는 사업을 말한다. 검량 역시 본선의 안전과 수익에 직결되는 적재량을 가름해 주고 운임 및 항비 등의 산출자료가 되므로 엄정 · 공평 · 신뢰를 요하는 업무이다.[54)]

〈표 40〉 항만하역사업의 등록기준

구분	사업종류	일반하역사업			한정하역사업
	항만별 내용	1급지(부산항, 인천항, 울산항, 포항항, 광양항)	2급지(여수항, 마산항, 동해항, 군산항)	3급지(1급지와 2급지를 제외한 항)	
1. 시설	시설평가액 (해양수산부령으로 정하는 하역장비의 평가액이 총시설평가액의 2/3 이상이어야 한다)	10억원 이상	5억원 이상	1억원 이상	일반하역사업의 등록기준을 적용하되, 해양수산부 장관은 이용자, 취급화물 또는 항만시설의 특성을 고려하여 그 등록기준을 완화할 수 있다.
2. 자본금		2억원 이상	1억원 이상	5천만원 이상	

〈표 41〉 검수사업 · 감정사업 및 검량사업의 등록기준

구분	검수사업			감정사업	검량사업
	1급지 (부산항, 인천항, 울산항, 포항항, 광양항)	2급지 (마산항, 군산항)	3급지 (1급지와 2급지를 제외한 항)		
1. 자본금	5천만원 이상	5천만원 이상	5천만원 이상	5천만원 이상	5천만원 이상

53) 임석민(국제운송론, 2007), 114쪽.

54) 임석민(국제운송론, 2007), 113쪽.

구분	검수사업			감정사업	검량사업
	1급지 (부산항, 인천항, 울산항, 포항항, 광양항)	2급지 (마산항, 군산항)	3급지 (1급지와 2급지를 제외한 항)		
2. 검수사	가. 부산항: 40명 이상 나. 인천항: 25명 이상 다. 울산항, 포항항, 광양항: 7명 이상	3명 이상	2명 이상		
3. 감정사				6명 이상	
4. 검량사					6명 이상

3. 운임 및 요금

항만하역사업의 등록을 한 자는 해양수산부령으로 정하는 바에 따라 운임과 요금을 정하여 해양수산부 장관의 인가를 받아야 한다. 이를 변경할 때도 또한 같다.

검수사업 · 감정사업 또는 검량사업의 등록을 한 자는 해양수산부령으로 정하는 바에 따라 요금을 정하여 해양수산부 장관에게 미리 신고하여야 한다. 이를 변경할 때도 또한 같다.

해양수산부 장관은 신고된 운임 및 요금에 대하여 항만운송사업의 건전한 발전과 공공복리의 증진을 위하여 필요하다고 인정할 때는 이 운임 및 요금의 변경 또는 조정에 필요한 조치를 명할 수 있다.

III. 항만운송관련사업

1. 개념

항만운송관련사업이란 항만에서 선박에 물품이나 역무(役務)를 제공하는 항만용역업 · 물품공급업 · 선박급유업(船舶給油業) 및 컨테이너수리업을 말한다.[55)]

2. 종류

항만운송관련사업은 항만용역업, 물품공급업, 선박급유업, 컨테이너수리업이 있다.

첫째, 항만용역업은 다음의 행위를 하는 사업을 말한다.

55) 정영석 · 정대 · 우보연 · 염정호(2012), 82쪽.

① 통선으로 본선과 육지 간의 연락을 중계하는 행위

② 본선을 경비하는 행위나 본선의 이안 및 접안을 보조하기 위하여 줄잡이 역무를 제공하는 행위

③ 선박의 청소[유창(油艙) 청소는 제외한다], 오물 제거, 소독, 폐기물의 수집 · 운반, 화물 고정, 칠 등을 하는 행위

④ 선박에서 사용하는 맑은 물을 공급하는 행위

둘째, 물품공급업은 선박 운항에 필요한 물품 및 주식 · 부식을 공급하고 선박의 침구류 등을 세탁하는 사업을 말한다.

셋째, 선박급유업은 선박용 연료유를 공급하는 사업을 말한다.[56)]

넷째, 컨테이너수리업은 컨테이너를 수리하는 사업을 말한다.

〈표 42〉 항만운송관련사업의 등록 및 신고의 기준

구분			1급지 (부산항, 인천항, 울산항, 포항항, 광양항)	2급지 (여수항, 마산항, 군산항)	3급지 (1급지와 2급지를 제외한 항)
등록 기준	1. 항만용역업	가. 자본금 나. 선박	• 1억원 이상 • 통선: 20톤 이상 • 급수선: 50톤 이상	• 1억원 이상 • 통선: 10톤 이상 • 급수선: 10톤 이상	• 5천만원 이상 • 통선: 5톤 이상 • 급수선: 5톤 이상
	2. 선박급유업	가. 자본금 나. 급유선 (급유부선을 포함한다)	• 1억원 이상 • 총톤수 100톤 이상	• 5천만원 이상 • 총톤수 30톤 이상	• 5천만원 이상 • 총톤수 10톤 이상
	3. 컨테이너 수리업	가. 자본금 나. 공구창고 또는 공장	• 5천만원 이상 • 1동(50㎡) 이상	• 5천만원 이상 • 1동(30㎡) 이상	• 5천만원 이상 • 1동(30㎡) 이상
신고 기준	물품공급업	가. 자본금 나. 자동차	• 5천만원 이상 • 1대 이상	• 5천만원 이상 • 1대 이상	• 5천만원 이상 • 1대 이상

56) 대법원 2009.12.10. 선고 2009도3053 판결: 구 「항만운송사업법 시행령」(2008. 2. 29. 대통령령 제20722호로 개정되기 전의 것) 제2조 제3호에서 규정하는 '선박용 연료유를 공급하는 사업'이라 함은 그 문언에 비추어 볼 때 '선박의 운항을 위한 용도로 사용되는 연료유를 선박에 공급하는 사업'이라고 해석함이 상당하고, 나아가 선박의 운항을 위한 용도와는 무관하게 단지 '선박에 연료유를 공급하는 사업'으로 해석하거나 '단순한 보관 목적에서 육상용 기계의 운행을 위한 용도로 사용되는 연료유를 선박에 공급하는 사업'에까지 확장하여 해석하는 것은 형벌법규를 지나치게 유추 또는 확장해석하여 죄형법정주의의 원칙에 어긋나는 것으로서 허용될 수 없다.

찾아보기

[ㅇ]

[ㅈ]

[ㅊ]

[ㅋ]

[ㅌ]

[ㅍ]

[ㅍ]

영문

[A]

[B]

[C]

[D]

[E]

[F]

[숫자]